复旦卓越·金融学系列

（第二版）

货币银行学

何光辉　编著

Economics of
Money and Banking

复旦大学出版社

内容简介

本书构建了一个有内在联系、由浅入深、各章节自成一体又层层递进的货币银行学体系。全书紧紧抓住货币银行学这根主线,从五个方面安排了十四章内容:(1)货币及其价格利率的基础知识;(2)金融机构(组织)及其经营体制;(3)金融机构(组织)活动场所——金融市场、金融市场中的金融创新、影响金融资产定价的两个主要影响因素——期限和风险;(4)作为经济系统血液的货币的宏观影响及其调控;(5)危机与监管。

本书结合转型期和互联网时代出现的新知识、新现象,提供了大量发生在国内的生动案例;同时,为拓展国际化视野和历史视角,还提供了众多发生在国外的实例和历史案例。不仅生动有趣地诠释了中国货币银行业的特征,而且能够帮助学生更好地理解抽象的货币银行学原理。

序

与其他任何行业类似,货币银行业有其自身的特点和独特的运作规律——交易对象是货币及其衍生出来的金融工具,交易机构是银行及其他金融机构和组织,交易场所是货币市场、资本市场和金融衍生品市场。这就决定了该行业必然具有与其他行业不同的规律。更为重要的是,货币等金融资产的"三性"特征使得该行业与经济的关系越来越复杂,不仅货币中性与非中性、内生与外生性矛盾共存现象凸显,而且通货膨胀或紧缩已经直接影响到国计民生。特别在高科技发展已使全球经济、金融逐渐融为一体的今天,中国如何通过货币、银行等的活动推动国际化来更好地分享国际化利益、化解金融危机风险已经成为广泛关注的焦点。所有这些均表明货币银行学作为专门以货币银行为研究对象的学科,已成为我们了解和认识乃至驾驭这一领域的必修课。任何金融学、经济学、管理学类专业学生或工作者都应该掌握这门学科,才能更好地大展宏图、寻求服务于中国经济发展的机会和能力。

近年来,我在教学过程中深刻地感受到中国货币银行学教学面临着改革开放以来的严峻挑战。一方面,作为全球最大的发展中国家,中国经济发展正处在转型升级的关键时期,就金融行业来说,一系列新的机构、产品和市场层出不穷,与传统金融机构、市场并存,是建立在传统货币、银行基础上的经典货币银行学理论体系所始料不及的。另一方面,新技术革命极大拓宽了人类活动的空间和时间,彻底打破了区域之间、行业之间的壁垒,使得区域融合和产业融合成为必然趋势。就金融行业而言,传统金融业务不断细分和细化,建立在互联网和现代通信基础上的新兴金融市场悄然兴起,这对传统金融发展与金融监管来说无疑措手不及。这两个"不及"给国内货币银行学发展带来了巨大挑战!

于是,国内一些学者开始否定货币银行学存在的必要性,试图运用金融学理论来解释当前国内货币银行业发展中的新问题。一个典型的做法是他们开始放弃传统货币银行学这个名称,尝试用"金融学"或者"货币金融学"等新的名称来替代货币银行学。结果发现这样做的效果并不好,不仅扰乱了金融学的学科结构而且根本没有解决实际问题。因为传统的金融学理论也面临着同样的"不及"问题。

面对挑战,唯一的途径就是加快学科建设,建设新的货币银行学,因为货币银行体系仍然是现代经济的主体和命脉,特别像中国这样以间接融资为主导的发展中大国,其核心地位短期内无法动摇。经济转型和信息技术并不能否定货币银行学的重要性,事实上使国内货币银行问题更加复杂和具体,且需要货币银行学更好地适应以经济转型和互联网技术革命为特征的新常态。

为此，本人结合20多年的教学经验和研究积累，在责任和使命的驱使下决定编著这本新的《货币银行学》教材以适应教学需要。可以说，本教材在中国是体系更全、知识最新和结构更为严谨的《货币银行学》教材之一。与国内大多数《货币银行学》教材相比，本书的特点和创新之处主要有三：

一是考虑到传统教材"有形无神"的不足，重新布局和构建一个有内在联系、由浅入深的货币银行学知识体系。紧紧抓住货币银行这根主线，从如下有内在联系的五个方面安排了十四章内容：(1) 货币及其价格利率的基础知识；(2) 金融主体及其经营体制；(3) 金融主体活动的场所金融市场、金融市场中的金融创新、市场中金融资产定价的两个主要影响因素期限和风险；(4) 作为经济系统血液的货币的宏观影响及其调控；(5) 危机与监管。这样的安排使得各章节自成一体且彼此之间又层层递进，为学生由浅入深地学习和理解本学科提供便利。

二是考虑到中国经济正处在转型发展和互联网技术革命的关键时期，编写了大量与之密切相关的金融发展创新的新知识，使货币银行学的教学更贴近中国的实际状况和要求。

三是本书提供了大量发生在身边的生动实例；同时，为拓展国际化视野和历史视角，还提供了众多发生在国外的实例和历史案例。不仅能够生动有趣地诠释转型时期中国货币银行的特征，而且还能够帮助学生更好地理解抽象的货币银行学原理。

衷心希望本书的出版能够在推动国内货币银行学学科建设中发挥抛砖引玉的作用。

本书可作为经济管理专业大类本科生必修教材，尤其有助于硕士和博士研究生入学考试。对于非此类专业本科生，本书将是你进入"金融王国"的敲门砖。其中第九章中的第三节利率的风险结构和第四节风险资产定价，第十一章中的惠伦模型，第十二章、第十三章中的货币政策规则、货币市场流动性管理工具和货币政策传导机制等内容有一定难度，可以选择性地学习；如果课时有限，第十四章可以课外自习。

通过学习，你将受益匪浅。同时，我衷心希望各位教师和学子在教和学的过程中多与我沟通联系，并对本书中出现的问题和错误予以指正。

何光辉

2020年7月

前　言

货币银行学研究的是以货币为代表的金融产品、以银行为代表的金融机构在金融市场上的运行特征和规律,它们在宏观经济中的作用,以及基于此的货币政策调控与危机监管。

你可能认为货币银行学的学科界定抽象笼统、不着边际,似乎与你毫不相关。2020年年初,新型冠状病毒在全国笼罩了一层"白色恐怖",疫情不仅影响日常生活,还对经济和金融市场造成巨大冲击。在2020年2月5日这个平凡却又特殊的日子,你无意中看到财经新闻客户端滚动播报着最新的全球金融资讯:

(1) 宏观经济类

2020年1月财新中国服务业PMI录得51.8,预期52,前值52.5,下降0.7个百分点,为2019年11月以来最低。财新中国综合PMI录得51.9,前值52.6,下降0.7个百分点,为四个月最低。

你可能纳闷:PMI含义是什么?与PPI、CPI有何差异?这三类I与货币和银行之间有何关系?

(2) 货币类

① 17:32报道:在岸人民币兑美元升值,现报6.978 0,收复6.98关口,离岸人民币现报6.975 5。

② 16:31报道:在岸人民币兑美元2月5日16:30收盘报6.999 7,较上一交易日下跌97点。

③ 09:34报道:离岸、在岸人民币双双贬值,失守7关口。

你也许要问:什么叫离岸人民币,什么是在岸人民币?这里的"岸"是什么意思,国境、海岸、海关还是别的什么?人民币是中国货币,美元是美国货币,世界上有没有哪个国家没有自己的货币?汇率是什么?中间价是什么意思?

(3) 利率类

① 11:09报道:隔夜SHIBOR报2.051 0%,下跌22.20个基点;7天SHIBOR报2.343 0%,下跌7.30个基点;3个月SHIBOR报2.799 0%,下跌2.50个基点。

② 06:23报道:纽约尾盘,美国10年期基准国债收益率上涨7.19个基点,报1.599 1%。2年期美债收益率涨5.60个基点,报1.409 0%。30年期美债收益率涨6.99个基点,报2.076 9%。5年期美债收益率涨7.16个基点,报1.419 0%。

你想知道:SHIBOR是什么?什么是基准利率?SHIBOR能否算基准利率?国债收益率与期限之间存在怎样的关系?影响利率变动的因素有哪些?它们是通过何种方式影响利率的?

(4) 金融机构类

① 17:46 报道：工银瑞信基金发布《工银瑞信基金管理有限公司及全资子公司关于使用固有资金投资旗下偏股型基金的公告》。公告称，基于对中国经济和中国资本市场长期健康稳定发展的信心，工银瑞信基金及全资子公司工银瑞投将合计出资6 000万元固有资金认/申购旗下偏股型基金。

② 11:14 报道：为响应金融机构应大力支持受疫情影响企业的要求，中国银行对于受疫情影响的企业推出不限制其信贷规模，并优先满足授信利率优惠等政策；开通绿色通道紧急发放21.7亿元贷款，支持企业抗击新冠肺炎疫情。

③ 09:59 报道：国泰君安证券资产管理有限公司称近期拟按照有关监管规定，出资3亿元自购旗下权益类产品。

④ 09:16 报道：央行今日未开展逆回购操作，因今日有300亿元逆回购到期，当日实现货币净回笼300亿元。

你可能想：金融机构有哪几类？其中银行类与非银行类金融机构区别在哪？央行与国有商业银行有何区别？货币回笼与货币投放主体是谁？各有哪些途径？

(5) 金融市场类

① 22:18 报道：中央结算公司公布的债券托管量数据显示，截至2020年1月末，境外机构托管债券规模达18 858.85亿元，同比增长25.04%，较上年末增加89.12亿元，增幅为0.47%，境外机构已连续14个月增持中国债券，继续刷新历史纪录。

② 19:46 报道：现货黄金短线上扬逾5美元，涨幅0.18%，报1 555.11美元/盎司。

③ 06:27 报道：纽约尾盘，CME比特币期货BTC主力合约报9 205美元，较之前一个交易日下跌2.18%，盘中交投于9 130~9 435美元。

④ 05:02 报道：美股收涨，道指涨约400点，纳指涨约2.1%，标普500指数涨约1.47%。特斯拉收高近14%市值近1 600亿美元，盘中一度涨24%。苹果、微软、奈飞均涨超3%。

你沉思：金融市场包括哪几类？各类交易规则是怎样的？什么是现货市场？什么是期货市场？两者之间有何关系？

你的思绪开始蔓延，曾经充斥各大财经媒体的新闻事件不断涌现。

(6) 货币政策与监管类

2005年7月21日：中国人民银行(央行)宣布实行以市场供求为基础、参考一篮子货币进行调节、有管理的浮动汇率制度。

2008年11月5日：时任国务院总理温家宝主持召开国务院常务会议，提出要加大金融对经济增长的支持力度，到2010年年底约需投资4万亿元。

2014年9月29日：中国银行业监督管理委员会(银监会)发布批文通过了上海华瑞银行和浙江网商银行的筹建，至此，首批试点的五家民营银行已全部获准筹建(另三家为前海微众银行、天津金城银行和温州民商银行)。

2014年10月30日：美国联邦储备银行(Federal Reserve Bank，美联储)宣布从当年11月起结束QE。

2015年10月23日：中国人民银行宣布取消对商业银行和农村合作金融机构等的存款利率浮动上限，标志着利率管制基本放开。

2016年1月7日：继2016年A股开盘首日即熔断后，沪深300指数直线下跌达7%，再度触发熔断,全天仅交易15分钟。

2016年1月29日:日本央行召开货币政策会议,决定从2月16日起将商业银行存放在日本央行的超额准备金存款利率从之前的0.1%降至−0.1%。

2019年8月17日:人民银行对贷款市场利率(LPR)形成机制进行全面改革。将2013年10月创设的"贷款基础报价利率"更名为"贷款市场报价利率"。此举有助于进一步推动货币政策调控从数量型向价格型转变。

你依然迷惑:货币政策是什么?与扩大内需是什么关系?什么是数量型货币政策调控?什么是价格型调控?QE是什么?日本等国家负利率政策是什么含义?

类似以上的诸多问题经常在财经新闻乃至在央视《新闻联播》中频繁现身,你每天都能接触到。无论打开电视、收音机、报纸还是直接上互联网,财经新闻总是铺天盖地。也许凭借你的常识和经济学知识能对某些新闻一知半解,但大多数财经新闻都需要货币银行学知识来分析和理解。

其实货币银行每天都与你产生交集,已经渗透到你的生活,影响着你的生活质量。

日常生活中你总也离不开货币和银行。例如,你上大学前总要筹集一笔学费,这笔学费无论是以现金还是以银行卡形式存放的都是货币;上学后将这笔学费存入余额宝账户就是一种理财。用银行卡去商店、超市购买毛巾、肥皂等日用品就是用电子货币购物消费。到证券交易市场去购买股票、债券等,就是一种投资……可见,货币、银行与你日常生活关系太密切了。

如果你是个稍有常识的人,类似以下的有趣现象或故事你可能并不陌生。

★ 交易中的一道算术题

一个社会有无货币其交易结果截然不同。可以设想一下,这个社会由$n(n>3)$个独立的人构成。其中,每个人只能生产一种自己不需要但又是其他$(n-1)$个人中某一人需要的、不可替代的唯一商品;每个人都只需要消费一种自己无法生产但完全可以从其他$(n-1)$个人中某人生产的产品得到满足的商品。此时,怎样交换才能使整个社会每个人都能获得自己需要的商品?请比较在有货币和无货币交易背景下的差异,哪种社会的效率更高?在$n=3$时,答案是:有货币做交易媒介时,每个人只需要交易两次即可获得所需要的商品;而在无货币时是不可能得到这个结果的。

可见,货币是人类社会进步的产物,是商品社会效率提高和繁荣发展不可或缺的前提和基础。

★ 五花八门的交易支付

货币作为支付手段,其形式五花八门而且不断翻新。从最初的金属货币到纸质货币,再从纸质货币到电子货币,甚至新出现的支付宝、微信支付等形式,每一步创新都极大地方便了社会经济活动。如今,出门办事已经不再像过去那样为需要携带笨重的金银和大叠钞票而烦恼,只需要带一张银行卡甚至带上安装了支付软件的手机就可以走遍天下。在家购物也很方便,除了银行卡外,不少"钱包"已经不需要货币便可以实现第三方支付。

但所有这一切基本上是建立在强大的货币银行结算系统基础上的。离开了该系统,不仅各种支付手段的创新困难重重,而且整个国民经济结算也可能会瘫痪。

★ 君子爱财取之有道

市场经济中，个人的才能通常与其货币收入一致。所谓"智者吃智、力者吃力"。整个社会大多数人勤勤恳恳，在自己岗位上追求个人价值最大程度实现。此乃君子爱财取之有道。

但社会上总有部分人坚信"有钱能使鬼推磨"，于是终日不安分守己。在"挣钱"方面，他们或偷或抢、或贪污或腐败，甚至谋财害命。如2000年9月被警方擒获、被称为中国第一悍匪的张君及其团伙，其罪行震惊全国，结果却落得个"人为财死"的下场。最有趣的莫过于发生在周永康、徐才厚两只"大老虎"身上的两件事情。一件是公安部门从其家中搜查出堆积如山的钞票，银行验钞机被烧坏若干个。另一件是许多行贿者的信件根本就没有被打开看过。这两件事表明：如今的"鬼"已经演变成只要钱而不推磨的鬼了。与其相信有钱能使鬼推磨，不如做一个爱财有道的君子。

★ 投资理财中的百态千姿

任何持有货币的人都希望通过投资理财来达到"钱生钱"的目的。根据风险偏好程度，除了风险中性外，他们还可分为风险规避型和风险爱好型。

风险规避型不喜高风险投资理财产品，多倾向于选择银行存款、国债等低风险产品。这部分人远离风险，自然也就没有发大财的机会；他们可能有时会感慨"天上掉下的大馅饼"总是与自己擦肩而过。

风险爱好型对低风险投资品嗤之以鼻，专挑股票和房地产等风险高的产品投资，甚至有的加杠杆进行杠杆投资（如期货、期权、融资融券等）。这类人的结局形形色色，成功者有"蒜你狠""姜你军""炒房团""涨停板敢死队"等；失败者则在诸如千股跌停的遭遇中一夜之间输得精光，极端情况下甚至变成绝望的"跳楼哥"。

不过，无论如何，一切投资都是用货币计价、运作的；离开了货币寸步难行。

★ 21世纪"恐龙"为何活得挺滋润

20世纪，比尔·盖茨曾经预言：信息技术的发展和互联网的应用将会使传统的银行业成为21世纪的"恐龙"，其理由是新技术革命将会使传统银行彻底失去作为金融中介的优势，让直接金融成为常态。

事实上，进入21世纪以来，互联网金融发展确实很快，各种互联网+金融活动不仅层出不穷而且规模迅速膨胀。但传统的银行体系并非一成不变，而是与时俱进，借助互联网技术长出了腾飞的翅膀。如手机银行、互联网金融等都是建立在其越来越强大的支付结算系统之上的。

可见，互联网技术不但不会消灭货币银行体系，反而会导致传统的货币银行问题更加复杂。

★ 通货膨胀与通货紧缩悖论

通货膨胀指的是一个国家或地区物价持续上涨的一种现象，而通货紧缩则是物价水平持续下跌。其原因可能是多方面的，但货币的超发或者少发通常会引起通货膨胀或通货紧缩。

显然，无论是前者还是后者都将影响到全体国民和所有家庭。前者将导致货币购买力下降，个人和家庭财富缩水；后者则正好相反。

曾经有位学者坚持认为通货膨胀比通货紧缩好,理由是通货膨胀虽然引起物价上涨但增加了社会就业机会,而通货紧缩虽然实际上导致了社会购买力上升但却可能减少就业机会。与其让少数失业者痛苦不如让众多社会就业者分忧!

到底是通货膨胀好还是通货紧缩好?其实没有绝对答案。民国时期曾经出现过物价飞涨现象:几天之内几十万元钱买不到一斤大米,结果民不聊生。2008年美国次贷危机之后,全球出现通货紧缩现象,不仅欧元区一些国家发生主权债务危机,而且中国经济也面临下行压力。

之所以会出现这个悖论,说明货币银行问题影响深刻,不能简单而论。

当然,货币银行不仅仅与日常生活密切相关,同时也是专业性很强的学科,是经济管理大类学生的专业基础课。隔行如隔山。如果你现在对这个行业已经产生兴趣,希望将来成为一个既能够驾驭经济又能够很好掌控个人财富的金融家,则学习《货币银行学》就是你进入金融王国的敲门砖。

如果你想确切知道以上所涉及的问题答案,想知道货币和银行除了日常的直接接触之外还和我们的生活有什么关系,想知道货币和银行背后所涉及的方方面面,本书将是你明智的选择。

本书共14章,包括货币与利率基础、金融机构(组织)及其经营体制、金融市场与创新、货币的宏观影响及其调控、危机与监管五大部分。

★ 货币与利率基础

对货币银行的认识首先要了解货币及其价格利率的基础知识。在第一章"货币基础"里,你将了解货币本位制的概念和演变,并对当今世界多元化的货币体系有一个全面的理解。你一定还对人民币国际化这一与时俱进的重要问题充满好奇,通过对本章的学习,你一定不会失望!

一般来说,利率对经济的总体状况产生影响,不仅影响消费支出或储蓄的意愿,而且影响企业的投资决策,进而影响就业。如同物价上下波动一样,利率也会波动。除了其他因素之外,货币在利率的波动中发挥着重要作用。你一定曾对每日利率波动感到好奇,第二章"利率基础"即将带你走进奇妙的利率世界,一探其中究竟。

通过这两章的学习,你会找到前面有关货币、利率问题的答案。货币与种类繁多的金融资产密切相关,而货币的价格利率则与金融资产定价密不可分。在对货币与利率有了初步认识以后,你迫切希望走进金融世界的殿堂,而各类金融机构和组织就是这个金融殿堂的支柱。

★ 金融机构(组织)及其经营体制

金融离不开各类金融机构和组织,而其经营受制于各国金融体制。因此,在介绍货币、利率基础知识之后即用四章内容对此加以讨论。

一般地,金融机构(组织)可以分为经营货币的银行体系和不直接经营货币的非银行金融机构。前者可以进一步细分为中央银行和商业银行;后者根据业务和服务对象差异也可以细分为各类金融机构(组织)。尤其是在经济转型和互联网技术革命的新常态下,各类金融机构(组织)层出不穷。

中央银行是国家最高的货币金融管理组织机构,在各国金融体系中居于主导地位。国家赋予其制定和执行货币政策,对国民经济进行宏观调控的职责,有些国家规定中央银行可以对其他金融机构乃至金融业进行监督管理,地位非常特殊。为什么几乎所有经济体都有中央银行?它究竟是国有的还是私有的?为什么美联储说要结束量化宽松政策?而利率则有时调高,有时调低?为什么人民银行最喜欢调整存款准备金率,而美联储、欧洲央行、英格兰银行通常调整利率?第三章"中央银行"即将为你一一解答。

商业银行是最早出现的金融机构,区别于中央银行与投资银行等其他金融机构,是一个以营利为目的,以多种金融负债筹集资金,多种金融资产为经营对象,具有信用创造功能的金融机构。一般地,商业银行没有货币发行权,其传统业务主要为存款和贷款,即以较低利率吸收存款,以较高利率贷款,存贷款之间的利差就是商业银行的主要利润。商业银行的主要业务范围包括吸收公众、企业及机构的存款、发放贷款、票据贴现及中间业务等。它是储蓄性机构而不是投资机构。平日里与你打交道的都是商业银行,但其背后的理论则绝非表面看起来那么简单,第四章"商业银行"便是你打开通往商业银行核心大门的金钥匙。

在第五章"其他金融机构与组织"中,投资银行、基金公司、信托投资公司,这些耳熟能详的名词都是该章的重点;你不太熟悉的金融租赁公司与融资担保公司、小额金融组织也在本章进行讨论。近年兴起的 P2P 平台、第三方支付公司以及其他新型金融组织也是本章关注的内容。本章将从生活中的案例入手,满足你强烈的求知欲。

在了解了金融机构的划分依据及其功能区别后,你想起了以前曾听说过的"金融集团",你想知道"金融集团"是否就是上述金融机构的组合。你发现第六章"金融分业经营与混业经营"对这个问题的解决很接地气,对你有帮助。你一定还想对我国的情况进行深入了解,本章即将为你呈现。

学习这部分知识后,你就会对中央银行、商业银行以及其他金融机构(组织)各自的职能分工和作用有了全新把握。你将会尝试解释"中国银行对于受疫情影响的企业不限制其信贷规模""货币净回笼 300 亿元"和"国泰君安证券资产管理公司出资自购旗下权益类产品"等现象的深层次原因与后果。你会发现自己对货币银行学的认识又向前迈进了一大步。

★ 金融市场与创新

金融主体在金融市场提供各种金融服务,在此过程中必然产生各种各样的金融创新,而期限和风险是市场中金融资产定价的两个主要影响因素。本书用三章内容讨论这些方面的知识。

金融市场是资金融通的市场,是指资金供应者和资金需求者双方通过信用工具进行交易而融通资金的市场,广而言之,是实现货币借贷和资金融通、办理各种票据和有价证券交易活动的市场。平日里你一定对金融市场这个宽广的概念或多或少有些了解,第七章"金融市场"将帮你理清思绪,一窥金融市场的全貌。

接着,本书将带你探究金融创新的动因,了解金融创新的理论,并一探我国当下最火热的金融创新活动。你一定想问,创新的背后是否会有潜在的犯罪。第八章"金融创新"将给你答案。

利率期限结构是指在某一时点上,不同期限资金的收益率与到期期限之间的关系。利率的期限结构反映了不同期限的资金供求关系,揭示了市场利率的总体水平和变化方向,为投资者从事债券投资和政府有关部门加强债券管理提供可参考的依据。而风险定价则指对风险资产的价格确定,它所反映的是资本资产所带来的未来收益与风险的一种函数关系。这部分的知识也将是投资学和固定收益证券等课程的基础,你一定不会错过第九章"期限结构与风险定价"的精彩内容!

这些内容的学习必将使你的货币银行学知识结构发生由点线面到空间立体结构的转变,甚至还可能有牛刀小试的欲望,试图在相关市场上尝试一下"债券托管量数据""现货黄金""CME 比特币期货""沪指、深成指、创业板"和"融资融券"等,也许你的第一桶金到手了?但要警惕市场风险噢!

★ 货币的宏观影响及其调控

作为经济系统的血液,货币的供给和需求必然影响到宏观经济的运行;货币如何影响宏观经济是经济理论和实践必须密切关注的重大课题。如果说前面三部分为你构建了一个货币、金融机构体系、金融市场知识系统,那么本书接下来将用四章讨论这个系统与宏观经济之间的关系。

在了解了货币的概念并学习了中央银行和商业银行的相关理论后,第十章"货币供给"将带你进一步深入货币的创造机制;第十一章"货币需求"将带你一探货币需求理论的发展。货币与经济之间有两对矛盾关系:一类是货币受不受经济影响的外生性与内生性关系;另一类是货币如何影响宏观经济的中性与非中性关系。这两对矛盾决定了中央银行货币政策是否有效。此外,弗里德曼曾说过:"通货膨胀无论何时何地都是一个货币现象。"第十二章、第十三章分别探讨货币与经济的关系、货币政策。

通过这部分的学习,你的货币银行学知识体系将会实现"由微观向宏观、由静态向动态"的升华。你会对"中国利率走廊""美国量化宽松政策""日本负利率政策"等货币政策含义与背景有一个全新认识。你将会发现一个社会长期通货膨胀不好、长期通货紧缩也不好,必须通过货币政策进行调节;一个人适应经济是一种能力,而驾驭经济才是一种更高的本领。

★ 危机与监管

货币银行领域还存在一直困扰各国政府乃至国际金融组织的极端情形:货币危机和银行危机。2016 年的英国脱欧事件牵动全球金融市场,你或许并不陌生。其实大大小小的危机在历史舞台上曾不断上演——无论是 1997 年的亚洲货币危机,还是 2008 年的美国次贷危机,抑或是 2009 年引爆的欧债危机,其背后都暗含着金融制度的漏洞,因此有必要不断完善金融监管制度。或许你知道金融安全网却又一知半解,第十四章将围绕危机与监管为你答疑解惑。

目 录

第一章 货币基础 ··· 001
　　导读 ·· 001
　　第一节　货币概述 ·· 001
　　第二节　货币本位制 ·· 007
　　第三节　货币国际化 ·· 013
　　小结 ·· 019
　　关键词 ··· 020
　　课后习题 ··· 020

第二章 利率基础 ··· 021
　　导读 ·· 021
　　第一节　利息及其计量 ·· 021
　　第二节　均衡利率决定 ·· 027
　　第三节　利率控制 ·· 031
　　第四节　利率市场化 ·· 033
　　小结 ·· 037
　　关键词 ··· 038
　　课后习题 ··· 038

第三章 中央银行 ··· 039
　　导读 ·· 039
　　第一节　中央银行的产生与发展 ·· 039
　　第二节　中央银行的性质与职能 ·· 045
　　第三节　中央银行制度比较 ··· 049
　　第四节　中央银行业务 ·· 055
　　小结 ·· 060
　　关键词 ··· 061

课后习题 ·· 061

第四章　商业银行 ·· 062
　　　导读 ·· 062
　　　第一节　现代商业银行的产生与发展 ·· 062
　　　第二节　商业银行的组织制度与类型 ·· 073
　　　第三节　商业银行业务 ·· 080
　　　第四节　信息不对称与信贷配给 ··· 091
　　　第五节　商业银行的经营管理 ··· 095
　　　小结 ·· 101
　　　关键词 ·· 101
　　　课后习题 ··· 101

第五章　其他金融机构与组织 ·· 102
　　　导读 ·· 102
　　　第一节　投资银行 ·· 102
　　　第二节　基金管理公司 ··· 108
　　　第三节　信托投资公司 ··· 114
　　　第四节　金融租赁公司与融资担保公司 ·· 117
　　　第五节　小额金融组织 ··· 122
　　　第六节　P2P 平台 ··· 128
　　　第七节　第三方支付公司 ··· 135
　　　第八节　其他新型金融组织 ·· 140
　　　小结 ·· 146
　　　关键词 ·· 147
　　　课后习题 ··· 147

第六章　金融分业经营与混业经营 ·· 148
　　　导读 ·· 148
　　　第一节　分业经营 ·· 148
　　　第二节　混业经营 ·· 151
　　　第三节　中国金融业经营体制 ··· 157
　　　小结 ·· 163
　　　关键词 ·· 164
　　　课后习题 ··· 164

第七章　金融市场 …… 165

导读 …… 165
第一节　金融市场概述 …… 165
第二节　货币市场 …… 169
第三节　资本市场 …… 179
第四节　金融衍生市场 …… 195
第五节　市场有效性与行为金融 …… 206
小结 …… 209
关键词 …… 209
课后习题 …… 209

第八章　金融创新 …… 211

导读 …… 211
第一节　金融创新的动因 …… 211
第二节　金融创新理论 …… 217
第三节　中国商业银行业务创新 …… 222
第四节　影子银行 …… 234
第五节　金融创新的经济效应 …… 241
小结 …… 245
关键词 …… 245
课后习题 …… 246

第九章　期限结构与风险定价 …… 247

导读 …… 247
第一节　利率期限结构 …… 247
第二节　利率期限结构模型 …… 251
第三节　利率风险结构 …… 252
第四节　风险资产定价 …… 255
小结 …… 270
关键词 …… 271
课后习题 …… 271

第十章　货币供给 …… 272

导读 …… 272
第一节　货币层次的划分 …… 272

第二节　商业银行的信用创造机制 …… 278
　　第三节　基础货币与货币供应量 …… 287
　　第四节　货币乘数与货币供应量 …… 294
　　第五节　中国的货币供给 …… 300
　　小结 …… 308
　　关键词 …… 309
　　课后习题 …… 310

第十一章　货币需求 …… 312
　　导读 …… 312
　　第一节　传统的货币数量论 …… 312
　　第二节　凯恩斯的货币需求理论 …… 317
　　第三节　凯恩斯理论的发展 …… 323
　　第四节　弗里德曼的货币需求理论 …… 331
　　第五节　中国的货币需求 …… 335
　　小结 …… 339
　　关键词 …… 340
　　课后习题 …… 340

第十二章　货币与经济的关系 …… 342
　　导读 …… 342
　　第一节　货币的中性与非中性 …… 342
　　第二节　货币的内生性与外生性 …… 350
　　第三节　货币与物价变动 …… 358
　　小结 …… 375
　　关键词 …… 375
　　课后习题 …… 376

第十三章　货币政策 …… 377
　　导读 …… 377
　　第一节　货币政策目标 …… 377
　　第二节　货币政策规则 …… 382
　　第三节　货币政策工具 …… 389
　　第四节　货币政策传导 …… 398
　　第五节　货币政策评估 …… 404

小结 ·· 406
　　关键词 ·· 407
　　课后习题 ·· 407

第十四章　危机与监管 ·· 408
　　导读 ·· 408
　　第一节　货币危机 ·· 408
　　第二节　银行危机 ·· 416
　　第三节　美国次级抵押贷款危机 ·· 420
　　第四节　欧洲主权债务危机 ··· 424
　　第五节　金融安全网 ·· 429
　　第六节　银行业监管 ·· 431
　　小结 ·· 451
　　关键词 ·· 453
　　课后习题 ·· 453

主要参考文献 ·· 454

后记 ·· 456

第一章 货币基础

导 读

我们几乎每天都接触货币。从"货币"这两个字的结构来看,"货"字从贝,"币"字从巾("巾"字有布帛之意)。我国古代就有贝币和布币。而在我国的文字中与物品的交换有关的大多从"贝",比如贸易、赠送、贩运等。这也说明货币自古就有着交换媒介的作用。那么,货币到底是什么?货币有什么功能?又经历了哪些形态的变化?古今中外有哪些货币制度设计?不同国家的货币是如何成为国际货币的?我们将在本章对这些问题进行探讨。

第一节 货 币 概 述

一、货币的描述性定义

日常生活中我们经常使用货币来进行交易,现代社会中没有人会不知道货币,它是经济运行中的"血液",在经济活动中扮演着不可替代的角色。在深入了解和学习货币相关知识之前,首先应该知道什么是货币。究竟什么是货币?经济学家还没有达成共识,他们从不同角度对货币进行了描述性定义。目前广为接受的定义有以下四种。

(1)货币是在商品或劳务的支付与债务偿还中被普遍接受的任何东西。此定义着重于货币支付和偿债的功能。

(2)货币是在商品交易中被普遍接受的交换媒介。该定义指出货币是一种媒介,是不同商品之间进行交易的桥梁,货币的出现使交易摆脱了以物易物的形态。在商品的交易中,交易者通过货币将一种使用价值变成另一种使用价值,但是没有影响价值,货币只是使用价值的"转换器"。

(3)货币是一切其他商品的一般等价物。此定义从价值角度出发,指出商品的价值可以用一定量的货币进行衡量,货币的本质就是一般等价物。该定义突出了货币对价值的衡量作用,通过货币人们可以知道一件商品是贵还是便宜,一个人是富有还是贫穷。

(4)马克思主义政治经济学的定义:货币是固定地充当一般等价物的特殊商品。该定义认为货币也是一种商品,但这种商品还体现生产关系这一特殊属性。

【学习检查】我们常说"那个人很有钱",这里的"钱"是货币吗?

【学习指导】货币、现金与财富

货币在日常生活中可以指代很多东西,但在经济学中所使用的货币概念与通常的用法有所不同。我们在日常生活中所提到的货币往往指现金。对于经济学家来说,货币的范围更为广泛,还应包括储蓄存款、支票账户等(参见本书第十章货币供给中的货币层次划分)。货币还经常被当作财富的同义词,但两者有所区分,财富是指用于价值储藏的各项财产总和,不仅包括货币,还包括债券、艺术品、房产等。

二、货币的功能

不论货币是贝壳、白银、黄金还是纸质或电子形态,货币一般具有交易媒介(medium of exchange)、计价单位(unit of account)、支付手段(standard of payment)、价值储藏(store of value)的功能,其中前两者是最基本功能。当一国货币跨出国境在国际范围内发挥作用时,则具有马克思主义政治经济学中所指的世界货币功能。

(一)交易媒介

货币的最主要功能表现为它是一种交易媒介。自然社会中的主要交易方式为原始的物物交换,物物交换存在价值难以对等、不方便衡量和携带等很多不足。当所需求的商品越来越多,物物交换越来越难以满足需求时,人们便创造了价值容易衡量、易于均分的一般等价物:货币。货币产生时,便充当交易媒介功能,交易过程也由此分为买入及售出两个过程。

货币的出现提高了交易效率,加速商品经济的发展,同时作为价值媒介的作用体现于货币参与的每一次交易。现代社会中,几乎所有商品的交易都以货币为交易媒介,人们通过出售自己的商品获得货币,再通过货币去购买自己所需的其他商品,货币作为交易媒介构成了商品经济最基本的交易流程。国际货币的交易媒介功能是国际货币最为重要的性质,在进行国际贸易时,所选择的国际货币需要得到交易双方的承认。事实上,在货币出现的早期,当两个部落之间进行交易时,国际货币的交易媒介雏形便出现了,当贸易范围逐渐扩大时,区域内的各个部落所使用的货币逐渐趋于一致。而在当今世界,国际货币的交易媒介功能使国际货币的使用具有惯性,当一种国际货币被世界各国使用了一段时间后,即使该种货币不再强势,仍能在一段时间内保持自己的地位。

(二)计价单位

货币的第二个功能是计价单位,如果说交易媒介是货币作为一个实体与商品进行交换所表现出的性质,那么计价单位就是货币作为虚拟的比较工具对商品进行价值衡量的一种特质。货币执行计价单位功能时,并不需要实体货币的存在,而是在虚拟的机制体系中将商品与货币进行度量。货币的计价单位功能是原始的物物交换所不具备的,在货币出现之前,当两种物品进行交换时,我们需要两个相对比例,而当 100 种物品互相交换时,我们需要 4 950 个相对比例。而使用货币进行衡量时,我们只需要 100 个商品在特定货币体系下所等值的货币量就能进行相互之间的交换。由此可见,在物物交易的环境下,价格衡量十分复杂,费时费力且产生很高的交易成本,货币的出现将商品价值和一个相对价格体系进行了联系,大大降低了交易价格制定带来的不便。

计价单位是货币作为价值媒介时所必要的性质之一,只有当人们清楚商品价值与货币量之间的换算关系时，人们才能进行下一步的交易。在现代，货币的计价单位的真实内涵大大扩展了，当我们讨论土地、债券、股票等商品的价格时，计价手段的含义已经超出了劳动所能够解释的范畴，应理解为更广义的对于价值的衡量。

（三）支付手段

支付手段是指货币被用来清偿债务或用于支付工资、房租等所发挥的功能。支付手段随着赊账买卖的产生而出现，在赊销和赊购中，货币被用来支付债务。随着经济的发展，各种支付不断增加，出现了劳务、房租等许多双方交易不同步的情况。劳动者提供劳务，管理者提供工资报酬；房客先缴纳房租，再入住所租房间。此时的交易双方在不同时间段完成交易中自己所需承担的部分，货币因不参与直接的交换，发挥的均是支付手段功能。

相对于交易媒介和计价单位，支付手段虽不是货币的基本功能，但在现代经济生活中非常普遍。

（四）价值储藏

货币在拥有支付手段和交易媒介功能之时，自然也成为一种价值储藏手段。人们在使用某货币衡量商品价格并以此作为等价物购买商品或服务时，必然在一段时间内，货币所固有的价值是一直存在的，将流通的货币储藏起来作为储备就构成了其价值储藏功能。货币的价值储藏基于其作为价值媒介和支付手段的持续性，也就是说当前货币能够交换得到的商品量不能与过去有过大的差别，今天的购买力能够延续到一段时间之后。某种货币在短时间内大幅度贬值，会对其价值储藏功能造成冲击，例如，民国政府所发行的法币在抗日战争过程中发生了大规模的恶性通货膨胀，100 元法币 1937 年可以买 2 头黄牛，到抗日战争结束后的 1945 年只能买 2 个鸡蛋，1946 年只能买 1/6 块肥皂，1947 年只可买 1 只煤球，1948 年 8 月 19 日只能买 0.002 416 两大米（当时每斤 16 两），1949 年 5 月只能买 1 粒米的 2.45‰。法币的购买力在短短几年间发生了巨大的变化，货币失去了保值性，作为价值储藏的功能自然也荡然无存。

货币的价值储藏是对货币流动性的一种自发调整，当流通货币总量大于商品总量时，多余的货币用于贮藏，则市面上流通的货币量减少，而当流通货币量小于商品总量时，则人们自发地把贮藏的货币用于交易，流通货币量增加。显而易见，货币不是唯一的价值储藏手段，房产、股票、债券、艺术品、金银首饰等均能作为财富进行价值储藏。然而货币作为价值储藏手段时，基本上没有任何收益，而其余的价值储藏手段还具有投资品的一些特点，随着时间的推移可能出现名义价格的上升。尽管不存在收益，但货币作为价值储藏的流通性最好，即能够直接用于购买其他商品和服务，这一点是债券、股票、房产等储藏物所不具有的。

【知识窗】当代神奇——一国流通 9 种货币

非洲南部内陆国家津巴布韦在津巴布韦币轰然倒塌并退出流通之后，市场流通的货币有 9 种：美元、澳元、南非兰特、博茨瓦纳普拉、欧元、英镑、日元、人民币和印度卢比（与中国以及南非的贸易占津巴布韦总贸易量的一半），其中美元是津巴布韦的官方储备货币。津巴布韦货币危机始于 2000 年，2008 年的官方通胀率为 2 200 000%，当时津巴布韦央行"整日在印钞"。物价每分钟都在发生变化，点完咖啡要马上付钱，因为冲泡好之后再付价格可能已大幅上涨。

【学习检查】货币功能

通过上面的学习,试举出现实生活中的例子,分别论述货币的四个功能。

【学习指导】货币功能实例

(1) 交易媒介。小王的职业是锻造工人,小王非常善于锻造铁器,而小王需要吃饭以填饱肚子。但是小王手里只有锻造好的铁器,所以小王要找到需要铁器并生产食物的农民。但是这需要小王花大量的时间精力寻找这样的农民,甚至还需要许多中介才能完成这一交换。而货币的出现就大大提高了交换的效率,因为小王只需要通过货币作为媒介就可以完成这一过程。小王可以将铁器卖给需要的人,并获得货币,再使用货币向农民购买食物。

(2) 计价单位。我们去超市可以发现所有商品都有价签,在价签上标示着商品价格。这大大减少了我们需要知道的价格数量。如果没有货币作为计价单位,当有 n 种商品时,我们所需要的价格对比数目就有 $\frac{n(n-1)}{2}$ 种。正如上文所述,100 种商品就有 4 950 个价格对比,每种商品都要与其他商品进行比价,这个数目十分庞大,但是有了货币之后,就没有这个问题了。

(3) 支付手段。小王在经济生活中还可能面临着赊账买卖,由于手中没有多余的货币,而向邻居借钱购买相应的商品或服务。伴随着赊账买卖的产生也出现了货币另一个功能——支付手段,即用来偿还债务。

(4) 价值储藏。小王在(1)的实例中通过卖出铁器获得了货币,小王不一定需要将所有的货币用来购买食物,剩下的货币不一定在获得收入之时花掉,而是等到有时间和意愿时再进行交易。这时候货币就有了价值储藏的功能。

三、货币形态演变

从货币发展史看,货币形态包括商品货币(包括金银)、代用货币和信用货币,这是以货币是否具有信用来划分的。货币自出现至今,不同时期使用的材料在形态上有所不同,与此相对应的货币形式,即货币载体表现出的形式有实物货币和金属货币、银行券和纸币、存款货币和电子货币。

(一) 商品货币

商品货币指货币本身具有价值,兼具货币和商品的双重形态,是足值货币,其面额代表了其价值,因此不具有信用。

商品货币在成为货币前通常是广为接受的一般等价物,是有物理形态的物品,主要包括实物货币与金属货币两种,实物货币指更一般化的商品,其种类五花八门,出现于货币历史的早期,如贝壳、牲畜、工具等均是典型的实物货币。随着商业生产和交换的发展,实物货币出现了各区域难以统一、不易保存和分割、种类过多引起混乱等缺点。为了满足区域间远程交易需要,商品货币逐渐被金属货币所取代。在金属货币流通时期,由于各历史阶段所具备的冶炼技术存在差异,金属货币的币材和形态存在区别。从币材来看,最开始是铜铸币,与金、银相比,铜的熔点最低,对冶炼技术的要求也相对较低,因此铜作为货币的应用最早出现。随后除中国外的世界大多数国家开始流通银币。金由于每年开采数量较少而未成为主要币材。直到19世纪后半叶，开采金矿的技术大幅提高，金币才逐渐登上国际舞台，渐渐成为世界主要流通货币，经济贸易与此同时也开始获得了大规模发展。

用作商品货币的实物一般应具有以下特征：

（1）易于分割。经济生活中小额交易非常多，易于分割的货币有助于小额交易。人们可以根据交易金额的大小从价值量较大的货币中分割出一部分，且可以根据需要的金额任意分割。

（2）易于保存。作为商品货币的实物价值不会在保存的过程中减损，同时保存中也不需要花费大量成本。就是否易于保存来看，生鲜品就不能作为货币。

（3）便于携带。便于携带的商品货币为跨地区交易提供机会，从而扩大了货币和商品的流通范围。

显而易见，金属货币较为符合上述条件，因而能够在很长时期内作为主流货币。

（二）代用货币

代用货币是指代表商品货币在市场上流通的货币，其面值与币材价值不等，本身不具有价值，由银行或类银行机构发行，可以与商品货币等价兑换。典型的代用货币是银行券（bank note），最早出现在17世纪的欧洲，用于解决铸币不易携带和储存的问题。当时金属货币是主要货币，银行吸收存款和发放贷款用的都是金属货币。为节省搬运成本，提高交易效率，银行发行了代表一定金属货币的银行券，持券人可以随时向发行银行兑换相应的金属货币。银行最初发行银行券时，银行本身储存有足够兑换的贵金属来保证持券人的权益。而随着银行券本身的流通性和民众对于银行信心的提高，人们逐渐习惯于持有银行券，而不再只是将其作为过渡性的持有形式，银行推动这一进程的发展，并逐步在发行银行券时不再增加贵金属的储备，以此来获得利益。银行券这时候实际上已经难以全部兑现，但只要不出现挤兑，银行并不会露馅。银行券就此开始了向纸币（信用货币）发展的历程。

20世纪30年代世界性经济危机之后，银行券停止兑换黄金，导致银行券纸币化，与纸币已基本成为同一概念。

（三）信用货币

信用货币是指国家法律规定强制流通的、不以任何贵金属为基础的独立发挥货币功能的货币。目前世界各国发行的货币，基本都属于信用货币。信用货币本身几乎不具有内在价值，是中央银行以政府信用为担保、对信用货币持有者的负债。

信用货币与贵金属完全脱钩，主要包括法币（fiat money 或 legal tender）和存款货币（saving account）。法币是一国的法定货币，一般是纸币，也就是通常所说的通货。纸币是国家强制发行流通的货币，本身没有价值，其购买力依靠国家的强制力量实现。存款货币是以银行存款形式存在的货币，是与现金相对的概念，一般是指能够通过签发支票进行转账结算的活期存款。随着经济的发展，经济主体之间的交易越来越频繁，快速、高效、安全的结算方式成为共同需求。与现金交易相比，存款货币的转账结算更能适应大规模的频繁交易，因此存款货币成为一种重要的货币。

随着信息技术的快速发展，新兴的货币形式电子货币开始扮演越来越重要的角色。巴塞尔银行监管委员会将电子货币定义为：在零售支付机制中，通过销售终端、不同的电子设备之间以及在网络上执行支付的"储值"和"预付支付机制"。

"储值"是指保存在物理介质(硬件或卡介质)中可以用于支付的价值,如 IC 卡、多功能信用卡等。这种介质亦被称为"电子钱包",类似于普通钱包,当其储存的价值被使用后,可以通过特定设备向其追加价值。而"预付支付机制"则是指存储在特定软件或网络中的一组传输并可用于支付的电子数据,通常被称为"数字现金"。

1952 年美国加州富兰克林国民银行(1974 年破产)率先发行银行信用卡,标志着一种新型商品交换中介的出现;1974 年 Roland Morono 发明了 IC 卡作为电子货币。随后一些发达国家相继开发了电子货币产品。

电子货币主要可分为以下三类:

(1) 以银行为主要信用担保的电子借贷系统(银行卡)。作为现今电子货币的主要形式,它通常用于由持卡人自己完成存取款、转账、消费、融资、代收代付等银行业务。

(2) 以信用卡为基础的电子钱包。如 Mondex,是英国在 1995 年 7 月最先进行实验的新型交易支付手段,是将现金信息存储在 IC 卡上一块具有存储、加密和计算能力的集成电路芯片中,虽然它在形状上与信用卡相似,但它有独立的计算功能,并可携带信息,也正是因为这种原因,它被广泛用于电子银行、电子商务、金融投资、信贷、身份证明、医疗保健方面。IC 卡取代现有的磁性介质信用卡,成为近期电子货币的主要形式。中国人民银行于 2011 年 3 月在全国范围启动金融 IC 卡推广工作,2015 年 IC 卡全面取代磁条卡。

(3) 在互联网发行的数字货币。如在 Internet 上流通的 Ecash、电子支票、电子信用卡等,其最大特点是只用软件便可以实现电子货币支付完成交易过程,从理论上讲是真正意义上的虚拟货币。在可预见的将来,数字货币随着制约其发展问题的解决,必将成为电子货币的主要形式。

此外还出现了大量与非银行有关的电子货币形式,例如一些大型连锁超市的充值卡,网络支付软件(如支付宝、微信钱包)中的电子款项支付和存储,其实质均是一种基于现实货币的电子货币。

可见,电子货币是存款货币在便捷性、高效性上的进一步扩展,本质上仍然是现代信用货币,在形态上从纸币和存款货币等形式转换成了电子形式。

【知识窗】数字货币

数字货币(Digital Currency)通常是指以数字形式存在的货币,一般基于区块链技术,具有匿名性、去中心化、不可篡改等特点。央行数字货币(DCEP——Digital Currency Electronic Payment 或 CBDC——Central Bank Digital Currency)是基于国家信用、由央行发行的法定数字货币。中国人民银行自 2014 年起开始对数字货币进行研究,2018 年开始数字货币系统的开发,目前在世界上处于领先地位。2020 年 4 月,人民银行宣布数字人民币将在深圳、苏州、雄安、成都及未来的冬奥场景开展封闭试点测试,首批试点机构包括工、农、中、建四大国有商业银行以及移动、电信、联通三大运营商。

【学习检查】货币形态的演变

通过查找更多的资料,了解更加详细的货币演变进程。

第二节 货币本位制

与货币形态演变相互联系的是货币本位制的发展。而本位币的变化决定了货币本位制度的演变,与本位币相伴而生的是辅币。

本位币也称主币,是一个国家主要使用的流通货币,也是法定的结算方式,本位币最重要的特征是具有无限法偿能力。无限法偿指使用该种货币进行支付时不论支付数额多大,不论属于何种形式的支付,对方都不能拒绝接受,无限法偿能力意味着该种货币的使用受到国家支持,或者说是国家强制使用的。

而辅币的面额小于本位币,一般具有有限法偿能力。有限法偿是指辅币能够与本位币以规定的比例进行兑换,但辅币只能由国家进行铸造,且只具有有限的支付能力,当货币的使用超过国家规定的限额时,接受者有权拒绝使用辅币结算。因此,我们常在新闻上看到的手提一麻袋面值低于1元的硬币购车等行为,出售方是有权利拒绝接受的,但当人们带着大量硬币前往银行要求兑换成大额钞票时,银行必须履行其辅币能够与主币进行无限制兑换的义务。不同于本位币的面值与实际金属价值一致,辅币包含的实际价值通常低于名义价值,这部分的差额就是国家流通辅币带来的财政收入。为了防止"劣币驱逐良币"的现象,只有国家具有辅币铸造权,铸币收入才成为国家财政收入的重要来源(关于"劣币驱逐良币"的现象,我们将在后文作详细介绍)。在当前信用体系中,大部分国家都以本国信用货币单位作为本位币,一些小额的辅币单位辅助流通。《中华人民共和国中国人民银行法(修正)》《中华人民共和国人民币管理条例》规定,我国的本位币是元,辅币为角和分。

货币本位制的演变也即货币制度的发展。不同本位制的实质体现为本位货币的不同。货币制度是指国家对货币的有关要素、货币流通的组织与管理等加以规定所形成的制度,完善的货币制度能够保证货币和货币流通的稳定,保障货币正常发挥各项功能。简单地说货币制度就是政府对于货币流通的材质、流通的方式、货币是否与某些实物进行挂钩等的规定。货币制度根据其应用的范围分为国家货币制度、区域货币制度和国际货币制度,本节主要分析国家货币制度。国家货币制度是一国以法律形式确定的该国货币流通的结构、体系与组织形式,国家通过制定法律法规对所使用的货币进行控制,为实现自己的政策目标服务。

从发展史看,货币本位制经历了银本位制,金银复本位制,金本位制和不兑现的信用货币制度四个主要阶段。金属本位制分类如图1-1所示。

在银本位制、金银复本位制和金本位制中,铸币作为主要交易媒介,夹杂一些银行券、纸币的流通,而在不兑现的信用货币制中,则由纸币替代铸币作为主要的流通货币。铸币指国家铸造的具有一定形状、重量和成色(即贵金属的含量)并标明面值的金属货币,国家会规定

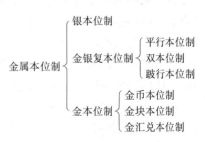

图1-1 金属本位制分类

货币中的贵金属含量并给予专门的认证。在使用时,铸币的价值与其所含有的贵金属的含量相挂钩,铸币的发行者规定铸币的规格、贵金属含量,从而使同一款铸币具有相同的流通能力和购买力。原始货币大多以铸币形式存在,在宽泛的定义下,贝币、骨币等为最早的铸

币形式。而随着金属货币的逐渐流行,铸币的主要材质变为了铜、银、金。现代铸币多为储藏和纪念之用,我国每年所发行的各式纪念币在法律中可参与流通,但在实践中多为投资产品。

一、银本位制

银本位制是最早出现的贵金属货币制度。国家规定白银为法定货币金属,银币为本位币,银币价值与其所含有的白银价值一致。

尽管银作为主要货币在各国的体系中存在很长时间,但银本位在大部分国家的货币系统中存在的时间远不如其流通的时间,之后便被金银复本位制或金本位制取代。这一变化主要源于以下两个原因:(1) 19 世纪后期,白银价格因世界白银产量大量增加而剧烈波动,通货膨胀严重;(2) 与黄金相比,白银体积大且价值较低,在交易金额较大时"体重价轻"的缺点被进一步放大,银本位也因此逐渐被取代。

二、金银复本位制

随着经济贸易的发展,黄金作为一种更为稀少的贵金属更方便大额交易,而且价格相对稳定,可以弥补单一白银货币带来的不足,金银复本位制应运而生。金银复本位制是指同时采用金和银作为本位币,金和银都具有无限法偿能力,共同在市场中流通。复本位制采用了两种货币作为本位币,根据金、银两种货币的使用范围和兑换比例不同,又可分为平行本位制、双本位制和跛行本位制。

(一)平行本位制

若法律规定金和银均为可流通、无限法偿的货币,但未规定金、银两种货币的兑换比例,此制度为平行本位制。两种本位币按照内在的实际价值流通,其兑换比例随行就市,国家不加规定。此时的金币与银币均可以自由铸造和熔化,金币与银币的兑换比例不再受到国家的控制,而是由经济力量参与调整。这使市场上商品有两种货币标价,因价格不断变化而造成混乱。当一个国家的金币相对价格较高,则大量的金币流入该国,该国演变为金本位国家,而当一个国家的银币相对价格较高时,该国则会演变为银本位国家。正是由于存在着种种不稳定性,平行本位制的国家通常存在着货币领域的混乱现象。

(二)双本位制

为了克服双重定价带来的问题,政府规定金银的比价,将金银的兑换关系固定在规定的比值上,这就是双本位制。双本位制克服了平行本位制造成的价格混乱,然而金银由于在市场上也有相对应的价格比例,当法定比例与市场比例相背离时,就会出现"劣币驱逐良币"的现象。此现象又称为格雷欣法则,即当银币相对于金币的价格低于法定的比例时,则公众都倾向于使用银币而持有金币,逐渐地市场上便只剩下了法定价值高于其实际价值的"劣币"。这一现象一方面会使市场上实质只有一种货币在流通,另一方面,"良币"被持有者用于收藏,甚至被投机者运出本国用于交换"劣币"进行套利,从而破坏了市场秩序。

【扩展延伸】劣币驱逐良币

格雷欣法则不仅可以用来解释双本位制下劣币充斥市场的现象,还被广泛应用于非货币领域,泛指价值不高的东西会把价值较高的东西挤出流通领域。

比如说,经济政策中提倡"效率优先、兼顾公平",结果是效率赶走了公平;人才政策中提倡德才兼备,最后往往是才赶走了德。具体来说,如果把不讲诚信的人比喻成"劣币",讲诚信的人为"良币",当不讲诚信的人能够获得巨大好处而又不受处罚时,讲诚信的人就会越来越少,"劣币"就这样驱逐了"良币"。

【学习检查】格雷欣法则

生活中有很多例子体现着"劣币驱逐良币"的格雷欣法则,请尝试举出更多的例子加深对格雷欣法则的理解。

_____

(三) 跛行本位制

跛行本位制与平行本位制和双本位制具有本质上的区别,尽管仍规定金币与银币同为本位币,但金币可以自由铸造而银币不能自由铸造,此时的银币已经具备了辅币的一定特征,因此从严格意义上来说,跛行本位制不能算作复本位制,而是金银复本位制向金本位制转变的过渡性货币制度。此时的银币仍具备无限法偿能力,然而银币的价值不再具有自主性,而是取决于金币的价值,银币和金币此时不再平等,因此称为跛行本位制。

从以上的分析可以看出,无论哪种金银复本位制均存在着一定的问题。随着黄金开采数量的逐渐增加,货币制度正式转向金本位制。

三、金本位制

金本位制以黄金作为本位货币,并根据流通货币不同分为:金币本位制、金块本位制和金汇兑本位制。

(一) 金币本位制

金币本位制是金本位制的最初形态,也是存在时间最长的标准意义上的金本位制,在19世纪后半叶至第一次世界大战前这段时间内成为西方国家的主流货币制度。

在金币本位制下,金币作为本位币可以自由铸造和熔化,具有无限法偿能力,金币价值即为其黄金含量的价值。银币等为辅币,限制铸造,有限法偿。黄金作为唯一的储备,可以在各国之间自由输入、输出,银行券和辅币可以自由兑换等量的黄金或金币。

金币本位制克服了金银复本位制中双重价格的混乱状态,保证了商品和货币的流通。同时金币价值与金含量挂钩,保证了币值的相对稳定。此外,由于各国法律规定了本国货币中的黄金含量,基于金含量的两国货币汇价也相对稳定。国际贸易在金币本位制下快速发展,形成了统一的国际支付体系。金币本位制一度被认为是完美的货币制度,金币不仅在国内能够清楚地表示出各种商品的价格,在国际贸易中也简化了原本繁杂的货币结算,大大促进了国际经济交往。

然而金币本位制需要各国政府具备足够的黄金储备以满足货币需求。当国家遭遇重大变革或变故,政府需要发行更多货币或黄金储备大量流失时,金币本位制将难以为继。而摧毁此币制的正是第一次世界大战。战争爆发后,相关国家政府支出大幅增加,黄金储备大量用于购买军备、发放军饷和抚慰金等。由于黄金储备大幅缩减,各国开始限制黄金的自由输出,纷纷不再承诺银行券与黄金自由兑现,金币本位制走向终结。

(二) 金块本位制

金块本位制是金币本位制崩溃后某些国家为重回金本位制所建立的不健全的金本位

制。在金块本位制中,不再自由铸造和流通金币,而是以银行券作为交易媒介,银行券只有累计到一定金额后才能兑换金块,如1925年英国规定最低金额为1 700英镑,用于兑换400盎司金块。金块本位制建立的主要原因是各国政府黄金储量不足,无力再重新回归金币本位制,设定最低兑换金额,使一般公众无法将银行券兑换为黄金,减轻对黄金储量的压力。

金块本位制作为一种过渡货币制度,与金币本位制有一定的相似性,本国政府储备金块进行国际交易和结算,银行券与一定量的黄金相联系。但金块本位制是一种提高了兑现条件的不健全的金本位制,金币的铸造和流通以及黄金的自由输出入已被禁止,黄金已不可能发挥自动调节货币供求和稳定汇率的作用。20世纪30年代的大萧条后,发达国家经济遭受重创,致使该制度也难以维持,最终走向崩溃。

(三) 金汇兑本位制

金汇兑本位制与金块本位制一样均使用银行券作为流通货币,但金汇兑本位制在本国任何条件下都不能兑换黄金,只能兑换相对应的外国货币,这一外国货币一般由实行金币本位制或金块本位制的国家所发行。大多数实行金汇兑本位制的国家选择与美元、法郎或英镑等主要货币之一进行挂钩,并以此为基础形成了国际上的美元集团、英镑集团、法郎集团等割裂开的国际货币体系。

实行金汇兑本位制的国家将本国货币与兑换国家货币挂钩,同时持有黄金和外汇作为储备,通过无限制购买外汇来保证本国货币的币值。使用金汇兑本位制的国家基本上都是殖民地,同金块本位制度一同成为第一次世界大战结束后短期实行的过渡性货币制度。随着发达国家在大萧条后逐渐停止本国货币与黄金的兑换,金汇兑本位制与金块本位制一道被不兑现的信用货币制度取代。

【学习指导】金本位制的比较

我们已经介绍了三种金本位制。这三种金本位制之间存在着一定的区别与联系(如图1-2)。金币本位制下,金币自由铸造、自由熔化、自由输出入;而金块本位制则是代表黄金的纸币流通;在金汇兑本位制下,与黄金间接挂钩的纸币流通。在汇率决定方面,金币本位制以所含金量决定;金块本位制和金汇兑本位制以所代表金量决定。在金平价方面,金币本位制是铸币平价;而金块本位制和金汇兑本位制是法定平价。

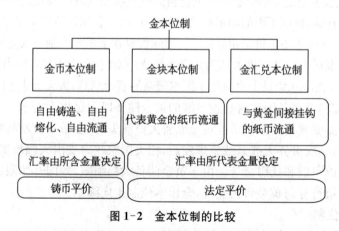

图1-2 金本位制的比较

四、信用货币制度

大萧条之后,金本位制崩溃,任何形态的金本位都不再存在,银行券不再能兑换黄金,由此产生了不兑现的信用货币制度。各国法币由法律规定具有无限法偿能力,由中央银行或国家指定机构发行,成为法定的唯一流通货币。货币发行量完全由中央银行决定。

在信用货币制度下,黄金正式退出流通领域,银行券彻底纸币化,与纸币几乎不再区分。不兑现信用本位制存在的最重要条件是自身无内在价值的本位币靠政府公信力维持信用,而这需要控制发行量来维持。早期维持纸币信用的最通用办法是用金银、证券、外汇等作为发行准备(少数几个经济体如香港至今仍然沿袭这种发行制度),但政府一旦认为有必要可能会随时修改有关法规。例如,美国在1934年废除金本位制时规定货币发行须有60%的黄金准备,但在1945年6月降为25%,1968年2月干脆全部取消了黄金准备。这意味着政府可以相机决定货币发行量,货币由此可能不再具有价值上的相对稳定性。历史上,中央银行过多发行信用货币、本国政治环境不稳定、经济形势不乐观、外部资本冲击等可能会导致通货膨胀、主权货币危机(相关内容参见第十二章、第十四章)。

如前所述,随着现代信息技术特别是互联网的迅速发展和普及,电子货币应运而生。当前绝大多数电子货币均与现实信用货币相联系,但还存在真正意义上区别于现实货币的虚拟货币。最典型的例子是比特币(BitCoin),这类货币不与现实货币挂钩,也没有准确的兑换比例。比特币不依靠特定货币机构发行,由网络节点计算生成,通过控制算法和去中心化特性来确保无法大量制造比特币来稳定币值,总量被永久控制在2 100万个。向地球另一端转账比特币像发送电子邮件一样简单、成本低、无任何限制,因此已被用于跨境贸易、支付、汇款等领域。比特币自2009年诞生后价格持续上涨,2011年币价达到1美元,2013年11月29日,比特币的价格高达1 200美元,超过1盎司黄金的价格。

比特币等虚拟货币因其发行不受任何金融机构如中央银行控制,因此与基于现实货币的电子货币有着本质区别,尽管有独立性高、安全性强等优点,部分国家认可比特币的货币属性,但鉴于当前的金融现状,多数政府不认可比特币是货币,而将其定义为商品。

【学习检查】比特币是货币吗?合法吗?

【扩展延伸】比特币

比特币是一种点对点网络支付系统和虚拟计价工具,也被称为P2P形式的数字货币,始于2008年神秘人物中本聪(Satoshi Nakamoto)的论文《比特币:一种点对点的电子现金系统》。比特币诞生后经历过无数次市场考验和技术攻击仍屹立不倒。当前比特币在全球已拥有数百万用户,数万商家接受付款,成为市值最高达百亿美元的货币系统。与比特币相关的企业还吸引了包括维萨、万事达、纳斯达克、花旗、高盛、IDG资本在内的上百家风险投资基金、公司、个人近十亿美元的风险投资。

加州大学金融学教授Bhagwan Chowdhry提名中本聪为2016年诺贝尔经济学奖候选人的理由如下:比特币的发明是革命性的,不仅将彻底改变我们对货币的思考方式,很可能会颠覆中央银行的角色,并且将会破坏如西联(Western Union)这类高成本汇款服务,彻底消除如维萨、万事达和贝宝收取2%~4%的交易费用,事实上将彻底改变法律合约的方式。

政府又是什么态度呢？比特币不是被政府禁止的非法品，是政府认可的合法商品和投资品，甚至是货币。

(1) 美国商品期货交易委员会(CFTC)将比特币定义为大宗商品，与黄金、原油、小麦的归类一样。

(2) 中国人民银行等五部委联合发布的《关于防范比特币风险的通知》中，禁止金融机构介入比特币，同时认为比特币是一种特定的虚拟商品，不具有与货币等同的法律地位，不能且不应作为货币在市场上流通使用。但是，比特币交易作为一种互联网上的商品买卖行为，普通民众在自担风险的前提下拥有参与的自由。

(3) 瑞典和德国等国家政府一直认为，比特币应该作为一种商品来对待。英国海关税务总署(HMRC)则认为比特币是一种货币，对比特币交易免征增值税。欧洲法院(European Court of Justice)最终作出裁决，认为比特币应作为货币加以对待，而不被视为一种商品，交易比特币不必像交易商品一样缴纳增值税。

五、货币及其制度在中国的演变

货币在中国起源很早。20世纪初殷墟的甲骨的发现证实了我国古代以贝为币的历史，随后经过几千年的发展最终形成了我国特有的货币体系。

历史上，中国最先出现的货币是充当一般等价物的贝壳，贝壳在作为货币之前，曾是一种名贵的装饰品，由于贝壳具有坚固耐用、便于携带和保存等特点，因此逐渐由装饰品转化为货币。殷商统治者为了表示对臣下的恩遇，有时会将贝壳作为财富赐予臣子。也就是说，在殷商时期，我国便有了采用贝壳作为一般等价物的历史，古墓发掘中也多发现该时期将贝作为陪葬品的证据。随着商品经济的发展，贝壳逐渐难以满足需求。春秋战国时期，铸铜技术得到发展，出现了以铜铸造的布币(铲币)、刀币、蚁鼻币等多种形态的金属货币。此时，中国实质上已经完成了由实物货币向金属货币的转换。在秦始皇统一货币后的很长时期，我国基本以金属货币作为主要流通货币。相比其他国家，我国在银币流入之前并不使用银币。明朝开始，大量银币通过国际贸易流入国内，富人逐渐开始贮藏银两作为家产，民间流行铜铸钱，形成了铜钱与银两共同流通的货币体系，而到了鸦片战争之后，银元开始在我国大量流通。清朝后期，银两开始向银元转化，当时我国流通的银元主要以墨西哥鹰洋为主。1910年清政府颁布《币制条例》，正式采用银本位，但市面上银元和银两仍然并用。1933年国民政府"废两改元"，发行全国统一银币：孙中山头像银元，至此才正式形成了银元流通的银本位。

除了实物货币和金属货币币材上的发展，我国还是世界上最早出现纸币的国家。北宋时期，我国商品经济发展较快，金属货币的交换麻烦、不易携带等各种问题不断浮现。由此，北宋时期(1023年)的四川成都出现了世界上第一种纸币：交子。交子由政府发行，持有者可以在全国各地的交子铺将交子兑换为金属货币。作为纸币的雏形，交子完成了我国金属货币向纸币的一次重要演变，交子的实质是代用货币，其面值与贵金属挂钩，在交子的兑现能力得到认可后逐渐进入流通领域，但最终由于滥发而失去了货币地位。明清阶段，均存在纸币发行,但由于体系不健全,出现了通货膨胀、私钞横行等问题。

中国人民银行在成立后发行了第一套人民币,人民币是中国人民银行发行的信用货币,不与金银等贵金属挂钩。与此同时,新中国清除了国民党政府发行的各种货币,结束了几十年的通货膨胀和中国近百年外币、金银在市场流通交易的历史。人民币历经70多年的发展完善,已经发行到第五套。所发行的货币逐步形成纸币与金属币、普通纪念币与贵金属纪念币等多品种多系列的货币体系。

随着智能手机、互联网的普及,电子货币特别是支付宝、微信钱包在日常交易和支付中扮演的角色越来越重要。可以预见,包括虚拟货币在内的电子货币系统将会深刻地改变人们的行为和思维。

第三节 货币国际化

一国货币在境外发挥作用时就是货币国际化。国际金融市场上的主要货币有美元、英镑、欧元和日元等;人民币如今在国际市场的影响范围越来越大。

一、美元

美元在当前国际货币体系中占据主导地位,既是国际贸易的主要计价货币,是外汇市场的主要交易货币,还是重要的价值储藏货币。美元的强势地位自第二次世界大战后一直延续至今,不仅存在特定历史时期的发展方式,同样也有美国为维护美元地位与英镑、欧元等货币相竞争所做出的努力。美元的国际化进程普遍认为有四个阶段。

(1) 第一次世界大战结束至第二次世界大战爆发(1918—1939年)。一方面,英国在第一次世界大战中遭到重创;第一次世界大战结束后,各参战国黄金储量大幅减少,无力继续维持金本位制,英镑的影响力和地位被严重削弱。另一方面,美国由于远离第一次世界大战战场而成为唯一获利国家。经济方面,美国替代英国成为第一大工业国,黄金储备大幅增加,美元成为强势货币,在国际贸易和储备的地位不断提升,但在国际主导货币方面,英镑仍呈现明显的历史惯性。

(2) 第二次世界大战期间(1939—1944年)。美国未遭受到战争的实质性打击,反而综合国力不断加强。第二次世界大战结束时,西方各国实力发生了根本性的变化,战败国德国、日本的经济趋于崩溃,而身处欧洲战场中心的法国、英国经济也遭受沉重打击。美国则上升为经济实力最雄厚的国家和最大的债权国。第二次世界大战尚未完全结束,美国已经开始主导建立以美元和美国主导的国际货币体系,这是布雷顿森林体系(The Bretton Woods System)产生的基础。

(3) 布雷顿森林体系的建立至瓦解(1944—1973年)。1944年7月,参加筹建联合国的44国代表受美国之邀在布雷顿森林举行会议,确立了布雷顿森林体系。其实质是一种"双挂钩"的货币制度:美元与黄金挂钩;各国货币则与美元挂钩。据此,美元成了唯一与黄金直接挂钩的国际计价单位,成为主要国际储备货币。随后,美国通过马歇尔计划等一系列援助、信贷以及美元购买商品和劳务等形式在各国发行了大量美元。美元依托制度优势逐渐加深了国际化程度。

(4) 后布雷顿森林体系时期(1973年至今)。20世纪60—70年代,多次爆发美元危机。1973年,布雷顿森林体系完全崩溃。此后,美元虽然不再拥有制度基础,但依赖于布雷顿森林体系中所积累的存量优势以及美国强大的国力,在国际交易中的主导地位仍然不可动摇。美国通过输出美元,数次将自身的经济危机转嫁给世界其他国家,而且这种转嫁能力越来越强大,在2007年开始发生的次贷危机中表现得淋漓尽致。

【扩展延伸】布雷顿森林体系的内在矛盾

1944年夏天,西方主要国家的代表在联合国国际货币金融会议上确立了以美元为中心的国际货币体系。该体系之所以称为"布雷顿森林体系"是因为此次会议是在美国新罕布什尔州的布雷顿森林举行的。而布雷顿森林体系自身存在着内在矛盾,著名国际金融专家、美国耶鲁大学教授特里芬(Robert Triffin)提出了一个悖论,即著名的"特里芬难题"(Triffin Dilemma):各国为了发展国际贸易,必须用美元作为结算与储备货币,这样就会导致流出美国的货币在海外不断沉淀,对美国而言会发生长期贸易逆差;而美元作为国际货币核心的前提是必须保持美元币值稳定与坚挺,这又要求美国必须是一个长期贸易顺差国。这两个要求互相矛盾,因此是一个悖论。

二、英镑

英镑是最早的国际化货币,在金本位制盛行时期,基于英国的经济政治优势,英镑一直是主要的国际贸易结算货币和储备货币。第一次世界大战后,金本位制遭到破坏,英镑的国际地位逐渐降低;第二次世界大战中,英国遭受沉重打击,美元正式取代英镑成为新的主要国际支付工具和储备货币。

英镑的国际化进程实质上是英国殖民体系发展和海上贸易扩张的衍生品,是依托其海洋霸权的货币入侵。英国在1588年的"英西大海战"中战胜了西班牙成为新的海上霸主,为后来英国海上贸易奠定了基础。蒸汽机发明开启的第一次工业革命则使英国在工业上成为世界领头羊,大量商品受限于国内消费市场而被倾销到世界各国。巨大的贸易顺差为英国带来大量黄金储备,同时也使英国成为世界贸易中心。在金融方面,英国早在17世纪中后期便经历了"金融革命",信贷工具、国债制度、银行体系相继产生,英国近代金融体系初步形成,英格兰银行开始行使中央银行的职能。发达的金融体制使英国将大量英镑用于对外投资,英国逐渐成了世界金融中心。英国率先推行金本位制,其他欧洲国家纷纷效仿,英镑在国际金本位制中占据了主导地位。依托英国遍布世界各地的殖民地,英镑在世界范围内率先流通,加上最早实行金本位制,储备英镑和使用英镑结算逐渐成为世界贸易的主流方式。在20世纪的两次世界大战中,美国迅速崛起,英国的贸易优势、国力优势被不断蚕食并反超,英镑的国际主导货币地位也被美元所取代,其国际地位逐渐衰落。

英镑的国际化进程与美元国际化进程有一定的相似度,均是国力强盛并且持有世界范围内大部分的黄金储备。经济地位上的领先使本国在外贸上处于优势,有利于本国货币的流通和国际结算。英镑的衰落体现的是国力的衰微。英镑的衰败历程还体现了国际贸易货币所具有的惯性,尽管第一次世界大战后英国不再具备支撑其货币占据主导地位的综合国力,但英镑作为国际贸易主要结算货币一直延续到第二次世界大战后,此阶段美国与英国的经济实力差距进一步拉大。

三、欧元

欧盟国家有着相似的文化、政治、经济基础,依托地理优势、经济发展水平接近等因素,期望构建区域货币合作机制以削弱美元势力范围、争夺区域内经济和货币主导权。通过多年努力,欧元终于诞生。2010年欧元区主权债务危机的爆发导致欧元区单一货币的走向充满变数,暴露了欧元区不断扩张后内部存在的经济失衡。

欧元设计之初的目的是成为欧盟多个国家共同使用的货币。截至2016年6月底,欧元区共有19个成员国。欧元发展到当前主要分为四个阶段。

(1) 筹备阶段。欧元在正式提出前有很长的筹备期。1979年3月,在德国总理和法国总统的倡议下,欧共体8个成员国决定建立欧洲货币体系(European Monetary System, EMS),固定各国货币间的汇率,并共同对美元浮动。EMS不断调整固定汇率,以维持成员国货币相对稳定,尽管在1992年欧洲货币危机中受到重创,但作为欧洲货币体制的重要尝试对日后欧元的推出意义重大。此时在欧盟国别货币中,德国马克的国际化程度最高。德国经历了20世纪70年代的高速经济发展,对欧元诞生起到十分重要的推动作用。

(2) 启动阶段。欧元于1999年1月1日正式启动,欧元发行并作为转账货币使用,当时有11个国家参加。两年后,希腊正式成为欧元区的第12个成员国。2002年1月1日,经过3年的过渡,欧元现钞开始流通。

(3) 发展阶段。欧元正式成为欧元区法定货币后获得快速发展。依托马克在20世纪末的强劲表现和欧盟本身的强大政治经济实力,欧元很快地成为世界第二大货币,在欧洲各国的进出口贸易中表现强势,欧元区范围不断扩大,使用欧元结算的交易不断增加。但快速发展的欧元内部存在着很多问题。各国普遍采取的扩张性财政政策造成高额财政赤字,债务比例不断上升,为随后的欧元区主权债务危机埋下了祸根。

(4) 危机阶段。2009年12月,希腊开始出现主权债务危机,2010年3月进一步发酵并蔓延至"欧洲五国"(葡萄牙、意大利、爱尔兰、希腊、西班牙)。英国于2016年6月23日全民公投脱离欧盟的决定为欧元的未来发展又蒙上了阴影,尽管英国没有加入欧元区。

欧元作为区域化货币合作的产物,在其国际化过程中表现出了一定优势。通过区域性合作,欧元的流通范围在规划之初便具有了主权货币难以达到的优势,而通过合作所达到的国际政治经济实力的提升对于对抗美元霸权有着十分重要的作用。然而区域化合作所带来的缺点也十分明显,各国政府不再拥有货币政策制定权,同时还无法独立制定相应的财政政策。

【学习检查】欧元区的发展与危机

通过对欧元及欧元区相关知识的学习,查找其他资料了解欧元区现在的发展状况以及其自身存在的问题,并展望欧元区的发展前景,给出你的理由。

四、日元

日元的国际化进程较为缓慢,通过开放外汇、资本等金融市场拓展其在国际贸易结算、国内外金融市场的交易和投资规模。日元的国际化因日本自身特点而显得谨慎,甚至被动。

日本在第二次世界大战中战败后通过积极的经济政策在短短 30 年内完成了从"战争废墟"到仅次于美国的世界第二大经济体的崛起。在布雷顿森林体系下,日元与美元挂钩,汇率固定在 360∶1 的水平。在日益高涨的日元升值呼声中,日元自 1985 年开始升值进程,直至达到 79.75∶1 的历史最高点。伴随着贸易顺差额持续上升而成为世界最大债权国的同时,日本金融逐渐自由化,主要包括日元的自由兑换;日本政府在国外发行日元债券;日本股票市场对外完全开放。日本的金融自由化过程和日元的国际化过程均是在美国的压力下逐渐展开的,主要表现便是在"广场协议"中妥协于国际社会对日元升值的压力。

日元的国际化进程缓慢与日本经济地位在 20 世纪快速上升是不相符的,这其实与日本所处的特殊国际地位和历史背景相关。(1)日本本身综合国力、政治地位在国际舞台上仍不够强势,缺乏足够的话语权。一方面第二次世界大战后确定的国际货币体系对战败国日本实际上是十分不平等的,美国在重大的国际货币决策上拥有绝对的决策权。另一方面,日本一直依附美国,日本企业对美国市场依赖性强,加之日美特殊的政治经济关系,日元国际化过程中在涉及美国利益的问题上只能采取退让和妥协的方式。(2)除美元对日元一直存在明显的压制外,新兴欧元对日元的国际空间同样也存在挤压。欧盟的成立导致国际上出现了与可与美国影响力相抗衡的区域联盟,欧元诞生伊始就对国际货币体系产生了很强冲击。而此时的日本在经济发展和综合国力上与欧盟难以相比,与欧盟的国际贸易也渐处下风,日元在欧洲的影响力急剧下降。(3)日本本身的经济贸易能力不足以支撑其货币国际流通。尽管日本的贸易顺差在高速发展阶段一直保持增长,但其贸易模式存在局限性。在进口方面,日本资源极度缺乏,在国际上通常以美元结算的原油、矿石等资源类商品占日本进口规模的比重较高。而在出口方面,日本商品在出口至美国和欧洲时多采用美元和欧元计价,日元在国际贸易方面难有更好的表现。(4)日元在国际金融市场上使用程度相对较低。日本为推行日元国际化不断推进"金融自由化",但日本在国际金融市场上的影响力一直不太强。

【学习检查】货币国际化

以上我们介绍了世界上主要货币——美元、英镑、欧元、日元的国际化发展状况。请归纳总结以上货币在国际化进程中所面临的机遇与挑战,并结合中国的国情与国际环境,为推动人民币国际化总结经验与探明道路。

五、人民币国际化进程

人民币已经开始走出国门,逐渐在周边国家和地区流通使用。中国随着经济的发展,在国际贸易、投资中的地位将进一步提高,人民币国际化进程将逐渐加快。人民币国际化的含义主要包含三个方面：(1)人民币流通范围扩展，得以在国际上参与交易和流通。(2)以人民币计价的金融产品规模不断增加。(3)在国际贸易中以人民币计价和结算的比重不断增加。

(一) 必要性

主权货币的国际化对一国的政治经济产生多方面收益，其中有形的收益主要包括国际铸币税收益和境外使用成本降低的红利，无形的则包括促进金融市场进一步发展，降低外汇储备风险，提升国际地位等多个方面。

国际铸币税是人民币国际化所能带来的最显著的收益，所谓国际铸币税是指货币发行国在发行货币时所获得的货币面额与其成本的差额。在当前的信用货币制度下，货币发行的成本基本可以忽略不计，铸币税可以认为即货币面值本身。

中国居民用外币如美元在周边国家消费时，兑换美元需要向银行支付手续费且手续繁杂，计价也存在诸多麻烦，而使用人民币则能在一定程度上降低交易成本。此外，用人民币结算能降低汇率风险，在签订外币合同时，为防止外币币值发生变化，常需附加外汇远期合约进行对冲，而本国企业如果采用人民币结算就能节省这部分交易成本，简化交易流程。

人民币国际化不仅仅是货币流通国际化，此过程还伴随资本市场的对外开放程度的提高，如建立允许合格境内个人投资者境外投资制度(QDII2)；允许符合条件的优质外国公司在境内发行股票。随着大量外资的进入，国内金融市场竞争将进一步加强，从而促进我国的金融机构改革，进一步完善金融市场。而在国外市场，以人民币计价的金融产品品种和总量将得到进一步的发展。2016年6月初，中国向美国提供2 500亿元人民币合格境外投资者(RQFII)投资额度，希望扩大人民币在美国的投资使用。

随着我国的综合国力大幅提高，我国外汇储备也不断攀高，2014年6月末我国外汇储备达到历史峰值39 932亿美元。过于庞大的外汇储备给我国经济带来了一些不良影响，巨额外汇储备伴随的是货币供应量的增加和通胀压力的增大，而以美元为主的外汇储备在美元贬值时出现大幅缩水。人民币国际化后，央行不再需要为抵抗外界金融市场波动而储备巨额外汇储备，外汇储备规模降低有利于降低因外汇储备带来的损失。

(二) 主要历程

人民币国际化的发展速度非常快，据环球银行间金融通信协会(SWIFT)发布的数据，2015年8月，人民币首次超越日元，成为仅次于美元、欧元、英镑的全球第四大支付货币，在全球货币支付市场占2.8%左右。2015年12月1日，国际货币基金组织正式宣布，人民币纳入SDR(特别提款权)。截至2016年3月末，中国人民银行与33个国家或地区的中央银行签署了本币互换协议，总规模达3.3万亿元人民币。

人民币国际化发展历程有着清晰的脉络，从周边到外围，首先在香港和澳门这两个得天独厚的国际口岸进行试点，然后与周边的东南亚和中亚国家建立货币间的合作关系，最终期望将人民币完全推向国际，以达到成为国际化货币的目标。人民币国际化过程中的标志性事件大致如下所示。

1993年中国人民银行与越南、蒙古、老挝、尼泊尔、俄罗斯、吉尔吉斯斯坦、朝鲜和哈萨克斯坦等8个周边国家和地区的央行签署了边贸本币结算协定。

2000年，第九届东盟与中日韩"10+3"财长在泰国清迈共同签署了建立区域性货币互换网络的协议，即《清迈协议》(Chiang Mai Initiative)。《清迈协议》包括两部分：(1)扩大了东盟互换协议(ASA)的数量与金额;(2)建立了中日韩与东盟国家的双边互换协议。2000年至今,我国先后与俄罗斯、韩国、马来西亚、白俄罗斯、印度尼西亚、阿根廷等国家签署了双边货币互换协议,协议总规模达3.1万亿人民币。

2003年,央行分别为香港和澳门的银行开办的个人人民币业务提供清算安排,这一举措率先开启了人民币在海外的业务。

2005年,7月,我国正式开始实行以市场供求为基础、参考一篮子货币进行调节、有管理的浮动汇率制度,我国对外开放程度发生重大进展。

2007年,首支人民币债券在香港发行,标志着第一个以人民币计价的金融产品正式出现在国际舞台上。

2009年7月,跨境贸易人民币结算试点开始在香港运行,标志着人民币的国际化进程正式启动。

2015年12月1日,IMF宣布人民币于2016年10月1日正式纳入SDR,成为人民币国际化过程中的重要里程碑。

2016年6月24日,在英国宣布"脱欧"的同一天,中国银行间外汇市场开始开展人民币对韩元直接交易,推动人民币国际化进一步向前发展。

2017年6月29日,中国人民银行与中国银行(香港)有限公司续签《关于人民币业务的清算协议》。

2019年1月31日,彭博公司正式确认将于2019年4月起将中国债券纳入彭博巴克莱债券指数。

人民币国际化意味着越来越多的国家接纳和使用人民币,人民币更多地成为其他国家的外汇储备和结算货币,人民币的影响力增强对于我国国际地位的提高有着重要的意义。而当人民币成为世界资金流动的重要媒介时,我国政府和银行可以通过控制货币发行量和调节货币流通量的方法对世界经济进行调节,从而主动地参与全球金融经济变革,提高我国在经济领域的发言权。

【知识窗】SDR

SDR是特别提款权(Special Drawing Rights)的缩写,其含义是兑换"可自由使用"货币的权利。它是IMF于1969年创设的一种补充性储备资产,与黄金、外汇等其他储备资产一起构成国际储备。IMF通常每五年对SDR进行一次例行审查,主要内容是SDR货币篮子的货币构成即权重。2016年10月1日新SDR货币篮子生效后,美元、欧元、人民币、日元、英镑所占权重分别为41.73%、30.93%、10.92%、8.33%、8.09%。

人民币加入SDR是对中国经济发展和改革开放成果的肯定,有助于增强SDR的代表性和吸引力,完善现行国际货币体系,也意味着国际社会对中国在国际经济金融舞台上发挥积极作用有更多期许,中国将加快推动金融改革和对外开放,为促进全球经济增长、维护全球金融稳定和完善全球经济治理做出积极贡献。

(三)展望

目前,人民币虽已顺利加入SDR,但为满足在国际贸易中被广泛使用和可自由兑换等方面还有很长一段路要走。

为推动人民币进一步国际化,我国将进一步完善人民币国际化的基础设施,如人民币跨境支付系统(CIPS)建设;进一步扩大经常项目人民币跨境使用,使用人民币作为计价结算货币;进一步拓宽人民币跨境投资渠道,如支持境外机构境内发行人民币债券;稳步开展双边货币合作,加强与相关中央银行的沟通和协调,扩大货币互换规模和范围。

随着我国金融改革的进一步深化,未来人民币国际使用将在跨境贸易、投融资和资产负债管理等方面为我国和全球各类市场主体带来更多的便利和机遇。

【知识窗】人民币跨境支付系统(CIPS)

如今,跨境人民币业务范围不断扩大,业务规模不断增长,金融机构和企业对人民币支付基础设施的要求日益提高。中国人民银行从2012年开始推动建设人民币跨境支付系统(Cross-border Interbank Payment System,CIPS),以此进一步提高人民币清算、结算的效率,便利人民币的使用,确保人民币支付业务安全、高效地开展。

CIPS的建设分阶段进行。(1) CIPS(一期)采用实时全额结算方式,主要服务于跨境贸易结算、跨境直接投资和其他跨境人民币结算业务。(2) CIPS(二期)将研究采用更加节约流动性的混合结算方式,全面支持人民币跨境和离岸资金结算。

【扩展延伸】人民币国际化发展状况

2015年6月11日,中国人民银行首次发布了《人民币国际化报告(2015年)》,对人民币国际化进程进行了梳理。文中指出,2014年人民币国际使用发展较快,人民币跨境收支占本外币跨境收支的比重上升至23.6%,离岸人民币市场也进一步拓展。人民币在跨境贸易和直接投资中的使用规模逐步上升,资本项目可兑换取得了明显进展,国际合作也有成效显著。2014年12月,人民币成为全球第2大贸易融资货币、第5大支付货币、第6大外汇交易货币。2015年上半年,以人民币进行结算的跨境货物贸易、服务贸易及其他经常项目、对外直接投资、外商直接投资分别发生3万亿元、3 711亿元、1 670亿元、4 866亿元。

2019年8月23日发布的《人民币国际化报告(2019年)》称,全球已有60多个央行或货币当局将人民币纳入外汇储备。超过32万家企业和270多家银行开展跨境人民币业务,与中国发生跨境人民币收付的国家和地区达242个。人民币作为支付货币功能不断增强,作为投融资和交易货币功能持续深化,作为计价货币功能有所突破,作为储备货币功能逐渐显现。

 小结

1. 货币有多种不同的定义。

2. 货币具有交易媒介、计价单位、支付手段、价值储藏四种功能。其中交易媒介、计价单位、支付手段功能降低了交易成本。在严重通货膨胀时期,货币迅速贬值,货币很难发挥价值储藏的功能。

3. 货币经历了商品货币、代用货币和信用货币三种形态。目前电子货币发展迅速,通过计算机终端、网络、手机等现代科技载体进行支付越来越普遍。

4. 货币本位制度一般经历了银本位制,金银复本位制,金本位制和不兑现的信用货币制度四个阶段。

5. 美元、欧元、英镑、日元相继实现不同程度的国际化,目前人民币国际化进程正在加速。

 关键词

货币;交换媒介;计价单位;支付手段;价值储藏;商品货币;代用货币;信用货币;银行券;纸币;本位币;无限法偿;有限法偿;银本位制;复本位制;金本位制;格雷欣法则;货币国际化

 课后习题

1. 比特币是货币吗?
2. 简述商品货币、代用货币与信用货币的区别。
3. 简述纸币和银行券的区别。

第二章 利率基础

导 读

利率与我们的生活息息相关,小到个人去银行存、贷款,大到央行实施货币政策都离不开利率。在现代生活中,利率不仅是金融运行与经济发展中物质与资本积累之间的一种联系,也是货币如何影响经济这一问题的核心。可以说利率是经济社会中最受关注的变量之一。在开始深入学习利率之前,我们必须准确理解利率的含义。本章中,我们将着眼于利率的基础知识,讨论利率的计量,探索均衡利率的决定;并了解实践中一些国家的利率控制和利率市场化做法。

第一节 利息及其计量

一、利息和利率的定义

利息是指借贷关系中由借入方支付给贷出方的报酬,是在偿还借款时大于本金的那部分金额。利息是信用关系成立的条件,利息的存在使信用关系得以产生、发展,从而促进了社会经济的发展。利率是一定时期内利息额同贷出资本额的比例。

一般来说,利率有两种计算方法:单利法和复利法。单利指单纯按本金为基数计算出来的利息,复利指按本金计算出来的利息额再加上本金,计算出下一期的利息。单利和复利的计算公式分别为:

$$I = P \cdot r \cdot n \tag{2-1}$$

$$I = P \cdot [(1+r)^n - 1] \tag{2-2}$$

其中,I 为利息,P 为本金,r 为利率,n 为期数。

二、现值和终值

现值(present value,PV)是未来某一时刻一定的货币金额在今天的价值。终值(future value,FV)是现在一定的货币金额在未来某一时刻的价值。现值和终值是相对的概念,下面介绍三种现值。

(一)单利现值与单利终值

单利现值是按单利计息,期望未来获得一定本息而现在需要投资的金额;单利终值是按

单利计息,现在投资一定金额未来所能获得的回报,公式分别为:

$$PV = \frac{FV}{1+n \cdot r} \quad (2\text{-}3)$$

$$FV = PV \cdot (1+n \cdot r) \quad (2\text{-}4)$$

例如,你现在持有了一种理财产品,它是单利计息的,年利率为10%,如果投资100元,期限为3年,那么3年后能得到:

$$FV = PV \cdot (1+n \cdot r) = 100 \times (1+3 \times 10\%) = 130(元) \quad (2\text{-}5)$$

(二) 复利现值与复利终值

在日常生活中,复利较单利更为常用,通常我们进行投资最后得到的回报都是按复利计算的。复利现值是按复利计息,期望未来获得一定本息而现在需要投资的金额;复利终值是按复利计息,现在投资一定金额未来所能获得的回报,公式分别为:

$$PV = \frac{FV}{(1+r)^n} \quad (2\text{-}6)$$

$$FV = PV \cdot (1+r)^n \quad (2\text{-}7)$$

例如,你现在持有一款理财产品,按年利率10%的复利计息,如果投资100元,期限3年,那么3年后能得到:

$$FV = PV \cdot (1+r)^n = 100 \times (1+10\%)^3 = 133.1(元) \quad (2\text{-}8)$$

与上面例子相比,这个例子的回报更高,由此可以得出一个结论:在期限、本金、利率相同的情况下,复利计息的终值比单利计息的终值大。

【学习指导】连续复利公式

如果将一年付息一次改为一年付息多次,推导复利终值公式。

r 表示年利率,如果一年内付息两次,那么每次支付的利息将变为原来的一半,而付息次数将变为原来的两倍。于是可得到的复利终值公式为:

$$FV = PV \cdot \left(1+\frac{r}{2}\right)^{2n} \quad (2\text{-}9)$$

如果一年内付息次数为 x 次,那么一年内多次计息的复利终值公式为:

$$FV = PV \cdot \left(1+\frac{r}{x}\right)^{xn} \quad (2\text{-}10)$$

如果再改变计息次数,每时每刻都在计息(即 $x \to \infty$),这样终值将会更大。利用高等数学的知识,连续复利终值公式可以这样推导:

$$FV = \lim_{x \to \infty} PV \cdot \left(1+\frac{r}{x}\right)^{xn} = \lim_{x \to \infty} PV \cdot \left(1+\frac{r}{x}\right)^{\frac{x}{r} \cdot rn} = PV \cdot \lim_{x \to \infty}\left[\left(1+\frac{r}{x}\right)^{\frac{x}{r}}\right]^{rn} = PV \cdot e^{rn}$$

$$(2\text{-}11)$$

(三) 复利年金现值和复利年金终值

年金（annuity）是指一定期限内每期等额收付的款项。复利年金现值是指未来一定期限内每期收取等额的资金,折现到现在的价值;复利年金终值是指未来一定期限内每期收取等额的资金,最后所能得到的金额。这里有一个隐含假设:每次收取年金后立即以同样的利率进行再投资。假设年金每期期末支付,则复利年金现值和复利年金终值的计算公式如下:

$$PV = \frac{C}{1+r} + \frac{C}{(1+r)^2} + \cdots + \frac{C}{(1+r)^n} \quad (2-12)$$

$$FV = PV \cdot (1+r)^n = C \cdot (1+r)^{n-1} + C \cdot (1+r)^{n-2} + \cdots + C \quad (2-13)$$

其中,C 为年金,n 为期数。

复利年金经常结合复利现值用于债券价值的计算,现举一例:假设你持有一张票面金额为 100 元的债券,期限为 3 年,票面利率为 8%,市场利率为 10%,那么这张债券现在的价值为:

$$\begin{aligned} P &= \frac{I}{1+r} + \frac{I}{(1+r)^2} + \frac{I}{(1+r)^3} + \frac{F}{(1+r)^3} \\ &= \frac{100 \times 8\%}{1+10\%} + \frac{100 \times 8\%}{(1+10\%)^2} + \frac{100 \times 8\%}{(1+10\%)^3} + \frac{100}{(1+10\%)^3} = 95.03(元) \end{aligned} \quad (2-14)$$

其中,I 为利息,F 为本金。

就是说,你最多花 95.03 元来买这张债券才不会亏。

(四) 永续年金现值

每期支付固定金额,没有到期日的年金称为永续年金。永续年金没有到期日,因此没有终值。息票债券的一个特例是统一公债,这是一种没有到期日,不必偿还本金,永远只需要支付固定的息票利息的永久性债券,统一公债的现金流即为永续年金。对于永续年金的现值计算,可以采用下面的公式。

$$PV = \frac{C}{r} \quad (2-15)$$

【学习指导】永续年金现值公式的推导

设年金为 C,每期期末支付;市场利率为 r,根据复利年金现值公式,有:

$$PV = \frac{C}{1+r} + \frac{C}{(1+r)^2} + \cdots + \frac{C}{(1+r)^n} \quad (2-16)$$

其中,$n \to \infty$。

上述公式是一个等比数列,可以写成:

$$PV = \frac{(1+r)^n - 1}{r \cdot (1+r)^n} \cdot C \quad (2-17)$$

其中,$n \to \infty$。

对上式求极限:

$$PV = C \cdot \lim_{n\to\infty}\left[\frac{(1+r)^n}{r\cdot(1+r)^n} - \frac{1}{r\cdot(1+r)^n}\right] = C \cdot \lim_{n\to\infty}\left[\frac{1}{r} - \frac{1}{r\cdot(1+r)^n}\right] = \frac{C}{r}$$
(2-18)

三、利率的计量——到期收益率

通常计算利率的途径有若干种,其中最重要的是到期收益率,也就是使债务工具所有未来回报的现值与现在的价值相等的利率。为了更好地理解利率,本书将分别计算3种信用工具的到期收益率。在所有的例子中,核心都是令债务工具现在的价值等于它未来所有的回报的现值。

(一) 普通贷款的到期收益率

求解普通贷款的到期收益率,即为求解复利现值与复利终值公式中的利率。贷款人向借款人提供一定数量资金,借款人必须在到期日归还本金,并支付利息。例如,你向姐姐借了100元,姐姐要求三年后归还133.1元,那么$PV=100$,$FV=133.1$,$n=3$。

$$100 = \frac{133.1}{(1+i)^3}$$
(2-19)

解得到期收益率$i=10\%$。

(二) 等额本息贷款的到期收益率

等额本息贷款是指贷款人向借款人提供一定数量的资金,在约定的若干年内,借款人每期偿还固定的金额,其中既包括本金,也包括利息,即为复利年金现值与复利年金终值公式中的利率。例如,你向银行贷款1 000万元,在未来的25年每年需要偿付125万元。第一年偿付的125万元现值是$\frac{125}{1+i}$,第二年偿付的125万元现值是$\frac{125}{(1+i)^2}$,最后一笔125万元的现值是$\frac{125}{(1+i)^n}$。令这笔贷款今天的价值等于未来每年偿付款项的现值之和,即

$$1\,000 = \frac{125}{1+i} + \frac{125}{(1+i)^2} + \cdots + \frac{125}{(1+i)^n}$$
(2-20)

对于任何等额本息贷款有:

$$P = \frac{C}{1+i} + \frac{C}{(1+i)^2} + \cdots + \frac{C}{(1+i)^n}$$
(2-21)

其中,P为贷款金额,C为每年固定的偿付额,即年金,i为所要求解的等额本息贷款的到期收益率。

(三) 息票债券的到期收益率

这种债券在到期日之前每年向债券持有人支付等额的利息,到期时再偿还事先规定的债券面值。计算到期收益率的方法本质上都是一样的,就是要令债券现在的价值等于它的现值,即息票债券的现值等于所有息票利息的现值加上最后偿还的债券面值的现值。

$$P = \frac{I}{1+i} + \frac{I}{(1+i)^2} + \cdots + \frac{I}{(1+i)^n} + \frac{F}{(1+i)^n}$$
(2-22)

其中，P 为债券的现价，I 为每年的息票利息，F 为债券的面值，n 为距到期日的期数。

读者可以根据公式计算一下对应不同债券价格的到期收益率，或者直接从公式本身看，我们可以看出三个事实：

(1) 如果息票债券价格等于面值，到期收益率等于息票利率。

(2) 息票债券的价格与到期收益率是负相关的。当到期收益率上升，债券价格下降，反之亦然。

(3) 当债券价格低于其面值时，到期收益率要高于票面利率。因为到期收益率高于票面利率时，说明购买这个债券无法从利息收入获得应有的正常回报，所以债券价格应低于面值，使持有人从债券价格和面值的差额中弥补损失。

四、利率的分类

(一) 名义利率和实际利率

名义利率和实际利率的不同是存在通货膨胀现象时的现象。实际利率是指物价不变从而货币购买力不变的条件下的利率（即剔除了通胀因素的利率）；而相对应地，名义利率是指包含了通货膨胀因素的利率，即官定或市场决定的现时利率。

如果 r 为名义利率，i 为实际利率，π 为通货膨胀率，根据费雪效应，三者关系可用以下方程式表示：

$$i = r - \pi \tag{2-23}$$

但是这个简化的等式不完全精准，准确的表述应为：

$$1 + r = (1 + i) \cdot (1 + \pi) \tag{2-24}$$

则，

$$1 + r = 1 + i + \pi + i \cdot \pi \tag{2-25}$$

又 $i \cdot \pi$ 非常小，我们可以忽略不计，得到：

$$r = i + \pi \tag{2-26}$$

根据名义利率与通货膨胀率的比较，实际利率可能为正利率、零利率、负利率。名义利率与实际利率的区分十分重要，因为实际利率反映了真实的借款成本。2015 年，中国人民银行连续五次下调基准利率，降低借款成本以刺激经济。日本实施量化宽松政策，在名义利率接近零利率的情况下回购国债增加货币供给，货币供应大幅增加，物价水平上升，通货膨胀率上升，使实际利率为负利率，刺激经济复苏。

【学习检查】实际利率

(1) 假设某名义利率为 12%，通货膨胀率为 8%，则实际利率为多少？

(2) 已知年利率为 8%，如果按季度进行复利计息，那么半年期得到的实际利率为多少（不考虑通货膨胀）？（提示：事实上，本题中的实际利率与前面所介绍的实际利率概念有所差异，前面的实际利率由于通货膨胀而产生；此处是由于计息方式与计息期间不同得到的有效利率。）

【环球视野】负利率

经济理论和经济实践曾经一直让我们坚信：经济体系都建立在正的名义利率之上。而负利率通常是指通货膨胀率高过名义利率的状态，即实际利率为负。如今，负利率的含义发生了变化。2016年1月29日，日本央行决定对超额准备金账户采取—0.1%的利率，为亚洲首个实施负利率的国家。此消息一公布即引发外汇市场剧震，日元对美元快速跌200多点，跌破121。日经225指数大涨逾3%，日本10年期国债收益率降至纪录低点0.185%。

事实上，此前已有4家央行实施负利率。2012年7月，丹麦最早开展负利率实验；2014年6月，欧洲央行开启负利率，将隔夜存款利率降至—0.1%；2014年12月，瑞士央行将央行活期存款年利率定为—0.25%；并将三个月的伦敦银行同业拆借利率区间扩大至[—0.75%，0.25%]；2015年2月，瑞典正式开始实施负利率，将基准利率从零下调至—0.1%。

(二) 市场利率、法定利率、公定利率

市场利率是指由供求关系决定的利率。法定利率是指由政府金融管理部门或者中央银行确定的利率，也称官定利率。法定利率包括存款准备金利率、再贴现率、再贷款率、公开市场操作利率等。公定利率是介乎市场利率与法定利率之间、由非政府部门的金融行业自律性组织（如银行公会）所确定的利率。这种利率仅对其成员银行具有约束性。

(三) 一般利率和优惠利率

一般利率是指在不享受任何优惠条件下的利率。优惠利率是指中央银行对国家拟重点发展的某些经济部门、行业或产品制定较低的利率，目的在于刺激这些部门的生产，调动它们的积极性，实现产业结构和产品结构的调整。同时优惠利率也指银行给信誉好、经营业绩佳且具有良好发展前景的借款人提供的利率。优惠利率通常为发展中国家所用。一般来说，优惠利率可以分为两种形式：一是中央银行对需要重点发展的部门、行业和产品制定较低的贷款利率，由商业银行执行；二是对需重点发展的部门、行业和产品的票据制定较低的再贴现率。

(四) 固定利率和浮动利率

固定利率是指在借贷期内不做调整的利率。实行固定利率，对于借贷双方准确计算成本与收益十分方便。浮动利率是一种在借贷期内可调整的利率。在发达的金融市场，利率通常在基准利率基础上根据客户信用风险加成生成。如在欧元区，借贷利率的基准利率是EURIOR，在国际金融市场，基准利率是LIBOR。

【知识窗】SHIBOR

SHIBOR，即上海银行间同业拆放利率，于2007年1月正式推出，成为中国金融市场重要的基准利率。SHIBOR是由信用等级较高的银行自主报出的人民币同业拆出利率计算确定的算术平均利率，是单利，是无担保、批发性利率。目前，向社会公布的SHIBOR品种包括隔夜、1周、2周、1个月、3个月、6个月、9个月及1年。

SHIBOR报价银行团现由16家商业银行组成。报价银行是公开市场一级交易商或外汇市场做市商，在中国货币市场上人民币交易相对活跃、信息披露比较充分的银行。中国人民

银行成立 SHIBOR 工作小组,依据《上海银行间同业拆放利率(SHIBOR)实施准则》确定和调整报价银行团成员、监督和管理 SHIBOR 运行、规范报价行与指定发布人行为。SHIBOR 的报价计算和信息发布由全国银行间同业拆借中心负责进行。每个交易日根据各报价行的报价,剔除最高、最低各 4 家报价,对其余报价进行算术平均计算后,得出每一期限品种的 SHIBOR,并于 11:30(2014 年 8 月 1 日起改为 9:30)对外发布。

第二节 均衡利率决定

利率是如何决定的呢?利率均衡理论给出了答案。古典利率理论认为利率作为资本价格,由资本、自然资源、技术水平等实物因素决定。相反,凯恩斯的流动性偏好理论则认为实物因素与利率无关,利率由货币供求决定。由于古典利率理论与流动性偏好理论均走向极端,俄林与罗伯逊进一步提出了可贷资金理论,同时考虑货币因素与实物因素,认为利率由可贷资金的供求关系决定。但可贷资金理论只考虑了可贷资金市场的均衡,没有考虑货币市场与商品市场同时达到均衡时利率的决定,而且还忽略了收入这一重要变量。随后新古典综合学派提出的 $IS-LM$ 模型解决了这一问题,是目前对利率决定机制最为全面的解释。

一、古典利率理论

古典利率理论也即利率的储蓄投资理论,认为利率取决于储蓄与投资均衡的那一点。

古典学派认为投资主要取决于资本的边际产出和边际成本。资本的边际成本就是利率,利率实际上也就是资本的价格。当资本的边际产出高于边际成本时,企业才会增加投资。资本的边际产出通常会随着资本投入量的增加而递减,当投资增加到一定程度使得资本的边际产出等于边际成本时,企业利润最大,市场达到均衡状态。因此投资是利率的减函数。如图 2-1 中的 $I(r)$ 曲线所示,投资函数曲线是随着利率上升而下降的。如图 2-1 所示。$S(r)$ 表示储蓄函数曲线,$I(r)$ 表示投资函数曲线,r_0 表示均衡利率。

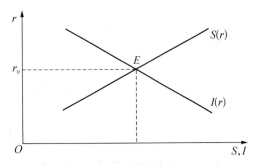

图 2-1 古典学派的储蓄投资理论

储蓄取决于人们对消费的时间偏好。大多数人偏好当期消费,如果要增加储蓄,就得放弃当期消费,此时投资者必须给予他们一定的利息补偿。利率越高,补偿越多,那么储蓄也会相应增加。储蓄实际上也是资本的供给。因此储蓄是利率的增函数,如图 2-1 的 $S(r)$ 曲线所示。

在自由竞争市场,利率作为资本价格,由实物因素决定,包括资本、自然资源、劳动供给和技术水平等真实因素。而货币则只是实物经济交易的媒介,利率决定不受货币因素影响,因此古典利率理论也称为"真实利率理论"。

二、流动性偏好理论

与古典利率理论相反,凯恩斯学派的利率决定理论是一种货币理论,认为利率完全由货币供求关系决定。

凯恩斯认为,货币需求取决于持有货币的三个动机:交易动机(transaction motive)、预防动机(precautionary motive)和投机动机(speculative motive)。交易动机是指个人或企业为了应付日常交易需要而持有货币的动机。预防动机是指个人或企业为了应付意料之外的支出而持有货币的动机,即人们需要货币是为了应付不测之需。由交易动机和预防动机引发的货币需求量被认为是收入的函数,与利率没有直接关系,与收入同方向变动。

投机动机是指人们为了抓住有利可图的机会购买生息资产(如债券等有价证券)而持有货币的动机。人们可以用收入购买债券,从而获得利息;也可以持有货币,货币不仅有很强的流动性满足人们交易与支付需求,还可以在利率上升时用于投资更好的投资机会。利息是人们放弃持有货币的报酬,利率越高,人们持有货币进行投机的机会成本也越高,因此,出于投机动机的货币需求是利率的减函数。

我们用 L_1 来表示出于交易动机和预防动机的货币需求,Y 表示收入,L_1 是收入 Y 的增函数,则 $L_1=L_1(Y)$,$\dfrac{d(L_1)}{dY}>0$。我们用 L_2 表示出于投机动机的货币需求,r 表示利率,投机动机是利率的减函数,则 $L_2=L_2(r)$,$\dfrac{d(L_2)}{dr}<0$。

于是我们得到总的货币需求函数为:

$$M=L_1(Y)+L_2(r)=L \tag{2-27}$$

凯恩斯认为,利率由货币供给与需求的均衡所决定。而货币供给由货币当局控制,是外生变量。如图 2-2 所示,M 曲线表示货币供给函数,L 曲线表示货币需求函数,M 与 L 相交的一点所对应的利率 r_1 即为均衡利率。他还指出,当利率低至一定水平时,如图 2-2 的 r_0 所示,由于人们都预期利率将上升,因而都持有货币,此时的货币需求趋于无限大,就会出现"流动性陷阱"(liquidity trap),此时再宽松的货币政策也难以降低利率,货币政策失效。

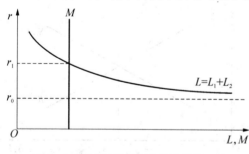

图 2-2 凯恩斯学派的流动性偏好理论

三、可贷资金理论

凯恩斯"流动性偏好理论"和货币数量决定利率水平的理论在 20 世纪 30 年代后期遭到了瑞典学派的俄林(Bertil Ohlin)和凯恩斯早年在剑桥大学任教时的学生罗伯逊(Dennis Holme Robertson)的批评,俄林和罗伯逊提出了"可贷资金理论",认为利率是由可用于借贷的资金供给与需求的均衡决定的。利率是借贷资金的价格,借贷资金的价格取决于金融市场上的资金供求关系。

针对古典利率理论和凯恩斯的流动性偏好理论,可贷资金理论认为它们都有其不足之处。可贷资金理论认为在利率决定的问题上,储蓄和投资影响利率决定,但不应忽视货币因素;而凯恩斯关于货币因素对利率决定的影响是可取的,但并不能因此完全否定实物因素。可贷资金理论试图在古典利率理论的框架内,将货币供求变动等货币因素考虑进去,在利率决定问题上同时考虑货币因素和实物因素,以完善利率决定理论。

可贷资金理论认为,可贷资金的需求来自:(1)投资,包括家庭、企业和政府等社会各个部分的投资需求,这些构成了货币需求的主要部分,投资与利率是负相关关系;(2)窖藏,现实生活中储蓄者因为某种需要会窖藏一部分货币。利率是窖藏的机会成本,这部分货币需求与利率负相关。我们将投资表示为 $I(r)$,窖藏部分表示为 ΔM_d,则可贷资金需求可表示为 $M_d = I(r) + \Delta M_d$,M_d 与利率 r 负相关。可贷资金的供给包括:(1)家庭、企业的实际储蓄,是可贷资金的主要来源,储蓄与利率正相关;(2)实际货币供给量的增加量,与利率正相关;(3)窖藏资金的启用,投资者将手中窖藏的货币重新投入资本流通领域,与利率正相关。我们将家庭、企业的实际储蓄表示为 $S(r)$,实际货币供给增加量和窖藏资金的启用表示为 ΔM_s,则可贷资金供给 $M_s = S(r) + \Delta M_s$,M_s 与利率 r 正相关。

M_d 曲线与 M_s 曲线的交点即为可贷资金的供给与需求的均衡点,对应的利率 r_0 即为均衡利率(见图 2-3)。

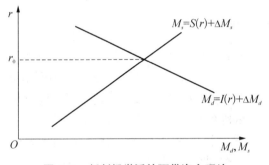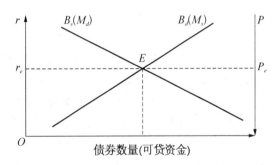

图 2-3　新剑桥学派的可贷资金理论　　　　图 2-4　另一种形式的可贷资金理论

如果假定可贷资金供求双方之间的借贷活动都采取发行债券的形式来进行,那么可贷资金的需求就等于债券的供给,我们用 $B_s(M_d)$ 来表示。同时,可贷资金的供给就等于债券的需求,我们用 $B_d(M_s)$ 来表示。那么我们就能得到可贷资金理论的另一种表述形式,如图 2-4 所示。

虽然可贷资金理论综合考虑了实物因素与货币因素,但只考虑了可贷资金市场的均衡,没有考虑货币市场与商品市场同时达到均衡时利率的决定,而且还忽略了收入这一重要变量。

四、新古典综合派的利率理论(IS-LM 模型)

在上述理论的基础上,英国现代著名的经济学家希克斯和美国著名的经济学家汉森提出了著名的 IS-LM 模型。IS-LM 模型引入了国民收入这一因素。该理论认为,利率与投资函数、储蓄函数、流动性偏好函数和货币供给相关,而收入是影响这些要素的重要变量,因此在讨论利率决定理论时,利率与收入之间存在密切联系,两者共同决定商品市场、货币市场的均衡。这样 IS-LM 模型就具备了一般均衡理论特征,既确定了均衡产出水平(即收入),也确定了均衡利率水平,收入与利率之间有相互决定的关系。

我们先来讨论利率决定收入的情况。利率影响投资，投资进而决定收入水平。但只有在投资等于储蓄时，收入水平才是确定的，否则收入必然发生相应的变动。为此，我们在储蓄等于投资的条件下得到一条利率-收入曲线，即 IS 曲线。推导过程如图 2-5 所示：

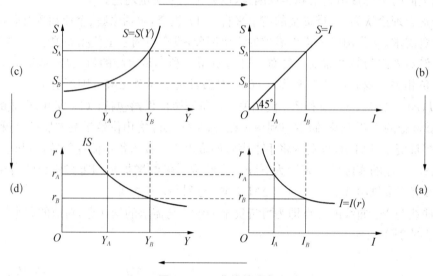

图 2-5　IS 曲线的决定

(a)图是投资-利率平面；(b)图是投资-储蓄平面；(c)图是收入-储蓄平面；(d)图是收入-利率平面。我们知道，利率 r 和投资 I 呈负相关，储蓄 S 是收入 Y 的增函数。当利率 r 上升时，投资 I 减少，此时储蓄大于投资，收入将减少，进而使储蓄下降，直到储蓄和投资相等。利用(b)图中 $I=S$，可以得出(d)图中收入 Y 和利率 r 的 IS 曲线。从这个推导过程中我们可以发现，为保持储蓄与投资相等，利率与收入是负相关的，所以 IS 曲线是向右下方倾斜的。IS 曲线就是商品市场均衡时（$I=S$）各种利率与收入的组合。

我们再来看看收入决定利率的情况。收入通过货币需求来决定利率。同样只有当货币供求平衡时，才能得到确定的利率。此时，我们可以在货币供求平衡条件下得到一条收入-利率曲线，即 LM 曲线。

推导过程如图 2-6 所示：(a)图是收入-L_1平面；(b)图是 L_2-L_1 平面；(c)图是 L_2-利率平面；(d)图是收入-利率平面。其中 L_1 表示交易动机和预防动机的货币需求，L_2 表示投机动机的货币需求，可知收入 Y 和 L_1 呈正相关，L_2 和利率 r 呈负相关。当收入 Y 上升时，对应的货币需求 L_1 上升，而利用(b)图中 $M=L_1+L_2$ 的关系，总的货币供给 M 是不变的，所以对应的 L_2 减少，根据 L_2 与利率 r 的负相关性，可得利率 r 上升。由此得出(d)图中收入 Y 和利率 r 的 LM 曲线。为保证货币市场均衡，收入的上升将带来利率上升，LM 曲线是向右上方倾斜的曲线。

由于 IS 曲线和 LM 曲线分别代表商品市场和货币市场的均衡，为此单独一条曲线无法决定两个市场全部均衡状态下的收入和利率。因此我们将两条曲线合并得到 IS-LM 模型。如图 2-7 所示，交点 E 所决定的收入 Y_e 和利率 r_e 就是使整个经济处于一般均衡状态的唯一的收入水平和利率水平。

IS-LM 模型是包含了货币因素与实物因素的一般均衡理论，是目前对利率决定机制最为完善的解释。

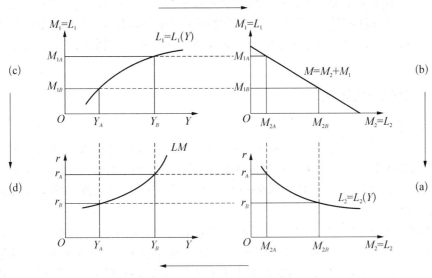

图 2-6 LM 曲线的决定

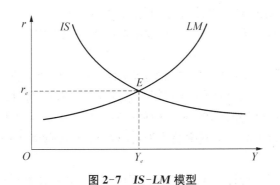

图 2-7 IS-LM 模型

【学习检查】IS-LM 模型

试画相应的图形推导 IS-LM 模型,以检查对 IS-LM 模型的掌握程度。并探讨什么因素影响着 IS 曲线与 LM 曲线;在什么情况下,IS 曲线与 LM 曲线会发生移动。

第三节 利率控制

上一节我们讨论了均衡利率决定的理论,本节我们将看到利率在一些国家的实践中并非处于均衡状态,而是受到控制的。

一、利率控制的背景

利率控制指中央银行依法直接限制商业银行的存、贷款利率水平,防止商业银行利用利率作为竞争手段,扰乱金融秩序。由于信息不对称和外部性等原因,金融市场最有可能存在市场失败。一定程度的政策干预不仅使市场能够更好地发挥作用,也有助于提高各部门的经济绩效。因此,一部分经济学家主张政府对利率实行控制,且利率水平应该控制在市场出清水平之下。

二、利率控制的实践

(一) 美国

1929—1933 年,美国经历了一场经济大萧条,金融市场随之也进入管制时期。与此同时,美国联邦储备委员会颁布了一系列金融监管条例,并按照字母顺序为这一系列条例进行排序,其中于 1933 年 8 月 29 日颁布的对存款利率进行管制的规则排序为 Q,即 Q 条例(Regulation Q)。

Q 条例为了降低银行资金成本,禁止联邦储备委员会成员银行对活期存款支付利息,并对其所吸收的储蓄存款和定期存款规定利率上限。此后又在 1966 年通过了《利息调整法案》(Interest Adjustment Act),将此限制扩大至全部储蓄机构,设定其上限稍高于商业银行存款利率上限,以起到既限制存款利率竞争,又能够保护储蓄机构的作用,其理由是商业银行比储蓄机构有更多的金融产品和服务,因而竞争优势明显。

Q 条例在颁布之初,对美国经济和银行业复苏起到了积极作用。

(二) 日本

第二次世界大战后,日本国内出现粮食危机,通货膨胀直线上升。为此,日本政府采取了"改换新日元、冻结存款、五百日元生活"等一系列对策。1947 年 12 月,日本公布实行《临时利率调整法》,把存款利率分为 10 类,各种种类的存款利率都由日本银行政策委员会进行详细规定。这段时间,日本的实际利率始终为负,对经济复苏起到了一定作用。

(三) 中国

改革开放之后,中国实行社会主义市场经济体制,中国人民银行通过行政干预、再贴现率、存款准备金率、公开市场操作等行为调控甚至直接规定决定存、贷款利率。央行在管制存、贷款利率的同时辅之以限制竞争等政策,维持国有金融机构和国有企业的垄断地位,以制约中小商业银行、非国有经济及金融市场的快速发展为代价。在利率管制的背景下,利率不能充分反映市场资金供求,银行可以通过高利差轻松盈利,损害了非公有制企业的融资和储户的理财需求。同时,利率的管制使中国的汇率制度较为僵化。

三、利率控制的后果

尽管一些国家实行利率控制在开始时可能是必要的,但随着时间的推移,其负面影响必然日益严重。

(一) 负收入效应

很多发展中国家存在着严重的通货膨胀,但名义利率却被严格控制,联系我们之前所学的费雪效应,这些国家的实际利率往往是负的。为规避通货膨胀,公众减少以货币形式保有的储蓄,从而导致投资资金来源枯竭,收入水平甚至下降。

(二) 负储蓄效应

与负收入效应原因相同,政府试图用限定名义利率的做法实现金融管制会减少储蓄倾向,用购买物质财富如房产、增加消费支出、通过地下钱庄等非法途径向国外转移资金的办法规避风险;即便想储蓄也因金融资产匮乏、流通变现困难等原因而难以实现。

(三) 负投资效应

由于一些发展中国家认为利用国家集权的力量更有助于实现现代化,常常将有限的资金集中于那些规模大的企业、技术更先进的行业。在中国,利率控制使国有企业以较低的利率进行融资,而非国有经济存在融资难问题,导致有些产能过剩、效率较低的国有企业持续存在甚至维持垄断地位。降低投资效率,造成严重浪费。

(四) 金融风险积聚

由于利率限制,用于放贷的存款少于贷款需求必然加剧借贷风险。例如,中国在利率控制下涌现了以高利率进行放贷的大规模影子银行,增加了金融市场的风险。同时,资金必然东奔西突,寻找高投资收益,新型金融机构因不受法律限制而兴起,造成银行存款大量外流。导致存款性金融机构流动性严重短缺,岌岌可危。美国Q条例实行期间情形即如此。

(五) 一些金融管制形同虚设

为规避利率管制,商业银行面对储蓄减少必然进行各种各样的金融产品创新或通过降低储户服务费用等方式进行创新,导致利率管制等形同虚设。对此,我们将在第八章进行讨论。

第四节 利率市场化

鉴于利率管制的弊端,20世纪八九十年代各国大都经历过从严格利率管理到逐步放松管制的过程,也就是经历从利率管制到利率市场化的过程。例如,美国在1980年废除了"Q条例",在1986年3月实现利率市场化。

一、利率市场化的含义

利率市场化是指利率水平及其结构由经济主体自主决定的过程。通常包括三方面含义:(1)利率水平的高低由市场供求关系决定;(2)形成一个以中央银行利率为核心、货币市场利率为中介,由市场供求决定存贷款利率的体系;(3)中央银行作为利率调节的主体。

利率市场化实质上是一个逐步发挥市场机制在利率决定中的作用、进而实现资金流向和配置不断优化的过程。但利率市场化并不意味着利率的完全自由化,中央银行仍可以通过市场化操作影响市场基准利率,进而影响其他金融产品的定价。

二、中国利率市场化的必要性

(一) 优化资源配置

1992年,中国确立了改革目标,力图发挥市场在资源配置中的基础性作用,以实现资源优化配置。作为资金价格的利率只有实现了市场化,才能实现资金流向和配置的优化,从而在资源有效配置中起到基础性调节作用。

(二) 体现金融机构的自主定价权

中国市场化改革从一开始就强调尊重企业自主权,其中最主要是尊重企业定价权。在金融行业，除个别政策性金融机构外，目前中国金融机构都是按照企业化运作的，金融企业自主经营权的一个直接表现正是能对自身产品和服务具有定价权。

（三）反映客户选择权

金融机构的客户有居民、企业，还有各种类别的其他类型主体。这些客户在竞争性市场中有选择权，可以在市场上自主选择各类金融机构、各种金融产品和服务。通过利率市场化，金融机构才有可能为客户提供多样化的选择。

（四）反映金融产品或服务的差异化

在金融市场，金融产品如同其他商品一样会出现多样化，同类产品可能有不同品牌、规格和目标群体。同时，不同金融机构对同一项目、同一客户的风险判断也会出现差异，这些差异应该在其服务定价中得到反映。

（五）宏观调控的需要

宏观调控，特别是中央银行货币政策，需要有一个顺畅、有效的传导机制，并对市场价格产生相应的影响。而这些影响只有借助市场化利率才有可能实现。

当然，推进利率市场化改革也有相应的弊端，比如可能导致利率大幅度波动，加大银行利率风险和信用风险，增加银行竞争成本，在监管不力的情况下可能导致无序竞争。

三、中国的利率市场化

中国推进利率市场化的改革思路是按照先外币后本币、先贷款后存款，先大额长期后小额短期，具体进程我们在下文的知识窗中讲述。目前中国的利率市场化已进入新阶段，核心是建立健全与市场相适应的利率形成和调控机制，提高市场利率调控的有效性。

（1）通过央行利率政策指导体系引导和调控市场利率。借鉴国际经验，中国正在积极构建和完善央行利率体系，以此引导和调控包括市场基准利率和收益率曲线在内的整个市场利率，实现政策目标。

（2）各类金融市场以市场基准利率和收益率曲线为基准进行利率定价。货币市场、债券市场等市场利率可根据SHIBOR、短期回购利率、国债收益率等来确定，并形成市场收益率曲线。信贷市场可以参考的定价基准包括贷款市场报价利率（LPR）、SHIBOR、国债收益率曲线等，在过渡期内央行公布的贷款基准利率仍发挥一定的基础作用。各种金融产品都有其定价基准，在基准利率上加点形成差异化的利率体系。

（3）进一步理顺利率传导机制。在完善央行政策利率体系、培育市场基准利率的基础上，人民银行将进一步理顺从央行政策利率到各类市场基准利率，从货币市场到债券市场再到信贷市场，进而向其他市场利率乃至实体经济的传导渠道。同时，通过丰富金融市场产品，推动相关价格改革，提升市场化利率传导效率。

【知识窗】中国利率市场化进程

20世纪90年代后期以来，中国开始着手利率市场化改革，总体思路是先货币市场和债券市场利率市场化，后存贷款利率市场化。

（一）同业拆借利率市场化

1986年1月7日，国务院颁布《中华人民共和国银行管理暂行条例》，明确规定专业银行资金可以相互拆借,资金拆借期限和利率由借贷双方协商议定。

1990年3月,我国出台了《同业拆借管理试行办法》,首次系统地制订了同业拆借市场运行规则,并确定了拆借利率实行上限管理的原则,对规范同业拆借市场发展、防范风险起到了积极作用。

1995年11月30日,根据国务院有关金融市场建设的指示精神,人民银行撤销了各商业银行组建的融资中心等同业拆借中介机构。从1996年1月1日起,所有同业拆借业务均通过全国统一的同业拆借市场网络办理,生成了中国银行间拆借市场利率(CHIBOR)。至此,银行间拆借利率放开的制度、技术条件基本具备。

1996年6月1日,人民银行《关于取消同业拆借利率上限管理的通知》明确指出,银行间同业拆借市场利率由拆借双方根据市场资金供求自主确定,标志着银行间同业拆借利率正式放开。

(二)债券市场利率市场化

1991年,国债发行开始采用承购包销发行方式。

1996年,财政部通过证券交易所市场平台实现了国债的市场化发行,成为中国债券发行利率市场化的开端。

1997年6月5日,人民银行下发了《关于银行间债券回购业务有关问题的通知》,决定利用全国统一的同业拆借市场开办银行间债券回购业务。借鉴拆借利率市场化的经验,银行间债券回购利率和现券交易价格同步放开,由交易双方协商确定。

1998年国家开发银行首次通过人民银行债券发行系统以公开招标方式发行了金融债券,随后中国进出口银行也以市场化方式发行了金融债券。

1999年,财政部首次在银行间债券市场实现以利率招标的方式发行国债。

2004年4月12日,人民银行颁布的《全国银行间债券市场债券买断式回购业务管理规定》,进一步丰富了债券回购的业务形式,增加了回购市场价格发现、规避风险等多种功能。

(三)外币利率市场化

1996年以来,随着商业银行外币业务的开展,各商业银行普遍建立了外币利率的定价制度,加之境内外币资金供求相对宽松,外币利率市场化的时机日渐成熟。2000年9月21日,经国务院批准,人民银行组织实施了境内外币利率管理体制的改革:一是放开外币贷款利率,各项外币贷款利率及计结息方式由金融机构根据国际市场的利率变动情况以及资金成本、风险差异等因素自行确定;二是放开大额外币存款利率,300万以上(含300万)美元或等额其他外币的大额外币存款利率由金融机构与客户协商确定。

从2000年9月21日开始,放开外币贷款利率,由金融机构根据国际金融市场利率的变动情况以及资金成本、风险差异等因素,自行确定各种外币贷款利率以及结息方式。

2002年3月,人民银行将境内外资金融机构对境内中国居民的小额外币存款,统一纳入境内小额外币存款利率管理范围。

2003年7月,境内英镑、瑞士法郎、加拿大元的小额存款利率放开,由各商业银行自行确定并公布。

2003年11月,小额外币存款利率下限放开。

2004年11月,人民银行在调整境内小额外币存款利率的同时,决定放开1年期以上小额外币存款利率。

(四) 人民币贷款利率市场化

1987年1月，人民银行首次进行了贷款利率市场化的尝试。在《关于下放贷款利率浮动权的通知》中规定，商业银行可根据国家的经济政策，以国家规定的流动资金贷款利率为基准上浮贷款利率，浮动幅度最高不超过20%。

1996年5月，为减轻企业的利息支出负担，贷款利率的上浮幅度由20%缩小为10%，下浮10%不变，浮动范围仅限于流动资金贷款。

1998年10月31日起，金融机构（不含农村信用社）对小企业的贷款利率最高上浮幅度由10%扩大到20%；农村信用社贷款利率最高上浮幅度由40%扩大到50%。

1999年4月1日起，贷款利率浮动幅度再次扩大，县以下金融机构发放贷款的利率最高可上浮30%。9月1日起，商业银行对中小企业的贷款利率最高上浮幅度扩大为30%，对大型企业的贷款利率最高上浮幅度仍为10%，贷款利率下浮幅度为10%。农村信用社浮动利率政策保持不变。

2003年8月，人民银行在推进农村信用社改革试点时，允许试点地区农村信用社的贷款利率上浮不超过贷款基准利率的2倍。

2004年1月1日，人民银行决定将商业银行、城市信用社的贷款利率浮动区间上限扩大到贷款基准利率的1.7倍，农村信用社贷款利率的浮动区间上限扩大到贷款基准利率的2倍，金融机构贷款利率的浮动区间下限保持为贷款基准利率的0.9倍不变。同时明确了贷款利率浮动区间不再根据企业所有制性质、规模大小分别制定。

2004年10月29日，人民银行决定不再设定金融机构（不含城乡信用社）人民币贷款利率上限。

2012年6月7日，中国人民银行决定将金融机构贷款利率浮动区间的下限调整为基准利率的0.8倍。

中国人民银行决定，自2013年7月20日起全面放开金融机构贷款利率管制。

为完善金融市场基准利率体系，指导信贷市场产品定价，2013年10月25日，LPR集中报价和发布机制正式运行。2019年8月17日，全国银行间同业拆借中心披露新的LPR报价行。2019年10月8日起，新发放商业性个人住房贷款利率以最近一个月相应期限的LPR为定价基准加点形成。首套房贷款利率不得低于相应期限LPR报价，二套房贷款利率不得低于相应期限LPR报价加60个基点。

(五) 存款利率市场化

1999年10月，中国人民银行批准中资商业银行法人对中资保险公司法人试办五年期以上（不含五年期）300万元以上的长期大额协议存款业务，利率水平由双方协商确定。这是存款利率市场化的有益尝试。

2002年2月和12月，协议存款试点的存款人范围扩大到全国社会保障基金理事会和已完成养老保险个人账户基金改革试点的省级社会保险经办机构。

2003年11月，国家邮政局邮政储汇局获准与商业银行和农村信用社开办邮政储蓄协议存款。

2004年10月29日，人民银行决定允许金融机构人民币存款利率下调。

2012年6月7日，中国人民银行决定，自2012年6月8日起下调金融机构人民币存贷款基准利率。金融机构一年期存款基准利率下调0.25个百分点，将金融机构存款利率浮动区间的上限调整为基准利率的1.1倍。

2014年11月22日,中国人民银行决定结合推进利率市场化改革,将金融机构存款利率浮动区间的上限由存款基准利率的1.1倍调整为1.2倍;其他各档次贷款和存款基准利率相应调整,并对基准利率期限档次作适当合并。

2015年3月1日,中国人民银行决定结合推进利率市场化改革,将金融机构存款利率浮动区间的上限由存款基准利率的1.2倍调整为1.3倍。

2015年5月11日,中国人民银行决定结合推进利率市场化改革,将金融机构存款利率浮动区间的上限由存款基准利率的1.3倍调整为1.5倍。

2015年8月26日,中国人民银行决定,放开一年期以上(不含一年期)定期存款的利率浮动上限,活期存款以及一年期以下定期存款的利率浮动上限(1.5倍)不变。

2015年10月24日起,中国人民银行决定对商业银行和农村合作金融机构等不再设置存款利率浮动上限。

【环球视野】LIBOR 操纵案的教训

SHIBOR在推出之初的目标是将其打造成基准利率,先将市场化产品定价与SHIBOR挂钩,再将存贷款利率定价与SHIBOR挂钩,为最终实现从数量调控转向价格调控奠定基础。

与SHIBOR作用相似的伦敦同业拆借利率(LIBOR)曾在历史上发生过LIBOR操纵案,即巴克莱银行的一个交易员通过个人关系网影响甚至操纵五种货币的基准利率,以实现相应的利益。这导致作为全球金融产品定价基准的LIBOR失去公信力,为中国推进利率市场化提供了教训。(1)提高银行的代表性。这是从基准利率的计算说起的,由于需要从16家报价银行中剔除最高最低的几个数据求平均,所以这16家银行的数据一定要有代表性。(2)报价透明化。由于银行的资本拆借成本是不透明的,所以各银行需要公开其报价过程或者其参照标准,并接受审计。(3)遵守"中国墙"原则。报价者应当与交易员严格分割,确保科学性。(4)规定各家银行的报价误差。各家银行报出的利率应该是相近的,但是会由于自身实力有微小的拆借成本差别。对明显有别于其他报价的利率应当分析其原因。(5)加强外部监管。完善整个监管体系,明确各个部门的职能。并对预测利率制定合理的标准。最后还要建立淘汰制度,对报价异常的银行取消其资格。

小结

1. 利息是指借贷关系中由借入方支付给贷出方的报酬,利率是一定时期内利息额同贷出资本额的比例。

2. 现值是未来某一时刻一定的货币金额在今天的价值,终值是今天一定的货币金额在未来某一时刻的价值,现值和终值是相对的概念。

3. 实际利率约等于名义利率减去预期通货膨胀率。与名义利率相比,实际利率是信用市场资金松紧状况的更好的指示器。

4. 利率的决定理论有"古典学派的投资储蓄理论""流动性偏好理论""可贷资金理论"以

及"新古典综合派的利率理论"。

5. 利率的变动会对一国经济产生多方面影响。利率控制在多国存在或曾经存在过,在一定时期对经济发展起到积极作用,但也有明显的代价,阻碍了经济的进一步发展。

6. 利率市场化是指在市场经济中,利率水平及其结构由经济主体自主决定的过程。中国的利率市场化进程基本完成,但仍需要进一步完善。

 关键词

利率回报率;现值;终值;到期收益率;年金;名义利率;实际利率;负利率;古典利率理论;流动性偏好理论;可贷资金理论;IS-LM 模型;利率控制;利率市场化

 课后习题

1. 你花 100 元钱买了一份复利计息、到期一次还本付息的 3 年期的理财产品,3 年后你得到了 130 元钱,那么这种理财产品的利率是多少?

2. 小王想在一年后,每年年初存 5 000 元作为自己的养老金;存 30 年;年利率是 8%。这笔养老金的现值是多少?

3. 简述 4 种利率决定理论。

4. 推导 IS-LM 模型的利率决定过程。

5. 2014 年 11 月 22 日以来,中国人民银行多次下调金融机构人民币贷款和人民币存款的基准利率,以刺激经济发展。简述央行降息对资金供求、宏观经济及股市的影响。

第三章 中央银行

导 读

为什么几乎所有经济体都有中央银行？它究竟是国有的还是私有的？中央银行有哪些业务？在世界各国，中央银行都是金融体系的关键组成部分，是负责货币政策的政府机构。为了理解中央银行在金融市场和整体经济中扮演的重要角色，我们需要了解中央银行的工作机制。

本章将讨论主要国家中央银行的发展历史和组织结构，从中了解中央银行存在的必要性。大部分中央银行已经实现国有化，作为货币当局有区别于商业银行的特定职能。中央银行所有制形式不一，不同所有制形式直接决定其独立性。从中央银行的资产负债表中可以看出其资产负债关系和业务结构，是进一步了解其控制货币供应量具体过程的基础。

第一节 中央银行的产生与发展

中央银行的起源大致可追溯到17世纪后半叶，其产生是社会经济发展到一定阶段的必然结果。纵观世界各国中央银行的产生发展史，虽然产生途径不完全相同，但背景大体一致。中央银行是各国现代金融体系的中枢，对金融体系的稳定与发展起着极为重要的作用。它是金融业发展的产物，同时也对金融业的发展产生越来越大的影响。

一、中央银行产生的客观要求

18世纪后半期到19世纪前半期，现代银行业随着工商业的发展迅速建立起来。在英国，1776年已有银行150家，到1814年则发展到940家，增加了5倍多。随着银行数量的增多和银行业务的扩大，在货币金融领域产生了一系列需要迫切解决的问题，主要有以下四个问题。

（一）银行券的发行问题

最初，每家私人商业银行都有发行银行券的权力，因当时是实行金本位制度，只要自己能够保证所发行的银行券随时可兑换金属货币，就能稳妥经营。但一方面，由于市场竞争的加剧，许多银行因为经营不善导致无法保证自己所发银行券的兑现；另一方面，一般银行限于资金力量、信用和分支机构的限制等问题，所发银行券只能在当地和附近地区流通，这在客观上要求设立一个资金雄厚且权威的银行发行一种能在全国流通并保证随时兑现的货币。

(二) 票据交换问题

随着银行每天收入票据数量的增加，由各行自行轧差当日清算已成问题，客观上要求设立一个统一的票据交换和债权债务的清算机构，来为各个商业银行之间的票据交换和资金清算提供服务。

(三) 最后贷款人问题

随着生产发展和流通的扩大，商业银行的贷款规模也不断扩大，期限不断延长。商业银行资金流入和流出期限不匹配常常使其支付能力不足而发生挤兑和破产的事件，于是有必要适当集中各家银行的一部分现金准备，在某家银行发生支付困难时，予以必要的支持。

(四) 金融管理问题

随着银行业和金融市场的发展，政府需要对其进行必要的管理，由于这方面的专业性和技术性很强，这种管理是一般的政府机关所不能胜任的，必须要有专门的机构来对全国的货币金融活动进行必要的管理和监督。

为了解决上述问题，需要在中央政府设立专门的金融机构统领其他金融机构、监管金融活动，这就是中央银行设立的初衷，随后经过二百多年的发展和完善，才形成了现代中央银行。

二、中央银行产生的途径

总体上看，世界各国中央银行的产生大体分为三种模式：以英国、法国和德国为代表的由商业银行转化而来的中央银行；以美国为代表的单独设置的中央银行；以中国及苏联、东欧各国为代表的由综合型银行转变为单一职能的中央银行。

(一) 英格兰银行的演变

世界上最早执行中央银行职能的是英格兰银行(Bank of England)。

英格兰银行成立于1694年，最初是商业银行，但也兼替政府筹集资金，其交换条件是英格兰银行有权发行货币。1833年国会通过法案，规定英格兰银行发行的银行券为全国唯一的法定货币，英格兰银行取得钞票无限法偿的资格。1844年，英国国会通过《银行特许条例》(即《比尔条例》)，限制其他商业银行发行货币的数量，这样就赋予英格兰银行独占的货币发行权。至此英格兰银行基本垄断了银行券的发行权，从而确立了作为中央银行的地位。

1844年后，英格兰银行分为发行部和业务部，将发行钞票和银行业务分开，这就奠定了现代中央银行的组织形式。在此后的1847年、1857年和1866年金融危机中，英格兰银行作为规模最大、信誉最可靠的银行，全力支持资金周转困难的银行和金融机构，以防止挤兑风潮扩大而导致整个银行业的崩溃。英格兰银行因而成为整个经济体系的最后贷款人(Lender of The Last Resort)。19世纪中叶以后，英格兰银行运用再贴现率来调节货币供应量和信贷规模，结果卓有成效。至19世纪后期英格兰银行已成为中央银行的典范，为各国所纷纷仿效。1946年的《英格兰银行法》将之收归国有，隶属财政部。

【环球视野】英镑的由来

英格兰银行享有在英格兰、威尔士发行法定货币的特权，苏格兰和北爱尔兰由一般商业银行发钞，但以英格兰发行的货币做准备；作为银行的最后贷款人，保管商业银行的存款准备金,并作为票据的结算银行,对英国的商业银行及其他金融机构进行监管;作为政府的银行,代理国库,稳定英镑币值及代表政府参加一切国际性财政金融机构。因此,英格兰银行具有典型的中央银行的特点。英国政府用公债向英格兰银行借钱,而英格兰银行用自己发行的货币(英镑)购买英国国债;这个国债是未来税收的凭证,英格兰银行持有国债就意味着获得政府未来税收。英国政府如果要买回流通在外的国债,必须用金币或英格兰银行认同的等值货币(货币能兑换黄金)买回。英格兰银行发行的货币(即英镑)的前身是银行券,这些银行券其实就是储户存放在金匠那里保管的金币的收据。由于携带大量金币非常不便,大家就开始用金币的收据进行交易,然后再从金匠那里兑换相应的金币。时间久了,人们觉得没必要总到金匠那里存取金币,后来这些收据逐渐成了货币。由于英格兰银行发行的银行券流通范围和接受程度都较广,该银行的银行券就被默认为国家货币。

因此,英格兰银行购买国债可以用它的银行券,到以后就成为英镑的流通货币。可以认为用国家货币能兑换政府公债,前提是货币可以兑换成黄金或等价物;用公债只可以到政府那儿领取利息,不可以兑换成黄金或者货币,因为该公债是政府的"永久债务"。

(二) 美国联邦储备体系的建立

美国联邦储备体系(Federal Reserve System)成立于1913年。此前美国曾两次试图建立中央银行,即美国第一银行和第二银行,但每次所组建的银行均在其章程规定的20年有效期届满时宣告停业。

美国第一银行成立于1791年,是联邦政府批准设立的第一家银行,并取得20年的特许经营权,总部设在费城,全国各重要城市设有分支机构。该银行除了承办商业银行业务外,还执行了中央银行的某些职能,如发行银行券、代理国家金库和作为最后贷款人。该行于1811年特许权届满时被关闭。美国第二银行成立于1816年,从联邦政府获得20年的特许权,在全国建立了25家分支机构。与美国第一银行相同,它也行使商业银行和中央银行的双重职能,特许权于1836年期满后未予延期。

美国联邦储备体系的建立是北部工业区域和各州自治势力妥协的结果,在全国划分为12个联邦储备区,每个区设立1家联邦储备银行,联邦储备体系的活动通过这12家联邦储备银行进行,其组织结构由三部分组成。

1. 联邦储备委员会

联邦储备委员会,是该体系的最高权力机构,设在首都华盛顿,由7名理事组成理事会。联邦储备委员会的主要职责是:制定货币政策和各项规章制度,对成员商业银行和联邦储备银行的业务活动进行管理和监督。

2. 联邦公开市场委员会

联邦公开市场委员会,由12名委员组成,其中7人为理事会成员。其主要职责是:决定联邦储备体系公开市场活动的政策,进行公开市场业务。联邦公开市场委员会每隔4~5周在首都华盛顿举行1次会议来讨论和决定它的政策。

3. 各区的联邦储备银行

各区的联邦储备银行,共分为12家地区银行,分别设于(括号内为银行代号):波士顿(A)、纽约(B)、费城(C)、克利夫兰(D)、里士满(E)、亚特兰大(F)、芝加哥(G)、圣路易斯

(H)、明尼阿波利斯(I)、堪萨斯城(J)、达拉斯(K)和旧金山(L)。其中纽约、芝加哥和旧金山三家联邦储备银行的资产最大,占到联邦储备体系总资产的一半。美联储在其他的 25 个大中城市也设立了分支机构。管理方面,每家区域性储备银行都是一个法人机构,拥有自己的董事会,由 9 名兼职董事组成。会员银行是美国的私人银行,除全国性银行必须是会员银行外,其余银行是否加入全凭自愿。

联邦储备银行的股本由会员银行认购。商业银行在加入联邦储备系统时需要认购美联储的股份,认购金额相当于商业银行资本的 6%,其中半数保存在商业银行所在地区的联储银行。

自从 1913 年美国联邦储备体系建立以后,中央银行与商业银行的业务逐步得到明确的划分,中央银行在稳定金融市场、建立新的信用秩序方面的特殊功能日益显示出来。

【环球视野】美联储与量化宽松政策

2014 年 10 月 29 日,美联储宣布将在 10 月底停止长期实施的债券购买计划(第三轮量化宽松,即 QE3),并在较长时间内将短期利率维持在接近零的水平,以促进就业和物价稳定,但将继续维持所持到期证券本金再投资的政策。这标志着美国货币政策逐步向正常化迈进。美联储任何货币政策的转向都会波及全球金融市场,引发国际资本流向发生变化。

量化宽松货币政策是 2004 年由美联储前主席伯南克(B. Bernanke)和美联储理事会前任理事梅耶(L. Meyer)共同提出的非常规货币政策操作方式。其实质是美联储通过增加其资产负债表规模来影响利率水平和资产价格,从而达到稳定金融市场和刺激经济复苏的目的。自 2009 年以来,美国持续推出了三轮量化宽松的货币政策,不但对美国经济影响重大而且深刻影响了全世界的经济复苏进程。美联储启动量化宽松货币政策也取得了一定的效果:一是弥补国债发行缺口;二是改善私人信贷市场条件;三是通过未来的通货膨胀减轻美国债务负担。更多关于美联储货币政策的相关内容,我们将在第十三章货币政策中进行介绍。

(三) 中国人民银行的建立和发展

中国人民银行是新中国的中央银行,1948 年 12 月 1 日在华北银行、北海银行和西北农民银行的基础上合并组成。总行设在石家庄,全国解放后迁至北京。

从新中国成立到 1978 年的 30 年间,我国实行的是"大一统"银行体制。在这一体制下,中国人民银行既行使中央银行职能,又办理具体银行业务。1979—1983 年,随着经济体制和金融体制改革的深入,中央银行体制也发生了深刻的变化。首先,陆续恢复和建立了中国农业银行、中国银行、中国人民建设银行(后改名为中国建设银行)、中国人民保险公司等专业银行和金融机构,分担了中国人民银行承担的部分金融业务。但此时中国人民银行仍然兼办工商信贷和储蓄业务,这就不可避免地削弱了对金融的宏观调控和管理。同时,我国在参加国际货币基金组织和世界银行等国际金融机构以后,国际金融活动日益频繁,需要有一个名副其实的中央银行代表政府参加国际金融活动。

为适应形势发展的需要,国务院于 1983 年 9 月 17 日决定,从 1984 年 1 月 1 日起,中国人民银行专门行使中央银行职能。中国人民银行此时才成为真正的中央银行,在我国金融体系中处于核心地位。1993 年,按照国务院《关于金融体制改革的决定》,中国人民银行进一步强化金融调控、金融监管和金融服务职责,划转政策性业务和商业银行业务。1995年3月18日,全国人民代表大会通过《中华人民共和国中国人民银行法》,首次以国家立法形式确立了其作为中央银行的地位,标志着中央银行体制走向了法制化、规范化的轨道,是中国中央银行制度建设的重要里程碑。

【学习检查】中国人民银行与美联储

查找资料并结合之前内容,分析中国人民银行与美联储在组织架构和责任目标上有什么不同?原因是什么?

【史海拾贝】中国人民银行的发展史

一、1948—1978年

1949年2月,中国人民银行总行迁入北京。此后,各解放区银行合并改组成为各大区行,并按行政区,分省(市)、地(市)、县(区)设立分行、中心支行和支行(办事处),支行以下设营业所,基本上形式了全国统一的金融体系。

在中国人民银行建立和完善过程中,一方面,对于旧中国的银行分别采取了不同政策,接管了官僚资本银行,整顿改造了民族资本银行;另一方面,进行币制整顿,发行新的货币——人民币。至1949年底,人民币基本上成为全国统一流通的货币,中国人民银行也基本上成为垄断全国货币发行的中心。

这一时期的中国人民银行,一方面全部集中了全国农、工、商短期信贷业务和城乡居民储蓄业务;同时,既发行全国唯一合法的人民币,又代理国家财政金库,并管理金融事务。这就是所谓的"大一统"的"一身二任"的"复合式"中央银行体制,服务于当时以指令性计划为主的高度集中计划体制,有助于国家集中经济建设资金、严格集中管理信贷和货币发行。但是,这种中央银行体制的弊端显然也很明显。

二、1979—1983年

十一届三中全会后,为贯彻改革开放的方针,各专业银行和其他金融机构相继恢复和建立。1979年2月,中国农业银行从中国人民银行分离出来,恢复营业,人民银行与农业银行两行再度划分业务范围;同年3月,中国银行独立出来而成为国家指定的外汇专业银行;1979年4月,中国人民银行扶持中国人民保险公司于1980年1月1日恢复办理中断20年之久的国内保险业务;同时还巩固了农村信用合作制度和建立了一些城市信用合作社。

这种混合式的中央银行制度,虽改良了过去"大一统"的银行体制,但在中央银行在独立性、宏观调控能力和政企不分等方面并无实质性进展。而随着各专业银行的相继恢复和建立,"群龙无首"的问题也亟待解决。

三、1984—1995年

1983年9月17日,国务院发布146号文件,决定中国人民银行专门行使中央银行职能,不再兼办工商信贷和储蓄业务,专门负责领导和管理全国金融业。1984年1月1日,中国工商银行正式成立,承办原来由中国人民银行办理的城市工商信贷和储蓄业务,中国人民银行则专门行使中央银行的职能,但直到1995年3月才获得了法律认可。

四、1998年之后

1998年10月,中国人民银行管理体制进行重大改革,撤销省级分行,设立9个跨省区分行,当年11—12月,9家分行先后挂牌成立。(1)在全国设立9个跨省、自治区、直辖市分行,作为中国人民银行的派出机构。具体划分：天津分行(管辖天津、河北、山西、内蒙古)、沈阳分行(管辖辽宁、吉林、黑龙江)、济南分行(管辖山东、河南)、南京分行(管辖江苏、安徽)、上海分行(管辖上海、浙江、福建)、武汉分行(管辖湖北、湖南、江西)、广州分行(管辖广东、广西、海南)、成都分行(管辖四川、贵州、云南、西藏)、西安分行(管辖陕西、甘肃、青海、宁夏、新疆)。同时,撤销北京分行和重庆分行,在这两个直辖市设立总行营业管理部,履行所在地中央银行职责。(2)在不设分行的省、自治区人民政府所在地城市,共设立20个金融监管办事处,作为中国人民银行分行的派出机构。(3)在不设分行的省会城市,共设立20个中心支行。中心支行与当地金融监管办事处都是分行的派出机构,相互之间不是领导与被领导的关系。(4)地区级的分行与县级支行保持现状,职责不变。

2003年4月26日,人民银行管理体制再次进行重大调整,将其对银行、金融资产管理公司、信托投资公司及其他存款类金融机构的监管职能分离出来,并和中央金融工委的相关职能进行整合,成立中国银行业监督管理委员会。同年年底,《中华人民共和国中国人民银行法(修正案)》审议通过。

2005年8月10日,中国人民银行上海总部(中国人民银行第二总部)正式在上海挂牌成立。上海总部以人民银行上海分行为基础组建而成,其职能定位是总行的货币政策操作平台和金融市场监测管理平台。

三、中央银行的发展

中央银行的发展大体上可分成三个阶段。

第一个阶段是从17世纪中叶至18世纪中叶,这是中央银行的初创时期。最早的中央银行是1656年设立的瑞典里克斯银行,它是现代中央银行的萌芽。但公认最早全面发挥中央银行作用的是英格兰银行,被视为近代中央银行的先驱。随后,法国、荷兰等西方国家纷纷设立中央银行。这一时期中央银行的特点是尚未完全垄断货币发行权,并非专一行使中央银行职能的商业银行与中央银行相结合的私人所有的金融机构。

第二阶段从18世纪中叶至20世纪30年代,是中央银行逐步发展完善的时期。第一次世界大战后,普遍的通货膨胀使各国感到利用中央银行稳定金融的重要性。标志着这一时期开始的是1844年英国议会通过《比尔条例》。在该条例中,英国议会赋予英格兰银行货币发行垄断权,使其成为第一家真正意义上的中央银行。英格兰银行随着地位的提高,于1872年建立起了英国的中央银行体系。

第三阶段是第二次世界大战以后。在此阶段,一方面,一批经济较落后的国家摆脱了殖民统治获得独立,建立起了本国的中央银行;另一方面,随着凯恩斯主义盛行,国家干预经济的力度逐渐加强,各国政府通过中央银行对金融机构和金融市场进行管理,达到调控宏观经济的目的。基于此,许多国家的中央银行都先后实行了国有化,同时不再从事普通的商业银行业务,维持货币金融稳定成为其主要职责。中央银行进入了新的发展阶段。在20世纪30年代后,为缓和和减少危机发生,政府开始重视和运用货币政策对经济进行直接或间接干预。第二次世界大战后,中央银行国有化进程加速,开始在经济生活中发挥更大作用。

【学习检查】中央银行的发展

结合以上内容,谈谈在现代经济、金融体系下,中央银行与早期的中央银行在职能方面有什么变化?

第二节 中央银行的性质与职能

一、中央银行的性质

中央银行是一国金融体系的核心,负责金融管理和金融调节的特殊金融机构,是政府的金融管理机构。

中央银行是从普通的商业银行演变而来的,从性质上看它不再是以营利为目的的商业银行,而是唯一代表政府进行金融调控与金融管理的金融行政管理部门,是政府行政管理机构的重要组成部分,但这一性质并非中央银行与生俱来的。从中央银行的发展历史中看出,中央银行是货币经济发展的产物,经营货币和信用活动是其作为银行所固有的性质,作为国家管理机构的性质是外加的,是国家干预经济的产物并随着后者的加强而不断深化。

这一性质决定了中央银行具有四个显著的业务活动原则:(1)相对独立性。中央银行在执行经济政策和管理经济活动时,应在本国法律框架下处于超然地位,其正常决策不应受到行政和其他部门的干预,以保持其独立性。(2)非营利性。中央银行是国家金融系统的管理者,出于公平、公正的考虑,应避免与商业银行争夺利益,以保持其控制金融市场的力量。(3)不兼营一般商业银行业务。中央银行为保持其作为管理者的权威,应避免在一般业务中与商业银行进行不合理竞争从而威胁到其他金融机构的生存,以领导其他金融机构。(4)公开性。中央银行作为政府的金融管理机构,应定期公布业务状况,使社会公众及时了解货币政策,并分析了解政策实施后所产生的经济后果。

二、中央银行的职能

中央银行的职能是中央银行性质的具体体现,而中央银行性质则是中央银行职能的概括,人们习惯于从中央银行在国民经济中地位的特殊性出发将中央银行职能概括为"发行的银行""银行的银行"和"政府的银行"三大职能。

(一)发行的银行

发行的银行(bank of issue)是指中央银行是全国唯一拥有货币垄断发行权的金融机构。在现代中央银行制度中,拥有垄断的货币发行权是中央银行最根本、最重要的标志,中央银行首先应是发行的银行。

中央银行作为发行的银行,具有两个方面的含义:第一,中央银行垄断银行券(法定货币)的发行权;第二,中央银行是最高的货币管理当局,控制整个经济中的货币供给量,并且以维护本国货币的正常流通与币值稳定为宗旨。

中央银行垄断货币发行权是信用货币制度下货币币值得以稳定的基本保证。在信用货币制度下，由于不兑现的信用货币不能够自发地退出流通领域，因此信用货币垄断发行、经济发行就成为信用经济发展的客观要求。中央银行凭借国家授权以国家信用为基础而成为垄断货币发行机构，其首要职责就是按照经济发展的客观需要和货币流通速度及其管理的要求发行货币，确保货币币值稳定。其次，垄断货币发行权是中央银行控制货币供应量、实施金融宏观调控的前提条件。货币发行为中央银行提供了主要的资金来源，为中央银行调节金融活动和全社会货币及信用供给量、促进经济发展提供了必要的资金力量。

（二）银行的银行

银行的银行是指中央银行作为商业银行及其他金融机构办理融通资金、成为最后的贷款人以及对商业银行及其他金融进行管理的职能。银行的银行这一职能是中央银行作为特殊的金融机构最为直接的表现，也是中央银行作为金融体系核心的基本条件，是中央银行对商业银行及其他金融机构施加影响的重要途径。中央银行作为银行的银行，具体体现在以下三个方面。

1. 集中保管各商业银行及其他存款机构的准备金

绝大多数国家以法律的形式规定商业银行及其他存款金融机构必须将其所吸收存款按照法定的比例缴存于中央银行，由中央银行负责保管。这一法定比例即法定存款准备金率，按照法定存款准备金率要求缴存于中央银行那部分存款则为法定存款准备金。存款准备金制度最初功能是在商业银行及其他存款金融机构在出现支付与清偿困难，并且符合中央银行规定的条件时帮助其克服支付与清偿困难，但现在法定存款准备金制度已经成为中央银行控制商业银行及其他金融机构信用创造能力、调节信用规模和货币供给量的重要工具。此外，中央银行集中保管存款准备金，可以增加中央银行的资金实力，是中央银行的主要资金来源之一，为中央银行的再贴现政策实施提供了有力的资金支持。

2. 集中办理商业银行之间的清算业务

商业银行之间清算是指以转账方式了结相互之间债务债权关系。由中央银行办理全国金融机构之间的同城票据交换和同城、异地的资金结算业务，不仅使全国金融机构之间的清算变得安全、便捷和可靠，加速了资金周转，节约结算费用，减少资金在结算中占用时间，同时也使中央银行能够及时而全面地把握全国金融机构体系的业务经营状况信息，为中央银行加强金融管理、分析金融流量以及制定货币政策提供了极为有利的条件。

3. 作为最后贷款人，为商业银行及其他金融机构提供信贷资金

这种放款通常采用再贴现和再抵押的方式。一般来说，中央银行充当"最后贷款人"主要是帮助发生流动性困难的商业银行及其他金融机构克服流动性困难，有效抑制与防止挤兑风波、支付危机、金融恐慌以及金融危机的发生。

（三）政府的银行

政府的银行（government's bank）是指中央银行代表政府制定与执行货币金融政策，代为政府管理财政收支以及为政府提供各种金融服务。作为"政府的银行"，中央银行为政府提供以下几方面金融服务。

1. 经理国库及政府证券的发行

通常，政府把货币收入存入中央银行，而中央银行则代理国库执行国家财政预算收支方面的业务，主要包括：按照政府预算要求代收国库券款项、按照财政支付命令拨付财政支出、向财政部门反映预算收支执行状况以及经办其他有关国库业务代理业务。此外，中央银

行还代理政府债券的发行、办理政府债券到期还本付息等事宜。

2. 代管国家的外汇与黄金管理

国际储备是一国所拥有可以直接干预外汇市场、调节国际收支平衡的资产,主要是由外汇、黄金、已分配的特别提款权以及在国际货币基金组织的储备头寸构成。中央银行对国际储备的管理主要涉及国际储备的数量管理、储备资产的结构管理以及国际收支与汇率稳定的调节等内容。

3. 代表政府参加国际金融活动及国际金融事务的磋商与协调

伴随着经济一体化和全球化进程深入,世界各国之间的经济贸易往来日趋密切,金融国际化趋势日趋突出,中央银行的特殊地位与作用决定了其代表政府参加国际金融组织、签订国际金融协定、参与国际金融事务的谈判与磋商以及办理政府之间的金融事务往来与清算等相关事宜,以此推动国际金融活动的顺利开展和国际金融合作的进一步加强。

4. 为政府融通资金,提供特定信贷支持

方式主要有两种:一是在法律允许的限度内,直接向政府提供贷款或透支;二是直接或间接购买政府债券。中央银行在法律允许的范围内只为政府提供一定限额的短期性融资以维持财政收支的暂时性平衡。因此,中央银行主要是通过在一级市场直接购买政府债券或二级市场间接购买政府债券方式为政府融通资金提供支持。

历史上,大多数国家的中央银行都负有向政府提供信贷的职责。20世纪90年代以来,随着各国中央银行独立性的不断增强,不少国家都以法律形式规定,中央银行不再负有向政府提供信贷的义务。因为中央银行向政府提供信贷,实际上就是增发货币,这种为支持财政而发行的货币,并不是以商品流通对于货币需求的增长为基础的,因此,将成为货币流通的不正常因素。《中华人民共和国中国人民银行法(修正)》中规定中国人民银行不得对政府财政透支,不得直接认购、包销国债和其他政府债券,不得向地方政府、各级政府部门提供贷款。

5. 制定与实施货币政策,调节宏观经济运行

货币政策是中央银行为实现预期的宏观经济目标,运用各种政策工具调节与控制货币供给量与利率水平,调节宏观经济运行的方针与措施的总称。货币政策的重要性在于货币政策的变动将会引起总需求和总供给的变动,从而引致一般物价水平、经济增长速度、就业水平以及国际收支发生相应的变动,故而货币政策在国民经济宏观调控中居于十分重要的地位,制定与实施货币政策由此成为中央银行最为重要的基本职能之一。根据国内外经济运行状况,充分运用货币政策工具,调节货币供给量,使社会总供求与总需求保持平衡,从而达到经济增长、物价稳定、充分就业以及国际收支平衡等宏观经济调控目标。

6. 组织与实施金融监督管理

政府对金融业的监督管理,一般是由中央银行或其他专业性的金融监督管理机构负责组织实施。中央银行对金融业的监督管理是从市场进入、市场运行与市场退出等三方面组织实施,主要包括制定与实施有关金融法规制度与金融业务活动准则、监督管理金融机构的业务活动以及管理与规范金融市场等内容。有许多国家已将金融监管从中央银行职能中剥离,转由专业性金融监管机构负责组织实施。

7. 为政府提供经济金融情报和决策建议,向社会公众发布经济金融信息

由于中央银行处于社会资金运动的中心环节,是货币、信用的调剂中心、社会资金清算中心和金融业管理中心,因此,中央银行能够掌握全国经济金融活动的基本资料信息,能够

比较及时地反映整个经济金融运行状况。在政府的经济决策中,中央银行一般都扮演重要角色,发挥重要的甚或是主导的作用。

总之,发行的银行、银行的银行和政府的银行,体现了中央银行的基本职能,世界上绝大多数国家的中央银行一般都具备这三大基本职能。但在具体内容上,各国的中央银行之间还有所差异,有的比较全面,有的则不够全面。在职能的发挥上,不同国家的中央银行其重点也有所不同。此外,各国中央银行在不同的发展时期,职能的具体内容和侧重点在不断发展变化。

【知识窗】货币局制度

货币局制度(currency board arrangement)是一种汇率机制,是关于货币发行和兑换的一种制度安排。该制度有两项基本原则,一是本国货币钉住一种强势货币,与之建立货币联系,此货币成为锚货币,二是本国通货发行以外汇储备特别是锚货币的外汇储备为发行保证,保证本国货币与外币随时按固定汇率汇兑。

该制度是政府以立法形式明确规定,承诺本币与某一确定的外国货币之间可以以固定比率进行无限制兑换,并要求货币当局确保这一兑换义务实现的货币制度。需要强调的是,货币局制度是一种关于货币发行和兑换的制度安排,而不仅仅是一种汇率制度。首先它是一种货币发行制度,它以法律形式规定当局发行的货币必须有外汇储备或硬通货的全额支持;其次它才是一种汇率制度,保证本币和外币之间在需要时可按事先确定的汇率进行无限制兑换。

货币局制度有以下五个特征。

1. 选定锚货币

本币对锚货币的汇率锁定。这要求锚货币币值稳定、信用良好、具有完全的可兑换性并被国际社会广泛接受。选择锚货币时要考虑本国的主要贸易伙伴和投资来源,早期的锚货币有英镑、美元和黄金。目前拉丁美洲国家大多选择美元,我国香港也选择美元。一旦法定汇率承压,货币局就要出手干预,以保证汇率的相对稳定。

2. 本币挂钩

在货币局制度下,本币与锚货币完全可兑换,无论是经常项目下的货币流动还是资本项目下的货币交易都不受限制。这项要求让实行资本管制的国家望而却步,也让已经实行货币局制度的国家不得不经受国际金融投机的考验。原则上,货币局只负责维持汇率固定而不处理具体的兑换业务,居民或非居民的货币兑换由商业银行负责经营。

3. 本币发行量与外汇储备量对应

为了保证汇率的稳定性,货币局须持有足够被锚货币发行国接受的储备资产。严格的货币局制度要求外汇储备相对于本币发行量的准备率达到100%,这样才能保证货币局可以随时在国际金融市场上进行操作以保卫本币。考虑到外汇资产大多以外国债券的形式存在,为了防止债券价值下降,准备率一般略超过100%,达到105%甚至110%。在这个意义上,货币局制度是最为严格的固定汇率制。

4. 货币局没有决定权

对货币局来说,唯一的任务就是在法定的汇率下随时进行本币与锚货币的公开市场操作,保证法定汇率的稳定。货币局在金融市场上的操作完全是被动的,这是货币局与中央银行最明显的区别。中央银行的一项重要职能是购买政府债券,帮助政府弥补支出和收入之间的差额,并通过这种操作控制货币发行量以及国内利率和通货膨胀率。但在货币局制度下,政府只能根据税收和向公众发行债券的数额量入为出;本币发行量只能与外汇储备的数量和法定汇率挂钩,理论上看,该国的利率和通货膨胀率水平将最终与锚货币发行国一致。

5. 货币局不得持有商业银行的债券

与传统中央银行不同,货币局不能购买商业银行债券,商业银行运营发生困难时不能向货币局发行金融债券以获得帮助,即使商业银行面临倒闭,货币局也不得出手干预。不过在实践中,许多国家的货币局还保留了一些传统的中央银行职能,比如,当商业银行面临困难时进行干预,调整存款准备率等。这种行为减轻了银行自负盈亏的压力,实际上却鼓励了银行呆账坏账的产生。

【学习检查】香港的货币局制度

中国香港实行的是货币局制度。港币的发行是以100%的美元储备为前提的,思考这样的货币制度会给货币当局带来什么样的后果?结合历史资料探讨在何种情况下这一制度会走向崩溃?

第三节 中央银行制度比较

一、所有制形式

世界上各个国家的中央银行按其所有制形式划分,大体可分为以下三类。

政府拥有中央银行的全部资本,即完全由政府出资的中央银行。如英国的英格兰银行、法国的法兰西银行、德国的德意志联邦银行、加拿大的加拿大银行和我国的中国人民银行等中央银行,其资本全部为政府资本。

公私混合持有中央银行的股份,即公私合股的中央银行。如日本的日本银行、墨西哥的墨西哥银行、比利时的国家银行等中央银行,是由公私双方共同出资成立的。

完全为私人资本的中央银行。如美国的联邦储备体系、意大利银行、瑞士国家银行、西班牙中央银行等中央银行,其资本完全为私人出资。其中,美国比较特殊,其联邦储备银行的资本由成员银行共同出资。

各国中央银行的所有制之所以有这样几种情况,主要是由各国历史背景和经济发展状况决定的。早期的中央银行均为私有经营,随着中央银行的地位不断加强,许多私有中央银行逐步收归国有,如英法等国就是如此。

【学习检查】"私有"的美联储

结合上述内容思考,如何理解美联储是一个"私有"的中央银行?这里"私有"的相对概念是"公有"吗?

二、央行的组织结构

目前各国的中央银行，虽然在性质、职能、作用等方面基本一致，但就其制度形式而言，却不尽相同。究其原因是由各国不同的社会制度、经济发展水平、金融业发展程度、历史习俗等决定的。总的来说，中央银行制度可以大致归纳为四种不同类型。

（一）单一的中央银行制

它是指在一国内只建立统一的中央银行，使之全面、纯粹地行使中央银行职能并领导全部金融事业的制度，在机构设置上采取总分行制。这类中央银行制度的特点是：权力集中，职能齐全，根据需要在全国各地建立分支机构。目前世界上80%以上的国家都采用这种体制，包括绝大多数发达国家和发展中国家，我国也是如此。

这一制度又分为两种形式：(1) 一元的中央银行制度。即在一国内只设一家中央银行及众多的分支机构。(2) 二元的中央银行制度。即在中央和地方设立两级中央银行机构，中央级机构是最高权力或管理机构，地方级机构也有其独立的权力，属于这种类型的国家有美国、德国等。

（二）复合的中央银行制度

复合的中央银行制度是指在一个国家内，没有单独设立中央银行，而是把中央银行的业务和职能与商业银行的业务职能集中于一家银行来执行；或者虽分设中央银行和商业银行，但中央银行兼办一部分商业银行业务，如20世纪60年代中期之前的苏联和东欧各国、20世纪80年代初期之前的中国等。

（三）跨国中央银行制

它是参加货币联盟的所有国家共同的中央银行，而不是某个国家的中央银行。一般均是不发达的发展中国家，在地域上相邻，在贸易方面与某一发达国家有紧密联系，希望本国货币能与该发达国家的货币保持固定平价，促进经济发展，制止通货膨胀，简化组织机构。如西非货币联盟、中非货币联盟、东加勒比海通货管理局等。还有一些发达国家为了联合起来争取在世界经济格局中的有利地位，正在以经济一体化走向货币一体化，如欧洲联盟，他们发行共同的货币、执行统一的货币政策和外汇制度，监督各国金融制度。有些国家有自己的银行法律；中央银行对有些成员国的银行没有监督义务、不规定上交存款准备金、不承担"最后贷款人"的义务，只执行中央银行的部分职能。

【环球视野】欧洲中央银行

欧洲中央银行(European Central Bank，ECB)，简称欧洲央行或欧银，总部位于德国金融中心法兰克福，成立于1998年6月1日，负责欧盟欧元区的金融监管及货币政策制定。

欧洲中央银行是根据1992年《马斯特里赫特条约》的规定于1998年7月1日正式成立的，其前身是设在法兰克福的欧洲货币局。欧洲央行的职能是"维护货币稳定"，管理主导利率、货币的储备和发行以及制定欧元区货币政策；其职责和结构以德意志联邦银行为模式，独立于欧盟机构和各国政府。

欧洲中央银行是世界上第一个管理超国家货币的中央银行。独立性是其一个显著特点，它不接受欧盟领导机构的指令，不受各国政府的监督。它是唯一有资格允许在欧盟内部发行欧元的机构。1999年1月1日欧元正式启动后欧元国政府失去制定货币政策的权力,必须实行欧洲中央银行制定的货币政策。

欧洲中央银行的组织机构主要包括执行董事会、欧洲央行委员会和扩大委员会。执行董事会由行长、副行长和4名董事组成,负责欧洲央行的日常工作;由执行董事会和12个欧元国的央行行长共同组成的欧洲央行委员会,是负责确定货币政策和保持欧元区内货币稳定的决定性机构;欧洲央行扩大委员会由央行行长、副行长及欧盟所有15国的央行行长组成,其任务是保持欧盟中欧元国家与非欧元国家接触。

欧洲央行委员会的决策采取简单多数表决制,每个委员只有一票。货币政策的权力虽然集中了,但具体执行仍由各欧元国央行负责。各欧元国央行仍保留自己的外汇储备。欧洲央行只拥有500亿欧元的储备金,由各成员国央行根据本国在欧元区内的人口比例和国内生产总值的比例来提供。

(四)准中央银行制度

准中央银行制度是指有些国家或地区仅设置类似中央银行的机构,或由政府授权某个或几个商业银行,行使部分中央银行职能的体制。新加坡是准中央银行制度的典型代表。新加坡不设中央银行,而由货币局发行货币,金融管理局负责银行管理、收缴存款准备金等业务。1993年4月1日,香港成立了金融管理局,集中了货币政策、金融监管及支付体系管理等中央银行的基本职能。但它又不同于一般中央银行。例如,发行钞票职能由渣打银行、汇丰银行和中国银行履行;票据结算由汇丰银行负责管理。澳门金融管理体制与香港一样,即准中央银行的管理体制,由澳门金融管理局扮演中央银行的角色。澳门金融管理局行使中央银行的部分职能,发钞权由大西洋银行和中国银行澳门分行负责,直接对行政长官负责,受中国人民银行的监督和管理。

三、中央银行的独立性

中央银行的独立性是指中央银行在制定和实施货币政策时,不受政府干预的权利,一般包括两个方面:第一,中央银行有必要对政府保持一定的独立性;第二,中央银行的独立性是一种相对独立性。中央银行拥有不接受来自政府命令的权力,在制定或者更改货币政策时,不必与政府交涉。但事实上,哪怕是最为独立的中央银行也不可能在完全没有政府干预的情况下自行运作,换而言之,就是央行的独立性其实是一种相对的独立,其多多少少都会有受到政府制约的地方。所以,衡量央行的独立性关键在于看央行的活动在多大程度上要受到政府的干涉。

【扩展延伸】中央银行的独立性与通货膨胀

最早提出要保持中央银行对于政府的相对独立性,是在1920年比利时首都布鲁塞尔召开的国际金融会议,此次会议是在第一次世界大战后大多数交战国因增发钞票而引发了严重的通货膨胀的经济背景下召开的。会议提出,中央银行应摆脱政府政治上的控制,从而实行稳定的金融政策。以此为先河,就中央银行对于政府的相对独立性问题,各国学者争论不休,长达几十年。目前已经达成共识的是:中央银行独立性越强,则通货膨胀率越低,独立性越弱,通货膨胀率越高。一个相对独立性较强的中央银行,有利于保持货币币值的稳定,从而为经济发展提供稳定的宏观经济环境。

(一) 中央银行对政府保持独立的必要性

1. 中央银行与政府关心的重点不同

政府更多地关注就业、社会稳定和经济增长等问题,因而往往偏重于采用扩张性宏观经济政策来刺激需求、拉动经济增长,从而造成通货膨胀。比如,为了促进经济增长,政府扩大财政支出或通过低利率政策促进公债的发行,会使货币供应量增长过快。中央银行则更关心币值的稳定,以维护正常的金融秩序,防止通货膨胀。

2. 中央银行与政府所代表的对象不同

政府代表一定的党派和社会集团,偏重于政治需要,因而过于注重短期利益。例如,西方国家在总统选举之前,总统为了获得连任,政府往往采用扩张性的货币政策,以低失业率和低利率得到公众的拥护,由此导致通货膨胀率和名义利率上升,新当选的政府不得不采用紧缩的货币政策。这种周期性的循环称为"政治商业周期"。中央银行则代表社会公众的利益,货币政策不应受到党派和政治的干扰。

3. 中央银行的货币政策和金融监管具有较强的专业性和技术性

政治家并不具备这方面的专业知识,如果政府过多地干预中央银行的业务活动,会使中央银行无所适从,造成许多不利的后果。

4. 中央银行是一个社会化的服务机构,而不是一个纯政府的服务机构

中央银行不仅对政府提供经理国库的服务职能,而且对整个银行体系提供资金融通、清算划拨和信息咨询等各项服务。

(二) 中央银行对政府的独立性是相对的

(1) 中央银行是政府的重要机构之一,业务活动是在国家法律授权下进行的。在现代金融体系中,中央银行作为国家的金融管理当局,是政府的重要部门之一。大多数国家的中央银行都是由政府通过法律形式授权创立,并开展业务活动的,如美国的《联邦储备法》、德国的《联邦银行法》、日本的《日本银行法》等。

(2) 中央银行的货币政策是国家宏观经济政策的一部分。政府的宏观经济政策包括财政政策和货币政策,货币政策只有与财政政策协调配合,才能发挥最大的效果。

(3) 中央银行的货币政策与政府财政政策的基本目标是一致的。虽然中央银行的货币政策目标侧重于物价稳定,而政府财政政策的目标则侧重于经济增长和充分就业,但归根结底,国家经济的发展是其最基本的、共同的目标。

(4) 在遇到紧急情况(如战争、自然灾害、意外事故)时,中央银行必须服从政府的领导和指挥,为政府提供急需的资金。

【学习检查】相对的独立性

结合以上内容,试谈谈你对这句话的理解,"中央银行应对政府保持一定的独立性,但这种独立性只能是相对的。"

(三) 中央银行独立性的衡量标准

著名经济学家斯坦利(Stanley Fischer)提出将中央银行的独立性分为两种类型：工具独立性(instrument independence)和目标独立性(goal independence)。

所谓"目标独立"，指的是中央银行能够不受政府或其他政治、经济势力的干扰，具有独立制定货币政策目标的权力。满足这一条件的中央银行具有很高的独立性，能够自主地决定货币政策的目标。目标独立的中央银行在现实世界中非常少见，仅有欧洲中央银行、瑞士中央银行以及德国中央银行等少数中央银行可属此列。所谓"工具独立"，指的是中央银行的政策目标由议会、政府或其他政治主体决定或与中央银行协商决定；一旦货币政策目标确定下来以后，为了实现这些目标，中央银行有权独立决定动用哪些货币政策工具。换句话说，中央银行不能独立地决定货币政策目标，却可以独立地决定货币政策工具的使用。目前，许多发达国家的中央银行基本上都是工具独立的。例如，美国的货币政策目标由1978年的《汉弗莱·霍金斯法案》(Humphrey Hawkins Act)规定；作为美国中央银行的联邦储备体系必须遵循货币政策目标的约束，但美国联邦储备体系在动用何种货币政策工具以实现政策目标方面，具有高度的独立性，这类决策通常由联邦公开市场委员会作出，而不受任何其他利益集团干扰。

总的来看，中央银行的独立性标准主要有四点。(1) 组织机构和人事的独立性。主要表现为中央银行的组织机构的设立和主管人员的提名和任免是否由行政机关或政府部门决定。(2) 制定和执行政策的独立性。主要表现在中央银行制定和执行财政政策和货币政策的自主程度。(3) 经济的独立性。主要表现为中央银行的财政的独立性，即其是否依赖于政府的拨款和财政的支持。(4) 业务的独立性。主要指中央银行是否可以自主决定其业务的实施，办理业务是否受政府机关的干预。

(四) 主要国家中央银行独立性比较

各国中央银行的独立性可以从它们的有关立法、组织形式、资金和财务等方面加以说明。

1. 立法

从立法方面看，很多西方国家的中央银行法都明确赋予中央银行法定职责，或赋予中央银行在制定和执行货币政策方面相对的独立性。如在日本银行法中，曾多次提到日本银行要受大藏大臣的监督，并规定，大藏大臣认为日本银行在完成任务上有特殊必要时，可以命令日本银行办理必要业务，变更条款或其他必要事项。又如，在加入欧盟之前，德国联邦银行法中规定：德意志联邦银行为了完成本身使命，必须支持政府的一般经济政策，在执行本法授予德意志联邦银行的权力是非常广泛的，在贴现、准备金和公开市场政策等方面，联邦银行都可以独立地作出决定。在独立性方面，德意志联邦银行大于日本银行。再如，《中国人民银行法》第七条明确规定：中国人民银行在国务院领导下依法独立执行货币政策，履行职责，开展业务，不受地方政府、各级政府部门、社会团体和个人的干涉。

2. 组织形式

从任命中央银行的理事或总裁来看，政府作为中央银行的唯一或主要的股东，甚至在私人全部持有中央银行股份的情况下，政府一般都拥有任命中央银行理事或总裁的权力。但在中央银行理事会中，政府是否派有代表参加或政府代表的权限有多大，各国则有较大的差别。一般来说，有以下几种情况：一是在中央银行理事会中没有政府代表，政府对中央银行政策的制定不过问,如英国、美国、荷兰和奥地利等国;二是在中央银行中政府派有代表,但这些代表的发言权、投票权、否决权以及暂缓执行权,则各有不同。在意大利银行中,政府代表的权力较大;在德国联邦银行和日本银行中,政府代表只有发言权而无表决权。

3. 资本所有权

从中央银行的资本所有权看,它的发展趋势是趋于归政府所有。目前很多国家的中央银行资本归国家所有,其中主要有英国、法国、德国、加拿大、澳大利亚以及荷兰、挪威、印度、中国等;有些国家中央银行的股本是公私合有的,如日本、比利时、奥地利、墨西哥、土耳其等;另外一些国家的中央银行虽归政府管辖,但其资本仍归个人所有,如意大利和美国等。凡允许私人持有中央银行股份的,一般都对私人股份规定一些限制条件。如日本银行的私人持股者只能领一定的红利,不享有其他权力;意大利只允许某些银行和机关持有意大利银行的股票;美国联邦储备银行的股票只能由会员银行持有。同时,对私人所持有的中央银行股权数额也有限制。中央银行的资本逐渐趋于国有化或对私人股份加以严格的限制,主要是因为中央银行是为国家政策服务的,不允许私人利益在中央银行占有任何特殊的地位。

4. 资金关系

从中央银行与财政部的资金关系上看,很多国家严格限制中央银行直接向政府提供长期贷款,但又要通过某些方法对政府融资予以支持。如美国财政部筹款只能通过公开市场进行,也就是发行公债的办法。如果财政部筹款遇到困难,也只能向联邦储备银行短期借款,有的期限只有几天,而且是以财政部发行的特别库券作为担保的。意大利银行可以向财政部提供短期贷款,但贷款余额不得超过年度预算支出的14%。法兰西银行可以向财政部提供无息透支,但有上限且实际透支量很少。中央银行与财政部的资金关系,是衡量中央银行相对独立性大小的一个重要尺度。

5. 财务管理

从中央银行的利润分配与税收管理上看,中央银行有着保持相对独立性的财务基础。中央银行虽不是企业,但都有盈利,不但能够维持自己营业支出和股票分红,还有一部分盈利上交财政。中央银行不需要财政拨款,因此减少了政府的制约,这是中央银行不同于其他政府部门的地方。各国中央银行盈利上交的比例都相当高,如美国、日本都达到80%左右。

根据以上分析,我们可以按中央银行独立于政府的程度不同,将中央银行分为3大类:第一类,直接向国会负责,独立性较大的中央银行,如德国、美国、瑞典和瑞士等国的中央银行。第二类,名义上归财政部领导,实际上有相当独立性的中央银行,如日本、英国等国的中央银行。第三类,归财政部领导,独立性较小的中央银行,如意大利中央银行。

【学习检查】央行的独立性

在学习了上述关于央行独立性的相关内容后,联系中国的国情,讨论央行的独立性。我们已经讨论了独立性有一定的相对性,即中央银行不能完全独立于政府,而应在政府的监督和国家总体经济政策指导下独立地制定和执行货币政策。你认为我国央行的独立性是怎样的?这与我国的货币政策执行有怎样的关系?

第四节 中央银行业务

中央银行资产负债业务是中央银行资金来源业务与资金运用业务的合称,但与商业银行的资产负债业务不同,中央银行的资金运用创造了资金来源,而商业银行的资金来源决定了其资金运用。要了解中央银行的资产负债状况,必须首先了解中央银行的资产负债表及其构成,因为中央银行资产负债表是综合反映中央银行一定时期内的资产负债业务的会计记录,中央银行资产负债的种类、规模及其结构都会在其资产负债表中得到反映。

一、中央银行的资产负债表

为了使世界各国之间相互了解彼此的货币金融运行状况,国际货币基金组织(IMF)定期编印颁布《国际金融统计》刊物,以相对统一的统计口径与编制格式提供各成员国诸如货币当局资产负债表、国际收支平衡表等有关货币金融与经济发展的主要统计数据。表3-1与表3-2分别为中国人民银行和美国联邦储备银行2015—2019年年底的资产负债表。

表 3-1　中国人民银行资产负债表　　　　　　　　（单位：亿元人民币）

项　目	2015.12	2016.12	2017.12	2018.12	2019.12
国外资产	253 830.67	229 795.77	221 164.12	217 648.06	218 638.72
外汇	248 537.59	219 425.26	214 788.33	212 556.68	212 317.26
货币黄金	2 329.54	2 541.50	2 541.50	2 569.79	2 855.63
其他国外资产	2 963.55	7 829.01	3 834.29	2 521.59	3 465.84
对政府债权	15 312.73	15 274.09	15 274.09	15 250.24	15 250.24
其中：中央政府	15 312.73	15 274.09	15 274.09	15 250.24	15 250.24
对其他存款性公司债权	26 626.36	84 739.02	102 230.35	111 517.46	117 748.86
对其他金融性公司债权	6 656.59	6 324.41	5 986.62	4 642.60	4 623.39
对非金融性部门债权	71.74	81.03	101.95	27.84	0.00
其他资产	15 338.87	7 497.26	18 174.48	23 405.85	14 869.26
总资产	317 836.97	343 711.59	362 931.62	372 492.06	371 130.48
储备货币	276 377.49	308 979.61	321 870.76	330 956.52	324 174.95
货币发行	69 885.95	74 884.44	77 073.58	79 145.50	82 859.05
其他存款性公司存款	206 491.55	234 095.17	243 802.58	235 511.22	226 023.86
非金融机构存款	—	—	994.90	16 299.80	15 292.04
不计入储备货币的金融性公司存款	2 826.42	6 485.03	5 019.23	4 016.33	4 574.40
发行债券	6 572.00	500.00	0.00	200.00	1 020.00
国外负债	1 807.28	3 195.07	880.00	1 164.51	841.77

续表

项目	2015.12	2016.12	2017.12	2018.12	2019.12
政府存款	27 179.03	25 062.70	28 626.03	28 224.74	32 415.13
自有资金	219.75	219.75	219.75	219.75	219.75
其他负债	2 855.00	−730.58	6 315.84	7 710.20	7 884.49
总负债	317 836.97	343 711.59	362 931.62	372 492.06	371 130.48

注：1. 自2017年起，对国际金融组织相关本币账户以净头寸反映。
2. "非金融机构存款"为支付机构交存人民银行的客户备付金存款。
数据来源：根据中国人民银行调查统计司数据整理。

表3-2　美国联邦储备银行资产负债表　　　　　　　　　　（单位：百万美元）

项目	2015-12-30	2016-12-28	2017-12-27	2018-12-26	2019-12-25
资产					
黄金	11 037	11 037	11 037	11 037	11 037
特别提款权	5 200	5 200	5 200	5 200	5 200
铸币	1 887	1 874	1 885	1 726	1 661
证券、回购协议和贷款	4 415 564	4 379 233	4 368 476	4 007 135	4 097 936
持有证券	4 241 965	4 221 168	4 223 535	3 880 249	3 751 189
美国国债	2 461 554	2 463 601	2 454 219	2 240 717	2 328 862
短期国债	0	0	0	0	169 525
中长期国债,票面价值	2 346 639	2 339 103	2 324 404	2 101 796	2 007 961
中长期国债,通胀指数	98 534	106 697	110 134	116 545	125 973
通货膨胀补偿	16 381	17 801	19 680	22 376	25 403
联邦机构债务证券	32 944	16 180	4 391	2 409	2 347
MBS(住房抵押贷款)	1 747 467	1 741 387	1 764 926	1 637 123	1 419 980
回购协议	0	0	0	0	234 969
贷款	635	47	141	77	13
持有的 Maiden Lane LLC 组合净额	1 717	1 707	1 712	0	0
持有的 Maiden Lane II LLC 组合净额	0	0	0	0	0
持有的 Maiden Lane III LLC 组合净额	0	0	0	0	0
持有的 TALF LLC 组合净额	0	0	0	0	0
在途资金	153	94	88	239	103
银行房产	2 244	2 210	2 218	2 206	2 207

续表

项　目	2015-12-30	2016-12-28	2017-12-27	2018-12-26	2019-12-25
中央银行流动性互换	997	4 826	12 008	4 207	3 729
外币资产	19 757	19 288	21 229	20 874	20 571
其他资产	28 029	25 983	24 825	23 011	23 146
资产总额	4 486 587	4 451 451	2 228 680	4 075 636	4 165 591
负债					
联邦储备券,扣除联邦储备银行持有的	1 380 759	1 462 574	1 569 058	1 668 206	1 754 066
逆回购协议	498 519	573 757	386 791	244 820	253 490
存款	2 560 670	2 367 939	2 445 089	2 117 720	2 112 580
存款机构定期存款	0	0	0	0	0
存款机构其他存款	2 208 683	1 942 983	2 176 452	1 660 932	1 648 238
美国财政部,一般账户	324 846	372 825	186 486	368 236	351 934
外国官方	5 231	5 165	5 254	6 191	5 182
其他	21 910	46 966	76 897	82 361	107 226
延迟入账现金项目	284	785	423	451	167
其他负债及应付股息	6 903	5 953	5 931	5 280	6 765
负债总额	4 447 136	4 411 008	4 407 291	4 036 476	4 127 069
资本					
实收资本	29 451	30 443	31 388	32 335	31 697
盈余	10 000	10 000	10 000	6 825	6 825
其他资本账户	0	0	0	0	0
资本总额	39 451	40 443	41 388	39 160	38 522

数据来源:根据美联储历年数据整理。

(一) 中央银行的资产

中国人民银行的资产项目中,最主要的项目是国外资产,居第二位的是对其他存款性公司的债权,居第三位和第四位的分别是对政府债权和对其他金融性公司的债权。

1. 国外资产

国外资产指的是一国的国外净资产,由国外资产减去国外负债所得,主要组成部分是国际往来头寸净值、外汇储备和黄金等。

2. 对其他存款性公司的债权

对其他存款性公司的债权是指中央银行根据存款性金融机构的请求而发放信用贷款、提供再贴现、回购协议等类似性质的融资业务所产生的债权。

中国人民银行的资产配置以国外资产为主,其中又以外汇占款的占比最大。2019年年末,国外资产占全部资产的比重为58.91%,其中外汇占款为57.21%。2009—2014年,占比维持在80%以上,基本上主导了资产的变化趋势。外汇占款被动形成,资产负债表的扩张是被动型扩张,对内配置的资产相对较少。2015年后,外国资产占全部资产比重快速下降,2018年后维持在60%左右。中国人民银行的资产配置中,对其他存款性公司债权迅速扩张,占比从2016年前长期维持的8%以下迅速扩张到2019年年底的31.73%。

【扩展延伸】美联储 Maiden Lane 资产与 TALF LLC 资产

表3-2中的Maiden Lane组合净额有三项:Maiden Lane LLC、Maiden Lane II LLC和Maiden Lane III LLC。分别对应美联储持有的贝尔斯登公司资产组合、美国国际集团(AIG)的MBS和CDO,是直接救助金融机构的产物。美联储纽约储备银行通过向Maiden Lane LLC、II LLC、III LLC发放贷款,以期促进这些资产组合随着时间的推移而得以平仓。开始发放此类贷款的时间分别为2008年6月26日、2008年12月12日和2008年11月25日。

2008年11月25日,美联储创造了一个新型货币政策工具:定期资产支持证券贷款便利(Term Asset-Backed Securities Loan Facility,TALF)。纽约储备银行于2009年3月25日首次在TALF项下,向某些高信用等级资产支持证券的持有者发放无追索权贷款。同时美联储还为此创设了名为定期资产支持证券贷款工具有限责任公司(TALF LLC)的特殊目的机构(Special Purpose Vehicle,SPV)。

【学习指导】试分析美联储资产负债表中的这两类资产。

(二) 中央银行的负债

中国人民银行的负债以准备金存款为主,通货比例不高,发行货币的增长率严重低于信贷增长率。在总负债中,近年来储备货币占比在85%以上,主导负债的变化趋势。

1. 储备货币

储备货币包括中央银行所发行的货币和现金、各金融机构按照人行法的要求缴存的法定准备金和自愿缴存的超额储备,邮政储蓄转存款和金融机构吸收的由财政拨款形成的部队机关团体等财政性存款。

2. 发行债券

中央银行发行的票据和中央债券等。

3. 国外负债

国外负债是指国际金融组织贷款、外国政府贷款、国外银行及其他金融机构贷款等。

这种负债结构说明,我国长期存在中央银行发行货币的增长率严重低于信贷增长率的现象。然而,发行货币才是中央银行各项资金来源中成本最低、主动性最高、可操作性最强的机制,中国人民银行主要不是通过货币发行机制,而是通过调控金融机构的信贷活动产生的派生货币来调整债务性资金和贯彻货币政策意图。

【环球视野】中美央行资产负债表对比

从资产看,中国人民银行与美联储的结构截然不同。首先,美联储最主要的资产是政府债券。而中国人民银行的政府债券占比较少,说明中国人民银行通过公开市场操作国债的规模和影响力都较小。其次,美联储没有储备较多的外汇资产。美元是世界货币,可以随时发行,美联储没有必要购买和储备较多的外汇,量化宽松和零利率政策意味着美国将危机转嫁到海外美元和金融工具持有者身上。我国的外汇资产规模巨大,这既是人民币没有国际化的必然,也是宏观经济和货币政策的各种约束因素导致被动积累的结果。再次,美联储货币政策的调控主要依赖创新的非常规方法。不仅借入资金的结构呈现多元化特征,而且借贷对象的范围大面积放宽,即由原来单一的存款机构扩展到初级证券交易商、私人部门(包括公司、合格投资者和投资银行等)、官方资产管理公司和联邦房屋抵押贷款机构等。

从负债结构看,美联储资金来源与中国人民银行相似,主要为基础货币。流通中货币的数量取决于市场的需求,这里的市场包括非美国居民。超过一半的美国货币被国外持有,这也是美联储"通货"占比比中国人民银行高的原因之一。两国基础货币的构成存在差异,中国人民银行更多地倚重"其他存款性公司存款"部分。此外,美联储国库现金管理效率较高,可充分利用金融市场保值增值,而中国人民银行对国库资金的运用有严格限制,导致中国政府存款余额较高。

总之,美联储资产方最重要的资产是政府债券,最重要的负债是通货。而中国人民银行正好相反,是高外汇资产和低通货负债。资产负债结构的明显不同反映了中国经济制度和金融发展与成熟市场经济国家的差异,也折射出中国人民银行基础货币投放主动权不够的弱点。

二、中央银行资产负债间的关系

从上述资产负债表的构成中可见,表内资产方的主要项目有三项:国外资产、对金融机构债权、对政府债权;负债方的主要项目有4项:流通中货币、对金融机构负债、政府存款及其他存款和自有资本。根据会计原理,资产负债必然相等,这样,对资产负债表主要项目关系的分析可以从以下两个方面进行。

(一) 基本关系

在中央银行的资产负债表中,由于自有资本也是其资金运用的来源之一,因此,将其列入负债方。但实际上,自有资本不是真正的负债,其作用也不同于一般负债,因此,如果把自有资本从负债中分列出来,资产与负债的基本关系可以用以下三个公式表示:

$$资产 = 负债 + 自有资本 \qquad (3-1)$$

$$负债 = 资产 - 自有资本 \qquad (3-2)$$

$$自有资本 = 资产 - 负债 \qquad (3-3)$$

上述三个公式表明了中央银行未清偿的负债总额、资本总额、资产总额之间基本的等式关系。公式(3-1)表明,中央银行的资产持有额的增减,在自有资本一定的情况下,必然导致其负债的相应增减,换言之,如果资产总额增加,则必须创造或增加其自身的负债或资本金,反则反之;公式(3-2)表明,中央银行的负债的多少取决于其资产与自有资本之差,在自有资本一定的情况下,如果中央银行的负债总额增加了,则其必然扩大了等额的债权,反之亦然;公式(3-3)表明,在中央银行负债不变时,自有资本增减,可以使其资产相应增减,例如负债不变而自有资本增加,则可以相应增加外汇储备或其他资产。这三个公式的政策意义主要表现为两点:一是中央银行的资产业务对货币供应有决定性作用;二是由中央银行自有资本增加而相应扩大的资产业务,不会导致货币发行的增加。

(二) 主要项目间的对应关系

从对货币供应影响的角度分析,资产方的主要项目和负债方的主要项目之间存在着一定的对应关系,这种对应关系大致可以概括为以下三点。

1. 对金融机构债权和对金融机构负债的关系

对金融机构的债权包括对存款货币银行和非货币金融机构的再贴现和各种贷款、回购等;对金融机构的负债包括存款货币银行和非货币金融机构在中央银行的法定准备金、超额准备金等存款。这两种项目反映了中央银行对金融系统的资金来源与运用的对应关系,也是一国信贷收支的一部分。当中央银行对金融机构债权与负债总额相等时,不影响资产负债表内的其他项目;当债权总额大于负债总额时,对应项目不变,其差额部分通常用货币发行来弥补;反之,当债权总额小于负债总额时,则会相应减少货币发行量。由于中央银行对金融机构的债权比负债更具主动性和可控性,因此,中央银行对金融机构的资产业务对于货币供应有决定性作用。

2. 对政府债权和政府存款的关系

对政府的债权包括对政府的贷款和持有的政府债券总额;政府存款在中国还包括部队存款等财政性存款。这两种项目属于财政收支的范畴,反映了中央银行对政府的资金来源与运用的对应关系。当这两种对应项目总额相等时,对货币供应影响不大;但在其他项目不变的情况下,若因财政赤字过大而增加的中央银行对政府债权大于政府存款时,会出现财政性的货币发行;反之,若政府存款大于对政府的债权,则将消除来自财政方面的通货膨胀压力,并为货币稳定提供支持。

3. 国外资产和其他存款及自有资本的关系

当上述两个对应关系不变时,若中央银行国外资产的增加与其他存款及自有资本的增加相对应,不会导致国内基础货币的变化;反之,则将导致国内基础货币的净增加。因此,中央银行国外资产业务是有条件限制的,对基础货币有重要影响。

需要说明的是,这三种对应关系的分析也是相对而言的,在现实的资产负债业务活动中,中央银行可以在各有关项目之间通过冲销操作来减轻对货币供应的影响,也可以通过强化操作来加大对货币供应的作用。例如,为了保持基础货币不变,中央银行在扩大国外资产业务增加外汇储备时,可以相应减少对金融机构的债权。

总之,把握上述这些关系,对于我们了解中央银行资产负债业务活动的作用与影响,理解第十章货币供给中有关基础货币、第十二章有关货币内生性和外生性、第十三章中央银行制定和实施货币政策的原理十分重要。

小结

1. 世界各国中央银行的产生发展大体分为三种模式:以英国、法国和德国为代表的由商业银行转化为中央银行;以美国为代表的单独设置的中央银行;以中国及苏联、东欧各国为代表的由综合型银行变为单一职能的中央银行。

2. 中央银行的三大职能为"发行的银行""银行的银行"和"政府的银行"。

3. 中央银行按其所有制形式可分为三类：政府拥有中央银行的全部资本，即完全由政府出资的中央银行、公私混合持有中央银行的股份，即公私合股的中央银行以及完全为私人资本的中央银行。

4. 中央银行制度有四种不同类型：单一的中央银行制、复合的中央银行制度、跨国中央银行制以及准中央银行制度。

5. 中央银行的独立性是指中央银行在制定和实施货币政策时，不受政府干预的权利，一般包括两个方面：中央银行有必要对政府保持一定的独立性；中央银行的独立性是一种相对独立性。

6. 中央银行有其独特的资产负债表结构及主要项目。

 关键词

中央银行；最后贷款人；银行的银行；政府的银行；发行的银行；中央银行的所有制形式；中央银行制度；单一的中央银行制度；复合的中央银行制度；准中央银行制度；跨国中央银行制度；中央银行的独立性；工具独立性；目标独立性；中央银行的资产；中央银行的负债

 课后习题

1. 简述中央银行的三大职能。
2. 简述中央银行独立性的内涵。
3. 列举中央银行资产负债表的主要项目，并说明这些项目之间的对应关系。

第四章 商业银行

导　读

现实生活中，我们经常要存款、贷款，这些都离不开商业银行。我们通常所指的"银行"一般就是商业银行。商业银行具体是什么？它是如何产生与发展的？其组织制度与类型有哪些？除了存款和贷款，商业银行还经营哪些业务？贷款时经常发生的"信息不对称"是什么？商业银行是如何进行经营管理的？本章将就这些问题进行讨论。

第一节　现代商业银行的产生与发展

一、产生

　　银行是最为重要的金融机构之一。银行业务的起源可追溯至公元前古巴比伦时期。据记载和考古发现，公元前 2000 年前，古巴比伦的寺院已对外放款；早在公元前 6 世纪巴比伦已有一家"里吉比"银行；公元前 4 世纪，希腊的寺院、公共团体、私人商号也开始从事各种金融活动，但只限于货币兑换性质的业务；罗马在公元前 200 年也有类似希腊银行的机构出现。

　　"银行"的英文"bank"是由意大利文"banca"演变而来。意大利文中的 banca 是"长凳"的意思。当时在市场上人各一凳，用以经营货币兑换业务。倘若有人资金周转不灵，无力支付债务时，债主们就会群起捣碎其长凳，兑换商的信用也宣告破产。英文"破产"为"bankruptcy"，即源于此。

　　早期银行业的产生与国际贸易的发展有着密切联系。中世纪的欧洲地中海沿岸各国，尤其是意大利的威尼斯、热那亚等城市是著名的国际贸易中心。但由于当时货币制度混乱，各国商人所携带的铸币形状、成色、重量各不相同，为适应贸易发展的需要，必须进行货币兑换。于是单纯从事货币兑换业的专业货币商便出现了。随着国际贸易不断发展，来自各地的商人们为了避免长途携带货币而产生麻烦和风险，开始把货币交存专业货币商处，委托其办理汇兑与支付。这时的专业货币商已显现出银行萌芽的最初职能：货币的兑换与款项的划拨。

　　随着存款的数量不断增加，货币商们发现多个存款人不会同时支取存款，于是开始把汇兑业务中暂时闲置的资金贷放出去。贷款已不仅限于现实的货币，有一部分贷款变成了账面信用,标志着现代银行的特征已经出现。

当时意大利的主要银行有1171年设立的威尼斯银行和1407年设立的圣乔治银行等。16世纪末起,银行普及于欧洲其他国家。如1609年成立的阿姆斯特丹银行,1619年成立的汉堡银行,1621年成立的纽伦堡银行等都是欧洲早期著名的银行。在英国,早期的银行业是由金匠业发展而来的。17世纪中叶英国的金匠业极为发达,人们为了防止金银被盗,将金银委托给金匠保存。当时金匠不仅能代人保管金银、签发保管凭条,还可按顾客书面要求将金银划拨给第三者。金匠业还利用自有资本发放贷款以获取利息。同时金匠们签发的凭条金匠券可代替现金流通于市面,开创近代银行券的先河。英国早期银行在金匠业的基础上产生了。

早期的银行业虽已具备了银行的特征,但仅是现代银行的原始阶段：银行业的生存基础不是社会化大生产方式;放款对象主要是政府和贵族;放款有明显的高利贷性质。但早期银行业的出现完善了货币经营业务,孕育了信贷业务。

二、发展

现代商业银行伴随着现代大生产方式的发展而产生。现代大生产需要大量货币资本作为前提,而早期银行贷款具有的高利贷性质严重阻碍社会闲置资本向产业资本的转化。而且早期银行的主要贷款对象不是工商业。新兴的工商业无法得到足够的信用支持,因此迫切需要建立和发展现代商业银行。现代商业银行的产生基本上通过两种途径：一种途径是由旧的高利贷银行演变而来的;另一途径,也是主要途径,是组建股份制银行,如现代银行鼻祖英格兰银行。

与发达国家相比,中国的银行产生较晚。中国关于银钱业的记载,较早的是南北朝时期的寺庙典当业;唐代出现了类似汇票的"飞钱",这是我国最早的汇兑业务;北宋时由四川富商发行的交子,是我国早期的银行券;到了明清,当铺成为中国主要的信用机构。明末,银庄由一些较大的经营银钱兑换的钱铺发展而来,除兑换银钱外还从事贷放。到了清代,中国的金融机构才逐渐开办存款、汇兑业务,但最终在清政府的限制和外国银行的压迫下走向衰落。我国近代银行业是在19世纪中叶外国现代银行入侵后才兴起的。最早到中国的外国银行是英商东方银行,其后各国纷纷来华设立银行。在华外国银行客观上对我国银行业的发展起到一定的刺激作用。为了摆脱外国银行支配,清政府于1897年在上海成立了中国通商银行,标志着中国现代银行的产生。此后,大清户部银行、浙江兴业银行、交通银行相继产生。

起初,商业银行来自基于商业行为的自偿性贷款的发放,如今已被赋予更广泛、更深刻的内涵。特别是第二次世界大战以后,随着社会经济的发展,银行业竞争的加剧,商业银行的业务范围不断扩大,逐渐成为多功能、综合性的金融机构。

近些年,国际金融领域出现了不少新情况,直接或间接地对商业银行的经营与业务产生了深远影响,主要表现在：银行资本越来越集中;国际银行业竞争激化,国际化进程加快;出现了全球金融一体化趋势;金融业务与工具不断创新,金融业务进一步交叉,传统的专业化金融业务分工界限有所缩小;金融监管不断放宽,金融自由化的趋势日益增强;国内外融资出现证券化趋势,资本市场蓬勃发展。这些发展趋势必将对今后商业银行制度与业务的发展产生更加深远的影响。

【史海拾贝】上海女子商业储蓄银行

上海女子商业储蓄银行位于南京路,是近代上海唯一以"女子"命名的银行。该行从1924年成立一直延续到1955年因"公私合营"而退出历史舞台。因秉持稳健经营作风,从而得以在时局频繁变动中生存31年之久。与之形成对照的是1921年诞生于北京的中国现代第一家女子银行中国女子商业储蓄银行,受北京"九六公债"(即北洋政府发行的一项公债,总额9 600万元)风潮的影响而于1925年7月停业。

虽没有硬性规定,但上海女子商业储蓄银行客户还是以女性居多。为吸引更多女性,该行特意选择妇女类杂志刊登广告。除常规银行业务外,还特别注重发展职业女性的储蓄和珠宝寄存等业务,帮助职业女性进行私人财产管理,深受女性客户欢迎。

上海女子商业储蓄银行是近代妇女解放运动的产物,以提倡女性经济独立为宗旨,由男女股东约20人共同发起成立。根据1951年12月的统计,其128位股东中女性有68位,其中48位为家庭主妇,持股数从十几到几百不等,也有多达数千股的大户。

有两位杰出女性为该银行的发展做出了卓越贡献。一位是严叔和,她与宋氏三姐妹是校友,曾先后出任上海商业储蓄银行总行(创立于1915年)妇女部主任,创立虹口分行并任经理。在上海女子商业储蓄银行成立后一直担任总经理、行长,1951年12月出任董事长。另一位是商界传奇式人物张幼仪。与徐志摩婚变并痛失爱子后,她找到了属于自己的舞台,成长为卓越企业家和银行家。她于1932年出任上海女子商业储蓄银行的副经理直至1946年12月辞职;同时自1936年起任该行董事直至1949年。作为女性独立的代表性人物,张幼仪凭借其经商天赋与人格魅力为该行的经营管理做出巨大贡献。

三、中国银行类金融机构

金融机构分为银行类金融机构和非银行类金融机构。中国的银行类金融机构主要由政策性银行及国家开发银行、国有控股大型商业银行、全国性股份制商业银行、城市商业银行、农村商业银行、村镇银行、新兴民营银行、直销银行、中外合资银行和外资银行构成。

(一) 政策性银行及国家开发银行

政策性银行是指由政府发起、出资成立,不以营利为目的,为贯彻和配合政府特定经济政策和意图,在特定的业务领域内直接或间接地从事政策性融资和信用活动的机构,是政府发展经济、促进社会进步、进行宏观经济管理的工具。

1994年中国政府设立了国家开发银行、中国进出口银行、中国农业发展银行三大政策性银行,均直属国务院领导。

2008年12月16日,国家开发银行转型为国家开发银行股份有限公司,成为第一家由政策性银行转型而来的开发性金融机构,以建设国际一流开发性金融机构为目标,标志着我国政策性银行改革取得进展。

(二) 国有控股商业银行

国有控股商业银行是指由国家(财政部或中央汇金公司)直接控股的商业银行。中国有6家国有控股大型商业银行:中国银行(BOC)、中国工商银行(ICBC)、中国建设银行

(CCB)、中国农业银行(ABC)、交通银行(BCM)和中国邮政储蓄银行(PSBC)。

【知识窗】中国六大国有控股商业银行

中国六大银行是指原有国有五个大型股份制商业银行加上中国邮政储蓄银行,原有国有五个大型股份制商业银行包括中国工商银行、中国建设银行、中国银行、中国农业银行和交通银行(工、建、中、农、交),代表着中国金融界最雄厚的资本和实力。

工行成立于1984年1月1日,总部设在北京,是中国内地规模最大的银行,是在中国人民银行专门行使中央银行职能的同时从中分离出的专业银行。后进行多次重组,2006年在上海、香港两地同步上市。

建行成立于1954年10月1日。从1954年到1978年的二十多年间,建行主要承担集中办理国家基本建设预算拨款和企业自筹资金拨付,监督资金合理使用,对施工企业发放短期贷款,办理基本业务结算业务。1994年将代理财政职能和政策性贷款职能分别移交财政部和新成立的国家开发银行。2005年10月27日在香港联交所、2007年9月25日在上交所上市。

中行始建于1912年,前身是清政府于1905年在北京设立的大清户部银行,也是我国最早由官方开办的国家银行。1949年以后作为国家外汇外贸专业银行,统一经营管理国家外汇,开展国际贸易结算、侨汇和其他非贸易外汇业务。后经过多次重组,2006年6月1日和7月5日分别在香港联交所和上交所上市。

农行可追溯至1951年成立的农业合作银行,是新中国成立后第一家国有商业银行,1979年2月恢复成立。2010年7月分别在上交所和香港联交所挂牌上市。

交行始建于1908年,1987年重新组建成全国第一家股份制商业银行,分别于2005年、2007年在香港、上海上市。

邮储银行可追溯至1919年开办的邮政储金业务,至今已有超过百年的历史。2007年3月,在改革原邮政储蓄管理体制基础上,邮储银行正式挂牌成立。2012年1月,被整体改制为股份有限公司;2016年9月,在香港联交所挂牌上市;2019年12月,在上海证券交易所上市。邮储银行是中国领先的大型零售商业银行,定位于服务社区、中小企业和"三农"。

(三) 全国性股份制商业银行

中国12家全国性股份制商业银行分别是招商银行、中信银行、兴业银行、广东发展银行、上海浦东发展银行、光大银行、华夏银行、民生银行、平安银行、恒丰银行、浙商银行、渤海银行。其中招商银行是中国第一家完全由企业法人持股的股份制商业银行,成立于1987年4月8日。中国民生银行是中国大陆第一家由民间资本设立的全国性股份制商业银行,成立于1996年1月12日。渤海银行于2005年12月31日成立,是新中国第一家在发起设立阶段就引入境外战略投资者的中资商业银行,引入的境外战略投资者是渣打银行(香港)有限公司。

【行业奇观】有史以来最贪最狠的银行董事长

2020年6月9日,恒丰银行原董事长蔡国华被查两年半后受审。他被指控犯国有公司人员滥用职权罪、贪污罪、挪用公款罪、受贿罪、违法发放贷款罪五个罪名,案涉金额约103亿元。其中,涉嫌挪用公款48亿元用于个人经营、涉嫌受贿11.8亿余元、涉嫌违法发放贷款35亿元。蔡在任期平均每天报销的花销达40万元之巨,与十几年前的中石化时任总经理陈同海日均挥霍4万多、月均100多万相比已不可同日而语。蔡国华前任董事长姜喜运已于2019年年底被一审判处死缓,涉案金额7.5亿元。

【案例分析】海南发展银行破产始末

1995年,为了加速海南地方经济发展和妥善处理停业信托机构的债权债务问题,海南省政府决定成立海南发展银行。刚成立的一年,海发行除了要保证正常的银行业务运营外,还要处理一桩又一桩的债务纠纷。在如此困境下,海发行还是实现了良性运行,取得暂时的辉煌。

在20世纪90年代海南房地产泡沫时期,多家信用社通过高息揽存的方式开展业务,直接造成了多数城市信用社只有靠新的高息存款支付到期存款,然后再吸入高息存款,进入了严重违背商业规律的恶性循环。随着房地产泡沫崩溃,信用社陷入了大量不良资产的泥潭之中,而对储户承诺的高息也加剧了这些信用社经营的困境。

为摆脱这一困境,1997年12月,28家信用社并入海发行。兼并信用社后,海发行宣布,只能保证付给原信用社储户本金及合法利息;而单位存款则被视为所欠债务,在债权债务清算后进行清偿。

1998年春节过后,不少客户开始将本金及利息取出,转存其他银行。随后,未到期的储户也开始提前取走存款,最终引发了大规模挤兑。为了应对兑付,海发行规定了每周取款的次数、每次取款的限额,而且优先保证个人储户的兑付。但由于情况严重,次数和限额规定一变再变,储户每次能取到的钱和每月可取款的次数变得越来越少,加剧了个人储户的不满情绪,而单位储户几乎都难以从海发行提现。

挤兑导致海发行的其他业务已基本无法正常进行。同时由于房地产泡沫破灭,海发行账内不少贷款也难以收回。有的营业部为了减少储户挤兑同时吸引存款,开出了18%的存款利率,但此时已没有人愿意再把钱存入海发行,而央行急调的34亿元资金对海发行巨大资金缺口而言只是杯水车薪。

随着挤兑风潮的加剧,海发行自身的违规经营问题也浮现出来。其中最严重的莫过于向股东发放大量无合法担保的贷款,股东贷款实际上成为股东抽逃资本金的重要手段。资料显示,海发行成立时的16.77亿股本在建立之初、甚至在筹建阶段,就已经以股东贷款的名义流回股东手里。

1998年3月22日,央行在陆续给海发行提供40亿元的再贷款后,决定不再给予资金支持。1998年6月21日,由于不能及时清偿到期债务,央行决定关闭海发行,停止其一切业务,由央行依法组织成立清算小组进行关闭清算;指定工商银行托管海发行的债权债务,对其境外债务和境内居民储蓄存款本金及合法利息保证支付,其余债务待组织清算后偿付。

(四)城市商业银行

城市商业银行是中国银行业的重要组成和特殊群体,其前身是20世纪80年代设立的城市信用社。20世纪90年代中期,中共中央以城市信用社为基础,组建城市商业银行。1995年,全国第一家城商行——深圳市城市合作银行(现为平安银行)成立。宁波通商银行是中国浙江省宁波市的一所城市商业银行,银行名称来源于1897年在上海成立的、浙江宁波商帮参与创办的中国人自办的第一家银行"中国通商银行"。截至2017年年底,全国共有城市商业银行134家,包括上海银行、杭州银行、南京银行和北京银行。

【案例分析】包商银行被接管

包商银行股份有限公司(简称包商银行)于1998年12月28日经中国人民银行批准设立,前身为包头市商业银行,2007年9月28日更名为包商银行。总部设在包头市,是内蒙古自治区最早成立的股份制商业银行。大股东为明天集团,持有89%的股权。注册资金47亿元,实缴资本39亿元。

由于包商银行的大量资金被大股东明天集团违法违规占用,形成逾期且长期难以归还,导致出现严重的信用危机。2019年5月24日,中国人民银行、银保监会宣布对包商银行实施接管。自接管开始之日起,接管组全面行使包商银行的经营管理权,并委托中国建设银行股份有限公司托管包商银行业务。接管后,包商银行正常经营,客户业务照常办理,依法保障银行存款人和其他客户合法权益。人民银行、银保监会和存款保险基金对个人储蓄存款本息及5 000万元以下的对公存款和同业负债全额保障;对于5 000万元以上的对公存款与同业负债,由接管组和债权人平等协商进行保障。包商银行是除1998年海南发展银行被央行宣布关闭以外,中国20年来第一家被监管部门接管的商业银行。

接管后,包商银行于2019年6月完成大额债权收购转让,7—9月完成清产核资,10月启动改革重组事宜。包商银行总行及内蒙古自治区内各分支机构的相关业务、资产及负债由新成立的蒙商银行承接,自治区外各分支机构的相关业务、资产及负债由徽商银行承接。2020年4月9日,蒙商银行的筹建申请获银保监会批准。4月29日,该行的开业申请获内蒙古银保监局批准;4月30日,完成工商登记。蒙商银行定位为城市商业银行,注册资本人民币200亿元。徽商银行持股15%;余下85%股权皆为国有股东所持有;前三大股东合计持股59.17%,大股东存款保险基金管理公司持股27.50%。

(五)农村商业银行

农村商业银行是由辖内农民、农村工商户、企业法人和其他经济组织共同入股组成的股份制的地方性金融机构。截至2017年年底,全国有农村商业银行1 262家。

上海农村商业银行成立于2005年8月25日,是在有着逾50年历史的上海农村信用社基础上整体改制成立的股份制商业银行,是一家典型的中国农村商业银行。

(六)村镇银行

村镇银行是指经银保监会批准,由境内外金融机构、境内非金融机构企业法人、境内自然人出资,在农村地区设立的主要为当地农民、农业和农村经济发展提供金融服务的银行业金融机构。村镇银行的市场定位主要在两个方面:一是满足农户的小额贷款需求,二是服务当地中小型企业。截至2018年年底,全国涉农村镇银行共有1 616家。

村镇银行的创新之处是"发起人制度":根据银保监会规定,必须有一家符合监管条件、管理规范、经营效益好的商业银行作为主要发起银行,并且单一金融机构的股东持股比例不得低于15%。

四川南充市商业银行于2007年发起设立了中国第一家村镇银行——四川仪陇惠民村镇银行。2009年年初,上海农商银行出资成立了上海市首家村镇银行——崇明长江村镇银行,加大在市郊农村地区的金融服务力度。

中国银行和新加坡富登金融控股(Fullerton)于2011年3月在国家级贫困县湖北蕲春发起成立了国内规模最大、业务范围最广的村镇银行——中银富登村镇银行。截至2014年年末,中银富登村镇银行在全国10个省(直辖市)设立57家村镇银行和33家支行,服务客户42.6万户,存款余额100.98亿元,贷款余额101.10亿元。

(七)新兴民营银行

与国有银行相比,民营银行具有两个十分重要的特征。

一是私营性,即民营银行的产权结构主要以非公有制经济成分为主。

二是自主性,民营银行的经营管理权,包括人事管理等不受任何政府部门的干涉和控制,完全由银行自主决定。

作为金融市场的重要组成部分,民营金融机构的产权结构和经营形式决定了其具有机制活、效率高、专业性强等一系列优点。民营金融机构的建立必然会促进金融市场的公平竞争,促进国有金融企业的改革。建立一些具有国际先进水平的民营金融机构将有助于金融业参与国际竞争,缓和加入世界贸易组织后外资对国内金融业的冲击。

民营银行的资本金主要来自民间,其对利润最大化有着更为强烈的追求,如果没有健全的监管机制进行有效监管,民营银行往往会因风险问题而陷入失败。民企办银行的重要动机就是希望为企业搭建资金平台,甚至为自身融资提供便利。一旦关联企业出现问题,贷款无法偿还,民营银行就会面临巨大风险。

2014年3月,银保监会公布了国务院批准的首批五家民营银行试点名单,正式启动民营银行试点工作。截至2015年5月末,第一批试点的5家民营银行:深圳前海微众银行、温州民商银行、天津金城银行、浙江网商银行和上海华瑞银行已全部开业。2019年2月,银保监会在《关于进一步加强金融服务民营企业有关工作的通知》中强调继续按照成熟一家、设立一家的原则,有序推进民营银行常态化发展,加快建设与民营中、小、微企业需求相匹配的金融服务体系。2020年4月16日,无锡锡商银行正式开业,成为第19家新兴民营银行(见表4-1)。锡商银行由红豆集团、江阴澄星实业集团等江苏省内8家企业共同发起设立,坐落于无锡市锡山区。锡商银行定位于以移动金融和物联网技术为手段,探索打造具有物联网金融特色的科技型银行。

表4-1 全国新兴民营银行概况

序号	银行名称	批筹时间	开业时间	注册资本	市场定位	第一大股东
1	前海微众银行	2014.7	2014.12	42亿元	互联网银行,服务小微企业和个人	腾讯
2	温州民商银行	2014.7	2015.3	20亿元	助力小微,服务三农,扎根社区	正泰集团
3	天津金城银行	2014.7	2015.4	30亿元	公存公贷,服务小微企业和个人	华北集团
4	浙江网商银行	2014.9	2015.5	30亿元	互联网银行,小存小贷,服务小微企业和个人	蚂蚁金服

续表

序号	银行名称	批筹时间	开业时间	注册资本	市场定位	第一大股东
5	上海华瑞银行	2014.9	2015.6	40 亿元	智慧银行,服务自贸改革、小微大众和科创	均瑶集团
6	重庆富民银行	2016.5	2016.8	30 亿元	服务中小微企业和创新创业	瀚华金控
7	四川新网银行	2016.6	2016.12	30 亿元	互联网和数字科技普惠银行,服务小微群体	新希望集团
8	湖南三湘银行	2016.7	2016.12	30 亿元	产业链金融,服务目标产业生态圈和消费金融	三一集团
9	安徽新安银行	2016.11	2017.11	20 亿元	服务中小企业、支持科技创新、践行普惠金融	南翔贸易
10	福建华通银行	2016.11	2017.1	24 亿元	科技金融,助微惠民,提供供应链金融服务	永辉超市
11	武汉众邦银行	2016.12	2017.5	20 亿元	专注服务个人和小微企业的互联网交易银行	卓尔控股
12	北京中关村银行	2016.12	2017.6	40 亿元	立足"三创"(即创客、创投、创新型)企业	用友网络
13	江苏苏宁银行	2016.12	2017.6	40 亿元	聚焦供应链、消费和微小商户金融的O2O银行	苏宁云商
14	威海蓝海银行	2016.12	2017.6	20 亿元	深耕蓝海,特存特贷	威高集团
15	辽宁振兴银行	2016.12	2017.9	20 亿元	以科技手段服务小微企业和个人消费者	荣盛中天
16	吉林亿联银行	2016.12	2017.5	20 亿元	用数字科技服务普通人、小微企业和同业机构	中发金控
17	梅州客商银行	2016.12	2017.5	20 亿元	服务"三农两小"、创新创业和全球客商	宝新能源
18	江西裕民银行	2019.5	2019.9	20 亿元	5G智能银行	正邦集团
19	无锡锡商银行	2019.9	2020.4	20 亿元	打造物联网银行	红豆集团

(八) 直销银行

百信银行是中国百度与中信银行合作设立的,中国首家由互联网公司与传统银行发起的独立法人直销银行,成立于2015年11月。百信银行与现有银行的区别主要在于没有线下网点,是通过互联网提供金融产品和银行服务,没有时间和地域的限制。

2016年2月,韩国韩亚银行(Hana)推出了1Q Bank,成为中国外资银行中的第一家直销银行。

【知识窗】直销银行

直销银行是互联网时代应运而生的一种新型银行运作模式,是互联网金融环境下的一种新型金融产物。这一经营模式下,银行没有营业网点,不发放实体银行卡,客户主要通过电脑、电子邮件、手机、电话等远程渠道获取银行产品和服务,因没有网点经营费用和管理费用,直销银行可以为客户提供更有竞争力的存贷款价格及更低的手续费率。

直销银行诞生于20世纪90年代末北美及欧洲等经济发达国家,近20年的发展过程中,直销银行已积累了成熟的商业模式,成为金融市场重要的组成部分,而在中国,随着互联网金融的飞速发展,客户消费习惯的转变以及银行利率市场化步伐的加快,一些银行业也成立了直销银行部。中国最早开展直销银行业务的有民生银行直销银行与兴业银行直销银行。

2014年2月,民生银行直销银行正式上线。作为国内首家直销银行,民生银行直销银行主要通过互联网渠道拓展客户,具有客群清晰、产品简单、渠道便捷等特点。

2014年3月,兴业银行推出直销银行,其特点在于用户可以持多家银行的银行卡,通过电脑、手机等移动设备选购热销理财产品、基金以及进行定期存款、通知存款等,免掉了繁复的注册、登录、跨行资金划转步骤,可以随时随地随身"一站式"查看、管理、调拨各家银行卡上的资金,享受在线理财规划服务。

(九) 中外合资银行

中外合资银行是由一家或几家外国银行与当地有关部门或单位联合出资在当地建立的股份制银行,但外方通常不一定占控股权。中外合资银行可以是完全新建的,也可以是由外国银行购买了原本地银行的部分股权后改变而成的。

厦门国际银行是中国第一家中外合资银行,成立于1985年8月,总部设于厦门。

2004年2月6日,首家中外共同投资的住房储蓄合资银行——中德住房储蓄银行有限责任公司诞生。中德住房储蓄银行的合资中方系中国建设银行股份有限公司,合资外方系德国施威比豪尔住房储蓄银行股份公司。

浦发硅谷银行是上海浦东发展银行与美国硅谷银行的合资银行,于2012年8月15日正式开业,专注服务于科技型中小企业。

其他中外合资银行还有富邦华一银行、中信嘉华银行和青岛国际银行。

(十) 外资银行

外资银行进入中国市场已有170多年历史。

1847年,英国皇家特许银行丽如银行(The Oriental Bank Corporation)在上海外滩开设分行,成为我国出现的第一家现代商业银行。1884年,丽如银行因在锡兰的投资失败而撤出中国市场,其在中国银行业独占鳌头的领先地位也被后来的英国汇丰银行所取代。1892年6月,丽如银行因总行的放款和投资不慎而在伦敦宣告寿终正寝。

1949年中华人民共和国成立后,在"文革"期间,仅有英国汇丰银行、英国渣打银行(SCB)、香港东亚银行(BEA)和新加坡华侨银行(OCBC)这4家境外银行获准在大陆继续经营,但业务范围仅限于对公外汇业务,如出口信用证结汇等。

1978年改革开放后,外资银行积极融入中国,为中国银行市场注入了无限活力!

2003年,中国内地与港澳共同签署《关于建立更紧密经贸关系的安排》(CEPA)。根据安排,在银行业方面,内地同意将香港银行入股内地银行的资产要求由100亿美元降至60亿美元,同时,内地允许在粤香港银行分行在广东省内设立"异地支行",这项新措施大大降低了香港银行在广东省开设支行的资本金要求。

2006年12月11日，中国履行对WTO的承诺，银行业对外资银行全面开放。英国汇丰银行(HSBC)、香港东亚银行、英国渣打银行和美国花旗银行相继于2007年4月之前完成本地注册，成为第一批本地外资法人银行。2007年4月2日，首批四家外资大陆法人银行——汇丰(中国)、渣打(中国)、东亚(中国)和花旗(中国)正式开业！

秉承World's Local Bank的国际先进运营理念，英国汇丰银行已在中国内地50多个城市设立了超过170个服务网点，是中国内地网点最多、地域覆盖最广的外资银行。此外，其集团成员——香港恒生银行(Hang Seng Bank)目前亦在中国内地的20个城市设有约50家分支行，业务覆盖珠江三角洲、长江三角洲和环渤海区域，同时辐射中西部地区。

香港东亚银行紧随其后。目前，香港东亚银行在中国内地44个城市共设立129个网点，包括总部、30家分行和98家支行。

英国渣打银行目前在中国内地拥有27家分行、78家支行和1家村镇银行，营业网点达到106家，其中包括2014年3月初开业的上海自贸试验区支行。同时，英国渣打银行是中国现存最古老的、历史最悠久的外资银行，自1858年在上海成立第一家分行以来，从未中断过在大陆的业务运营。英国渣打银行的业务网络遍及全球60个最有活力的市场，与"一带一路"沿线市场的重合度超过75%，能支持中国政府提出的"一带一路"的合作倡议。

德国德意志银行(DB)最早于1872年进入中国，在上海设立其第一家海外办事处。目前，德意志银行在北京、上海、广州、天津、重庆和青岛设有分行，在香港特别行政区设有地区中心，还在北京和上海设有证券业务代表处。

法国巴黎银行(BNP PARIBAS)于1860年在上海开设了其在我国的第一家办事处。现今，法国巴黎银行在北京、广州、上海、深圳和天津拥有5个营业分支机构，在苏州、大连和成都设立有代表处，在上海建立合资银行上海巴黎银行(IBPS)。

法国东方汇理银行(CA CIB)于1898年在上海成立第一家分行。法国东方汇理银行凭借着丰富的本土和全球经验并借助其国际网络的协同效应，为在华投资的跨国公司以及本地客户的国内、国际项目提供咨询和融资服务。

美国花旗银行(Citi bank)在中国的历史可追溯至1902年5月，是首家在中国开业的美国银行。目前，美国花旗银行在我国12个城市(北京、长沙、成都、重庆、大连、广州、贵阳、杭州、南京、上海、深圳和天津)拥有分支网点。美国花旗银行在全球超过160个国家和地区开展业务，是在中国最具有全球性的国际银行。

美国摩根大通银行(J. P. Morgan)于1921年在上海开设办事处，从此开始其在华业务。在中国，美国摩根大通银行为客户提供广泛的金融服务，涵盖投资银行、风险管理、大宗商品、现金管理、贸易融资、贷款、外汇及衍生品交易、资产管理和期货经纪等领域。目前，美国摩根大通银行通过在北京、上海、天津、广州、成都、哈尔滨、苏州和深圳的业务网络及分支机构为中国本土及跨国公司、金融机构和政府机构提供全方位的金融服务。

2010年1月16日，两岸《银行、证券、保险及金融监理合作备忘录》(MOU)正式生效，标志内地和台湾互相开放金融市场。2010年6月29日，两岸签署《海峡两岸经济合作框架协议》(ECFA)。台湾银行业获得提早进入大陆市场开展经营活动的机会。

2012年7月，台湾银行上海分行开设。该行成立于1946年，系信誉卓著、历史悠久的公营商业银行，资产规模位列台湾银行业首位。其他获准进入大陆市场的台湾银行还有中国信托商业银行(CTBC)、台湾中小企业银行、台湾土地银行、永丰银行、第一商业银行(First

Bank)、华南商业银行、彰化银行、国泰世华商业银行、富邦华一银行(Fubon First Sino)、兆丰国际商业银行、玉山银行和合作金库银行。

为支持中国"一带一路"倡议和"中巴经济走廊"建设,2017年3月20日,巴基斯坦哈比银行(HBL)乌鲁木齐分行在乌鲁木齐高新区(新市区)创新广场正式开业。这不仅是巴基斯坦银行在中国设立的首家营业性机构,也是新疆首家外资银行总部。哈比银行是巴基斯坦最大的私营银行,同时也是其国内最大的跨国公司,海内外分行超过1 700家,覆盖全球25个国家,横跨3大洲,在全世界主要金融中心均设有分支机构。

【知识窗】在华外资银行列表

表4-2 其他在华外资银行

美国银行(BOA)	香港上海商业银行(SCB)
美国纽约梅隆银行(BNY Mellon)	香港南洋商业银行(NCB)
美国华美银行(East West)	招商永隆银行(Wing Lung)
美国富国银行(Wells Fargo)	香港大新银行(Dah Sing)
美国摩根士丹利国际银行(Morgan Stanley)	香港创兴银行(Chong Hing)
美国高盛银行(Goldman Sachs)	香港集友银行(Chiyu)
美国道富银行(State Street)	香港中信银行(国际)(CNCB International)
英国巴克莱银行(Barclays)	澳门大西洋银行(BNU)
苏格兰皇家银行(RBS)	澳门国际银行(LIB)
德国商业银行(Commerzbank AG)	新加坡星展银行(DBS)
德国北德意志州银行(Nord LB)	新加坡华侨永亨银行(OCBC Wing Hang)
德国德累斯顿银行(Dresdner Bank AG)	新加坡大华银行(UOB)
德国西德意志银行(WestLB)	韩国韩亚银行(Hana)
法国兴业银行(SG)	韩国新韩银行(Shinhan)
法国人民储蓄银行(BPCE)	韩国友利银行(Woori)
法国外贸银行(Natixis)	韩国国民银行(KB)
瑞士联合银行(UBS)	韩国大邱银行(DGB)
瑞士瑞信银行(Credit Suisse)	韩国产业银行(KDB)
瑞典北欧斯安银行(SEB)	日本三菱东京UFJ联银行(BTMU)
瑞典商业银行(Handelsbanken)	日本三井住友银行(SMBC)
北欧联合银行(Nordea Bank AB)	日本三井住友信托银行(SMTB)
挪威银行(DNB)	日本瑞穗银行(Mizuho)
比利时联合银行(KBC)	日本横滨银行(Yokohama)
意大利裕信银行(UniCredit)	菲律宾首都银行(Metrobank)
荷兰银行(ABN AMRO)	菲律宾新联商业银行(Allied Commercial Bank)

续表

荷兰安智银行(ING)	泰国盘古银行(Bangkok)
荷兰合作银行(Rabobank)	泰国正信银行(ZXBK)
西班牙对外银行(BBVA)	泰国开泰银行(Kasikorn Bank)
西班牙桑坦德银行(Banco Santander)	马来西亚马来亚银行(Maybank)
俄罗斯外贸银行(JSC VTB)	马来西亚联昌银行(CIMB)
澳大利亚和新西兰银行(ANZ)	马来西亚大众银行(Public Bank)
澳大利亚西太平洋银行(Westpac)	印度尼西亚曼底利银行(Bank Mandiri)
澳大利亚国民银行(NAB)	印度国家银行(SBI)
加拿大蒙特利尔银行(BMO)	印度卡纳拉银行(Canara)
加拿大丰业银行(Nova Scotia)	印度同心银行(Axis Bank)
加拿大皇家银行(RBC)	埃及国民银行(NBE)
巴西银行(Banco do Brasil S. A.)	土耳其担保银行(Garanti Bank)

第二节 商业银行的组织制度与类型

一、组织制度

受国内外政治、经济、法律等多方面因素的影响,世界各国商业银行的组织形式可以分为单一银行制、总分银行制和银行控股公司制。

(一)单一银行制

单一银行制是指不设立分行,全部业务由各个相对独立的商业银行独自经营的一种银行组织形式,这一体制主要集中在美国。

优点:首先,可以限制银行业的兼并和垄断,有利于自由竞争;其次,有利于协调银行与地方政府的关系,使银行更好地为地区经济发展服务;再次,由于单一银行制富于独立性和自主性,内部层次较少,因而其业务经营的灵活性较大,管理起来也较容易。

缺点:首先,单一制银行规模较小,经营成本较高,难以取得规模效益;其次,单一银行制与经济的外向发展存在矛盾,人为地造成资本的迂回流动,削弱了银行的竞争力;再次,单一制银行的业务相对集中,风险较大。随着电子计算机推广应用的普及,单一制限制银行业务发展和金融创新的弊端也愈加明显。

【知识窗】麦克法登法案

1927年美国《麦克法登法案》(McFadden Act)是第一部关于规范银行地理限制的法案,根据该法案,国民银行不得设立跨州的分支机构,但可以在其所在州内任何地方设立分支机构,前提是该州法律明确允许州银行有权在该地点设立分支机构,也就是联邦随州的原则。

各州对设立分支机构的限制不相同。许多州有限制；而另一些州由于建立在单一银行制的基础上，基本不允许设立分支机构；有些州虽然允许银行有多个网点，但要求分支机构单独注册，从而形成了许多银行控股公司。允许跨州设立分行，一般严格限定在有互惠协议的州，并且基本上采取银行控股公司制的模式。

【知识窗】Riegle-Neal 跨州银行业分支效率法案

随着 1994 年 Riegle-Neal Interstate Banking and Branching Efficiency 法案的实施，美国政府开始允许银行跨州设立分支机构。

50 个州都允许银行通过兼并的方式来实现跨州扩展分支机构。该法案规定，只有所在州法律允许时，银行才能以非兼并的方式跨州设立新分支机构。目前只有 22 个州和哥伦比亚特区允许，其他 28 个州仍要求跨州设立分支机构必须通过兼并现有银行的方式。

（二）总分行制

实行这一制度的商业银行可以在总行以外普遍设立分支机构，分支银行的各项业务统一遵照总行的指示办理。总分行制按管理方式不同又可进一步划分为总行制和总管理处制。总行制即总行除了领导和管理分支行处以外，本身也对外营业；而在总管理处制下，总行只负责管理和控制分支行，本身不对外营业，由分支行或营业部开展业务活动。

优点：实行这一制度的商业银行规模巨大，分支机构众多，便于银行拓展业务范围，降低经营风险；总行与分行之间可以实行专业化分工，大幅度地提高银行工作效率；分支行之间的资金调拨十分方便；易于采用先进的计算机设备广泛开展金融服务，取得规模效益。

缺点：容易加速垄断的形成。实行这一制度的银行规模大，内部层次多，增加了银行管理的难度。

但总体而言分支行制更能适应现代化经济发展的需要，因而受到各国银行界的普遍认可，已成为当代商业银行的主要组织形式。

（三）银行控股公司制

银行控股公司制是指由少数大企业或大财团设立控股公司，再由控股公司控制或收购若干家商业银行的制度。银行控股公司分为以下两种类型。

非银行控股公司，是企业集团通过控制某一银行的股权而组织起来的，该类控股公司在持有一家银行股权的同时还可持有多家非银行企业的股权。

银行性控股公司，是指大银行直接控制一个控股公司，并持有若干小银行股权。

银行控股公司可分为单一银行控股公司和多元银行控股公司。

单一银行控股公司：仅拥有或控制一家商业银行的控股公司。

多元银行控股公司：拥有或控制两家以上银行的控股公司。

银行性控股公司在美国快速发展的原因如下：

（1）这一组织形式是金融创新的结果，可使银行有效摆脱美国关于设立分支机构和经营范围的法律限制。

（2）可以扩大经营范围，实现地区分散化、业务多样化，有利于加强风险和收益的管理。

（3）银行控股公司的股票更受欢迎，可以降低融资成本。

（4）银行控股公司服务设施集中，可以节约费用开支。

目前,银行控股公司制已成为美国商业银行最基本的组织形式。典型的银行控股公司是花旗公司。为规避法律限制,花旗银行1968年成立银行控股公司作为花旗银行的母公司,其资产的99%是花旗银行的资产。20世纪70年代,花旗银行的资产一直占花旗公司资产的95%以上,80年代以后有所下降,但也在85%左右。1984年成为美国最大的单一银行控股公司。

银行控股公司制的优点是能够有效地扩大资本总量,增强银行实力,提高银行抵御风险的能力,弥补单一银行制的不足;缺点是容易引起金融权力过度集中,并在一定程度上影响银行的经营活力。

【学习检查】华尔街投资银行为何自愿转型成银行控股公司?

【扩展延伸】高盛与摩根士坦利转型成银行控股公司

在雷曼兄弟公司倒闭和美林证券被美国银行收购后的2008年9月21日,美联储批准高盛和摩根士丹利从投资银行转为银行控股公司,这是自20世纪30年代大萧条以来华尔街的一个最大制度转变。转变为银行控股公司后,高盛和摩根士丹利不再是独立的投资银行。第五章其他金融机构与组织将对投资银行进行详细讨论。

二、类型

(一) 职能分工型

职能分工型商业银行主要存在于实行分业经营体制的国家,如中国。其基本特点是:银行业务与证券、信托业务分离,商业银行不得兼营证券业务和信托业务,不能直接参与工商企业的投资。

(二) 全能型

全能型商业银行又称综合性商业银行,可以混业经营,即可以经营一切金融业务。不仅可以经营存款、贷款、贴现等传统业务,还可以涉猎多种金融业务领域如信托、租赁、代客买卖有价证券、代收账款等,因此被称为"金融百货公司"或"金融超市"。德国的商业银行一直是全能型银行,美国的商业银行在1999年以后也属于这种类型。

关于分业经营与混业经营体制,我们在第六章具体讨论。

三、商业银行的发展趋势

(一) 全能化

全能银行可以提供几乎所有的银行和金融服务,如贷款、存款、证券、支付清算、外汇、代理保险、租赁与咨询等业务。

全能化的原因主要有以下四点。

(1) 激烈的市场竞争中,各金融机构努力拓宽自己的服务领域、提供便捷的服务手段,各金融机构有实现相互融合的强烈动机。

(2) 现代通信和计算机技术的高速发展为机构融合并降低成本提供了技术保障。

(3) 资本市场快速发展和市场融资的"脱媒"现象,使商业银行的传统业务已无法适应金融市场的新需求。

(4) 金融创新的发展为融合传统商业银行业务和证券业务提供了可能。商业银行在负债结构和资产配置方面越来越多地依靠资本市场工具,而投资银行也日益向商业银行业务渗透,金融创新使两者的业务界限逐渐消失。

自20世纪80年代始,全球银行业逐步由分业经营向综合化经营迈进,通过并购、重组等方式将业务扩展到证券、基金等领域,逐步形成几乎可办理所有金融业务的"全能银行"。然而自2008年全球金融危机起,全能银行模式遭遇前所未有的挑战,花旗集团甚至通过重组,重新回归商业银行主业。因此,全能化是否能成为发展趋势依旧存疑。

(二) 巨型化

商业银行巨型化是指银行之间的兼并收购使得银行规模变得越来越大。花旗集团是典型的巨型化案例,尽管在次贷危机中遭受重创并进行了重组,但并不意味着银行巨型化的趋势会发生改变。

【案例】花旗集团

花旗集团是美国第一家集商业银行、投资银行、保险、证券交易等诸多金融服务业务于一身的金融集团,是由花旗公司与旅行者集团于1998年合并而成。花旗集团通过收购或定向股权置换等方式进行大规模扩张,并对收购的企业进行全球化业务整合,成为当时世界上最大的金融集团。

(三) 国际化

银行国际化既指单个商业银行跨国发展,又包括整个金融体系从封闭走向开放;包括本国银行业走出去参与国际竞争以及外资银行进入本国金融市场。

商业银行国际化主要通过新设机构或兼并收购进行。新设机构一般从设立代表处发展到设立分行、合资子行、独资子行等;收购兼并则指通过直接控股现有金融机构,接管其业务,使其变成自己的子行(子公司),或通过参股现有金融机构,对其实施影响、获取投资收益或战略利益。

依据海外金融业务总量和金融并购交易活动数量等因素来划分,中国银行业的国际化大概分为三个阶段。1999—2003年是初步尝试阶段,只有少数大型国有银行在海外建立分支机构,业务包括消费金融、国际贸易和外汇交易等;2004—2008年是逐步展开阶段,中国加入WTO后,部分大型国有商业银行和少数有实力的股份制商业银行开始以并购方式实现海外业务的有效扩张,并逐步建立起区域性国际网络;2009年至今是全面推动阶段,2008年的金融危机为中国金融在全球影响力的增强提供了机遇,各大国有银行和部分主要股份制商业银行不再局限于现有机构布局,而是谋求以融资服务推动更多海外机构设立(见表4-3)。

表4-3 中国银行业海外并购案例

时间	收购方	被收购方	持股比例(%)	收购金额或方式
2000年4月	工商银行	香港友联银行	53.24	—
2001年10月	中国银行(香港)	南洋商业银行	100.00	重组合并

续表

时间	收购方	被收购方	持股比例(%)	收购金额或方式
2001年10月	中国银行(香港)	集友银行	70.49	重组合并
2002年2月	建设银行	香港建新银行	100.00	—
2003年12月	工商银行(亚洲)	华比富通银行	100.00	21.5亿港元
2004年12月	工商银行(亚洲)	华商银行	100.00	7.49亿港元
2006年8月	建设银行	美国银行(亚洲)	100.00	97.1亿港元
2006年12月	中国银行	新加坡飞机租赁公司	100.00	9.65亿美元(约合75亿元人民币)
2007年8月	工商银行	澳门诚兴银行	79.93	46.83亿澳元(约合41.47亿元人民币)
2007年8月	国家开发银行	英国巴克莱银行	3.1	15亿英镑(约合225.7亿元人民币)
2007年9月	工商银行(亚洲)	香港IEC投资公司	40	0.18亿美元
2007年10月	工商银行	南非标准银行	20	366.7亿南非兰特(约合54.6亿美元)
2007年10月	民生银行	美国联合银行	4.9(后续将增持到20%)	9 573万美元
2008年5月	招商银行	香港永隆银行	53.12	193亿港元
2008年7月	中国银行	瑞士和瑞达基金	30(后续将增持到70%)	900万瑞士法郎(约合6 000万元人民币)
2009年6月	工商银行	加拿大东亚银行	70	8 025万加元(约合7 300万美元)
2009年8月	建设银行(亚洲)	美国国际信贷(香港)有限公司	100.00	7 000万美元(约合5.43亿港元)
2010年4月	工商银行	泰国ACL银行	97.24	177.1亿泰铢(约合5.5亿美元)
2011年1月	工商银行	美国东亚银行	80	1.4亿美元
2011年8月	工商银行	阿根廷标准银行	80	6亿美元
2013年10月	建设银行	巴西Banco Industrial E. Commercial S. A.银行	72	16亿雷亚尔(约7.23亿美元)
2015年8月	工商银行	土耳其Tekstilbank	92.81	7.27亿土耳其里拉
2016年12月	交通银行	巴西BBM Bank	80	5.25亿雷亚尔

【知识窗】中国银行的跨国经营

中国银行是中国最早开始国际化经营,也是目前中资银行中国际化程度最高的银行。

其经营路径为先占领亚洲市场,后突破欧美市场,再完善海外整体布局,最后协调海内外一体化建设的"四步走"发展路线。

2007年爆发的金融危机导致中行的海外经营遭到巨大损失,但国内的营业收入及利润相对可观,因此中行开始调整其发展重心,更多地注重国内业务和"走出去"企业的海外需求。其海外扩张的策略变为:填补空白市场,发展空白业务,以及使分支机构融入当地市场。为填补空白市场,中行在俄罗斯和巴西设立了子公司,在阿曼、加纳、秘鲁等国设立中国业务柜台,不断扩大和填补全球服务网,并注重强化总分行、海内外、部门间的合作,增强集团联动协同。相应地,中行的发展战略总体要求也从"立足本土,海内外一体化发展"转变为"把中国银行建设成在全球化进程中领先的银行"。

(四) 运营集中化

随着银行国际化程度加深,其运营集中化趋势日益突出。跨国银行的集中化运营(centralization)可以分为国家集中化运营(country level)和集团集中化运营(group level)。

国家集中化运营是指跨国银行在特定国家的后台运营部门就特定的银行业务成立运营团队,集中处理该特定银行业务,是社会分工和专业化处理的表现。

2011年6月,恒生银行(中国)有限公司银行业务运营管理部成立了账户服务运营团队,集中化处理香港恒生银行在中国内地的50多家分、支行的个人开户和企业开户运营工作。通过账户开户集中化运营项目,全国的开户运营流程和标准得以统一,从而实现恒生中国对于全国开户运营数据质量和运营流程的统一监测、把关和提高。

集团集中化运营是指跨国银行在劳动力价格低廉的地区设立全球服务共享中心(HUB),专门提供金融后台数据运营处理外包服务,以支持其在全球各个地区业务的高速发展。

汇丰环球客户服务(广东)有限公司是英国汇丰银行集团(HSBC)于1996年设立的第一家环球营运服务中心,服务对象包括英国汇丰银行集团在香港区、英国区、美国区、加拿大区、中国区和日本区的客户。由于业务发展需要,英国汇丰银行集团已在中国、印度、马来西亚等国家设立了22个环球运营服务中心,为全球的英国汇丰银行集团客户提供多元化的优质营运支持服务。

英国渣打银行集团(SCB)在2007年于中国天津滨海新区成立了渣打(中国)科技营运有限公司,专门提供金融后台数据外包服务。渣打科营中心是英国渣打银行集团继印度香奈和马来西亚吉隆坡后设立的全球第三家服务共享中心。除传统银行运营业务外,渣打科营中心还从事信息技术外包业务和软件与系统开发业务。

另外,有的外资跨国银行并不自己单独设立HUB,而将后台集中化运营外包给独立的专业公司进行运营。如瑞士联合银行(UBS)就将其投资银行后台运营操作业务外包给印度维布络公司(Wipro)进行集中化运营。

外资跨国银行通过集中化运营收益良多:集中化运营可以降低成本,提高运营效率,实现对于运营流程的标准化管理和对于运营质量的不断提高。

(五) 电子化

电子商务的高速发展为银行业电子化进程提供了有力支持,也意味着银行业今后面临更多的商机和更激烈的竞争。

电子银行有广义和狭义之分。广义的电子银行是通过各种电子渠道提供金融服务的银行,主要包括网上银行、电话银行、手机银行、短信银行和自助银行等。狭义的电子银行一般是指网上银行,是通过数字设备与客户进行交互,为客户提供金融服务的银行。例如,英国渣打银行(SCB)主要通过 Straight2Bank(S2B)电子网络银行系统为企业客户提供人民币自动转账交易服务。该行 90% 以上企业客户人民币转账交易都是通过 S2B 电子网络银行系统自动完成的。广义和狭义的电子银行的共同点包括:电子虚拟服务方式;运行环境开放;业务时空界限模糊;业务实时处理;与传统营业网点的成本不同,电子银行的交易成本与网点具有非相关性,即交易的边际成本与业务交易地点没有联系。

近年来,电子渠道客户活跃度和忠诚度持续提升、电子渠道交易金额快速增长,对商业银行客户服务和业务发展的支持能力显著增强。2018 年,中国银行电子渠道交易金额达到 223.53 万亿元,同比增长 16.18%,电子渠道对网点业务的替代率达到 93.99%。其中,手机银行交易金额达到 20.03 万亿元,同比增长 82.68%,成为活跃客户最多的线上交易渠道(见表 4-4)。

表 4-4 中国银行电子渠道交易状况

项目	单位:万户(百分比除外)			项目	单位:人民币亿元(百分比除外)		
	2018年	2017年	变动率(%)		2018年	2017年	变动率(%)
企业网银客户数	389.05	341.69	13.86	企业网银交易金额	1 900 071.23	1 658 818.31	14.54
个人网银客户数	16 623.61	14 797.22	12.34	个人网银交易金额	300 761.52	225 919.12	33.13
手机银行客户数	14 531.18	11 532.57	26.00	手机银行交易金额	200 311.65	109 651.39	82.68
电话银行客户数	11 376.78	11 336.91	0.35				

对于商业银行来说,电子银行最大优势在于三个方面:

(1) 电子银行运营成本相对较小,而经营效率相对较高。据测算,以单笔业务的成本计算,营业网点为 1.07 美元,电话银行为 0.54 美元,ATM 为 0.27 美元,而通过互联网则只需 0.1 美元。随着电子银行客户覆盖率和柜面交易替代率逐步增大,银行节省了大量成本以及能源消耗。

(2) 建立电子银行能够加强银行与客户的联系。电子银行除了扩大服务范围,延长服务时间之外,还便于银行充分掌握客户资料,为客户提供全方位的国际金融服务,对电子银行自身品牌的营销和宣传也有极为有利的影响和效应。

(3) 电子银行能够大大提高银行服务质量。银行实现网络化必然会形成和提升金融的自动化,并将促进虚拟化金融市场的形成和发展,从而使银行业务能够突破时间和空间的限制,为客户提供更为方便快捷的金融服务。

电子银行适应时代潮流,国际银行业早已认识到发展电子银行的重要性和必然性,电子银行已成为银行业竞争的焦点。目前我国商业银行都已经开通了电子银行服务,银行电子化程度分为服务项目和服务渠道两方面,服务项目主要包括账户管理、转账汇款、缴费支付、投资理财等,服务渠道主要有网上银行、自助银行、电话银行、手机银行等四种。

【知识窗】互联网银行

前文提及的直销银行是互联网银行(internet bank 或者 E-bank)的一种。互联网银行是指借助现代数字通信、互联网、移动通信及物联网技术,通过云计算、大数据等方式在线实现为客户提供全方位无缝、快捷、安全和高效的互联网金融服务的机构。

互联网银行有如下特点:

(1) 互联网银行无须分行、服务全球,业务完全在网上开展;

(2) 拥有一个非常强大安全的平台,保证所有操作在线完成,足不出户,流程简单,服务方便、快捷、高效、可靠;

(3) 通过互联网技术,取消物理网点和降低人力资源等成本,与传统银行相比,具有极强的竞争优势。

互联网银行可以吸收存款,发放贷款,提供结算支付等服务。这种模式在国外已经很成熟,而且运营良好,且呈上升态势。在中国,深圳前海微众银行是中国首家开业的互联网民营银行,2014 年 7 月筹建申请被正式批准,2015 年 1 月 4 日,李克强总理在该银行敲下电脑回车键,卡车司机徐军即拿到 3.5 万元贷款,是互联网民营银行完成的第一笔放贷业务。当前主要面对个人或企业的小微贷款需求。该银行既无营业网点,也无营业柜台,更无须财产担保,而是通过人脸识别技术和大数据信用评级发放贷款。

第三节 商业银行业务

尽管各国商业银行的组织形式、名称、经营内容各异,但就其经营的主要业务来说,一般均分为负债业务、资产业务以及表外业务。

商业银行开展各项业务活动的基础是其自有资本。自有资本是其业务活动的本钱,主要部分有成立时发行股票所筹集的股份资本、公积金以及未分配的利润。自有资本一般只占其全部负债的很小一部分。银行自有资本的大小体现银行的实力和信誉,也是一个银行吸收外来资金的基础。中国银行资产负债情况,见表 4-5。

表 4-5 中国银行资产负债简表

项 目	2018 年 12 月 31 日		2017 年 12 月 31 日	
	金 额	占比(%)	金 额	占比(%)
资产				
客户贷款净额	11 515 764	54.15	10 644 304	54.68
投资	5 054 551	23.77	4 554 722	23.40
存放中央银行	2 331 053	10.96	2 227 614	11.44

续表

项目	2018年12月31日 金额	占比(%)	2017年12月31日 金额	占比(%)
存拆放同业	1 144 937	5.38	971 616	4.99
其他资产	1 220 970	5.74	1 069 168	5.49
资产总额	21 267 275	100.00	19 467 424	100.00
负债				
客户存款	14 883 596	76.16	13 657 924	76.34
同业存拆入及对央行负债	2 965 979	15.18	2 702 751	15.11
其他借入资金	814 888	4.17	529 756	2.96
其他负债	877 415	4.49	1 000 314	5.59
负债合计	19 541 878	100.00	17 890 745	100.00

注：1. 投资包括可供出售证券、持有至到期债券、分类为贷款及应收款的金融投资、以公允价值计量且其变动计入当期损益的金融资产。2. 其他借入资金包括发行债券、借入其他资金。

【国际视野】美国银行合并资产负债表

表 4-6 美国银行合并资产负债表　　　　　　　　　　（单位：百万美元）

	2018年12月31日	2017年12月31日
资产		
现金及现金等价物	17 740 400	15 743 400
拆出资金		
抵押担保证券	26 113 100	21 274 700
交易性金融资产	25 807 300	24 712 000
其他短期投资	1 622 900	2 363 900
权益性投资		
持有至到期投资	20 365 200	12 501 300
可供出售投资	22 936 600	30 263 100
其他长期投资		
客户贷款及垫款净额	93 729 400	92 635 600
可供出售贷款	1 036 700	1 143 000
固定资产净值	990 600	924 700
商誉及无形资产	6 895 100	7 125 300
土地使用权		
其他资产	18 213 400	19 436 400

续表

	2018年12月31日	2017年12月31日
总资产	235 450 700	228 123 400
负债		
总存款	138 147 600	130 954 500
拆入资金		
抵押担保融资	18 698 800	17 686 500
应付账款及票据		
应缴税金		
交易性金融负债	10 611 100	11 548 700
短期借贷及长期借贷当期到期部分	2 018 900	3 266 600
长期借贷	22 934 000	22 740 200
其他负债	16 507 800	15 212 300
总负债	208 918 200	201 408 800
股东权益		
优先股	2 232 600	2 232 300
普通股股本	11 889 600	13 808 900
储备	13 631 400	11 381 600
库存股		
其他综合性收益	−1 221 100	−708 200
普通股权益总额	24 299 900	24 482 300
归属母公司股东权益	26 532 500	26 714 600
少数股东权益		
股东权益合计	26 532 500	26 714 600
总负债及股东权益	235 450 700	228 123 400

一、负债业务

负债业务是构成商业银行资金来源的业务，是商业银行资产业务的前提和条件。

（一）存款

按照传统的存款划分方法，主要有三种：活期存款、定期存款和储蓄存款。

1. 活期存款

活期存款是可由存款户随时存取和转让的存款，它没有确切期限规定。持有活期存款账户的存款者可以用各种方式提取存款，如开出支票、电话转账、使用自动柜员机或其他各种方式。作为商业银行主要资金来源的活期存款有以下三个特点。

(1) 流动性大、存取频繁。由于活期存款存取频繁,而且还要提供多种服务,因此活期存款成本也较高,但是较少或不支付利息。

(2) 活期存款相对稳定部分可以用于发放贷款。尽管活期存款流动性大,但在银行的诸多储户中,总有一些余额可用于对外放款。

(3) 活期存款是密切银行与客户关系的桥梁。商业银行通过与客户频繁的活期存款的存取业务建立比较密切的业务往来,从而争取更多的客户,扩大业务规模。

2. 定期存款

定期存款是指客户与银行预先约定存款期限的存款。存款期限通常为 3 个月、6 个月和 1 年不等,期限最长的可达 5 年或 10 年。利率根据期限的长短不同而存在差异,但都要高于活期存款。定期存款的存单可以作为质押品获得银行贷款。定期存款具有以下三个特点。

(1) 带有投资性。由于定期存款利率高,并且风险小,因而是一种风险最小的投资方式。对于银行来说,由于期限较长,按规定一般不能提前支取,因而是银行稳定的资金来源。

(2) 所要求的存款准备金率低于活期存款。因为定期存款有期限的约束,有较高的稳定性,所以其准备金率要求低一些。

(3) 手续简单,费用较低,风险性小。由于定期存款的存取是一次性办理,在存款期间不必有其他服务,因此除了利息以外没有其他的费用。同时,定期存款较高的稳定性使其风险性较小。

3. 储蓄存款

主要指居民个人为了积蓄货币和取得一定的利息收入而开立的存款。储蓄存款也可分为活期存款和定期存款。

储蓄存款具有两个特点:(1) 多数是个人为了积蓄购买力而进行的存款;(2) 金融监管当局对经营储蓄业务的商业银行有严格的规定。因为储蓄存款多数客户为个人,为了保障储户的利益,各国对经营储蓄存款业务的商业银行有严格的管理规定,并要求银行对储蓄存款负有无限清偿责任。

除上述各种传统的存款业务以外,为了吸收更多存款,打破有关法规限制,发达国家商业银行在存款工具上有许多创新,如结构性存款、可转让支付命令账户、自动转账服务账户、货币市场存款账户、大额定期存单等。

4. 结构性存款

结构性存款也可称为收益增值产品(yield enhancement products),是将利率、汇率产品与传统的存款业务相结合的一种创新存款。该产品适合于对收益要求较高,对外汇汇率及利率走势有一定认识,并有能力承担一定风险的客户。

所谓外汇结构性存款是指在普通外汇存款的基础上嵌入某种金融衍生工具(主要是各类期权),通过与利率、汇率、指数等波动挂钩或与某实体的信用情况挂钩从而使存款人在承受一定风险的基础上获得较高收益的业务产品。它是一个结合固定收益产品与选择权组合的产品交易,二者的结合使结构性产品的投资报酬与关联的标的资产价格波动产生连动效应,可实现在一定程度上保障本金或获得较高投资报酬率的功能(见表 4-7)。

表 4-7　中国银行内地客户存款结构

项　目	2018年12月31日		2017年12月31日	
	金额(百万元)	占比(%)	金额(百万元)	占比(%)
公司存款	6 338 248	53.32	5 931 952	54.67
活期存款	3 588 353	30.19	3 368 630	31.05
定期存款	2 520 127	21.20	2 361 406	21.76
结构性存款	229 768	1.93	201 916	1.86
个人存款	5 328 578	44.83	4 861 421	44.80
活期存款	2 312 488	19.45	1 992 092	18.36
定期存款	2 685 026	22.59	2 714 253	25.01
结构性存款	331 064	2.79	155 076	1.43
其他	219 969	1.85	58 045	0.53
合计	11 886 795	100.00	10 851 418	100.00

注：本期其他项目包含应付利息。

市场上外汇结构性存款产品大致分为三类。

(1) 固定收益型：本金无风险，收益按季递增 10~25 点，每季付息一次，每季银行向客户提供一次提前终止权。但因该产品没有风险，所以收益只比固定利率存款略高。

(2) 保本与收益率区间挂钩型：本金无风险。投资者选定存款期限和 LIBOR 利率 (伦敦银行同业拆放利率) 区间，银行报出相应收益率，在存期内，若当日 LIBOR 在选定区间内，则该日可按约定收益率计息，若不在区间内，则该日不计息。产品市场透明度高，投资回报计算简单。若客户判断准确，可获得较高收益。此外企业还可以选择与汇率区间挂钩。

(3) 挂钩汇率区间型：风险大收益也大。例如，某企业每 6 个月要偿还一笔日元的贷款，但其持有的货币是美元，还款时需要在外汇市场上卖美元买日元。投资者存入一笔 300 万美元，期限 $d=6$ 个月，利率 $r=\text{LIBOR}+150\text{BP}$，存入当日汇率 USD/JPY=95.23，协定汇率执行价格 USD/JPY=96。存款到期时，如果到期时的汇率≤96，投资者获得 LIBOR+150BP 的收益率；如果 USD/JPY>96，则将存款的利息和本金按 96 的水平折算为日元。这时的换汇价格低于市场水平，但高于存款时的水平。

另外，还有与目标汇率区间相挂钩的结构性存款，是指投资者存款时设定目标汇率区域，如果存款到期时的市场汇率在设定目标区域之内，投资者获得高利率而不作外汇转换；如在目标区域之外，则按照市场汇率进行币种转换。

【学习检查】为什么吸收存款在商业银行经营中非常重要？

(二) 同业存放/拆入及对央行负债

同业存放拆入及对央行负债包括同业存放、同业拆入、对央行负债以及其他款项。

1. 同业存放

同业存放,也称同业存款,全称是同业及其金融机构存入款项,是指因支付清算和业务合作等的需要,由其他金融机构存放于商业银行的款项。

同业存放可分为国内同业存放和国外同业存放。国内同业存放指国内各银行还有其他金融机构为了方便结算,在各自有关的结算地点开立存款账户。国外同业存放指各国经营外汇业务的银行为了便于国际业务的收付,在某种货币的结算地点开立的该货币的存款账户。

2. 同业拆入

同业拆入,是指银行从境内外金融机构拆入的款项,包括向境内外同业以及系统内同业拆入的外汇资金。

3. 对央行负债

商业银行对中央银行的负债包括贴现借款和信用借款两种。贴现借款是商业银行将未到期票据转让给中央银行所获得的借款,这个过程也叫再贴现。信用借款是指中央银行根据商业银行资金头寸状况,以其信用为保证而借出的资金。

（三）其他借入资金和负债

如债券融资,应付款项、或有负债、金融债券等其他负债类型也在商业银行资金来源中始终保持着相当的数量。

二、资产业务

商业银行的资产业务是商业银行收入的主要来源。

商业银行吸收的存款除了留存部分准备金以外,全部可以用来贷款和投资。下文讨论贷款(担保贷款、信用贷款)、票据贴现、同业贷款、现金资产、投资等商业银行的资产业务。

（一）贷款

1. 担保贷款

担保贷款,是指由借款人或第三方依法提供担保而发放的贷款。担保贷款包括保证贷款、抵押贷款、质押贷款。

(1) 保证贷款。为顺利取得银行贷款,企业应该选择那些实力雄厚、信誉好的法人或公民作为贷款保证人。若银行等金融机构能作为企业的保证人,则效果更为理想,借款企业取得银行贷款更为容易。

(2) 抵押贷款。当无法获得银行信用贷款,或者银行所提供的信用贷款难以满足需要时,中小企业可以向银行提供抵押物以获得贷款。抵押是指债务人或第三人不转移财产的占有,将该财产作为债权的担保。债务人不履行债务时,债权人有权以该财产折价或者以拍卖、变卖该财产的价款优先受偿。当中小企业向银行提供了抵押物后,银行向其贷款的风险大大降低,因此银行往往愿意向该企业提供贷款。

(3) 质押贷款。质押贷款也是中小企业获得银行贷款的重要形式,是企业在不具备信用贷款优势条件下的重要补充。质押是指债务人或者第三人将其动产(或财产权利)移交债权人占有,将该动产(或财产权利)作为债权的担保。债务人不履行债务时,债权人有权以该动产(或财产权利)折价或者以拍卖、变卖该动产(或财产权利)的价款优先受偿。移交的动产或财产权利成为"质物"。当能够向银行提供质物时,中小企业则很容易从银行获取贷款。

2. 信用贷款

信用贷款是指根据借款人的信誉发放的贷款。其特征就是债务人无须提供抵押品或第三方担保，仅凭自己的信誉就能取得贷款，并以借款人信用程度作为还款保证。这种信用贷款是我国银行长期以来的主要放款方式。由于这种贷款方式风险较大，一般要对借款方的经济效益、经营管理水平、发展前景等状况进行详细的考察，以降低风险。

（二）票据贴现

贴现是指持票人将未到期的票据（银行或商业承兑汇票）转让给银行，银行再按贴现率扣除贴现利息后将余额票款付给持票人的一种授信业务。与贴现相关的主要基本概念如下。

汇票：是由出票人签发的，要求付款人在见票时或在一定期限内，向收款人或持票人无条件支付一定款项的票据。汇票是贸易中广泛使用的一种信用工具，也是最常见的票据类型。根据出票人的不同，汇票分为银行汇票和商业汇票。银行汇票是出票人和付款人均为银行的汇票；商业汇票是出票人为企业或个人，付款人为其他企业、个人或者银行的汇票。

此外，票据还有本票和支票。本票又称期票，由债务人签发、载有一定金额、承诺在约定的期限由自己无条件地将所载金额支付给债权人的票据，是一种信用凭证。支票是以银行为付款人的即期汇票，可以看作汇票的特例。支票出票人签发的支票金额，不得超出其在付款人处的存款金额。如果存款低于支票金额，银行将拒付给持票人。这种支票称为空头支票，出票人要负法律上的责任。开立支票存款账户和领用支票，必须有可靠的资信，并存入一定的资金。支票可分为现金支票、转账支票、普通支票。支票一经背书即可流通转让，具有通货作用，成为替代货币发挥流通手段和支付手段职能的信用流通工具。运用支票进行货币结算，可以减少现金的流通量，节约货币流通费用。

承兑：承兑即承诺兑付，是付款人在汇票上签章表示承诺将来在汇票到期时承担付款义务的一种行为。承兑行为是针对汇票而言的，并且根据承兑人的不同，商业汇票又分为银行承兑汇票和商业承兑汇票。银行承兑汇票的付款人为银行，出票人需在该银行拥有存款账户。商业承兑汇票由银行以外的其他付款人承兑。

贴现率：也叫贴现利率，由交易双方协商确定，通常在中央银行再贴现利率基础上进行上浮。贴现率是计算贴现利息的基础。

此外，除了贴现和再贴现外，还有转贴现和回购。转贴现是指金融机构在资金不足时将已经贴现但仍未到期的票据或债券交由其他金融机构予以贴现以获得资金融通的行为。回购是指交易双方以契约方式约定在将来某一日期以约定的价格再次购回该票据或债券的交易行为。

【知识窗】票据理财

票据理财是商业银行将已贴现的各类票据以约定的利率转让给基金、信托中介，信托中介经过包装设计后将产品出售给投资者。投资者购买了票据理财产品，就成了理财计划的委托人和受益人，同时获得相应的理财收益。

随着2016年1月农行38亿元票据窝案的曝光，以及中信银行9亿票据无法兑付，票据理财瞬时成为焦点。

2014年以来，票据理财产品以其收益较高、安全性强的特点广受投资者欢迎，尤其在股市大幅度震荡的2015年，其市场需求呈井喷式上升。苏宁、京东、阿里、新浪推出的票据理财产品,因其收益率较高往往很快被抢购一空。

票据理财产品的抵押物是银行和商业承兑汇票,风险较小,更为可靠。大多数票据理财产品都具有灵活性强、门槛低、期限短、收益较高的特点,因此备受青睐。

然而,票据业务违规事件频发表明票据理财并非零风险。引起这一风险的主要原因有三:一是承兑人认为已贴现票据存在瑕疵,不予付款;二是已贴现票据系伪造、变造票据,承兑人不予付款;三是承兑人破产,无力付款。因此,风险仍值得投资者关注和警惕。

(三) 同业贷款

指商业银行之间开展的借贷,主要形式是同业拆借,用于弥补银行短期资金的不足、票据清算的差额以及解决临时性资金短缺,即由准备金头寸多的银行贷给准备金头寸不足的商业银行。基本上都是信用拆借。

(四) 现金资产

商业银行资金来源的性质和业务经营的特点,决定了商业银行必须保持合理的流动性,以应付存款提取及贷款需求。现金资产是银行持有的库存现金以及与现金等同的可随时用于支付的银行资产。商业银行的现金资产一般包括以下几类。

1. 现金

现金是指商业银行保存在金库中的现钞和硬币。库存现金的主要作用是银行用来应付客户提取现金和银行本身的日常零星开支。从经营的角度讲,库存现金不宜太多。库存现金的经营原则就是保持适度的规模。

2. 存放中央银行款项

商业银行存放在中央银行的资金,即存款准备金。由法定存款准备金和超额准备金组成。而只有超额准备金才是商业银行的可用资金。法定存款准备金是按照法定准备金率向中央银行缴存的存款准备金。规定缴存存款准备金的最初目的,是为了银行备有足够的资金以应付存款人的提取,避免流动性不足而产生流动性危机,导致银行破产。超额准备金有两种含义:广义的超额准备金是指商业银行吸收的存款中扣除法定存款准备金以后的余额,即商业银行可用资金;狭义的超额准备金是指在存款准备金账户中,超过了法定存款准备金的那部分存款。超额准备金是货币政策的近期中介目标,直接影响社会信用总量。

3. 存放同业存款

存放同业存款是指商业银行存放在代理行和相关银行的存款。在其他银行保持存款的目的,是为了便于银行在同业之间开展代理业务和结算收付。由于存放同业的存款属于活期存款的性质,可以随时支用,因此可以视同银行的现金资产。

4. 在途资金

在途资金,也称托收未达款,是指在本行通过对方银行向外地付款单位或个人收取的票据。在途资金在收妥之前,是一笔占用的资金,又由于通常在途时间较短,收妥后即成为存放同业存款,所以将其视同现金资产。

(五) 投资

从中国银行2018年资产负债简表可知,年末集团投资总额50 545.51亿元,比上年末增加4 998.29亿元,增长10.97%。中国银行投资结构见表4-8。

表 4-8　中国银行投资结构

项目	2018年12月31日		2017年12月31日	
	金额(百万元)	占比(%)	金额(百万元)	占比(%)
以公允价值计量且其变动计入当期损益的金融资产	370 491	7.33	193 611	4.25
以公允价值计量且其变动计入其他综合收益的金融资产	1 879 759	37.19	不适用	不适用
以摊余成本计量的金融资产	2 804 301	55.48	不适用	不适用
可供出售的金融资产	不适用	不适用	1 857 222	40.78
持有至到期投资	不适用	不适用	2 089 864	45.88
应收款项类投资	不适用	不适用	414 025	9.09
合计	5 054 551	100.00	4 554 722	100.00

注：2018年投资根据新金融工具准则列示，包括以公允价值计量且其变动计入当期损益的金融资产、以公允价值计量且其变动计入其他综合收益的金融资产、以摊余成本计量的金融资产。

1. 金融资产

这里的金融资产是指以公允价值计量且其变动计入当期损益的金融资产，通常是该金融资产不满足确认为交易性金融资产条件时，企业仍可在符合条件的某些特定条件的情况下按其公允价值计量，并将其公允价值变动计入当期损益。

2. 可供出售证券

可供出售证券属于可供出售金融资产。可供出售金融资产通常是指企业初始确认时即被指定为可供出售的非衍生金融资产，以及没有划分为以公允价值计量且其变动计入当期损益的金融资产、持有至到期投资、贷款和应收款项的金融资产。例如企业购入的在活跃市场上有报价的股票、债券和基金等。

3. 持有至到期债券

持有至到期债券属于持有至到期金融资产。持有至到期金融资产是指到期日固定、回收金额固定或可确定，且企业有明确意图和能力持有至到期的非衍生金融资产，并且该资产不符合贷款及应收款的定义，且没有被指定为以公允价值计量且其变动计入当期损益和可供出售的金融资产。

如果当前会计年度或前两个会计年度内，在投资到期之前，商业银行将超过重大金额的持有至到期债券出售或重分类，则商业银行不能将任何金融资产归类为持有至到期投资，发行人信用状况严重恶化或行业法定要求引起的出售或重分类等有限情况除外。

通常情况下持有至到期债券包括企业持有的、在活跃市场上有公开报价的国债、企业债券、金融债券等。金融债券指金融机构法人在债券市场发行的有价债券，包括政策性银行发行的债券、同业及非银行金融机构发行的债券，但不包括重组债券及央行票据。

4. 贷款和应收款项

贷款和应收款项为在活跃市场中没有报价、回收金额固定或可确定的非衍生金融资产。下列非衍生金融资产不能划分为贷款和应收款项。

分类为交易性金融资产，即准备立即出售或在近期出售的非衍生金融资产，或初始确认时被指定为以公允价值计量且其变动计入当期损益的非衍生金融资产;初始确认时被指定为可供出售的非衍生金融资产;及因债务人信用恶化以外的原因,使本集团可能难以收回几乎所有初始投资的非衍生金融资产。

(六) 其他资产

1. 交易性金融资产

若取得金融资产或承担金融负债的目的主要为了近期内交易,或者该金融资产或金融负债属于进行集中管理的可辨认金融工具组合的一部分,且有客观证据表明商业银行近期采用短期获利方式对该组合进行管理,则该金融资产或金融负债被分类为交易性金融资产或金融负债,衍生工具也被分类为交易性金融工具,但是作为财务担保合同或被指定为有效套期工具的衍生工具除外。

2. 买入返售证券

买入返售其实就是"逆回购",与卖出回购相对应。

买入返售证券(Buying Securities and Return Sale)是指交易双方以合同或协议方式,按一定价格买入证券,到期日再按合同规定的价格返售该证券。这种业务实际上是以证券为质押向交易对方融出资金,而有价证券并不真正转移,目的是获取买卖价差收入。

卖出回购证券业务是指交易双方以合同或协议方式,按一定价格卖出证券,到期日再按合同规定的价格买回该证券,以获得一定期间内资金使用权的证券业务,属短期融通资金性质的业务。一般卖出价要低于回购价,其差额作为资金使用成本,证券不做真正的转移。

三、商业银行的表外业务

广义的表外业务指影响银行利润和风险但不反映在资产负债表上的业务。可以分成无风险和有风险的表外业务两类。

(一) 无风险的表外业务

亦称中间业务,指商业银行以中间人的身份,不运用或较少运用自己的资金,替客户承办收付和其他委托事项,从中收取手续费的业务。包括以下几类。

1. 转账结算业务

转账结算业务指不使用现金,通过银行将款项从付款单位(或个人)的银行账户直接划转到收款单位(或个人)的银行账户的货币资金结算方式。这里的"账",指的是各单位在银行开定的存款账户。银行接受客户委托代收代付,即从付款单位存款账户划出款项,转入收款单位存款账户,以此完成经济单位之间债权债务的清算或资金的调拨。由于转账结算不动用现金,所以又称为非现金结算或划拨清算。

2. 代理业务

代理业务指商业银行接受客户的委托、代为办理客户指定的经济事务、提供金融服务并收取一定费用的业务,包括代理证券业务、代理保险业务、代理商业银行业务、代理中央银行业务和其他代理业务。代理业务是典型的中间业务。银行充分利用自身的信誉、技能、信息等资源代客户行使监督管理权、提供各项金融服务。

3. 信托业务

信托业务是指商业银行接受个人、机构或政府的委托,代为管理、运用和处理所托管的资金或财产并为受益人谋利的活动。信托不同于简单的代理活动。在代理关系中,代理人只以委托人的名义,按委托人指定的权限范围办事,在法律上委托人对委托财产的所有权没有改变;而在信托关系中,信托财产的所有权则从委托人转移到了受托人手中,受托人以自己的名义管理和处理信托财产。

4. 租赁业务

租赁业务指商业银行作为出租人,向客户提供租赁形式的融资业务,包括融资性和经营性租赁。

融资性租赁:当客户需更新或添置大型设备、仪器而资金不足时,由银行出资购买这些设备出租给客户,客户对此具有使用权,并按时交纳租金,银行通过租金逐步收回资金。更多关于融资租赁的内容将在第五章其他金融机构和组织中讨论。

经营性租赁:是一种短期租赁。指出租人向承租人提供短期设备出租,出租人负责设备的安装、保养、维修、纳税、支付保险费和提供专门的技术服务等,租金高于融资性租赁。

5. 财务顾问业务

财务顾问业务指商业银行根据客户的需求,利用自身的产品和服务及其他社会资源,为客户的财务管理、投融资、兼并与收购、资产重组及债务重组等活动提供的咨询、分析、方案设计等服务。

(二)有风险的表外业务

这类业务的开展将引起银行资产、负债的增减变化,带来银行损失的可能性,是狭义的表外业务。

1. 贸易融通类业务

包括银行承兑业务与商业信用证业务。

银行承兑业务:商业银行接受商业汇票债务方顾客的申请,为其承兑商业汇票。其实质是商业银行对客户签发的商业票据作出的付款承诺。

银行从事的商业信用证业务是银行担保业务的一种类型,主要发生在国际贸易结算中。商业信用证业务是一种重要的表外业务。在该业务中,银行以自身的信誉为进出口商之间的业务活动做担保。银行在开立信用证时,往往要求开证申请人(进口商)交足一定比例的押金,一般说来不会大量占用银行自有资金,但可以收取手续费,是银行获取收益的一条重要途径;同时,进口商所交纳的押金在减小信用证风险的同时也为银行提供了一定量的流动资金来源。

2. 金融保证业务

主要有备用信用证、贷款承诺、保函业务及贷款销售等业务。

(1) 备用信用证又称担保信用证、履约信用证、商业票据信用证,它是开证行根据申请人的请求,对受益人开立的承诺承担某项义务的凭证,即开证行保证在开证申请人未履行其义务时,受益人只要按照备用信用证的规定向开证银行开具汇票(或不开汇票),并提交开证申请人未履行义务的声明或证明文件,即可取得开证行的偿付。

与商业信用证的区别是,在商业信用证业务中,银行承担的是第一手的付款责任,只要收款人提供合格的单据,银行就必须按合同履行支付义务;而在备用信用证业务中,银行承担的是连带责任,在正常情况下,银行与受益人并不发生支付关系,只有在客户未能履行其付款义务时,银行才代替客户履行。

(2) 贷款承诺是指银行向客户作出承诺,保证在未来一定时期内,根据一定的条件,随时应客户的要求提供贷款。

（3）保函业务指银行应客户的申请而开立的有担保性质的书面承诺文件，一旦申请人未按其与受益人签订的合同的约定履行约定义务时，由银行履行担保责任。

（4）贷款销售是指银行通过直接出售或以证券化的方式将贷款转让给第三方。

3. 金融衍生工具交易业务

如金融期货、期权、利率互换和远期利率协议等交易。

从中国银行 2015 年年报可以看出，其表外项目主要包括衍生金融工具，此外还包括或有事项及承诺等。其中涉及的衍生金融工具主要以交易、套期、资产负债管理为目的，包括外汇衍生工具、利率衍生工具、权益性衍生工具等；或有事项及承诺包括法律诉讼及仲裁、抵质押资产、资本性承诺、信用承诺和证券承销承诺等。

【学习检查】尝试查阅一家上市银行的年度报告，了解其各项业务及资产。

第四节　信息不对称与信贷配给

在金融市场里，交易的一方通常都无法获得交易另一方的足够信息来做正确的决策，这被称作信息不对称。信贷市场中存在着广泛的信息不对称现象，信息不对称将引发信贷市场的逆向选择与道德风险。出于利益最大化原则，商业银行采用信贷配给的方式减少风险、提高收益。

一、信息不对称、逆向选择和道德风险

（一）信息不对称

信息不对称理论是指在市场经济活动中各类人员对信息的了解是有差异的：掌握信息比较充分的人往往处于有利的地位，而信息贫乏的人则处于不利的地位。该理论认为：市场中卖方比买方更了解有关商品的信息；掌握更多信息的一方可以通过向信息贫乏的一方传递可靠信息而在市场中获益；买卖双方中拥有信息较少的一方会努力从另一方获取信息；市场信号显示在一定程度上可以弥补信息不对称的问题。这一理论为很多市场现象，如股市沉浮、就业与失业、信贷配给等提供了解释，并成为现代信息经济学的核心，被广泛应用到各个领域。

信息不对称会导致信息拥有方为牟取自身更大的利益使另一方的利益受到损害，所造成的问题发生在交易之前被称为逆向选择，发生在交易之后则称为道德风险。

（二）逆向选择及其解决

1. 逆向选择

当市场交易的一方能够利用多于另一方的信息使自己受益而对方受损时，信息劣势的一方便难以顺利地做出决策，于是价格失去了平衡供求、促成交易的作用，进而导致劣质品驱逐优质品，市场交易产品平均质量下降。这种现象被称作"逆向选择"。

例如在下文对"柠檬问题"的讨论中,二手车的潜在买主常常无法获知汽车的质量,所以买主购买二手车所出的价格一般是市场上所有二手车的平均价格。而二手车的所有者比买者更了解该车质量。如果该车是次品车,车主会很高兴以买者的出价将其出售,因为该价格高于次品车的实际价值;但如果该车是好车,买者的出价低估了汽车的价值,车主就不愿出售该车。由于存在逆向选择问题,因而很少会有好车进入市场交易。因为市场上可供交易的二手车的平均价格很低,而且很少有人愿意购买次品车,所以市场上的交易量很小。二手车市场也就很难有效运作。

类似的,在间接融资市场上,银行贷款的收益取决于存贷利率差和企业还款的可能性,而后者在很大程度上与企业经营活动的风险大小有关。当银行获取借款人信用信息的成本太高时,银行只能根据市场上的企业平均风险来决定贷款利率,或者选择风险小的企业进行贷款。但这样一来,低风险企业由于借贷成本高于预期水平而退出借贷市场,愿意支付高利率的企业都是高风险企业。这会造成贷款的平均风险水平提高,银行收益降低。根据上述分析,银行和借款人、银行和存款人之间的信用信息不对称都会导致逆向选择的发生。

资本市场中的债券市场和股票市场也存在逆向选择问题。假如有一个股票的潜在投资人无法区别高报酬低风险的好公司与低报酬高风险的不良公司,那么他只愿意支付能够反映所有发行股票公司平均品质的价格,即介于不良公司与好公司股票价值之间的价格。但是对于好公司的经理人来说,他可能比投资人拥有更多信息并确信自己的公司是个好公司,他会认为自己的股票被低估了,就不会以投资人愿意支付的价格卖给他。愿意卖股票的只有那些品质不好的公司,但是投资人并不愿意持有不好的公司股票,结果会决定不买市场上任何一个股票。

【知识窗】柠檬问题

柠檬问题(lemon's problem)是经济学家乔治·阿克洛夫于1970年提出来的,他在对美国旧车市场考察的基础上,对不对称信息条件下市场运行效率进行了分析。其中的"柠檬"来源于美国口语对"缺陷车""二手车"的经验称呼,是经济学家对次品或劣质品的比喻说法。柠檬问题指的是在使用这些"柠檬"产品后所产生的对消费者不利的后果。

假定:

(1) 卖者出售的旧车有两种可能类型,$\theta=6\,000$(高质量)和$\theta=2\,000$(低质量),每一种车的概率分别是$1/2$。

(2) 买卖双方有相同的偏好且对车的评价等于车的质量。

显然,如果买者知道车的质量,均衡价格$P=6\,000$(高质量)或$P=2\,000$(低质量)。但现实生活中,买者往往不知道车的真实质量,如果两类车都进入市场,车的平均质量$E[\theta]=4\,000$,由于买者不敢保证出高价就能买到高质量$\theta=6\,000$的车,所以愿意出的最高价格$P=4\,000$。在此价格下,高质量车的卖者将退出市场,只有低质量车$\theta=2\,000$的卖者愿意出售。买者知道高质量的车退出以后,市场上剩下的一定是低质量的卖者。唯一的均衡价格是$P=2\,000$,只有低质量的车成交,高质量的车退出市场。如果市场上是$\theta=6\,000$到$\theta=2\,000$的连续分布,尽管推理稍微复杂一些,但同样可以证明这一理论。

"柠檬"问题不仅存在于旧车市场,其他许多市场都存在这样的信息不对称现象,也都不

同程度地存在着柠檬问题。广义来说,"柠檬问题"包括以下观点:

(1) 在次品市场上,交易双方对质量信息的获得是不对称的,卖者知道产品确切的真实质量,而买者却不知道产品的确切质量。

(2) 交易活动的参与人(这里指卖方)可以利用这种信息的不对称性对买方进行欺骗,这就是"隐藏信息"和"隐藏行动"。

(3) 隐藏信息将导致"逆向选择"。

以上所导致的后果有二:一是在交易中隐藏信息的一方对交易另一方利益产生损害;二是市场的优胜劣汰机制发生扭曲,质量好的产品被挤出市场,而质量差的产品却留在市场,极端的情况是市场会逐步萎缩直到消失。

一般而言,卖家比买家拥有更多关于交易物品的信息,但有时买方会拥有更多交易信息。譬如在保险市场上,保险公司不能观察到投保人在投保后的个人行为:如果保险者不按常规履行合同或故意遭险,往往会使保险公司承担正常概率之上的赔付率;然而当保险金处于一般水平时,低风险类型的消费者投保后得到的效用可能低于他不参加保险时的效用,这类消费者将退出保险市场,结果只有高风险类型的消费者才会愿意投保。这样,高风险类型消费者就会把低风险类型消费者"驱逐"出保险市场,这就是保险市场的逆向选择问题。

2. 逆向选择的解决

(1) 信息生产和销售。要解决金融市场中存在的逆向选择问题,就必须将融资的个人或公司的详细信息提供给投资者,来消除信息不对称的情形。一个方式是请私人公司去收集并制作可辨别好坏公司的信息,再将它卖给投资者。在美国,标准普尔、穆迪惠誉等公司收集有关公司资产负债表及投资活动的信息,并将这些资料出版,进而销售给订购者。

但是市场当中存在"搭便车"问题,即有人不会为他所得到的信息付钱,却利用别人付钱所得的信息。例如,某投资者购买了能够分辨好坏公司的信息,并且相信可以通过投资被低估的股票来补偿购买信息所花费的成本。但另一个没有为信息付出成本的投资者看到了该投资者买了某种股票,就跟着一起投资。当许多投资人都这样做时,对于被低估股票的需求将会增加,使它价格上涨到能够反映出真实价值为止。结果第一个投资者并不会因为购买了信息而获得额外利润。如果很多投资者都发现付钱买信息是不值得的,私人公司或个人就无法出售足够的信息,也就不值得花费精力去收集信息,结果市场上的信息就减少了,逆向选择仍然会干预证券市场的有效运作。

(2) 金融机构。金融机构如银行可以生产有关公司的信息,辨别信用好与信用不良的公司,从存款者那里取得资金,再将资金贷给好公司。由于银行贷款的大部分对象是好公司,可以赚取比支付给存款人利息要高的利润,从而有诱因去生产信息。银行能够成功地减少信息不对称的关键在于私人贷款并不在公开市场交易,其他投资者无法观察到银行的行为,报价时无法将贷款价格提高到让银行产生信息无利可图的地步,即有效地避免了"搭便车"行为。

(3) 抵押。只有当借款人因无法偿还贷款而违约时,逆向选择才会干预金融市场的运作。借款人承诺在违约时让给放款者的抵押品可以减少逆向选择的结果,因为它减少了违约事件中放款者的损失。放款者比较愿意做有抵押品担保的贷款,借款人也愿意提供抵押品,因为这减少了放款人的风险,提高了得到贷款或更低放款利率的可能性。

(4) 净值。净值也称作权益资本,是一个公司资产与负债的差额。若一个公司的净值越高,无法偿还贷款的可能性就越低;此外,即使该公司从事了导致亏损的投资以致无法偿还贷款,放款者仍然可以通过出售公司净值来补偿贷款的部分损失。因此,当借款的公司拥有很高的净值时,逆向选择的结果就不太重要了,放款人也更愿意放款。

(5) 政府监管。政府可以生产一些有助于投资者辨别好坏公司的信息,并免费提供给大众来解决逆向选择问题,但这意味着政府有时必须公布一些公司的负面信息,出于政治考量这将会变得比较困难。另一种可能的方式就是政府鼓励公司诚实披露信息,使投资人能够判定这个公司的好坏。如中国有证监会,美国有证管会(Securities and Exchange Commmission,SEC),要求公司在公开市场发行证券时必须披露有关其销售、资产及获利的信息。

虽然政府监管减少了逆向选择问题,但并没有完全解决它。即使公司向公众提供了大量有关其销售、资产及获利的信息,比起其他投资人来说仍然拥有更多信息;此外不良公司有动机扭曲传递给公众的信息,使自己看起来像一个好公司,以便使自己公司证券售得更高价钱,结果投资者就更难区别好坏公司。

【学习检查】我们现实生活中存在逆向选择问题吗?如果有,应当如何解决呢?

(三) 道德风险及其解决

道德风险普遍存在于以信用为基础的各种金融业务关系中,是造成商业银行信用风险的主要原因之一。商业银行面临的道德风险,可归为三类。

违反借款协议私下改变资金用途。银行和借款人之间存在利益摩擦:借款所投资的项目成功时,借款人可以得到比银行多得多的利润;项目失败时,损失的则是银行资金。因此风险偏好型的借款人便有了道德风险的动机。

隐瞒投资收益,逃避偿债义务。在项目实施过程中或结束后,借款人有可能利用虚假的财务信用信息隐瞒真实的投资收益。对于收益好的项目,借款人提供较差的收益资料并据此偿还债务,表面上在履行合同条款,但实际上可以逃避部分义务。如借款人即使投资盈利,也可能谎称投资失利,让银行承担风险损失。

不以效益最大化为目标投入资金。借款人在获得一笔贷款后,可能对借入资金的使用漠不关心,不努力去创造效益,致使贷款蒙受损失,其后再想尽办法逃避银行债务。

道德风险通常可以通过净值和抵押品要求、限制性条款等方式予以解决。

(1) 净值与抵押品。借款人的净值与抵押品越多,道德风险就越低,以放款者预期的方式活动的动机就越大,借钱也就越容易;相反,借款人的净值与抵押品越低,道德风险就越大,公司借钱也就越困难。

(2) 限制性条款。限制性条款可以直接减少道德风险,主要有以下四种形式。

排除不希望出现的行为。例如,在合同中规定贷款的特定用途,不准融资者从事风险大的投资,如收购其他企业股权等。

鼓励符合意愿的行为。例如,规定借款企业持有某种资产必须达到某个规模,以保证借款人有较高的净值,降低其道德风险。

规定借款人的抵押品必须确保状态良好。例如,汽车贷款合约可能要求购车人要投保碰撞险和失窃险,以防止该车在清偿贷款之前失去抵押价值。

提供信息。要求借款人定期提供其经营、收入等信息。银行有权随时检查借款人财务状况。

二、信贷配给

信息不对称使商业信贷活动中的逆向选择和道德风险广泛存在于银企之间,成为产生信贷配给最重要的原因。信贷配给是指即使借款人愿意支付约定利率甚至更高利率,贷款者依然拒绝其贷款。信贷配给有两种形式:(1)贷款申请人即使愿意支付高利率也得不到贷款;(2)贷款申请只能部分被满足,如放款金额被限制在申请金额以下。

对于第一种类型的信贷配给,一方面,因为愿意支付高利率的人也正是打算从事高风险投资的个人与厂商,一旦借款人投资失败贷款很难被偿还,因而贷款者不愿意做这笔高风险的贷款;另一方面,较高的贷款利率可能迫使借款人去从事高风险投资,信用风险变得更高。所以贷款者宁可不做高利率的贷款,而采取第一种形式的信贷配给。

对于第二种形式的信贷配给,贷款越多,不还款所带来的风险与收益相比越微不足道。例如,某人从银行贷款 10 000 元时,选择不还款并不会给自己带来多大利益,反而还会让自己的信用评级受损,因而为了不让自己未来的信用评级受损,贷款者总是会想尽办法来偿还贷款。但是银行贷给某人的金额是上千万甚至上亿时,这个人就很有可能携款潜逃。贷款金额越大,借款人就越有诱因去从事还款机会越小的活动。既然大多数的借款人在贷款金额较小时会选择偿还贷款,第二种信贷配给方式就显得合理且有必要了。

第五节　商业银行的经营管理

现代商业银行经营活动受一定的经营理论指导,而经营理论又随着商业银行经营管理的不断发展逐渐形成比较系统、全面的理论体系。在不同历史时期由于经营条件的变化,现代商业银行的经营理论经历了资产管理理论—负债管理理论—资产负债管理理论的演进过程。

一、商业银行的经营方针

银行进行经营管理时所遵循的基本方针,包括以下几点。

营利性,是银行经营的基本方针,银行经营目标的要求,占有核心地位。是指银行在经营活动中力争取得最大限度的利润,即以最小的成本费用换取最大的经营成果。

流动性,是指银行经营中应能及时满足存款人随时支取的要求。

安全性,是指银行管理经营风险。即要避免各种不确定因素对其资产、负债、利润、信誉等方面的影响,保证银行的稳健经营与发展。

总体上来看,营利性与流动性、安全性存在此长彼消的对立关系,而流动性和安全性较为一致。这就要求商业银行遵循如下的经营管理原则:在保持安全性和流动性的前提下,追求最大限度的收益。

银行在业务经营过程中,要根据不同的经营环境的变化,业务经营的不同要求以及银行自身的实际情况有所侧重。一般说来,经济高涨时,资金来源充足,借贷需求量旺盛,保证流动性和安全性并不十分紧迫,这时要侧重于考虑盈利性的要求;反之,经济衰退、危机时,就要侧重于保持流动性以及安全性,牺牲一部分的营利性。

商业银行还要从自身的业务经营状况出发:在流动资产较多的情况下要设法改变资产结构,侧重于增加营利;流动资产较少时,长期投资和贷款较多、风险较大,就要更多地考虑流动性。通过不同经营条件下侧重点的转换,实现三者的动态协调。

在实务中,对三者进行协调管理的主要方法是计划管理,即通过编制经营计划,预先安排各项资金的来源与运用以及其他金融服务,使资金在流动性和安全性的前提下,得到充分合理运用,以实现预期的盈利目的。

二、资产管理

商业银行发展的初期阶段,资金来源渠道比较固定、狭窄,主要是吸收活期存款;与此同时,工商企业的资金需求比较单一,一般是短期的临时性贷款。加上金融市场不发达,银行变现能力较低,商业银行经营管理的重点,主要放在资产管理方面,通过资产结构的合理安排,实现其经营总方针的要求。

(一) 贷款的"6C"原则

为控制风险,商业银行在贷款发放前主要评估借款申请人还款意愿和还款能力。在长期经营实践中,商业银行总结出信用分析集中在以下 6 个方面,通常称为"6C"原则。

(1) 品德(character),是指借款人的诚实度或还款意愿,如果存有严重疑问,就不予贷放。

(2) 能力(capacity),是指借款人——无论是企业还是个人所具有的法律地位和经营才能,这反映了其偿债的能力。从经济意义上讲,借款人的偿还能力可以用借款人的预期现金流量来测量。

(3) 资本(capital),是指借款人财产的货币价值,通常用净值来衡量。资本反映了借款人的财富积累,是体现其信用状况的重要因素,资本越雄厚,就越能承受风险损失。

(4) 抵押品(collateral),借款人应提供一定的、合适的有价物作为贷款担保,它是借款人在违约情况下的还款保证。

(5) 环境(condition),指借款人的行业在整个经济中的经济环境及趋势。像经济周期、同一竞争、劳资关系、政局变化等都是考虑的内容。

(6) 连续性(continuity),指借款人经营前景的长短,若预测借款人很难持续经营,则不予发放贷款。

(二) 资产管理理论

1. 商业贷款理论

商业性贷款理论又称"真实票据理论"(real bill theory),从银行资金来源主要是吸收存款这一客观事实出发,考虑到保持资产流动性的要求,主张商业银行只应发放短期的、与商品周转相联系或与生产物资储备相适应的自偿性贷款。即随物资周转发放贷款,待销售过程完成后,贷款会从收入中得到偿还。这种贷款是以商业行为为基础,有真正的商业票据为凭证。商业性贷款既符合银行资产流动性要求,又适当地考虑到了盈利性。而且,由于贷款是随贸易活动伸缩的,不会引起货币和信用膨胀。

主要不足：一是忽视了经济发展对贷款需求的多样化；二是短期自偿性贷款也并非绝对安全，如果在发生经济严重危机时银行仍坚持借款人按期偿还贷款，可能造成借款人因无力还款而破产；三是没有认识到活期存款的相对稳定性。

2. 转换理论

资产转换理论是关于保持商业银行资产流动性的理论。资产转换理论是 20 世纪初在美国银行界流行的理论。该理论认为，商业银行能否保持其资产的流动性，关键在于它持有的资产能不能随时在市场上变成现金。只要银行手中持有的第二准备金（政府债券和其他短期债券）能在市场上变成现金，银行资产就有较大的流动性。

这种理论是第二次世界大战以后发展起来的，它与短期证券市场的发展有密切关系。高度市场化的有价证券，特别是短期国库券，为银行提供了新的流动性资产，也为这一理论的应用和推广奠定了基础。由于应用这种理论，银行找到了保持资金流动性的新方法，减轻了用短期贷款保持流动性的压力，增加了长期贷款，也使银行减少了不能带来利润的现金资产，通过证券投资，增加了银行的收益。但是，这种理论也有一定局限性，如在竞相抛售证券时，银行难以在不受损失的情况下顺利转让证券以达到保持资产流动性的目的。

3. 预期收入理论

只要资金需要者经营活动正常，其未来经营收入和现金流量可以预先估算出来，并以此为基础制定出分期还款计划，银行就可以筹措资金发放中长期贷款。无论贷款期限长短，只要借款人具有可靠的预期收入，资产的流动性就可得到保证。这种理论强调的是借款人是否确有用于还款的预期收入，而不是贷款能否自偿，担保品能否及时变现。基于这一理论，银行可以发放中长期设备贷款、个人消费贷款、房屋抵押贷款、设备租赁贷款等，使银行贷款结构发生了变化，成为支持经济增长的重要因素。

主要不足：预期收入理论主要把预期收入作为资产经营的标准，而预期收入是难以预测的。由于客观经济条件变化或突发事件发生，借款人未来收入情况往往与银行预期有一定距离，有时甚至相距甚远。这种情形在长期贷款中表现尤为突出。因此，按这种理论来操作会增加银行的信贷风险。当然，如果银行提高预测能力，这种缺陷也不是不可克服的。

三、负债管理

1960 年以前，银行视负债为固定，将主要精力放在如何实现资产的最优组合上。在那个年代的美国，有两个主要理由支持资产管理的重要性。第一，超过 60% 的银行资金来源从吸收支票存款而来，而为了防止银行间的利率竞争，依照法律此存款不支付利息，使银行无法通过利率的竞争来吸收资金。对任何一家银行而言，此项存款是先天决定的。第二，由于银行间隔夜拆借市场尚未完全建立，银行很少会依靠向其他银行借款来满足准备金方面的需求。

1960 年以后，由于经济处于繁荣阶段，生产流通不断扩大，通货膨胀率提高，市场对银行贷款需求也逐渐扩大。追求高额利润的内在动力和竞争的外在压力使商业银行感到应从负债方面考虑扩大资金来源，这样既满足客户的资金需要，又增加银行盈利。这是负债管理理论形成的主要原因。

从 1960 年开始，包括纽约、芝加哥、旧金山的大型银行，也称货币中心银行（money center bank）开始探寻一些可行方式，利用负债来提供它们对准备金以及流动性方面的需求。这促使隔夜拆款市场(如联邦资金市场)迅速发展以及新金融工具(如 1961 年推出的可转让定期存单)的快速发展,特别是可转让定期存单的兴起使货币中心银行得以迅速获得资金。对于知名度远不及货币中心银行的小型银行而言,由于信用风险可能太高,它们不易在可转让定期存单市场筹集资金,因而它们几乎不从事负债管理。

面对负债管理的弹性发展趋势,许多银行开始采行不同的银行管理模式,不再依靠支票存款作为主要的资金来源,也不再将它们的负债视为固定。相反的,它们大胆假设资产的成长目标,并试图借发行负债来取得资金。例如,当货币银行中心发现一个具有吸引力的放款机会时,它可借发售可转让定期存单来取得资金,或者在联邦资金市场募集放款所需资金;当货币银行中心面临准备金不足时,可在联邦资金市场借到所需准备金而不必负担较高交易成本。近年来,可转让定期存单与银行借款已日益变成银行资金的重要来源,支票存款的重要性日益降低。在负债管理弹性方面的突飞猛进以及对高利润的追求使银行受到激励,大幅增加放款资产的持有比率以赚取更高收入。

总的来说,负债管理理论认为,银行可以主动管理负债,通过积极争取存款、借入欧洲美元、扩大同业拆借和向央行借款规模、发行债券等方式来获取资金来源。与资产管理理论不同,这种理论主动调整负债结构,强调借入资金来满足存款提取和增加放款的要求,让负债去适应或支持资产,保持资金流动性和清偿力,并获取最大利润。

负债管理理论的缺陷主要有以下三点。

(1) 提高了银行的融资成本,因为借款成本通常要比存款利率高。

(2) 增加了经营风险,当银行不能从市场借到相应的资金时,就可能陷入困境,而市场是变幻难测的。

(3) 不利于银行稳健经营,短期资金来源比重增大,借短放长的问题日趋严重,银行不注意补充自有资本,风险增加了。

四、资本管理

商业银行需要对其所持资本进行管理,除了像一般企业那样需要为股东提供投资收益外,还有两方面特殊性:一是防止无力支付存款人和其他债权人的付款要求而破产;二是满足监管机构对银行资本充足率的法定要求。

银行因杠杆水平高而易于破产,适当的资本规模可以有效缓冲风险发生。假设两家银行的资产均为 100 亿元。资本额度不同,一家是 10 亿元,对应的资本对资产比率为 10%;另一家是 4 亿元,资本对资产比率为 4%。在其他资产负债表项目完全相同的情况下,由于宏观经济形势恶化,两家银行均发生 5 亿元的坏账,资产价值减少了 5 亿元。此时两家银行的净值分别为 5 亿元和 −1 亿元,资本规模小的银行因资不抵债而破产。因此,银行维持高资本金可以减少破产的机会。

故此,监管机构会强制商业银行满足规定的资本充足率监管要求并披露资本充足率信息,以抵御所面临的个体风险和系统性风险。根据银保监会于 2012 年 6 月 7 日公布的《商业银行资本管理办法(试行)》的最新资本规定,资本充足率是指商业银行持有的符合规定的资本与风险加权资产之间的比率。

另一方面,银行资本会影响股东报酬率。股东报酬率=税后净利润/股权资本;资产报酬率=税后净利润/资产。由此可知,在资产报酬率既定时,银行资本越少,股东报酬率越高。如前所述,银行资本又可以降低破产概率,使股东的投资更有保障。

因此,银行管理层必须在高资本带来的安全性与降低股东报酬率之间进行权衡,同时还要满足资本的监管要求。经济不景气时,造成贷款大额损失的可能性上升,银行倾向于持有更多资本来保障股东权益;而在经济景气时,贷款坏账率趋于下降,银行将降低资本金来提升股东报酬率。

【知识窗】中国银行补充资本的途径

中国银行一直采用多种融资渠道补充资本,2014年10月23日在境外市场非公开发行总面值为399.4亿元人民币(约65亿美元)的境外优先股,2014年10月24日起在香港联交所挂牌上市。同年11月21日在境内市场非公开发行320亿元第一期境内优先股,2014年12月8日起在上交所综合业务平台挂牌转让;2015年3月13日在境内市场非公开发行第二期境内优先股,发行规模为280亿元,2015年3月31日起在上交所综合业务平台挂牌转让。

此外,中国银行还分别于2014年8月8日和11月13日在境内、境外市场成功发行300亿元人民币和30亿美元二级资本债券。2019年1月25日在银行间债券市场成功发行了银行业首单永续债,票面利率为4.50%,险资、券商、基金、资管公司等在内的140余家投资者参与了认购。这次发行可提高中国银行一级资本充足率约0.3%,为后续商业银行发行永续债提供了范本,也拓宽了商业银行补充其他一级资本工具的渠道。

五、风险管理

(一) 信用风险管理

在前一节我们知道银行等机构在贷款时会面临信息不对称问题,因而存在信用风险。为降低信用风险,提高贷款的成功性,银行等需要进行信用风险管理,包括筛选与监督;建立长期客户关系;贷款承诺;抵押品及补偿性存款要求;以及信贷配给;其中信贷配给已在上一节讨论过,下文只讨论其余几种信用风险管理方式。

1. 筛选与监督

(1) 筛选。信息不对称主要是银行对于借款人投资活动所拥有的信息较少造成的,故必须将信用风险高与信用风险低的借款人区别出来,即筛选。为了达成有效的筛选,银行必须搜集有关潜在借款人的可靠资讯。

对于个人而言,任何人在申请贷款时需要填写许多有关个人财务的信息,如薪水、银行账户、贷款记录等等。放款者根据这些信息评估申请人的信用分数并推测申请人偿还贷款的可能性。有时银行还需通过向申请人的雇主或所提供的推荐人查证咨询,甚至根据申请人的外表与行为举止来做综合判断,决定是否给予贷款。

对于企业而言,银行也需要对公司的损益情况、资产负债表状况、营运计划、贷款将如何使用以及同业竞争情况等信息进行了解,甚至亲赴公司对其营运情形进行第一手观察。

(2) 监督。放款一旦完成,借款人往往有从事高风险活动的诱因,以致降低偿还贷款的可能性。为了降低信用风险,银行会将限制条款写在贷款契约内以防止借款人从事高风险活动,并通过监督借款人的活动确定他们是否遵守限制条款,一旦发现违约情况立即采取措施使其履行契约规定。

2. 长期客户关系

如果借款人以前在该银行借过钱,则银行拥有借款人偿还贷款的记录,并且早已建立监督程序。因而长期客户关系可大幅减少信息搜集的成本和监督成本,也有助于筛选出信用风险高的借款人。对长期客户关系中的借款人而言,只要是信用良好者,就很容易以较低利率取得贷款。并且如果借款人想要与银行保有长期良性往来关系,借款人将有意避免从事高风险活动。因而长期客户关系对客户与银行双方都有利。

3. 贷款承诺

银行通常承诺在未来特定期间内以某一市场利率提供给厂商某一金额以下的贷款。对于企业而言,这种承诺的好处在于当它需要资金时就有信用的来源;对于银行而言,贷款承诺协议要求企业继续向银行提供有关收入、资产负债表状况等信息,有助于信息的搜集和长期关系的建立。

4. 抵押品及补偿性存款

抵押品是在借款人违约时可用来补偿贷款者的财产,可减少逆向选择发生时放款者的损失,也会减少道德风险,因为借款人违约时损失将会更多。抵押品是一种重要的信用风险管理工具。

补偿性存款是银行要求借款人在银行中保持按贷款限额或实际借用额一定百分比(一般为10%~20%)的最低存款余额。补偿性存款有助于银行降低贷款风险,补偿其可能遭受的风险。同时补偿性存款也有助于增加贷款偿还的可能性,因为通过对存款账户的监督可得到借款人的财务状况资讯。如存款账户余额的持续减少可能代表借款人正面临财务问题,银行有必要对此进行询问调查。

(二) 利率风险管理

利率风险是指因利率变动而导致的盈余与报酬率变动的风险。利率风险管理的关键在于分析资产、负债两方面之间的"缺口",并围绕缺口探索解决问题的途径。

利率敏感性缺口(ISG)是指浮动利率资产与浮动利率负债之间的差额。

浮动利率资产	浮动利率负债
固定利率资产	固定利率负债

浮动利率资产	浮动利率负债
固定利率资产	固定利率负债

浮动利率资产	浮动利率负债
固定利率资产	固定利率负债

零缺口或收支相抵:浮动利率资产和浮动利率负债在同一时间内重定利率可以消除变动的市场利率对净收益的影响;净利息收益在整个利率周期内不变。

正缺口:预期收益较零缺口高,但利率风险也较大。当市场利率上升时,按较高收益重新制定利率的浮动利率资产金额超过浮动利率负债金额,净利息收益增加;利率下降,净利息收益减少。

负缺口:预期收益和变动性也大于收支相抵状况。当市场利率上升时,净利息收益减少;当市场利率下降时,净利息收益增加。

为规避利率风险,商业银行根据自身风险偏好选择主动性或被动性操作策略。主动性策略是指商业银行预期市场利率的变化趋势,事先对利率敏感性缺口进行调整,以期从利率变动中获得预期之外的收益。譬如,预期利率上升,商业银行通过增加敏感性资产或减少敏感性负债,将利率敏感性缺口调整为正值。被动性操作策略是指商业银行将利率敏感性缺口保持在零水平,无论利率如何变动均不会对银行净利差收入产生影响。这是一种稳健保守的风险管理策略,但也因此失去获取超额利润的市场机会。

此外,可利用衍生金融工具如远期、期货、期权、互换等转移利率风险。以利率期货为例,如果商业银行的利率敏感性缺口为正,若预测利率水平将下跌,银行净利差将缩小,这时可以进行利率期货多头交易,可用期货的收益来弥补现货的损失,而稳定银行利差。同样如果预测利率将上升,银行则可以做空头交易进行保值。

小结

1. 银行作为最重要的金融机构之一,正朝着全能化、巨型化、国际化、运营集中化、电子化不断发展。中国银行业金融机构主要由政策性银行、国有控股大型商业银行、全国性股份制商业银行、城市商业银行、农村商业银行、村镇银行、合资银行、外资银行和新兴民营银行等构成。

2. 商业银行经营的主要业务一般分为负债业务、资产业务及表外业务。

3. 金融市场中,交易的一方通常无法获得另一方的足够信息,被称为信息不对称。信息不对称在信贷市场中广泛存在,引发逆向选择与道德风险。商业银行通常通过信贷配给来减少风险、提高收益。

4. 现代商业银行的经营管理包括资产管理、负债管理、资本管理、风险管理。

关键词

商业银行;职能分工型银行;全能型商业银行;运营集中化;活期存款;定期存款;储蓄存款;结构性存款;存款准备金;转账结算业务;代理业务;信托业务;融资性租赁;经营性租赁;财务顾问业务;贷款承诺;保函业务;贷款销售;信息不对称;逆向选择;道德风险;信贷配给;利率敏感性缺口

课后习题

1. 概念区分:贴现与再贴现,期票、汇票与支票,备用信用证与商业信用证,贷款承诺与贷款销售,融资性租赁和经营性租赁。

2. 市场上外汇结构性存款产品如何在一定程度上保障本金或获得较高投资报酬率?

3. 商业银行无风险表外业务包括哪些?

4. 什么是信息不对称?它又如何引发道德风险和逆向选择?

5. 商业银行经营方针是什么?

6. 什么是利率风险和利率敏感性缺口?如何运用利率敏感性缺口进行利率风险管理?

第五章 其他金融机构与组织

导 读

除了熟知的中央银行、商业银行外,你还知道其他哪些金融机构?你可能知道投资银行、基金管理公司、信托投资公司,但你知道金融租赁公司、融资担保公司、小额金融组织、P2P平台、第三方支付公司以及其他新型金融组织吗?本章将引导你进一步认识这些金融机构与组织。

第一节 投资银行

投资银行一般是指在资本市场上为企业发行债券、股票,筹集长期资金提供中介服务的金融机构,主要从事证券承销、交易经纪、财务顾问、自营投资等业务。其基本特征是综合经营资本市场业务。

投资银行是与商业银行相对应的一个概念,是现代金融业适应现代经济发展形成的一个新兴行业。它区别于其他相关行业的显著特点是:其一,它属于金融服务业,这是区别一般性咨询、中介服务业的标志;其二,它主要服务于资本市场,这是区别于商业银行的标志;其三,它是智力密集型行业,这是区别于其他专业性金融服务机构的标志。

世界各国对证券公司的划分和称呼不尽相同,美国的通俗称谓是投资银行,英国则称商人银行。以德国为代表的一些国家实行银行业与证券业混业经营,通常由银行设立公司从事证券业务经营。日本等一些国家和中国一样,将专营证券业务的金融机构称为证券公司。

美国的库恩(Robert Lawrance Kuhn)依照业务经营范围大小,对投资银行给出了四个层次的不同定义。

【知识窗】库恩小传

库恩是投资银行家、跨国公司策略专家、中国政治经济分析专家以及中国商业市场专家,任花旗集团全球投资银行的高级顾问、IMG高级合伙人。自1989年起,库恩就与中国政府和企业开展了许多合作,帮助跨国企业制定中国市场战略,并就经济政策、并购、科学技术、中美关系等一系列的国际交流与商业问题向中国政府建言献策。他因2005年出版的《他改变了中国:江泽民传》(*The Man Who Changed China: The Life and Legacy of*

Jiang Zemin)而为中国大众所熟知。

库恩的教育背景也颇有意思,他 15 岁进入大学,在约翰·霍普金斯大学获得人体生物学学士学位,其后获得麻省理工学院斯隆商学院管理学硕士学位以及加州大学洛杉矶分校脑研究所大脑解剖学博士学位。

广义投资银行:任何经营华尔街金融业务的金融机构,业务包括证券、国际海上保险以及不动产投资等几乎全部金融活动。

较广义投资银行:经营全部资本市场业务的金融机构,业务包括证券承销与经纪、企业融资、兼并收购、咨询服务、资产管理、创业资本等,与第一个定义相比,不包括不动产经纪、保险和抵押业务。

较狭义投资银行:经营部分资本市场业务的金融机构,业务包括证券承销与经纪、企业融资、兼并收购等,与第二个定义相比,不包括创业资本、基金管理和风险管理工具等创新业务。

狭义投资银行:仅限于从事一级市场证券承销和资本筹措、二级市场证券交易和经纪业务的金融机构。

【学习检查】结合第四章以及本节内容,比较投资银行与商业银行的区别。

【知识窗】投资银行与商业银行的区别

从活动市场来看,商业银行是货币市场最重要的参与者,而投资银行则主要活跃在资本市场;从服务功能看,商业银行服务于间接融资,而投资银行服务于直接融资;从业务范围看,商业银行的业务重心是吸收存款和发放贷款,而投资银行既不吸收各种存款,也不向企业发放贷款,主营业务是证券承销、公司并购、资产重组、经纪业务和自营;从收益来源看,商业银行的收益主要来源于存贷利差、表外业务收入,而投资银行的收益主要来源于证券承销、公司并购与资产重组业务中的手续费或佣金。

一、主营业务

经过百年洗礼,现代投资银行已突破了证券发行与承销、证券交易经纪、证券私募发行等传统业务框架,企业并购、项目融资、风险投资、公司理财、投资咨询、资产及基金管理、资产证券化、金融创新等都已成为其核心业务。为了便于读者理解,下文结合中信证券 2018 年年报有关内容讨论投资银行的主营业务。

(一)证券承销业务

证券承销是投资银行最本源、最基础的业务。投资银行承销范围很广,包括中央政府、地方政府、政府机构发行的债券、企业发行的股票和债券、外国政府和公司在本国和世界发行的证券、国际金融机构发行的证券等。投资银行在承销过程中一般要按照承销金额及风险大小来权衡是否要组成承销和选择承销方式。通常的承销方式有三种。

(1)包销。指主承销商及包销团成员同意按照商定的价格购买发行的全部证券,然后再把这些证券卖给其客户。这时发行人不承担风险,风险转嫁到了投资银行的身上。

(2) 余额包销。承销商与发行人签订协议,在约定的期限内发行证券,并收取佣金,到约定的销售期满时尚未售出的证券,由承销商按协议价格全部认购。

(3) 代销。一般是由于投资银行认为该证券的信用等级较低,承销风险大而形成的。这时投资银行只接受发行者的委托,代理其销售证券,如在规定的期限计划内发行的证券没有全部销售出去,则将剩余部分返回证券发行者,发行风险由发行者自己负担。

根据年报,2018年中信证券共完成A股IPO主承销项目11单,主承销额人民币127.76亿元;境内股权业务承销规模人民币1 783亿元,市场份额14.75%,排名行业第一;债券业务承销规模人民币7 659亿元,市场份额5.11%,排名同业第一。

表5-1 中信证券2018年主营业务分行业情况　　　　　　　(单位:百万元)

业务单元	营业收入	营业支出	营业利润率(%)
经纪业务	9 894.08	6 812.07	31.15
资产管理业务	6 467.73	3 604.67	44.27
证券投资业务	9 160.96	5 368.40	41.40
证券承销业务	2 788.02	1 580.90	43.30
其他业务	8 909.92	7 819.20	12.24
合计	37 220.71	25 185.23	32.34

(二) 经纪业务

经纪业务是指投资银行接受客户的委托,代理投资者进行买卖交易并从中收取佣金的中介业务。根据年报,截至2018年年底,中信证券及其子公司的证券托管总额达人民币4.1万亿元,2018年在经纪业务中获得的手续费及佣金净收入超过174.26亿元,在所有手续费及佣金收入中占比最大。

表5-2 中信证券2018年手续费及佣金收入　　　　　　　(单位:百万元)

手续费及佣金收入:	
经纪业务收入	9 834.99
其中:证券经纪业务收入	8 450.27
投资银行业务收入	3 863.25
其中:证券承销业务	2 841.85
保荐服务业务	86.61
财务顾问业务	934.80
投资咨询服务收入	291.84
基金管理费收入	4 102.67
资产管理业务收入	1 748.49
其他	453.58
手续费及佣金收入小计	20 294.82

续表

手续费及佣金支出：	
经纪业务支出	2 406.12
其中：证券经纪业务支出	1 595.10
投资银行业务支出	224.27
其中：证券承销业务	214.43
财务顾问业务	9.84
基金管理费支出	8.15
其他	220.32
手续费及佣金支出小计	2 868.01
手续费及佣金净收入	17 426.81

（三）自营投资

自营投资，又称自营交易，是指投资银行利用自有资金和融入资金直接参与证券市场交易、获取买卖差价并自行承担风险的一项业务。投资银行进行自营业务一方面是由于在二级市场进行无风险套利和风险套利等活动可以获得利润，另一方面是因为投资银行接受客户委托，管理着大量资产，必须要保证这些资产的保值与增值。投资银行的资产负债表中"以公允价值计量且其变动计入当期损益的金融资产""可供出售金融资产"等账户记录了其持有的金融资产数量（包括自营和客户委托），通常这些金融资产在公司总资产中占有较大比例。

（四）证券私募发行

我们已经讨论过证券的公募、私募发行。上文的证券承销实际上是公募发行。在私募证券的发行过程中，投资银行作为承销机构有尽职调查的责任，即对发行人进行调查，了解其经营情况、财务状况和偿债能力，并有合理理由确信募集文件真实、准确、完整以及发行过程符合相关法律法规及部门规章规定。

【案例】"12致富债"违约事件

"12致富债"，即宿迁市致富皮业有限公司非公开发行2012年中小企业私募债券，承销商为中信证券。2015年2月5日本是"12致富债"行使回售选择权的日期，即投资者可以选择回售债券，拿回本金和利息。但发行方与担保方都未能与债权人达成回购协议，也未能偿还债券的本金和利息，债券进入实质性违约。

违约事件发生后，作为该私募债券承销商的中信证券，被指未能履行其尽职调查的责任，没有对发行人的资信状况进行充分调查和及时披露，导致投资人做出了错误的投资决策且在持有期间亦未能及时发现并防范本期债券的违约风险。例如，作为担保人的周立康在全国法院失信被执行人信息系统中有37条失信被执行记录，最早的一条立案时间早于该债券《募集说明书》的签署日期，因此中信证券存在尽调失职问题。

(五) 财务顾问业务

投资银行的财务顾问业务,通常专指上市公司并购重组财务顾问业务,即为上市公司的收购、重大资产重组、合并、分立、股份回购等对上市公司股权结构、资产和负债、收入和利润等具有重大影响的并购重组活动提供交易估值、方案设计、出具专业意见等专业服务。2018 年,中信证券积极开展境内与跨境并购重组业务,完成的 A 股重大资产重组交易金额约为人民币 723 亿元,排名行业第二;在全球宣布的涉及中国企业参与的并购交易中,参与的交易金额位列中资券商第二名,全年在财务顾问业务中共获得手续费及佣金净收入 9.25 亿元。

【知识窗】"毒丸计划"

"毒丸计划"的正式名称为"股权摊薄反收购措施",由美国著名并购律师利普顿(Martin Lipton)发明,即当公司遭遇恶意收购时,通过大量低价增发新股使收购方手中的股票占比下降,同时也增大了收购成本,达到反收购的目标。

中国市场比较经典的"毒丸计划"案例是新浪对盛大的反收购。2005 年 2 月 19 日,盛大称已经通过公开交易市场购买了新浪 19.5% 的股权,成为新浪第一大股东。针对盛大的敌意收购,摩根士丹利被新浪急聘为财务顾问,并迅速制定了购股计划。按照该计划每股普通股可获得一份购股权,如果盛大继续增持新浪股票致使比例超过 20% 或有某个股东持股超过 10% 时,这个购股权将被触发。购股权被触发后,除盛大以外的股东们就可以凭借购股权以半价购买新浪增发的股票,从而达到稀释收购人股份的目的。

面对新浪抛出的"毒丸计划",盛大公司最后选择了放弃收购,这一事件也成为经典的反收购案例,作为财务顾问的投资银行摩根士丹利在整个事件过程中起到了重要的作用。

(六) 资产证券化

资产证券化是指进行资产转化的公司即发起人将其持有的各种缺乏流动性的资产(如住房抵押贷款、信用卡应收款等),通过一定的程序转换为可在市场上交易的证券的过程。投资银行在资产证券化过程中通常作为管理人,负责制定专项计划。例如,2015 年 11 月设立的平安国际租赁一期资产支持专项计划,由中信证券设立并作为管理人,专项计划包括优先 A 级、优先 B 级和次级三种资产支持证券,优先级证券可通过上海证券交易所固定收益平台转让。2018 年中信证券共完成资产支持证券主承销项目 428 单,主承销金额 2 439.36 亿元人民币。更多关于资产证券化的内容将在金融创新那一章讨论。

(七) 研究业务

研究业务也就是行业研究,即通常所言的"行研"。通常投资银行都有自己的研究所或各行业与专题板块的研究团队,一方面通过加强行业研究为投资银行自身创建"智库"并为其他业务提供研究支持,另一方面也为投资者提供增值服务。2018 年,中信证券研究业务全年覆盖近 1 100 家 A 股头部上市公司以及 169 家海外中概股公司,并通过全方位的研究服务覆盖近 1 700 家重点机构客户。

【学习检查】从投资银行的业务特点来看,投资银行存在哪些风险?

【他山之石】华尔街五大投行轰然倒塌

2008年9月14日晚,雷曼兄弟公司宣布申请破产保护程序,其员工抱着装箱的个人物品走出大楼的照片已成为华尔街黑暗历史的一个生动诠释。而早在同年3月16日,摩根大通宣布以2.36亿美元收购有85年历史的贝尔斯登公司,贝尔斯登股价的历史高位曾达每股170美元,该收购价格不及贝尔斯登位于纽约曼哈顿总部大楼价格的四分之一。美林证券在与美国银行48小时的谈判后,同意以500亿美元的价格加急"贱卖"给美国银行后,高盛和摩根士丹利也放弃独立投资银行执照。作为华尔街灵魂与骄傲的五大投行在不到六个月时间内轰然倒塌。

这场华尔街的变故可以说在预料之中,美林、高盛的杠杆率在2007年高峰期达到28倍,摩根士丹利的杠杆率甚至达到33倍。高收入必然与高风险相伴而行,泡沫破灭后投行除了直接破产外,申请变为银行控股公司是最为可能的存活方式,一方面可以吸收存款融资,同时可以享受美联储的紧急贷款。当然,转型必然也意味着接受更为严厉和宽泛的监管。

二、在中国的发展

投资银行在中国的发展与中国证券市场的发展是密不可分的,可追溯到1949年以前。1985年,中国第一家投资银行深圳特区证券公司成立,自1990年深圳与上海证券交易所挂牌交易起,投资银行正式踏上中国经济金融的大舞台。而这二十多年来,国内投资银行的发展大体上经历了三个阶段:迅猛扩张阶段、初步整顿阶段和规范化重组阶段。

1985—1996年,中国市场对初生的证券经营机构准入标准较低、限制较少,从而在相对较小风险的情况下能够获得较高利润,因而当时的证券经营机构(投资银行)如雨后春笋般迅猛扩张,规模大小不一。

1997—1998年,在这短短两年间国内投资银行进行了大规模整顿。取消商业银行下属信托公司证券业务的经营资格,同时各省人民银行成立的专营证券机构则独立成为省级投资银行。从结构上看,这一时期中国的投资银行主要是专营性和兼营性两种。从分布上看,仍然是经济较发达地区投资银行较为集中。从业务发展上看,各投资银行主要业务均为经纪、投资、自营,全行业盈利亏损状态趋同。

1999年至今,随着1999年7月1日《中华人民共和国证券法》的颁布实施,中国投资银行进入大规模规范重组阶段。经过20年的发展,证券公司的数量不断增加,截至2019年7月底,全国共有131家证券公司,其中上市公司35家。证券公司的业务范围也不断扩大,除了传统的投资银行业务外,还有新三板、创业板、融资融券等新业务。随着近几年金融监管趋严,证券行业整体呈现健康发展态势,根据中国证券业协会发布的2018年度证券公司经营数据,131家证券公司全年实现营业收入2 662.87亿元,同比下降14.47%;全年实现净利润666.20亿元,同比下降41.04%;131家公司中106家实现盈利。

我国证券行业飞速发展的背后是证券公司的违规现象时有发生,尤其是在2015年股灾期间,暴露出了证券公司存在的诸多问题。在2016年7月中国证监会发布的券商分类评级结果中,95家参评券商中评级下降的有58家,占比达到六成以上;原有27家AA级的证券公司,当时仅剩下6家。其中,中信证券、华泰证券、海通证券、广发证券、国信证券、长江证券、兴业证券、国开证券、东兴证券更是直接滑出 A 类证券公司之列。即使到了 2019 年 7 月底，98 家参评券商中达到 AA 级的仅有 10 家。

评级下调的主要原因是股灾期间，多家券商被证监会通报违规。华泰证券、海通证券、广发证券、方正证券 4 家证券公司涉嫌未按规定审查、了解客户真实身份。此外，因业务违规被扣分的券商有国泰君安证券、招商证券、东兴证券、齐鲁证券和长江证券。参与救市的中国最大券商中信证券成为金融反腐的"重灾区"，高管接连受到调查，中信证券总经理程博明等 3 名高管被警方逮捕。

第二节　基金管理公司

基金管理公司已经成为全球最重要的机构投资者之一。1998 年，新成立的南方基金管理公司和国泰基金管理公司分别发起设立了规模均为 20 亿元人民币的封闭式基金——"基金开元"和"基金金泰"，拉开了中国的证券投资基金业的序幕。基金管理公司是基金运作和组织体系的核心。在中国，证券投资基金管理公司是指经证监会批准在境内设立、从事证券投资基金管理业务和中国证监会许可的其他业务的企业法人。

一、基金的类型

基金公司主要从事基金管理业务，基金按照不同的标准划分为不同的类别。

（一）按发行方式划分

基金按照是否面向一般公众公开发行可分为公募基金和私募基金。

1. 公募基金

以公开发行方式向社会公众投资者募集基金资金的投资基金，其基金证券的发行规则与公募股票的发行规则基本一致。公募基金在设立时需要较多的手续和文件，基金管理人员受到严格的法律监管和密切的舆论监督，透明度较高。此外，公募基金的发行范围广、发行数量大、流动性强，在一定条件下还可以申请上市。目前中国规模较大的基金管理公司基本为公募基金管理公司。

【知识窗】公募基金中的"老鼠仓"

"老鼠仓"指基金管理人员在使用公有资金拉升某只股票之前，先用个人资金在低位买入该股票，待用公有资金将股价拉升到高位后，率先卖出个人仓位进而获利的行为。这是一种以损害客户利益为手段自肥的犯罪行为。"老鼠仓"多发于公募基金中，私募基金很少出现此类现象。仅 2015 年，就有 6 起公募基金"老鼠仓"案件受审，涉案资金均超亿元。随着监管机构不断加大对金融违法乱象的整治力度，2017 年，证监会立案调查公募基金"老鼠仓"案件 5 件，同比下降 80%。迄今国内最大的"老鼠仓"为 2014 年宣判的原博时基金经理马乐"老鼠仓"案，涉案资金为 10.5 亿元，非法获利 1 883 万元。

【学习检查】"老鼠仓"的存在对投资者、基金公司以及整体市场有何影响？

2. 私募基金

私募基金指以非公开方式向特定投资者募集基金资金的投资基金。私募基金的发起人通过电讯、面谈等方式,直接向特定的投资者推销基金证券而不需要经过公开程序。私募基金较公募基金手续简洁,受到的限制较少。但是这种方式也存在筹资潜力较小,流动性较差,不能上市交易等问题。私募基金主要分为两类:一类是私募股权投资基金(PE),即从事非上市公司股权投资的基金;另一类是风险投资基金(VC),主要是投向初创企业,尤其是高新技术企业。

在中国,私募基金曾长期处于灰色地带,不具备合法地位。事实上,国际经验表明,私募基金在经济生活中发挥着重要作用,有助于满足不同投资者多层次的投资规模和风险偏好,避免投资产品和投资者趋于同质化,对于证券市场的健康发展有促进作用。但是私募基金又是存在很大风险隐患的金融产品。在中国,对于私募基金合法化与否及其施行方式的争论早已有之。

2012年9月26日,证监会颁布了《基金管理公司特定客户资产管理业务试点办法》,批准基金管理公司开展基金专户理财业务,其运作方式类似于私募基金。2014年1月17日,基金业协会发布了《私募投资基金管理人登记和基金备案方法(试行)》,标志着私募基金正式纳入监管范围。尽管如此,在中国,私募基金的管理制度尚不健全,操作规范性较差,在运作过程中时常发生违规行为。许多私募基金管理人在登记之后并未开展任何私募基金管理业务,而一些机构滥用登记备案信息进行非法地自我增信,甚至从事以私募基金为名的非法集资等违法活动。为了促进私募基金的健康发展,2016年以来,我国加大了对私募行业的监管力度,中国证券投资基金业协会发布了《关于进一步规范私募基金管理人登记若干事项的公告》,又先后颁布了多个私募自律规则,如《私募投资基金管理人内部控制指引》《私募投资基金信息披露管理办法》《私募投资基金募集行为管理办法》等。2017年8月30日,国务院法制办也发布《私募投资基金管理暂行条例(征求意见稿)》,目的在于提高立法级别,通过行政法规的形式对私募基金的监管规则进行明确和统一。截至2019年年底,中国证券投资基金业协会存续登记私募基金管理人24 471家,存续备案私募基金81 739只,管理基金规模13.74万亿元,完成管理平台注册的私募基金全职员工17.65万人。

【案例】"私募一哥"徐翔被捕

徐翔早年是一位散户,2009年成立泽熙投资,正式进入私募领域。作为中国最大的私募基金之一,泽熙私募以高收益率和对市场精准的把控名扬私募界,泽熙旗下的私募产品曾一度占据中国基金排行榜冠亚军。徐翔本人更是业内神话,被称作"私募一哥"。

然而这个神话在2015年11月1日破灭了。当日,徐翔因涉嫌以非法手段获取股市内幕信息、从事内幕交易、操纵股票交易价格等违法犯罪,被公安机关依法采取刑事强制措施;2016年4月29日,因涉嫌操纵证券市场及内幕交易被逮捕。

【学习检查】 徐翔事件暴露了私募基金在运营和监管中的哪些问题?

(二) 按主投资标的划分

基金按照主投资标的可以分为以股票为标的的证券投资基金,以期货合约为标的的期货投资基金,以外汇为标的的货币投资基金,以黄金为标的的黄金投资基金等。除此之外,还有基金投资基金(FOF)、房地产投资基金(REITS)、信托投资基金(TOT)等形式。在中国,基金的最主要形式是证券投资基金。

【知识窗】基金投资基金(FOF)

基金投资基金(Fund of Funds)是一种专门投资于其他证券投资基金的基金。FOF并不直接投资股票或债券,其投资范围仅限于其他基金,通过持有其他证券投资基金而间接持有股票、债券等证券资产。

FOF的诞生就是为了解决投资者无法挑选基金的问题。20世纪80—90年代,美国金融市场上有8000只以上的基金共同运行。这些基金不仅量级过大,也因为其种类涵盖了不同地域、行业、资产类别、投资风格等,所以个人投资者很难完全深入了解并挑选合适标的,于是,FOF应运而生。1985年,美国先锋基金推出了第一只证券类FOF,完全投资于先锋旗下各子基金,一经推出,大受欢迎。20世纪末,已经有37只FOF出现。21世纪,美国的FOF飞速发展。截至2018年年底,美国共有1200只FOF,规模1.6万亿美元,占美国基金规模的10%左右。

我国证券类私募FOF起始于2005年,私募FOF于2010年开始加速增长。根据中国证券投资基金业统计,截至2018年年底,正在运作的私募FOF基金共9903只,规模为1.89亿元,分别占私募基金总数和总规模的13.3%和14.9%,其中2018年新备案的私募FOF基金2903只,规模合计4257亿元。存续的私募FOF基金主要投向资管计划、境内未上市股权、银行存款,分别占私募FOF基金总资产投向的73.3%、7.8%和7.7%。

2016年6月17日中国证监会发布了《公开募集证券投资基金运作指南第2号——基金中基金指引(征求意见稿)》,对基金中基金的定义、分散投资、基金费用、基金份额持有人大会、信息披露等内容进行了规范。2017年9月首批6只公募FOF基金发行,标志着我国公募FOF基金正式运行。截至2019年年底,公募FOF基金产品规模合计370亿元,数量达到83只,行业呈现蓬勃发展态势。

【学习检查】 FOF有哪些优缺点?

(三) 按基金规模是否固定划分

基金按照基金规模是否固定可以分为开放式基金和封闭式基金。

1. 开放式基金

亦称共同基金,是指基金发起人在设立基金时,基金总规模不固定,可以根据投资者的需求随时出售基金份额,也可应投资者要求赎回发行在外的基金份额的基金。投资者既可以购买基金,也可以卖出所持基金份额并收回现金。目前,开放式基金已经成为国际基金市场的主流品种。

2. 封闭式基金

指基金发起人在设立基金时就限定基金单位的发行总额,在达到发行总额后基金即宣告成立,并进行封闭,在一定时期内不再接受新的投资的基金。基金设立时,投资者可以认购基金份额。在基金上市交易时,投资者也可以进行买卖行为。封闭式基金有明确的存续期限,在此期限内已经发行的基金单位不能被赎回。

截至 2019 年年底,我国公募基金市场共有封闭式基金 861 只,净值 16 024.48 亿元;有开放式基金 5 683 只,净值 131 648.03 亿元。

【学习检查】 开放式基金与封闭式基金分别有哪些优缺点?为什么前者成为主流基金产品?

(四) 按组织形式划分

基金按照组织形式不同可以划分为公司型基金和契约型基金。

1. 契约型基金

基于一定的契约原理而组织起来的代理投资行为。它由委托者、受益者和受托者三方订立信托契约构成。委托者即基金管理人,一般为基金管理公司,负责设定、组织各种基金的类型、发行受益证券,并把所筹资金交由受托者管理,同时对所筹资金进行具体的投资运用。受益者即基金投资者,其购入受益证券,成为契约的当事人之一,享有投资收益的分配权。受托人即为基金托管人,一般为信托公司或银行,负责根据信托契约规定,具体办理证券、现金管理及其他有关的代理业务和会计核算业务。简单来说,在契约型基金中,基金资产是一种信托财产。受益人是基金财产的最终所有人,委托者是基金的经营者,而受托人是基金财产的名义所有者,负责保管基金财产。

2. 公司型基金

通过发行基金股份,集中资金后投资于有价证券等特定对象以获得收益的基金。公司型基金本身就是一个公司,其组织形式与股份有限公司类似。投资者购买公司的股票后成为该公司的股东,凭所持股份享有领取股息或红利、参加股东大会等权利。股东大会选举出的董事会将基金资产委托给基金管理公司管理。

契约型基金发展水平较高的国家有英国、日本、韩国等,在基金业最为发达的美国,公司型基金占据主导地位。目前,中国的基金管理公司发起的基金都属于契约型基金。

根据以上介绍可知,在中国,基金管理公司的基金类型以开放式、契约型的证券投资基金为主。无论哪种基金,在运作过程中为使基金价格比较准确地反映基金的实际价值,保护投资人利益,基金管理公司要对特定时点上每基金单位的实际价值进行估算,公布基金资产净值,计算公式为:基金单位净值＝总净资产/基金总份额。

但是在遇到下列特殊情况时,基金管理人有权暂停估值:基金投资所涉及的证券交易场所遇法定节假日或因故暂停营业时;出现巨额赎回的情形;其他无法抗拒的原因致使管理人无法准确评估基金的资产净值。

【新奇簿】大起大落——巨额赎回下的基金单位净值

2016 年 1 月 28 日,建信鑫丰回报 C 份额单位净值为 1.039 元,1 月 29 日却只剩 0.337 元,一天跌去 67.56%。作为一只非杠杆的超低风险打新基金,建信鑫丰回报 C 份额的异动让市场瞩目。到底是什么引发了这场"血案"呢?

根据建信基金 1 月 31 日晚间发布的公告显示,净值大幅回撤的根本原因在于 1 月 28 日该基金 C 类份额发生了巨额赎回。根据该基金招募说明书和基金合同的规定,基金份额净值的计算精确到 0.001 元,小数点后第四位四舍五入。由于基金份额净值四舍五入产生的误差计入 C 类份额基金财产,导致本基金 C 类份额净值发生大幅波动。

巨额赎回不仅会导致基金暴跌,也能使基金因赎回费而净值暴涨,2015 年 7 月 7 日,鹏华弘锐混合 C 单日净值涨幅居然高达 71.79%。然而该基金净值的暴涨并非缘于投资标的价格暴涨,而是机构客户大额赎回所缴纳的赎回费归入基金资产所致。

(五) 其他基金类型

1. 分级基金

又称结构型基金,是指在一个投资组合下,通过对基金收益或净资产的分解,形成两级(或多级)风险收益表现有一定差异化基金份额的基金品种。以工银深证 100 指数分级基金为例,该分级基金为开放式基金,跟踪深证 100 指数,其基金份额分为 A 类(深 100A)和 B 类(深 100B)两种,AB 份额比例为 1∶1。深 100A 每年获得固定的收益(5%),为低风险的基金类型,适合风险回避型投资者;深证 100 指数波动的风险全部由深 100B 的投资者承担,因此 B 类份额具有杠杆性,适合风险喜好型的投资者。A 类和 B 类份额可以在交易所内交易,但不能单独赎回,必须相同数量的 A、B 份额合并后赎回。

2. 保本基金

指投资人在契约到期时,至少可以按某一约定比例收回本金的基金。保本基金利用利息或是极小比例的资产从事高风险投资,而将大部分的资产从事固定收益投资,不论基金投资的市场如何下跌,绝对不会低于其所担保的价格,从而起到所谓的保本作用。

2003 年,我国首只保本基金正式成立。之后,由于金融市场的波动,保本基金在 2011 年和 2015 年前后迎来了两次爆发式增长。2017 年初,保本基金总规模突破了 3 000 亿元大关,成为公募基金崛起的新主力军。然而,随着监管层发布《关于避险策略基金的指导意见》及后续的资管新规,保本基金在近两年快速完成清理,169 只保本基金中,有 21 只选择了到期清盘,另外 148 只则选择了转型。2019 年 10 月,最后一只保本基金完成转型,标志着历经 16 年风雨的保本基金正式退出历史舞台。

【专栏】互联网基金

互联网基金作为互联网金融产品,是以云计算、大数据、社交网络等现代信息技术为支持,以互联网为交易渠道,投资门槛低,费用少,效率高的新型基金销售模式。互联网企业多年经营积累了大量的用户活动数据,基金公司通过共享用户信息,分析用户的理财需求和风险偏好,从而为特定的客户群体定制理财产品。互联网基金具有以下特点。

1. 效率高,成本低。基金公司通过与第三方互联网平台机构跨界合作,实现基金销售渠道的"脱银行化"。同时,利用大数据等信息技术分析客户的投资需求和风险偏好,预测流动性并进行流动性和收益的匹配,从而能为客户量身定制理财产品,有效提高投资收益率。

2. 门槛低,全民理财。例如,余额宝转入资金门槛仅需一元钱,是基金中门槛最低的基金。支付宝公司和天弘基金公司联合为支付宝用户提供"一键开户"功能,支付宝用户可以轻松开通余额宝,成为基金投资者。用户将闲置资金存放余额宝享受基金收益;同时,该笔资金具有高流动性,可即时转出,用于支付宝消费付款。

当前,互联网基金发展迅猛。以余额宝为例,余额宝于2013年6月13日上线,在短短两个月内规模已超200亿,五个月内增长至1000亿元,跃居中国国内规模最大的货币基金。而原本名不见经传的天弘基金管理公司借此摆脱了年年亏损千万的厄运,资产规模迅猛增长,截至2015年年末,其公募基金管理规模达到6739亿元,在基金管理公司中位列前三。

二、在中国的发展

在中国,基金管理公司经历了从无到有,从小到大,从不规范到规范的发展历程。

20世纪80年代末90年代初,中国投资基金首先从海外起步。1991年11月中国设立了第一家国内基金"南山风险投资基金"。1992年6月,深圳投资基金管理公司成立,成为中国大陆第一家共同基金管理公司,之后又先后出现了深圳蓝天基金管理公司、淄博投资基金管理公司等。此时国内投资基金的发行办法和运作模式均很不成熟,相应的,基金管理公司的发展也处于初级阶段。首先,绝大部分基金是由地方政府或者中国人民银行分行批准成立的,它们在相应设立的基金管理公司中占据了重要地位。由于基金成立的主要目的是集资而非理财,基金管理方面多有疏漏。其次,有一部分基金管理人还兼任基金托管人,打乱了原有的基金管理方和基金托管方之间的相互制约关系,违背了基金管理和资产保管分开的原则,导致基金管理人滥用权力,侵犯投资者利益的现象时有发生。

1997年11月14日,《证券投资基金管理暂行办法》颁布,其中第三章明确规定:经批准设立的基金,应当委托商业银行作为基金托管人托管基金资产,委托基金管理公司作为基金管理人管理和运用基金资产。基金托管人、基金管理人应当在行政上、财务上相互独立,其高级管理人员不得在对方兼任任何职务。《暂行办法》还对于基金管理公司申请设立时需要具备的条件、设立后的职责等作出了明确规定,为中国基金管理公司的发展奠定了法律基础。在这之后,基金管理公司的发展进入正轨。2001年9月21日,中国第一只开放式基金华安创新设立,开放式基金开始迅速发展,基金管理公司的数量和规模也逐渐增长。2007年是基金业跨越式发展的一年,基金管理公司的基金资产净值(不包括QDII基金)达到31997.4亿元,首超3万亿大关。

截至2016年6月底,我国境内共有基金管理公司104家,其中中外合资公司44家,内资公司60家;取得公募基金管理资格的证券公司或证券公司资管子公司共12家,保险资管公司1家。

受到股市震荡的影响,2016年6月底以上机构管理的公募基金资产合计7.95万亿元,与2015年底的8.39万亿元相比减少4474亿元,规模缩水5.32%。随着我国基金业的快速发展,监管层也在逐渐加强对基金行业的监督管理,基金业协会加快推进"7+2"自律规则体系的建设,2018年4月资管新规的发布实施也将对促进整个资管行业回归本源发展产生深刻的影响。整个基金行业呈现出稳步前进、日趋规范的发展态势。

截至2019年年底,我国境内共有基金管理公司128家,其中中外合资公司44家,内资公司84家;取得公募基金管理资格的证券公司或证券公司资管子公司共13家,保险资管公司2家。同时,我国公募基金共6544只,基金净值为14.77万亿元;私募基金共81739只,规模为13.74万亿元。

第三节　信托投资公司

信托投资公司是以受托人的身份代人理财的金融机构。在中国，信托投资公司是指依照《中华人民共和国公司法》和根据《信托投资公司管理办法》规定设立的主要经营信托业务的金融机构，主营业务有经营资金和财产委托、代理资产保管、金融租赁、经济咨询、证券发行以及投资等。2007年，银保监会制定新的《信托公司管理办法》时，将原来的"信托投资公司"统一改称为"信托公司"。例如，成立于1987年的安信信托，其前身为鞍山市信托投资股份有限公司，1992年转制为股份有限公司，1994年在上海证券交易所上市，是国内最早一批金融类上市公司之一，也是目前我国仅有的三家上市信托投资公司之一（其余两家为在深上市的陕国投和在港上市的山东国信）。

【史海拾贝】中国近代信托业的起源发展

信托在20世纪初开始传入中国。中国最早的信托机构可追溯到1913年日资设立的大连取引所信托株式会社，其事务包括强制保证、保证买卖契约的履行、办理清算等。

此后又陆续出现了一些小规模的信托机构，大部分集中在东北地区，主营农产品出口贸易及相关业务。尽管有了一些信托活动，但还没有形成完整的信托行业。

自1921年大量专业信托机构涌现到1949年新中国成立，近代信托业大致经历了四个发展阶段：1921—1926年的兴起阶段；1927—1937年7月的初步发展阶段；1937年8月—1945年8月的畸形繁荣阶段；1945年9月—1949年的衰退阶段。

一、主营业务

信托公司的主营业务可以分为固有业务和信托业务。我们以安信信托为例，通过其2018年年报中所述的具体业务状况，来了解信托公司的业务。

（一）固有业务

固有业务指信托公司运用自有资本开展的业务，主要包括贷款、租赁、投资、同业存放、同业拆放等。发行人的固有业务包括固有资金存贷款及投资业务。该类业务由发行人内设的资产管理部负责。

以上市公司安信信托为例，由于宏观经济波动、行业监管趋严、公司经营不善，2018年度公司固有业务的利息净收入、投资收益分别为1 390.81万元和－8 527.50万元，较2017年的1.26亿元和7.85亿元出现了大幅下滑。

（二）信托业务

信托业务是指公司作为受托人，按照委托人意愿以公司名义对受托的货币资金或其他财产进行管理或处分，并从中收取手续费的业务。公司的信托业务主要由其下设的各信托业务部门负责开展经营。

就安信信托而言，截至2018年年末存续信托项目324个，受托管理信托资产规模2 336.78

亿元；已完成清算的信托项目75个，清算信托规模681.25亿元；新增设立信托项目123个，新增信托规模1 018.17亿元。其中，新增集合类信托项目93个，实收信托规模376.04亿元；新增单一类信托项目30个，实收信托规模为642.13亿元。在信托资金投向方面，公司2018年度信托资金主要投向实业、房地产、基础产业等领域。在主动管理类信托业务方面，主动管理类信托业务规模占信托资产总规模比例为70%。

【学习检查】信托公司业务

以另一家上市信托公司陕西省国际信托股份有限公司为例，通过其年报，分析该公司的固有业务和信托业务状况。

【知识窗】信托投资公司与银行的差异

从中国信托业产生和发展的历程来看，信托投资公司与商业银行有着密切的联系和渊源。而在很多西方国家由于实行混业经营的金融体制，其信托业务大都涵盖在银行业之中，同时又严格区分，故在此以商业银行为例，与信托投资公司加以比较，其主要区别体现在以下方面。

(1) 经济关系。信托体现的是委托人、受托人、受益人之间多边的信用关系，银行业务则多属于与存款人或贷款人之间发生的双边信用关系。

(2) 基本职能。信托的基本职能是财产事务管理职能，侧重于理财，而银行业务的基本职能是融通资金。

(3) 业务范围。信托业务是集"融资"与"融物"于一体，除信托存贷款外，还有许多其他业务，范围较广。而银行业务则是以吸收存款和发放贷款为主，主要是融通资金，范围较小。

(4) 融资方式。信托机构作为受托人代替委托人充当直接筹资和融资的主体，起直接金融作用。而银行则是信用中介，把社会闲置资金或暂时不用的资金集中起来，转交给贷款人，起间接金融的作用。

(5) 风险承担。信托一般按委托人的意图经营管理信托财产，在受托人无过失的情况下，风险一般由委托人承担。银行则是根据国家金融政策、制度办理业务，自主经营，因而银行承担整个存贷资金运营风险。

(6) 收益获取方式。信托收益是按实绩原则获得，即信托财产的损益根据受托人经营的实际结果来计算。而银行的收益则是按银行规定的利率计算利息，按提供的服务手续费来确定的。

(7) 受益对象。信托的经营收益归信托受益人所有，银行的经营收益归银行本身所有。

(8) 意旨主体。信托业务意旨的主体是委托人，在整个信托业务中，委托人占主动地位，受托人受委托人意旨的制约。而银行业务的意旨主体是银行自身，银行自主发放贷款，不受存款人和借款人制约。

二、在中国的发展

信托业作为中国金融子行业之一，具有较高的行业准入要求，银保监会对信托公司的设立条件、最低注册资本、出资方式和出资人要求均设置了严格的限制和最低标准。对公司的内部治理、风险控制、董事、高级管理人员和执业人员的综合素养、专业性同样设有较高要求,具有明显的行业壁垒和准入门槛。

中国现代信托业诞生于1979年10月,在当时只有银行一种金融机构的中国,信托业的诞生本身就是中国金融体制的一大创新,作为中国金融体系的重要组成部分,信托业为探索中国经济体制、金融体制的改革与创新做出了巨大的贡献。随着改革的深入,中央政府设立了中国国际信托投资公司,这标志着中国现代信托业的恢复,各省也纷纷建立信托投资公司,信托投资公司成为除银行外重要的金融机构,其主要作用为充当政府筹措资金的平台,为各级政府筹措计划外的资金。

伴随信托业蓬勃发展的是日益完善的监管体系。2001年1月颁布了《信托公司管理办法》,随后在10月正式实施《中华人民共和国信托法》,作为中国的第一部信托法律,确立了中国的现代信托制度。2002年施行《信托投资公司资金信托管理暂行办法》,与上两部法律法规合称为"一法两规"。2007年,新的《信托公司管理办法》和《信托公司集合资金信托计划管理办法》正式实施,与《信托法》共同构成新"一法两规"。2010年,原银监会发布《信托公司净资本管理办法》,将信托业纳入资本金管理的监管范畴,中国信托业自此进入"一法三规"的时代。自"一法三规"颁布后,信托业呈现良好的发展趋势。一方面,信托管理资产规模持续增长,行业地位和影响力显著提高;另一方面,信托行业整体收入水平稳步提升,各信托公司主业日渐明晰,经营利润持续增长,主动管理能力得到显著提升。自2007年以来,信托公司在转型创新的过程中,发挥主动管理能力,整合金融工具,使其成为创新类金融产品的孵化园。

2014年银保监会发布《关于信托投资公司风险监管的指导意见》(即"99号文")明确了信托投资公司"受人之托,代人理财"的金融服务功能,培育"卖者尽责,买者自负"的信托文化,推动信托投资公司业务转型发展,回归主业,将信托投资公司打造成服务投资者、服务实体经济、服务民生的专业资产管理机构。2015年,银保监会单设信托监管部并颁布《银监会信托投资公司行政许可事项实施办法》,专业化的监管对信托业发展产生推动作用,有助于信托业制度性建设的进一步完善。2016年12月末,中国信托登记有限责任公司的正式揭牌,标志着支持信托业发展的"一体三翼"架构全面建成,形成了以监管部门为监管主体,行业自律、市场约束、安全保障为补充的多层次、多维度的信托业风险防控体系,信托业得到了健康规范发展。

在控制和降低宏观经济杠杆率,经济从高速增长向高质量增长转变大背景下,2018年4月,《关于规范金融机构资产管理业务的指导意见》(资管新规)发布,严格规范资管行业进入降杠杆、破刚兑、去嵌套的新规时期。2018年8月,银保监会颁布了《信托登记管理办法》,由此奠定了我国信托登记的制度基础,提高了信托业务的透明度和规范性。同月,银保监会信托部下发《关于加强规范资产管理业务过渡期内信托监管工作的通知》,进一步明确信托业落实新规和过渡期整改的要求。截至2018年年底,我国信托业资产规模为22.7万亿元,同比下降13.50%;信托资产风险率为0.98%,环比上升0.05个百分点;信托业利润为731.80亿元,同比下降11.2%。

与2018年信托行业资产规模及利润整体呈现负增长相比,伴随着各信托公司积极转型效果不断体现,以及宏观政策从"坚持结构性去杠杆"到"保持宏观杠杆率基本稳定"转变,信托公司各项经营指标逐步得到改善,营业收入和净利润均有所增长。此外,截至2019年年底,我国共有68家信托投资公司,其中有3家上市信托投资公司,分别为在沪上市的安信信托、在深上市的陕西省国际信托股份有限公司和在港上市的山东省国际信托有限公司。

【学习检查】回顾中国信托业监管体系的发展历程,并分析在现阶段信托公司面临的机遇和挑战。

【知识窗】伞形信托

伞形信托是指同一个信托产品之中包含两种或两种以上不同类别的子信托,是由证券公司、信托公司、银行等金融机构共同合作为证券二级市场投资者提供投融资服务的结构化证券投资产品。是用银行理财资金借道信托产品,通过配资、融资等方式增加杠杆后投资于股市。实际上是让投资者购买信托中的信托。例如,小王想加大股票投资,但只有500万元本金,假设某伞形信托的杠杆为3倍,此时他通过加杠杆后可筹到1500万元(来自符合条件的个人投资者或者机构投资者如银行),加本金总共2 000万元。各子信托相互独立,像雨伞每根伞骨一样分别挂在同一信托产品这个"伞把"上,伞形信托因此而得名。

伞形信托有两个关键概念。仍以小王为例,3倍杠杆的1 500万元是固定收益,称为"优先级",本息优先保障;500万元部分称为"劣后级",如果整个信托计划亏了,先亏此部分,如果赚了,剔除优先级收益后的收益全部归小王。伞形信托通常设有平仓线以保障优先级投资者的本金及收益。一旦投资不当,或遇到行情不好可能被强制平仓,损失则由小王承担。例如,平仓线是85%,股票下跌15%就将平仓。

【学习检查】证监会为什么在2015年4月要求券商不得为伞形信托提供数据端口等服务或便利?

第四节　金融租赁公司与融资担保公司

一、金融租赁公司

金融租赁也称融资租赁,是指由出租人根据承租人的请求,按双方的事先合同约定,向承租人指定的出卖人,购买承租人指定的固定资产,在出租人拥有该固定资产所有权的前提下,以承租人支付所有租金为条件,将一个时期的该固定资产的占有、使用和收益权让渡给承租人。这种租赁具有融物和融资的双重功能。

金融租赁公司(financial leasing companies)是指经中国银行业监督管理委员会批准,以经营融资租赁业务为主的非银行金融机构。金融租赁公司开展租赁业务,一方面能获得稳定的经营收益,提高资金使用效率,减小经济波动对其原有业务的影响。另一方面,由于租赁资产的所有权在租赁期内始终属于出租人,一旦承租人违约拖欠租金,出租人有权收回租赁资产。

金融租赁公司依托金融机构的强大资本和众多的机构网点,具有资金力量雄厚、融资成本低、客户数量多等优势。美、日、英等国的银行或其附属的非银行金融机构都可以设立独资或控股的租赁公司,直接从事融资租赁业务,在租赁市场中占有非常重要的地位。

(一) 业务经营

金融租赁公司以经营融资租赁业务为主,但也可以经营其他业务。中国于2014年开始实施的《金融租赁公司管理办法》明确规定了其经营范围。经银保监会批准,金融租赁公司可以经营下列部分或全部本外币业务:(1)融资租赁业务;(2)转让和受让融资租赁资产;(3)固定收益类证券投资业务;(4)接受承租人的租赁保证金;(5)吸收非银行股东3个月(含)以上定期存款;(6)同业拆借;(7)向金融机构借款;(8)境外借款;(9)租赁物变卖及处理业务;(10)经济咨询。此外经营状况良好、符合条件的金融租赁公司经银保监会批准可以开办下列部分或全部本外币业务:(1)发行债券;(2)在境内保税地区设立项目公司开展融资租赁业务;(3)资产证券化;(4)为控股子公司、项目公司对外融资提供担保;(5)银保监会批准的其他业务。因为金融租赁公司的主要业务为融资租赁业务,我们具体看融资租赁业务的具体内容。

1. 自担风险的业务

包括融资租赁业务、转租式融资租赁业务和售后回租式融资租赁业务三个类别。

(1)融资租赁业务。简称"直租",由承租人决定租赁物件的购买,租赁公司利用筹措到的资金,向制造厂商支付贷款,购进设备后直接出租给承租人的租赁形式。发达国家的绝大部分租赁公司普遍采用直接租赁的做法,在中国,则为资金力量雄厚的大租赁公司所采用。

(2)转租式融资租赁业务。简称"转租赁"或"再租赁",是指以同一固定资产为租赁物的多层次的融资租赁业务,将设备进行两次重复租赁的融资租赁形式。一般由租赁公司根据用户需要,先从其他租赁公司(通常为国外的公司)租入设备,然后再转租给承租人使用。这一形式适用于租赁机构在自身借贷能力较弱,资金来源有限,融资技术不十分发达,同时承租人迫切需要国外只租不卖的先进技术设备时,出租人利用别家租赁机构的优惠条件引进设备。

(3)售后回租式融资租赁业务。简称"回租",承租人将已经购买的设备卖给租赁公司,再将其作为租赁物件返租回来,对物件仍有使用权,但没有所有权。返还式租赁中承租人与供货方是一体的,设备买卖的目的在于增强企业资金的流动性。

2. 与其他机构分担风险的业务

包括联合租赁和杠杆租赁两类。

(1)联合租赁是指多家有融资租赁资质的租赁公司对同一个融资租赁项目提供租赁融资,由其中一家租赁公司作为牵头人。无论是相关的买卖合同还是融资租赁合同都由牵头人出面订立。各家租赁公司按照所提供的租赁融资额的比例承担该融资租赁项目的风险和享有该融资租赁项目的收益。各家租赁公司同作为牵头人的租赁公司订立体现资金信托关系的联合租赁协议。

(2)杠杆租赁又称平衡租赁或减租租赁,是一种利用财务杠杆原理组成的租赁形式。由一家租赁公司牵头成立一个脱离租赁公司主体的资金管理公司,为一个大型租赁项目融资。租赁公司提供项目总金额20%以上的资金,其余资金以贷款形式从银行或财团处取得,但租赁公司仍然拥有设备的法定所有权。此租赁方式具有税收优惠、操作规范、综合效益好、租金回收安全、费用低等优势,一般用于飞机、轮船、通信设备和大型成套设备的融资租赁。

3. 不承担风险的业务

这类业务是委托租赁,是指有多余闲置设备的单位,为充分利用设备并获取一定收益,愿意将设备出租的一种租赁。在这种方式下,拥有多余闲置设备的单位不是自行寻找承租人,而是委托租赁机构代为其寻找承租人,而后由出租人、承租人与租赁机构一起签订租赁合同。租赁机构不垫资,也不拥有租赁物件的所有权,而仅按照委托人(拥有多余闲置设备的单位)的要求代为办理租赁,只收取经双方商定的委托租赁费。

我们以国银金融租赁有限公司为例来看其业务状况。国银金融租赁有限公司为国内首家上市金融租赁公司,于2016年7月12日在港交所正式挂牌交易。该公司成立于1984年,为航空、基础设施、船舶、车辆及工程机械等行业的优质客户提供综合性的租赁服务,其中较专注于飞机租赁及基础设施租赁。所提供的租赁服务可分为两类:(1)直接租赁;(2)售后租回。2018年,国银租赁的飞机租赁及基础设施租赁业务分别占其收入及其他收益的48.8%和32.2%。其融资租赁相关不良资产额为21.07亿元,较2017年增加6.9亿元;融资租赁业务不良资产率为1.56%,较2017年上升0.25个百分点。其中,飞机租赁的不良资产率为0%,基础设施租赁、船舶、车辆和工程机械租赁及其他租赁业务的不良资产额分别为1.48亿元、5.15亿元和14.44亿元,不良率分别为0.17%、1.5%、14.51%。

【知识窗】金融租赁公司与融资租赁公司的差别

"金融租赁"和"融资租赁"所对应的英文单词都是"financial lease"。在中国,两者的业务操作没有差别;但金融租赁公司与融资租赁公司存在相当大的差异。

金融租赁公司是指经银保监会批准,以经营融资租赁业务为主的非银行金融机构,未经银保监会批准,任何单位和个人不得经营融资租赁业务或在其名称中使用"金融租赁"字样(法律法规另有规定的除外)。融资租赁公司则是由商务部审批和监管的。简单来说,金融租赁公司属于非银行金融机构,而融资租赁公司属于非金融机构企业。

金融租赁公司的资金来源除资本金外,理论上还包括吸收非银行股东1年期(含)以上定期存款、接受承租人的租赁保证金、向商业银行转让应收租赁款、发行金融债券、同业拆借、向金融机构借款、境外外汇借款等。目前,金融租赁公司的资金来源多来自同业短期资金市场。而融资租赁公司不能吸收股东存款,也不能进入银行间同业拆借市场。

金融租赁公司受银保监会和相关法律法规的严格监管,资金充裕,多承接价值较高、金额较大的租赁项目。但是,相比其他租赁公司来说,金融租赁公司对承租人的要求较高,且租赁物件限于固定资产,灵活性不足。而一般的融资租赁公司受到的监管相对较少,租赁业务灵活性强。

(二) 融资租赁在中国的发展

金融租赁业在中国起步较晚。1980年年初,中国国际信托投资公司试办了第一批金融租赁业务。1981年,中国东方国际租赁公司作为国内第一家租赁公司由中国国际信托投资公司和日本东方租赁公司合资成立,标志着中国金融租赁业的正式诞生。

1986—1987年,中国人民银行开始介入融资租赁公司的管理和审批,国有融资租赁公司开始陆续申报非银行金融机构,银行和信托投资公司也开始经营融资租赁业务。2005年商务部修改审批门槛,中外合资融资租赁又成为主力军。2006年,银行入股金融租赁公司。从金融租赁公司的经营主体来看,目前主要有以下四种。

1. 银行业金融租赁公司

1997年,中央银行曾明确规定,商业银行不得混业经营,要求已开办或参加融资租赁业务的商业银行退出融资租赁公司。2007年2月,银保监会发布了重新修订的《金融租赁公司管理办法》,办法中明确规定,允许商业银行作为主要出资人组建金融租赁公司。基于国家的政策变化,国内几家主要商业银行立即着手申请组建金融租赁公司。截至2020年1月,工行、农行、建行、交行、国开行都设立了金融租赁公司,中行拥有中银航空租赁。同时,招商银行、民生银行、中信银行等股份制商业银行以及江苏银行、北京银行等城商行也均设立了金融租赁公司。

2. 资产管理公司类金融租赁公司

在银行加紧建立金融租赁公司之际,资产管理公司也开始涉足金融租赁行业。目前,我国四大国有资产管理公司都开展了融资租赁业务。在资产管理公司的商业化转型和综合经营方面,监管部门持开放及支持态度,这势必会推动资产管理公司类金融租赁公司的发展。

3. 外资租赁公司

据统计,仅2007年一年的时间内,商务部就批准了14家外商租赁公司。原尚在持续经营的外商租赁企业,也采取增资扩股等措施,加大中国租赁市场的竞争力度。2013年7月,为加强对各地审批外资租赁公司的工作指导,促进行业健康发展,商务部发布了《关于加强和改善外商投资融资租赁公司审批与管理工作的通知》。截至2019年年底,全国外资租赁公司共11 657家,较上年底的11 311家增加346家,增长2.97%。

4. 内资租赁公司

2004年10月,商务部、国家税务总局发布《关于从事融资租赁有关问题的通知》,标志着我国内资融资租赁公司从事融资租赁业务试点的审批工作拉开帷幕。2015年3月后,内资融资租赁试点企业的审批权限被逐渐下放至自贸区所在地的省级商务主管部门和同级国税局。2018年5月,商务部再次发文将制定融资租赁公司的职责划分至中国银保监会。2019年,由于监管体制变化,内资试点审批机构调整,除天津以外,自贸区审批内资企业开展融资租赁业务试点基本停止。截至12月底,全国内资融资租赁企业总数为403家,同比增长1.51%;融资租赁合同余额2.081万亿元,同比增长0.05%。

可以看出,金融租赁公司大多由银行投资建成,其融资租赁业务遥遥领先。从现有融资租赁涉足领域来看,航空、船舶、工程机械、医疗设备等行业的融资租赁业务较为成熟,近年来,融资租赁公司积极配合国家经济发展的产业政策,在"三农"和"城镇化"领域、"医疗"和"教育"等领域都有所突破。截至2019年年底,中国共有70家金融租赁公司。

二、融资担保公司

担保是指在债务债权关系中由债务人或债务人委托的第三方向债权人提供的法律上有效的保障。担保公司是依法成立的以提供担保服务为主营业务的专业性机构。

担保公司按业务可以分为非融资性担保公司和融资性担保公司。非融资性担保公司是指依法设立、提供除融资性担保之外的担保业务的公司,其业务包括工程履约担保、投标担保、预付款担保、诉讼保全担保等。

融资性担保公司是指经监管部门审核批准设立并依法登记注册,以经营融资性担保业务为主的公司,融资担保是指担保人与债权人约定,当被担保人不履行对债权人负有的融资性债务时,由担保人依法承担合同约定的担保责任的行为。融资性担保公司经营的业务包括贷款担保、信用证担保、票据承兑担保、项目融资担保等。此外,融资性担保公司也可以兼营非融资性担保业务。

中国自1993年第一家信用担保公司成立、1999年中小企业信用担保开始试点,担保行业现已构建起"政策性担保机构为主体、商业性和互助性担保机构为两翼"的担保体系。

【知识窗】农业信贷担保公司

2016年5月19日,由财政部会同农业部、银保监会组建成立国家农业信贷担保联盟有限责任公司。公司不以营利为目的,在坚持自身信用和可持续发展基础上,实行政策性主导、专业化管理、市场化运作。旨在统一担保业务标准、强化系统风险控制、规范农业信贷担保体系建设,更好发挥担保的经济助推器功能和财政资金的"四两拨千斤"作用,将更多金融活水引入农业农村发展领域,推动粮食结构调整和农业适度规模经营,促进农业发展方式转变。

该公司股东包括财政部和全国省级农业信贷担保机构,拟分三年形成约150亿元的资本金规模,省级机构股东根据其组建进展情况,分期分批加入。初始注册资本金40多亿元,其中,中央财政30亿元,其余由黑龙江、河南、安徽、四川等11家首批参股的省级机构出资。

其职责和任务主要包括七个方面:一是落实国家农业支持政策,制定再担保业务标准,为省级机构提供业务指导和规范指引。二是为所有省级机构提供再担保服务,根据各省级机构的信用评级和风险控制水平,制定合理的代偿风险分担比例和再担保费率。三是研究开发农业信贷担保产品和服务,扩大信贷支持农业的覆盖面。四是与银行等金融机构开展总对总的战略合作,建立适用于公司和省级机构的银担风险共担机制。五是建立风险补偿和风险救助机制。六是研发建立统一规划、统一标准的全国农业信贷担保业务数据信息系统,实行线上申报和管理,实现项目评审和风险控制等工作的信息化。七是组织全国农业信贷担保专业人才培养和人员培训,指导省级机构建立一支扎根农村、熟悉农业、懂金融会管理的基层担保员队伍。

1992—1997年,中国担保行业处于起步探索阶段,第一批政策性担保机构出现,成为市场竞争主体,并初步构建了行业运作模式。1998—2002年,地方性担保机构数量不断增加,民营的商业性担保机构和互助性担保机构开始萌芽,加入市场竞争。进入2003年,受《中小企业促进法》对担保行业的推动促进,各种类型担保机构尤其是民营担保机构大量涌现,机构数量迅猛增加,并且日益呈现多元化的发展趋势。

2009年开始,行业进入规范整顿阶段,不同类型担保机构信用资质出现分化。据原银监会公布的数据显示,2011年年末,全国共有融资性担保机构8 402家,其中国有担保机构占18.7%,民营担保机构占81.3%。2012年年末,全国共有融资担保机构8 590家,其中国有担保机构占22.2%,民营担保机构占77.80%。2013年以来,全国融资担保机构数量出现负增长,民营担保机构数量加速减少,国有与民营担保机构间的信用水平分化趋势明显。

近年来,在宏观经济增速持续放缓的背景下,中小企业生存压力增大,银行业不良率持续上升,债券市场违约风险不断暴露,小型、民营担保机构代偿压力增大,机构数量明显减少,与国有担保机构间的信用水平出现较为明显的分化,行业整体信用风险上升。传统银担合作渠道下的间接融资性担保目前仍是担保机构的主要业务和收入来源,但债券市场增信需求的快速上升,为具有较强资本实力的大型担保机构提供了新的业务渠道和发展空间。

【案例分析】河北融投折戟地产担保

河北融投曾作为中国第二大担保公司,河北融投事件要追溯到 2014 年。2014 年 7 月,河北融投所担保的项目海沧资本前法人代表姜涛携 4 亿元资金潜逃,按下了河北融投违约的"开关"。随后,河北融投又接连曝出多起资管产品无法履行担保责任的违约纠纷,公司陷入担保风暴,金融机构和投资者也一起被拖入了深渊。

截至 2016 年 5 月,河北融投的对外担保额保守估计为 500 亿元左右,牵涉银行、信托、基金、P2P 等共 50 余家金融机构,银行资金至少 200 亿元,但公司已丧失了担保能力。据工商资料显示,公司注册资本为 42 亿元,按照相关规定,融资性担保责任余额不得超过净资产的 10 倍,即河北融投最多只具有 420 亿元的担保能力。

为了获取高收益,河北融投在杠杆率上铤而走险。企业在向银行借款的时候,银行为了降低风险,一般不直接放款给企业;而是要求借款人找到第三方担保机构为其担保,担保机构从中收取相应的费用。为了多从银行贷到资金,担保机构往往会超倍担保。这也使机构的风控趋于弱化。在河北融投曝出首个担保项目(海沧资本)违约时,河北融投表示不履行代偿责任,引发了部分金融机构警觉,但多数机构认为河北融投有政府的信用背书,因而选择信任。公开资料显示,河北融投是河北国资委全资子公司。背靠政府的河北融投"倒下",对行业信用的危害不言而喻,很多金融机构需要较长一段时间才能重新建立对担保业的信任。

第五节 小额金融组织

一、小额金融组织概述

小额金融组织在国内外均没有统一界定,其中小额金融国际信息平台(Microfinance Information Exchange,MIX)的定义最易于理解:小额金融组织是指向低收入群体,尤其是妇女提供包括贷款、储蓄、保险和汇款等一系列金融服务的组织。世界银行在 1999 年的《小额金融发展手册》中将小额金融组织定义为这样的一类机构——组织形式包括非政府组织、储蓄贷款合作社、信用社、政府银行、商业银行、非银行金融机构;提供的服务主要有:(1)小额贷款,尤其是营运资金;(2)要求小组联保而非抵押品;(3)循环贷款;(4)简化贷款支付和审核过程。其客户包括城市和农村中的低收入人群,通常为街头小贩、农民、服务业从业者、小生产者等,其自身的经营活动可以提供稳定收入,虽然穷,但不是"穷人中的穷人"。

国际上小额贷款组织发展至今,主要有五种主要模式:(1)非政府组织(NGO);(2)正规金融机构;(3)社区合作银行;(4)乡村银行;(5)批发基金。国际小额金融的发展趋势一般是从小额信贷(microcredit)到小额金融,再到普惠金融(inclusive financial)系统的建立。

小额金融组织发展的总体趋势为正规化、商业化。小额金融组织商业模式主要分正规金融机构和非正规金融机构两类。在小额金融组织发展之初,主要是依靠非正规组织秉承消除贫困的理念所建立的小额金融项目,其中最典型的代表就是孟加拉的格莱珉银行。

二、孟加拉格莱珉银行

孟加拉的格莱珉银行(Grameen Bank,GB)被视为非正规金融机构中的代表。格莱珉银行成立于1976年,虽然于1983年转化为正式的银行,目前已经发展成为规模在十亿美元以上的大型银行,但是转化之前作为NGO的格莱珉银行已经有300余亿美元的收入,在扶贫领域做出了突出贡献,无论在扶贫效果上还是盈利能力上都取得了瞩目成就。格莱珉银行作为最初的小额金融组织,已经成为世界小额金融的典范。

格莱珉银行的目标客户为被传统银行视为高风险的贫困和低收入人群的银行,贷款往往没有抵押和担保,是纯信用贷款。这样一家机构能取得持续的盈利和规模的扩张,与其先进的贷款管理与高效的经营模式是分不开的。为了保证偿还,在运营上格莱珉银行采取了小组贷款、分期还款、强制储蓄、停贷威胁等一系列经典的小额金融模式。

格莱珉银行有以下四个基本特点。

(1) 贷款针对穷人,尤其是妇女。格莱珉银行被视为福利主义小额金融的代表,重视机构本身的社会效益。其贷款主要针对贫困人群,其中银行94%的客户是妇女。

(2) 采取小组贷款模式。小组贷款是指每五个借款人成立一个贷款小组,小组成员互相监督彼此的还款状况,利用社会信誉作为约束,鼓励借款人按时还款。这些模式得到实践的验证后,被广泛应用于世界各地新兴的小额金融组织。我国早期的NGO小额信贷组织与农村信用社小额贷款业务等均采取了类似的小额贷款措施。

(3) 对借款人提供非金融服务。如教育、培训、医疗卫生服务等,用以提高穷人的素质,提高其还款能力。

(4) 一直致力于可持续发展。虽然格莱珉银行重视社会效益,但是同时也重视自身的可持续发展。从创始至今,格莱珉银行一直保持较高的盈利率,力求兼顾社会使命与可持续发展目标。

三、中国小额金融组织

1983年,国际农业发展基金(IFAD)首次将小额贷款引入中国。1994年,中国社会科学院首次成立"经济扶贫合作社",揭开我国小额金融组织发展的帷幕。在这之后以重大事件、政策为分界点,小额信贷机构在中国的发展分三个阶段。

第一阶段是1994年经济扶贫合作社成立到1999年。该阶段是小额金融组织在中国推广的实验阶段,小额贷款项目多为非官方、半官方的机构组织创办,模式基本仿照的是孟加拉的格莱珉银行模式,资金来源为国际捐赠资金或者自有资金。这阶段小额金融组织的发展注重的是机构发展与国际接轨,人们关注的重点在孟加拉模式在中国的推广情况。

第二阶段是2000—2004年。这一阶段在中国人民银行的推动下,我国农村信用社开始全面推行小额贷款,逐步成为我国小额贷款主力军。

第三阶段是2005年至今。2005年开始中国人民银行进行"只存不贷"的小额贷款公司试点,小额贷款公司这一新型小额金融组织得以发展和迅速扩张。2006年在原银监会的批准下,村镇银行等新型农村机构也加入了小额金融组织的行列。我国小额金融组织的类型与模式得到进一步的丰富和发展。

现存的小额金融组织的主力可分为四大类:非政府组织小额贷款机构;小额贷款公司;农村信用社;包含村镇银行、贷款公司、农村资金互助社等新型农村金融机构。另外还包括国开行、农业银行等支持的小额贷款项目等。

(一) 农村信用社

农村信用社,是根据中国人民银行颁布的《农村信用合作社管理规定》组建、管理、运营的农村金融合作机构。由个人、企业、事业单位或地方政府出资开办的从事储蓄、贷款、汇兑、结算、代办代理等银行零售业务。

早在20世纪50年代,人民银行将在农村的网点改为农村信用社,宗旨是"农民在资金上互帮互助"。2000年,中国人民银行发布《农村信用社农户小额信用贷款管理暂行办法》,明确了信用社以农户的信誉为保证,在核定的额度和期限内发放小额信用贷款。《办法》对农信社小额贷款提出了以农户为单位,贷款期限不超过一年的要求,标志了我国农信社小额贷款的开端。两年后,农村信用社开始大规模开展信用村、信用户的信用证工作,90%的信用社发放了农户小额贷款,小额贷款总量和规模开始出现明显的扩张。

2003年国务院启动深化改革试点工作,将农村信用社划归省级政府负责管理,同时明晰了其产权关系,并出台了一系列财政金融扶持政策。这轮改革取得了重要的阶段性成果,有效化解了历史包袱,明显改善了资产质量,显著提升了金融支农能力。自2004年全国农信社首次轧差盈利后,2011年累计盈利5 136亿元,共有2 031个县(市)农信社消化历史挂账,亏损的农信社也由2002年的1 088个降为2011年年末的18个。全国农信社的资本充足率达到10.7%,不良贷款率5.5%(贷款五级分类),农户贷款余额2.3万亿元,与2002年年末相比,增长4.6倍。

(二) 小额贷款公司

小额贷款公司,是由自然人、企业法人与其他社会组织投资设立,不吸收公众存款,经营小额贷款业务的有限责任公司或股份有限公司。小额贷款公司在成立之初就得到政府的大力扶持,但其法律地位与其他企业相同。它作为企业法人,有独立的法人财产,享有法人财产权,并以全部财产对其债务承担民事责任。小额贷款公司须在合法范围内开展业务、自主经营、自负盈亏、自我约束、自担风险。

2005年,中国人民银行分别在川、黔、晋、陕、蒙五省区开始了"只贷不存"小额信贷机构试点,使中国小额信贷正规化之路进一步向前迈进。2008年5月,银保监会和中国人民银行联合颁布了《关于小额贷款公司试点的指导意见》,允许社会资本出资建立"只贷不存"小额贷款公司。此后全国范围内小额贷款公司呈现爆发式增长。根据中国人民银行统计,截至2015年第三季度末,中国共成立小额贷款公司8 965家,从业人员114 276人,实收资本8 460.12亿元,贷款余额9 507.95亿元。之后,随着监管趋严,宏观经济波动,中国小额贷款公司的发展趋于平缓。截至2019年第三季度末,中国共有小额贷款公司7 680家,从业人员83 099人,实收资本8 169.77亿元,贷款余额9 287.99亿元。

小额贷款公司的出现与发展是小额金融组织在中国发展的重要事件,对改善农户和中小企业的融资状况起到了一定作用。

【学习检查】小额贷款公司在中国快速增长的原因是什么?前景如何?

【他山之石】小额贷款之父尤努斯

尤努斯(Muhammad Yunus)是孟加拉国经济学教授。1974年,孟加拉国发生大饥荒,导致约150万人丧生。这场灾难激起了尤努斯研究贫困和饥饿的热情,在深入调查中他发现穷困的重要原因是缺乏资本:穷人的资金需求无法得到满足,使他们无法积攒多余的资金去做进一步的投资;迫于生计,只好选择接受高利贷的剥削,而这又往往导致他们倾家荡产。尤努斯产生了向贫困群体提供贷款的想法。1976—1979年,他以自己为担保人向穷人们提供小额贷款,成功地改变了约500位借款人的生活。

1983年,尤努斯正式创立了格莱珉银行。格莱珉银行瞄准贫困农户尤其是妇女,提供无抵押的短期小额信贷。贷款手续简便,资金直接交与借款人,并规定分期偿还。格莱珉银行要求借款人自愿组成5人的贷款小组,共同选择贷款项目、相互监督偿还情况。如果贷款小组中有人逾期未还款,整个小组都要受到处罚。新型的贷款方法、公开透明的运作模式,使格莱珉银行迅速壮大。迄今为止,银行已经向约800万人提供借款,其中97%的借款人为妇女,还款率近99%。现在,格莱珉银行模式已经成为国际上公认的非政府组织从事小额信贷的成功模式。它以市场化持续运作、扶贫范围广、扶贫效果显著而著称。作为小额贷款的创始人和格莱珉银行的创建者,穆罕默德·尤努斯被称为"穷人的银行家"。2006年,他与格莱珉银行共同获得了诺贝尔和平奖。

(三) NGO小额贷款机构

NGO小额贷款机构是非政府组织(NGO)所设立并管理运营的小额贷款机构,其作为国际上小额贷款发展的典型案例,在多个发展中国家取得了重大成功。NGO小额贷款机构相比于其他机构,更加关注小额贷款的扶贫作用与社会功能。以扶贫为目的的小额贷款组织在一个国家的发展初期,大部分是以非政府组织的形式存在,中国也不例外。早期中国的小额金融组织基本全为国外引进。1993年,中国社会科学院农村发展研究所首先把小额信贷引入了中国,参照格莱珉银行模式成立"经济扶贫合作社"。经过近数十年的发展,中国目前最主要的NGO组织小额信贷机构主要包括:香港乐施会(1992)、澳大利亚国际开发计划署(1995)、中国社科院扶贫经济合作社(1993)、中国扶贫基金会的小额信贷、全国妇联的联合国开发计划署(1996)等。中国的NGO小额贷款基本借鉴的是孟加拉银行模型,本土化程度较低,也因此带来了一系列问题。

从国际经验来看,产权不明晰是NGO小额贷款机构的通病。NGO小额贷款的资金来源主要是依靠国际捐助、委托资金和软贷款,缺乏明晰的所有权,难以建立有效的产权和治理结构。在国际上成功的NGO小额贷款组织往往由具有高度责任心和专业能力的领导人所发起和管理,机构的运转高度依赖领导者的社会责任心与魄力,因此可以很大程度上弥补产权不明晰的缺陷。但是中国的NGO小额贷款组织多为国外引进或背后有政府支持,在这方面比较欠缺。当缺乏强有力的领导者时,产权不明晰带来的后果是机构责任不明确,管理效率低下。近年来国际上主流观点是关注小额贷款机构的可持续性发展,许多成功的非政府组织小额贷款机构纷纷向商业化转型以建立科学的治理机制。这些都给我国的NGO

小额贷款公司发展提供了方向和借鉴。

(四) 新型农村金融机构

2012年年末,银保监会发布《关于调整放宽农村地区银行业金融机构准入政策更好地支持社会主义新农村建设的意见》,新型农村金融机构包含村镇银行、贷款公司和资金互助社三类新型金融机构。

村镇银行指经银保监会依据有关法律、法规批准,由境内外金融机构、境内非金融机构企业法人、境内自然人出资,在农村地区设立的主要为当地农民、农业和农村经济发展提供金融服务的银行业金融机构。

贷款公司指经银保监会依据有关法律、法规批准,由境内商业银行或农村合作银行在农村地区设立的专门为县域农民、农业和农村经济发展提供贷款服务的银行业非存款类金融机构。贷款公司是由境内商业银行或农村合作银行全额出资的有限责任公司。

农村资金互助社指中国境内经银行业监督管理机构批准,由乡(镇)、行政村农民和农村小企业自愿合股组建的社区互助性银行业金融机构,为独立的企业法人,对社员股金、积累及合法取得的其他资产(社员存款、捐赠资金、向其他银行业金融机构融资)所形成的法人财产,享有占有、使用、收益和处分的权利,并以上述财产对债务承担责任。为社员提供存款、贷款、结算等业务。

表5-3 我国小额金融组织现状(截至2018年)

机构名称	机构数	机构名称	机构数
农村信用社	812	村镇银行	1 616
小额贷款公司	8 133	农村资金互助社	45
农村合作银行	30	贷款公司	13
		合计	10 649

【学习检查】从数量上看,新型农村金融机构有什么特点?

四、小额金融组织双目标的冲突

小额金融组织与其他金融机构不同的是存在为贫困人群提供服务的社会使命和机构财务持续性的双重目标(dual mission)。2010年印度小额贷款机构爆发了危机,唤醒了世界范围内对小额金融组织经营模式与风险的关注。印度小额贷款危机的发生与印度小额金融组织的高度商业化有着直接的关系:因为资本的逐利性,印度小额贷款的利率持续不断上升,过高的利率很难通过正常的经营活动得到偿还,从而挤出了经营性的贷款需求。小额贷款不仅没有消除贫困,反而使借款人陷入财务困境,这是小额金融组织双目标冲突的典型例子。

目前的主流观点认为以小额贷款的目标为标准可分为制度主义和福利主义两大阵营。福利主义的首要目标是促进社会发展与消灭贫困,主张在提供小额金融服务的同时向贫困人口提供技术培训、教育、医疗等社会服务。而制度主义则强调信贷管理和财务上的可持续性，主张走商业化道路，通过监管将小额信贷机构纳入整个金融体系。

国内外的普遍现象是，一方面，以盈利为目的的小额金融组织在利润最大化驱使下，存在倾向于向风险低、还款能力更强的大额借款人放贷的趋势。在我国小额金融实践中一直存在"嫌贫爱富""傍大户"等现象，尤其是商业化的小额贷款公司。另一方面，如果低收入群体仅缺失获取资金的途径，那仅向他们提供贷款产品就足够了。但如果他们不仅缺少资金，还缺少相应的知识技能，那么小额金融组织还需要提供教育与技能培训。实际上，只有非营利机构往往才能更好地提供这类社会性服务。商业化的小额金融组织不再注重通过提高穷人的技能和教育来提高偿还能力，而是过度依靠信用系统的建立和贷前审核来达到盈利目的。

【国际视野】小额金融危机

从2010年10月开始，印度小额金融最兴盛的安德拉邦（AP）爆发了信贷违约危机，数以万计的穷人拒绝偿还营利性小额金融机构（MFI）贷款。全印度妇女民主联盟多次在印度央行门前集会，要求政府监管MFI。由此，印度小额金融市场陷入了混乱。

这一危机主要源于无力偿还贷款的客户在MFI暴力催逼下自杀。根据消除农村贫困协会（SERP）提供的不完全数据，从2010年3月1日—11月19日，为逃避债务或债务负担，70多人自杀身亡。安德拉邦有7 600万人，其中四分之三居住在农村，是印度小额信贷发源地，占全国小额贷款30%以上份额。许多世界知名的印度MFI，如SKS、Share、Spandana、Basix等总部均设在该地区。

与小额贷款相关的自杀事件上升导致安德拉邦政府于2010年10月15日紧急颁布临时法令《小额金融机构（贷款监管）法令》，要求MFI暂停催收贷款。为安定民心，授权警察随时逮捕"侵扰"客户的MFI员工或雇佣的代理人。如在2010年11月8日，警察逮捕了Share的两名经理，罪名是其不当行为致使一位22岁母亲携一子一女自杀身亡。安德拉邦立法机关于2010年12月14日投票表决通过了该法令的永久版本。法案规定，MFI不得逼贷或采取其他逼迫行为。违反规定者处以六个月监禁，或者罚款最高1万卢比（1美元约合45卢比），或两者并罚。法案还规定MFI需要在政府部门注册；不得要求借款人提供担保品；禁止按周还款，将还款期延长至1个月；不得向单个借款人提供1个以上的未清偿贷款，只有从地方当局获得无异议证明后才可发放第二笔贷款；为防止发生暴力收贷，收贷地点只能在政府办公地。此外，还规定利息不得超过本金。

印度央行理事会也在安德拉邦政府颁布临时法令的当天召开紧急会议，成立分委会对危机进行调查分析。该委员会在2011年1月19日发布了评估报告，提出监管建议，希望同年4月1日开始实施。印度央行于2011年5月3日发布的《货币政策报告》显示，基本同意分委会提交的监管报告。印度央行（Subbarao,2011）规定，只有合格MFI才可从商业银行获取优惠贷款。合格MFI是只能为低收入家庭（农村家庭年收入低于6万卢比；城市家庭年收入低于12万卢比）提供小额无担保贷款。第一笔贷款额不得超过3.5万卢比，第二笔及其后的贷款不得超过5万卢比；为避免过度借贷，单个借款人未清偿贷款总额不能超过5万卢比。高于1.5万卢比的还款期限不短于24个月。还款期限（1星期、2星期或1个月）由借款人自行选择。

事实上，印度小额信贷市场在此前已敲响过危机警钟。2005—2006年，安德拉邦的奎师那和贡都尔地区发生了危机，借款人与MFI发生第一次大规模冲突，原因同样是这两个地区有数人因过度负债自杀。当地政府迅速采取措施,关闭了包括 Spandana 和 Share 在内的 50 个 MFI 办事处。在强大舆论压力下,负责政府资助的公益性小额金融组织自助组(SHG)的 APMAS 迅速发布关于 MFI 的指导方针。APMAS 还作为政府与 MFI 的协调人撮合双方进行几次协商。最终,MFI 与政府达成和解。随着事态平息,固有的顽疾如多重放贷、野蛮收贷等变本加厉,与 SHG 的恶性竞争不断升级。2009 年,一家 MFI 由于扩张过快导致资产出现严重问题而宣布无法偿还金融机构贷款,事件波及北部的 Kanpur 和其他几个城市。2009—2010 年,位于安德拉邦近邻的卡纳塔克邦的 Kolar 穆斯林掀起持续数月的大规模罢还贷款运动,许多 MFI 因此陷入瘫痪。

更有甚者,印度小额信贷危机在全球并非个案。2008 年以前三年全球发生了一系列的危机和抗议活动。2008 年,尼加拉瓜"不还款"(No Pago)运动引发了大范围的违约和暴力抗议,22 家大型 MFI 均受到影响,其中一家 MFI(Banco del Exito)因此破产。在摩洛哥,12 家 MFI 的违约率迅速上升,并于 2009 年在一家大型 MFI 陷入困境而被政府接管后达到危机顶点。几乎与此同时,波黑也出现小额信贷危机,该国在战后恢复期内过度发展信贷业,在缺少足够客户的市场中出现了大量 MFI。2008 年 10 月,巴基斯坦的借款人在当地官员支持下拒还小额贷款,接着出现了拖欠危机。2010 年,塔吉克斯坦许多人由于无法偿还小额贷款而选择自杀。

【学习检查】中国如何从中吸取教训?

第六节 P2P 平 台

一、P2P 概述

P2P 即 peer to peer 的缩写,指借款人与贷款者通过信息中介直接借贷,而非以传统金融机构作为资金中介。P2P 实质上是一种直接融资的民间借贷,出现背景与小额贷款公司相同,均为解决小微企业与个人融资难问题。然而,P2P 与一般的小额贷款又有不同之处,在产生之初就与互联网紧密联系。由于互联网具有涉及面广、影响力大、信息传递高效的特点,迎合 P2P 模式的发展要求,P2P 网络借贷应运而生。

P2P 网络借贷是指个人通过在线交易平台(P2P 平台)向其他个人提供小额信贷的融资模式,是一种结合互联网、小额信贷等创新技术、创新金融模式的新型借贷形式。

P2P 平台是互联网金融创新的产物,借助互联网技术为小微企业和个人提供快捷、便利的融资渠道,填补传统金融机构业务范围以外的空白领域;作为民间借贷的新形式,P2P 网贷平台是规范民间借贷、遏制高利贷的有益尝试;投资门槛较低,人人皆可参与,带有"草根金融"的性质;P2P 网贷平台能够吸引大量民间闲散资金,提高资源配置效率。

2005 年 3 月,世界第一家 P2P 网络借贷平台 Zopa 在英国诞生,随后美国也出现了 Prosper、Lending Club、Kiva 等 P2P 网络借贷平台。2006 年,宜信公司在北京成立,为中国首家正规的 P2P 小额信贷公司。2007 年,拍拍贷公司在上海成立,为中国首家 P2P 网络借贷公司,P2P 网络借贷平台随后在国内大量出现。

在中国，P2P平台虽然有多种运营模式，中外模式也存在差异，但P2P平台办理借贷业务的基本流程大致相同。第一，借款人和投资人均需要在P2P平台注册，成为平台用户；第二，借款人申请借款并提交相应材料，由P2P平台审核；第三，借款申请审核通过后，P2P平台在网站上公布借款项目，并列出详细的借款信息；第四，投资人根据网站信息自主投标；第五，在有效期限内，若投资人投标资金总额达到借款人要求，则借贷关系正式成立，平台自动生成电子借款合同和电子贷款合同；第六，借款人根据电子合约约定按时还本付息，投资人得以收取本金和利息。

中国的P2P网络借贷一般具有以下特点：(1) 在P2P网络借贷业务中，借贷双方并非通过银行等传统中介，而是在P2P平台上自主交易，具有方便、灵活的特点。(2) 平台提供的产品类型不同，包括个人借贷、企业融资、房产抵押、股票配资等。(3) 利率较高，一般在10%～18%，部分平台超过20%。尽管利率远高于银行贷款，但小微企业和个人从银行获取贷款难度大，程序烦琐，相比之下P2P的融资门槛低，因此能够吸引大量的资金需求者。(4) 期限短，一般不超过1年，最长不超过3年。一些平台还为投资者提供7天以内的超短期项目。(5) 交易金额视各平台借款项目而定，一般额度较小，不超过50万元；投资金额低至50元。(6) 为了尽可能降低违约风险，部分P2P平台提供本金和利息保障、线下实物抵押、第三方担保等服务。

正因为P2P借贷具有的这些特点导致该行业在中国快速发展。资金需求量大、信息技术发展快也是P2P网络借贷迅速发展不可或缺的因素。此外，行业缺乏监管、进入门槛低造成资本大量涌入，导致行业规模的迅速膨胀。

【他山之石】欧美著名的 P2P 平台

一、英国的 Zopa

客户在Zopa平台上填列详尽的信息，其中借款利率的大致范围根据投资者的风险喜好程度选择较为合适的利率范围，具体的借贷利息由借贷双方自主商定。在借款人方面，获得借款的前提就是拥有Zopa公司的风险评级，投资者按照此风险评级，结合借款人愿意承受的最高利率进行借款人的筛选；而借款人也能通过Zopa网络平台给出评价，利率低者胜出。Zopa是纯粹的中介平台，而作为中介平台，最为重要的职责是对双方进行考察和核准，为借贷双方的投融资业务顺利进行提供依据。

二、美国的 Lending Club

成立于2006年，业务模式也是个人对个人的借贷。作为纯中介平台，Lending Club不对本金进行担保和赔偿，也不涉足交易过程，但对借款人的资质审核要求非常高，对借款人的净资产或收入有明确要求和标准，并且按照借款人的信用评级和借款额来制定利率。由于美国信用体系健全，对小企业和个人的风险评判非常完善，借款人的违约成本高，因此在Lending Club平台投资的信用风险相对较小。此外，Lending Club还与社交平台如Facebook合作，在利用社交平台拓展业务的同时，还将社交平台上归拢的数据作为评判风险的依据之一。

三、美国的 Prosper

Prosper是美国第一个P2P借贷平台，于2006年成立，后由于法律问题被迫关闭，后于

2009年重新开业。在Prosper平台上,投资者同样根据借款人的信用评分、最高利率、财务状况等进行选择;借款人公布可接受的利率范围,投资者进行竞标。同时Prosper平台也引入社交网络的理念,借款人可以参与、建立群组,采用互相之间进行借贷活动的模式,这也是借款人在借款过程中的增信方式。通过群组作为媒介,成员之间还可以互相推荐,有助于提高借款人的信用水平,获得推荐越多的借款人将会获得更多的投资者信任,有助于借款人获得贷款。

【学习检查】查阅资料,比较国内外P2P的差异,并解释造成这种差异的原因。

【知识窗】公益性P2P网贷平台

大多数P2P网贷平台都是以营利为目的的商业化平台,但是也存在着公益性的P2P网贷平台。此类平台以极低的利率为贫困群体提供资金支持,包括助农、助学等。

美国的Kiva是世界上第一家公益性P2P网贷平台。Kiva的运作原理非常简单,主要通过与世界各地小额贷款机构合作。首先,各小额贷款机构通过走访等形式,获得贷款申请者的基本信息,由Kiva根据借款金额、信用记录、借款期限等标准将申请人进行分级,并公布在Kiva网站上。之后,贷款人选择合适的借款人,将资金转移给Kiva,Kiva会把资金以免息或很低的利息借给小额贷款机构,再由这些机构以一定的利息将资金借贷给弱势群体。Kiva的资金来源主要是有闲置资金并且热衷于从事慈善事业的个人。

中国也出现了一些自称为公益性P2P平台,如融和贷。一些商业化的P2P平台也开拓了公益性业务,如宜信公司推出了宜农贷业务,与公益性农村小额信贷机构合作,年化利率仅2%。2009—2014年,宜农贷已经资助了将近1.2万名农户,资助金额超过8 640万元。

二、行业发展历程

从2007年行业起步开始,中国P2P网络借贷行业的发展经历了初期探索、缓慢扩张、爆发增长、规范整顿以及近期的退出转型五个阶段。

(一) 初期探索(2007—2011年)

以拍拍贷的成立上线为标志,我国的P2P网络借贷行业从2007年开始正式起步。而在接下来的四年内,累计成立了包括宜人贷、红岭创投等在内的60家平台。从地域分布来看主要集中于上海和深圳两地,充分体现了P2P网络借贷这一模式的金融创新和舶来品特性。截至2011年年底,行业成交总量达到了84.2亿元,而投资者数量也突破了3万人。

在探索阶段,平台的架构都是以复制国外模式为主,并且从业人员多来源于互联网行业,技术标签意味浓重。平台业务基本上都是信用借贷,也就是说借款人在平台授信额度的范围内发布,然后由出借人自行投标。数据监测显示早期的交投并不活跃,但随着借款标的高收益吸引着更多的资金和投资者加入,行业发展在2011年终于迎来了显著增长。而同样也是在2011年,年底就爆发了第一波违约风险,投资者立刻惊醒:高收益总是会伴随着高风险。

(二) 缓慢扩张(2012—2013年)

违约风险的暴露并没有扼杀P2P网络借贷在中国的起步,相反网贷模式的便捷高效吸引了民间借贷机构的目光,而后者的加入直接为行业的发展注入了新的活力。与此同时,软件公司也开发出了价格低廉、操作成熟的平台网站模板,直接对接了线下机构的触网需求。仅2012年,平台数量就从60家增长至161家,投资者数量也直接翻番。

第一波违约风险的暴露也让平台运营人员意识到了风险控制的重要性,借助民间借贷的经验,平台开始加强对于资金流向、抵押物品的审核,并且多采用"线上融资、线下放贷"的操作方式。这一阶段行业风险整体可控,大量的担保贷款降低了阶段违约率,平台倒闭的主要原因来源于盲目扩张、经营不善导致的挤兑风潮。

(三)爆发增长(2013—2014年)

2013年,国内银行开始收缩银根、控制贷款,从而直接引致了P2P网络借贷行业的爆发增长。中小企业纷纷投向网络寻求融资出路,需求端的爆发带来的就是供给侧的繁荣。2013年年底,网贷平台的数量猛增至692家;而2014年更是年内新增千家平台,到年底总数直接达到了1 983家。另一方面总成交额也连续突破百亿、千亿关口,发展劲头势如破竹。

在平台资产方面也展现了多元化前行的趋势,除了传统的个人信用借贷和担保贷款外,企业股权、融资租赁、货币基金、商业保理等多种资产形式也开始融入其中,行业内平台发展变得愈发良莠不齐、鱼龙混杂。既有银行、国资、上市公司等背景支持的优质平台成立,又有高利贷投机等不良风险的参与。在高速增长的光鲜表面下,行业发展愈发混乱,平台倒闭和违约爆发也层出不穷。

(四)规范整顿(2014年至今)

随着P2P网络借贷的发展壮大,其影响和地位也在逐步提升。网贷天眼的数据显示,截至2015年年底,国内的平台总数已经达到3 657家,行业的总成交额约为9 750亿元,借贷参与人数首次突破千万。另一方面问题平台总数也达到了1 733家,安全形势不可以说不严峻。

2013年9—11月,行业爆发集中提现危机,全国出现了超过40多家平台资金链断裂或关闭跑路的事件,影响极其恶劣。而监管层也一改往日观望放任的态度,开始着手加强行业规范措施。从2013年下半年开始,央行着手对各大P2P平台开展调研。12月份,首部该行业的准入标准文件《网络借贷行业准入标准》由平台联盟组织在上海发布。2014年初,《国务院办公厅关于加强影子银行监督有关问题的通知》标志着监管层的正式介入,将P2P网络借贷列入影子银行序列加以规范。同年4月份,银保监会给网贷平台划出了"四条红线"(详见《关于办理非法集资刑事案件适用法律若干问题的意见》)。而到了9月份,又提出了行业监管的"十大原则"。2015年监管层更是连续下发重要文件,7月份公布了由央行等十部委联合发布的《关于促进互联网金融健康发展的指导意见》;8月份最高法院发布了《最高人民法院关于审理民间借贷案件适用法律若干问题的规定》,首次将网络借贷纳入其中,也标志着P2P法律地位的确认;12月底,银保监会会同多部门公开发布《网络借贷信息中介机构业务活动管理暂行办法(征求意见稿)》,为网络借贷活动提供了全方位的规范参考,并且再次重申平台作为信息中介的职能。

2016年4月,国务院启动为期一年的有关互联网金融领域的专项整治。同年8月,《网络借贷信息中介机构业务活动管理暂行办法》的发布确立了P2P网贷的合法地位。银保监会于2016年11月与工信部和工商总局联合发布了《网络借贷信息中介机构备案登记管理指引》,并在2017年2月和8月分别下发《网络借贷资金存管业务指引》和《网络借贷信息中介机构业务活动信息披露指引》。备案、银行存管、信息披露三大主要合规政策与《暂行办法》共同组成网贷行业"1+3"制度体系。2019年1月,《关于做好网贷机构分类处置和风险防范工作的意见》(简称"175号文")首次提出以机构退出为主要工作方向,引导部分机构转型网络小贷公司、助贷机构或为持牌资产管理机构导流等。2020年1月,银保监会发布的

《关于推动银行业和保险业高质量发展的指导意见》明确要求"深入开展互联网金融风险专项整治，推动不合规网络借贷机构良性退出"。

三、平台运营状况

（一）平台总体状况

从2012年开始，中国的P2P网络借贷平台数量开始显著增加，迅速突破百家、千家量级，并保持着快速增长势头。但随着宏观经济波动、金融监管趋严、行业问题暴露，自2015年11月开始，P2P平台数量开始逐渐减少（见图5-1）。截至2019年年底，中国P2P正常运营平台数量下降至343家，相比2018年年底减少了732家。

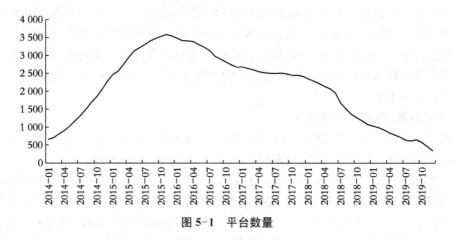

图5-1 平台数量

从地域分布来看，截至2019年年底，正常运营平台数量排名前三位的是北京、广东、上海，数量分别为94家、69家、28家，浙江紧随其后，正常运营平台数量为15家，四地占全国总平台数量的60.06%。而河北、山西、重庆、四川、甘肃、云南和湖南共7个地区的正常运营平台数量已经跌至0家，宁夏、黑龙江、天津和西藏正常运营平台仅为1家。

从成交额来看，P2P行业在2017年达到历史高点，而2019年全年成交量为9 645亿元，相比2018年全年网贷成交量（17 948亿元）减少了46.26%，从数据可以发现2019年全年成交量创了近5年的新低。数据如表5-4所示。

表5-4 P2P网络借贷平台成交额概况

年 份	2010年	2011年	2012年	2013年	2014年
成交额(亿元)	19	84	212	1 058	2 528
增长率(%)		342.1	152.4	399.1	138.9
年 份	2015年	2016年	2017年	2018年	2019年
成交额(亿元)	9 823	20 639	28 048	17 948	9 645
增长率(%)	288.57	110.11	35.90	-36.01	-46.26

从参与人数来看，2019年P2P行业出借人数与借款人数分别约为726万人和1 156万人，较2018年分别下降45.44%和41.97%。从数据可以看出，P2P行业人气出现了较为明

显的下降。这一现象主要与平台普遍贯彻"三降"要求、不少平台纷纷转型退出、P2P行业的风险事件屡有发生有关。

(二) 问题平台状况

在平台数量、成交金额以及投资人数全线高歌猛进的背后,却隐藏着行业风险的积聚和违约事件的频发。自2011年国内P2P网络借贷行业爆发第一波违约潮,大小平台的挤兑、关门、倒闭甚至跑路失联等现象屡见不鲜。

之后,问题平台数量逐年增加,在2015年达到历史峰值。2015年全年问题平台达到896家,是2014年的3.26倍。2015年新上线的平台数量大增,导致各大中小平台竞争更为激烈,同时受股市大幅波动影响,众多平台面临巨大的经营压力,停业平台数量不在少数。不少违规平台随着监管加强而加速跑路也进一步加大了问题平台数量。

随着金融监管政策的逐步实施,P2P行业日渐规范,问题平台数量逐渐减少,但涉及的借款规模却并未缩减。据网贷之家统计,虽然2018年、2019年问题平台数并非历史最高值,但问题平台的影响却是最大的。2018年全年涉及的借款余额就超千亿元,达到1 434.1亿元,涉及出借人数约为157.8万人,均远超之前问题平台累计涉及总借款余额332.4亿元,以及涉及人数57.6万人。据网贷之家估算,2019年问题平台涉及的总借款余额在1 500亿元左右,与2018年相似。

从问题平台出现的时间来看,年中、年末往往是问题平台的高发时段(如图5-2所示)。这是因为,金融行业中的绝大多数企业都要在年中、年末进行盘点决算,资金面容易出现紧张局面,债务结构不合理的借款人资金尤其紧张,逾期、展期现象频繁。

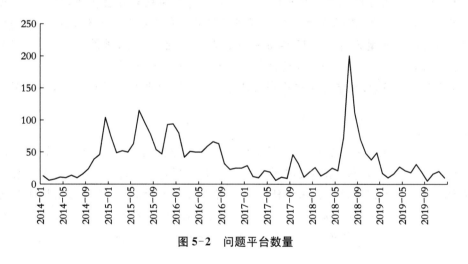

图 5-2 问题平台数量

从地域分布来看,P2P行业发达的地区往往也是出现较多问题平台的地区。例如,2018年,浙江、上海、广东、北京等4个省市的停业及问题平台超100家,分别为299家、233家、180家和173家。其中,浙江和上海仅问题平台就超100家,分别为211家和132家。这4个省市的停业及问题平台之和占总量的69.19%。

四、未来展望

未来一段时间,大多数P2P平台将通过主动清盘、停业退出或转型发展等方式离开市场。从当前P2P平台转型的动向来看,2020年部分平台,特别是头部平台或将继续引入资金、发展助贷业务,或转型金融科技,赋能B端,为银行等持牌金融机构输出获客、风控、贷后管理等环节的技术支持,或申请区域性小贷或网络小贷牌照以谋求合规发展。

中国实体经济的资金需求依旧巨大,包括网贷行业在内的民间金融是解决小微企业和个人"融资难""融资贵"问题的重要渠道。合规化、持牌化是P2P行业的发展趋势。随着法制体系逐步完善、征信体系日渐成熟、监管科技不断提升,P2P行业或许会以某种形式迎来新的发展机遇,成为中国融资领域的重要力量。

【案例分析】"E租宝"的庞氏骗局

2015年12月8日,E租宝网站及关联公司涉嫌违法经营被查封,公安部指挥各地公安机关统一行动,对实际控制人丁宁等实施抓捕。E租宝一年半内非法吸收资金累计人民币762亿余元,扣除重复投资部分后非法吸收资金共计人民币598亿余元,其中约15亿元被丁宁用于赠予妻子、情人、员工及个人挥霍。至案发,集资款未兑付共计人民币380亿余元。涉及用户账号90多万个,遍布全国。警方动用两台挖掘机花20余个小时挖出深埋地下6米的1 200余册证据材料。

E租宝是钰诚集团的网贷平台,于2014年7月上线,注册资本金1亿元,总部设在北京,以融资租赁债权交易为主,起投金额仅1元,门槛极低。然而E租宝实为庞氏骗局。

1. 虚构融资项目

E租宝的融资项目95%都是虚构的。为了有源源不断的新项目上线,其员工通过收购企业或者注册空壳公司,用融资额的1.5%到2%购买企业信息填入准备好的合同,制成虚假项目在平台发售。典型案例是2015年6月9日发布的融资项目,借款方为"深圳市隆金佳利科技有限公司",金额6 300万元,然而实地查证却并没有此公司。

除伪造借款项目,E租宝还伪造投资人,"自融自投",以此推高平台人气,诱导新投资人进入。

2. 虚假担保

为让投资人消除资金安全顾虑,E租宝设计多重担保机制,然而实际上承诺担保的三家担保公司可能因涉嫌超额担保和关联担保而无法履行担保义务。《融资性担保公司管理暂行办法》第28条规定:"融资性担保责任余额不得超过净资产的10倍。"三家担保公司的最高担保额度加总后不足50亿元,与E租宝700多亿元的交易额相差甚远。E租宝宣称有保理公司承诺对债权转让项目中债权无条件赎回,但实际上是关联公司。

3. 虚假宣传

丁宁只有高中学历,但宣传时故意突出其合肥工业大学、安徽财经大学硕士生导师头衔,而该头衔是高校与之建立合作关系时的赠予。包装华丽的"美女总裁"在短短几个月内就登上了央视一套、二套以及新闻频道,北京卫视,安徽卫视,高铁、地铁、公交等各类媒体。更触目惊心的是E租宝在电视媒体、财经媒体、户外媒体、网络媒体等进行铺天盖地的广告宣传,借助知名媒体的公信力为其平台增信,诱惑不明真相的投资者陷入其精心编织的财富谎言。此外,还在线下向公众推销。E租宝在此强势宣传下仅用半年时间就吸引了巨量投资人。

E租宝具备构成非法吸收公众存款的四大要件:(1)假借合法的经营形式(发布虚假借

款项目融资)吸收存款;(2)以媒介、短信、推荐会等形式(在各类媒体上为其理财产品做宣传)公开吸收存款;(3)通过私募、股权等其他手段承诺还本付息或者回报(向投资者承诺保本保息);(4)向不特定公众(借助互联网面向全国投资者)吸收存款。

E租宝还具备集资诈骗罪的要件:将非法募集资金的所有权归为己有,或者任意挥霍。E租宝吸收的资金中相当一部分用于丁宁的奢靡生活、维持公司高额运营成本等。钰诚集团拿百万年薪的高管就有80人左右,仅2015年11月发给员工的工资就有8亿元。因此,E租宝的犯罪嫌疑人已经体现出主观上非法占有投资人资金的目的,致使投资人的资金无法偿还。

2017年9月12日,北京市第一中级人民法院依法公开宣判被告单位安徽钰诚控股集团、钰诚国际控股集团有限公司以及被告人丁宁、丁甸、张敏等26人集资诈骗、非法吸收公众存款案。对钰诚国际控股集团有限公司以集资诈骗罪、走私贵重金属罪判处罚金人民币18.03亿元;对安徽钰诚控股集团以集资诈骗罪判处罚金人民币1亿元;对丁宁以集资诈骗罪、走私贵重金属罪、非法持有枪支罪、偷越国境罪判处无期徒刑,剥夺政治权利终身,并处没收个人财产人民币50万元,罚金人民币1亿元。2017年11月29日,北京市高级人民法院依法对安徽钰诚控股集团、钰诚国际控股集团有限公司以及丁宁、丁甸、张敏等26人集资诈骗、非法吸收公众存款上诉一案二审公开宣判,裁定驳回上诉,维持原判。

【学习检查】E租宝为什么能在这么短的时间内"硕果累累"?

第七节 第三方支付公司

根据央行2015发布并于2016年7月1日起施行的《非银行支付机构网络支付业务管理办法》,第三方支付公司是指依法取得《支付业务许可证》,获准办理互联网支付、移动电话支付、固定电话支付、数字支付等网络支付业务的非银行机构。第三方支付公司应当遵循"主要服务电子商务发展和为社会提供小额、快捷、便民小微支付服务的宗旨",基于客户的银行账户或为客户开立支付账户,通过计算机、移动终端等电子设备,依托公共网络信息系统远程发起支付指令,为客户提供货币资金转移服务。简言之,第三方支付公司是凭借其自身信誉,独立于买方与卖方(收款方与付款方),为其提供与多家银行支付结算系统接口和通道服务的平台,从而实现支付结算和资金转移服务的中介机构。

方便快捷、成本低廉、操作简单以及一定的信用保证已经成为第三方支付的代名词,如今第三方支付正在不断扩张支付点,第三方支付网点已实现大面积覆盖,人们出门只要携带下载了第三方支付客户端的手机、PAD等其他可联网电子设备就可以随时随地便捷消费了。人们的日常生活因为第三方支付的出现正发生着翻天覆地的变化。

一、在中国的发展

中国最早出现电子支付是在20世纪90年代末,招商银行推行的"一卡通"为电子支付以及第三方支付登上中国舞台拉开了帷幕。1998年,中国第一个支付公司首都电子商城,是由北京市政府与中国人民银行、信息产业部、原国家国内贸易局共同发起的电子商务工程。随着互联网的不断发展，电子商务在中国掀起热潮。但受制于并不多的网民数量、不先进的支付手段以及不完善的物流企业，电子商务在当时无法规模化发展。

2000年初期，网上支付出现时，大众其实对这种支付方式抱有质疑以及传统的购物习惯致使这种新的支付方式很难立即被接受。眼看着第三方支付公司在中国市场步履维艰、难以继续时，2003年的"非典"却为第三方支付公司带来转机。疫情期间，人们尽量避免出门逛商场，避开人群集中地，更多地开始选择网上购物。仿佛网上购物从此开始慢慢被接受，猛增的交易量吸引了大批创业者。

中国人民银行在2005年出台了《电子支付指引（第一号）》，规定在没有数字证书、电子签名等安全认证方式的情况下，银行网上支付个人资金每日累计额上限为5 000元人民币，单笔资金不得超过1 000元人民币。

中国第三方支付市场开始后，国内第三方支付公司银联电子支付、支付宝、财付通、IPS环迅等纷纷兴起，国外成熟的第三方支付公司Paypal等也进入中国市场，市场交易额持续快速增长，至2012年全年交易额规模达3.8亿元。这个迅猛发展的新兴市场，在没有相关法律法规的监管下，一定程度上影响了中国长期处于优势地位、毫无应战准备的商业银行。因此，央行于2010年、2015年相继出台了《非金融机构支付服务管理办法》以及《非银行支付机构网络支付业务管理办法》，对第三方支付市场进行规范化管理，规定支付牌照主要分为银行卡收单、网络支付和预付卡的发行与受理三类，而网络支付又可细分为互联网支付、移动支付、数字电话支付和固定电话支付。

2011年5月26日，央行正式发放了首批27张第三方支付牌照。截至2019年年底，央行累计发牌272张，其中2011—2015年是央行发放牌照的高峰期，而2016—2019年新牌照发放基本停滞，存量牌照进入清理整合阶段，现存有效牌照237张。类似地，2017年以来，中国对第三方支付的监管逐渐严格，第三方支付规模成倍增长的时代结束，市场逐步进入有序发展阶段。2017年1月，中国人民银行发布了《关于实施支付机构客户备付金集中存管有关事项的通知》，要求支付机构应将客户备付金按照一定比例交存至指定机构专用存款账户。之后，央行又多次出台文件，不断上调备付金集中存管比例，直至撤销第三方支付机构的备付金账户，备付金利息成为历史，保障了支付业务的连续性。2017年12月，针对二维码支付可能引发的风险隐患，中国人民银行发布了《条码支付业务规范（试行）》，规范条码支付业务，填补制度空白。2019年，第三方支付行业的强监管进一步延续，并逐渐成为常态化。中国人民银行等监管机构结合行业发展现状从各个细分领域分别出台专项风险整治文件，从严惩处支付机构的违法违规行为。

近年来，随着智能移动终端的迅速发展与普及、各类电商消费类平台的移动化，为第三方移动支付创造出更多的使用场景，促使该行业得到飞速发展。根据易观数据，2013年是中国移动支付行业的爆发元年，2013—2017年，第三方支付移动端交易规模由1.3万亿元增长至109.1万亿元，复合增长率高达202.6%。但是，2018年以来，受到消费金融以及互联网理财等领域监管趋严的影响，中国第三方支付交易规模增速明显放缓，移动支付市场交易规模已经结束了快速增长期，进入到了稳步增长阶段。2019年，第三方移动支付规模达到226.2万亿元，同比增长18.74%。

【专栏】互联网支付

互联网支付是基于电子支付发展起来的,是电子支付的一个最新发展阶段。互联网支付也称网络支付与结算,英文一般描述为 net payment 或 Internet payment,是指以金融电子化网络为基础,以商用电子化工具和各类交易卡为媒介,采用现代计算机技术和通信技术作为手段,通过计算机网络特别是因特网(Internet),以电子信息传递形式来实现流通和支付。

与传统的支付方式相比,互联网支付具有以下特征:

(1) 互联网支付采用先进的技术通过数字流转来完成信息传输,各种支付方式都采用数字化的方式进行款项支付;而传统的支付方式则是通过现金的流转、票据的转让及银行的汇兑等物理实体的流转来完成款项支付的。

(2) 互联网支付的工作环境基于一个开放的系统平台(即因特网)之中;而传统支付则在较为封闭的系统中运作。

(3) 互联网支付使用最先进的通信手段,如因特网、Extranet,而传统支付使用的则是传统的通信媒介。互联网支付对软、硬件设施的要求很高,一般要求有联网的微机、手机、相关的软件及其他一些配套设施,而传统支付则没有这么高的要求。

(4) 互联网支付具有方便、快捷、高效、经济的优势。用户只要拥有一台上网的 PC 机、手机,便可足不出户,在很短的时间内完成整个支付过程。支付费用仅相当于传统支付的几十分之一,甚至几百分之一。互联网支付可以完全突破时空限制,其效率之高让传统支付望尘莫及。

【案例分析】第三方支付公司接连被处罚

2016 年 7 月 25 日,第三方支付公司通联支付和银联商务存在严重违规现象,两者分别被罚款 1 110 万元和 2 653.7 万元,没收违法所得,对相关责任人给予警告并处罚款。原因是两家公司存在未落实商户实名制、变造银行卡交易信息、为无证机构提供交易接口、通过非客户备付金账户存放并划转客户备付金、外包服务管理不规范等严重违规现象。近来,央行加大了对第三方支付行业的整顿。2015 年 8 月,央行注销浙江易上企业管理服务有限公司《支付业务许可证》,是迄今首例注销事件。同年 10 月,广东益民旅游休闲服务有限公司的《支付业务许可证》也被注销。这两家企业均因涉及违规挪用备付金而被注销支付牌照。

随着非金融机构支付服务业务范围、规模的不断扩大和新的支付工具的推广以及市场竞争的日趋激烈,第三方支付领域一些固有的问题逐渐暴露,新的风险隐患也相继产生:如客户备付金的权益保障问题、预付卡发行和受理业务中的违规问题、支付服务相关的信息系统安全问题;违反市场竞争规则、无序从事支付服务问题等。央行的处罚为不守规的第三方支付公司敲响了警钟。

相对美国而言,中国的第三方支付市场发展相对比较晚,但如今无论是用户规模还是用户接受、使用程度,都已远超美国。在美国的第三方支付市场上,Paypal 无疑居主导地位,此外还有近期苹果公司开发的 Apple Pay,谷歌公司的安卓支付以及三星公司收购 LoopPay

等再次让第三方支付在美国成为热点。而在中国，2019年，支付宝、银联、财付通分别占据了第三方支付市场的35%、18.2%和13.5%的份额，并且覆盖了诸多生活场景，比如网上购物、线下支付、生活缴费等。仅就Paypal与支付宝相比就可知二者的差距早已产生，仅在2013年年底时，支付宝移动支付总金额高达9 000亿元，而Paypal和Square两大第三方支付巨头的移动支付加在一起仅为3 000亿元。而2016年中国第三方支付总交易额为57.9万亿人民币，其中移动支付交易规模为38.6万亿元，约为美国的50倍。

二、发展趋势

中国第三方支付市场目前已经出现两极化趋势。从2011年5月起，央行正式发布支付牌照，到目前获批企业总数为237家。然而，这些第三方支付企业真正能够稳定盈利的却比较少。2019年，三大支付巨头支付宝、财付通以及中国银联占据了近66.7%的市场份额，快钱、京东支付、苏宁支付等其他第三方支付机构则分享着剩下的份额。后期进入中国市场的ApplePay最终也可能难有更大的作为，原因是缺少"跑马圈地"的铺垫；应用场景、网点不够广；用户和商户由于对新系统不熟练而需要一段适应期、习惯于支付宝和微信支付；加之还存在ApplePay的支付门槛、硬性条件要求过高（iPhone6及以上型号的手机，绑定信用卡以及支持非接触式支付的POS机）等一系列问题。第三方支付市场的发展过程也印证了如下规律：只要与互联网沾边的行业，都是"先来先得"。未来第三方支付在中国的发展主要具有以下六个方面的趋势。

（一）监管升级，支付行业走向规范

随着防范金融风险工作的稳步推进，金融监管政策不断完善，严监管日渐常态化，第三方支付行业将延续规范发展态势，更好地保障消费者的合法权益，并逐渐回归支付行业本原，即更好地促进社会资金安全、高效流转，保障宏观经济"血脉"通畅。此外，第三方支付的发展对风险控制提出的新要求，也将推动各类支付机构主体参与到行业合规的标准制定中。

（二）移动支付再创辉煌

随着智能硬件的逐步发展、5G网络的快速推广以及大数据、云计算等新技术的应用，移动支付将实现进一步发展，支付规模继续增加，支付场景不断丰富，支付产品更加安全智能，自主性和便捷性将实现质的飞跃。在这种意义上，移动支付已经成为底层化的基础设施，与各行业进行深度融合，并期待与更多的生活场景、生产场景、交易场景相结合，形成嵌入式、智能化的服务。

（三）从扫码支付到刷脸支付

随着科技的不断进步，人脸、声纹、指纹等生物识别技术将在金融支付领域普及应用，移动支付产品从传统远程支付、二维码支付、NFC近场支付发展到刷脸支付、声波支付等。支付方式也形成了店内支付、在线支付、运营商代收费、移动POS机支付以及电子钱包支付等多元化的格局。

【学习检查】你怎样看待移动支付的信息安全问题？举例说明现有的可行方法和模式。

(四) 服务 B 端企业,提质增效

当前业内普遍的共识是,第三方支付机构对商户尤其是一些中小微商户的服务供给仍然不足,在对 B 端企业的赋能尤其是推动构建产业互联网领域,仍有很大的拓展空间。未来,移动支付将从金融服务的提供者转变为更有主动性的参与者,将互联网技术应用到产业链、供应链金融当中,降低成本、提高效率,并且更好地把各个产业链上的和 B 端之间的数据价值发挥起来。

(五) 生态圈更加完善

随着央行逐步颁发针对第三方支付的管理条例与办法,行业标准也开始逐渐得到统一;此外,从平台到系统到完善生态圈的构想也得到广泛支持。整个第三方支付市场的未来,将是通信运营商、银行等金融机构、智能终端运营服务商、第三方支付公司联合产业链条中的其他成员多方合作,共同构建一个第三方支付生态圈。

(六) 促进农村普惠金融发展

相对而言,我国农村地区金融体系薄弱和分散,信用体制还不健全,但手机已经十分普及。因此可以大力发展银行主导下的手机银行业务。但还存在另一个问题即移动运营商经营金融业务的信用度明显不如银行。因此建议在适当时机,可以借鉴非洲国家的手机银行模式,如肯尼亚 M-Pesa 手机银行模式和赞比亚 CelPay 手机银行模式,逐步推广移动运营商和第三方支付机构等主导的手机银行模式,因为移动运营商拥有庞大的代理商网络,且贴近农户,可以解决信息不对称问题。

【他山之石】举世瞩目的非洲手机银行模式

非洲手机银行模式的成功为发展移动支付提供了有益启示,其中最为成功是肯尼亚 M-Pesa 和赞比亚 CelPay。

1. 肯尼亚 M-Pesa

肯尼亚 M-Pesa,是由肯尼亚移动运营商 Safaricom 在 2007 年推出的。开始主要是为了解决穷人汇款的需要,发展到后来可以通过手机完成转账、汇款、取现、话费充值、付款、发工资、偿还贷款等业务。M-Pesa 最初只有 5.2 万家用户、355 家代理商,到 2011 年 4 月,用户上升至 1 400.83 万,代理商增加到 27 988 家。目前已经成为全球接受度最高的手机支付系统,其汇款业务已经超过了肯尼亚所有金融机构的总和。

2. 赞比亚 CelPay

赞比亚的 CelPay 是由第三方支付公司主导的手机银行,这种模式与非银行主导模式一样,同属于非传统银行主导,对金融业发展的影响也是深远的。随着信息通信技术的发展,不同机构主导的手机银行界限日趋模糊,不同金融业界限也将日趋模糊。

非洲手机银行能迅速发展,主要原因有两点:一是非洲国家基本金融服务欠缺。非洲国家大多数人没有获得基本的金融服务,金融需求强烈,手机银行的无网点性,使非洲人民获得基本金融服务的同时,供给者也能够大幅降低交易成本,实现盈利。因此,非洲手机银行业务是网上银行、营业网点的替代品,而不是互补品。二是非洲国家的金融监管包容。即允许移动运营商和第三方支付机构发展手机银行,具有比较优势的移动运营商能提供手机银行服务。

第八节 其他新型金融组织

随着经济的发展、居民收入水平的提高,金融服务的市场需求也日益多元化,一些新型金融组织也因此应运而生,主要有汽车金融公司、财富管理公司、家族办公室和消费金融公司等。

一、汽车金融公司

汽车金融是指消费者在购买汽车需要贷款时,可以直接向汽车金融公司申请优惠的支付方式,可以按照自身的个性化需求来选择不同的车型和不同的支付方法。通用汽车金融诞生于1919年,是全球最大、最专业的汽车金融服务公司。中国的汽车金融公司是指经银保监会批准设立的,为中国境内的汽车购买者及销售者提供金融服务的非银行金融机构。汽车金融公司具有如下七个特征。

(一) 性质的多样性

汽车金融公司多为大汽车集团的全资公司,具有以下三种特性。

(1) 产业性。汽车金融公司与汽车产业的兴衰息息相关,汽车金融公司在汽车产业的调整发展中产生并繁荣发展。相应地,汽车金融的发展又极大地促进了汽车产业的发展。总之,汽车金融实现了产业资本与金融资本的完美对接。

(2) 金融性。汽车金融公司是经营货币资金的特殊的金融服务机构。由于它几乎提供了与汽车消费有关的所有的金融业务,涉及汽车消费与贷款的方方面面,实现了资金积累与运用的金融职能。

(3) 企业性。汽车金融公司的企业性主要表现在三方面:对汽车集团具有很大的依赖性,由其出资设立;为汽车集团服务,为汽车集团的汽车生产及销售提供支持,加强汽车集团与用户的联系;虽是汽车集团的全资公司,但同时其具有独立核算的企业法人地位。

(二) 业务的多元化

汽车金融公司几乎涉及汽车消费的所有业务,是一个附加值相当大的领域,是一项复杂的工程。其业务体现在对汽车生产制造企业、汽车经销商、汽车消费者和汽车金融服务市场的服务上。多元化体现在以下方面:一是融资对象多元化,即汽车金融公司不再局限于只为本企业品牌的车辆融资,而是通过代理制将融资对象扩展到多种汽车品牌;二是金融服务类型多元化,将传统的购车信贷扩大到汽车衍生消费及其他领域的个人金融服务,这些衍生业务起到了和消费信贷业务相互促进的作用,满足了汽车消费者多方面的金融需求;三是地域的多元化,即根据不同地区的客户需求提供相应的汽车金融服务产品,不同地区的客户选择任何方式消费汽车均可获得相应的金融支持。

(三) 作用的全面化

国外的发展经验表明,汽车金融服务的运营集合了汽车产业及其延伸的相关产业链上各方合作者的经济利益并对其具有实质性影响,由于产业之间的联动效应,汽车金融的调整发展可以增加经济附加值。汽车金融服务的作用主要有以下三点。

(1) 汽车金融公司与大企业互动发展。汽车金融公司的业务发展为汽车集团的发展解除了资金枷锁,提高了其竞争力,促进了汽车产业的发展。

(2) 有效利用金融资源，健全金融体系。突出表现在缩短了制造—经销—购买这一循环时滞，促进了商品流通，有效配置了社会资金资源。

(3) 汽车金融的发展能够完善个人金融服务体系，其采取专业化服务，分散了风险，促进了信用经济的发展。

(四) 设立方式多样化

依照投资主体的不同，汽车金融公司的设立方式目前主要有以下三种：

(1) 由主要的汽车制造企业单独发起设立的汽车金融公司。这种汽车金融公司属于"大汽车制造企业附属型"。目前世界上几家大的汽车金融公司都属于这种类型。

(2) 主要由大的银行、保险公司和财团单独或者联合发起设立的汽车金融公司。这种汽车金融公司被称为"大银行财团附属型"。

以上两种"附属型"汽车金融公司根据与母公司的关系紧密程度，又可以进一步划分为"内部附属"和"外部附属"两种类型。"内部附属"指汽车金融公司在所依附的母公司内部存在和运行，与母公司的关系较为紧密，或者是母公司的一个从事汽车金融服务的部门，分别对内对外以两种不同的名称和牌子出现。这种现象在国外一些大的汽车制造公司在中国所设立的即将开展汽车金融服务的公司（办事处）中比较常见。"外部附属"指对于母公司有相对的独立性，不但拥有独立法人资格，而且在业务上独立运作。

(3) 没有母公司，以股份制形式为主的独立型汽车金融公司。这种汽车金融公司规模一般较小，股东来源较广泛。在美国绝大部分汽车金融服务公司都是以这种方式存在的。这种公司在提供金融服务的汽车品种品牌上没有完全固定，相对比较灵活。

应该提出的是，大型汽车厂商"附属"的汽车金融公司一直在汽车金融领域占据垄断地位，是汽车金融服务的最大提供商。造成这种现象的原因是其熟悉汽车产业，与母公司和消费者紧密联系，有丰裕的资金来源，健全的营销网络和高效率的服务流程，能提供与汽车消费和使用相关的全方位配套金融服务，使车辆和金融产品的定价更趋合理，大大扩展了汽车产业的价值链，促进了汽车产业与汽车金融服务业进一步融合与发展。

(五) 经营专业化

在风险控制方面，专业汽车金融公司能够根据汽车消费特点，开发出专门的风险评估模型、抵押登记管理系统、催收系统、不良债权处理系统等。在业务营运方面，汽车金融公司从金融产品设计开发到销售和售后服务等，都有一套标准化的操作系统。汽车金融公司作为附属于汽车制造企业的专业化服务公司，可以通过汽车制造商和经销商的市场营销网络，与客户进行接触和沟通，提供量体裁衣式的专业化服务。汽车产品非常复杂，售前、售中、售后都需要专业的服务，如产品咨询、签订购车合同、办理登记手续、零部件供应、维护修理、保修索赔、新车抵押等，汽车金融公司可以克服银行由于不熟悉这些业务，而带来的各种缺陷。这种独立的、标准化的金融服务，不仅大大节省了交易费用，而且大大提高了交易效率，从而获得了规模经济效益，同时给消费者带来了便利。

(六) 管理现代化

管理现代化指现代信息技术在汽车金融服务的业务操作和风险评估过程的广泛应用。未来趋势是充分利用国际互联网开展业务。汽车金融服务的现代化对提高效率、降低成本具有重要意义。作为一项以零售金融为主的金融服务，交易方式和手段的现代化是必由之路。例如，大众金融服务公司的"直接银行(direct bank)"方式，就是有别于传统银行需要设立分支机构的一种创新,它不再通过设立分支机构招揽客户,而是充分利用信息化的便利,将汽车经销商、客户和金融机构的信息通过网络联系起来,代表了类似汽车消费信贷一类零售银行业务未来的发展趋势。

(七) 竞争国际化

汽车金融服务的国际化源于经济全球化。经济全球化大大推进了汽车工业在全球范围内的重组,汽车工业跨国公司在全球范围内组织生产、销售和提供金融服务。目前通用、福特、丰田、大众已垄断了全球汽车市场的70%,相应的金融服务也在走向联合和代理。汽车金融服务的国际化还体现在以下四个方面。

(1) 一些小型汽车金融服务机构由于效率和交易成本在市场竞争中处于劣势,寻求并入大的金融公司,这一趋势随着汽车工业近10年来在世界范围内的重组得到进一步增强,目前占据世界主要汽车市场的跨国汽车集团,也同时占据了相应市场的汽车金融服务。

(2) 经济全球化特别是金融及货币一体化的促进。比如在欧元区,大众金融公司推出的汽车贷款在业务品种、利息及费用方面均保持一致。

(3) 随着客户规模对汽车金融服务间接费用及资产收益影响的增大,通过开展全球化的金融业务,可以提高规模效益。

(4) 汽车金融服务全球化的形式正趋于多样,从品牌融资代理到设立分支机构的方式均不鲜见,改变了以往设立全资子公司的单一形式。

在国际市场,跨国汽车金融服务机构通过全资、合资、合作、代理融资等方式正在全球范围内展开激烈竞争。中国作为全球范围内潜力最大的汽车消费市场,随着汽车市场的升温,在《汽车金融公司管理办法》出台后,必然也要加快融入这一竞争领域。根据银保监会发布的最新数据,截至2018年年底,国内共有25个法人汽车金融公司。

2004年8月18日,《汽车金融公司管理办法》正式实施,标志着中国汽车金融市场正式诞生。

2004年,通用汽车金融、上汽通用和上汽财务合资组建的上汽通用汽车金融(GMAC-SAIC)是中国第一家专业汽车金融公司。

2007年12月,经银保监会批准,意大利菲亚特集团(FIAT)在华正式投资成立了菲亚特汽车金融有限责任公司(FIDIS),为菲亚特集团在华的销售渠道提供完整的经销商库存融资和个人零售贷款融资等金融产品,以此协助菲亚特集团扩大经销商网络,并借助高效创新的金融产品开发更多客户。

2014年1月1日,菲亚特集团正式完成对美国克莱斯勒集团全部股份的收购并宣布成立菲亚特-克莱斯勒汽车集团。2016年1月4日,菲亚特汽车金融公司宣布公司正式更名为菲亚特-克莱斯勒汽车金融有限责任公司(FCA)。

吉致汽车金融有限公司是新近成立的一家汽车金融公司,由吉利汽车控股有限公司和法国巴黎银行个人金融(BNP Paribas Personal Finance)共同出资于2015年8月正式成立,公司总部设在中国的金融中心——上海,吉利汽车出资占股比例为80%,法国巴黎银行个人金融出资占股比例为20%。

二、财富管理公司

新兴的创新型独立第三方财富管理公司指的是由独立于银行、保险等金融机构的不代表和隶属于任何一家金融机构的金融服务型企业。它们不偏重任何一家产品供应商,而是以客户需求为导向,通过分析客户的财务状况和理财需求,判断所需的投资产品,提供综合性的理财规划服务。第三方财富管理公司主要服务于高净值人群。它们发行的理财产品主要包括公募基金、私募基金、信托和保险。诺亚财富、小牛资本和高晟财富都是该类公司的典型代表。

【知识窗】互联网理财

互联网理财是指投资者或家庭通过互联网获取商家提供的理财服务和金融资讯,根据外界条件的变化不断调整其剩余资产的存在形态,以实现个人或家庭资产收益最大化的一系列活动。互联网理财之所以发展迅速,有以下几个原因。

其一,从互联网特性来看,互联网的便捷性打通了资金链条,降低了理财管理及运营成本,互联网整合了个人用户的零散资金,既提高了互联网理财运营商在商业谈判中的地位,也使得个人零散资金获得更高的收益回报。

其二,从用户需求来看,互联网理财产品具有低门槛、高收益和高流动性的特点,切合大众理财需求。一元起购,按天计算收益,T+0当天赎回模式,同时收益率高出银行活期储蓄收益数倍,拥有压倒性优势。

其三,从购买渠道来看,互联网理财产品购买渠道多依托于用户规模大、使用频率高、发展成熟的第三方支付平台,为产品的购买提供了极大便捷。

其四,互联网金融机构也盯紧了需要"预付款"的大额消费领域理财创新。如以往用户选择购房的时候,动辄几万块的款项需要提前消费,这笔钱支付给开发商后,如果开盘后没相中,还得找开发商线下去退款,耗时久手续麻烦。而购房诚意金如果通过互联网相关预付理财产品冻结后,原来预付给房地产开发商或汽车经销商的款项可成为理财本金,持续产生收益,既不影响购房计划,又能享受理财带来的收益。

【学习检查】 互联网理财在发展中存在什么问题或弊端?

三、家族办公室

根据美国家族办公室协会(Family Office Association)的定义,家族办公室是"专为超级富有的家庭提供全方位财富管理和家族服务,以使其资产的长期发展符合家族的预期和期望,并使其资产能够顺利地进行跨代传承和保值增值的机构。"

家族办公室是家族财富管理的最高形态。通常设立性价比较高的单一家族办公室,其可投资资产规模至少为5亿美元。家族办公室的主要作用是密切关注家族的资产负债表,通过成立独立的机构、聘用投资经理、自行管理家族资产组合(而不是委托金融机构来管理),帮助家族在没有利益冲突的安全环境中更好地完成财富管理目标、实现家族治理和传承、守护家族的理念和梦想。

家族办公室的类型一般有单一家族办公室和联合家族办公室两种类型。

(一) 单一家族办公室

单一家族办公室(single family office, SFO),顾名思义,就是为一个家族提供服务的家族办公室。美国证券交易委员会(SEC)将单一家族办公室定义为"由富有家族设立的法人实体,用以进行财富管理、财富规划,以及为本家族成员提供其他服务"。

进入单一家族办公室的世界,就如同进入树高林密的原始森林,不同的家族办公室都好像不同的生物,形态各异。家族的财富规模、资产类别、优先排序、文化风格和治理复杂性的差异使得每一个SFO都是独一无二的。尽管SFO的职能和活动千差万别,我们还是可以根据其资产规模和外(内)包程度,将其分为三种类型:精简型、混合型和全能型。

1. 精简型

精简型家族办公室主要承担家族记账、税务以及行政管理等事务,直接雇员很少,甚至仅由企业内深受家族信任的高管及员工兼职承担(例如财务工作由公司CFO及财务部、行政管理工作由董事长办公室主任统筹等);实质的投资及咨询职能主要通过外包的形式,由外部私人银行、基金公司(VC/PE/对冲基金)、家族咨询公司等承担。某些中国企业内部设立了投资发展部/战略投资部,往往是做主营业务之外的投资,其在事实上承担了精简型家族办公室的职能,我们可以将其看作FO的早期形态。

2. 混合型

混合型家族办公室自行承担家族战略性职能,而将非战略性职能外包,外包职能与家族偏好及特征密切相关。混合型家族办公室聘用全职员工,承担核心的法律、税务、整体资产配置以及某些特定的资产类别投资(例如,如果家族实体公司为房地产,FO房地产相关投资将会自己完成)。在某些关键性职能的人员配置上,可能会使用具有相关专业经验且忠诚的家族成员。混合型家族办公室管理的资产规模约为1亿~5亿美元。某些中国家族在实体公司以外设立的控股公司、投资公司、投资基金或者其他法人主体,我们可以将其看作混合型家族办公室发展的早期形态。

3. 全能型

全能型家族办公室覆盖围绕家族需求展开的大部分职能,以确保家族实现最大限度的控制、安全和隐私。全部职能都由全职雇员承担,包括投资、风险管理、法律、税务、家族治理、家族教育、传承规划、慈善管理、艺术品收藏、安保管理、娱乐旅行、全球物业管理、管家服务等。出于家族目标、成本预算及人才聘用的考虑,在确保投资顶层设计的前提下,可能将部分资产类别的投资外包给其他专业机构,如风险投资、PE投资、对冲基金、另类资产等。全能型家族办公室管理的资产规模超过10亿美元,此时,家族可投资金融资产的主要部分将通过家族办公室进行管理。

(二) 联合家族办公室

联合家族办公室(multi family office, MFO)是为多个家族服务的家族办公室,主要有三类来源:第一类是由SFO接纳其他家族客户转变而来,第二类则是私人银行为了更好地服务大客户而设立,第三类是由专业人士创办。

2012年全球规模最大的联合家族办公室为总部设立在瑞士的HSBC Private Wealth Solutions,管理着297个家族约1236亿美元的资产(平均每个家族4.2亿美元)。管理客户平均资产规模最大的MFO是总部设立在日内瓦的1875 Finance,管理着3个家族约54亿美元的资产(平均每个家族17亿美元);总部位于西雅图的McCutchen Group则管理着4个家族约52亿美元的资产,以平均每个家族13亿美元位列第二。

值得注意的是,MFO并不意味着规模一定会比SFO要大,事实上,许多SFO都是行业中的巨型公司。例如,戴尔电脑创始人迈克尔·戴尔的单一家族办公室 MSD Capital,管理资产的规模大约为 120 亿美元,雇用大约 80 名全职员工,比很多联合家族办公室的规模还要大,最近正在进行的戴尔电脑上市公司私有化交易,就是由 MSD Capital 领衔的。再如,索罗斯于 2012 年将其他投资者的基金全部退回,把享有盛名的对冲基金 SFM(Soros Fund Management)变更为单一家族办公室,管理约 250 亿美元的家族资产。

富有家族自己不单独设立 SFO,而选择加入 MFO,可以享受到两大好处。

(1) 降低参与门槛。家族办公室是一个昂贵的工具,成立一个收益能够覆盖成本的家族办公室,其管理的资产规模不应低于 5 亿美元(约 30 亿元人民币)。这种量级的流动性资产,对于大部分资产沉淀于企业中的第一代创业家而言,仍然是一种较高的门槛。即使有足量的资本,某些家族可能还是希望能够从小做起。抛开资产规模不谈,创办 SFO 本身就是一项巨大而复杂的工程,需要耗费家族大量的时间和精力,而选择加入已有的 MFO 往往是家族尝试家族办公室的起点。

(2) 规模经济。家族选择加入已有的 MFO,无疑可以通过共享服务平台、投资团队等降低运营成本;拥有多个家族客户的 MFO 有利于吸引更好的投资经理、家族顾问、法律专家等专业人士加盟;由于不同家族拥有在多个行业深耕的经验及更为广阔的商业网络,MFO 有可能获得更多的投资机会;同时,各种内隐知识也更容易通过 MFO 的平台在不同的家族之间进行分享。

当然,有一利就有一弊,在获得诸多便利的同时,选择加入 MFO 也意味着家族将丧失部分隐私,亦不能享受完全定制化和绝对控制权。

在中国,1978 年改革开放后新出现的富裕家族催生了中国家族办公室。中国家族办公室以专家顾问团的形式,不仅为中国家族提供资产管理、遗产规划、日常财务、企业管理、上市咨询和财富管理等方面的贴心服务,而且更加注重对家族成员生活细节的专属服务。目前,中国的家族办公室品牌有汉景、亨沃和德裕世家等。

【史海拾贝】家族办公室的起源

家族办公室(family office)最早起源于古罗马时期的大"Domus"(家族主管)和中世纪时期的大"Domo"(总管家)。

现代意义上的家族办公室出现于 19 世纪中叶。一些抓住产业革命机会而致富的大亨将金融专家、法律专家和财务专家集合起来,核心研究如何管理和保护自己家族的财富和广泛的商业利益。只为一个家族服务的 SFO 应运而生。

托马斯·梅隆(Thomas Mellon)拥有梅隆银行的巨额财富,他在 1868 年创立了世界上第一个家族办公室;约翰·D.洛克菲勒(John D. Rockefeller)紧随其后,在 19 世纪 80 年代末建立了自己的家族办公室。SEC 估计美国活跃着 2 500~3 000 家 SFO,管理约 1.2 万亿美元的资产;在欧洲则有约 1 500 个 SFO。

【概念检查】家族办公室与私人银行有何异同?

四、消费金融公司

中国的消费金融公司是指经银保监会批准,在中华人民共和国境内设立的,不吸收公众存款，以短期、小额、分散为原则，为中国境内居民个人提供以消费为目的的无担保、无抵押的贷款的非银行金融机构。

由于消费金融公司发放的贷款是无担保、无抵押贷款，风险相对较高，银保监会因而设立了严格的监管标准。

2010年1月6日，原银监会同意筹建中国首批3家消费金融公司：北银、中银和四川锦程。其中，四川锦程是中国首家中外合资消费金融公司。

2月12日，原银监会又发给捷克PPF集团牌照，由PPF集团全资建立的捷信消费金融有限公司在天津成立，成为中国首家外商独资的消费金融公司。

之后，兴业、华融等消费金融公司如雨后春笋一般争相涌现，给中国消费金融市场增添了活力。截至2019年9月底，消费金融公司已经发展为24家，注册资本346亿元，资产规模4 938亿元，贷款余额4 604亿元，累计服务客户超过1亿人次。

【扩展延伸】查阅资料

中国金融资产管理公司：信达、华融、长城和东方资产管理公司

中国财务公司：中船财务有限责任公司

世界最大的零售商融资方案提供商：GE Money

全球重要的另类资产(对冲基金)行政服务商：思高方达集团(Citco)

国际汇款机构中的翘楚：西联(Western Union)和速汇金(Money Gram)

全球领先的外币兑换专业机构：通济隆(Travelex)

全球最大的专业网上交易券商：美国盈透证券有限公司(Interactive Brokers，IB)

全球最大的信用保险公司和世界领先的贸易信用保险公司：裕利安怡(Euler Hermes)

国际著名信用卡组织：维萨(VISA)、万事达(Master Card)和中国银联(China UnionPay)

全球最大的机构投资者之一：新加坡政府投资公司(GIC)

中国金融服务外包行业(BPO)开拓者：银雁公司

中国领先的普惠金融信息云服务平台：兴业数字金融服务股份有限公司

 小结

1. 投资银行是在资本市场上为企业发行债券、股票，筹集长期资金提供中介服务的金融机构，其主营业务一般包括证券承销、证券交易经纪、证券私募发行、自营投资、财务顾问、资产证券化、行业研究等。

2. 基金按照不同的分类标准可以分为公募基金和私募基金、开放式基金和封闭式基金、契约型基金和公司型基金等。目前中国规模较大的基金管理公司基本为公募基金管理公司，私募基金也在不断发展并走向阳光化管理。

3. 信托投资公司是一种以受托人的身份，代人理财的金融机构。

4. 金融租赁公司是指经中国银行业监督管理委员会批准，以经营融资租赁业务为主的

非银行金融机构。融资性担保公司是指经监管部门审核批准设立并依法登记注册,以经营融资性担保业务为主的公司。

5. 小额贷款公司是中国目前主要的小额金融组织,是中国金融体制改革的产物。

6. P2P网络借贷是指个人通过在线交易平台向其他个人提供小额信贷的金融模式,是一种结合了互联网、小额信贷等创新技术、创新金融模式的新型借贷形式。

7. 第三方支付公司是凭借其自身信誉,独立于买方与卖方(收款方与付款方),为其提供与多家银行支付结算系统接口和通道服务的平台,从而实现支付结算和资金转移服务的中介机构。

8. 汽车金融是指消费者在购买汽车需要贷款时,可以直接向汽车金融公司申请优惠的支付方式,可以按照自身的个性化需求来选择不同的车型和不同的支付方法。

9. 家族办公室的类型有单一家族办公室和联合家族办公室两种类型。根据其资产规模和外(内)包程度,还可以将其分为三种类型:精简型、混合型和全能型。

关键词

投资银行;基金管理公司;信托投资公司;金融租赁公司;融资担保公司;小额金融组织;P2P平台;第三方支付平台;汽车金融公司;家族办公室;财富管理公司;消费金融公司

课后习题

1. 试简述投资银行与商业银行的区别。
2. 信托投资公司的业务有哪些?回顾信托公司在中国的发展历程。
3. 融资租赁有哪几种类型?以一家具体的租赁公司为例,说明其业务类型。
4. 金融租赁公司与融资租赁公司的区别有哪些?
5. 简述融资担保行业在我国的发展历程以及现阶段面临的问题。
6. 你如何看待第三方支付平台未来在中国的发展?

第六章 金融分业经营与混业经营

导 读

为什么商业银行、证券公司等各类金融机构允许经营的业务在美国和中国是不同的?这与各国经营体制是分业还是混业直接相关。究竟什么是分业经营?什么是混业经营?两种模式又有怎样的优势和弊端?中国的金融业经营体制发展将何去何从?这些问题都将在本章得到解决。

本章在梳理欧美发达国家金融经营体制的基础上,结合相关案例总结分业经营与混业经营的优缺点。最后探讨了中国金融业体制,虽然金融混业是大趋势,但中国的混业改革还需谨慎。

第一节 分业经营

金融分业经营是指商业银行只能从事商业银行业务,而证券、保险等其他业务只能分别由投资银行(证券公司)、保险公司等经营,同一金融机构不能同时从事商业银行、投资银行、保险业务。

在分业经营体制下,商业银行经营业务尽管是市场行为,但要受到金融业内部的行业限制,即商业银行只能经营某一种(或一类)业务。典型的分业经营模式是美国 20 世纪 30 年代以来形成的银行、证券、保险等业务相互独立经营的金融管理体制。与全能银行的混业综合经营相比,这种分业体制下的银行实际上是一种"专业化"银行。从美国过去的经济发展来看,应该承认这种银行经营模式对美国经济发展作出了巨大贡献。

一、分业经营的发展史

美国 1929 年的经济危机是其实施分业经营的导火索。1933 年以前,美国的混业经营一派繁荣。商业银行大规模地经营证券业务是 20 世纪初期资本市场迅速发展的产物。在第一次世界大战期间,美国政府为了筹集军费而发行大量的特别国债,国债市场规模的扩大激起公众投资者投资于证券市场的热情。在经济持续增长的 20 世纪 20 年代,许多企业也进入证券市场进行融资,进一步推动了证券市场的发展。随着股票和债券发行量的增加,商业银行在经营表内业务的同时也积极向表外业务扩展,由此形成了早期的银行和证券混业经营的格局。商业银行通过不同方式开展证券业务而形成了早期的"金融超市"。

此外，美国实行的是全国性银行和州立银行双轨银行制度，法律对全国性银行的业务范围和活动地区有较严的限制，但对州立银行的限制相对较少。在证券市场比较繁荣的20世纪20年代，无论全国性银行还是州立银行都希望能从这一市场中获取更多利润，从而扩大自己的利润空间。因此，多数银行都以在内部设立证券业务部门的形式直接经营证券业务，进而形成了美国最初的金融业混业经营模式。

资本市场迅速膨胀伴随着风险的膨胀。1929年股市崩盘，危机在混业经营模式下迅速蔓延到了银行业，造成了美国接近一半的银行破产或者合并，整个社会的信用体系遭受毁灭性的打击。

在大危机背景下，美国国会于1931年成立专门委员会调查大危机原因，认定商业银行从事证券业务对联邦储备体系造成了损害，导致商业银行有悖稳健经营原则。这种金融运行模式助长了股市投机，对1929年股市暴跌、银行倒闭和经济大萧条负有责任。而且当时社会各界对银行同时经营表内业务和证券业务很可能形成内部利益冲突有广泛的共识。

为避免重蹈金融、经济危机的覆辙，美国国会通过了《格拉斯—斯蒂格尔法》，严格限制商业银行直接或通过关联交易方式从事股票和债券的承销及买卖业务，而投资银行不能吸收存款和发放贷款。据此，投资银行和商业银行的业务形成鲜明对比：在证券市场中，投资银行从事所有的资本市场业务，包括承销和公司理财、收购与兼并，提供咨询、基金管理和风险资本管理。而商业银行主要从事存贷款业务且只能持有某些被认可的债券工具作为资产。与这种分业经营模式相对应的是分业管理模式，即投资银行业务由证券交易委员会统一管理，而商业银行业务则由联邦储备银行管理。

《格拉斯—斯蒂格尔法》开启了美国长达67年的分业经营格局。进一步的，1956年的《银行控股公司法》(Bank Holding Company Act)以及1970年的《银行控股公司法修正案》中，增加了银行与保险公司分业的条款，完善了美国的金融分业经营格局。

二、分业经营的优势

第一，分业经营有利于培养证券业务和商业银行业务这两种业务的专业技术和专业管理水平。一般证券业务要根据客户的不同要求，不断提高其专业技能和服务，而商业银行业务则更注重于与客户保持长期稳定的关系。第二，分业经营为两种业务发展创造了一个稳定而封闭的环境，避免了竞争摩擦和混业经营可能出现的综合性金融集团内的竞争和内部协调困难问题。第三，分业经营有利于保证商业银行自身及客户的安全，阻止商业银行将过多资金用在高风险的活动上。第四，分业经营有利于抑制金融危机的产生，为本国和世界经济的稳定发展创造了条件。

【国际视野】分业经营对美国金融业的正面影响

《格拉斯—斯蒂格尔法》在一定程度上维护了金融稳定。分业经营的确立，有几方面主要优点。

首先，符合当时的国家利益。《格拉斯—斯蒂格尔法》与其他许多同时确立的法律、政策的综合作用，有效遏制了灾难的根源：资本市场的混乱，使金融秩序走向有序和规范，恢复了公众对国家、对金融体系的信心，并集中国家资源恢复和重建经济。《格拉斯—斯蒂格尔法》通过分业管理方式，较好地达到了预期效果，实现了监管者代表的国家利益。

其次，当时实行金融分业对市场造成的损失不如想象中大。《格拉斯—斯蒂格尔法》在理所当然地得到投资银行界欢迎的同时，也得到来自商业银行界的认可。受股票市场暴跌和经济衰退的影响，资本市场中企业证券的发行量在1929年达到约80亿美元的高峰后，一蹶不振，骤降至1933年的约1亿美元。投资银行希望以法律形式消除来自商业银行在这一剧烈缩减的市场中的竞争。而商业银行也发现，这一领域不再像20世纪20年代一样有利可图，因此许多商业银行已打算或正从这一领域中退出，自身并未蒙受太大损失。从某种意义上说，《格拉斯—斯蒂格尔法》也是商业银行自己的选择。分业经营实施的效果恰好顺应了当时市场的愿望。

最后，分业经营并没有阻止美国证券业和世界证券业的发展。国际证券市场一直以比较快的速度增长。与此同时，一批巨型跨国投资银行由小到大迅速成长。期间，高盛、美林、摩根士丹利、巴黎百富勤、瑞银华宝等跨国投资银行在全世界范围内开拓证券业务，与跨国商业银行展开竞争。

由金融危机所产生的分业经营模式着重于安全而不鼓励竞争，在当时的确起到积极作用，例如在银行业和证券业之间构筑一道坚固"防火墙"，有效降低了整个金融体系的风险；在一定程度上促进金融行业的专业化分工，使不同的金融机构能充分利用自身有限资源为客户提供更好的业务；分业经营使监管部门实行分业管理，促进金融监管的专业化分工，明确监管职责，提高监管效能。因此直到20世纪70年代初期，美国一直恪守商业银行与投资银行的分业经营原则，在各自的经营范围内保持了较快的增长，并获得了丰厚利润。

三、分业经营的问题

第一，分业经营以法律形式所构造的两种业务相分离的运行系统，使两类业务难以开展必要的业务竞争，具有明显的竞争抑制性。第二，分业经营使商业银行和证券公司缺乏优势互补，证券业难以利用、依托商业银行的资金优势和网络优势，商业银行也不能借助证券公司的业务来推动其本源业务的发展。第三，分业经营也不利于银行进行公平的国际竞争，尤其是面对规模宏大、业务齐全的欧洲大型全能银行，单一型商业银行很难在国际竞争中占据有利地位。

【国际视野】分业经营对美国金融业的负面影响

20世纪70年代末期，在金融产品创新和电子技术应用的背景下，商业银行的利润空间发生缩减；同时，在国际市场竞争日趋激烈的环境下，《格拉斯—斯蒂格尔法》也在一定程度上限制了美国银行的国际竞争力。

首先，来自非银行金融机构的激烈竞争使商业银行的经营陷入困境。一方面，投资银行等非银行金融机构利用法律监管上的漏洞进行各种金融创新以扩大业务范围，逐渐渗入商业银行的传统业务，使商业银行的资产负债业务都遭到前所未有的挑战；另一方面，直接融资的迅速发展，使银行原有客户大量转向货币市场和资本市场融通资金，商业银行的金融中介作用减弱，"脱媒"现象严重；此外，一些大型企业如通用电气公司、福特汽车公司、希尔斯百货公司等纷纷成立自己的金融公司,其业务领域涵盖了银行业、证券业、保险业和信托业,昔日银行的客户如今变成了自己的竞争对手,商业银行的市场份额不断下滑。迫于竞争压力,商业银行不得不进行各种规避法规的金融创新来争夺传统业务,并试图涉足投资银行领域,实现将其外部利润内部化的目的。事实上,随着金融创新的不断发展,商业银行与投资银行的业务交叉和渗透越来越多,商业银行与投资银行之间的界限日渐模糊,美国的分业经营制度早已名存实亡。

其次,美国银行的国际竞争力日趋下降。为适应经济全球化和金融开放的需要,日本和欧洲一些国家纷纷改革其金融制度,掀起一股混业经营浪潮。如日本在1996年底推出名为"大地震"的金融业改革计划,计划在2001年前全面实现银行、证券公司和保险公司相互交叉经营彼此的业务。英国则于1986年推行了被称为"Big Bang"的金融改革,突破了传统分业经营的框架,允许银行直接进入证券交易所进行交易,为银行业和证券业融合发展奠定基础。欧共体曾于1992年颁布第二号银行指令,决定在欧共体内部全面推行全能银行制度。随后欧盟委员会又在欧盟范围内大张旗鼓地推行混业经营。而德国等国家则一直实行混业经营制度。与日本和欧洲国家的全能银行相比,业务单一的美国银行在激烈的国际金融市场竞争中明显处于劣势,曾经在国际银行界独领风骚的美国银行在80年代以后已是江河日下。1992年,美国最大的花旗银行被挤到世界第20名以外。在1997年度全球前10家跨国银行中,美国仅花旗银行榜上有名,排名第7。面对严峻的挑战,美国被迫对金融业经营制度做出调整。

第二节 混业经营

金融混业经营是指商业银行及其他金融企业在货币市场和资本市场进行多业务、多品种、多方式的交叉经营和服务的总称。

狭义的金融混业经营是指银行业和证券业之间的经营关系,即银行机构与证券机构可以进入对方领域进行业务交叉经营。广义的金融混业经营是指所有金融行业之间的经营关系,即银行、证券、保险、基金、信托、期货和租赁等金融机构都可以进入前述任一业务领域甚至非金融领域,进行业务多元化经营。

一、混业经营的发展

混业经营最早起源于19世纪末的德国、荷兰等地,并且尤以德国最为典型。德国的全能银行制度(Universal Banking System)在其经济发展中占有举足轻重的地位,银行可以不受限制经营商业银行、投资银行以及保险的业务,并且与实业关系紧密,甚至可以涉足实业投资。工业上升期的德国,银行向企业提供贷款,帮助企业发行债券,也向企业投资,提供一体化全方位服务;工业发展和银行业的扩张两相促进,孕育了德国的全能银行。

第二次世界大战使德国的银行体系受到重创,两德统一后东西德金融制度的不统一也给德国的全能银行制度带来不小的挑战。但最终通过对东部银行的改组而得到完善,为其经济的进一步腾飞做出不小贡献。

【国际视野】德国的全能银行

在德国,实力最雄厚的全能银行是德意志银行、德累斯顿银行和商业银行,不仅在存贷款总额、清算服务金额等商业银行业务方面稳居德国银行榜首,而且还掌握了全国大部分证券发行和证券交易业务,它们集投资银行与商业银行业务于一身,成为各金融市场的活动主体。正是这种"全能银行制度"保证了德国金融体系的稳定和发展。

美国则在 20 世纪 80 年代前后,面对日益激烈的国际竞争,美国大型金融控股公司通过并购、金融业务创新向混业金融模式转变。美国政府在 80 年代也开始默许国内混业经营的发展。1984 年,美国联邦存款保险公司(Federal Deposit Insurance Corporation)裁定包括大部分非联储成员的小银行在内的 9 300 家在各州注册的机构可以进入证券业;1989 年,花旗等五大商业银行作为个案,被批准直接承销企业债券;《1991 年联邦存款保险公司改革条例》(The FDIC Improvement Act of 1991)允许部分银行获得和持有普通及优先股票相当于其资本 100% 的数量;1994 年 8 月和 1995 年 5 月,美国先后解除了商业银行不允许跨州设立分行及经营证券业务的限制;1997 年 1 月,美联储放松了不允许商业银行的子公司从事证券承销的限制。1997 年 4 月起,美国公民银行(Citizens Bank)收购蒙哥马利证券公司(Montgomery Securities),纽约银行家信托银行(Bankers Trust New York)兼并艾利思·布朗投资银行(Alex Brown),美国银行兼并罗伯逊斯蒂芬基金管理公司(Robertson & Stephens Company);1998 年 4 月花旗银行与旅行者集团(Travelers Group)合并成美国花旗集团等。这一系列商业银行与非银行金融机构之间的兼并浪潮无疑是对分业经营体制的全盘否定。1999 年 11 月 4 日美国国会通过《金融服务现代化法案》(Financial Services Modernization Act),正式从法律上废止了分业经营体制,标志着美国金融体制为了适应新的国内国际金融环境作出了关键性的调整,重启混业经营模式。

二、混业经营的优势

(一)金融机构收益

(1) 规模经济和范围经济带来的成本优势。规模经济指在技术水平不变的条件下,扩大规模引起单位产品成本下降和收益增加的现象。混业经营带来机构业务规模扩大,如果产生规模经济则成本降低、收益增加。范围经济指由于业务范围而非规模扩大而带来的经济效益。只要把两种或更多种金融产品合并在一起比分开来经营的成本要低,就会存在范围经济。

(2) 竞争优势。金融机构通过扩大和向更多的客户提供更为全面的服务,就可获得经营集中的利益和竞争优势。

(3) 降低成本。通过提供全方位的金融服务,金融机构的信息成本和监督成本达到最小化。

(4) 充分挖掘现有销售网络的资源潜力。金融机构有大量的客户基础,可以通过为现有客户提供各种金融服务,加强同现有客户的联系,吸引新的客户并增加金融机构的收益。

(5) 分散风险。混业经营能够分散风险,对相关的金融机构业务有预警作用。金融机构可以随时影响企业的经营方针以确保自己的权益不受到损害。

(6) 金融机构与客户间关系更加全面、牢固和持久。当然这也意味着客户对一家金融机构的依赖性增大。

(二) 客户收益

(1) 降低搜寻信息、监督和交易的成本。

(2) 竞争提高了消费者福利，如银行效率的提高、服务价格的降低等。

(3) 分享金融机构服务改善的收益。例如，客户与银行关系的增强可促进银行改善服务，因为如果消费者从一家银行转向另外一家银行，将会给银行带来更大的业务损失。因此，在银行通过业务多元化而获得规模收益或范围收益的同时，消费者也能分享竞争带来的收益。

(三) 社会福利水平

(1) 金融机构的经营和服务效率提高。

(2) 整个金融体系的运作效率提高。金融机构可以向客户提供最优的产品服务组合，能够最大限度发挥竞争优势，从而提高整个金融体系的运作效率。

(3) 整个金融体系的风险降低。通过业务多元化可以降低整个金融体系的风险。

三、混业经营的问题

(一) 金融机构经营

1. 规模不经济和范围不经济的可能性

混业经营的规模经济和范围经济收益在实践中一般难以物化，大量的实证研究尚未得出明确结论。另外，多元化业务经营在管理上也面临着不少的难题。机构的扩大易于出现日趋严重的管理官僚化现象。因此，如果管理机制出现问题，得到的结果可能就不是规模经济和范围经济，而很可能是规模不经济和范围不经济。

2. 不同业务的潜在冲突

混业经营中，不同的业务、不同的经营单位有不同的经营传统和运行机制，如果不能有机而高效地融合，就可能产生各种潜在的冲突。

3. 对传统业务的冲击

在开拓多元化业务的同时，如果没有合理安排和统筹兼顾，传统的业务就有可能被削弱，就会顾此失彼，造成业务发展的失衡。另外，如果新业务的开拓和经营出现挫折，不仅会破坏机构多元化经营的努力，还会有损于自身原有传统业务的形象和声誉。

4. 机构服务成本的提高

混业经营的机构如果实行功能性监管，业务越是多元化，机构内部和外部的监管部门就越多，服务成本就越高。

(二) 监管当局

1. 风险问题

在混业经营中，银行某项业务出现的风险很容易传递给其他业务，如果应对措施不当，往往会使银行出现破产倒闭的风险，而银行破产的社会成本一般大于私人成本。尽管混业经营不一定使破产的可能性增大（理论上，业务多元化还会降低风险），但是一旦银行破产，其后果就会非常严重，因为牵扯的业务面很广，金融体系不同单位之间甚至会"交叉感染"，导致连锁反应的发生。

2. 不公平竞争问题

实行混业经营的银行通过中央银行"最后贷款人"机制得到的资金很有可能会被用到非银行业务上，而这种便利是非银行机构享受不到的，这样就会出现不公平竞争的问题。

3. 监管能力问题

混业经营使机构集多种业务于一身，如果实行功能性监管，各监管部门如何进行协调监管和分工，需要妥善加以解决。况且，混业经营使得机构经营结构复杂而不透明，提高了监管的成本，不利于监管机构对其进行有效的监管。

4. 利益冲突和损害消费者利益问题

在混业经营体制下，机构可以为客户提供全面的、多元化的服务，使机构和客户的联系日益紧密，这一方面使客户受益，降低了客户的经营成本，但另一方面也出现了客户被锁定的问题，因为客户转向其他机构的交易成本太高。这样一来，反而在某种程度上强化了客户对机构的依附性。

5. 垄断问题

混业经营会推动机构的业务重组和兼并，金融资本和产业资本将进一步趋于集中，可能会形成少数金融企业寡占市场的局面，进而损害金融领域的公平竞争。

【案例研究】从花旗集团拆分反思混业经营模式

一、花旗集团曾倾力打造"金融超市"

花旗集团自1998年合并成立以来就被视为全球化现代金融集团的典范，是"金融超市"模式的创立者和世界潮流的领先者。该集团并购涉资七百亿美元，是美国金融史上突破银行、证券、保险混业经营限制的并购，具有里程碑意义。花旗集团为100多个国家约2亿消费者、企业、政府及机构提供名目繁多的金融产品及服务，包括消费者银行和信贷、企业和投资银行、保险、证券经纪及资产管理服务，是全球最大的金融服务机构。曾经以"Citigroup"英文字样加一把红色雨伞为标识的花旗集团旗下的主要品牌包括：花旗银行、旅行者集团、美邦、CitiFinancial及Primerica金融服务公司。

合并后的花旗集团成为全球屈指可数的综合金融集团，为客户提供无所不包、无所不能的金融业务，其金融控股模式一度引导美国于1999年正式改革其原来的分业模式，实施混业经营。花旗此后迅速扩张其资产规模和市场份额，在业内享有当仁不让的霸主地位，连假设有一天它会崩溃都是不可想象的，然而现实却是花旗正在解体，其倾力打造的"金融超市"最终以失败告终。

二、花旗集团终结"金融超市"模式

花旗集团2008年第四季度财报显示巨亏82.9亿美元，是连续第五个季度亏损。在生死边缘徘徊的花旗为寻求生机只能放弃曾经风光无限的"金融超市"模式。2009年1月16日，花旗集团宣布重大重组计划，依照"好银行、坏银行"发展战略，把集团拆分为花旗公司(Citicorp)和花旗控股(Citi Holdings)两家公司，并计划最终将非核心业务全部剥离出去，将业务范围收缩至两个领域：大型公司客户的批发银行业务以及面向全球选定市场客户的零售银行业务。花旗公司将主营遍布全球的优势商业银行服务，也即花旗今后发展的核心业务,包括商业银行、为普通消费者和小企业服务的零售银行、为高端个人客户服务的私人银行、信用卡业务和金融服务等。花旗控股公司则负责高风险的资产管理和消费者信贷等非核心业务,其中消费者信贷业务由"花旗抵押"和"花旗财务"两个部门负责;此外花旗控股公司还掌控摩根士丹利美邦公司(Morgan Stanley Smith Barney)49%的花旗集团股份。

不仅如此,花旗可能进一步削去信用卡、资产管理等部门,甚至还可能分拆其核心的消费金融部分。如此一来,不但重新启用花旗公司名号将当年威尔(Sandy Weill)倾力打造的"金融超市"给花旗留下的最后一丝影响一并消除,而且还将威胁到老花旗银行的核心业务。

三、"金融超市"模式失败的原因

虽然花旗想延续"金融超市"的业务模式,但其连续的巨额亏损以及政府救助所产生的压力促使董事会和管理层认识到只能放弃这种经营模式,将主要精力放在传统的批发和零售银行业务上来。花旗模式的主要问题在于无法确知是否实现了混业经营利益的同时,内部却存在严重的利益冲突,各业务之间的风险渗透特别是在危机时刻可能畅通无阻,而风险管理又非常薄弱。混业经营事实上损害而非提升了公司的市场价值。

(一)规模和范围扩张似乎并不经济

花旗这家如此庞大的机构是否实现了规模和范围经济得不到实际证据的支持。相反,诸多迹象表明其规模和范围扩张似乎并不经济。很多股东近年来一直抱怨花旗大得难以持续增长,发展慢于竞争对手;集团内部早就有高管质疑"金融超市"运营模式,一些关键管理人员认为交叉销售金融产品的所谓"协同效应"根本就是夸大其词。政府向花旗注资后就一直要求其制定并采取新的策略来为这个庞大的金融王国"瘦身"。为此,金融超市模式的坚定支持者鲁宾(Robert Rubin)不得不于2009年1月9日辞去高级顾问一职,并不再谋求董事连任。

(二)利益冲突严重

花旗集团从诞生之日起就一直没有完全整合好,而且也从来没有在整合方面进行过投资。混业经营后由于涉及目标各不相同、利害关系不完全一致的不同金融业务,利益相互冲突十分严重。集团内各部门、各业务之间条块分割、缺乏统一协调等早已成为花旗发展的桎梏。这主要源于它太大、太多样化,非常难以控制和管理。由于深度涉入安然事件及环球电讯丑闻,花旗集团出现了50亿美元的负债缺口,普林斯在2003年7月刚被威尔任命为CEO后就被迫变现资产以弥补缺口。此后日本金融监管部门又查出了花旗在日本的一些金融违法行为,普林斯不得不关闭了花旗在东京等地的私人银行分支机构。法国、德国、意大利、英国等国家也相继指控花旗集团的金融违规。随后美联储对花旗集团发出了暂停任何重大收购活动的指令,阻止其进一步扩张,要求花旗将注意力集中在改进内部控制机制上。虽然利益冲突导致的违规、欺诈可能存在于各种类型的金融机构,但混业经营似乎为这些不诚实行为提供了更多的机会,控制不好将会导致严重的后果。

(三)混业风险相互关联

表面上看,金融超市通过向客户提供多元化服务谋取利润,可为经营风险提供缓冲,是防范风险的一个较优选择。按照这一逻辑,花旗在金融危机中应该体现出很强的抗风险能力。然而花旗在美国次贷危机中却被冲得落花流水。

而金融业务不能通过多元化降低收益波动性风险,是因为它们与经济周期波动具有较强的正相关。在《金融现代服务法案》实施后,美联储经济学家通过研究发现,银行与证券、保险的混业经营并不能改变银行控股公司的风险,反而可能提高破产概率。特别是在危机时刻,正常时期相关度低的业务却表现出高度关联。如次级抵押贷款违约率上升,直接导致次级贷款抵押证券及其衍生品价格剧挫,同时引起流动性紧缩,冲击所有固定收益类证券,导致信用收缩拖累实体经济,并传导给权益类金融产品,失业率的上升使得信用卡、车贷等所有贷款的违约率上升,最终波及的范围越来越大。在金融危机中,花旗集团由于过深地涉足高速成长的固定收益产品CDO,CDO出现巨大亏损,2008年第四季度为次贷相关资产损失冲减180亿美元,消费信贷业务还遭受了41亿美元损失。而此前根据模型测算出的风险拨备无法覆盖这些金融业务之间的全部关联风险,致其处于破产边缘。

(四)风险管理机制脆弱

花旗集团一直采取发展高收益部门的策略,无论是内部成长还是外部并购,目标都是要将资本分配到高回报和有增长机遇的领域,但风险管理却没能跟上越来越高的风险。花旗一直致力于内部增长与海外扩张并进的策略,但过高的扩张成本使其过分暴露于风险之中,而利润增长却不如预期理想。特别是混业经营导致的"争夺资本金"的高风险,为花旗等金融集团的危机埋下了资本不足的隐忧。正如美联储关于花旗的一份报告所指出的那样,花旗在风险管理和内控方面表现非常薄弱。鲁宾曾对当时的CEO普林斯建议花旗只有冒更大的风险才能赚取更多的利润。但这次金融风暴则告诉人们,没有控制的风险将带来灾难性后果。

花旗集团不得不重组拆分并最终回归至传统的银行业务,意味着曾风靡一时的"金融超市"模式很难成功。其模式的主要问题在于规模和范围扩张似乎并不经济,内部却存在严重的利益冲突,同时混业风险相互关联,而风险管理机制又很脆弱;混业经营事实上损害而非提升了公司的市场价值。花旗混业经营的失败并非个案,为蜂拥追逐"混业"梦想的中国金融机构敲响了警钟。

四、关于混业经营的其他问题的另一种观点

(一)风险问题

1. 经营证券业务的问题

银行经营证券业务的风险体现在两个方面:一是银行资金投资股票市场的风险;二是证券承销的风险。关于前一个方面,从多数实行分业经营的国家的经验来看,商业银行与投资银行的分离并没有影响银行向证券经纪人、证券自营商或证券附属机构发放短期贷款。如果在两种业务分离的同时而又不禁止银行向证券公司贷款,商业银行就仍然处于证券市场变幻莫测的风险之中。就后一方面而言,银行从事证券承销业务不是增大了金融体系的风险,而是降低了其风险,因为承销证券的风险实际上比提供贷款的风险小。证券拥有广大的二级市场,证券销售一般经过信用评级,并且在短时间内就可以售出,基本没有什么风险。而公司贷款既没有评级,又缺乏发达的二级市场,其流动性相对较差,风险更大。

2. 经营保险业务的问题

银行兼营保险业务也未必会增大银行风险。保险业务的固有风险体现在保险经纪业务和承保业务上。经纪业务主要是收费业务,其销售技巧和服务方向与银行的其他业务紧密

相关。在这类业务中由于银行仅仅充当代理人,基本上不存在风险问题,因为它不使用银行资本,因此这种业务对银行的风险很小。保险承保业务则有一定的风险。保险承保历来是资本密集型业务而且盈利水平不高。尽管保险承保存在风险,但这与银行其他业务的风险并无本质上的区别,而且承保业务的风险也不见得比银行其他业务的风险大。所以,没必要过于担心银行从事保险业务的风险问题。

(二) 垄断问题

混业经营者可能会滥用它们与客户之间的关系销售其他金融产品,即所谓的搭售问题。实际上,在发达国家,银行业竞争非常激烈。因此混业经营依然面临竞争。而在竞争性市场条件下,搭售问题并不可怕。一般来说,想要搭售一种商品,企业必须在一种产品市场上处于支配地位或独占地位,特别是当两种产品是互补品而获得第二种产品的交易成本和搜寻成本又比较高的时候,搭售会比较普遍。但这在银行竞争日益激烈的情况下几乎是不可能的。

【国际视野】恢复《格拉斯—斯蒂格尔法案》的努力

基于混业经营的种种弊端,2008 年金融危机以来,美国业界乃至不少政要屡屡提出恢复《格拉斯—斯蒂格尔法案》。2009 年年底,共和党参议员麦凯恩(John McCain)和民主党参议员坎特韦尔一同建议重新分离商业银行和投资银行,在众议院也有恢复《格拉斯—斯蒂格尔法案》部分内容的建议。但遭到美国银行等银行的强烈反对。2010 年 1 月 21 日,奥巴马(Barack Obama)再次建议制定类似《格拉斯—斯蒂格尔法案》部分条款对银行传统业务和投资业务进行限制,以赞成格拉斯—斯蒂格尔法案部分观点的沃尔克(Paul Volcker)命名(Volcker Rule)。此后国会议员卡普蒂尔(Marcy Kaptur)于 2011 年也对恢复《格拉斯—斯蒂格尔法案》的部分规定做出过努力。

在法国、德国和意大利等欧洲大陆,越来越多的智库也在呼吁利用基于《格拉斯—斯蒂格尔法案》的立法来监管银行。

【学习检查】分业经营与混业经营比较

前文已经详细讨论金融业经营体制的发展以及分业经营与混业经营的优势与可能遇到的问题。请查阅资料,结合已有内容,从业务项目、经济效率、风险防范、监管难度等角度对分业经营与混业经营模式进行比较,并探讨我国金融业体制改革的方向。

第三节 中国金融业经营体制

一、金融业体制的变迁

中国金融业是在改革开放以后为了打破大一统的金融格局、活跃金融市场而发展的。20 世纪 80 年代中期,中国形成了从中央银行先后独立出来的国有银行为主体的"包揽"所有金融业务(实际上当时还仅有银行业务)的垄断局面。1993 年是个分水岭,此前,在国务院明确提出"银行要试办各种信托业务"的《关于推动经济联合的暂行规定》(1980)和央行下达的《关于积极开办信托业务的通知》(1980)的号召下,各家银行纷纷拆资(或参股)信托和证券投资业。信托证券业从"零"到有,获得了一定的发展(如证券的一、二级市场形成许多证券经营机构或证券经营部)。因此,在发展证券市场的政策鼓励下,银行的混业经营"雏形"就自然形成了。然而,与其他发达国家分业体制形成的初衷一样,我国的银行混业经营也在金融业出现严重问题的情况下被迫分开。

1993年11月4日十四届三中全会通过《中共中央关于建立社会主义市场经济体制若干问题的决定》首先提出"银行与证券业实行分业管理"的要求。接着,国务院颁布了《关于金融体制改革的决议》(12月25日),对银行业、证券业、信托业和保险业实行分业经营作出进一步规定,并于1995年通过《商业银行法》,在法律上对此加以明确。1997年6月为抑制证券市场的投机气氛,央行又强调了"禁止银行资金违规流入股市"的要求。从此,中国金融业正式走上了严格的分业经营轨道。

从这一演变过程看,我国严格的分业经营实际上不是由于银行从事投资银行业务的"混业",而是整个金融业发展过程中出现"混乱"需要清理整顿的结果。特别是1992年下半年开始,金融秩序出现严重混乱,相当一部分银行在房地产热和证券投资热中通过其全资或参股的证券公司、信托公司,将信贷资金和同业拆借资金投向证券市场甚至房地产市场进行"投机"炒作;证券公司也在从事银行业务中变相地通过各种形式(如变相买空、卖空国债代管单)破坏金融秩序。

二、金融集团的混业经营

金融混业经营是世界金融发展的大趋势,中国可能也会顺应这一趋势。分业经营效果相对于金融管理体制的构建与完善来说比较直截了当,但是整顿并维护金融秩序的根本方法还在于稳健的法律制度建设。因为分业经营的效率损失是明显的,而且除了短期治标作用以外,其自身的缺陷也越来越突出。就中国目前的经济形势来说,分业经营的金融体制已经明显暴露出以下三个方面的弊端。

(1) 市场经济就是要充分发挥市场机制对金融资源的有效配置作用。如果说分业经营对于金融资源的配置不产生扭曲效应,或这种扭曲效应不足以抵消分业经营的功效时,混业经营应该让位于分业经营。但是如果说分业经营已经严重引起金融市场的分割,使金融资源无法按照经济有效的原则来配置,则有必要突破这种分业体制。

(2) 一般说来,分业经营对限制金融机构的业务范围非常有效;但是,这种抑制在限制金融"混乱"的同时也抑制了金融机构的正常行为。特别是在经济紧缩的环境中,低利率和低利差已经使银行进入微利阶段,商业银行如果没有新的业务利润空间,很难继续生存下去。

(3) 加入WTO以后,国外实行混业经营的金融机构在为客户提供全方位金融服务的同时,也必然从中国不同的金融市场获得全方位的"优势"。这样分业经营体制下的中国银行业与国际上的竞争落差被迫加大。

因此,我国金融体制由分业向混业变革也是一种现实的选择。实际上,我国金融管理当局已经逐步允许金融机构在分业格局下谋求综合经营,不仅允许保险资金以一定的比例进入股市——证券公司可以进入同业拆借市场进行资金拆借,还允许证券公司向商业银行以股票质押的方式申请贷款,拉近了商业银行与资本市场的距离。与此同时,商业银行也不断拓展各自新的业务领域,工商银行已经同香港东亚银行合作、在香港成立了工商东亚金融控股有限公司,为企业的在海外上市、海外融资提供金融服务。2016年2月底,中国光大集团入主申银万国证券公司,欲为中国金融改革开创者的光大集团拥有银行、证券、保险三类业务。据估计,光大集团如果利用光大证券、申银万国证券和光大银行的数百个营业网点推销集团内的保险业务,将使成本降低4～5倍,把保险公司从创办到盈利的期限从6～7年缩至4～5年。随着金融体制改革的深化、市场发育和监管的完善,金融业退出机制的建立以及资信评估等相关产业的发展,更多的突破原有分业业务范围的政策措施将会出台。

总体来说,我国现在比较典型的混业经营模式有三类:纯粹金融控股公司;商业银行与保险业、证券业跨界合作;国有银行境外控股公司。

(一) 纯粹金融控股公司

纯粹金融控股公司的典型案例是光大集团和中信集团。

以光大集团为例进行说明。光大集团通过兼并收购,形成了一个集银行、证券、保险、资产管理、信托、期货、金融租赁等金融业务为一体的金融控股集团,如图6-1所示。

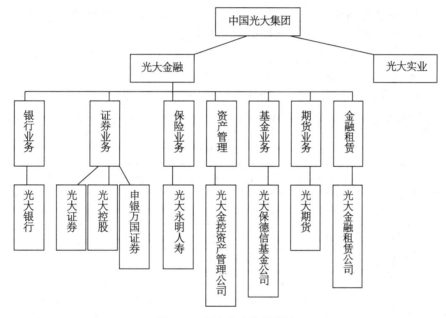

图 6-1 光大金融集团结构

来源:光大集团网站

(二) 商业银行与保险业、证券业跨界合作

我国的商业银行一直以来拥有雄厚的资金实力;而保险公司、证券公司则是近年来资本市场的新兴力量。两者合作,赋予了商业银行新的利润增长点,也给予了保险、证券行销的渠道。

表 6-1 商业银行与保险业、证券业合作

银 行	证券/保险公司	银 行	证券/保险公司
交通银行	控股太平洋保险	工商银行	与华夏证券公司:全面业务合作协议
中国银行	与平安保险:业务合作总协议	招商银行	太平洋保险:合作战略伙伴协议

(三)国有银行境外控股公司

国有银行通过并购合作的方式构建境外控股公司,可以降低信息成本,还可以学习对方的先进管理经验,更好地提升自身价值、管控风险、强化自己的投行业务。目前,比较典型的国有银行境外控股公司有中银国际(中国银行全资控股,注册于香港)和工商东亚(工商银行控股,注册于英属维尔京群岛)。下面在介绍金融集团的时候也有介绍。

【知识窗】中国混业经营的重要金融集团

2002年,中信集团、光大集团和平安集团成为综合金融控股集团试点。经过十多年的发展,这三家集团由光大领衔已经成为集齐信托、银行、保险、券商、基金、期货、租赁这7张金融牌照的金融集团。

中信集团:主要集团成员有中信银行、中信证券、信诚人寿保险、信诚基金、中信信托、中信期货和中信富通租赁。

光大集团:主要集团成员有光大银行、光大证券、光大永明人寿保险、光大保德信基金、光大兴陇信托、光大期货、光大金融租赁和光大投资管理。

平安集团:主要集团成员有平安银行、平安证券、平安保险、平安大华基金、平安信托、平安期货、平安国际融资租赁、平安普惠和陆金所。

除了以上三家外,还有不少资金实力雄厚的公司离全牌照已为期不远,其中除国有金融资本和国有产业资本外,民营资本的实力也不容小觑,具体情况见表6-2。

表6-2 金融集团一览

国有金融资本	交通银行集团	缺证券与期货牌照:交通银行、交银村镇银行、江苏常熟农村商业银行、西藏银行、交银康联人寿保险、交银施罗德基金、交银国际信托和交银金融租赁
	中国人寿保险集团	缺租赁牌照
	安邦保险集团	有银行、保险、证券、租赁牌照
	中国太平集团	有保险、证券、租赁:太平人寿保险、太平财产保险、太平养老保险、太平再保险、太平证券(香港)、太平石化金融租赁、太平资产管理和太平投资控股
	上海国际集团	缺期货、租赁牌照:上海浦东发展银行、上海农村商业银行、上海证券、国泰君安证券、安信农业保险、大众保险、华安基金、上投摩根基金、上海金融发展投资基金、上海航运产业基金、上海国际信托、上海市再担保、上投房地产、上海国有资产经营、上海股权托管交易中心、上海国利货币经纪、上海国盛典当和华东实业
	招商局集团	缺期货、基金、信托牌照:招商银行、招商证券、招商信诺人寿保险、招商基金和招银金融租赁
	中国银行集团	缺期货、信托牌照:中国银行、中银香港、中银国际证券、中银保险、中银三星人寿保险、中银基金、中银航空租赁和中银投资
	中国工商银行集团	缺期货、证券、信托牌照:中国工商银行、工商东亚金融控股、工银亚洲、工银国际融资、浙江平湖工银村镇银行、重庆璧山工银村镇银行、工银安盛人寿保险、工银瑞信基金和工银金融租赁

续表

国有产业资本	方正集团	缺银行牌照
	中国石油	缺基金、证券牌照
	国家电网	缺银行牌照
	华能集团	缺银行牌照
	五矿集团	缺基金、保险牌照
民营资本	"明天系"	全牌照,控股3家银行、4家证券公司、2家基金公司、3家保险公司、2家信托公司、1家期货公司和1家租赁公司
	万向系	缺银行、券商牌照
	复星集团	缺银行、信托牌照:德邦证券、永安财险、德邦基金、中州期货和创富租赁

当然,中国金融体制由分业转向混业只能是一个渐进的过程。

首先,关于混业经营的合理性分析暗含着市场竞争充分这一基本条件。实际上,在英国、德国、西班牙等采用混业经营体制的国家,银行间的竞争是非常激烈的。例如,尽管英国主要的清算银行变成了全能银行,但仍有大量的保险公司、住房金融协会之类的专业化金融机构存在,它们提供的金融服务与全能银行形成了激烈的竞争。而且,竞争是非常必要的。因为在竞争性的环境里,市场机制总能够发挥择优汰劣的作用,把无效率不稳定的银行从有效率稳定的银行形式中剔除出去。摩根担保公司成立了证券附属机构就是很成功的例子,但是像西尔斯(Sears)或美国运通公司(American Express)经营金融超市就以失败而告终。这种市场的作用是通过市场或客户的选择来左右金融机构的市场份额从而有效地对其经营行为加以约束。这样商业银行从事证券、保险业务就不会对金融体系的稳定性带来不利的影响。我国金融市场上已经活跃着一批新兴的中小金融机构和外资银行,但是占绝大部分市场份额是没有实现真正意义上产权明确的国有商业银行。它们一方面承担着金融发展与经济增长的重任,另一方面又肩负着"转型"的责任,这两者综合在一起使得国有商业银行无法按照市场机制参与竞争,而且极易助长投机行为发生——投机成功收益归银行,失败了则损失由国家承担。

其次,我国还未建立混业经营所要求的具有防范和化解金融风险能力的法规监管体系。英国20世纪80年代解除银行业介入证券业的禁令和日本、美国在20世纪90年代以来支持金融业务相互渗透,虽然与全球金融市场一体化有关,但更主要的原因是,这些国家法规和监管体系经历了半个世纪发展后,在完善程度和运作效率上获得了巨大发展。我国用来规范和约束商业银行、投资银行等金融机构行为的法规还不成体系,监管机构似乎缺乏有效的方式和能力来及时发现并处理金融机构中出现的违规现象。即使在已有法规执行和监督约束机制的实施过程中,也还会"人为"出现各方面利益的制约而产生的执行困难。因为经济转型时期金融系统,特别是国有商业银行,还要分摊掉包括长期积累的金融风险在内的转型成本、为产权结构调整与利益分配提供金融服务以及为发展提供资金积累。这样,我国金融业在发挥这些重要社会经济功能时必须以风险控制、风险防范为首要目标。

【扩展延伸】平安集团收购遭巨额损失

2007年,平安集团以人民币238.7亿元收购富通集团,持股4.99%。当时,平安掌门人马明哲似乎迷信国际金融业流行的集团控股方式,决定构建综合性金融服务集团,全资或者控股产险和寿险子公司以及投资子公司。

富通集团主要经营银行和保险业务,在欧洲排名20并且已经上市。并且,富通在并购前荷兰银行后合并的资产管理业务达2 450亿欧元。平安在并购富通前,富通股价已经因次级债问题经历了连续四个月下跌。平安认为这是一个收购的好机会,在2007年12月先以18.1欧元购入9 501万股,占比4.18%,随后增至4.99%,累计投资238亿元。

然而此次收购的结果并不尽如人意。富通集团在金融危机和强行并购荷兰银行决策失误的双重打击下,经营出现困难,经历了一系列重组:2008年,荷兰政府收购富通在荷业务;在比利时政府干预下,富通在比利时和卢森堡的业务也被剥离。这些重组给平安带来了157亿元的亏损计提。

平安收购富通的初衷是想在获得投资收益的同时获得技术,发展投资管理业务,打造金融集团。事实上,平安和富通有20亿欧元成立资产管理公司的协议:当然这个协议最终打了水漂。平安的这次海外并购失利给国内所有盲目崇尚混业经营、一心想打造金融集团的公司敲了一记警钟。

三、中国金融业体制发展趋势

目前混业经营已经发展成为全球金融业变革发展的基本趋势。长期以来的混业经营与分业经营并存的格局已经在发达国家内部开始融合为混业经营的单一态势。而混业发展的银行与分业经营的银行已经成为发达国家与发展中国家金融改革之间的一道"风景线"。很显然,这种形势的出现将对发展中国家不利。因此从长期看,中国金融体制变革的基本方向也应该是从分业经营转向混业经营、从专业化金融机构向全能银行发展。

2002年以来,我国已经开始进入了一个伴随着监管创新的自发混业的轨道。在三家集团开始综合金融控股集团试点之后,2003年修订的《商业银行法》规定"商业银行可以从事投资政府债券、金融债券等部分证券业务,代理收付款项及代理保险业务等信托业务",并可以从事"经国务院银行业监督管理机构批准的其他业务";2005年修订的《证券法》并未限制母公司的经营范围;2014年修订的《保险法》放开了保险资金对"债券、股票、证券投资基金份额等有价证券"的投资。与此相对应,我国的金融监管也逐步适应了这个趋势:2013年,旨在加强中国人民银行、原银监会、证监会、原保监会和外汇管理局之间的协调合作,金融监管协调部际联席会议制度建立。

2015年股灾以后,中国监管机构间的协调问题日益突出,甚至认为监管机构间的协调问题是导致股灾的一个原因。万科股权之争也一定程度上反映了传统监管模式在面对交叉感染的新型金融风险时的不作为。而恒生配资系统问题更是如此。早期参与配资的银行、信托与证券公司等机构均被各自行业监管部门认为"依法合规",在高达2万亿配资规模推动股市暴涨后,监管机构在缺乏完整信息和协调机制下对配资进行清查,成为引发股市暴跌的重要因素。宝能系实际控制人在收购万科过程中利用家族金融控股模式,借用包括保险、基金、证券公司等多个融资平台,形成逐层放大的融资杠杆,通过银行贷款和理财资金实现对万科股权蛇吞象式的收购。由于监管部门无法及时识别和处置其中所隐含的跨市场金融风险,最终酿成巨大的风险事件。

此外,我国支付宝等互联网金融的金融创新层出不穷,正在打破银行与证券、基金等的界限,改革压力不容小觑。

基于此,一种建议是合并监管机构,由中国人民银行领导,而央行由国务院管理。

【学习检查】合并监管机构由中国人民银行领导,能够解决上文所提及的监管问题吗?

【国际视野】英国混业监管

2013年,英国《金融服务法》生效,标志着英国以英格兰银行为核心的新的金融监管体制正式运行。在金融危机之前,英国对银行、证券、保险业金融机构的监管由金融服务局(FSA)实施;在此之后,FSA前主席特纳勋爵(Lord Adair Turner)亲手设计了这场英国金融监管改革。

改革后,英国金融监管以英格兰银行为核心,在其下设金融政策委员会(FPC)负责宏观审慎监管,设立审慎监管局(PRA)和金融行为局(FCA,设在财政部下),负责微观审慎监管;明确英格兰银行为银行处置机构,赋予其广泛处置权力。FSA原先的4 000人中,1 100人加入英格兰银行,成立PRA,其余进入FCA。

综合考虑内、外各方面的因素,中国的混业经营体制的发展应该分两步进行。

第一步,从金融市场的完整统一性要求出发,尽快培育各种形式的金融机构主体,"架筑"沟通货币市场、资本市场和保险市场的桥梁与通道,尽量缩小各个金融市场(包括一、二级市场)之间的"落差",以充分发挥金融市场的资金融通功能。目前,中国不仅金融市场主体自身没有形成足够的市场竞争态势,而且各金融主体之间的结构层次很不平衡;不仅货币市场(特别是同业拆借市场)不够活跃,资本市场上的"投机"色彩十分浓厚,更缺乏沟通货币市场与资本市场、货币市场与商品市场的合理资金流动。在此阶段,国际上的典型经验有两种。一是美国式的以大力发展直接沟通不同金融市场的直接融资主体来弥补分业经营的不足;二是日本式的以发达的资金拆借市场来联系各个融资主体从而架起统一的金融市场桥梁。

第二步,在第一步的基础上借鉴国内外金融发展与监管的经验,在完善金融法律监管体系的进程中逐步实现由分业经营向混业经营的转变。可以先从一些简单的风险小而稳定的业务开始,如证券公司没有风险或风险较小的业务,像股票和债券承销、财务顾问、企业并购、基金管理等可以先让商业银行介入。商业银行的一些中间业务,像担保项目融资等也可以让证券公司经营;此外,可以从立法上明确金融控股公司的合法性,借此推动我国金融机构的股份化和全能化进程。

 小结

1. 美国金融业经历了"混业-分业-混业"的转变。虽然金融混业经营已成为国际金融市场的趋势,但2008年金融危机之后,呼吁回到分业的声音一直不断。

2. 金融分业经营是指商业银行只能够从事商业银行业务,而证券、保险等其他业务只能分别由投资银行(证券公司)、保险公司等经营,同一金融机构不能同时从事商业银行、投资银行、保险业务。

3. 分业经营有其优势,同样面临问题。

4. 金融混业经营是指商业银行及其他金融企业在货币市场和资本市场进行多业务、多品种、多方式的交叉经营和服务的总称,包含了狭义与广义两层含义。

5. 混业经营有其优势,也存在问题。

6. 中国的金融业经历了混业向分业的过渡;不论从市场主体还是从监管方来看,都有日渐放松业务界限的趋势。金融业向混业经营过渡过程中,金融控股集团、跨界合作和境外控股公司是主流发展方式。但从平安集团海外并购等案例来看,向混业经营的转化仍然是渐进过程,需要吸取经验教训,日渐提升金融机构的竞争力。

关键词

金融业经营体制;分业经营;混业经营;金融集团;中国金融业体制发展

课后习题

1. 本章我们主要介绍了分业经营以及混业经营这两种金融业体制,并讨论了各自利弊。请结合本章内容综合分析两者之间的差别。

2. 讨论我国金融集团的发展方向和前景。

3. 你认为在当前中国市场条件下,中国金融进行混业经营时机是否成熟?如果不成熟,哪些方面还需改进?

第七章 金融市场

导读

无数企业、机构、投资者每天都在金融市场进行资金融通。究竟什么是金融市场？其所涵盖的范围有多大？资金在其中如何流动？这些交易者买卖的对象是什么？瞬息万变的市场充满怎样的风险而参与者又如何应对？本章将通过阐述金融市场的基本概念、资金融通形式、市场参与者、金融工具、货币市场、资本市场、金融衍生市场的状况以及市场有效性及行为金融问题，引导读者思考上述问题。

第一节 金融市场概述

金融市场是资金融通场所，是指资金供给者和需求者通过金融工具进行交易而融通资金的市场。金融市场涵盖各类金融交易活动和交易关系，而且不必是有形场所。

一、资金融通

（一）资金的盈亏与融通

对经济社会而言，在某一时期内，总有一部分经济单位出于某种原因处于总收入大于总支出的状态，我们称之为盈余单位；总有一些经济单位也会因为某些原因处于入不敷出的状态，我们称之为赤字单位。对赤字单位而言，由于缺乏资金而无法实现某些计划；而盈余单位则持有多余的资金却又不想作其他的开支。为此，资金在这两类单位之间发生了有偿让渡，这就是资金融通。资金融通的实质就是资金从盈余单位向赤字单位的有偿转移。

（二）直接融资和间接融资

直接融资是最终贷款人（盈余单位）和最终借款人（赤字单位）之间直接融通资金、没有金融中介机构介入的资金融通方式，如股票、债券融资。

间接融资是指最终贷款人（盈余单位）通过存款的形式，或者购买银行、信托、保险等金融机构发行的有价证券，将其暂时闲置的资金先行提供给这些金融中介机构，然后再由这些金融机构以贷款、贴现等形式，或通过购买最终借款人（赤字单位）发行的有价证券，把资金提供给这些单位使用，从而实现资金融通的过程。

【专栏】提高直接融资比重

2014年5月9日,国务院针对资本市场发布《关于进一步促进资本市场健康发展的若干意见》,又称"新国九条"。"新国九条"中明确提出:"紧紧围绕促进实体经济发展,激发市场创新活力,拓展市场广度深度,扩大市场双向开放,促进直接融资与间接融资协调发展,提高直接融资比重,防范和分散金融风险。"2015年12月,国务院常务会议审议通过了《关于进一步显著提高直接融资比重优化金融结构的实施意见》,提出到2020年,基本建成市场化、广覆盖、多渠道、低成本、高效率、严监管的直接融资体系,直接融资比重显著提高。

公开数据显示,2015年前8个月,我国直接融资占社会总融资比重达到18.7%,比5年前上升6.7个百分点。尤其是2011—2015年,直接融资比例以每年1.6个百分点的速度持续上升。但相比发达经济体,我国企业过度依赖银行,导致直接融资比重过低。以美国、日本、德国为例,其直接融资占比分别达到86%、69.2%和74.4%。

直接融资对改善企业资产负债结构、降低融资成本具有重要意义。大力发展直接融资,特别是股权融资,能够为实体的企业提供长期资本支持,改善企业资产负债结构,减轻现金流压力和经营困难,同时也能够降低其融资成本。因此,不断提高直接融资比重,成为经济发展中不可或缺的重要力量。

【学习检查】 如果你拥有一家企业,现在需要融资,你打算如何做?

二、金融市场主体

(一)交易者

金融市场的交易者既可以是自然人,也可以是法人,一般来说包括家庭、企业、机构投资者和政府。

1. 家庭

一般地,家庭部门的收入总是大于支出,因此是金融市场上重要的资金供给者,是金融资产的主要投资者。家庭部门因其收入的多元化和分散特点,使得金融市场具有广泛的参与性和聚集长期资金的功能。另一方面,家庭在金融市场上也充当资金需求者的角色,如通过贷款方式可以获得消费、购买住房等所需的资金。

2. 企业

企业是经济活动的中心,因而也是金融市场运行的基础。企业一般是作为最大的资金需求者在金融市场上从事交易的。在大多数情况下,企业需借助资本运营来满足资金需求,金融活动因此成为经济发展的强大动力。企业向外部筹资可以向银行借款,亦可在金融市场上发行有价证券,两种方式各有利弊。一般来说,在金融发展的早期,企业多通过向银行借款满足资金需求,而在经济和金融比较发达的情况下,企业更多地依赖金融市场来筹资。

企业有时也以投资者的身份出现在金融市场上,通过购买金融工具进行中长期投资。企业投融资有利于企业闲置资金的有效利用,有利于企业资本结构的优化,有利于企业扩大规模,实现多元化经营。

3. 机构投资者

机构投资者是指在金融市场从事交易的大型机构，例如保险公司、投资信托公司及养老基金等。这些机构是金融市场的重要投资者，在金融市场上主要买卖公司证券，也购买一定的金边债券，其活动范围主要是资本市场。机构投资者的交易额大，对价格影响大，因此对金融市场作用巨大。

4. 政府

政府部门作为交易者时具有双重角色：一是作为筹款者，政府为了弥补财政赤字或者为了公共支出等，在金融市场上发行国债筹措资金；二是作为调节者，政府发行的公债，特别是国库券是中央银行公开市场操作的主要对象。总体来说，中央政府和地方各级政府是金融市场上资金的需求者。

（二）中介机构

金融中介机构主要是各类银行和证券公司、证券交易所以及信托、保险等非银行金融机构。它们通过吸收各种存款、发行债券和契约的方式聚集社会闲散资金；通过贷款、投资等方式运用资金。它们在金融市场上充当资金的供给者、需求者和中介人等多重角色，其作用是在资金的最终供求者之间架起桥梁，满足不同投资者和筹资者的需要，促进金融市场上的资金融通。

按照地位和功能，金融机构可分为银行、非银行金融机构、外资及合资金融机构。其中，银行包括政策性银行、商业银行、村镇银行；非银行金融机构主要包括国有及股份制的保险公司、城市信用合作社、证券公司（投资银行）、财务公司、第三方理财公司等。

按照是否能够接受公众存款，可划分为存款性金融机构与非存款性金融机构。存款性金融机构主要通过存款形式向公众举债而获得其资金来源，如商业银行、储蓄贷款协会、合作储蓄银行和信用合作社等；非存款性金融机构则不得吸收公众的储蓄存款，如保险公司、信托金融机构、政策性银行以及各类证券公司、财务公司等。

（三）金融监管机构

金融监管机构是根据法律规定对一国的金融体系进行监督管理的机构。其职责包括按照规定监督管理金融市场、发布有关金融监督管理和业务的命令和规章、监督管理金融机构的合法合规运作等。中国目前的金融监管机构主要有中国人民银行、证监会和银保监会。

【知识窗】一委一行两会

一委一行两会是指国务院金融稳定发展委员会、中国人民银行、中国证券监督管理委员会和中国银行业监督管理委员会的简称。

1983年9月国务院决定中国人民银行专门行使中央银行的职能，1992年成立了证监会，1998年10月成立了保监会，2003年4月成立了银监会。2018年4月银保监会成立，取代原有的银监会与保监会。2017年11月，统筹协调金融稳定和改革发展重大问题的议事协调机构——国务院金融稳定发展委员会成立。

三、金融工具

金融工具是指在金融市场中可进行交易的金融资产，是用来证明贷者与借者之间融通资金余缺的书面证明,其最基本的要素为支付的金额与支付条件。按流动性可分为两大类:具有完全流动性的金融工具和具有有限流动性的金融工具。前者是指现代信用货币,有两种形式:现金和银行活期存款,是银行负债,其信用已被公众普遍接受。这种完全的流动性可看作金融工具的一个极端。具有有限流动性的金融工具也具备流通、转让、被接受的特性,但附有一定条件,包括存款凭证、商业票据、股票、债券等。

作为资金融通的载体,金融工具具有收益性、流动性、风险性、偿还性等特征。

(一) 收益性

指金融工具能定期或不定期给持有人带来收益的特性。金融工具收益性的大小,是通过收益率来衡量的,其具体指标有名义收益率、实际收益率、平均收益率等。

(二) 流动性

指金融资产在转换成货币时,其价值不会蒙受损失的能力。除货币以外,各种金融资产都存在着不同程度的不完全流动性。其他金融资产在没有到期之前要想转换成货币的话,或者打一定的折扣,或者花一定的交易费用。一般来说,金融工具如果具备下述两个特点,就可能具有较高的流动性:第一,发行金融资产的债务人信誉高,在以往的债务偿还中能及时、全部履行其义务。第二,债务的期限短。这样它受市场利率的影响很小,转现时所遭受亏损的可能性就很少。

(三) 风险性

指投资于金融工具的本金是否会遭受损失的风险。风险可分为两类:一类是债务人不履行债务的风险。这种风险的大小主要取决于债务人的信誉以及债务人的社会地位。另一类风险是市场的风险,这是金融资产的市场价格随市场利率的上升而跌落的风险。当利率上升时,金融证券的市场价格就下跌;当利率下跌时,金融证券的市场价格就上涨。证券的偿还期越长,则其价格受利率变动的影响越大。一般来说,本金安全性与偿还期成反比,即偿还期越长,其风险越大,安全性越小。本金安全性与流动性成正比,与债务人的信誉也成正比。

(四) 偿还性

指金融工具到期时,债务人要承担偿还的责任。各种金融工具在发行时一般都具有不同的偿还期。从长期来说,有10年、20年、50年。还有一种永久性债务,这种公债借款人同意以后无限期地支付利息,但始终不偿还本金,这是长期的一个极端。在另一个极端,银行活期存款随时可以兑现,其偿还期实际等于零。

四、金融市场分类

1. 按金融交易期限

金融市场可分为货币市场和资本市场。货币市场又称短期资金市场,是指期限在一年以内的货币资金融通市场。主要包括银行短期存贷市场、同业拆借市场、票据市场、短期国债市场、短期融资券市场、央行票据市场和融资与融券市场。资本市场又称长期资金市场,是指期限在一年以上的金融商品交易市场,包括以债券和股票为主的有价证券市场和银行中长期借贷市场。

2. 按融资方式

金融市场可分为债权市场和股权市场。

3. 按初次还是再次出售证券

分为发行市场(又称为一级市场)和流通市场(又称为二级市场)。流通市场分交易所市场和场外市场。

4. 按是否立即交割

金融市场可分为现货市场和期货市场。

5. 按交易的具体对象

金融市场可分为借贷资金市场、外汇市场、票据市场、证券市场、金融衍生品市场、黄金市场等。

6. 按金融活动的范围

金融市场可分为地方性、全国性、区域性和国际性金融市场。地方性市场和全国性市场都属于国内金融市场,市场主体都是本国的自然人和法人,交易工具都由国内发行。区域性市场和国际市场相似,市场交易主体来自许多国家和地区,交易工具是国际性的,区别在于区域性市场的活动范围是某一地区,而国际市场的范围则可扩展至整个世界。

7. 按场所特征

分为有形市场和无形市场。有形市场是指具有固定的空间或场地,集中进行有组织交易的市场。无形市场是指没有固定的空间或场地,而是通过电信、电脑网络等现代化通信设备实现交易的市场。

第二节　货币市场

货币市场是短期资金市场,是指融资期限在一年以下的金融市场,是金融市场的重要组成部分。

货币市场中的一个重要参与者是货币经纪公司。货币经纪公司是指专门从事促进批发市场上金融机构间资金融通、外汇交易、债券交易、衍生品交易和提供金融产品交易信息等经纪服务,并从中收取佣金的专业性中介机构。货币经纪公司大大提高了市场的流动性、降低了交易风险和成本,通过其中介作用,使得金融机构尤其是中小金融机构在最短的时间内找到最理想价位的所需资金。

作为交易的中介机构,货币经纪商的首要功能是传递信息、促成交易达成,而不是成为交易方或做自营。货币经纪人不会给金融市场带来系统性的风险,任何一家货币经纪商的倒闭都不可能危及银行系统和整个金融系统的安全。

货币经纪公司最早起源于英国外汇市场。中国银监会于2005年8月颁布《货币经纪公司试点管理办法》;2005年11月18日,颁布《货币经纪公司试点管理办法实施细则》。根据银监会的规定,货币经纪公司主要的经营范围包括境内外外汇市场交易、境内外货币市场交易、境内外债券市场交易和境内外衍生产品交易。

目前货币经纪公司开展的业务已基本覆盖银行间市场所有的业务品种,包括人民币拆借、债券买卖和回购、外汇拆借、利率互换、远期利率协议以及人民币外汇掉期和远期等衍生品业务。

【知识窗】中国的货币经纪公司

中国首家货币经纪公司为上海国利货币经纪有限公司,由上海国际信托投资有限公司和英国德利万邦有限公司合资建立,于2005年12月20在沪开业。

第二家为上海国际货币经纪有限公司,由中国外汇交易中心与全球最大的交易间经纪商英国毅联汇业集团(ICAP)合资成立,于2007年9月13日在沪开业。

第三家为平安利顺国际货币经纪有限责任公司,由平安信托与全球第三大货币经纪公司瑞士利顺金融集团合资建立,于2009年2月16在深圳正式开业。

第四家为中诚宝捷思货币经纪有限公司,由中诚信托有限责任公司与全球领先的货币经纪公司 BGC Partners, Inc.共同发起设立,2010年6月开业。

第五家为天津信唐货币经纪有限责任公司,由中信信托有限责任公司、中央短资有限公司、天津信托有限责任公司共同投资设立,2012年1月17日开业。

一、银行短期存贷市场

银行短期存贷是指商业银行与企业、跨国公司及中央银行等客户之间的资金存放活动。商业银行一方面吸收客户的闲置资金,另一方面向它们提供一年以下的贷款,以满足它们临时性、流动性的资金需求。利率一般按银行同业拆放利率加上一定幅度的利差。

根据中国人民银行的统计,2019年我国存款类金融机构共吸收本外币活期存款627万亿元人民币,其中居民活期存款341万亿元、非金融企业活期存款286万亿元。存款类金融机构共发放短期贷款539万亿元人民币,其中住户短期贷款174万亿元、非金融企业及机关团体贷款365万亿元。

二、同业拆借市场

亦称同业拆放市场,是指金融机构之间以借贷方式进行短期资金融通活动的市场。同业拆借的资金主要用于弥补票据清算的差额以及解决临时性资金短缺需要。

(一)形成

同业拆借市场最早出现于美国,其形成的根本原因在于法定存款准备金制度的实施。按照美国1913年通过的《联邦储备法》规定,会员银行必须按存款数额的一定比率向美联储缴纳法定存款准备金。而由于清算业务活动和日常收付数额的变化,总会出现有的银行存款准备金多余,有的不足的情况。存款准备金多余的银行需要把多余部分加以运用,以获得利息收入,而存款准备金不足的银行又必须设法借入资金以弥补准备金缺口,否则就会因延缴或少缴准备金而受到央行的经济处罚。在这种情况下,存款准备金多余和不足的银行,在客观上需要互相调剂。于是,1921年在美国纽约形成了以调剂联邦储备银行会员银行的准备金头寸为内容的联邦基金市场。

当今,拆借交易不仅仅发生在银行之间,还扩展到银行与其他金融机构之间。从拆借目的看,已不仅仅限于补足存款准备金和轧平票据交换头寸,金融机构如在经营过程中出现暂时的、临时性的资金短缺,也可进行拆借;同业拆借也成为银行实施资产负债管理的有效工具。

（二）特点

（1）融通资金的期限比较短，一般为1～2天，至多不过1～2周。

（2）拆借资金主要用于短期、临时性的需求，可以使商业银行在不用保持大量超额准备金的前提下，就能满足存款支付的需要。

（3）参与机构基本上在中央银行开立存款账户，交易资金主要是该账户上的多余资金。

（4）基本上是信用拆借。

（三）功能

同业拆借市场是货币市场中最为活跃的市场，同业拆借市场在整个货币市场，乃至金融市场上起着极其重要的作用。

1. 融通准备金

同业拆借市场为各银行和其他金融机构提供了一种准备金管理的有效机制，使那些准备金不足的银行和其他存款机构能够以较低的成本，方便、迅速地弥补准备金缺口；同时也为有超额准备金头寸的银行和其他金融机构提供了有利的投资机会，减少资金的闲置，提高其资产的盈利水平。

2. 提供货币市场结算机制

为所有的货币市场交易提供高效率和低成本的结算机制。世界上许多国家的资金流动是通过银行与其他金融机构在中央银行的准备金账户进行转账结算的，而不同银行和金融机构之间资金的调拨也大都通过它们各自在中央银行的准备金账户来转账。

3. 反映资金供求

反映了货币市场资金供求的变化。同业拆借市场上的拆借利率已经成为金融机构最重要的基准利率之一，其中最具有代表性的有LIBOR、美国联邦基金市场利率、EURIBOR，中国有SHIBOR。

4. 传导货币政策

在中央银行货币政策的实施中发挥着核心的作用。这是因为同业拆借市场与其他货币市场联系密切，中央银行任何货币政策的变化都会影响到银行系统的准备金头寸，进而影响到银行贷款能力。正因为如此，同业拆借利率成为经济中反映整个信贷资金供求状况的一个非常敏感的指标，也成为中央银行货币政策的重要参考依据。关于货币政策，我们将在第十三章详细讨论。

（四）中国的同业拆借市场

1. 发展过程

中国同业拆借业务起步于1984年，市场发展经历了"起步—高速发展—完善"三个阶段。

（1）起步阶段（1986—1991年）。这一时期拆借市场的规模迅速扩大，交易量成倍增加，但由于缺乏必要的规范措施，拆借市场在不断扩大的同时，也产生了一些问题。如经营资金拆借业务的机构管理混乱、利率居高不下、利率结构严重不合理、拆借期限不断延长，违反了短期融资的原则等。对此，1988年，中国人民银行根据国务院指示，对同业拆借市场的违规行为进行了整顿，对融资机构进行了清理。整顿后，拆借市场交易量保持了不断上升的势头。

（2）高速发展阶段（1992—1995年）。成交量逐年上升，但在1992年下半年到1993年上半年,同业拆借市场又出现了更为严重的违规现象。大量短期资金被用于房地产投资、炒买炒卖股票,用于开发区上新项目,进行固定资产投资,变短期资金为长期投资,延长拆借资金期限,提高拆借资金利率。这种混乱状况造成了银行信贷资金大量流失,干扰了宏观金融调控,扰乱了金融秩序。为扭转这一混乱状况,1993年7月,中国人民银行先后出台了一系列政策措施,对拆借市场全面整顿,大大规范了拆借市场的行为。拆借交易量迅速下降,利率明显回落,期限大大缩短,市场秩序逐渐好转。

(3) 完善阶段(1996年至今)。1996年1月3日,中国人民银行正式启动全国统一同业拆借市场。最初建立的统一拆借市场分为两个交易网络,即一级网络和二级网络。人民银行总行利用上海外汇交易中心建立起全国统一的资金拆借市场,它构成了中国银行间同业拆借的一级网络。一级网络包含了全国15家商业银行总行、全国性金融信托投资公司以及35家融资中心(事业法人)。二级网络由35家融资中心为核心组成,进入该网络交易的是经商业银行总行授权的地市级以上的分支机构、当地的信托投资公司、城乡信用社、保险公司、金融租赁公司和财务公司等。

1998年6月,中国人民银行正式决定逐步撤销融资中心。

2007年,中国人民银行发布了《同业拆借管理办法》,形成了我国统一的同业拆借市场管理框架。此后,同业拆借市场参与主体不断丰富,交易量快速增长,市场运行平稳有效,已经成为金融机构管理流动性和货币政策工具传导的重要平台。

2007年9月3日,成立银行间债券市场、拆借市场、票据市场、外汇市场和黄金市场参与者共同的自律组织——中国银行间市场交易商协会。

目前银行间同业拆借主要的交易品种有IBO001、IBO007、IBO014、IBO3M、IBO6M等,其中IBO表示拆借品种,数字表示拆借期限,例如IBO007表示期限为7天的同业拆借品种,IBO3M代表期限为3个月的拆借品种。

2. 参与会员

银行间同业拆借市场成员大幅增加,类型不断丰富。截至2020年1月20日,同业拆借市场共有成员2196家,比2007年增加了1479家。共涉及14大类金融机构,其中,银行(包括政策性银行、大型商业银行、股份制商业银行、城市商业银行、农村商业银行和合作银行、民营银行及外资银行)1330家,农村信用社285家,证券公司102家,财务公司236家,保险公司53家,保险资产管理公司5家,信托投资公司66家,资产管理公司4家,金融租赁公司66家,汽车金融公司24家,消费金融公司13家,基金公司1家,境外人民币清算行10家,其他类金融机构1家。与2007年相比增加了保险公司、保险资产管理公司、信托投资公司、金融资产管理公司、金融租赁公司、汽车金融公司、消费金融公司、基金公司及其他类金融机构九种机构类型。其中,为配合跨境贸易人民币结算工作的开展,2009年中银香港、中银澳门两家境外清算行获批进入同业拆借市场,2014年工商银行新加坡分行、中国银行台北分行先后获准进入同业拆借市场。

3. 交易状况

自2007年7月人民银行颁布《同业拆借管理办法》后,拆借市场的交易量从2007年的10.6万亿元扩大至2012年的46.7万亿元,复合增长率达34.4%。但从2012年开始,同业拆借市场出现了明显的停滞,拆借业务交易量和市场份额持续下降,2012年拆借市场交易量为46.7万亿元,至2014年下降为37.7万亿元,年均下降10.1%,货币市场份额占比从2012

年的 26% 下降为 2014 年的 15%。2015 年开始,交易量又有大幅增长,达到 64.1 万亿元,2019 年高达 151.6 万亿元(见表 7-1)。

表 7-1　2010 年至 2019 年中国同业拆借市场成交金额　　　　　　(亿元)

拆借期限	1 天	7 天	14 天	21 天	30 天	60 天	90 天	120 天	总量
2010	244 862	24 269	5 061	650	1 613	466	1 340	198	278 684
2011	273 200	42 401	9 986	2 283	2 705	1 120	1 674	351	334 412
2012	402 814	41 934	12 068	2 370	4 476	1 626	1 170	81	467 044
2013	289 636	44 024	11 579	1 828	5 070	1 034	1 748	67	355 190
2014	294 983	61 061	11 767	899	4 665	1 237	1 670	60	376 626
2015	539 953	76 974	15 305	1 372	4 243	1 006	2 445	120	642 135
2016	839 763	92 765	12 771	2 209	4 463	2 129	3 477	263	959 131
2017	679 807	80 521	12 750	3 126	5 079	5 063	2 180	475	789 811
2018	1 255 458	102 943	12 881	4 141	5 038	4 205	5 136	1 214	1 392 987
2019	1 386 203	100 603	11 898	2 628	4 562	3 614	5 011	664	1 516 374

注:同业拆借市场成交总量中还包含数额较小的 6 个月、9 个月和 1 年的期限品种。

三、票据市场

票据市场指的是在商品交易和资金往来过程中产生的以汇票、本票和支票的发行、担保、承兑、贴现、转贴现、再贴现来实现短期资金融通的市场。

票据市场按照运作主体和功能的不同,分为一级市场、二级市场和三级市场。一级市场,即票据的发行市场,包括票据的签发和承兑。二级市场,即票据的交易市场,包括票据背书转让、贴现、转贴现等业务。三级市场,即票据的再贴现市场,持有已贴现票据的商业银行因流动性需求,到中央银行再贴现窗口申请再贴现。

按交易方式来划分,有票据发行市场、票据承兑市场和票据贴现市场。

随着信息技术的发展,实物票据也越来越多地被电子票据所替代。电子票据是将实物票据电子化,电子票据可以如同实物票据一样进行转让、贴现、质押、托收等行为。传统票据业务中的各项票据业务的流程均没有改变,只是每个环节都加载了电子化处理手段,将资金信息存储于计算机系统之中,并通过因特网以传递电子信息的形式实现传统有纸化票据的功能。

2016 年 12 月上海票据交易所的成立标志着中国票据市场进入新时代,票据电子化程度逐步提高。数据显示,2013 年电子票据在整个商业汇票出票量中占比为 8.3%,2014 年达到 16.2%,2015 年上半年达到 28.4%。2019 年中国共发生票据业务量 1.9 亿笔,同比下降 14.46%;票据业务金额 133.81 万亿元,同比下降 10.11%。与之形成对比的是,电子商业汇票系统出票量达 1 990.21 万笔,同比增长 37.19%;电子商业汇票系统出票金额达到 19.50 万亿元,同比增长 16.11%。

电子票据与传统纸质票据相比,具有防伪性能好、操作风险低、不易遗失及伪造等独特的优势。电子票据交易所基于电子票据以及电子化的纸质票据交易,可以对票据报价及交易行为进行更严格、更规范、全国统一的审查。因此,推进电子票据业务的发展可以有效防范票据真实性风险和操作风险。

【学习检查】票据市场有哪些风险?

【案例分析】农业银行、中信银行票据事件

2016年1月,农业银行北京分行票据买入返售业务发生重大风险事件,涉及金额39.15亿元;紧接着中信银行兰州分行也爆出9.69亿票据无法兑付的事件。两起银行票据大案涉险金额合计高达48.84亿元。

农行票据事件的大致脉络是:农行北京分行与某银行进行银行承兑汇票转贴现业务,在回购到期前,汇票应存放在农行北京分行的保险柜里,不得转出。但实际情况是,汇票在回购到期前,就被某重庆票据中介提前取出,与另外一家银行进行了回购贴现交易,而资金并未回到农行北京分行的账上,而是非法进入了股市。2015年下半年的股灾期间,股市连续暴跌导致亏损,出现巨额资金缺口最终无法归还银行应兑付资金,事件才得以暴露。

中信银行票据事件则是犯罪嫌疑人伙同中信银行工作人员,利用伪造的银行存款单等文件,以虚假的质押担保方式在银行办理存单质押银行承兑汇票业务,并在获取银行承兑汇票后进行贴现。

无论是农行票据案还是中信银行票据案的发生,都是出现在票据贴现、转贴现过程之中,利用时间差获得低资本资金,挪作他用。

要杜绝银行内部挪用票据的问题,票据电子化是必然趋势。与纸质票据相比,电子票据更难伪造。电子票是一种电子符号,记录在人民银行的电子票据系统里,伪造或者篡改的难度是非常大的。并且电子票据的任何一次流转都有详细记录,也就降低了像纸质票据那样被盗取挪用的风险。

四、短期国债市场

短期国债市场是指短期国库券发行和转让交易活动的市场。短期国债是指国家为了解决急需的预算开支而由财政部发行的期限在1年以下的国家债券。中央政府发行国库券的主要目的是筹措短期资金,弥补财政收支短期不平衡。国库券由于期限短,因此流动性强;又由于是中央政府发行,所以还本付息的可靠性高。有些国家还规定购买国库券的投资收益可以免缴个人所得税。

以2016年3月25日发行的短期国债"16贴债13"为例,发行期限为0.25年,2016年3月28日开始计息,2016年6月27日到期。该短期国债为贴现国债,即发行时以低于面值的价格折价发行,持有期内不再另外付息,到期按面值兑付。债券持有者在2016年3月25日,以99.53元的价格购买该国债,在2016年6月27日即可以100元兑付,收益率为1.89%[=(100−99.53)/(99.53×0.25)],即该短期国债的发行利率(见表7-2)。

表 7-2　短期国债 16 贴债 13(020111.SH)

代　码	020111.SH	名　称	16 贴债 13
发行总额(亿元)	100	期限(年)	0.25
发行价格	99.53	发行利率(%)	1.89
息票品种	贴现	发行日期	2016 年 3 月 25 日
起息日期	2016 年 3 月 28 日	到期日期	2016 年 6 月 27 日
剩余期限(年)	0.249 3	交易市场	上交所

五、短期融资券市场

短期融资券市场是指短期融资券发行和转让交易活动的市场。短期融资券是指具有法人资格的企业，依照规定的条件和程序在银行间债券市场发行并约定在一定期限内还本付息的有价证券。短期融资券是由企业发行的无担保短期本票。

按发行方式分类，可将短期融资券分为经纪人代销的融资券和直接销售的融资券。

按发行人的不同分类，可将短期融资券分为金融企业的融资券和非金融企业的融资券。

按融资券的发行和流通范围分类，可将短期融资券分为国内融资券和国际融资券。

短期债券的发行期限从 30 天到 366 天不等，通常采用平价发行、按固定利息到期一次还本付息。发行利率的变化范围也较大，基本在 2%～8% 的区间内，利率高低受到发行期限、发行规模、发行主体信用评级等因素的影响。以期限为 365 天的 1 036 只短期融资券为例，主体信用评级为 AAA、AA+、AA、AA-、A+、A 的融资券平均发行利率分别为 4.00%、4.31%、4.32%、4.45%、4.71%、4.32%，整体趋势为主体信用评级越低，则需要以更高的利率获得融资。

【案例】中国电建 2016 年度第一期超短期融资券

表 7-3　中国电建 2016 年度第一期超短期融资券

短期融资券名称	中国电力建设股份有限公司 2016 年度第一期超短期融资券		
超短融简称	16 中电建设 SCP001	超短融代码	011699495
超短融期限	268 天	发行招标日	2016 年 3 月 22 日
计息方式	附息固定利率	发行文件公告网址	http://www.chinamoney.com.cn
起息日	2016 年 3 月 23 日	到期兑付日	2016 年 12 月 16 日
计划发行总额	25 亿元	实际发行总额	25 亿元
发行价格	100 元/百元面值	发行利率	2.74%
主承销商	交通银行股份有限公司	联席主承销商	中国光大银行股份有限公司

六、央行票据市场

央行票据市场是指中央银行票据发行和转让交易活动的市场。中央银行票据是中央银行为调节商业银行超额准备金而向商业银行发行的短期债务凭证,其实质是中央银行债券,之所以叫"中央银行票据",是为了突出其短期性特点。

央行票据的发行规模从10亿到2 000亿不等,期限分为3个月、6个月、12个月、36个月,其中小于或等于1年的央行票据多为贴现债券(少数为到期一次性还本付息),期限为36个月的央行票据为附息债券,付息频率为1年一次。期限为3月、6月、12月、36月的央行票据的平均利率分别为2.65%、2.92%、2.77%、3.74%。

【知识窗】我国中央银行票据的发展历程

1993年,中国人民银行发布了《中国人民银行融资券管理暂行办法实施细则》。当年发行了两期融资券,总金额200亿元。当时中央银行发行票据的目的主要在于调节地区和金融机构间的资金不平衡。

1995年,央行开始试办债券市场公开市场业务。

2002年9月24日,为增加公开市场业务操作工具,扩大银行间债券市场交易品种,央行将2002年6月25日—9月24日进行的公开市场业务操作的91天、182天、364天的未到期正回购品种转换为相同期限的中央银行票据,转换后的中央银行票据共19只,总量为1 937.5亿元。另外,由于持续进行正回购,到2002年年底,央行手中持有的国债余额仅为原来的四分之一,继续进行正回购操作的空间已经不大。

2003年4月22日,中国人民银行正式通过公开市场操作发行了金额50亿元、期限为6个月的中央银行票据。2003年4月以来,人民银行选择发行中央银行票据作为中央银行调控基础货币的新形式,在公开市场上连续滚动发行3个月、6个月及1年期央行票据。

自2004年12月9日起,央行开始发行三年期央行票据,创下了央行票据的最长期限。除了3年期央行票据这种长期融资工具被频频使用外,央行票据的远期发行方式也被采用,2004年12月29日央行首次发行远期票据,发行200亿元央票,缴款日和起息日均为2005年2月21日,距发行日50余天,是历史上首次带有远期性质的央行票据。

2005年1月4日央行首次公布全年票据发行时间表,中央银行票据被确定为常规性工具。2005年中央银行票据发行时间除节假日外,中国人民银行公开市场业务操作室原则上定于每周二发行1年期央行票据,每周四发行3个月期央行票据。3年期央行票据安排在周四发行。其他期限品种央行票据发行时间不固定,中国人民银行公开市场业务操作室将根据情况灵活安排。

2015年10月20日,中国人民银行在英国伦敦采用簿记建档方式,成功发行50亿元人民币央行票据,期限1年,票面利率3.1%。此次央行票据发行是中国人民银行首次在中国以外地区发行以人民币计价的央行票据。

七、融资融券市场

融资融券市场是指进行融资融券交易的市场。融资融券交易又称"证券信用交易"或保证金交易,是指投资者向具有融资融券业务资格的证券公司提供担保物,借入资金买入证券(融资交易)或借入证券并卖出(融券交易)的行为。包括券商对投资者的融资、融券和金融机构对券商的融资、融券。

(一) 模式

融资融券模式主要有两种：一种是由证券公司等金融机构直接地向客户提供证券和资金的分散信用模式；另一种是由一个制度化的、统一的证券金融机构通过证券公司为客户提供证券和资金的集中授信模式。

欧美国家资本市场发展成熟，因此融资融券制度所受的限制较少，主要由证券公司直接与交易者进行交易。当证券公司自身没有足够资金或者证券满足投资者的融资融券需求时，可向银行类金融机构借入资金，向非银行金融机构借入证券。这使得投资者可以较为容易地在证券市场上进行融资融券交易，这种高度市场化的模式有着效率高而且成本低的优点。

日、韩所采取的是单轨制集中授信模式，融资融券业务由专门的证券金融公司所绝对垄断，这类公司往往由银行出资设立。当证券公司缺少相应资金或股票时，并不能向其他金融机构进行融资融券，只能通过这类专门的证券金融公司进行融通。在这种完全垄断的模式下，证券金融公司在一定程度上把握着市场的命脉，根据市场的情况调整着信用交易中资券流通带来的放大效应。

(二) 功能

1. 稳定市场

一般地，两融业务有助于抹平股市大幅波动，从而减少股市暴涨和暴跌，维护市场的稳定发展。在股市投机之风盛行、股价盲目上涨之时，投资者可以通过融券做空相应股票，使价格回落；当股票市场交易过冷、股价连续下挫，投资者可以通过融资买入相应股票，止住股票价格下跌的趋势。

2. 价格发现

市场本身具有价格发现的机制，而融资融券业务可以将这一机制加以完善，使得证券价格能更及时更准确地体现证券的内在价值。在融资融券业务开展后，多空双方的信息能够得以体现，股价将会因为供求双方的信息到达而不断修正，理想状态下能够显示出该股票的内在价值。

3. 增加流动性

两融业务给予了投资者以超出自身资本实力的金额进行证券交易的机会，通过杠杆作用满足了投资者实际供求以外的供求，市场供求被放大，交易成本降低，股票和货币之间的转换成本也有所减少，市场的换手率得到提升，就在很大程度上盘活了股市，增加了流动性。

4. 套期保值

融资融券业务的引入实际上是在证券市场中正式引入了做空机制，这给了投资者另一个有效规避风险的途径。做空用于套期保值一般可以通过以下途径进行：投资者持有股票，同时融券做空该标的，在股票价格下降时，做空端的收益可以用来补偿股价下跌的损失，从而达到套期保值的目的。

(三) 在中国的发展

与发达国家相比，融资融券这种风险相对高的交易机制在中国推出较晚。融资融券从政策到实施，主要经历了以下三个阶段。

1. 政策准备(2005—2007年)

2005年，新修订的《证券法》出台，其中对老证券法中的"融资融券交易的限制性条款"

相关条例的删除引起了市场的极大关注。一年后,证监会发布《证券公司融资融券试点管理办法》,这些由监管部门出台的相关政策文件表明融资融券业务在政策层面得到了认可。

2. 券商备战(2008—2010年)

在这一阶段中,证券公司进入了关于融资融券业务的实质性准备,在2008年国务院发布的《证券公司监督管理条例》等文件中,融资融券业务被正式列入证券公司的业务范围,即得到相关业务资格的证券公司可以对投资者开展融资融券业务。同时,证监会针对融资融券业务展开对多家券商的全网测试,结果基本符合标准。可以说,正式启动将不日成为现实。

3. 正式启动(2010年至今)

2010年,证监会发布《关于融资融券业务试点的指导意见》,并紧接着公布了第一批允许从事融资融券业务的6家券商。同年3月30日,上交所和深交所的融资融券业务正式开启。至此,我国融资融券业务真正走向市场实际操作的全新阶段。

在两融政策试点刚刚开始的一年半时间里,我国并不存在证券金融公司,直到2011年10月,中国证券金融股份有限公司才成立。

【知识窗】证金公司

中国证券金融股份有限公司(简称证金公司),成立于2011年10月28日,是经国务院同意、证监会批准设立的全国性证券类金融机构,股东包括:上海证券交易所、深圳证券交易所、上海期货交易所、中国证券登记结算有限责任公司、中国金融期货交易所、大连商品交易所和郑州商品交易所,成立初衷是为证券公司融资融券业务提供配套服务。

2015年股灾期间,证金公司成为救市"国家队"的主力。证监会于2015年7月3日宣布,证金公司进行第三次增资扩股,注册资本从240亿元增资到约1 000亿元。此后央行宣布给予证金公司无上限的流动性支持,根据证金公司的需求向其提供充足的再贷款。证金公司的救市途径之一是直接进场买股,另一途径是向21家证券公司提供2 600亿元的信用额度,用于增持股票。截至2015年年末,证金持股占"国家队"总持仓的43.96%,持股市值达到全市场自由流通市值的2.62%。

自2010年3月底推出融资融券交易制度以来,标的证券从最早的上证50指数和深证成指中合计90只股票到现在的数量不断扩大。表7-4展示了中国融资融券业务的每日数据。

表7-4 中国融资融券业务日数据

	融资融券交易额(亿元)	融资买入额(亿元)	融券卖出额(亿元)	融资融券余额(亿元)	融资余额(亿元)	融券余额(亿元)	融资融券担保资产总额(亿元)	平均维持担保比例(%)
2020年6月19日	783.3	754.7	28.6	11 304.5	11 007.4	297.1	37 521.4	281.3
2020年6月18日	775.9	745.8	30.1	11 303.1	11 006.8	296.3	37 219.4	280.1
2020年6月17日	709.3	683.2	26.1	11 247.1	10 958.0	289.1	37 052.1	279.6

第三节 资本市场

资本市场是指期限在一年以上的各种资金借贷和证券交易的场所。

资本市场上的交易对象是一年以上的长期证券。因为在长期金融活动中,涉及资金期限长、风险大,具有长期较稳定收入,类似于资本投入,故称之为资本市场。资本市场主要由股票市场和债券市场构成。

【学习检查】如果你是企业老板,需要融资,你选择发行股票还是债券?

一、股票市场

股票是股份证书的简称,是股份公司为筹集资金而发给股东的凭证,是股东借以取得股息和红利的一种有价证券。每股股票都代表着股东对企业的所有权,这种所有权是一种综合权利,如参加股东大会、投票表决、参与公司的重大决策、收取股息或分享红利等。

(一)股票分类

通常按照股东权利的不同将股票分为普通股、优先股和后配股。

1. 普通股

普通股是指在公司的经营管理、盈利及财产的分配上享有普通权利的股份。普通股股东的权利主要包括公司决策参与权、利润分配权、优先认股权、剩余资产分配权。在利润分配和剩余资产分配的过程中,普通股东的分配顺序位于债权人和优先股股东之后。即企业进行利润分配或破产清算时,在满足债权人的偿付要求并满足优先股股东的收益权和求偿权后,剩余利润或财产再分配给普通股股东。普通股构成公司资本的基础,是股票的一种基本形式,也是发行量最大、最为重要的股票。目前在上海和深圳证券交易所中交易的股票,都是普通股。

2. 优先股

优先股是相对普通股而言享有某些优先权的股票,主要体现在优先股通常拥有固定的股息(类似于债券),且须在派发普通股股息之前派发;破产清算时优先股股东对公司剩余资产的索取权先于普通股股东(但在债权人之后)。在享有优先权的同时,优先股股东的其他权利是受限的,例如优先股股东对公司日常经营管理事务没有表决权,其对公司经营的影响力要小于普通股股东。

优先股制度最早诞生于17世纪或更早的欧洲,近20年得到快速发展,在国外已经非常成熟,是海外上市公司常用的融资手段。美国拥有超过100年的优先股发行历史,是全球最大的优先股市场。

优先股制度在中国起步较晚,2014年3月21日,证监会发布《优先股试点管理办法》,标志着优先股在中国正式启动。上市公司发行优先股均为非公开发行,即仅向特定对象发行优先股,通常这些特定发行对象为符合《优先股试点管理办法》和其他法律法规的合格投资者,且发行对象数量通常在两百人以内。优先股的票面金额为 100 元,按票面金额发行,票面股息率通常不高于公司最近两个会计年度加权平均资产收益率。2014 年 4 月 3 日,原银监会和证监会印发《关于商业银行发行优先股补充一级资本的指导意见》,要求非上市银行发行优先股的,需申请在全国中小企业股份转让系统挂牌公开转让股票,纳入非上市公众公司监管。2019 年 7 月 19 日对此意见进行了修订:股东人数累计超过 200 人的非上市银行,在满足发行条件和审慎监管要求的前提下无须在新三板挂牌即可直接发行优先股。中国商业银行于 2014 年开始发行优先股用于补充其他一级资本。在 2019 年无固定期限资本债券推出以前,优先股是商业银行唯一的其他一级资本工具。

3. 后配股

后配股股票又称劣后股股票,与优先股相反,是指利润分配和剩余财产分配后于普通股的股票。后配股的权利与普通股相同,也有参加企业经营、分配红利的权利。但是,它的主要特点在于一股可以有几票表决权,一般投资者对它并不感兴趣,主要是公司发行人或少数希望掌握公司控制权的人持有后配股。

【学习检查】普通股、优先股、后配股分别适合哪种类型的投资者,它们满足了哪些不同的投资需求?

(二) 发行市场

股票发行市场也叫一级市场,是指公司直接或通过中介机构向投资者出售新发行股票的市场。新发行股票即首次公开募股(Initial Public Offering,IPO)是指企业通过证券交易所首次公开向投资者发行股票募集资金的过程,即我们通常所说的"上市"。而发行人在申请发行股票的过程中必须遵循的一系列程序化的规范,称为股票发行制度。

股票发行制度主要有三种:审批制、核准制和注册制。每一种发行监管制度都对应一定的市场发展状况。

审批制是一国在股票市场的发展初期,为了维护上市公司的稳定和平衡复杂的社会经济关系,采用行政和计划的办法分配股票发行的指标和额度,由地方政府或行业主管部门根据指标推荐企业发行股票的一种发行制度。

核准制,依据中国现行的证券法,是指证券主管机关对发行人申报信息和材料的全面性、真实性和准确性进行形式审查;对拟发行证券的投资价值是否符合法律或证券监管者规定的必要条件进行实质审查,并最终作出发行人是否符合发行条件的判断。证券发行人只有在收到证券主管机关的核准函之后,才能发行证券。

注册制是指证券发行申请人依法将与证券发行有关的一切信息和资料公开送交主管机构审查,主管机构只负责审查发行申请人提供的信息和资料是否履行了信息披露义务的一种制度。其最重要的特征是:在注册制下证券发行审核机构只对注册文件进行形式审查,不进行实质判断。

我国股票发行制度先后经历了审批制、核准制和注册制。

20 世纪 90 年代我国的股票市场成立初期,主要是为国企解决资金困难的问题,股票发行实行"总量控制""额度管理"的审批制,能够获得上市资格的企业多是国企,计划经济与政府干预色彩浓厚。

2000年3月17日,证监会颁布《股票发行核准程序》。2001年3月17日,股票发行核准制正式启动,行政色彩浓厚的审批制退出了历史舞台。但在核准制下,监管机构可以通过是否核准来控制发行数量和速度,加之核准程序的时间过长,因此新股的发行远远不能满足企业的融资需求和投资者的投资需求。发行过程的高成本和上市资格的稀缺,使得一些本身价值很低的垃圾股获得了远高于自身价值的"壳价值",造成了价格信号的扭曲。同时,"核准制"也极易产生权力寻租和腐败,不利于资本市场的健康发展。随着市场化的不断发展,核准制已经不能满足市场的要求,其弊端日渐凸显,市场对注册制改革的呼声也越来越高。

2015年12月,全国人大常委会通过改革股票发行注册制的决定,授权国务院调整《中华人民共和国证券法》中的相关规定。2019年1月,证监会发布《关于在上海证券交易所设立科创板并试点注册制的实施意见》。2020年3月1日正式实施的新《证券法》明确资本市场将全面推行注册制。2020年6月12日,《创业板首次公开发行股票注册管理办法(试行)》《创业板上市公司证券发行注册管理办法(试行)》《创业板上市公司持续监管办法(试行)》以及《证券发行上市保荐业务管理办法》等多条创业板注册制改革的相关制度规则发布,自公布之日起施行。2020年6月15日起,深交所开始受理创业板在审企业的首次公开发行股票、再融资、并购重组申请,创业板正式迈入注册制时代。

与核准制度相比,注册制是一种更为市场化的股票发行制度,以信息披露为中心,股票发行时机、规模、价格等由市场参与各方自行决定,监管部门审核的重点在于信息披露的齐备性、一致性和可理解性,不再对企业发展前景和投资价值做判断,投资者对发行人的资产质量、投资价值自主判断并承担风险。

在注册制下,选择股票和新股定价的权利交由市场,最大限度地发挥市场的作用,将提高资源的配置效率,减少权力的寻租空间,使"壳资源"失去价值,体现公开、公平和公正的市场原则。

(三) 交易市场

股票交易市场又称股票二级市场或流通市场,是指由股票持有人买卖或转让已发行的股票所形成的市场,包括交易所市场和场外交易市场两大类别。中国大陆股票交易市场目前有主板、中小板、创业板、科创板和新三板。

1. 主板

也称为一板市场,指传统意义上的证券市场(通常指股票市场),是一个国家或地区证券发行、上市及交易的主要场所。主板市场对发行人的营业期限、股本大小、盈利水平、最低市值等方面的要求标准较高,上市企业多为大型成熟企业,具有较大的资本规模以及稳定的盈利能力。中国大陆主板市场的公司在上交所和深交所两个市场上市。主板市场是资本市场中最重要的组成部分,很大程度上能够反映经济发展状况,有"国民经济晴雨表"之称。

2. 中小板

有些企业的条件达不到主板市场的要求,但符合中小板市场上市条件,故选择在此上市。中国中小板市场的上市公司的代码是002开头的。

3. 创业板

又称二板市场,即第二股票交易市场,专为暂时无法在主板上市的创业型企业、高科技企业等需要进行融资和发展的企业提供融资途径和成长空间的证券交易市场,在资本市场有着重要的位置。在中国的创业板的市场代码是以 300 开头的。创业板的上市要求往往更加宽松，主要体现在成立时间、资本规模、中长期业绩等的要求上。由于新兴的二板市场上市企业大多是创业型企业，因此称为创业板。在创业板市场上市的公司大多从事高科技业务，具有较高的成长性和较大的成长空间，但往往成立时间较短、规模较小，业绩也不突出。可以说，创业板是门槛低、风险大、监管严格的股票市场，也是孵化科技型、成长型企业的摇篮。

【他山之石】纳斯达克

纳斯达克（NASDAQ），是（美国）全国证券交易商协会自动报价系统（National Association of Securities Dealers Automated Quotations）的简称，创立于 1971 年，为世界第一个电子证券交易市场，是目前世界上第一大的证券交易所。

一般来说，在纳斯达克挂牌上市的公司以高科技公司为主，这些大公司包括微软、苹果、英特尔、戴尔、思科等等。部分中国企业也在纳斯达克挂牌上市，包括新浪、网易、百度等互联网企业。

2006 年纳斯达克宣布将股票市场分为三个层次：纳斯达克全球精选市场、纳斯达克全球市场（即原来的"纳斯达克全国市场"）以及纳斯达克资本市场（即原来的纳斯达克小型股市场）。纳斯达克全球精选市场在财务和流通性方面的要求高于世界上任何其他市场，列入纳斯达克精选市场是优质公司成就与身份的体现。纳斯达克全球市场的上市标准介于精选市场和资本市场之间，主要用来吸引中等规模的企业。纳斯达克资本市场是专为成长期的公司提供的市场，财务指标要求没有全球市场上市标准那样严格，当小资本额公司发展稳定后，通常会提升至纳斯达克全球市场。由于纳斯达克对已经挂牌的企业仍进行标准审查，对不符合标准的企业具有较为完善的退市制度，因此每个层次中的挂牌股票数量处于不断变动之中。

4. 科创板

中国的科创板（Sci-Tech innovation board，STAR Market）是独立于现有主板市场的新设板块，并在该板块内进行注册制试点。科创板上市公司主要集中于成长性好的高新技术和战略性新兴产业，多处于快速发展阶段，符合国家战略和经济结构调整方向。2019 年 6 月 13 日，科创板正式开板；7 月 22 日，科创板首批公司上市。

5. 新三板

中国的新三板市场原指中关村科技园区非上市股份有限公司进入代办股份系统进行转让试点，因为挂牌企业均为高科技企业，而不同于原转让系统内的退市企业及原 STAQ、NET 系统挂牌公司，故形象地称为"新三板"。目前，新三板不再局限于中关村科技园区非上市股份有限公司，也不局限于天津滨海、武汉东湖以及上海张江等试点地的非上市股份有限公司，而是全国性的非上市股份有限公司股权交易平台，主要针对的是中小微型企业。

【学习检查】 纳斯达克市场的发展历程以及分层制度对新三板分层有何借鉴意义？

【知识窗】新三板分层制度

2016 年 5 月 27 日，《全国中小企业股份转让系统挂牌公司分层管理办法（试行）》正式发布。自 6 月 27 日起,新三板市场将正式对挂牌公司实施分层管理。

分层后的新三板将分为创新层和基础层,针对挂牌公司分别从历史业绩、成长性和市场认可三个方面建立准入标准,满足下列三个条件之一的挂牌公司可以进入创新层:

(1) 最近两年连续盈利,且年平均净利润不少于 2 000 万元(以扣除非经常性损益前后孰低者为计算依据);最近两年加权平均净资产收益率平均不低于 10%(以扣除非经常性损益前后孰低者为计算依据)。

(2) 最近两年营业收入连续增长,且年均复合增长率不低于 50%;最近两年营业收入平均不低于 4 000 万元;股本不少于 2 000 万股。

(3) 最近有成交的 60 个做市转让日的平均市值不少于 6 亿元;最近一年年末股东权益不少于 5 000 万元;做市商家数不少于 6 家;合格投资者不少于 50 人。

未进入创新层的挂牌公司进入基础层。

2019 年 10 月 25 日,证监会宣布从优化发行融资制度、完善市场分层等五方面对新三板进行全面改革,同时设立精选层。在精选层挂牌一定期限且符合交易所上市条件和相关规定的企业,可以直接转板上市。2020 年 6 月 3 日,证监会发布《关于全国中小企业股份转让系统挂牌公司转板上市的指导意见》,明确了转板上市的范围、条件、程序等有关要求。符合条件的新三板挂牌公司可以申请转板至上交所科创板或深交所创业板上市。申请转板上市的企业应当为新三板精选层挂牌公司,且在精选层连续挂牌一年以上。

创新层企业进入精选层,第一,需要满足企业公开发行、股权分散度指标和负面清单等硬性要求。其中公众性要求方面,要求发行对象不少于 100 人、股份不少于 100 万股、股本总额不少于 3 000 万元、股东人数不少于 200 人、公众股东持股比例不低于 25% 等。公司最近三年财务会计文件无虚假记载,发行人以及控股股东实际控制人不存在贪污贿赂、侵占财产等刑事犯罪,不存在欺诈发行、重大信披违法或涉及国家安全等方面的重大违法行为,而且还要求最近 12 个月内未受到证监会的行政处罚。第二,需要满足市值和财务的四套标准中之一:(1) 对于已有稳定高效盈利模式的盈利性公司,最低是 2 亿元市值;(2) 对于盈利模式清晰、业务快速发展的成长型公司,要求 4 亿元市值;(3) 对于具有一定研发能力且研发成果已初步实现业务收入的研发型企业,8 亿元市值的要求;(4) 市场认可度高、研发创新能力强的创新型企业,最低 15 亿元市值要求。

(四) 股票价格指数

1. 定义

股票指数,即股票价格指数,是由证券交易所或金融服务机构编制的表明股票行市变动的一种供参考的指示数字,是股票市场中的重要信息,例如我国的上证指数,就是反映上海证券交易所挂牌股票总体走势的统计指标。

2. 编制方法

在编制股价指数时,首先要选择若干只股票作为计算对象,其次要确定基期,即设立一个参照,将需要计算的报告期股价与基期股价相比较,获得相对值。通常规定基期指数为 100 或 1 000。

股价指数编制方法主要有算术平均法、综合平均法和加权综合法。

(1) 算术平均法。计算公式为:

$$I = \frac{1}{n}\sum_{i=1}^{n}\frac{P_{1i}}{P_{0i}}I_0$$

其中,I 为报告期股价指数,I_0 为基期股价指数,n 为选定的股票数量,P_{1i} 和 P_{0i} 分别为报告期和基期单只股票的价格。

(2) 综合平均法。计算公式为:

$$I = \frac{\sum_{i=1}^{n}P_{1i}}{\sum_{i=1}^{n}P_{0i}}I_0$$

其中,I 为报告期股价指数,I_0 为基期股价指数,n 为选定的股票数量,P_{1i} 和 P_{0i} 分别为报告期和基期单只股票的价格。

(3) 加权综合法。从算术平均法和综合平均法的计算来看,两者都未考虑到由于股票发行量和交易量不同,对整体股价的影响程度也是不同的。因此,为了更好地反映股价整体的变动情况,需要对不同的股票设置不同的权数,这个权数通常是交易量或发行量。

根据选定的权数不同,有不同的计算公式,常见的计算方法有:

以报告期交易量为权数: $I = \dfrac{\sum_{i=1}^{n}P_{1i}Q_{1i}}{\sum_{i=1}^{n}P_{0i}Q_{1i}}I_0$

以报告期发行量为权数: $I = \dfrac{\sum_{i=1}^{n}P_{1i}W_{1i}}{\sum_{i=1}^{n}P_{0i}W_{1i}}I_0$

由于上市股票种类繁多,计算全部上市股票的价格平均数或指数的工作是艰巨而复杂的,且其特征性不够明显。因此交易所或金融机构常根据上市公司的行业分布、经济实力、资信等级等因素,选择适当数量的有代表性的股票,作为编制指数的样本股票,计算这些样本股票的价格平均数或指数,用以表示整个市场或特定类型的股票价格总趋势及涨跌幅度。

3. 世界主要股价指数

(1) 道琼斯指数。道琼斯指数是世界上历史最为悠久的股票指数,它的全称为股票价格平均指数。如今的道琼斯股票价格平均指数是以 1928 年 10 月 1 日为基期,该日收盘时的道琼斯股票价格平均数恰好约为 100 美元。道琼斯股票价格平均指数共分四组:工业、运输业、公用事业平均指数以及综合指数,其中广为引用的道琼斯工业指数由 30 种有代表性的大工商业公司的股票组成,大致反映了美国整个工商业股票的价格水平。

(2) 标普 500 指数。由标准·普尔公司编制,发布于 1923 年,最初采选 230 种股票,编制两种股票价格指数。到 1957 年,这一股票价格指数的范围扩大到 500 种股票,分成 95 种组合。该指数以 1941—1943 年的周平均数为基期,基点数为 10,对采样股票通过市值加权平均计算得出。

【环球视野】美股熔断

2020 年,巴菲特说:"我活了 89 岁,只见过一次美股熔断",那是发生于美国时间 1997 年

10月27日。此后的2020年3月9日、12日、16日、19日,巴菲特又见证美股4次熔断。

所谓熔断机制是指当股市跌到一定幅度之后,市场自动停止交易一段时间,可能是几分钟,也可能是全天交易就此终止。这样做的主要目的是防范恐慌情绪进一步扩散,给市场带来更大的冲击。美国推出熔断机制的动因是1987年的"黑色星期一"。1987年10月19日,道指暴跌508.32点,跌幅22.6%。3个月之后,1988年2月熔断机制出台,10月首次开始实施。美国熔断机制可以分为三级:一级市场熔断,是指市场下跌达到7%;二级市场熔断,是指市场下跌达到13%;三级市场熔断,是指市场下跌达到20%。基于一级市场熔断、二级市场熔断的全市场交易暂停,一天只触发一次,除非价格下跌触发二级市场熔断。全天任意交易时段,如果触发三级市场熔断,全市场停止交易,直至下个交易日开盘。

---

(3) 伦敦金融时报100指数。伦敦金融时报100指数(或伦敦金融时报100种股价指数),简称富时100指数。创立于1984年1月3日,是在伦敦证券交易所上市的最大的100家公司的股票指数。该指数与法兰克福DAX指数、法国CAC40指数并称欧洲三大股指,是观察欧洲经济变化的重要指标。

(4) 法兰克福DAX指数。由德意志交易所集团推出的蓝筹股指数,该指数中包含30家主要的德国公司。DAX指数于1987年推出,1988年7月1日起开始正式交易,基准点为1 000点。DAX指数是全欧洲与英国伦敦金融时报指数齐名的重要证券指数,也是世界证券市场中的重要指数之一。

(5) 法国CAC40指数。由巴黎证券交易所编制的法国股价指数,由40只法国股票按市值加权得到,基期为1987年底,从1988年6月5日开始发布。CAC40指数的成分股每季都会受到审核,以确保这40个成员公司的蓝筹股地位、在法国股市有一定的影响力、有一定的交易量以及能反映出法国股票市场的整体状况。

(6) 日经225指数。由日本经济新闻社编制并公布。由于采用美国道·琼斯公司的修正法计算,也称为日经·道琼斯225指数。所选样本为在东京证券交易所第一市场上市的股票,样本选定后原则上不再更改。由于从1950年一直延续下来,因而其连续性及可比性较好,成为考察和分析日本股票市场长期演变及动态的最常用和最可靠指标。

此外,还有如下一些国家股票指数:荷兰AEX、瑞典OMXSP、俄罗斯RTS、比利时BFX、挪威OSEAX、奥地利ATX、西班牙IBEX35、圣保罗IBOVESPA、墨西哥MXX、多伦多综指、阿根廷MERV、印度Sensex30、马尼拉综指、澳大利亚普通股、以色列TA100、泰国SET指数、印尼雅加达综指、马来西亚综指。

(7) MSCI指数。全称为摩根士丹利资本国际指数(Morgan Stanley Capital International Index),是指投资银行摩根士丹利所编制的一系列股价指数,涵盖不同的行业、国家以及区域。MSCI指数是在投资界最为广泛使用的用以代表各国家、地区资本市场表现的参考指数,目前全球直接或间接跟踪MSCI指数的资金规模约为9.6万亿美元。

【国际视野】中国A股纳入三大国际指数

从2018年开始,A股开始相继被纳入MSCI、富时罗素、标普道琼斯等国际指数且指数比重逐步提高。至2020年6月完成了首阶段国际化进程。

MSCI 于 2018 年 6—9 月、2019 年 5 月、8 月、11 月将 A 股大盘股纳入比例逐步提升至 5%、10%、15%、20%。MSCI 全球指数、新兴市场指数的跟踪资金规模分别约为 1.6 万亿美元、3.2 万亿美元。富时罗素将 A 股的纳入因子比例于 2019 年 6 月、9 月分别提升至 5%、15%,并在 2020 年 3 月决定将其提升至 25%。富时罗素全球市场指数、新兴市场指数的跟踪资金规模分别为 16 507 亿美元、493 亿美元,纳入三步后 A 股在富时罗素全球市场指数中的占比分别为 0.11%、0.33%、0.56%,在新兴市场指数的占比分别为 1.11%、3.33%、5.56%。而标普道琼斯新兴市场指数于 2019 年 9 月以 25% 的比例纳入 A 股,标普道琼斯新兴市场 BMI 指数跟踪资金规模为 1 898 亿美元,A 股在该指数中的占比为 6.2%。

下一阶段纳入比例继续提高主要面临对冲工具不足、互联互通中的假期风险等约束。

---

4. 中国主要股价指数

(1) 上证综合指数。反映上海证券交易所挂牌股票总体走势的统计指标。上证综合指数以 1990 年 12 月 19 日为基期,基期值为 100,以全部的上市股票为样本,按照市值加权平均进行编制。上证指数于 1992 年增设上证 A 股指数与上证 B 股指数,1993 年又增设了上证分类指数,即工业类指数、商业类指数、地产业类指数、公用事业类指数、综合业类指数,以反映不同行业股票的各自走势。

(2) 深圳成分指数。由深圳证券交易所编制的一种成分股指数,1995 年开始编制并实时对外发布。从上市的所有股票中抽取具有市场代表性的 40 家上市公司的股票作为计算对象,并以流通股为权数计算得出的加权股价指数,综合反映深交所上市 A、B 股的股价走势。

(3) 香港恒生指数。由香港恒生银行于 1969 年 11 月 24 日发布。以 1964 年 7 月 31 日为基期,基点确定为 100 点。其计算方法是将 33 种成分股按每天的收盘价乘以各自的发行股数为计算日的市值,再与基期的市值相比较,乘以 100 就得出当天的股票价格指数。

(4) 台湾加权指数。由台湾证券交易所编制,是反映台湾整体市场股票价值变动的指标。其计算方法为市值加权,采样样本为所有挂牌交易中的普通股,以 1966 年为基期,基期指数 100。

【知识窗】ETF(交易型开放式指数基金)

ETF(Exchange Traded Funds)又称交易型开放式指数基金,是一种跟踪"标的指数"变化、且在证券交易所上市交易的基金。ETF 通常由基金管理公司管理,基金资产为一篮子股票组合,组合中的股票种类与数量比重与某一特定指数包含的成分股票相同。例如,上证 50 指数包含中国银行、中国石化等 50 只股票,上证 50 指数 ETF 的投资组合也应该包含中国银行、中国石化等 50 只股票,且投资比例同指数样本中各只股票的权重对应一致。

ETF 属于开放式基金的一种特殊类型,它综合了股票和开放型基金的优点,投资者既可以像交易股票一样在二级市场买卖 ETF 份额,又可以向基金管理公司申购或赎回 ETF 份额。

ETF 的申购和赎回采用实物申赎机制。ETF 的基金管理人每日会根据基金资产净值、投资组合以及标的指数的成分股情况,公布"实物申购与赎回"清单。投资人可依据清单内容,将一篮子股票交付 ETF 的基金管理人而取得"实物申购基数"或其整数倍的 ETF,称之为实物申购。实物赎回则是与之相反的程序,即投资人将"实物申购基数"或其整数倍的

ETF 转换成一篮子股票的过程。

通过复制指数和实物申赎机制，ETF 大大节省了研究费用、交易费用等运作费用，因此 ETF 的管理费和托管费不仅远低于积极管理的股票基金，而且低于跟踪同一指数的传统指数基金。

（五）程序化交易

传统的交易决策都是由人来执行，但人的反应速度和操作速度有限，仅依靠人力无法在短时间内进行多品种的交易操作。而通过既定程序或特定软件，自动生成或执行交易指令显然比人迅速得多，可以同时完成一揽子证券的交易。这种利用电脑程序执行的交易行为即称为程序化交易。

除了执行速度快外，程序化交易还能规避人在交易中不恰当的主观性，即人在策略执行时的情感波动、犹豫不决。程序化交易按照预先设置好的交易模型和规则，在模型条件被触发的时候，由计算机瞬间完成组合交易指令，实现自动下单，保证了投资策略的稳定执行。

尽管程序化交易有诸多优点，其有效性的基础是交易模型、程序语言本身的正确性，如果程序自身存在问题，其造成的后果也是迅速且巨大的。由程序化交易引起的交易失误中最典型的，就是 2013 年的"光大乌龙指"事件。

【学习检查】 程序化交易会产生哪些影响？

【案例】"光大乌龙指"事件

2013 年 8 月 16 日上午 11 时 5 分，上证指数在毫无征兆的情况下三分钟内暴涨超过 5%，多只权重股瞬间出现巨额买单。大批权重股瞬间被一两个大单拉升之后，又跟着涌现出大批巨额买单，带动了整个股指和其他股票的上涨，多达 59 只权重股瞬间封涨停。

午后开市，光大证券停牌，同时发布公告称，自营业务在使用其独立的套利系统时出现问题，公司正在进行相关核查和处置工作。至此，此次指数异常波动被确认为光大证券"乌龙指"所导致。投资者在得知真相后，人气涣散，指数逐级回落，至收盘上证指数收跌 0.64%。

据证监会调查，这次事件的直接原因是光大证券策略投资部门交易员在进行套利操作时，发现有 24 个个股申报不成功，就尝试使用系统中的"重下"（重新下单）功能对未成交的股票自动补单。但这个功能并未在正式使用前经过验证，程序中"买入个股函数"被写错为"买入 ETF 一篮子股票函数"，结果生成了巨量订单。其中 6 413 笔委托直接发送到交易所，成交 72.7 亿元人民币。

证监会事后认定，光大证券在 8 月 16 日公开披露错单前，通过转化卖出 ETF、卖空股指期货等的获利 7 414 万元，及披露后继续卖空避险获利 1 307 万元合计 8 721 万元为非法获利。对此没收光大证券违法所得 8 421 万元，并处以五倍罚款 5.2 亿元人民币。

（六）股权收购

股权收购是指通过购买目标公司股东的股份，获得目标公司全部或部分股权，进而取得对目标公司控制权的收购行为。股权收购包括协议收购和通过二级市场增持两种形式。

1. 协议收购

协议收购是指投资者在证券交易场所之外与目标公司的股东（主要是持股比例较高的大股东）就股票价格、数量等方面进行私下协商，购买目标公司的股票，以期达到对目标公司的控股或兼并目的。

我国上市公司中大量的非流通股股份（包括国家股、法人股等）是通过协议收购进行的。因此，国家对协议收购的监管比较严格，尤其是国家股股权的转让更要遵循国家主管部门关于股份转让的相关规定。协议收购采取个别协议方式进行，不必对全体股东发出收购要约，并可对不同股东采取不同的收购价格和收购条件。统计显示，在2019年6月—2020年6月之间两市共发生10 504起并购事件，其中6 157起为协议收购。

2. 二级市场收购

除了协议收购外，另一种收购方式是通过证券交易所的买卖交易使收购者持有目标公司的股份。按照我国《证券法》规定，投资者持股达到30%的法定比例之后，若要继续增持股份，收购方必须公开向目标公司全体股东发出要约，待目标公司股东确认后，方可实行收购，即要约收购。要约收购是多数西方国家证券市场最主要的收购形式，其最大的特点是在所有股东平等获取信息的基础上由股东自主作出选择，因此被视为完全市场化的规范的收购模式，有利于防止各种内幕交易，保障全体股东尤其是中小股东的利益。2019年6月至2020年6月，两市共发生77起要约收购。

【学习检查】 为什么说"万科股权之争"将成为中国股市乃至中国经济发展史上的标志性事件？

【案例】万科股权之争

万科企业股份有限公司成立于1984年，A股市值约2 700亿元，是目前中国最大的专业住宅开发企业。万科集团原第一大股东华润持有约15%的股份，但华润一直是纯粹财务投资者身份，不插手万科经营事务。而包括王石、郁亮等高管在内的管理层持股总数只有1%左右。万科本身的股权分散，使其成为股权争夺的对象。

2015年起，姚振华、姚建辉执掌的"宝能系"大量买入万科股票，至8月"宝能系"已总计持有万科15.04%的股票，超越华润成为万科的第一大股东。随后华润两次增持股票，夺回第一大股东之位。12月初"宝能系"再度增持，截至12月11日，"宝能系"共持有万科约22.45%股份，成为第一大股东。万科管理层认为"宝能系"信用不足、短债长投风险较大，不欢迎宝能成为第一大股东。

2016年3月13日，万科公告宣布引入新的战略投资伙伴——深圳市地铁集团有限公司。如交易成功，深圳地铁集团将成为万科的重要股东。借此，深圳地铁将持有万科20.65%的股权，跃居第一大股东，而目前第一大股东宝能系将退居第二，华润股份被摊薄至12.15%，在股东排名中仅位列第三，这是华润所不能接受的。在6月17日万科召开的审议引入深铁预案的董事会上，华润派驻的三位董事均投了反对票。

2016年6月27日，在万科股东大会上，宝能提出罢免包括王石、乔世波、郁亮在内的万科10名董事。但该提案未得到华润方面的支持，且董事会不同意召开临时股东大会讨论该罢免提案。

7月4日,万科A复盘,在之后的两周多时间内股价从24.43元跌至最低点17元,给杠杆操作的宝能系带来巨大的资金压力。

7月19日,万科向监管部门提交《关于提请查处钜盛华及其控制的相关资管计划违法违规行为的报告》,称宝能系的九大资产管理计划违法违规。

2016年12月,前证监会主席刘士余就宝能系的所作所为公开发表"妖精论",指责"有的人集土豪、妖精及害人精于一身,拿着持牌的金融牌照,进入金融市场,用大众的资金从事所谓的杠杆收购"。

2017年6月,万科的"白衣骑士"深地铁最终取得了对万科的控制权。

这场围绕万科股权,宝能、华润、安邦、深铁、万科管理层以及中小股东之间展开的多方博弈,被称为"万科股权之争"或"宝万之争"。

值得注意的是,部分要约收购的目的不仅是得到目标公司的控制权,还包括使得上市公司退市,即上市公司私有化。上市公司私有化是指由上市公司大股东作为收购建议者所发动的收购活动,目的是要全数买回小股东手上的股份,买回后该公司将取消上市资格,变为大股东本身的私有公司。这是资本市场一类特殊的并购操作,它与其他并购操作的最大区别就是它的目标是使被收购上市公司下市,由公众公司变为私人公司。

2015年,收到大股东私有化要约的中概股多达32家。进入2016年,智联招聘、酷6传媒、聚美优品先后宣布私有化方案。2010—2018年,60家在美国上市的中概股宣布私有化退市,其中10家在2019年1月1日之前宣布在A股上市。以聚美优品为例,2014年5月,聚美优品在美国IPO,公司以每股22美元的价格发行了1 110万股美国存托凭证,上市首日股价最高达到28.28美元。在2015年9月后,公司股价长期位于10美元左右。2016年2月11日,聚美创出历史新低4.9美元。2016年2月17日,聚美优品宣布收到来自公司CEO陈欧、红杉资本等递交的私有化申请,准备以每ADS存托股7美元的价格进行私有化。该私有化价格不及发行价的三分之一,引起了投资者的不满,两百多位投资者将对聚美优品提起诉讼,连署股份占比达到10%,这是在中概股维权历史上从未出现过的。2020年1月12日,陈欧及其买方团再次开出每ADS存托股20美元的价格,比要约前一个交易日的收盘价溢价14.7%,较协议签订前一个交易日收盘价溢价近30%。同年4月27日,聚美优品正式从纽交所退市。

二、债券市场

(一)债券与股票的差异

债券是发债人为筹措资金而向投资者出具的,承诺按票面标的面额、利率、偿还期等给付利息和到期偿还本金的债务凭证。

股票和债券虽然都是有价证券,都可以作为筹资手段和投资工具,但两者却有明显区别。

1. 发行主体不同

作为筹资手段,无论是国家、地方公共团体还是企业,都可以发行债券,而股票则只能是股份制企业才可以发行。

2. 收益稳定性不同

债券在购买之前,利率已定,到期就可以获得固定利息,而不管发行债券的公司经营获利与否。股票一般在购买之前不定股息率(优先股除外),股息收入随股份公司的盈利情况而定。

3. 保本能力不同

债券到期可回收本金,股票则无到期之说。股票本金一旦交给公司,就不能收回,只要公司存在,就永远归公司支配。公司一旦破产,还要看公司剩余资产清盘状况,那时甚至连本金都会蚀尽。

4. 经济利益关系不同

债券所表示的是对公司的一种债权,债券持有者无权过问公司的经营管理。而股票所表示的则是对公司的所有权,股票持有者有权直接或间接地参与公司的经营管理。

5. 风险性不同

债券由于其偿还期限固定,最终收益固定,因此其市场价格也相对稳定。股票的交易转让周转率高,市场价格变动幅度大,可能暴涨暴跌,安全性低,风险大,但却有可能获得很高的预期收入,因而能够吸引不少投资者参与到股票交易中来。

6. 求偿次序不同

股东的排列次序在债权人之后,当公司由于经营不善等原因破产时,债权人有优先取得公司财产的权利,其次是优先股股东,最后才是普通股股东。

(二) 债券分类

根据不同的划分标准,债券可分为多种类型。

1. 按币种分

按币种分为人民币债券和外币债券。

(1) 人民币债券是以人民币作为结算单位的债券,定期获得利息、到期归还本金及利息皆以人民币支付。人民币债券占据当前中国债券市场的绝大部分份额,达到托管量和交易结算量的99%以上。2010年,麦当劳成为首个发行人民币债券的外资企业。2007年6月8日,中国人民银行与国家发展和改革委员会联合发布《境内金融机构赴香港特别行政区发行人民币债券管理暂行办法》。国家开发银行随后首次在香港发售人民币债券;2009年,外资银行汇丰银行(中国)及东亚银行(中国)获准在香港发行人民币债券。2012年4月18日,汇丰控股宣布在伦敦发行一笔人民币债券。2014年9月12日,国家开发银行获准在伦敦发行总值20亿元的人民币债券,是首单在伦敦市场的中国准主权人民币债券。同日中、英共同宣布英国将成为首个发行人民币计价主权债务的西方国家,并将发行国债的收入作为英国政府的外汇储备。

(2) 外币债券是以外币表示的、构成债权债务关系的有价债券。2003年,国家开发银行在国内发行5亿美元金融债券,这是新中国建立以来在国内发行的第一笔外币债券。

2. 按发行主体分

按发行主体分为政府债券、金融债券和公司(企业)债券。

(1) 政府债券是政府财政部门或其他代理机构为筹集资金,以政府名义发行的债券。政府债券包括国债和地方政府债。其中,国债的发行人为中国财政部,主要品种有记账式国债和储蓄国债。其中,储蓄国债分为传统凭证式和电子式两类。传统凭证式国债通过商业银行柜台发行和分散托管,储蓄国债(电子式)在中央结算公司集中登记。地方政府债包括由中央财政代理发行和地方政府自主发行的由地方政府负责偿还的债券,它是地方政府筹措财政收入的一种形式,其收入列入地方政府预算,由地方政府安排调度。

2019年至2020年6月24日,财政部共发行236只国债,发行总额6.6万亿元;各类地方政府共发行地方政府债2 103只,发行总额7.8万亿元。

【学习检查】你是否认为目前中国的地方债务规模过大？地方债务对地方乃至全国经济发展有何影响？

【专栏】地方债与地方政府债务

凡属地方政府发行的公债称为地方公债,简称"地方债"。中国政府在2009年的全国"两会"上正式宣布,同意地方发行2 000亿元债券,由财政部代理发行。国务院明确规定,地方债券资金主要安排用于中央投资地方配套的公益性建设项目,及其他难以吸引社会投资的公益性建设项目。

首期地方政府债券新疆维吾尔自治区政府债券(一期)于2009年3月27日举行招标,于4月8日在上证所竞价系统和固定收益证券综合电子平台上市交易。交易方式为现券和新质押式回购。在此之后,2009年安徽省政府债券(一期)上市。

经国务院批准,2011年上海市、浙江省、广东省、深圳市开展地方政府自行发债试点。为加强对2011年自行发债试点工作的指导,规范自行发债行为,财政部制定了《2011年地方政府自行发债试点办法》(2011年10月17日)。2014年5月19日,试点范围扩大到10个省市。

除了发行地方债之外,地方政府还通过地方融资平台贷款、发行城投债券来筹措资金。到2014年底,这三类地方政府债务总额达到15.4万亿元,另外还有8.6万亿元的或有负债。如此庞大的债务规模,对地方政府而言每年仅债务利息就近1万亿元。

为了缓解地方政府债务庞大的问题,2014年10月,财政部向地方各级财政部门下发《地方政府性存量债务清理处置办法》规定:2015年12月31日前,对符合条件的在建项目后续融资,政府债券资金不能满足的,允许地方政府按照原渠道融资,推进项目建设。2015年12月31日之后只能通过省级政府发行地方政府债券方式举借政府债务。

此外,财政部还通过债务置换的方式,帮助地方政府改善债务结构。债务置换,就是经财政部甄别后,将地方政府那些期限短、利率高的债务置换成成本低、期限长的债务,从而缓解地方政府的偿债压力。2015年4月,财政部第一次向地方下发1万亿元置换债券额度,根据财政部测算,1万亿元的置换债券能让地方政府一年减轻利息负担400亿~500亿元。

---

(2) 金融债券是金融机构作为筹资主体发行的一种有价证券。根据wind分类,金融债券包括政策银行债、商业银行(普通)债、商业银行次级债券、保险公司债、证券公司债、证券公司短期融资券、其他金融机构债等。2019年—2020年6月24日,中国共发行金融债券2 169只,总额达11.1万亿元,其中政策银行债6.6万亿元,商业银行(普通)债0.8万亿元,商业银行次级债券1.6万亿元。

(3) 公司(企业)债券是公司(企业)依照法定程序发行的债券。在我国的金融市场中,公司债券和企业债券的主要区别在于:公司债的发行主体是股份有限公司或有限责任公司,即非公司制的企业不得发行公司债券,实务中由于大多数公司债的发行主体都是上市公司,因此公司债通常专指上市公司发行的债券,其发行受到证监会的审核和监管。企业债的发行主体为中央政府部门所属机构、国有独资企业或国有控股企业,由发改委对其进行审核和监管。2019年至2020年6月24日,中国共发行一般企业债546只,发行总额0.5万亿元;共发行一般公司债1 483只,总额约1.6万亿元。

【案例】"11超日债"违约事件

"11超日债"是上海超日太阳能科技股份有限公司于2012年3月7日发行的公司债券,该债券至2014年3月6日期满2年,第二期利息原定付息日为2014年3月7日,利息金额共计人民币8 980万元,每手"11超日债"(面值1 000元)应派发利息为人民币89.80元。

但在2014年3月4日晚,公司发布公告称本期利息无法于原定付息日2014年3月7日全额支付,仅能够按期支付人民币400万元,即每手"11超日债"(面值1 000元)派发利息4.00元。

在此之前,中国市场的债券尚未出现违约事件,因此市场存在隐形的刚性兑付,即投资者认为债券是保本保息的无风险投资。"11超日债"成为国内首例违约债券的同时,也宣告了隐形刚性兑付的正式结束,使投资者对债券风险有了更深刻的认识。

---

3. 按利率分

按利率分为固定利率债券、浮动利率债券、指数债券和零息债券。

(1) 固定利率债券是指发行时规定利率在整个偿还期内不变的债券。

(2) 浮动利率债券是指发行时规定债券利率随市场利率定期浮动的债券,其利率通常是在某一基准利率(例如LIBOR、SHIBOR等)之上加一个溢价来确定。

(3) 指数债券是指将利率与通货膨胀率挂钩来保证债权人不至于因物价上涨而遭受损失的公司债券,挂钩办法通常为:债券利率=固定利率+通胀率+固定利率×通胀率。

零息债券是指以低于面值的价格贴现发行、到期按面值兑现、不再另付利息的债券。

4. 按内含选择权分

按内含选择权分为可赎回债券、偿还基金债券、可转换债券和附认股权债券。

(1) 可赎回债券是指债券发行人可以在债券到期日前,以事先确定的价格向债券持有人提前赎回的债券。发行人提前赎回债券通常是由于利率下调,新的低利率环境使得公司需要支付更多成本,所以发行人倾向于赎回老的债券,再以新利率为基准发行新的债券以减少利息支出。

(2) 偿还基金债券是指发行公司每年从盈利中提取一定比例的偿债基金以确保到期能够还本付息的债券。

(3) 可转换债券是指一种可以在特定时间、按特定条件转换为普通股票的特殊企业债券,兼具债权和期权的特征。站在持有人角度来看,持有人可以选择持有债券到期,获取公司还本付息;也可以选择在约定时间内转换成股票,享受股利分配或资本增值。站在发行公司角度来看,公司既可以以低成本(根据发行期不同,票面利率通常为0.5%~3%)进行债权融资,同时未来若持有人选择转股则获得股本融资,即上市公司完全不用偿还债务。

(4) 附认股权债券是指附有认股权证的公司债券,即持有人依法享有在一定期间内按约定价格(执行价格)认购公司股票的权利,是债券加上认股权证的产品组合。附认股权债券通常分为"分离型"和"非分离型"。"分离型"指认股权凭证与公司债券可以分开,单独在流通市场上自由买卖;"非分离型"指认股权无法与公司债券分开,两者存续期限一致,同时流通转让,自发行至交易均合二为一,不得分开转让。

(三) 发行市场

债券发行市场,又称债券一级市场,是发行单位初次出售新债券的市场。债券发行市场的作用是将政府、金融机构以及公司企业等为筹集资金向社会发行的债券,分散到初始投资者手中。

按照债券的发行方式和认购对象,可以分为私募发行与公募发行。

1. 私募发行

私募发行是指面向少数特定的投资者发行债券,通常发行对象有两类:一类是机构投资者,如大的金融机构或是与发行者有密切业务往来的企业等;另一类是有所限定的个人投资者,如发行单位自己的职工等。由于私募债券不能公开上市,流动性差,因此其利率比公募债券高,发行数额一般不大。

2. 公募发行

公募发行是指公开向非特定的投资者发行债券。公募债券发行者必须向证券管理机关办理发行注册手续。由于发行数额一般较大,通常要委托证券公司等中介机构承销。公募债券信用度高,可以上市转让,因而发行利率一般比私募债券利率低。

按照债券发行是否由中介机构协助,可分为直接发行与间接发行。私募发行通常采用直接发行方式,公募发行多采用间接发行方式。

(1) 直接发行不经过证券发行中介机构,可以节省各种费用,降低发行成本,但也存在发行风险。尤其发行工作烦琐且需要专业知识,中小公司难以承受,因此选择直接发行方式的一般都是一些信誉较高的公司、大企业以及具有众多分支机构的金融机构。

(2) 间接发行由于有投资银行及其他专业承销商的参与,发行工作通常更为准确高效,但发行成本较高。间接发行的具体销售方式又可分为代销、余额包销和全额包销。代销即承销者按规定的发行条件尽力推销,如果在约定期限内未能按照原定发行数额全部销售出去,债券剩余部分可退还给发行者,承销者不承担发行风险。余额包销即承销者按照规定的发行数额和发行条件,代向社会推销债券,在约定期限内推销债券如果有剩余,须由承销者负责认购。全额包销即由承销者按照约定条件将债券全部承购下来,并且立即向发行者支付全部债券价款,然后再由承销者向投资者分次推销,承销者承担了全部发行风险。由于这三种方式承销者承担的风险不同,其手续费用也不同,代销手续费最低,全额包销费用最高。

按照债券的实际发行价格和票面价格的关系,债券发行又可分为平价发行、溢价发行和折价发行。平价发行指发行价格与面额相等,溢价发行指债券发行价格高于面额,折价发行则是发行价格低于债券面额。

(四) 流通市场

中国债券市场发展始于1981年国债恢复发行。1996年年末建立债券中央托管机构后进入快速发展阶段。目前,中国债券市场形成了银行间市场、交易所市场和商业银行柜台市场三个子市场在内的统一分层的市场体系。

1. 银行间市场

由中国人民银行于1997年建立,是债券市场的主体,债券存量约占全市场95%。这一市场参与者是各类机构投资者,属于批发市场,实行双边谈判成交,典型的结算方式是逐笔结算。2000年以来,该市场的制度建设逐步完善,市场品种和规模不断扩大。金融机构进入银行间市场由审批制改为备案制,实现了金融债券的核准制,市场参与者逐步扩大到境外机构投资者、非金融机构,允许国际机构发行人民币债券。记账式国债的大部分、政策性金融债券都在该市场发行并上市交易。中央结算公司为银行间市场投资者开立证券账户,实行一级托管;中央结算公司还为这一市场的交易结算提供服务。

【国际视野】中国银行间债市对外开放

为进一步推动银行间债券市场对外开放,便利境外机构投资者投资银行间债券市场,中国人民银行于2016年2月发布中国人民银行公告〔2016〕3号,引入更多符合条件的境外机构投资者,取消投资额度限制,简化管理流程。

首批入市的人民币购售业务境外参加行包括:中国工商银行(亚洲)有限公司、招商银行香港分行、中国信托商业银行股份有限公司、台北富邦商业银行股份有限公司、渣打银行(香港)有限公司和花旗银行香港分行。参加行入市后将通过交易中心交易系统参与人民币外汇即期及衍生品交易。

此举有利于进一步推动中国外汇市场对外开放,增强离岸、在岸市场的汇率互动,收窄两地汇差,增加银行间外汇市场交易主体的多元化,提高银行间外汇市场的深度和广度。意味着中国境内外汇交易进一步对外开放至境外商业银行,从而进一步推动人民币的国际化进程。

---

2. 交易所市场

由各类社会投资者参与,属于集中撮合交易的零售市场,典型的结算方式是实行净额结算。交易所债券市场上交易的债券包括:国债、公司债券、企业债券、分离交易的可转换公司债券中的公司债券。交易所市场实行两级托管体制,其中中央结算公司为一级托管人,负责为交易所开立代理总账户,中国证券登记结算公司(以下简称"中证登",英文简称"SD&C")为债券二级托管人,记录交易所投资者账户,中央结算公司与交易所投资者没有直接的权责关系,交易所交易结算由中证登负责。

3. 商业银行柜台市场

商业银行柜台市场是银行间市场的延伸,主要面向个人投资者和中小企业,也属于零售市场。柜台市场实行两级托管体制,其中,中央结算公司为一级托管人,负责为承办银行开立债券自营账户和代理总账户,承办银行为债券二级托管人,中央结算公司与柜台投资者没有直接的权责关系。与交易所市场不同的是,承办银行日终需将余额变动数据传给中央结算公司,同时中央结算公司为柜台投资人提供余额查询服务,成为保护投资者权益的重要途径。

第四节　金融衍生市场

金融衍生市场是指金融衍生工具的发行和交易市场。金融衍生工具是指以基础金融产品为标的物、其价格取决于或派生于基础金融产品的价格及其变化的派生产品。基础产品是相对概念,不仅包括现货金融产品(如货币、债券、股票等),也包括金融衍生工具。最基本的金融衍生工具大致可以分为:金融远期、金融期货、金融期权和金融互换。这些衍生品的交易构成了相应的金融市场。

金融衍生品诞生于20世纪七八十年代,当时以固定汇率为主要内容的布雷顿森林体系崩溃,浮动汇率取代固定汇率。各国利率因通货膨胀等因素剧烈波动,加之不少国家又逐步放松利率管制,大量资金跨国流动,导致金融市场风险不断增大。国际化经营的企业在国际资本市场承担巨大的利率风险和汇率风险,筹资成本上升。

出于规避外汇风险和降低跨国企业筹资成本等目的,金融衍生品应运而生。1972年美国芝加哥交易所率先推出英镑等6种货币的期货合约,1981年出现了货币互换、利率互换。1982年费城股票交易所推出货币期权交易,此后基于汇率、利率的衍生产品相继出现,金融衍生品市场快速发展成为国际金融市场的重要组成部分。

一、金融远期市场

(一) 金融远期的概念

金融远期市场是指交易双方约定在将来某一特定日期、按照约定价格(汇率、利率、股价)和方式买卖某种金融资产(货币、债券、股票)的市场。

远期市场中交易双方签订的合约就是远期合约,即在未来某个确定的时间,按照某个特定的价格,购买或出售某种资产的一种协议。一般来讲,购买方成为多头,出售方成为空头。

按照基础资产的性质,金融远期合约通常包括远期外汇合约、远期债券合约、远期利率合约和远期股票合约。

远期外汇合约是指双方约定在将来某一时间按约定的远期汇率买卖一定金额的某种外汇的合约。

远期债券合约是指交易双方约定在未来的某一日期,以约定价格和数量买卖标的债券的合约。

远期利率合约是指买卖双方同意在未来某一特定时期内按协议利率借贷一笔数额确定、以特定货币表示的名义本金的协议。

远期股票合约是指在将来某一特定日期按特定价格交付一定数量单只股票或股票组合的合约。

远期合约具有如下几个特征:
(1) 通过现代化通信方式在场外进行交易。
(2) 是非标准化的协议,每一笔交易都是由双方直接协议签订的。
(3) 不需要保证金,双方通过变化的远期价格差异来承担风险。

(二) 远期外汇市场

远期外汇市场是交易双方签订远期外汇合约,在将来某一约定时间进行外汇交割的市场。

远期合约中规定的远期汇率是货币在未来某一定日期或时间交割的买卖价格。若远期汇率高于即期汇率,则称为升水;若远期汇率低于即期汇率,则称为贴水;若两者相等,则称为平价。

远期外汇合约具有以下作用:

(1) 规避汇率波动的风险。

(2) 为投资者调整币种结构提供方便。

(3) 为投机者提供寻找差价的方便。

(4) 有利于形成合理的汇率。

国际贸易或国际投资中,合同从签订到实施花费时间较长。为避免汇率波动的不确定性,在签订合同时,签订远期外汇合约以确定成本和收益。

例如,某澳大利亚商人从日本进口商品,须在 6 个月后支付 5 亿日元。签约时,即期汇率 AUD/JPY=75.000/75.01(Bid Rate/Offer Rate),6 个月远期汇率为 AUD/JPY=74.5/76。付款日即期汇率 72.000/72.01。若签约时立即买进 5 亿远期日元,则支付固定为 5 亿÷74.5=671.14 万澳元。若不进行保值性远期交易,则付款日需支付 5 亿÷72=694.44 万澳元,即不进行保值性远期交易,将受到 23.3 万澳元的损失。

如果用 K 来代表远期合约中规定的交割价格,用 S 来代表同样标的资产现货市场上的即时价格,用 ST 来代表远期合约交割时的现货价格,则多头的收益为 ST-K,空头的收益为 K-ST。

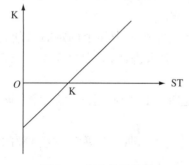
图 7-1 多头的损益图

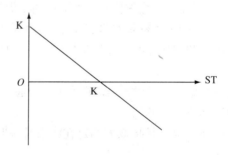
图 7-2 空头的损益图

(三) 中国金融远期交易市场

1. 远期结售汇

远期结售汇是经中国人民银行批准的外汇避险金融产品。交易原理为:与银行签订远期结售汇协议,约定未来结售汇的外汇币种、金额、期限及汇率,到期时按照该协议订明的币种、金额、汇率办理的结售汇业务,从而锁定当期结售汇成本。公司在具体操作上,以远期结汇汇率为基础向客户报价,同时根据外币回款预测与银行签订远期结汇合约,从而锁定公司的汇率风险。

早在 1997 年,国家外汇管理局批准过中国银行面向个人和企业开办远期结售汇业务,中国人民银行也颁布过暂行管理办法。2003 年 4 月进一步扩大到工、农、建等大型商业银业。2010年末,外汇局允许境内不具备经营远期结售汇业务资格的银行及其分支机构与具备资格的银行及其分支机构合作为客户提供相关业务。

2. 人民币远期利率协议

人民币远期利率协议,是指客户与银行约定在未来某一日,交换在约定名义本金基础上分别以合同利率和参考利率计算利息的金融合约。其中,人民币远期利率协议的买方支付以合同利率计算的利息,卖方支付以参考利率计算的利息。

2007年2月2日,兴业银行与太平人寿资产管理公司在银行间市场达成了首笔以SHIBOR为基准的"人民币远期利率协议"。根据协议,兴业银行在2月5日至16日的11个交易日内,向太平人寿提供不超过35亿元的回购融资额度,回购利率为执行协议前一个交易日的14天SHIBOR利率为基础上浮15个基点。

3. 银行间债券远期

中国外汇交易中心于2005年6月14日颁布了《全国银行间债券市场债券远期交易规则》。为促进债券远期市场发展,2015年4月7日起,全国银行间同业拆借中心、银行间市场清算所股份有限公司开始为市场成员提供标准债券远期的交易和集中清算服务。

债券远期交易是指交易双方约定在未来某一日期,以约定价格和数量买卖标的债券的行为。中国银行间债券远期交易从成交日至结算日的期限(含成交日不含结算日)由交易双方确定,但最长不得超过365天。

标准债券远期是指在银行间市场交易的,标的债券、交割日等产品要素标准化的债券远期合约。债券远期交易标的债券券种应为已在全国银行间债券市场进行现券交易的国债、央行票据、金融债券和经中国人民银行批准的其他债券券种。标准债券远期交易的参与机构为银行间债券市场成员。

二、金融期货市场

尽管远期合约已经具备了规避风险的基本职能,但由于其为非规范化合约也不需要保证金,所以存在交易对手违约的风险。同时远期交易为场外协议,很难寻找到合适的交易对手,且合约不能转让,流动性较差。因此,在远期的基础上又发展出了期货。

(一)金融期货的概念

金融期货交易是指交易者在特定的交易所通过公开竞价方式成交,承诺在未来特定日期或期间内,以事先约定的价格买入或卖出特定数量的某种金融商品的交易方式。金融期货交易具有期货交易的一般特征,但与商品期货相比,其合约标的物不是实物商品,而是金融商品,如外汇、债券、股票指数等。

期货交易的一个重要特征是保证金制度,即交易双方按照合约总价的一定比例缴纳保证金。保证金制度的存在使得期货交易具有杠杆性,即投资者不需要支付合约价值的全额资金,只需要支付一定比例的保证金就可以交易。以100万元的股票交易为例,在现货市场需以全额交易,当该商品价格上升2%时,投资者的收益是2%,当价格下跌2%时,投资者的损失也是2%。若是在股指期货市场交易,假定保证金比例为10%,则同样一份价值100万的合约,投资者仅需支付10万元的保证金即可参与交易,若合约价格上涨2%,即投资者以10万元的投资获得了2万元的收益,其收益率为20%;反之,若合约价格下跌2%,投资者损失2万元,相对其10万元的投入来说,损失达到了20%。因此,保证金制度产生杠杆效应,成倍数地放大了投资者的收益和损失,是一种高风险与高收益并存的模式。

期货合约是在远期合约的基础上发展起来的,但两者存在以下几点主要区别:

(1) 远期交易一般都是在场外市场进行,而期货交易则一般都是场内交易,双方都必须在正规的交易所内进行集中交易。

(2) 期货交易实行的是保证金制度,交易双方都必须按照规定的比率缴纳保证金。交易所和经纪人正是依靠这种保证金来确保交易双方履约的。而远期交易不实行保证金制度,其履约的保证只是客户的信用。

(3) 在远期交易中,所有成交的合约几乎都要到期交割,因为这种交易一般都以到期交割为主要目的。但在期货交易中,无论是套期保值者,还是套利者或投机者,他们在成交后往往并不等到到期后通过实物交收而平仓,而是在到期前通过反向交易而平仓,因此其实际交割率很低。

(4) 期货交易实行逐日结算制度,所以只要价格发生变动,现金流量在每个交易日都要发生变动。而远期交易并不实行逐日结算制度,所以交易双方只是在合约到期日才发生现金流量的变动。

(二) 外汇期货

外汇期货又称货币期货,是交易双方约定在未来某一时间,依据现在约定的比例,以一种货币交换另一种货币的标准化合约的交易。外汇期货的标的物为汇率,主要用来回避汇率风险,是金融期货中最早出现的品种。

外汇期货交易又分为套期保值、套利交易和投机交易。套期保值是交易者为避免外国货币升(贬)值造成将来支付增加(或收入减少)而进行的交易。套利交易是交易者利用不同市场之间的汇率差异而进行的交易。投机交易是交易者预测某种货币即将升(或贬)值而买入(或卖出)该货币而进行的交易。

以套期保值交易为例,若一美国进口商 A 在 9 月 8 日与日本出口商 B 签订家用电器购买合同,金额 5 000 万日元,交货期为 12 月 8 日,货到付款。为了避免日元升值,A 在期货市场买入日元期货 4 份(5 000 万)。到 12 月 8 日,日元果然升值,A 买入日元支付货款,同时卖出日元期货。9 月 8 日与 12 月 8 日的汇率及交易情况如表 7-5 所示。

表 7-5 进口商 A 不同市场盈亏状况表

日 期	现 货 市 场	期 货 市 场
9 月 8 日	USD/JPY=110.44 5 000 万÷110.44=452 735USD	USD/JPY=109.88 5 000 万÷109.88=455 042USD
12 月 8 日	USD/JPY=108.27 5 000 万÷108.27=461 808USD	USD/JPY=107.80 5 000 万÷107.80=463 822USD
盈亏状况	452 735−461 808=−9 073USD	463 822−455 042=8 780

即 A 在现货市场比 9 月 8 日多支付 9 073 美元,但同时在期货市场卖出期货合约赚取了 8 780 美元。对冲以后,只比预计多支出 293 美元。

(三) 股指期货

股指期货是以股票价格指数作为买卖对象的期货交易,买卖双方同意承担股票市场价格波动带来的收益和损失,波动幅度用指数表示。

一般地,股指期货标准化合约主要包括以下6个主要内容:

(1) 交易标的。即股票指数期货的种类。

(2) 合约面值。合约的面值通常是该股票指数乘以固定金额,例如S&P-500的面值是标准普尔500种股票指数乘以500美元。恒生指数期货是恒生指数乘以50港元。

(3) 最小价格波动幅度。通常是股指的1个点。

(4) 交易月。一般为3、6、9、12月。

(5) 结算方式。股指期货交易使用保证金方式,例如每份恒指期货交易合约的保证金是25 000港元,美国股指期货合约的保证金大约是合约价值的10%。

(6) 最后交易日。

目前,世界主要股票交易所或期货交易所都推出了标准合约,例如伦敦证券交易所的金融时报100种股票指数(FT-SE100)、芝加哥股票交易所推出的标准普尔500种股票指数(S&P-500)、标准普尔100种股票指数(S&P-100)等。

中国在1993年推出股指期货,但由于风险控制不够等一系列原因,同年被关闭。2010年4月16日,准备多年的中国股指期货合约在中金所正式上市交易。目前,国内股指期货上市品种有沪深300指数期货(IF)、上证50指数期货(IH)和中证500指数期货(IC)。其中,对于沪深300(IF)和上证50(IH)期货合约,合约价值为对应的股指点数乘以300,而中证500(IC)期货合约为股指点数乘以200。以IF1512为例,若此时沪深300指数为3 000点,则一份IF1512合约的价值为3 000×300=900 000元,按照10%的保证金比例,则交易一份IF1512合约需要的保证金为90 000元。

【知识窗】沪深300股指期货合约

合约标的	沪深300指数
合约乘数	每点300元
报价单位	指数点
最小变动价位	0.2点
合约月份	当月、下月及随后两个季月
交易时间	上午:9:30—11:30,下午:13:00—15:00
每日价格最大波动限制	上一个交易日结算价的±10%
最低交易保证金	合约价值的12%(注:经常调整)
最后交易日	合约到期月份的第三个周五,遇国家法定假日顺延
交割日期	同最后交易日
交割方式	现金交割
交易代码	IF
上市交易所	中国金融期货交易所

股票市场存在两种风险：系统性风险和非系统性风险。系统风险为对市场上所有的股票都带来损失的可能性，而非系统性风险是指对某种股票带来损失的可能性。非系统性风险可以通过股票分散化降低或消除，但是分散股票却不能控制系统性风险。

股指期货的存在就为有效转移系统性风险提供了一种可能性，其基本原理是套期保值。假定股价和股指的变动方向、幅度是相同的，那么在股票现货市场与股指期货市场做相反的操作就可以抵消可能出现的风险。

例如，某位投资者因资金周转需要不得不将手中股票卖出，而他又认为目前股价已经具有投资价值，担心短期内股价将上升，于是又在股指期货市场买入期货。假设7月15日该投资者卖出股票组合600万，当日沪深300指数为3 000点，则一手沪深300股指期货合约的价值为3 000×300＝900 000元，需买入合约600万÷90万＝6.66≈7手，若保证金比例为12％，则共需要保证金900 000×7×12％＝756 000元。到8月30日时，股市的确上涨，原股票组合的价值上升到640万元，沪深300指数上升到3 150点，则该投资者在现货市场的损失为640万－600万＝40万元，在期货市场的盈利为(3 150－3 000)×300×7＝315 000元，盈亏相抵后，损失降低到40万－31.5万＝8.5万元。

（四）利率期货

利率期货是以债券类证券为标的物的期货合约。通常，按照合约标的期限，利率期货可分为短期利率期货和长期利率期货两大类。

短期利率期货是指标的期限在一年以内的期货，即以货币市场的各类债务凭证为标的，包括各种期限的商业票据期货、国库券期货及欧洲美元定期存款期货等。

长期利率期货则是标的期限在一年以上的期货，即以资本市场的各类债务凭证为标的，主要包括中长期国债期货。

国债期货作为利率期货的一个主要品种，在国际市场上历史悠久、交易活跃，是运作成熟的基础类金融衍生产品之一。早在1992年，上海证券交易所就曾推出过国债期货，共12个品种的国债期货合约。最先只对机构投资者开放，1993年逐步向个人投资者开放。1995年以后，国债期货交易日趋火爆，经常出现日交易量达到400亿元的市况，而同期市场上流通的国债现券不到1 050亿元。1995年2月23日发生了轰动市场的"327国债事件"，不久后证监会决定暂停国债期货交易。

【案例】"327国债事件"

"327"是国债期货合约的代号，对应1992年发行1995年6月到期兑付的3年期国库券，该券发行总量是240亿元人民币，兑付办法是票面利率加保值贴息。所谓保值贴息，是指由于通货膨胀带来人民币贬值，国家为了鼓励百姓购买国债，对银行存款和国债实行保值贴补，即在既定利率的基础上，对居民存款或国债收益进行补偿，而贴息是在保值贴补之外的利息补偿。

"327"合约牛市行情从10月中旬开始启动，合约价格从1994年10月的135元涨至12月的147元。由于"327"合约涨幅过大，1994年12月中下旬以后，"327"国债期货一改多头占绝对优势的局面，进入了多空双方的争夺战。

时任万国证券总经理、有中国证券教父之称的管金生预测，327国债的保值贴息率不可能上调,即使不下降,也应维持在8%的水平。按照这一计算,327国债将以132元的价格兑付。因此当市价在147元波动的时候,万国证券联合辽宁国发集团,成了市场空头主力。而另外一边是当时隶属于财政部的中国经济开发有限公司(简称中经开),有理由认为,它当时已经知道财政部将上调保值贴息率。因此,中经开成了多头主力。

1995年2月23日,财政部发布公告称,327国债将按148.50元兑付,空头判断彻底错误。

当日,中经开率领多方借利好大肆买入,将价格推到了151.98元。随后辽宁国发集团在形势对空头极其不利的情况下由空翻多,将其50万口做空单迅速平仓,反手买入50万口做多,327国债在1分钟内涨了2元。这对万国证券意味着60亿人民币的巨额亏损。

管金生为了维护自身利益,在收盘前8分钟时,大举透支卖出国债期货,做空国债。下午4点22分,在手头并没有足够保证金的前提下,先后以多笔巨额大单,把价位从151.30元打到147.40元。由于时间仓促,多方根本没有来得及有所反应,使得这次激烈的多空绞杀终于以万国证券盈利而告终。而另一方面,以中经开为代表的多头,则出现了约40亿元的巨额亏损。

2月23日晚上10点,上交所在经过紧急会议后宣布:23日16时22分13秒之后的所有交易是异常的无效的,当日327品种的收盘价为违规前最后签订的一笔交易价格151.30元,327产品兑付价由会员协议确定。上交所的这一决定,使万国证券的尾盘操作收获瞬间化为泡影,万国亏损56亿人民币,濒临破产。

事件发生后,上海交易所出台了关于加强国债期货交易监管的一系列紧急通知,但市场依旧乱象频出。鉴于当时不具备开展国债期货交易的基本条件,5月17日证监会发出《关于暂停全国范围内国债期货交易试点的紧急通知》,开始仅两年零六个月的国债期货就此告别了市场。

随着中国经济和金融形势的变化,2013年证监会宣布重启国债期货交易。目前在中国金融期货交易所上市的国债期货品种有2年期、5年期和10年期国债期货,基本形成了覆盖短中长端的国债期货产品体系。5年期国债期货于2013年9月推出,合约标的为面值100万元人民币、票面利率3%的名义中期国债,最低保证金为合约价值的1%。10年期国债期货于2015年3月上市,合约标的为面值100万元人民币、票面利率3%的名义长期国债,最低保证金为合约价值的2%。2018年8月17日上市2年期国债期货。

【学习检查】为了防范"327国债事件"这类操控市场的行为出现,重启后的国债期货交易在哪些方面加强了规范与监管?

三、金融期权市场

(一) 金融期权的概念及功能

金融期权是赋予其购买者在规定期限内按双方约定的价格购买或出售一定数量某种金融资产的权利的合约。契约的买方在支付权利金给卖方后,取得在期权有效期内,以约定的方式行使价格购买或出售一定数量标的物的权利而无义务,卖方在买方行使权利时,有履行契约的义务而无权利。

期权合约中对金融工具的种类和数量、期权的有效期、实施价格、期权费、保证金等都做出了明确的规定。其中实施价格是指期权的买方行使权利时事先规定的买卖价格,期权费又称权利金,是期权的买方为获取期权合约所赋予的权利而必须支付给卖方的费用。

金融期权具有以下主要功能:

(1) 限定风险功能。期权买者只在有收益时行使期权,在不利时放弃行使权利,付出的代价是期权费用。

(2) 保值功能。期权既可以用来为现货保值,也可以为期货进行保值。通过买入期权,为现货或期货进行保值,不会面临追加保证金的风险。

(3) 杠杆功能。投资者用较少的期权费就能控制整个合约,且与期货相比其杠杆作用更大。

(4) 风险对冲功能。投资者在买卖远期合约的同时,买入期权则可以使风险对冲,限定因远期价格变化与预期相反时可能出现的风险。

(二) 利率期权

利率期权指期权买方以支付一定货币为代价,获得按照协议价格买入或卖出一定数量债权凭证或利率期货合约的选择权。

假定在利率看涨期权合约中,基础金融工具为利率 8% 的 100 美元面值 20 年长期国债,协议价格 100 美元,期权价格 2 美元。该债券市场价格也是 100 美元。投资者计划 1 个月后投资该债券,但又预测 1 个月后该债券价格可能升至 104 美元,于是买入该债券的 1 个月期权。1 个月后,该债券价格可能出现三种情况:

(1) =100 美元,放弃实施,损失 2 美元期权费;

(2) <100 美元,放弃实施,损失 2 美元;

(3) >100 美元,实施:若>102 美元,有盈利;若<102 美元,实施,但仍然亏损。

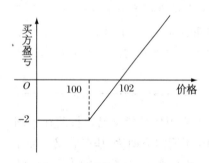

图 7-3 看涨期权买方收益图

(三) 货币期权

货币期权,又称外汇期权,指期权买方支付一定期权费后,获得按照协议价格在未来特定时间内买入或卖出一定数量外汇资产的选择权。

例如,某企业 7 月份将有 1 250 万日元收入,为了防止日元汇率下跌而蒙受损失,买入 2 份 7 月份到期的日元看跌期权,协议价格为 105JPY/USD,期权费为每 1 万日元 0.2 美元,期权费总共=1 250×0.2=250 美元。

若日元下跌,到期日为 107.6 JPY/USD,实施期权收入=1 250 万÷105−250=119 047.62−250=118 797.62 美元;若不曾买入看跌期权,则收入为 1 250 万÷107.6=116 171 美元;因此买入期权为该企业减少损失 118 797.61−116 171=2 626.61 美元。

若日元上涨,到期日为 100 JPY/USD,则放弃实施,收入=1 250 万÷100−250 美元=12 4750 美元。

人民币对外汇期权交易,指以人民币为标的的一种货币期权,期权购买者以一定的费用

(期权费)获得在一定的时刻或时期内按交易双方约定的价格购买或出售一定数量的某种货币的权利的交易。

人民币外汇期权为普通欧式期权,即买入期权的一方只能在期权到期日当天才能执行。在推出初期,外汇局规定银行只能办理客户买入外汇看涨或看跌期权业务,除对已买入的期权进行反向平仓外,不得办理客户卖出期权业务。2014年又逐步放开了卖出期权的业务,支持银行在普通欧式期权和实需交易前提下,对客户开展买入或卖出以及组合等多样化期权业务。人民币外汇期权可以使企业、银行拥有更多的外汇投资渠道和汇率避险工具,有利于人民币汇率形成机制更为均衡合理,对人民币国际化进程亦有促进作用。

(四)权证

1. 定义

权证是指标的证券发行人或其以外的第三方所发行,约定持有人在规定期间内或特定到期日时,有权按约定价格向发行人购买或出售标的证券的有价证券。权证是一种特殊的期权,其与普通期权不同之处在于权证的标的物主要是股票,权证卖方为上市公司或其他第三方(主要是证券公司)。

2. 分类

依据不同的分类标准,权证通常可以分为以下三类。

(1) 根据发行人:权证可以分为股本权证和备兑权证。

由上市公司自己发行的权证叫作股本认股权证或者权益认股权证。它授予持有人一项权利,在到期日前(也可能有其他附加条款)以行使价购买公司发行的新股(或者是库藏的股票)。它的特点一是期限比较长,可能长达数年;二是如果由公司发行新股支付(大部分情况都是如此),这样每股的权益会被摊薄,并且不一定都可以上市交易或自由转让。比如流行的给对公司做出贡献的人发的认股权,一般就是股票认股权证。对股票认股证的持有人而言,面对的是上市公司的信贷风险。

备兑权证是由标的资产发行人以外的第三方(通常为信誉投行等大型金融机构)发行的权证,其标的资产可以为个股、一篮子股票、指数以及其他衍生产品。备兑权证可为欧式或美式,持有人的权利可以是买入或卖出标的资产。备兑权证的行使操作与股本权证基本一样,不同的是,交割方式可以是股票也可以是现金差价。如果是股票交割方式,当持有人行使购买股票的权利时,备兑权证发行人需要从市面上购买股票(或将自己原持有的股票)卖给权证持有人;当持有人行使卖出股票权利时,发行人必须按行使价格买下股票。因此,备兑权证的发行人承担着风险,需要一些对冲工具来避险。

(2) 根据持有人的权利:权证可以分为认购权证与认沽权证。认购权证,又称看涨权证,指权证持有人有权按约定价格在特定期限内或到期日向发行人买入标的证券。认沽权证,又称看跌权证,是指持有人有权利在某段期间内以预先约定的价格向发行人出售特定数量的标的证券。

(3) 根据行权时间:权证通常分为欧式权证、美式权证和百慕大式权证。欧式权证只有在到期日才可以行权,美式权证可以在到期日前的任意交易时刻行权,百慕大权证则是行权方式介于欧式权证和美式权证之间的权证,即可以在事先指定的存续期内的若干个交易日行权。由于这三种权证给予持有人的行权日选择性不同,因此同等条款下美式权证价格最高,欧式权证价格最低,百慕大权证价格介于两者之间。

3. 中国大陆的权证

1992年时中国大陆曾推出过认股权证,但当时的市场机制和监管都不够成熟,权证交易中出现了严重的过度投机现象,于是中国大陆的权证交易在1996年被终止。

2005年时,随着股权分置改革的进行,权证作为一种新的解决股权分置的工具重回市场。2005年8月,第一只股改权证、第一只备兑权证——宝钢认购权证在上海证券交易所挂牌上市。除了认购备兑权证外,股本权证以及认沽权证也被应用于股权分置改革中,如长江电力股本权证、武钢认沽权证等。

(五) 股票期权

1. 定义

股票期权指买方在交付了期权费后即取得在合约规定的到期日或到期日以前按协议价买入或卖出一定数量相关股票的权利。

2. 上证50ETF期权

上证50ETF期权(510050.SH)是国内首个股票期权产品,即以上证50交易型开放式指数证券投资基金("50ETF")为协议标的的期权,合约类型有认购期权与认沽期权,为欧式期权,即到期日行权。50ETF期权于2015年2月9日在上海证券交易所上市。

3. 沪深300ETF期权

2019年12月,沪深300ETF期权分别在上交所和深交所(510300.SH和159919.SZ)上市,标的是各自对应的沪深300ETF。与50ETF期权一样,合约类型有认购期权与认沽期权,为到期日行权的欧式期权。

(六) 股指期权

沪深300股指期权合约(000300.SH)于2019年12月23日在中金所上市,其标的指数为中证指数公司编制和发布的沪深300指数。合约类型分为看涨认购期权和看跌期权。为到期日行权的欧式期权。

四、金融互换市场

(一) 金融互换的概念

金融互换是一种交易双方依据事先达成的条件约定在未来一定期限内以规定的方式交换彼此的货币种类、利率基础及其他金融资产等现金流的契约或协议。

(二) 互换市场的产生和发展

互换的起源为规避外汇管制而产生的平行贷款。20世纪70年代,英国的企业为了逃避外汇管制,免交外汇交易税,开展平行贷款。例如,英国公司在美国的子公司需要一笔美元资金,如果在美国市场筹借,成本较高,于是由其母公司在英国市场筹借,然后兑换成美元交给在美国的子公司。但是,英国政府对外汇交易课税。与此同时,美国在英国的子公司也面临同样的问题。那么两家公司通过平行贷款,由英国母公司向美国公司在英国的子公司提供英镑贷款,美国母公司向相应的英国公司在美国的子公司提供美元贷款,来达到降低筹资成本和逃避外汇交易税的目的。

除平行贷款之外,背对背贷款是另一种形式,其与平行贷款的区别是背对背贷款发生在两家母公司之间,即两家位于不同国家的公司向对方借贷相同金额的对方国家货币贷款,目的在于对冲货币波动的风险。

但上述贷款存在两个重要缺陷。第一，必须找到两个有相同融资要求的筹资者，贷款才能实现；第二，上述贷款由两个相互独立的贷款协议构成，一方违约并不能解除另一方的义务。为克服上述缺陷，互换经纪人和互换市场应运而生。目前互换交易主要分为利率互换和货币互换。

（三）货币互换

货币互换指交易双方按固定汇率在期初交换两种不同货币的本金，在期末结束时，再交换本金。互换期间，双方相互支付不同货币的利息。

例如，一家德国公司的欧元固定利率债务过多，造成负债结构不合理，决定将35万欧元5年期利率(6.65%)债务换成浮动利率的美元债务(LIBOR)。为此与一家互换银行签订了互换协议。互换开始，双方按当时即期汇率交换本金，德国公司付给银行35万欧元，银行付给36万美元，互换期间，公司按LIBOR支付美元利息给银行，银行按6.65%支付固定欧元利息给公司，互换结束时，双方再将本金互换。

从时间上看，货币互换是第一种推出的互换工具。首次货币互换发生在1981年世界银行和IBM之间。当时，世界银行希望筹集低利率的德国马克和瑞士法郎，但世界银行无法直接发行债券筹集德国马克和瑞士法郎，却能够按最优惠的条件从市场筹集美元。IBM则因当时手中的德国马克和瑞士法郎走强，需要将其兑换成美元，以获得汇兑收益。

当时的所罗门兄弟公司获此信息，撮成此笔交易。世界银行发行美元债券，用于支付IBM发行的德国马克和瑞士法郎债券的全部本金和利息；IBM用德国马克和瑞士法郎支付世界银行所发行美元债券的全部本金和利息。

我国也于2006年正式推出了外汇互换，随后又于2007年8月起在银行间外汇市场开展人民币外汇货币掉期业务，中国境内的货币互换正式推出。人民币外汇货币掉期交易，是指在约定期限内交换约定数量人民币与外币本金，同时定期交换两种货币利息的交易协议。也就是说一笔掉期交易是由一笔即期和一笔远期交易组合而成的，外汇即期和远期交易的结合，从而锁定了汇率风险。2016年前五个月，全国银行间市场共成交约10万笔人民币外汇掉期交易，成交金额合计折3.6万亿美元。

（四）利率互换

利率互换是交易双方通过协议，同意以一定的名义本金为基础，定期交换不同计息方式所产生的利息。

假设：两个借款者A、B之间进行利率互换。A、B两个公司在固定和浮动借贷市场上信用级别不同，A公司的信用级别是AAA，而B公司的信用级别是BBB，二者的贷款利率也不同。如果A、B公司均需要一笔为期5年的100万美元贷款，A和B在固定利率市场融资利率成本分别为12%和14%，而在浮动利率市场利率分别为6个月LIBOR+2.5%和LIBOR+3.5%（见表7-6）。

表7-6 A、B公司贷款成本对比表

	固定利率	浮动利率
A公司	12%	6个月LIBOR+2.5%
B公司	14%	6个月LIBOR+3.5%
贷款成本差额	2%	1%

主体A需要的是浮动利率资金，B需要的是固定利率资金。这时A、B公司有两个选择：第一，两个公司不发生任何关系而各自借款，则两公司的总借款成本为LIBOR+16.5%即(LIBOR+2.5%)+14%；第二，A、B公司进行利率互换，由于A公司在固定利率市场有优势的同时在浮动利率市场上也有优势，但是在固定利率市场上A公司比B公司少支付2%，而在浮动利率市场上只比B公司少支付1%，虽然B公司在两个市场均处于劣势，但是在浮动利率市场上的劣势要小于固定市场。则A首先在固定市场以12%借款，B在浮动市场以LIBOR+3.5%借款，然后互换。在互换中，A向B支付浮动利率6个月LIBOR+2%，B向A支付固定利率12%，通过互换，两个公司各节约利息0.5%。

人民币利率互换交易是指交易双方约定在未来的一定期限内，根据约定数量的人民币本金交换现金流的行为，其中一方的现金流根据浮动利率计算，另一方的现金流根据固定利率计算。

2006年2月，国家开发银行与中国光大银行完成了首笔人民币利率互换交易，协议的名义本金为50亿元人民币，期限10年，光大银行支付固定利率，国家开发银行支付浮动利率（1年期定期存款利率）。

2007年1月18日，兴业银行与花旗银行完成了国内第一笔基于SHIBOR的利率互换交易。这笔利率互换交易期限为一年，以3个月期SHIBOR为基准利率。其中兴业支付2.98%的固定利率，并从交易对手方银行获得以3个月期SHIBOR为基准的浮动利率。

目前人民币利率互换主要的参考利率有银行同业间七天回购定盘利率、3个月SHIBOR利率、隔夜SHIBOR利率、3年期贷款利率和1年期贷款利率。2016年前5个月共进行了6 400多笔人民币利率互换交易，互换名义本金共计6 600多亿元人民币。

第五节 市场有效性与行为金融

价格是金融市场最重要的一个信号，而市场内交易品的价格总在波动起伏。对于价格变化，不同的理论给出了不同的解释：有效市场假说认为价格是市场信息的集合，而行为金融则将价格变化的影响因素扩大到了投资者的决策行为。

一、有效市场理论

有效市场理论又称有效市场假说，由法玛（Eugene Fama）于1970年在整合此前研究的基础上提出。该理论最早由巴舍利耶（Louis Bachelier）于1900年提出，他从随机过程角度研究了布朗运动以及股价变化的随机性，认为市场有效性在信息方面的表现为：过去、现在甚至将来事件的贴现值反映在市场价格中。1964年奥斯本（Osborn）提出了"随机漫步理论"，他认为股票价格的变化类似于化学中的分子"布朗运动"，具有"随机漫步"的特点，也就是说，它变动的路径是不可预期的。1970年法玛也认为，股票价格收益率序列在统计上不具有"记忆性"，所以投资者无法根据历史的价格来预测其未来的走势。

有效市场假说主要有弱式有效、半强式有效和强式有效三种。

（一）弱式有效市场假说

该假说认为，如果证券过去的信息（比如证券的价格和交易量）完全反映在当前的价格之中,该市场为弱式有效市场。在这里,信息集包括了过去的所有信息。当前证券的价格已经反映了过去所有的信息,是对过去信息的最优反映,价格的任何变动也是对新出现信息的反映,因此过去所有的信息对未来证券价格的预测没有任何帮助,基于历史信息是无法获得超额利润的,技术分析法无效。

(二) 半强式有效市场假说

该假说认为半强式有效市场是在弱式有效市场的基础上发展起来的,它是指:证券价格的所有公开信息均反映在当前的价格之中,在这里,信息集不仅包括历史信息,也包括所有的公开信息。在半强式有效市场中,证券的价格不仅反映了历史信息,还反映了所有的公开信息,证券价格是历史信息和公开信息的最优反映,任何投资者都不可能利用历史信息和公开信息获得超额收益。由于证券价格的基本面分析就是对所有公开的信息进行分析,包括各种政治、宏观经济信息,以及有关证券公司的经营状况分析,因此在半强式有效市场中,基于公开信息的基本分析法无效。

另外,半强式有效市场一定也是弱式有效市场,因为所有的公开信息也包括了过去的信息,比如价格和交易量。

(三) 强式有效市场假说

强式有效市场假说认为强式有效市场是有效市场的最高等级,是指证券的价格反映了市场中所有有关该证券的信息,这一信息不仅包括公开的信息,还包括不可获得的内幕信息。在强式有效市场中,基于任何信息是不可能获得超额利润的。强式有效市场也包括半强式有效市场和弱式有效市场。如果有人能够利用内幕信息获得超额收益,这些信息虽然一开始是不可获知的,但很快就会透露出来,并反映到证券的价格上,信息的反映速度越快,表明市场的有效程度越高。

【学习检查】有效市场理论

中国在 2015 年 6 月中旬开始爆发的股灾中,千股跌停、千股涨停已成"新常态",有效市场理论能够解释吗?

【新奇簿】世界奇葩:令人错愕的一周

2015 年 7 月 6 日到 10 日,中国股票交易市场一再上演千股涨停又跌停的神奇景观,为亲历者的炒股生涯增添传奇色彩。这一周星期一竞价千股涨停,收盘千股下跌;星期二开盘千股跌停,晚上千股停牌;星期三开盘千股跌停,收盘千股跌停;星期四开盘期指跌停,午盘千股涨停;星期五千股涨停!这就是一周的 A 股!

星期二上午 11 点 10 分是创业板的黑暗时刻,创业板指数下跌 5.71%,100 只成分股中有 51 只停牌、48 只跌停,唯一没有跌停的股票是乐普医疗,跌 8.97%,因其产品用于治疗神经病。

二、行为金融

行为金融学开始于 20 世纪 80 年代,是出现于金融学界的一个新思潮,试图利用心理学、社会学和其他社会科学的研究工具来解释金融市场中的现象。行为金融理论认为,证券的市场价格并不只由证券内在价值所决定,还在很大程度上受到投资者主体行为的影响,即投资者心理与行为对证券市场的价格决定及其变动具有重大影响。

20世纪70年代以来,有效市场理论逐渐在金融学界取得主导地位。但在金融市场的进一步发展中,与有效市场理论相悖的实证研究不断涌现,例如平均而言小公司的股票收益率高于大公司股票(小公司效应)、一月份股票收益率高于其他月份(元月效应)。鉴于公司规模、月份等都是市场已知信息,通过已知信息可以对股票的表现进行预测,这明显地违反了有效市场假说。此外,1987年的美国股市崩溃也对有效市场假说提出了挑战,市场在宏观经济运行正常、没有明确信息发布的情况下发生了"黑色星期一"现象,这证明除了信息之外还有其他因素在影响股市变动。

随着金融市场上各种异常现象的累积,模型和实际的背离使得现代金融理论的理性分析范式陷入了尴尬境地。有效市场假说的基本假设之一是投资者完全理性,具有很高的认知水平,能够精准地预测决策的结果。但实际中,并不是所有投资者都拥有如此精准的判断力,且投资者是带有情绪的,通常不能对信息做出及时的反应。因此一些学者开始关注金融决策中的人类行为,探究人的行为动机及其心理根据,行为金融学在这样的背景下逐渐发展起来。

行为金融的主要理论主要有过度反应理论(Overreaction Theory)、过度自信理论(Overconfidence Theory)、期望理论(Prospect Theory)、后悔理论(Regret Theory)等。

(一) 过度反应理论

投资者对受损失的股票会变得越来越悲观,而对获利的股票会变得越来越乐观,故对利好消息和利空消息都会表现出过度反应。

(二) 过度自信理论

人是过度自信的,尤其对自身知识的准确性过度自信,因此倾向于高估自己、低估风险以及夸大自我控制事件的能力。投资者趋向于认为别人的投资决策都是非理性的,而自己的决定是理性的、是在根据优势的信息基础上进行操作的,将偶然的成功归因于自己操作的技巧,而将失败的投资操作归于外界因素。

(三) 期望理论

(1) 大多数人在面临"收益"的时候是风险规避的,即面对确定的收益和风险收益时,人们更偏好确定收益;(2) 大多数人在面临"损失"的时候是风险追求者,即面对确定的损失和存在风险的"转机"时,人们更倾向于冒险;(3) 人们对"损失"比对"收益"更敏感,即财富减少产生的痛苦与等量财富增加给人带来的快乐不相等。

(四) 后悔理论

由于人们在投资判断和决策上容易出现错误,而当出现这种失误操作时,通常感到非常难过和悲哀。所以,投资者在投资过程中,为了避免后悔心态的出现,经常会表现出一种优柔寡断的性格特点。

【学习检查】行为金融

中国上市公司澳柯玛与美国总统奥巴马谐音,其股价在奥巴马两次入主白宫前后多次出现涨停,试解释此现象。

【案例】澳柯玛股价异动

澳柯玛为一家制冷设备制造公司,是中国A股上市公司,2008年奥巴马竞选总统时,澳柯玛的股价出现了非常异常的表现。2008年,在美国总统大选开始前的10月17至22日,澳柯玛连续出现三个涨停;奥巴马当选后的第二个交易日——11月10日,澳柯玛再次涨停;此后11月14日、12月8日,澳柯玛又出现两次涨停。"奥巴马"和"澳柯玛"的中文发音仅一字之差,音近显然是澳柯玛被炒作的最主要原因。

类似的股价异动在2012年大选时再次发生。2012年大选结果公布的前几天,澳柯玛就一直处于上升状态。直到在奥巴马当选的当天,奥巴马在当天中午的时候宣布当选,下午一点钟开盘的时候,澳柯玛出现了3.6%的上涨异动,即先跌2%,再涨到1.6%。

【学习检查】如何用行为金融学的观点解释股价的暴涨暴跌?

小结

1. 金融市场是资金融通市场,是实现货币借贷和资金融通、办理各种票据和有价证券交易活动的市场。

2. 资金融通的实质就是储蓄资金从盈余单位向赤字单位有偿的转移,其包括直接融资和间接融资。

3. 货币市场是短期资金市场,主要包括银行短期存贷市场、同业拆借市场、票据市场、短期国债市场、短期融资券市场、央行票据市场、融资融券市场等。

4. 资本市场是长期资金市场,主要包括股票市场和债券市场等。股票市场和债券市场又分别包括发行市场和交易市场。

5. 金融衍生工具主要包括远期、期货、期权、互换四大类,其具有套期保值、价格发现、杠杆效应等功能。

6. 有效市场假说包括弱式有效市场假说、半强式有效市场假说、强式有效市场假说。

7. 行为金融运用了心理学、社会学等学科的研究方法,通过分析投资者的决策行为解释金融市场中的现象。

关键词

直接融资;间接融资;金融工具;货币市场;资本市场;同业拆借;转贴现;再贴现;央行票据;可转换债券;股权收购;远期合约;外汇远期;多头;空头;期货合约;股指期货;看涨期权;看跌期权;货币互换;利率互换;有效市场;行为金融

课后习题

1. 同业拆借市场的作用。

2. 远期和期货的异同。

3. 强式有效市场假说的主要内容。

4. 股权收购的两种方式及其异同。

5. 假设中国某出口商从事中英贸易，1月8日时与英国贸易商签订协议，约定6个月后对方向该出口商支付300万英镑的货款，该出口商担心英镑将在未来几个月贬值，于是考虑利用期货套期保值。1月8日与7月8日的英镑对人民币汇率(GBP/RMB)如下表所示，求套期保值操作方向，及套期保值后该出口商的盈亏状况。

日 期	现货市场	期货市场
1月8日	9.354 2	9.274 5
7月8日	8.875 6	8.899 6

6. 由于A、B公司在借贷市场上的信用等级不同，它们所需的贷款成本也不同，两公司在固定利率和浮动利率市场的贷款成本如下表所示：

	固定利率	浮动利率
A公司	8%	3个月SHIBOR+1%
B公司	10.6%	3个月SHIBOR+2%

假设A公司需要一笔浮动利率的贷款，B公司需要一笔固定利率的贷款，两笔贷款金额、期限相同。请问两公司之间是否有发生利率互换的可能性？如果可能达成互换交易，两公司各自承担的利率是多少？

第八章 金融创新

导 读

如果将近一百年的人类文明史与此前相比,"创新"一定是最大特点。同样,近一百年以来,随着科技进步和金融领域的发展、成熟,各类金融创新层出不穷,助推传统金融如虎添翼。经济学家熊彼特(Joseph Alois Schumpeter)于1912年提出"创新"一词,将之定义为富于冒险精神的企业家建立的一种新的函数,也即把生产要素与生产条件进行新的组合并引入生产体系,从而引起对原有生产体系的震荡效应。由此衍生出的金融创新究竟是什么含义,又经历了怎样的发展过程,对于各国金融业又有怎样的意义?我们将在这一章中为大家解答。

金融创新(Financial Innovation)的定义迄今尚无统一定论。一般而言,金融创新是指在金融领域内建立的"新的生产函数",是金融机构为追求微观利益和金融当局为提高金融业宏观效益而对各种金融要素的重新组合、重新设计和重新开发。而商业银行作为金融机构中最为活跃的主体之一,在金融创新中的表现极具代表性。金融创新始于20世纪30年代,70年代以来则以前所未有的态势席卷各国。在使金融业获得长足发展的同时,也对金融体系的安全性、稳定性形成极大挑战。本章中,我们将主要介绍金融创新的动因、基本理论、金融创新的经济效应和中国银行业务创新。

第一节 金融创新的动因

自20世纪70年代至今,金融创新在不到半世纪的时间内推动着金融业发生着颠覆性的变化。你或许无法想象,在今天我们习以为常的许多金融工具,如自动转账服务(ATS)、浮动利率债券、期权、期货等,在50年前都不曾出现。那么,是什么推动了金融创新迅速发展呢?

从微观角度看,金融创新是金融机构的活动。因此,每一个金融创新都必然是创新主体的内在动因和其所处外在环境综合作用的结果。从内因上来看,金融活动的逐利本性必然导致主体由于规避金融监管的需求而采取创新行为,以期实现最大利润,由此产生了规避金融管制所产生的金融创新;而从外因来看,金融行业的高风险性引发了避险性金融创新,而电子信息技术的进步则从技术层面推进了金融创新的步伐。

一、规避管制的创新

在1929—1933年的经济危机后,为维护金融体系的稳定,以美国为首的发达国家颁布了一系列管制性金融法令。然而经济形势从20世纪60年代开始发生变化,非银行金融机构大量涌现,通胀率持续走高。在这种条件下,存款性金融机构的生存受到极大威胁,开始利用法规漏洞,推出许多创新产品。其中影响较大的有自动转账服务账户(Automatic Transfer Service Accounts,ATS)、可转让支付命令账户(Negotiable Order of Withdrawal Account,NOW)、货币市场共同基金(Money Market Mutual Funds,MMMFs)、货币市场存款账户(Money Market Deposit Accounts,MMDAs)、大额可转让定期存单(Negotiable Certificates of Deposits,CDs)。

(一) 自动转账服务账户

ATS是一种存款可以在储蓄存款账户和支票存款账户之间按照约定自动转换的存款账户。由电话转账服务账户发展而来,与其不同之处在于存款在账户间的转换不需存款人电话通知而由银行按约定自动办理。存户可以同时在银行开立两个账户:有利息的储蓄账户和无息的活期支票存款账户,活期账户的余额始终保持1美元。银行收到存户开出的支票需要付款时,可随时将支付款项从储蓄账户转到活期支票存款账户上。ATS账户主要针对联邦法律不允许对活期存款付息的规定,使客户兼得活期账户和储蓄账户的双重优点。

(二) 可转让支付命令账户

NOW是1970由美国马萨诸塞州一家消费储蓄银行(Consumer Savings Bank of Worcester)申请推出,1972年在该州获得批准。这种账户是储蓄账户,可以支付利息;可随时开出有支票作用但无支票名称的支付命令书,本质上与活期账户签发支票的做法并无区别。NOW账户规避了当时储蓄银行不得经营支票账户以及Q条例中活期存款不得支付利息的规定。随后又创新出超级可转让支付命令账户(Super NOW),比普通NOW账户的利率更高,但须保持最低余额。如果存款余额低于最低限额,银行只支付普通NOW账户同样的利率。

(三) 货币市场共同基金

MMMFs作为银行存款的一种替代创建于1971年,是规避金融管制的典型产品。20世纪70年代初美国对商业银行与储蓄银行的大部分存款利率均进行管制,而货币市场工具则是浮动利率,但许多中小投资者由于最低交易额规定而无法进入货币市场,MMMFs由此应运而生。MMMFs是将众多的小额投资者的资金集合起来,由专门经理人在货币市场投资于国库券及其他短期金融资产,赚取收益后按一定期限及持有份额进行分配的一种金融组织形式。由于是基金投资,赚取的是利润而不是利息,因此不受存款利率限制。此外,投资者还能对其在基金中以股份形式持有的资金签发不低于50美元的支票。

(四) 货币市场存款账户

MMDAs由美国商业银行于1972年首创,是美国商业银行为应对来自货币市场基金的竞争而开发出的存款品种。开立这种账户,可支付较高利率,并且利率可以浮动,还可使用支票。这一账户的存款者可定期收到一份结算单,记载所得利息、存款余额、提款或转账支付的数额等。该账户具有以下特点:(1)企业和个人均可开户,起初规定存款限额为2 500美元,目前已经没有法定最低存款余额限制,但如果每月的账面余额低于2 500美元,银行仅支付普通NOW的利率;(2)支付利息不受利率上限限制,按照货币市场利率随时调整;(3)向第三方支付时,不论签发支票还是电话通知,每月不超过6次,且银行具有要求客户提款时必须提前通知(至少7天)的权利;(4)超过10万美元的存款可得到联邦存款保险公司的保险。

（五）大额可转让定期存单

CDs 与传统定期存款有很大区别，是由美国花旗银行于 1961 年 3 月首先推出、针对定期存款只能定期提取、提前提取要遭受利率损失而进行的创新。其面额在美国为 10 万美元以上，在日本为 5 亿日元以上。

表 8-1 CDs 与传统定期存款比较

	是否可转让	金额起点	是否可提前支取	利率计算
传统定期存款	记名，不可转让	无起点限制	可提前支取，会造成利息损失	固定利率
CDs	不记名，可转让	有起点限制	不可提前支取，但可以在二级市场流通转让	固定利率或浮动利率

CDs 对投资者而言，具有信用高、风险小、利率高于活期存款、可随时转让融资等优点，不失为兼具流动性、安全性、盈利性的良好投资品种。对银行而言，CDs 发行手续简便，要求书面资料简单，发行费用低，而且吸储金额大，期限稳定，是有效的融资手段。目前，CDs 已成为商业银行一个主要资金来源。此外，由于 CDs 可自由转让，其利率反映了市场资金供求状况，对于投资者和金融机构都具有参考价值。在美国、日本等国，CDs 利率是对短期资金市场影响较大的利率，发挥着重要作用。

二、规避市场风险的创新

20 世纪 60 年代以来，世界性的通货膨胀加剧了利率和汇率的波动，使金融市场的不确定性和金融风险增强，由此产生了诸多金融创新产品。

当时，发达国家的通货膨胀严重，特别是在 70 年代末 80 年代初期，美欧等国家的物价上涨曾达到两位数，如美国 1979 年 CPI 上涨 11.22%，1980 年上涨 13.58%，1981 年上涨 10.35%。

通货膨胀率走高使利率和汇率随之上扬，并且波动剧烈，给金融机构和投资者带来较大市场风险。以美国短期国库券利率为例，60 年代中期，该项利率始终低于 5% 的水平，而 70 年代其波幅扩大到 4%～11.5%，80 年代升至 7%～15%。

短期利率上扬造成长期证券和不动产投资收益率的下降，剧烈的利率、汇率波动又会加大投资收益的不确定性，投资者从而面临较大的市场风险。

为规避和分散风险，适应变化莫测的市场形势，浮动利率的债权债务工具不断涌现；金融期货市场、期权市场、互换市场等金融衍生工具应运而生。而 20 世纪 80—90 年代以来，对传统金融工具、融资工具的证券化渐渐成了金融创新的主要趋势。

（一）浮动利率的债权债务工具

现列举两个非常普遍的创新产品。(1) 浮动利率债券。债券利率在基准利率基础上根据发行人风险加点生成。(2) 可变利率抵押贷款(Adjustable Rate Mortgages，ARMs)。在贷款期限内，允许根据一些事先选定的参考利率，对合同利率进行定期调整的抵押贷款。调整间隔往往事先设定，包括 1 个月、6 个月、1 年、2 年、3 年或 5 年。虽然具体形式不完全相同，但可变利率抵押贷款都有一个基本特征，就是贷款利率可变，只是变的基础、幅度、条件方面不一致。通常为了吸引客户，这种贷款的初始利率低于固定利率抵押贷款，并在市场利率上涨中得到回报。但是可变利率抵押贷款开始时只要求借款人归还利息，这样借款人就能够借到更大数额的抵押贷款。日后要求支付本金或贷款利率上调时,此类贷款的还款金额将有所增加,经常使借款人还不起贷款,导致坏账的产生。2007年违约率开始大幅上升的次级 ARMs 正是引起美国次贷危机的罪魁祸首。

【学习检查】次贷 ARMs 及其违约状况

请查阅相关资料,了解 ARMs 特别是次级 ARMs 在美国的产生背景及其违约状况,并评价其功过是非。

(二) 金融衍生工具

金融远期、期货、期权、互换市场等诸多创新性金融衍生工具,可以规避市场风险。(1) 远期利率协议通过固定将来实际交付的利率而避免了利率变动的风险。同时,远期利率协议主要是银行同业间的交易,买卖双方违约现象很少,信用风险也较小。(2) 金融期货交易的重要职能在于提供套期保值的手段,以此来规避相关风险。(3) 金融期权合约通过限定风险功能、保值功能和风险对冲功能,有效地规避由于标的物价格变化而产生的风险(根据期权标的物不同,可以分别规避利率、汇率、股票等市场风险)。(4) 交易双方利用金融互换,可以管理资产负债组合中的利率、汇率等风险。具体内容可参见第七章的相关内容。

(三) 金融资产证券化

银行等金融机构将其持有的各种缺乏流动性的资产转换为可在市场上买卖的金融证券的过程。以银行贷款为例:银行把贷款期限长,流动性差的贷款汇总成为一个贷款组合,组成一定规模的"资产池",然后"打包"出售给专业操作资产证券化的中介机构(英文简称为 SPV)。其程序包括:(1) 对证券化贷款进行价值评估,评估其账面价值和实际价值,即这些资产的质量和未来可能产生的收益等;(2) 将选择好的贷款转化为一定面值的有价证券,并将其分为优先级、普通级和次级等不同的等级;(3) 把这些有价证券出售给投资者。

证券化后的金融资产在市场上由投资者认购,所隐含的各项风险从而转移到投资者身上。资产证券化的最大的风险是有些证券所代表的资产信用风险过大或应收款质量不佳,因而导致投资人损失。此外,相关银行可能存在道德风险,由于证券化是将债权转移,违约风险也同时转移,故银行在审查贷款时可能不太尽责,进而造成更高的借款人违约风险。

三、技术进步推动创新

20世纪70年代以来,以计算机、网络技术、遗传工程、光导纤维等为基本特征的科学技术革命为世界带来了深刻变革。而计算机、通信技术的发展彻底改变了既有的金融观念,而以移动支付、云计算、社交网络和搜索引擎等为核心的现代互联网科技,更为客户提供全新的体验与选择,直接推动了新一轮金融创新和金融革命的浪潮,成为技术型金融创新的原动力,促进金融业的电子化发展。

由此产生的创新型金融产品,针对不同用户规模、不同使用目的、不同交易双方、不同交易对象等种类繁多,下文中仅介绍其中较为突出的几类。

(一) 自动提款机

自动提款机(Automatic Teller Machine, ATM)又称自动柜员机,是由计算机控制的持卡人自我服务型的金融专用设备。ATM机可以向持卡人提供提款、存款、查询余额、更改密码等功能。ATM不仅能接受本行本地卡,还可以通过网络功能接受异地卡、他行卡,同时为持卡人提供24小时服务。此外,作为一种多功能专用终端设备,部分地区的ATM还可进行外币与本币的换算转账,并进行支票以及CDs等的支付转账业务。

(二) 环球银行金融电信协会

环球银行金融电信协会(Society for Worldwide Interbank Financial Telecommunication,SWIFT)是一个国际银行间非营利性国际合作组织,总部设在比利时布鲁塞尔,并在荷兰阿姆斯特丹和美国纽约分别设立交换中心(Swifting Center)以及为各参加国开设集线中心(National Concentration),为国际金融业务提供快捷、准确的服务。

SWIFT运营金融电文网络,银行和其他金融机构借此与同业交换信息,从而完成金融交易。除此之外,SWIFT还向金融机构销售软件和服务,其中大部分用户都在使用SWIFT网络。2016年年初,SWIFT开始启动全球支付创新行动(Global Payment Innovation Initiative)。

SWIFT于1973年注册成立,1977年就拥有150多个会员国,5 000多家会员银行,日处理300万笔电讯,高峰达330万笔。截至2016年6月,SWIFT的信息传送系统对接了全球11 000多家银行、证券机构、市场基础设施和企业用户,覆盖200多个国家和地区。

中国是SWIFT会员国,中国银行、中国工商银行、中国农业银行、中国建设银行、中国交通银行等均加入了SWIFT组织,开通了SWIFT网络系统。

(三) CHIPS

CHIPS是以纽约的票据交换所为中心,由100多家银行参加的计算机网络系统。主要为国外银行办理有关欧洲美元的交换和清算,是世界性的资金调拨系统。现在,世界上90%以上的外汇交易是通过CHIPS完成的。可以说,CHIPS是国际贸易资金清算的桥梁,也是欧洲美元供应者进行交易的通道。

CHIPS的参加银行,除了利用该系统本身调拨资金外,还可接受银行同业往来的付款指示,透过CHIPS将资金拨付给指定银行。这种层层代理的清算体制,构成了庞大复杂的国际资金调拨清算网。因此,它的交易量非常巨大。每个营业日终了,中央计算机系统对每笔交易进行统计,统计出各参加银行应借或应贷的净金额,并于当日下午4:30后,通过Fed Wire网,将各参加银行应借或应贷的净金额通知纽约区联邦储备银行。纽约区联邦储备银行利用其会员银行的存款准备金账户完成清算。清算完成后,通知CHIPS,CHIPS则于下午5:30—6:30,用1小时的时间轧平账务。

从上述处理过程可看出,利用CHIPS进行国际间的资金转账是很方便的。因此,各国银行在纽约设有分行者,都想加入CHIPS系统。面对日益增多的参加银行,为了清算能快速完成,纽约清算所决定,由该所会员银行利用其在纽约区联邦储备银行的存款准备金账户,代理各参加银行清算。

(四) Motif

由美国投资组合服务提供商Motif投资公司(Motif Investing)提供。一个Motif包含具有相似主题或理念如云计算、移动互联网、3D打印的证券(包括股票、债券、基金等)组成,最多30只。投资者可从平台上自行选择、修改投资组合,还可以创建自己的全新Motif。其主要创新在于:(1)提供强大的自助式投资组合设计工具,可非常方便、直观地修改、创建、评估Motif,只需要几分钟便可拥有个性化的投资组合;(2)引入社交机制,可以把自己的

Motif 分享给好友或特定圈子，大家一起就其进行讨论和优化。

Motif 投资应用先进技术手段和社交机制，帮助客户成为自己的基金经理。其收费标准也与众不同，无论客户总投资额多少（最低不能低于 250 美元），无论该 Motif 组合证券由平台提供还是客户创建，客户出售或购买一次组合都被收取 9.95 美元。如果只交易其中一只证券，则每次收取 4.95 美元。

【案例研究】金融创新失败案例

1. 第一家网络银行 SFNB 被收购

SFNB 于 1995 年 10 月 18 日由美国三家银行和两家计算机公司联合成立，为得到美国联邦银行监管机构批准的第一家全交易型的网上银行。该银行完全依赖互联网进行运营。由于费用低，一年后开设了大约 7 000 个账户，总存款额超过 2 000 万美元，到 1999 年存款额达 4 亿美元，增长速度极快，股价飙升。但 SFNB 一直未盈利，随着大银行加快电子银行布局并降低成本，其优势不再。1998 年被加拿大皇家银行以 2 000 万美元收购其除技术部门以外的所有业务。

2. PayPal 货基被清盘

诞生于 1998 年的全球在线支付巨头 PayPal 成立次年即推出了"美版余额宝"，极具开创性地将在线支付和金融业务结合起来。该基金由 PayPal 自己的资产管理公司通过联接基金的方式交给巴克莱（之后是 BlackRock Inc.）的母账户管理，用户只需将基金账户激活，账户余额每个月就可以获得股息，收益率每天浮动。PayPal 货基 2007 年规模峰值达到 10 亿美元，相当于当时排名中等的货币市场基金水平。但好景不长，2008 年金融危机后美联储三次 QE 导致美国货币市场基金收益普降至 0.04%，仅为 2007 年高峰 5% 的零头，甚至远不如储蓄账户 2.6% 的收益。资产大大贬值的 PayPal 最终不得不销声匿迹。

3. 网络信用卡 NextCard 破产

NextCard 于 1996 年推出，是通过互联网发放信用卡的公司，总部设在旧金山。公司提供一套 VISA 卡网上信用审批系统。信用资料少的申请人只需在此存有一定额度存款就可申领信用卡，而且在卡片寄出之前就通过网络授予信用额度。到 2001 年第三季度，NextCard 积累了 120 万个信用卡账户，未偿余额 20 亿美元，成本却比传统方式低 70%。2002 年 9 月，公司正式承认已遭到联邦证券监察机构的调查，面临 9 桩集体诉讼。2002 年不得不宣布破产。

4. 互联网保险 InsWeb 被收购

成立于 1995 年 2 月，为消费者提供多家合作保险公司的产品报价，并从投保人和保险公司处收取中介费用。为代理人提供消费者个人信息和投保意向，并向代理人收取费用，当时享有很高的声誉。但大多保险产品复杂，而单纯在网络上无法迅速了解产品性质，导致绝大多数保险产品无法依靠互联网销售。由于难以为继，2011 年被美国著名个人理财网站 Bankrate 收购。

【学习检查】金融创新的风险

阅读上述失败案例，探讨其失败的主要原因，在此基础上谈谈你对金融创新的看法。

第二节 金融创新理论

在规避管制、规避市场风险以及技术进步等因素推动下,层出不穷的金融创新改变了早期金融业的格局,衍生出大量金融工具,给各国的金融体制、宏观经济发展造成了深远的影响。究竟是什么因素导致金融创新如此蓬勃发展,经济学家通过不同的理论对金融创新进行了探索,进而产生了大量早期理论流派。20世纪80年代中期以来,在早期金融创新理论基础上,经济学家对金融创新的动因进行了更为深入的研究,建立了更为具体的金融创新实证模型。本节将对早期金融创新理论与当代金融创新理论分别进行讨论,以深化对金融创新的理解。

一、早期金融创新理论

(一) 金融中介促成论

该理论由格利(J. Gurley)和肖(E. Shaw)于1955年提出。他们认为,金融中介是经济增长过程中必不可少的部分,金融创新是盈余或赤字企业的需求与金融部门提供的服务相匹配的结果。肖还认为,当旧的融资技术不适应经济增长的需要时,表现为短期金融资产的实际需求静止不变。因此必须在相对自由的经济环境中用新的融资技术对长期融资进行革新。事实上经济增长本身又为长期融资创造了市场机会,而金融创新就是对这种机会做出的反应。

(二) 货币促成论

货币促成论的代表人物是弗里德曼(Milton Friedman)。弗里德曼认为前所未有的国际货币体系特征及其最初的影响,是促成金融创新并要求放松金融市场管理压力的主要原因。

他认为,20世纪60年代美国通货膨胀的加剧导致了1971年布雷顿森林体系的崩溃,割断了美元与黄金的联系,使世界上所有货币直接或间接建立在不兑换纸币的基础上。布雷顿森林体系解体拆除了政府实施通货膨胀的阻碍,反过来又加剧了20世纪70年代通货膨胀及其在世界范围内的传播。通货膨胀及其引发的汇率和利率的频繁波动,是金融创新的动力。

该理论的核心是主张货币方面因素的变化促成了金融创新。货币促成论可解释20世纪70年代布雷顿森林体系解体后出现的多种转嫁汇率、利率、通货膨胀的创新工具和业务,但对于20世纪70年代之前的规避管制创新及20世纪80年代产生的信用和股权金融创新却无从解释。

(三) 财富增长论

财富增长金融创新理论由格林鲍姆(S. I. Greenbem)和海沃德(C. F. Haywood)于1971年提出。这两位经济学家在研究美国金融业发展历史时,得出了财富增长是决定金融创新需求的主要因素的结论。他们认为,经济的高速发展带来财富的迅速增长,这是金融创新的主要原因。因为科技进步引起财富增加,人们要求避免风险的愿望加强,对金融资产和金融交易的需求加大,促进了金融创新以满足日益增长的金融需求。

根据财富增长理论,当金融当局出于稳定的目的对金融业施加管理,特别是在经济困难时期实行严格管制时,无疑会抑制金融需求,产生替代效应,且高利率和利率变动会对金融创新产生负面影响。因此，这种理论对 20 世纪 70 年代后，出于转嫁利率、汇率和通胀风险目的的金融创新大量涌现的现象无从解释。

（四）交易成本论

交易成本创新理论由希克斯(J. K. Hicks)和尼汉斯(J. Niehans)于 1976 年提出。该理论的基本命题为"金融创新的支配因素是降低交易成本"。这个命题包括两层含义：一是降低交易成本是金融创新的首要动机，交易成本的高低决定金融业务和金融工具是否具有实际意义；二是金融创新实质上是对科技进步导致交易成本降低的反应。

交易成本的概念比较复杂。一种观点认为，交易成本是买卖金融资产的直接费用（其中包括各方面转移资产所有权的成本、经纪人的佣金、借入和支出的非利率成本，即"机会成本"）。另一种观点认为，交易成本应考虑以下因素，即投资风险、资产预期净收益、投资者的收入和财产、货币替代品的供给等。

希克斯把交易成本和货币需求与金融创新联系起来，得出了以下的逻辑关系：交易成本是作用于货币需求的一个重要因素，不同需求产生对不同类型金融工具的要求，交易成本高低使经济个体对需求预期发生变化。交易成本降低的趋势促使货币向更为高级的形式演变和发展，产生新的交换媒介、新的金融工具。因此，可以说金融创新的过程就是不断降低交易成本的过程。

交易成本理论把金融创新完全归于金融微观经济结构的变化引起的交易成本下降，这是有一定的局限的。因为，它忽视了交易成本降低并非完全由科技进步引起，竞争也会使交易成本不断下降，外部经济环境的变化对降低交易成本也有一定的作用。所以，交易成本理论单纯从交易成本的下降来解释金融创新的原因，不免有把问题的内部属性看得过于简单之嫌。但是，它仍不失为研究金融创新的一种有效的分析方法。

（五）制度改革论

从制度角度探讨金融创新理论的学者较多，主要以戴维斯(L. E. Davis)和诺斯(D. North)为代表。1971 年，诺斯和戴维斯合著并由剑桥大学出版社出版的《制度变革与美国经济增长》一书被认为是制度创新理论的重要代表作，也是西方经济学界第一部比较系统地阐述制度创新的著作。

制度创新派学者主张从经济发展史角度来研究金融创新，认为金融创新并非 20 世纪电子时代的产物，而与社会制度紧密相关。作为经济制度的一个组成部分，金融创新应该是一种与经济制度互为影响、互为因果关系的制度改革。他们将金融创新解释为"管制→创新→再管制→再创新→……"的螺旋式发展过程，甚至默认政府的管制干预行为本身就是金融制度领域内的创新。基于这种观点，我们可以举出例子如 1919 年美国联邦储备体系和 1934 年存款保险金制度的建立，它们都是作为政府当局为金融体系稳定而采取的有力措施，虽然是金融管制的一部分，但也可以视为金融创新行为。

然而，人们对这一金融创新理论流派的认识似乎很难统一起来。有的人认为这种金融创新理论实际上是与制度创新紧密关联的，并且是制度创新的一个组成部分；还有人认为金融压制本身就是金融创新的阻力和障碍，因此必须严格区分"金融压制"和"金融深化"两个概念，作为金融压制的规章制度无疑是金融改革的对象，而非金融创新的内容。

（六）约束诱导论

美国著名的经济和金融学家西尔柏(W. L. Silber)在 1983 年 5 月发表了《金融创新的发

展》一文,详述了金融创新的动因,并用直线程度模型加以说明。西尔柏最早从寻求利润最大化的金融公司创新最积极这个表象开始,由此归纳出金融创新是微观金融组织为了寻求最大的利润,减轻外部对其产生的金融压制而采取的"自卫"行为。

西尔柏认为,金融压制来自两个方面:(1) 外部(如政府)的控制管理。这种由外部条件变化而推动的金融创新要付出很大的代价。其中有两种情况,一种是外部条件变化而产生金融压制,降低了金融机构的效率;另一种情况是金融压制使得金融组织承担的机会成本变大。(2) 内部强加的压制。为了在保障资产流动性的同时,拥有一定的偿还率以降低经营风险,保证资产营运的安全,金融企业采取了一系列资产负债管理制度,如要求偿还期对称、规定各种资产运用比率等。这些规章制度,一方面确保了金融企业的营运稳定,另一方面也形成了内部的金融压制。

来自以上两方面的金融压制,特别是外部条件变化而产生的金融压制,促使实行最优化管理和追求利润最大化的金融机构从机会成本的角度和金融企业管理影子价格(影子价格:用线性规则方法计算出来的反映资源最优使用效果的价格)与实际价格之间的背离来寻求最大限度的金融创新。这就是微观金融组织金融创新行为的逻辑分析结论。

目前,对西尔柏创新理论的批评,主要在于其对金融创新动因的解释既过于一般化,又太特殊化。(1) 一般化是指西尔柏虽然指出金融企业创新的本质是为了实现利润的最大化,是一种受到强加压制后采取的"逆境创新",但是,这样对金融创新动因的解释失去了金融创新的特征和个性,即金融创新的内涵通过这种"逆境创新"相对地缩小了。(2) 特殊化则是因为这种理论仅仅适用于金融企业,却不适用于其他相关市场的企业,也不适用由于宏观经济环境变化而引发的金融创新。事实上,金融创新并非金融企业的孤立行为,而是经济活动在金融领域内各种要素重新组合的结果。但值得肯定的是,西尔柏从金融机构、金融业务和工具创新的分析框架中推出的金融创新理论,对于从供给角度研究金融创新具有重大的理论意义。

(七) 规避管制论

规避管制论由美国经济学家凯恩(E. J. Kane)于1984年提出。他认为政府对金融企业的管制和金融机构因此产生的规避行为是以辩证形式出现的。金融管制必然存在,并在某些方面限制企业获取利润;金融企业为了获得最大化的利润,在经营过程中常常会通过技术、工具、业务创新来逃避政府的管制。当金融创新危及金融稳定和各种经济政策不能按预定目标实施时,政府和金融当局又会加强管制;与此同时,金融企业为了规避新的管制又推出了新一轮的创新。因此,创新引起管制,而管制又引起新一轮的创新,金融创新的过程就是"管制→创新→再管制→再创新→……"这样一个创新和管制不断交替的过程,也是一个动态博弈过程。

规避管制理论在某种程度上可以说是约束诱导理论和制度改革理论的综合:该理论一方面同意约束诱导理论的观点,认为政府对金融企业的种种限制和管制实际上等于隐含的税收,金融企业进行种种创新是为了规避这些管制;另一方面也赞同制度改革理论的说法,认为政府当局在金融创新足以阻碍货币政策或危害金融稳定时会作出反应、加强管制,金融企业的创新行为和这种管制之间的对抗构成金融创新的辩证过程。

尽管规避管制理论综合了约束诱导理论和制度改革理论,但是却与两者都有很大区别:(1) 约束诱导理论主张从内、外两方面的制约探讨金融管制对金融创新的影响,而金融创新对金融管制的反作用力则未曾谈及,且其关注的"金融创新"范围较为狭隘,仅限于市场创新。而凯恩的理论则研究了创新和管制二者的动态作用过程,并且将"制度创新"纳入考虑。(2) 相比于制度创新理论,凯恩理论的主要区别则在于对金融管制的定位不同。制度创新理论将金融管制视为金融创新的一个组成部分,而规避管制理论则将金融管制视为金融创新的外在压力,是金融创新的动因。

但规避管制理论似乎太绝对和抽象化地把规避和创新联系在一起,而排除了其他一些因素的作用和影响,与现实有一定的差距。

(八) 技术推进论

技术推进理论认为是技术的进步,特别是电脑、网络技术成果在金融业的应用促进了金融创新。这是由于新技术在金融领域的引进和运用促进了金融业务创新,打破了传统的时空限制,加快了资金调拨速度,降低了成本,促进了全球金融市场一体化,使 24 小时全球金融交易成为现实。

熊彼特在著作《经济发展理论》(*The Theory of Economic Development*)中曾对技术创新的影响提出了创设性的讨论,探讨了新技术的发明、应用和推广是经济发展和企业循环的主要原因。后来又在《资本主义、社会主义与民主》(*Capitalism, Socialism and Democracy*)一书中提出了技术创新理论,认为企业规模越大、市场结构越集中,技术创新的可能性越高。

但熊彼特的技术创新理论只针对企业创新而没有涉及金融创新,而该理论却为金融创新中的技术推进研究奠定了基础。真正从技术创新角度探讨金融创新问题的是韩农(T. H. Hannon)和麦道威(J. M. Mc Dowell)。韩农和麦道威在 1984 年发表的《市场集中与技术在银行业的推广》一文中,通过实证研究发现 20 世纪 70 年代美国银行业新技术的采用和扩散与市场结构变化密切相关,从而认为新技术的采用是导致金融创新的主要因素。但是由于他们进行实证研究的资料过于具体,仅限于自动提款机,对电子计算机和电子通信设备的技术革新与金融创新的相关性研究未能取得充分证据。因此他们提出的技术创新理论是局部的,不具有一般代表性。而且该理论也无法解释因政府放宽管制而出现的许多金融创新问题。

二、当代金融创新理论

(一) 不完全市场论

许多学者把金融创新看作在不完全市场上对金融产品或服务的组合与分解的过程,代表人物主要有杜费(Dufey)、吉迪(Giddy)、尼汉斯(Niehans)、德赛(Desai)、洛(Low)、卢埃林(Llewellyn)、罗斯(Ross)等。

杜费与吉迪(1981)认为大部分金融创新是由新的基本服务通过"打包"的方式发展而成。尽管这种组合和分解的过程存在着无限的可能性,但是基本产品本身没有发生很大的变化。此外,大多数金融产品能用一些具体特征如定价、期限和流动性等来进行描述,金融创新就以这些特征的不同组合出现。

尼汉斯(1983)认为即使是最复杂的金融业务也能描述成金融系统提供的三种标准产品或这三种服务的"打包":第一种服务是现在货币和将来货币的兑换;第二种服务是作为中介将信贷双方联系在一起;第三种服务是满足客户的支付要求。

德赛和洛(1988)认为金融创新是完善金融市场的一种手段,是现有金融产品的重新组合。由于市场需求的不同,这种组合过程也就为金融创新提供了无限的可能。他们还认为监管、通货膨胀、利率变化、技术进步、经济活动水平的变化以及金融学术研究的进展都会改变现有金融产品之间的边际替代率或发掘出新的特征,从而创造出对新组合的需求,新的需求的产生就促进了金融创新。

卢埃林(1992)指出除定价、期限和流动性之外,还存在其他特征如价格风险、收入风险、信用风险、国家风险、汇率风险等,判断是否为一项金融创新的基本标准是特定金融中介的效率是否提高和一般金融系统的功能是否提升。

罗斯(1989)提出了一种代理理论模型,他认为公司和机构在被一系列复杂的合同关系所监督与控制。正是由于这些委托代理关系的存在,金融市场上的制度行为并不是简单地反映出个人偏好,其中制度偏好产生了新的金融工具的需求。举例来说,投资者和金融中介之间存在着代理问题,小投资者对不透明机构的运作毫不知情,存在着严重的信息不对称问题,代理问题也很明显。为了防止投资人利益受损,需要私人或政府的监督介入以对这些不透明机构的高风险低等级投资设立上限。由于这种限制,不透明机构需要出售低等级投资,投行往往会开发新的证券将低等级投资打包,金融创新也就产生了。

(二)一般均衡论

金融创新的一般均衡论主要从供求均衡分析的角度对问题进行分析。当一种金融产品的出现既反映了金融创新的需求,还反映了金融市场上供给者的意愿和能力时,才达到了金融创新的均衡。这与我们在经济学原理中所学的供求平衡非常相似。

多数一般均衡模型是由投资银行建立的,假设创新者需要使其新发行获得的销售收入效用最大。其中比较有代表性的是 Pesendorfer 于 1995 年提出的模型。Pesendorfer 认为有两个原因推动金融创新:(1)对风险分担、风险集中、套期保值等的需求;(2)降低交易成本的需求。为实现这两个目的,金融中介机构购入证券组合,再根据该组合的收益发行一种金融产品集(也就是新的金融工具)。但营销成本等原因导致金融中介机构所创造的金融工具"过剩",这意味着即便是均衡的资产结构仍然出现了金融市场上经常可以观察到的"过剩"的情况。该理论从金融市场的不完全性出发,由追求利润的金融中介机构通过金融创新获得因市场不完全而产生的盈利机会,从而使不完全市场向完全市场转变,金融创新就在这个过程中发挥重要作用。

(三)理性效率假说和群体压力假说

近年来,一些西方学者用产业经济中创新的理论分析研究金融业中创新的采用和扩散,代表性的有莫利纽克斯(Philip Molyneux)和沙姆洛克(Nidal Shamroakh)于 1998 年提出的理性效率假说和群体压力假说。

理性效率假说认为,早期未进行创新的公司,由于经营环境的变化导致预期创新成本下降或预期创新收益上升。因此公司对创新的盈利性有了新的评价,继而决定创新。而先行创新的公司因为拥有了先行者的优势,后加入的公司如果要进行有效的竞争就不得不增加开支,支出的增加会增加创新的预期成本,因而限制了后来的创新。

群体压力假说认为,一个机构采用或拒绝创新不是由其对创新的效率和收益的评价决定,而是由已进行创新的公司净数目所带来的群体压力决定。群体压力分为两类:一类是制度性群体压力,另一类是竞争性群体压力。前者来自失去合法性或股东支持的压力,后者来自失去竞争优势的威胁。群体压力越大,单个机构进行金融创新的动机就越大,反之亦然。

可见,这两种假说主要从微观层面(单个机构)的内部和外部的激励来分析单个机构是否进行金融创新活动,以应对激烈的市场竞争,提高其市场盈利能力。

【学习指导】金融创新理论的另一种分析思路

我们之前按照时间的划分介绍了早期的金融创新理论以及当代金融创新理论的新进展。接下来换一种思路,从金融创新的动因角度分析理论的发展。一些学者从宏观角度出发,另一些则从微观角度出发;一些学者研究外部的变化,一些则研究内部的需求。我们从不同角度对前面学习的理论进行分类或者补充,作为对这一部分学习的巩固。

1. 收入效应角度

这就是我们前面介绍过的由美国经济学家格林鲍姆(Greenbaum)和海沃德(Haywood)从收入效应的角度提出的财富增长论。他们认为,金融资产的需求取决于收入和财富水平,当收入水平增加时,对创新金融资产的需求也会增加。

2. 约束与规避角度

我们在前面已经介绍过的规避管制论以及约束诱导论属于这个范畴。规避管制论的代表人物是凯恩(Kane),他认为政府对金融市场的管制是一个政治过程,而对管制的规避则是经济过程,两者在斗争中产生了金融创新。约束诱导论的代表人物是西尔柏(Silber),他认为企业会在现有的约束条件下追求目标函数最大化,金融创新主要通过将资产负债表外的项目内化、将其他金融工具引入企业资产组合中,或是结合两者。此外,美国经济学家希拉(Sylla)还提出了对习惯性规则的规避,如货币创新的原因是原来的习惯性规则约束了经济发展。

3. 成本角度

交易成本论就是由希克斯(Hicks)和尼汉斯(Niehans)从成本角度提出的。他们认为交易成本降低的趋势推动了新的金融工具的出现。此外,罗斯(Ross)还从代理成本角度进行了分析,他认为投资者与金融中介之间的代理问题及成本推动了金融创新。

4. 制度改革角度

我们介绍的由戴维斯(Davis)与诺斯(North)发展的制度改革论就是从这个角度进行分析的。他们认为经济主体都追求利润最大化,制度的变革使得利润无法实现,经济主体将进行制度创新获得这些理论。金融创新也有一样的逻辑。

5. 其他角度

其他经济学家还从金融不稳定假说、属性的拆分重组、功能创新角度、市场缺陷、金融中介等角度分别提出了解释金融创新动因的理论,请读者查阅资料了解这些理论。

【学习检查】金融创新理论

回顾在本章第一节中讨论的金融创新三种动因,将上述金融创新理论与三种动因进行比较,说说它们之间的联系。

第三节 中国商业银行业务创新

商业银行业务创新是指商业银行运用新思维、新方式和新技术,通过在金融产品、金融服务、交易方式以及金融市场等方面的创造性活动,实现经营利润最大化的一系列经济行为和过程。本节将从七个主要方面分别讨论。

一、大额可转让定期存单

在欧美金融市场,大额可转让定期存单(CDs)是初级产品。成熟的 CDs 市场由发行市场和转让市场构成,参与者主要有三方面:一是存单发行人,主要是银行;二是投资者,包括非银行金融公司、大企业、政府机构、企业、银行和个人;三是交易商,属中介机构,对存单买卖发挥中介作用。

CDs 的发行有两种方式:一是批发式,即把发行的总额、利率、期限、每张存单的面额以及发行日期预先公布于众,由投资者认购;二是零售式,它是由银行作为发行人将存单直接在银行零售或电函电传销售。投资者从发行市场购买的存单,可以在到期前的转让市场出售转让,不记名存单可自由转让,记名存单转让时必须背书。

在中国,CDs 的发展历史较短。

随着《关于大额可转让定期存单管理办法》在 1989 年 5 月 22 日颁布,一些大额存单在中国银行等国有商业银行出现,但当时推出 CDs 的目的是"增加金融工具,活跃金融市场,聚集社会闲散资金,支持国家经济建设"。

20 世纪 90 年代,上海一些商业银行曾推出过利率上浮的大额可转让存单,但流通性不强,只能转让给银行,结果成了变相高息揽存的工具,因此被人民银行叫停了。

1996 年 11 月 11 日,央行修改了《大额可转让定期存单管理办法》,不过业务却无疾而终。原因是当时 CDs 实际上没有交易市场,跟不可转让存单没有实质区别。央行当时也想推出交易市场,但由于当时的大额存单多为纸质商品,易被仿造。

监管部门在 1997 年暂停审批银行的大额可转让定期存单发行申请,该业务陷入停滞。

央行在 2005 年初发布的《2004 年第四季度货币政策执行报告》中曾明确提出,将"发展长期负债工具,推动金融机构发行大额长期存单,开展对大额可转让定期存单及企业融资券等短期债务工具的研究工作,增强金融机构负债调节能力"。

中国银行业协会于 2010 年 10 月举办"大额存单业务座谈会",央行、原银监会、国家开发银行、工商银行、中国银行、汇丰银行等 17 家机构的代表参加了会议。一致认为,重启大额存单业务时机已经成熟。

中国人民银行发布的《2014 年一季度货币政策执行报告》提出,将逐步推出面向企业和个人的大额可转让存单,有序推进存款利率市场化改革。

2013 年 12 月 8 日,央行发布《同业存单管理暂行办法》,宣布正式推出同业存单业务。央行将同业存单定位为"由银行业存款类金融机构法人在全国银行间市场上发行的记账式定期存款凭证,是一种货币市场工具"。

2015 年 6 月 2 日,央行发布《大额存单管理暂行办法》。

2015 年 6 月 15 日,工商银行、农业银行、中国银行、建设银行、交通银行、浦发银行、中信银行、招商银行、兴业银行等 9 家市场利率定价自律机制核心成员(和国开行)成为首批大额存单发行单位,纷纷正式发行首批大额存单。

伴随利率市场化改革的有序推进,2015 年至 2018 年间,中国外汇交易中心多次扩大大额存单发行主体范围。目前,大额存单发行主体名单调整为自律机制核心成员与基础成员,机构个数共有 1 197 家,其中,大中型银行 38 家,外资银行 12 家,其余为地方性金融机构。根据《中国货币政策执行报告(2018 年第四季度)》,2018 年间,金融机构发行大额存单共 39 961 期,发行总量为 9.23 万亿元,同比增加 2.99 万亿元。

大额存单的起存点为个人 30 万元、机构 1 000 万元,可按存期分为 1 个月、6 个月、9 个月、1 年、18 个月、2 年、3 年、5 年 8 个品种。大额存单利率按市场化定价,一般远高于定期存款基准利率,目前主流是同档次基准利率上浮 40%。而除了收益率较高,大额存单还具有较强的安全性,保本保息、纳入存款保险体系,且可随时出售转让、提前支取或用于质押,提前支取还可享受分档计息,这些特点满足了客户更多样化的投资需求。

【扩展延伸】同业存单

2013 年 12 月 9 日起施行的《同业存单管理暂行办法》对同业存单进行了相关规定。同业存单是存款类金融机构在全国银行间市场上发行的记账式定期存款凭证,其投资和交易主体为全国银行间同业拆借市场成员、基金管理公司及基金类产品。存款类金融机构可以在当年发行备案额度内,自行确定每期同业存单的发行金额、期限,但单期发行金额不得低于 5 000 万元人民币。其中,固定利率存单期限原则上不超过 1 年,为 1 个月、3 个月、6 个月、9 个月和 1 年,参考同期限上海银行间同业拆借利率定价。浮动利率存单以 SHIBOR(上海银行间同业拆借利率)为浮动利率基准计息,期限原则上在 1 年以上,包括 1 年、2 年和 3 年。

以中国银行为例。该行 2018 年在全国银行间市场发布 106 期人民币同业存单,面值均为人民币 100 元,贴现发行。截至 2018 年 12 月 31 日,同业存单未到期余额为人民币 1 502.73 亿元,于 2019 年到期。

二、存款产品功能创新

存款业务是银行的资金主要来源,商业银行在吸收存款上可谓动足脑筋。以下便简要介绍几个具有代表性的存款产品创新。

汉口银行针对企业客户推出法人一户通智能账户,系统自动将客户指定账户资金转入法人一户通智能账户,以享受通知存款利息收益,以及签约活期账户在余额不足时,系统自动将转入智能账户的资金转回活期账户,以满足客户需要的业务。

中国银行的个人联名账户产品可以为 2~3 人设置共管账户。该行的智慧账户、主办账户包含了账户管理、资金归集、智能定存、综合查询等功能。

农业银行"聪明账"产品具有自动约转和便捷消费功能,它是按照客户的要求,借助该行较先进的业务系统使客户资金在活期账户与定期账户之间灵活切换。

江苏银行创新了针对贵宾卡客户的"消费延付服务",在客户结算账户可用额不足的情况下,持卡人发生银联网络 POS 刷卡消费时,在一定的额度内,交易资金暂由银行垫付,持卡人可以按照指定的还款期延时支付。另外,江苏银行还与江苏联通合作推出的"沃联赢"个人存款担保优惠购机服务,用户只需以手机入网销售价格等额存款作为担保,选择机型和套餐,即可轻松获得苹果等各类智能手机。协议到期后存款自动解除担保,用户可获得全部存款本金及相应的定期存款利息,该产品受到年轻消费者追捧。

三、贷款产品创新

贷款是商业银行经营的传统业务。以下简要介绍三类商业银行的贷款产品创新。

（一）无抵押

传统的企业贷款都要求以企业厂房和机器设备等固定资产作为贷款抵押。这种贷款被称为商业地产抵押贷款(Commercial Property Mortgage Loan,简称 CPML)。

2006 年年初,英国渣打银行(SCB)率先在中国市场推出贷款创新产品——中小企业无抵押小额贷款(Business Installment Loan,简称 BIL),大大助推中国中小企业和个体工商户的事业发展。

渣打银行中小企业小额无抵押贷款的贷款期限灵活：贷款期限最短只有 12 个月,最长可达 36 个月。同时,根据企业信用记录和年度销售额的不同,企业贷款金额最高可达 150 万元。此外,该款贷款审批简易、放款快速,成为中国民营经济发展的好伙伴。

传统的个人贷款都是以家庭房产作为抵押物的抵押贷款(Mortgage Loan)。渣打银行推出的无担保个人贷款——"现贷派"(Personal Loan,简称 PL)无须任何房产抵押和他人担保,贷款额度最高可达 50 万,贷款年限最长可至五年。

"现贷派"属于消费贷款,可以被用于筹备浪漫婚礼、全球环游、新居装修、留学充电和其他大宗消费,不能用于购买房产、股票、期货、理财产品和其他权益性投资。

美国花旗银行(Citi)提供的同类无抵押、无担保个人消费贷款名为"幸福时贷"。在此基础上,花旗银行进一步创新,推出"幸福园丁贷"和"幸福医师贷"：教师只要出示教师资格证书,医生只要出示医师资格证书,就可以申请最高额度达 50 万的无抵押、无担保个人贷款,而且,同时专享优惠贷款利率。

最近,渣打银行又推出了以汽车牌照为贷款抵押物的创新型贷款产品"车牌贷"。该行在贷款方面的金融创新可谓层出不穷、琳琅满目。

（二）存抵贷

"存抵贷"(Mortgage One Account)是时下商业银行对于个人住房抵押贷款的热门金融创新产品。

"存抵贷"业务把客户的活期存款与住房抵押贷款结合起来管理,只要活期存款超过指定门槛金额(一般都在 3 万至 5 万,仅渣打银行没有规定),银行就会把超出部分按全部或一定比例将其视作提前还贷,节省的贷款利息作为理财收益返还到客户账户上。同时,客户存折上的资金并没有真正动用,需要周转时可随时支取。

"存抵贷"不仅能为客户节省利息支出,还能缩短还款年期。

英国渣打银行(SCB)的"活利贷"和香港南洋商业银行(NCB)的"置理想"就是典型的"存抵贷"个人住房抵押贷款产品。

（三）绿色金融

"绿色信贷"是环保总局、人民银行、银保监会三部门为了遏制高耗能高污染产业的盲目扩张,于 2007 年 7 月 30 日联合提出的一项全新的信贷政策。政策规定,对不符合产业政策和环境违法的企业和项目要进行信贷控制,各商业银行要将企业环保守法情况作为审批贷款的必备条件之一。根据"绿色信贷"政策理念,中国各大商业银行推出了相应的绿色信贷产品。

2006 年 5 月,兴业银行与国际金融公司合作,针对中国在节能技术运用和循环经济发展方面的融资需求特点，在境内首创推出节能减排项目贷款这一"绿色信贷"品种。

兴业银行于 2009 年 7 月，开具国内首张碳交付保函；8 月，公司担任账户管理行，为中国首笔自愿减排量交易提供了交易结算和资金存管服务。

兴业银行创新性推出绿色金融融资业务，对绿色企业融资规模占据对公贷款的 10%，很大程度上支持了国家减排目标。并且其积极推进中国碳交易市场建设，致力于搭建碳金融业务合作平台，开发排污权抵押授信、污染物减排项目融资等一系列产品。在中国首推以项目未来收益权质押的合同能源管理融资业务，通过量化评估项目未来收益将其确定成为担保品，有效解决了欠发达地区中小企业节能减排融资渠道等问题。

农业银行提供全程顾问服务的两笔清洁发展机制项目在联合国成功注册，实现了中国大型商业银行在该领域的突破。在同业中率先推出并成功办理了"已注册减排量转卖顾问""合同能源管理顾问及融资"等一批创新产品。

除上述以外，中国许多银行还推出了许多与 CDM 项目相关的业务创新。如兴业银行推出碳交付保函业务，浦发银行推出碳保理业务，平安银行的"聚财尘"飞跃计划，兴业银行、浦发银行、中国农业银行等推出 CDM 咨询顾问服务，利用 CER 来支付租金的融资租赁业务，碳信托投资基金等等。

【知识窗】CDM 和 CER

CDM（Clean Development Mechanism，清洁发展机制）是《联合国气候变化框架公约》第三次缔约方大会 COP3（京都会议）通过的附件 I 缔约方在境外实现部分减排承诺的一种履约机制。其目的是协助未列入附件 I 的缔约方实现可持续发展和有益于《公约》的最终目标，并协助附件 I 所列缔约方实现遵守第三条规定的其量化的限制和减少排放的承诺。CDM 的核心是允许发达国家和发展中国家进行项目级的减排量抵销额的转让与获得。

CER（Certification Emission Reduction，核证减排量）是 CDM 中的特定术语，指联合国执行理事会（EB）向实施清洁发展机制项目的企业颁发的经过指定经营实体（DOE）核查证实的温室气体减排量。只有联合国向企业颁发了 CER 证书之后，减排指标 CER 才能在国际碳市场上交易。

【案例研究】CDM 在中国

CDM 在中国地区的典型案例是深圳某公司垃圾填埋场沼气回收利用处理项目。该公司成功引进加拿大技术，并升级开发出适用于城市垃圾填埋场综合治理的 3R 循环利用技术，将原先直接排放大气的温室气体沼气作为能源回收利用，于 2005 年在梅州垃圾填埋场（一期）成功实施，当年在联合国注册成为 CDM 项目。由于该公司属于"轻资产"型的科技服务公司，资产规模小、经营收入少、资产负债率高、缺乏传统意义上的抵押担保条件，因此，二期项目拓展的中长期资金需求难以通过传统的贷款运作加以满足。为解决传统贷款模式遭遇的融资难题，兴业银行运用创新的思路和项目融资模式，侧重考察第一还款来源的有效性，以企业的经营状况和现金流作为贷款审批的主要考虑因素，并且根据项目实施的现金流和企业自身的经营情况来选择还款期限，使还款时间与现金流收入规模、时间匹配，较好地解决企业还款压力问题。最终为该公司提供了三年期 750 万元节能减排项目贷款，该项目的实施可实现年减排二氧化碳16万吨,实现企业经济效益和环境效益的双赢。该笔项目融资的成功运作,体现了兴业银行在环境金融创新中,节能减排贷款模式的新突破,标志着兴业银行节能减排项目贷款扩展到"碳金融"领域,也为今后探索碳保理等新兴业务奠定了基础。

四、资产证券化

中国资产证券化产品主要分为信贷资产、资产支持票据和企业资产证券化产品三大类。信贷资产证券化产品指银保监会审批发行的产品,资产支持票据由银行间市场交易商协会推出,二者的交易市场均为银行间市场;企业资产证券化产品主要由证监会审批发行的产品,交易市场主要为交易所。

资产证券化在中国的历史并不长。2005年,国务院批准央行牵头成立了10个单位参与的信贷资产证券化试点工作协调小组,启动信贷资产证券化试点。央行会同原银监会等部门发布了《信贷资产证券化试点管理办法》等10余个部门规章。

中国国家开发银行和中国建设银行成为信贷资产证券化的第一批试点单位。信贷支持证券于2005年12月推出,国家开发银行和中国建设银行股份有限公司作为发起人分别发行了两笔资产支持证券,其中开发银行的发行金额为41.77亿元,资产池为开发银行发放的人民币公司贷款,建设银行的发行金额为30.16亿元,资产池为建设银行发放的个人住房抵押贷款。这两笔资产抵押证券是我国资产证券化市场的首批试点项目。

第一轮的信贷资产证券化试点的发售状况并不理想。"有价无市""亏本赚吆喝"似乎是中国式信贷证券化试点的更真实写照。

2007年8月28日,央行在暂停信贷资产证券化一年多后,首次表示将扩大资产证券化试点。而浦发拔了第二轮试点的头筹。浦发选取了40笔贷款、涉及总债权不到44亿元。为挽回投资者信心,浦发选定的全部为正常类贷款,信用评级为AAA级的占到整个资产池的83%。在此基础上,将产品分为优先级A、B、C三档和次级。优先级进行信用评级后向市场发售,而收益权排在后的次级则由浦发自己持有。

2007年9月11日上午,随着招投标的结束,浦发银行的首单信贷资产证券化终于画上了句号。该笔涉及债权43亿多元的资产,终以微弱的超额认购完成发售。其优先级债券中,A、B、C三档分别获得了1.4倍、1.3倍和1.08倍的认购。

工商银行首次公开发行的"工元一期"信贷资产支持证券(ABS)于2007年10月10日在银行间市场发行,发行金额为40.21亿元人民币。此次"工元一期"各档次产品均获得超额认购,平均认购倍数接近2倍。该产品是工行首单资产证券化产品,联合资信对产品的整体信用评级为AAA/A。华宝信托公司作为本项目的受托人及资产支持证券的发行人并承担交易管理人的职能,充分发挥其在信托业务及资产证券化业务领域的优势,为委托人及受益人(资产支持证券持有人)提供持续的高效优质服务。

渣打银行是该交易安排顾问,汇丰银行则是该项目发起人顾问。渣打银行引入资产证券化的国际市场运作模式和标准,为工商银行提供了全流程的证券化增值服务,如提供专业经验设计高效率的交易结构和证券产品、提供完备的交易文件咨询、协助工行进行证券化业务的内部准备工作,以及协助向投资者进行产品推介等。

2008年1月31日,中国建设银行成功发行"建元2008-1重整资产证券化"产品,是中国商业银行首次运用资产证券化方式处置不良资产。建设银行以其未偿本金余额为95.5亿元的公司类不良贷款为基础资产池发起设立特定目的信托,并以该信托财产所产生的现金流支付证券的本金和收益。基础资产池的借款人分布于北京、广东、江苏、浙江等建设银行10个一级分行所辖区,涉及制造业、零售与批发、房地产等17个行业。中国国际金融有限公司担任财务顾问和主承销商,中诚信托担任受托机构和发行机构,评级机构为联合资信评估有限公司。

2008年,浙商银行就通过银行间债券市场发行了6.96亿元中小企业信贷资产支持证券("浙元1期"),成为国内首家开展中小企业信贷资产证券化试点的金融机构。

2009年由于美国次贷危机而暂停。2011年,经国务院同意继续试点。2013年8月28日,国务院常务会议批准央行《关于推进信贷资产证券化有关工作的汇报》,决定进一步扩大信贷资产证券化试点。新增试点总规模4 000亿元。国家开发银行于2014年5月15日发行2014年第三期开元信贷资产证券化产品,规模109.467 4亿元,是国内历史上单笔发行金额大的信贷资产证券化产品。

原银监会于2014年11月20日宣布信贷资产证券化业务由审批制改为业务备案制,不再针对证券化产品发行进行逐笔审批。监管理念由审慎式监管向开放式监管转变,也使监管由单一风险监管向机构资格监管和风险监管并重方向转变。27家银行获资产证券化业务资格发行产品"事前实施备案登记",其中包括部分城市商业银行等。2015年4月3日,中国人民银行正式推行信贷资产支持证券发行注册制,至此中国资产证券化银行间和交易所两大市场彻底告别了审批制,大大简化了资产支持证券的发行流程,缩短上市流程。2015年5月13日,国务院常务会议决定进一步推进信贷资产证券化,新增5 000亿元试点规模。

2016年,原银监会在年初和年中的工作会议上要求开展不良资产证券化试点和扩大不良资产证券化试点机构范围。同年,国家鼓励住房租赁企业发行ABS、大力推进绿色资产证券化等。2017年,国务院批文表示要稳步扩大银行不良资产证券化试点参与机构范围,人民银行、财政部等多部委也多次发文推动PPP资产证券化业务开展,交易所和报价系统优化PPP资产证券化业务流程。同时,监管机构也在加强对资产证券化的监管。2018年,"资管新规"及"理财新规"的推出也有利于资产证券化的进一步发展。

自2005年开展信贷资产证券化业务试点以来,市场反应比较平淡,2013年前年均发行量在300亿元以下,截至2013年存量规模不到500亿元。但从2014年起资产证券化市场增长迅速。2015年,全国共发行资产证券化产品6 032.4亿元,市场存量为7 703.95亿元,其中信贷资产证券化发行4 056.34亿元,占发行总量的67%;存量为5 380.61亿元。2019年发行量超过中期票据、接近公司债达2.34万亿元,约占信用债(不含单)发行规模的六分之一,存量余额3.55万亿元,约占债券市场余额3.7%。交易所、银行间市场齐头并进,2019年银行间信贷类ABS发行规模约9 634亿元,交易商协会ABN(资产支持票据)约2 888亿元,沪深交易所ABS约10 921亿元。目前我国资产证券化市场余额已超越日本成为亚洲第一,但与欧洲美市场相比仍有较大发展空间。

【扩展延伸】中国资产证券化之最

首个个人汽车抵押贷资产支持证

08通元（1A、1B、1C）由上汽通用汽车金融有限责任公司2008年1月15日发行，2008年1月18日取息。

首单企业资产证券化

自2005年7月起，首单企业ABS中国联通的CDMA网络租赁费收益计划上市之后，资产ABS项目有中国网通收益计划、莞深高速公路收费收益计划、华能澜沧江水电收益计划等多个。产品期限不等，预期收益率也从2.5%到4.5%各异。这些项目的基础资产多元化特征明显，涵盖电力、交通、公共设施等多个行业，网络租赁费、公路收费权、应收账款、租赁收入、电费收入、污水处理费等多种基础资产。

首个两融资产证券化

2015年8月7日，"国君华泰融出资金债权资产证券化1号资产支持专项计划"公告成立，并在上海证券交易所挂牌。由华泰证券（上海）资产管理有限公司（以下简称华泰证券资管）承做，以"证券公司两融融出资金债权"为基础资产。发行规模5亿元，采用优先级、次级的分层结构。

首单保障房ABS

2015年8月7日"扬州保障房信托受益权资产支持专项计划"公告成立，优先级资产支持证券在深交所挂牌交易。该产品为以"棚户区拆迁安置保障房信托受益权"为基础资产的资产支持专项计划。

采用"证券公司资产支持专项计划＋信托计划"的双SPV结构，基础资产为华融信托为受托人设立的扬州保障房信托受益权，华泰资管作为计划管理人成立资产支持专项计划受让原始权益人持有的信托受益权；由华夏银行南京分行、扬州分行负责产品托管以及监管；计划总规模10.50亿元，其中优先级10亿元，信用均为AA＋级；次级资产支持证券0.50亿元，不设评级，由借款人扬州市保障房建设发展有限公司全额认购。

首单互联网消费金融资产证券化

2015年9月21日，"京东白条资产证券化"项目由华泰资发行完毕，10月在深交所挂牌。"京东白条资产证券化"的基础资产为"京东白条应收账款"债权，融资总额为8亿元，分为优先1级（75%，AAA评级）、优先2级（13%，AA—评级）、次级（12%）资产支持证券。其中，优先1级6亿元和优先2级1.04亿元资产支持证券由投资机构完成认购，次级0.96亿元由原始权益人主动认购。

首单票据收益权ABS

2016年3月29日，华泰资管-江苏银行融元1号资产支持专项计划发行，开启我国票据业务"证券化"时代（上交所挂牌）。此产品以法定票据权利所派生的票据收益权为基础资产。

五、借记卡业务创新

借记卡业务是商业银行的重要中间业务。传统的商业银行借记卡是支付结算的一种重要工具。

韩国新韩银行(Shinhan)的借记卡不仅具有支付结算的传统功能,还能按消费金额的一定百分比返还现金给持卡消费者。持卡人在中国境内的特惠商户刷卡消费,最高可以获得相当于消费金额0.45%的现金返现;持卡人在韩国的特惠商户刷卡消费,最高可以获得相当于消费金额0.50%的现金返现。

例如,持卡人在中国境内的和记小菜和星巴克消费,一般可以获得相当于消费金额0.45%的现金返现;持卡人在中国境内的85°C和Bread Talk消费,一般可以获得相当于消费金额0.30%的现金返现;持卡人在中国境内的元华超市和Family Mart消费,一般可以获得相当于消费金额0.15%的现金返现……

其现金返现的基本机制是持卡人在特惠商户使用该行借记卡在POS机上结算交易后,特惠商户要根据与该行支付结算协议所规定的条款,按照持卡人消费金额的一定百分比提取佣金支付给银行作为支付结算的服务费用。与其他商业银行不同,新韩银行并不独吞这笔结算佣金,而是别出心裁地将佣金再根据特惠商户的不同,而按照相应的不同百分比提取现金,返还给客户,令持卡人在持卡消费的同时,又获得了消费返现的实惠。通过这种令人耳目一新的"佣金返现共赢机制",持卡人不仅能够得到实实在在的优秀客户体验(Excellent Customer Experiences),新韩银行借记卡更能凭此吸引到更多的中国客户,有助于该行在中国做大做强,显示出新韩银行管理层独具匠心的商业经营头脑。

【扩展延伸】商业银行的POS特约商户业务

特约商户是指与商业银行签定受理银行卡业务协议并同意用银行卡进行商务结算的商户(Merchant)。POS机具是用于客户刷卡消费的一种非现金结算系统工具。

特约商户安装POS机具进行商务结算有很多好处:

(1) 安全性:商户无须保存大量现金在店铺里,也不必携带大量现金到银行办理存款业务,既能够防止被抢劫,又能够杜绝假币。

(2) 时效性:商户可以自动打印销售记录和客户收据。

(3) 便捷性:商户提供刷卡消费,这本身可以让顾客免于携带现金进行消费,为顾客的消费提供便捷,同时,促进金融服务的电子化。

(4) 开放性:商户的生意可以直接面向国内所有银行卡持有者。

(5) 激励性:商户提供刷卡消费可以鼓励当期现金短缺却又想购物的顾客使用银行信用卡进行提前消费。

(6) 外观性:商户可以借此提升店面形象、提高店铺档次。

商业银行在为特约商户安装POS机具、提供商务结算的同时,会根据商户类型的不同按照不同的手续费费率收取服务费。

表8-2 富滇银行特约商户手续费基准价

商户类型	手续费费率
餐饮娱乐类	客户交易金额的1.25%
房产和汽车类	客户交易金额的1.25%,80元封顶

续表

商户类型	手续费费率
批发类	客户交易金额的0.78%,26元封顶
一般类	客户交易金额的0.78%
民生类	客户交易金额的0.38%
公益类	零扣费率

六、技术手段创新

随着技术手段的不断突破,商业银行的业务发展也因此注入了新的能量。以下从三方面简要介绍其带来的创新。

(一)电子终端

电子终端的创新已成为银行竞争客户的一个重要途径。工商银行成功投产以iPhone手机银行和iPad网上银行为代表的创新支付产品"工银e支付",有效拓展了电子支付的终端覆盖范围,满足网银、手机和电话等渠道小额支付的安全性和便捷性要求,避免支付过程中的客户信息泄露问题,规范了与第三方支付公司在电子商务业务领域的合作。

(二)信用卡流程优化

信用卡是用来代替现金和支票的一种支付工具,可以无须预先存款就可贷款消费,也即先消费后还款。现已成为中国银行业竞争客户的一个重要业务创新领域。例如,光大银行依托智能计算机网络和信用卡决策引擎,以银行海量数据分析处理能力、强大的实时数据交换能力为基础,结合实时电话征信和电子化审批应用成果的支持,在信用卡领域推出了个人客户信用卡柜面实时发卡及信用卡"瞬时贷"产品,客户在光大银行的合作商户购物时,从申请信用卡、审批、放款,到购物完成在20分钟内完成。

然而,由于各家银行信用卡业务跑马圈地留下一堆乱象,导致与信用卡相关的投诉不断上升,现已居银行业投诉之首。为此,2015年的《中华人民共和国消费者权益保护法》首次将金融消费纳入消费者权益保护体系,使一向难以维权的信用卡交易有法可依。

【案例】亚马逊与中国银行间的潜规则:盗客户信用卡和资金没商量

人在家里,信用卡在钱包里,也没有上网购物,突然收到银行通知,说刚发生了一笔消费付款。你的第一反应肯定是"卡被骗子盗刷了"!是谁呢?这个骗子并非一般的犯罪分子,而是美国商业巨头亚马逊(Amazon)!你会问它是如何知道信用卡和支付密码的?告诉你:它支付时不需要密码,但持卡人在任何地方支付都要输入设定的密码。你接着会问:此商家"刷卡"干了什么?告诉你:它在H不知情的情况下自行给H下了订单,买了H不需要的高价商品,然后直接用H的信用卡付款,接着就将商品送给H。要是它给H下个"航母订单"呢?

1. 疑惑:没有购物,哪来交易付款?

2016年5月7日晚上20时,H收到中国银行短信,告知信用卡发生一笔9.65元消费支付(实际发生金额为154.85元)。H人在家里,信用卡在钱包里,也没有上网购物。与中国银行联系,被告知交易发生在亚马逊。

H并未在亚马逊购物怎么会有这笔交易付款呢?而且亚马逊怎么会知道H的信用卡卡号和支付密码呢?因为H自己每次在网上和实体店购物刷卡都需要密码才能支付。在中国银行领卡时的合同明确规定:购物时需要"密码和个人签名";中国银行网上银行也是这么显示的,仅此而无其他条款规定。

2. 商家私自替客户做主购物

H立即登录亚马逊网站查看购物记录,此前H仅在此购物4次,其中最后一次的订单日期是2015年12月25日,此后再也没有去那里买东西,原因很简单:除了书,亚马逊的东西超级贵。

客服说新订单日期是2016年4月26日。为什么好久连此网站都没有上过却冒出个新订单呢?原来是亚马逊居然在H不知情的情况下自作主张给H下订单并完成了付款!自称中国区投资部的负责人说2015年11月11日23点有个"订购省"订单,但当时就取消了。这跟现在的订单有什么关系?客服告知H的所谓"订购省"是指每月购买并送货一次,取消了也不行,照样每月都要购买。因此,亚马逊自己给H搞了这个订单。要是下个航母订单,也得付钱?

问题又来了,既然每月都必须购买,为什么直到5个半月后才给我"制造"订单并于2016年5月7日晚上"完成支付"呢?应该每个月都有的啊,难道有什么不可告人的原因?一个客服说是"订购省"功能出现异常,现在已经解决了;另一个则说是缺货。你信吗?一个完全靠网络销售的世界商业巨头,"异常"、缺货会拖5个半月才解决?它整个商业网络系统都是正常的,销售额是正常的,仅其中的一个"业务"出现异常?

3. 商家偷盗信用卡号

众所周知,信用卡支付必须知道卡号才能完成。它是如何获取H的银行卡号的?

H的购物习惯是在可以货到付款的网站购物都选择货到付款;不能货到付款的,都用支付宝,信用卡只与支付宝绑定。从不在网店输入银行卡卡号以防止信息泄露。而且H多年来在淘宝、一号店、京东、苏宁易购、当当网等数十家网店购物,也经常网购火车票,从没见过网站要求必须提供银行卡卡号的,只有在支付时遇到是货到付款(如果有)还是网上支付(H只用支付宝)等选项,如果选择"网上支付",就会出现支付宝、各家银行网上银行或银联的选项,也就是说支付需要第三方通道。而在第三方支付时必须提供事先设置的密码、发到手机上的验证码或者其他验证工具(如中国银行的中银e盾、建设银行的网银盾、工商银行的U盾)。这些是常识。

在H此前的4次购物中,前3次是货到付款,第4次是用第3次退货(退在亚马逊网站我的账户)支付的。这张中国银行信用卡仅在此于2013年7月17日、9月9日使用过2次,而且是货到付款时刷POS机的。除非亚马逊的POS机上有摄像和信息盗窃系统,甚至POS机有"刷卡自动显示卡号"功能,否则是不可能知道这张卡卡号的。还有一种可能:中国银行直接提供给了亚马逊,那中国银行就违法。不论何种方式都是非法的,属于盗窃行为。

而亚马逊对此是怎么解释的呢?它给出三个说辞:(1)H自己将信用卡绑定了"一键支付"。如前所述,作为听过各种诈骗故事和对网络支付风险有深入研究的专业人士,H是不可能这样做的;而且从来都不知道它的"一键支付"是何物。(2)别人绑定了"一键支付"。(3)骗子盗取了信用卡和邮箱,然后通过邮箱登录亚马逊,再盗用信用卡。

显然,(2)(3)也是托词。首先,H的信用卡一直在身边保管,而且一直只有H一个人用;何况如果被盗,应该除了亚马逊之外还会有其他盗刷甚至取现,但没有。第二,骗子想通过邮箱登录亚马逊账户是不可能的。亚马逊对外的安全性技术是国内任何网站都难以企及的,其验证问题除了本人之外的其他任何人都难以回答。第三,退一步,即使骗子登录并使用了H的信用卡,他意欲何为呢?最笨的人起码也是给自己购物,但却是"帮"H购买了进口牛奶!显然,亚马逊在撒谎,与同时又承认订单是它自己下的,明显相互矛盾。

4. 银-商潜规则:商家不需要支付密码

即便偷取了信用卡号,通常还得输入在柜台设定的支付密码,亚马逊是如何获得支付密码的呢?

亚马逊客服说:它获得了银行授权,只要有信用卡卡号就可以直接自动从客户账户上获得资金,无须支付密码。中国银行客服和负责人也证实了这个说法:网店支付无须支付密码,这是中国银行业的惯例,也就是说是潜规则。

这也太离谱了吧,为什么不需要支付密码?在签约时并没有告知啊?而且在领卡时专门设定了密码;合同上也明文规定购物时需要"密码和个人签名",H自己每次在网上和实体店购物刷卡都需要密码才能支付!中国银行怎么可以无视客户利益,随便违反合同,擅自与商家勾结,让商家自己直接无障碍地从客户银行卡上偷盗资金?在支配客户财产时,商家的权力竟然比客户自己的权力还大?而且意味着商家只要有客户卡号,就可以随心所欲地盗取客户资金,客户连不同意都没有机会表达。谁来管管它们?

来源:本书作者亲身经历。

【学习检查】信用卡是一种最早的金融创新产物,上述案例有何启示?

(三)移动支付

中国商业银行还涉足移动支付领域。如建设银行推出电子商务金融平台"建行商城",为企业和个人电子商务客户提供金融服务平台,建立信息流、资金流、物流的整合平台,参与供应链流程服务,满足客户电子商务的需求。浦发银行则将第三方支付合作代理缴费平台向中国移动开放,双方携手推出了便民生活缴费产品,使中国移动用户可以享受更加便捷的一站式缴费服务。此外,还有多家银行与支付宝、财付通、快钱等第三方支付公司合作,推出"快捷支付"产品,通过手机动态密码安全、快捷地实现支付过程。

七、针对不同客户群体的定向创新

针对不同客户推出差异化产品成为商业银行中间业务产品创新的重要特征,各商业银行纷纷定位不同的客户群的需求特点,设计特定的创新产品。

交通银行针对大众客户群体设计出低准入门槛的"快捷理财"产品,向大众客户群体提供综合理财产品和服务,针对专业理财客户设计综合理财服务品牌"交银理财",将客户名下的存款、贷款、基金、国债等金融产品进行一站式综合管理,满足客户个性化交易和理财需求。针对高端理财客户推出"沃德财富"产品品牌,以一对一、面对面、团队协作为服务方式,设计客户专属理财产品。

同时,交通银行还启动了"私人银行跨境综合财富管理服务",实现了香港、内地的私人银行客户相互认证。内地私人银行客户可享受跨境财富管理专家团队支持、跨境交易及优惠、跨境投资和资产管理、遴选事业伙伴、成立慈善基金、成就财富传承及培育生活品位等服务,为客户提供全球财富管理的广阔平台。

兴业银行分析老年客户的金融需求并提供专属金融服务,在同业中首家推出专门为老年人提供综合金融服务的产品"安愉人生",向老年客户提供产品定制、健康管理、财产保障、法律顾问等多种专项增值服务的计划。

浦发银行的股权基金托管综合服务方案根据基金的生命周期,独家提出的"智""融""投""贷""管""退""保"七大托管服务方案,实现股权基金综合托管。通过智融结合、股债结合服务成长型中小企业,探索多种创新风险缓释机制,在促进PE行业发展、助力实体经济及中小企业等方面都发挥着重要作用。

【学习检查】商业银行的业务创新

查阅渣打银行、花旗银行和新韩银行近年来的创新情况,请读者思考商业银行的业务创新是如何进行开发和设计的?

第四节 影子银行

"影子银行"是近二十年来新出现的概念,是金融创新的产物。其主体虽然是投资银行、对冲基金、货币市场基金、债券保险公司、结构性投资工具(SIVs)等非银行金融机构,但确实发挥着银行的功能。近年来其迅猛发展,对传统银行体系造成了极大冲击。

一、影子银行的定义

影子银行的概念在过去二三十年中慢慢发展起来,却一直不为公众熟知。直到2008年的金融危机爆发,这一概念瞬间成为人们目光的焦点;一些研究甚至指出影子银行系统的崩溃是导致金融危机的根本性原因。那么,影子银行究竟是什么?这一概念又是怎么演变的呢?

早在2002年,剑桥大学教授Geoffrey Ingham就在《货币的未来》一书中提出"影子银行体系"(Shadow Banking System)一词,意指从事地下外汇交易的机构,与当前概念有一定差异。

美国太平洋投资管理公司(PIMCO)首席执行董事麦卡利(Paul McCully)在2007年提出此概念后开始得到金融业内的关注。目前国际金融监管组织对影子银行的定义已基本达成共识。金融稳定理事会(FSB)在2011年4月发布的《影子银行:范围界定》研究报告中将影子银行定义为:游离于银行监管体系之外、可能引发系统性风险和监管套利等问题的信用中介体系(包括各类相关机构和业务活动)。

在中国,原银监会于2012年发布年报,首次明确影子银行的业务范围:"银监会所监管的六类非银行金融机构及其业务、商业银行理财等表外业务不属于影子银行。"然而到底什么是影子银行?目前国内对影子银行的概念并没有达成一致。由于金融衍生产品开发程度有高有低、金融发展水平参差不齐,影子银行的形式和特征在不同区域、不同时期各有差异。但我们依旧可以找到一些共同之处。

就英文单词"Shadow Banking"中的"Banking"而言,其肯定具有银行的某些功能,如吸收资金(但不是存款)并融资、提供流动性;但是该词的词尾是"-ing",表示"影子银行"并不仅指一些特定的机构,也可以指金融产品。我们可以将其定义为在传统的金融体系之外从事信贷、资金融通等的金融"中介",是有银行类金融机构之实、无传统银行之名的机构和业务。

由于各国金融结构、金融市场发展阶段和金融监管环境的不同,影子银行的组成形式也各不相同。我们在下文将讨论中美两国的影子银行体系。

二、美国影子银行体系与次贷危机

在美国,对影子银行的广泛关注源自次贷危机。美国的影子银行指能够提供金融服务且不受已有的监管制度控制的非银行金融中介,核心在于通过资产证券化过程加快资产周转速度并且产生高杠杆。代表性的金融机构有:对冲基金和货币市场基金公司、财务公司、投资银行、政府支持的金融机构(房利美和房地美)等。代表性产品有:MBS、ABS、CDS、CDO等。

美国影子银行体系与传统银行的差异体现在以下五点。(1)围绕资产不断通过证券化创造出更多的流动性,从而在传统银行之外产生了一个庞大的衍生证券市场。如在2006年,美国市场的抵押贷款担保证券和资产支持证券高达32 409亿美元,占当年全部证券发行额的52%。(2)高财务杠杆运营。2007年,美国主要投资银行中杠杆率最高的三家银行分别是贝尔斯登、摩根士丹利、美林,均超过30。(3)信息披露欠缺。影子银行的具体运作信息无从获得,杠杆经营的风险难以预估。(4)风险加大。一旦资产价格下跌,投资者收回资金会导致其中某一家出现债务问题,就可能产生连锁反应触发挤兑危机。资金压力迅速传导到实体经济融资,从而演化为大规模的次贷危机。(5)脱离传统银行监管体系。银行交易需要提取存款保障金、设置贷款比率、放贷额等保险措施;而影子银行依赖债券评级机构提供信用信息,信用担保或者信用增级机构提供担保服务来完成交易。

三、中国影子银行体系

穆迪估算2015年年底包括企业债、信托贷款、委托贷款、未贴现银行承兑汇票及结构性非标产品(如信托受益权和定向资产管理产品)在内的影子信贷总规模达54万亿,相当于GDP的80%。影子信贷占整体信贷的比重已从2006年的10%增至2015年的1/3。2018年年末,我国影子银行规模因监管趋严首次出现下降,降至61.3万亿元,占GDP的比重也降为68%左右。影子信贷可能会加大金融系统的风险。事实上,我国银行业的表外贷款与不受监管的民间金融就属于中国的影子银行。如前文所述,我国庞大的"影子银行"规模与企业融资缺口的扩大和利率市场化进程等密切相关。

(一)产生背景

2007年,原银监会发布了《非银行金融机构行政许可事项实施办法》,其中相关规定突破了商业银行法的限制条款,允许银行通过设立子公司介入信托、融资租赁等市场,从而打开了中国"影子银行"体系的潘多拉之盒。

从2007年到2011年期间,央行为了对冲外储剧增带来的巨额流动性,将存款准备金率从9%连续提升至20%,商业银行经营效率因大量信贷资源被"冻结"而大大降低;与此同时,信托等非银行金融机构却在简单的"通道业务"模式下,享受着管制利率与市场化利率之间巨大的"无风险收益",并形成种种"套利寻租"现象。在这样的背景下,中国式"影子银行"应运而生。我国单一的银行体系正在向多元化的金融体系发展,利率的市场化也促进了居民的投资需求。房地产、中小企业的资金需求在近几年来逐渐扩大,影子银行正是弥补了巨大的社会融资缺口。

我们可以发现,中国式"影子银行"的出现首先是因为金融管制导致不同金融市场隔离带来的资金成本和金融产品收益差距巨大的现实。在这一背景下出现的以银行理财产品为代表的"影子银行"模式,事实上并不具备欧美市场影子银行体系的高杠杆和期限错配等特征,很大程度上是一种准信贷产品。但这种状况在2012年前后发生了巨大变化:随着证券和保险监管部门先后放开资管业务的政策限制,原本被信托业独家垄断的银行"资金通道"市场内,迅速掀起了一场以"大资管"为标志的经营风潮。从2012年下半年开始,券商系、基金系、保险系乃至民营企业"产融结合"形态下的金融控股模式迅速涌现;同时跨平台、跨行业的"结构性融资"产品迅速打破了前期的"准信贷"影子银行模式,形成了在不同监管标准、资金成本和收益模式之间跨市场、加杠杆套利的"大资管模式"。

【扩展延伸】中国式影子银行的规模

2016年之前,由于监管套利、存款脱媒、业务创新、金融自由化等,我国影子银行规模迅速扩大。根据穆迪的测算,截至2016年年底,中国2016年影子银行资产达人民币64.5万亿元,同比增长21%,占GDP的比例为86.5%。从2016年下半年开始,随着监管趋严,流动性收紧,影子银行增速趋缓。2017年年末,我国影子银行规模为65.6万亿元,增幅仅1.7%,全年名义GDP增速自2012年以来首次超过影子银行资产增速;影子银行占GDP比例则从2016年的峰值降至79.3%。随着"资管新规""理财新规"等政策的不断推出,金融监管日渐严格,2018年年末,我国影子银行规模首次出现减小,降至61.3万亿元,占GDP的比重也降为68%左右,均为2016年年末以来的最低水平。2018年影子银行规模的减小集中在包括信托贷款、委托贷款和未贴现银行承兑票据在内的核心影子银行活动的收缩,这三类影子银行活动存量规模全年共下降了2.9万亿元。

(二) 类别

中国目前基本没有纯粹意义上发达金融市场中的影子银行机构,然而很多机构都涉足了影子银行业务活动,构成链条中的一个环节,形成了我国影子银行体系的独特特点。以影子银行体系提供资金的最终投向为标准,结合实体经济和资本市场的划分,可将影子银行体系划分为三个部分。

表8-3 中国影子银行体系类别

类 别	构 成	行 为 特 征
实体支持类	信托贷款融资、委托贷款、非金融企业债券(企业债、中票、短期融资券等)、未贴现的银行承兑汇票、融资租赁	投资于实体经济,获取利差

续表

类 别	构 成	行 为 特 征
金融交易类 (二级市场交易)	非贷款类信托、保险及证券资管、银行理财	金融交易、价差及利差
杠杆放大类 (国外常见,国内较少)	衍生品(利率、外汇)、信用风险缓释工具	放大交易杠杆

第一类影子银行对实体经济的影响最为直接,是社会融资总量的重要组成部分。商业银行持有的企业债券会增加 M_2,其货币创生机理与贷款类似。第三类影子银行是标准意义上的影子银行,但国内目前规模仍较小。

【扩展延伸】中国式的影子银行

中国的金融创新比较缓慢。和西方发达国家相比,金融产品稀少且带有明显的体制烙印,受政府主导的成分很大。例如很多机构都受监管,按标准就不算严格意义上的影子银行。

目前,普遍认为我国"影子银行"主要集中于三种形式的融资:第一类是银行表外业务,如理财产品;第二类是非银行类金融机构,如信托公司、小额贷款公司;第三类是民间金融。

"中国式特色影子银行"伴随着经济体制改革而发展,因此分析这三种影子银行要从是否具有政府背景或者政府是否支持来分别评述。

1. 银行表外业务

政府的态度是支持的。其主体是围绕商业银行展开,如以银行为中介的委托贷款、银行联合信托开展的银信合作理财。

2. 非银行类金融机构和组织

对这类机构政府的态度是不反对、部分支持。主要有证金公司、证券公司、基金管理公司、信托投资公司、融资租赁公司、担保公司、小额贷款公司、典当行等,其中绝大部分经营概况已在第五章讨论。

经相关监管部门的批准备案,这类金融机构和组织大部分都设置了资金门槛,但政府并不直接干预其运营,如果经营不善,会参照一般企业的标准自行破产。它们大部分可以向公众吸收资金或者充当中介提供资金融通服务。虽然履行了银行的职能,但是无法享受金融机构的税收优惠,属于体制内的创新。

3. 民间金融

对民间金融,政府的态度是不支持。其发展长期处于地下状态。形式上包括民间借贷、轮会、私人钱庄等。

(三) 操作方式

1. 银行理财产品

银行理财产品是我国影子银行的核心形式,是贯通银行存款市场、债券市场、同业市场、贷款市场、一级市场等多个资本市场的桥梁。银行通过发行理财产品向公众筹集资金,然后将这部分资产转交给投资公司,由投资公司向企业发放贷款。此时银行充当了公众和企业的融资中介。截至2018年年末,银行保本和非保本理财产品余额合计32万亿元,同比增加2.5万亿元,增长8.5%。其中,非保本理财产品余额22万亿元,与2017年年末基本持平。理财资金主要投向债券、存款、货币市场工具等标准化资产,占比约为70%。

2. 信托贷款

信托贷款是指信托机构在国家规定的范围内,制定信托发行计划,募集资金,通过信托计划募集的信托资金,对自行审定的单位和项目发放的贷款。表8-4展现了我国2010—2019年信托贷款的规模。

表8-4 中国2010—2019年的信托贷款

年 份	信托贷款存量（亿元）	信托贷款与社会融资规模占比（%）	同比增长（%）
2019	74 453.12	3.00	−4.45
2018	77 919.79	3.43	−7.99
2017	84 688.89	4.11	35.94
2016	63 100.00	4.00	15.80
2015	53 900.00	3.90	0.80
2014	53 500.00	4.40	10.70
2013	48 328.82	4.50	61.10
2012	29 999.27	3.28	75.00
2011	17 142.44	2.23	13.50
2010	15 103.47	2.32	34.40

数据来源:中国人民银行。

在贷款信托担保关系中,存在委托人(贷款人)、受托人(信托担保公司)和受益人(借款人)三方当事人。信托财产既独立于委托人的财产,也独立于信托担保公司的财产。当借款人无力偿还贷款时,贷款人有权要求信托担保公司以信托财产偿还贷款。

3. 委托贷款

《贷款通则》和《商业银行法》都规定"任何单位和个人不得擅自从事金融业务活动",即:法律禁止企业间的借贷。但为了调节不同企业之间的资金余缺,政府允许以银行为中介签订三方合约来实现企业间的资金融通。中国的金融体系从一开始就向国有企业、大企业倾斜,使上市公司很容易利用自身资源优势从证券市场募集资金,或者从银行获得远低于市场利率的贷款。如果缺乏好的投资项目,企业就转而通过商业银行向下属公司、关联公司或者是向第三方去放贷,从而获取远高于实体经营的利润回报。由于银行不承担借款人偿还贷款本息的责任,仅充当中介人的角色,收取手续费,但不承担任何信贷风险,因此无论是在事前审批还是事后监督上都存在一定的风险管理漏洞。表8-5展现了我国2006—2019年委托贷款的规模。

表 8-5　中国 2006—2019 年的委托贷款

年　份	委托贷款存量（亿元）	委托贷款与社会融资规模占比(%)	同比增长（%）
2019	114 397.67	4.60	−7.62
2018	123 829.60	5.45	−11.52
2017	139 948.31	6.80	5.89
2016	132 000.00	8.50	19.80
2015	109 300.00	7.90	17.20
2014	93 300.00	7.60	29.20
2013	72 213.62	6.72	39.70
2012	51 691.93	5.65	17.10
2011	44 143.40	5.75	21.20
2010	36 421.95	5.60	44.20
2009	25 257.94	4.93	35.80
2008	18 599.37	4.90	29.10
2007	14 406.95	4.48	29.90
2006	11 090.80	4.19	20.00

数据来源：中国人民银行。

【学习指导】信托贷款与委托贷款的区别

1. 资金性质不同

委托贷款只是在资金的运用上改变了形式，委托单位的拨款改为金融信托机构的贷款，委托人和用款单位之间的借贷关系变为金融信托机构与受益人之间的信用关系，但这并未改变资金原来的性质。而信托贷款是金融信托机构用吸收的信托存款和部分自有资金，在保证受益人能获得应有收益的前提下，自行选定项目和对象发放贷款，从而具有银行贷款的一般特征，实质上改变了原来资金的性质和用途。

2. 对信贷计划影响的程度不同

由于委托贷款是金融信托机构受单位的委托代为运用委托资金，委托资金的运用多表现为一次性，所以对综合信贷计划影响不大，信用规模扩张的程度也较小。信托贷款的表现形式为贷放与收回反复循环，资金不断周转使用，因而对信用规模和信贷计划影响的程度较大。

3. 管理方法不同

一般而言，国家对委托贷款管理较松，而对信托贷款则视同对银行贷款的管理，比较严格。

4. 具体的业务要求不同

金融信托机构办理委托贷款业务主要依据委托单位所指定的资金用途、对象等发放贷款，监督款项使用情况，以及负责贷款到期时催还，但对借款单位到期无力偿还贷款的情况不负责任。而信托贷款的发放和收回均由金融信托机构自主办理,所以要由自己承担贷款的风险和经济损失。

4. 未贴现银行承兑汇票

未贴现银行承兑汇票是承兑行保证在指定日期无条件支付确定的金额给收款人或持票人的票据,在我国占据了商业汇票规模的绝大部分。银行承兑汇票中只有未贴现部分计入影子银行范畴,因为票据贴现并表后纳入信贷规模,承兑汇票风险属于信贷风险;是否再贴现或转贴现与信贷有关。而未贴现汇票则在表外,属于表外业务而未计入资产负债表,进入市场流通,银行起担保作用。目前央行在社会融资总额统计中仅统计未贴现银行承兑汇票,避免重复计算。表 8-6 展现了我国未贴现银行承兑汇票在 2007—2019 年的规模。

表 8-6 中国 2007—2019 年的未贴现银行承兑汇票

年 份	未贴现银行承兑汇票增量(亿元)	未贴现银行承兑汇票与社会融资规模占比(%)	同比变化(%)
2019	-4 757	1.30	-12.50
2018	-6 343	1.68	-14.26
2017	5 364	2.16	13.75
2016	-19 531	2.50	-33.40
2015	-10 567	4.20	-14.80
2014	-1 286	5.50	-1.80
2013	7 755	6.41	12.60
2012	10 499	6.69	20.70
2011	10 271	6.60	24.80
2010	23 346	6.25	135.50
2009	4 606	3.37	36.50
2008	1 064	3.32	9.20
2007	6 701	3.60	138.40

数据来源:中国人民银行。

未贴现的银行承兑汇票仅引起企业部门资产负债表的变化,企业部门总资产和总负债扩张并不引起 M_2 发生变化。

名义未贴现银行承兑汇票中,已有相当一部分通过民间票据市场进行了贴现。大体上看,实际上由企业持有到期的银行承兑汇票风险相对较小,而民间票据市场上流通的银行承兑汇票由于涉及主体较多,风险较大。

【案例研究】中国影子银行体系助宝能系加杠杆

我们在金融市场中已介绍过万科股权之争,在影子银行这一部分我们看宝能购入万科股份是如何借影子银行加杠杆的。宝能系利用股权质押加资管计划加杠杆,可以称为"中国影子银行体系的集大成者"。

摩根大通测算,宝能系总耗资约 430 亿元人民币购入 25% 的万科股份,其中前海人寿出资 104.2 亿元,宝能集团出资 60 亿元资金,钜盛华自有资金 62 亿元,通过资管计划从 6 家银行借入 260 亿元。以此计算,钜盛华的实际杠杆为 4.2 倍。

银行若为这笔交易提供融资,可能有两种渠道。第一种是银行使用自有资金,并计为银行的投资项目,而目前的商业银行法不允许银行使用自有资金投资股市(在特殊情况下进行投资,风险权重将计为 400%~1 250%);第二种是使用理财产品资金,资管产品不出现在资产负债表上,而我国银保监会不允许银行将理财产品资金直接投入股市(高净值客户除外)。因此,银行只能以债权人身份参与宝能系融资。

公告显示,钜盛华是资管产品的劣后级投资者,那么银行就是以优先级投资人身份参与资管计划。所有资管计划都将计划份额净值 0.8 元设置为平仓线,当份额净值低于平仓线时,需要及时追加保证金。这对银行来说是高风险投资[①]。

【学习检查】中国影子银行体系

在学习中国影子银行体系的基础上,结合中国国情,查找资料,谈谈我国影子银行的风险与监管问题。

【学习指导】中国影子银行的风险与监管

在之前的学习中,我们已经提到我国影子银行规模正在逐渐扩大,这同时也加大了风险。前文"案例研究"中 4.2 倍杠杆也大大提高了投资的风险。我国影子银行风险主要包括资金投向分布存在缺陷、金融机构的流动性风险、信用链的系统性风险等。我国当前影子银行的资金主要投向房地产、中小企业等相对不稳定的领域,一旦资金不持续运作,就会出现流动性风险,也会进一步导致金融体系的系统性风险。针对这些问题,我国要做好对资金来源以及资金运用的监管,此外,还应当对金融机构的业务进行规范。

第五节 金融创新的经济效应

金融创新对整个金融业乃至整个经济运行机制都有重要的影响,其影响有利有弊,但整体而言,利大于弊。

一、金融创新的积极效应

(一) 提高效率

1. 提高金融机构盈利能力

金融机构的盈利能力建立在其业务能力的基础上。金融创新使新的金融工具、金融业务、金融服务方式及融资技术不断涌现,满足了各类客户对金融产品和服务的多样化需求,拓展了金融机构的业务空间,增强了其盈利能力。同时,创新金融工具使金融机构筹集和利

[①] 澎湃新闻,《六家银行借给宝能 366 亿元究竟还剩多少钱?》,2016 年 7 月 22 日,http://money.sohu.com/20160722/n460446692.shtml

用资金的能力大大提高,资产总额大幅增长,提高了经营活动的规模效应,降低了平均成本,使其盈利能力大为增强。

2. 提升金融机构活力

金融机构创新使金融体系中不断有新的金融机构加入,形成了多种金融机构并存的格局,这要求传统的金融机构必须提升自身能力才能在激烈的竞争中求得生存和发展。这提高了金融机构的整体运作效率,也提升了金融服务的客户体验,又进一步促进了金融创新持续发展。

3. 增强避险能力

一些具有风险转移功能的创新型金融工具,如浮动利率债券、浮动利率票据、期权、互换、远期等的出现,为金融机构提供了有效的风险管理手段,使金融机构可以根据对市场的预期及风险偏好程度,选择合适的金融产品进行风险控制。

4. 推动金融业发展

金融创新推动了金融业产值快速增长,带动了金融机构的资本扩张和设备的现代化,并且在业务拓展、机构多元、人员素质提高、就业扩大等多方面促进了金融业的发展。金融创新使金融业在第三产业和GDP中的比例迅速上升,在一些经济和金融发展水平较高的国家,金融业甚至成为国民经济的主导产业。

(二) 金融市场更加成熟

1. 增强金融市场活力

金融创新促进了金融机构和金融工具的升级换代,使金融市场更加丰富。

金融创新后的金融市场,对于广大储蓄者和投资者来说,提高了其持有金融资产的实际收益,增加了金融资产的安全性和流动性,令其享受到了更完善的金融服务和更多金融便利,而多样化的金融产品也能够从风险、期限、数量等不同方面匹配不同投资者的需求;而对于融资者来说,融资渠道拓宽、融资技术提高、融资方式灵活和融资成本下降,大大提高了其融资的积极性。在持续的创新浪潮中,金融市场增加了其对各方交易主体的吸引力,活跃了交易,繁荣了市场。

2. 推动证券化发展

20世纪80年代以来,国际金融市场发展的一个重要趋势就是融资方式的证券化。而金融创新对证券化起到了极大的推动作用。可以说,如果没有金融创新推出众多金融工具,如可调整利率的抵押贷款证券等,没有金融交易技术、制度缺陷补偿技术及组合技术等,证券化就无法出现和完善。

3. 促进金融市场国际一体化

20世纪60年代开始,随着各国的金融管制放松以及金融创新发展,全球金融逐步一体化,形成了一个无区域、无时间界限的统一的全球金融市场。金融创新加速了国际资本流动,促进了国际资本市场规模的扩大,是推动金融市场突破时空障碍、形成一体化格局的重要因素。

(三) 推动金融制度改革

当代金融创新过程就是金融创新与金融改革二者相互促进、互为因果的过程。一方面,金融创新是金融改革的结果,由于金融改革使金融体系发生了深刻变化,才出现了金融机构的多元化、金融业务的全能化及金融工具的多样化等金融创新;另一方面,金融创新又推动金融改革。部分传统的金融制度因金融创新而失效，需进一步进行改革调整。典型的案例是我们在第六章所讨论的金融混业经营。从20世纪70年代开始，在金融创新浪潮的推动下，部分发达国家如美国的金融管制开始松动，逐步实现金融自由化，最终从分业经营转向混业经营。

【案例研究】上海自贸区金融创新案例

为鼓励和支持金融机构围绕实体经济需求开展金融创新，上海市金融办等多个部门定期联合发布自贸区金融创新案例，2016年5月的金融创新案例发布会从自由贸易账户功能拓展、金融业务创新等多个角度介绍了15个创新案例。我们仅举其中三个例子对最新的金融创新案例进行介绍。

1. 首单自由贸易账户间接参与代理业务合作

交通银行上海分行与杭州银行上海分行合作开展了首单自由贸易账户间参业务合作签约，标志着自由贸易账户服务功能进一步完善和延伸。该案例中有两个创新点：(1) 交行上海分行作为直参行，为间参杭州银行上海分行开立FTU资金清算账户，提供资金清算等代理服务；(2) 杭州银行上海分行选择代客服务模式，遵循间参分账清算机制，为其客户提供相关金融服务。

2. 首笔自贸区利率互换交易

2016年4月8日，兴业银行资金营运中心与星展银行上海分行通过中国外汇交易中心自贸试验区交易系统达成利率互换交易，该交易以自由贸易账户为载体，以人民币作为名义本金，美元作为结算货币，采用银行间市场7天回购利率。此案例的主要创新点：(1) 该笔交易为首笔利率互换交易，交易双方均为上海自贸试验区分账核算单元机构；(2) 交易价格由境内机构协商确定，为助推境内利率市场化改革进行了有益尝试与探索。

3. 创新跨境金融服务

工行上海分行结合区内跨境电商差异化运营模式，提供涵盖本外币支付结算、资金汇兑、贸易融资等综合化金融服务，实现覆盖跨境电商交易全流程的在线服务支持。该案例有两个创新点：(1) 将自由贸易账户引入跨境电商交易，充分发挥其跨境融资与汇兑便利的服务功能；(2) 发挥商业银行综合金融服务与数据集中优势，为自贸试验区跨境电商平台提供配套结算融资服务。

二、金融创新的消极效应

(一) 降低金融体系稳定性

(1) 金融创新突破乃至颠覆传统金融分业经营体制，虽然可能提高了效率，但也导致金融机构时常发生支付危机或信用危机，波及整个金融体系运行，甚至爆发金融危机。

(2) 金融创新强化了资本流动国际化和金融市场一体化，不同国家金融机构和金融市场的相互依存大大加强，一旦某一国金融运行出现问题，可能累及其他国家甚至引发全球金融危机，2008年美国全面爆发的金融危机就是明证。

(3) 新的金融工具特别是衍生金融工具，放大了金融市场的风险。其透明度低等特征提高了投资的不确定性,而高杠杆率则使交易者只需支付少量保证金就可以撬动数倍甚至数十倍的金融资产,金融风险也相应扩大。

(4) 计算机网络技术在金融业的广泛运用,虽然极大提高了金融市场运作效率和覆盖面,但同时可能出现的故障以及犯罪分子利用高科技操纵金融交易等诸多风险也使整个金融业面临新的威胁。

(二) 降低金融监管有效性

衍生金融工具以及其他创新型表外业务的迅速增长,是导致金融监管有效性下降的重要原因。由于对表外业务缺乏统一公认的会计标准,加之衍生金融交易有相当一部分是在极短时间内通过头寸对冲来实现,使得监管机构难以对表外业务的风险程度作出准确、客观、及时的评价。

另外,金融市场的全球化使得金融机构大量参与国际金融市场活动,也加大了监管难度。

(三) 影响货币政策的制定和实施

创新金融工具的出现扩大了货币内涵,货币需求波动变大,商业性货币需求占比的下降和金融性货币需求占比的上升使得货币需求的决定因素变得复杂和不可预测。货币和其他金融资产的替代效应导致中央银行对货币难以准确判断,加大货币政策制定的难度,也导致原本有效的货币政策被削弱。

【案例研究】从次贷危机反思金融创新的两面性

关于金融创新产品对金融体系稳定性的负面影响,离我们最近的全球性金融危机次贷危机是典型例子。衍生品尤其是次贷衍生品市场链条过长导致风险不断放大,是导致原本只存在于次贷领域的泡沫破灭波及全社会乃至全世界的一个重要原因。图8-1展现了次贷危机产生的示意图。美国次级抵押贷款始于住房的实际需求,却被层层衍生成不同等级资金提供者的投资品种。在住房市场火爆时,银行得到高额利息收入,金融机构对次贷衍生品趋之若鹜;一旦房地产市场进入下行周期,则违约涌现,危机爆发。泡沫破裂必然给经济社会带来一系列巨大的创痛。

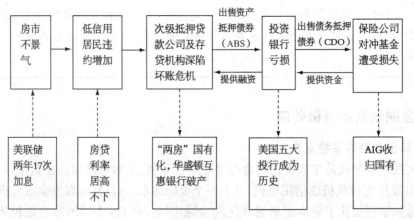

图 8-1 次贷危机演变示意图

此次全球次贷风暴对房地产市场泡沫风险积聚日益严重的中国有警示作用,尽管中国的金融衍生品创新远远落后于美国。

【学习检查】金融创新的利弊

阅读以上"案例研究"并参考本书第十三章中有关次贷危机的讨论,思考如何处理好金融创新与金融体系稳定性的关系?

【学习指导】中国金融创新的未来发展

中国金融创新历程相对曲折,在一定的金融管制下进行,且创新主要由一些中小型金融机构、中小型企业等推动。从上文金融创新利弊的分析中可以得出结论:总体来说,金融创新的利大于弊。中国随着改革的深化、市场化程度的提高,金融管制将逐步放松,金融创新将进一步提高,计算机、网络技术的广泛运用也为金融创新提供技术支持。但在金融创新不断发展的同时,我们仍要注意到监管的及时跟进,防止金融创新而引发的风险。

小结

1. 金融创新是金融发展的世界性趋势。它的出现,反映了金融活动追求利润最大化和规避风险的内在要求。近半个世纪,金融创新以前所未有的态势席卷全球金融界,造成其快速发展的动因主要有规避管制、规避风险、现代技术进步推动三种。

2. 关于金融创新的原动力,经济学家们提出了许多不同的假说。西尔柏的约束诱导理论、韩农和麦道威的技术推进理论、制度学派的制度改革理论、凯恩的规避管制理论、希克斯和尼汉斯的交易成本理论等等都从一个或多个侧面做出了解释。这些理论大多可以解释某一特定时间和空间所发生的金融创新,而缺乏系统性和全面性。

3. 商业银行是现代金融体系中的重要角色,而其业务创新也为现代金融创新画上了浓墨重彩的一笔。虽非传统意义的银行机构,但"影子银行"这一新概念却在提出后广为流传,自进入中国后,其规模更是迅速膨胀,占领了金融市场的很大份额。其特点、风险和监管是中国新一代金融学学生不可不关注的要点。

4. 中国商业银行金融创新近年来在制度、市场、理念、技术方面都取得了很大进步,但在盈利性、原创性、平衡性、创新产品规模等方面仍存在不足,其原因可以从国家、社会、行业内部等多个方面来分析。

5. 金融创新的经济效应有利有弊,在使得金融业获得长足发展的同时,也暗藏着对金融系统稳定性的挑战,同时,金融业务的复杂化和货币内涵的扩大化也对政府监管和政策制定提出了新的难题。但综合来说,金融创新对经济社会发展仍以积极效应为主。

关键词

金融创新;自动转账服务账户;可转让支付命令账户;货币市场共同基金;
货币市场存款账户;大额可转让定期存单;浮动利率债券;可变利率抵押债券;
金融衍生工具;资产证券化;金融中介促成论;技术推进论;货币促成论;财富增长论;

制度改革论;交易成本论;约束诱导论;规避管制论;不完全市场论;一般均衡论;理性效率假说与群体压力假说;影子银行

 课后习题

1. 金融创新的动因有哪些?
2. 金融创新的经济效应有哪些体现?
3. 列举几种规避管制而产生的金融创新产品,并说明其原理。
4. 列举几种规避风险而产生的金融创新产品,并说明其原理。
5. 影子银行体系蕴含着哪些风险?为什么影子银行加剧了传统信贷可能存在的风险?

第九章 期限结构与风险定价

导 读

　　金融机构在金融市场提供和交易的金融工具,涉及期限结构和风险定价问题。第二章已经讨论过利率的基础性内容。如果你注意过利率报价,相信你也注意到利率报价的一个重要参数:期限;甚至有时候报价是以一条随时间变化的曲线形式呈现。此外,你也许还会注意到,不同资产(如国债和公司债)在不同时期(如市场平稳期和金融危机期间),利率波动非常大。那么,资金的价格到底和期限存在怎样的关系和规律?是什么造成了利率的巨大差异?本章将解答这些疑问,对利率期限结构进行概要性讨论,带你了解期限结构经验背后的理论基础,并进一步简介利率期限结构模型;在此基础上,第三节讨论利率的风险结构;第四节通过风险资产定价模型将风险量化,简要分析资产的收益和风险。

第一节　利率期限结构

一、什么是利率期限结构

　　在第二章讨论均衡利率决定时,我们只考察了一种利率;而事实上,期限不同的同种类债券存在不同的利率。为了描述这种利率与到期期限之间的关系,我们引入收益率曲线概念,是指将期限不同而其他条件都相同的债券的收益率连接而成的曲线。图9-1和图9-2分别展示了某些时点上的中国国债收益率曲线与美国国债收益率曲线,其中纵坐标轴为收益率,横坐标轴为期限。

　　仔细观察这些收益率曲线,我们可以得到三个经验事实:

　　第一,如果某一时点的短期利率相比于另一时点较高,那长期利率往往也较高;如果某一时点的短期利率相比于另一时点较低,那长期利率往往也较低。也就是说,不同到期期限债券的利率随时间的变动呈现出共同的波动趋势。

　　第二,收益率曲线有时向上倾斜,有时向下倾斜,有时则较为平稳。而且,如果短期利率较低,收益率曲线倾向于向上倾斜;如果短期利率较高,收益率曲线倾向于向下倾斜。

　　第三,大多数时候,收益率曲线都是向上倾斜的。

　　那么,为什么到期期限不同会产生不同的利率,为什么会有上述三个经验事实呢?解释这些疑问的主要有三种分析利率期限结构的理论,分别是预期理论、市场分割理论、流动性

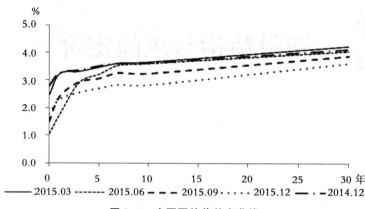

图 9-1 中国国债收益率曲线

数据来源：中国人民银行网站。

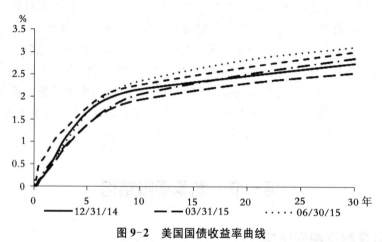

图 9-2 美国国债收益率曲线

数据来源：US Department of the Treasury。

偏好理论。下面我们将分别介绍这三种理论。

二、预期理论

预期理论（Expectation Theory），又称无偏预期理论（Unbiased-expectation Theory）。它的核心观点是，长期利率等于债券到期日之前未来短期利率预期的平均值：

$$r_{(n,t)} = \frac{r_{1,t} + r^e_{1,t+1} + r^e_{1,t+2} + \cdots + r^e_{1,t+(n-1)}}{n} \tag{9-1}$$

其中 $r_{n,t}$ 表示 t 时刻期限为 n 期的债券利率，上角标 e 代表预期。

举例来说，现在来看，一年期利率为 3%，并预期未来三年的一年期利率分别为 4%、5%、6%，那么，现在的四年期利率为 3%、4%、5%、6% 的平均值：4.5%。

该结论是基于以下假设的：第一，人们可以预期到将来的利率，从而任何投资期的债券收益率是确定的；第二，不同期限的债券之间是完全替代的，即投资者对期限没有特别的偏好，选择债券的依据仅仅是收益率的高低。

为了理解上面的公式的含义,我们考虑一个 $n=2$ 的例子。如果我们要进行一笔两年的投资,可以有两种选择:方案一是直接购买期限为两年的债券;方案二是先买一年期的债券,一年后到期时,用所得的本金和利息再购买一年期的债券。这里隐含了一个假设,即市场是有效的,能够实现无套利均衡。根据前述假设,市场均衡时,这两种方案的到期收益应该相等。假定本金为1,那么我们得到如下等式:

$$(1+r_{2,t})^2 = (1+r_{1,t})(1+r^e_{1,t+1}) \tag{9-2}$$

由于现实中,r_2,t^2 和 $r_{1,t}r^e_{1,t+1}$ 都是很小的量,将上式展开,并忽略微小的量,近似计算后可以得到 $r_{2,t} = \dfrac{r_{1,t}+r^e_{1,t+1}}{2}$,例如一年期利率在第一年为3%,第二年预期为4%,则第一年的两年期利率为 $(3\%+4\%)/2=3.5\%$。采用类似的思路分析更长期限的投资决策,就可以得到利率的整个期限结构。

由于长期利率取决于即期短期利率和对未来短期利率预期的均值,因此长期利率与短期利率有相同的变动趋势。这解释了第一个经验事实。

如果短期利率较低,投资者预期未来短期利率会上升到某一正常水平,那么长期利率就高于当前的短期利率,收益率曲线向上倾斜;反之,若短期利率较高,投资者则预期未来的短期利率会下降到正常水平,长期利率就低于短期利率,即收益率曲线会向下倾斜。这解释了第二个经验事实。

但是预期理论无法解释第三个经验事实。根据预期理论,收益率曲线通常是向上倾斜的,大多数时候投资者预期未来短期利率将上升,这并不合情理。

因此,预期理论揭示了利率期限结构的一部分原因,也解释了某些现象,但还不够完美。

三、市场分割理论

市场分割理论(Segmented Market Theory)的核心观点是,不同期限的债券市场是分割的,短期利率和长期利率分别由各自市场的供求状况决定,互不影响。该理论的关键假设是,不同到期期限的债券之间完全不能替代,也就是说投资者出于某些原因,对投资期限有特定偏好,比如有些人只会选择短期债券,而另一些人只会选择长期债券,从而形成了不同的分离的市场。这恰好与预期理论的假设完全相反。

如果偏好短期债券的投资者较多,即短期债券需求较大,那么市场均衡的短期利率就较低,收益率曲线向上倾斜;如果偏好长期债券的投资者较多,需求超过了供给,那么长期利率就较低,收益率曲线向下倾斜。现实中,短期投资的不确定性相对长期投资更小,出于投资安全人们往往更偏好期限较短的债券,这解释了第三个经验事实。

但是市场分割理论不能解释前两个经验事实:首先,该理论认为短期利率和长期利率在两个完全分割的市场上决定,短期利率和长期利率之间是相互独立的,那么共同变动的事实无法被解释;其次,短期债券和长期债券是分开竞价的,短期债券的竞价结果并不能影响长期债券的竞价结果,也就是说短期利率较低和收益率曲线向上倾斜没有关系,短期利率较高和收益率曲线向下倾斜也没有关系,也就不能解释第二个经验事实。

事实上,这个理论的核心观点,即不同期限的市场是分割的,有一定的现实基础,例如商业银行偏好短期债券,而房地产企业、保险公司、社保基金则由于其预期负债的长期性以及相对确定性,偏好长期债券。但是这只是一个偏好,各个期限债券对不同市场投资者来说,并非市场分割理论中认为的完全不可替代。

因此,市场分割理论也只是提供了利率期限结构的一种解释,并不是完美的理论。

四、流动性溢价理论

流动性溢价理论(Liquidity Premium Theory),也称为流动性偏好理论(Liquidity Preference Theory),是对预期理论的修正。其核心观点是,长期债券的利率等于债券到期之前未来短期利率预期的平均值与流动性溢价之和。

$$r_{n,t} = \frac{r_{1,t} + r^e_{1,t+1} + r^e_{1,t+2} + \cdots + r^e_{1,t+(n-1)}}{n} + L_{nt} \tag{9-3}$$

其中 L_{nt} 表示在 t 时刻 n 期的债券的流动性溢价,是投资者持有长期债券而放弃短期债券所得到的补偿,它总是大于零,且随期限 n 的上升而上升。其他符号的含义与预期理论的表达式相同。

还是用上文例子来说,现在一年期利率为3%,预期接下来三年的一年期利率分别4%、5%、6%,四年期流动性溢价为1%,根据流动性溢价理论,四年期利率为4.5%+1%=5.5%。

该理论的关键假设是,不同到期期限的债券是不完全替代的。由于短期债券和长期债券有可替代性,那么短期利率与长期利率之间是可以相互影响的。同时,该理论也承认投资者对期限的偏好,投资者倾向于偏好较短期限的债券,因此只有存在正的流动性溢价作为补偿时,投资者才愿意持有较长期限的债券。

流动性溢价理论综合了预期理论和市场分割理论的特点,能够解释前面提到的三个经验事实。

第一,短期利率上升意味着未来短期利率的预期平均值更高,长期利率会随短期利率的上升而上升,呈现出随时间的共同波动。第二,如果短期利率较低,那么投资者预期未来短期利率会上升,加之正的流动性溢价,长期利率会高于短期利率,即收益率曲线向上倾斜;反之,如果短期利率高,在未来短期利率的平均值远远低于当前短期利率的情况下,即使有流动性溢价,长期利率依然会低于短期利率,收益率曲线向下倾斜。第三,由于投资者更偏好短期债券,而且流动性溢价随期限延长而增加,所以大多数时候收益率曲线是向上倾斜的。

流动性溢价理论很好地解释了有关期限结构的主要经验事实,因此成为被最广泛接受的利率期限结构理论。

【学习检查】利率期限结构理论

利率期限结构理论的前提假设和核心观点是什么?

对流动性偏好理论的理解

上面我们已经学习了流动性溢价理论,并了解到流动性偏好的存在。你能想象一下,在预期短期利率上升、不变和下降三种情况下,根据该理论收益率曲线分别是怎样的?

第二节 利率期限结构模型

通过大量不同期限的贴现债券,计算其各自的到期收益率,就可以很容易拟合出利率期限结构。但如果市场上只有附息债券,由于息票效应的影响,期限相同的附息债券与贴现债券的到期收益率一般是不相等的。因此,我们需要从附息债券的价格中拟合利率期限结构,获得相应的模型。利率期限结构模型,主要分为静态模型和动态模型两大类。

一、静态模型

利率期限结构的静态模型是指利用统计技术,以市场上的债券收益率曲线为基础,求解债券的理论价格来逼近债券的市场价格,进而得到符合当天债券收益率的利率期限结构。

对于静态利率期限结构模型,不用考虑资产定价理论,而是利用债券的现金流所包含的信息来获取利率期限结构。如果债券市场发达、债券品种多样,可用息票剥离法;如果债券市场不完善,需要运用诸如样条函数模型和简约模型等一些估计方法来估计期限结构。

二、动态模型

利率期限结构的动态模型是在一定假设条件下,采用随机过程的方法推导出利率期限结构。按照均衡基础的不同,可分为均衡模型和无套利模型。

均衡模型是用经济学方法从理性人角度出发,基于一些严格的假设条件如市场供求均衡、消费者偏好确定等条件,获得利率期限结构、风险的市场价格和其他资产的价格。均衡模型按照模型中包含的随机因子的个数可分为单因子模型和多因子模型。若假定利率期限结构只受即期利率这一个因素影响,称为单因子模型,意味着收益曲线上各点的随机因子完全相关;若利率期限结构受多个因素影响,称为多因子模型,表明收益曲线上不同点上的随机因子具有某种程度的相关性。

无套利机会模型是指假设短期利率的随机过程,利用观察到的当时债券市场价格推导出短期利率在无套利机会条件下的未来演变过程,模型推导出的结果必须符合当时的利率期限结构。无套利机会意味着初始成本为零且一定能够获得正收益的投资策略不存在。

均衡模型常常是无套利模型的建模基础,应该满足不存在套利机会,否则市场就未达到均衡。

无套利机会模型与均衡模型的区别主要有三点:(1)取得模型需要的资料不同。就利率风险的市场价格而言,前者需要即期利率期限结构的资料,相对容易取得;后者却需要以统计方法来分析过去的价格与利率走势。(2)对资料缺陷的敏感程度不同。前者将即期利率期限结构模型视为合理,尽管某些报价存在缺陷;而后者会剔除这类有问题的价格。(3)模型的持续性不同。前者缺乏持续性;后者是根据历史资料设定参数。

事实上,拟合利率期限结构的模型与方法有很多,不同的模型各有其优缺点。有兴趣的同学可以进一步阅读相关文献。图9-3列示了主要利率期限结构模型[1]。

---

[1] 该框架图参考《金融计算与建模:理论、算法与SAS程序》,朱世武,清华大学出版社,2007:311。

图 9-3 利率期限结构模型

第三节 利率风险结构

接下来我们要分析利率的风险结构（risk structure of interest rates），也就是讨论期限相同的金融资产利率之间的关系。利率的风险结构就是指期限相同的金融资产与不同的利率水平的关系，反映了这种金融资产承担的各种风险对收益率的影响。正常情况下，风险越大，利率越高。利率的风险结构主要受以下因素影响：税收因素、违约风险、流动性风险。

一、违约风险

想象一下，如果有人向你借钱，但他却很有可能无法归还，在什么情况下你有可能愿意借给他呢？对于理性的人来说，答案是这个借款者承诺偿还的利息很高，高出来的利息足以补偿不能归还的风险。

违约风险就是指证券发行人的承诺不能兑现的可能性。一般而言，违约风险越高，相应的补偿就越高，也就是利率会越高。

违约风险的大小往往与发行主体的信用水平有关。现实中，国债的违约风险几乎为零；地方政府债券的违约风险较国债而言就要高一些；信用等级较高的公司相较于信用等级较低的公司违约风险低。因此，它们的利率各不相同——通常的规律是，在其他条件一致的情况下，国债的收益率低于地方政府债券，信用等级高的公司发行的债券的收益率低于信用等级低的公司发行的债券。

现实中，信用等级一般由独立的第三方评级公司给出。投资者可以根据评级情况来判断违约风险的大小，也就是说评级会影响到债券的利率。

【国际视野】国际三大评级公司

信用评级（Credit Rating）是为社会提供资信信息或为单位自身提供决策参考的一种专

业活动,有广义和狭义之分。狭义的信用评级是指独立第三方信用评级机构对债务人如期足额偿还债务本息的能力和意愿进行评价,并用简单的评级符号表示其违约风险和损失的严重程度。广义的信用评级则可以定义为对评级对象履行相关合同和经济承诺的能力和意愿的总体评价。

信用评级机构就是提供这种中介服务的第三方中介机构,是由专门的经济、法律、财务专家组成的、对证券发行人和证券信用进行等级评定的组织。国际公认的专业信用评级机构有三家,分别是标准普尔(S&P)、穆迪(Moody's)和惠誉国际(Fitch),它们也是1975年美国证券交易委员会(SEC)认可的"全国认定评级组织"。

穆迪投资服务有限公司,总部位于纽约曼哈顿,最初由John Moody于1900年创立;Moody在1909年首创对铁路债券进行信用评级,他出版的《铁路投资分析》一书中发表了债券资信评级的观点,使资信评级首次进入证券市场,开创了利用简单的资信评级符号来分辨250家公司发行的90种债券的做法,正是这种做法才将资信评级机构与普通的统计机构区分开来。1913年,穆迪将资信评级扩展到对公用事业和工业债券进行信用评级,并创立了利用公共资料进行第三方独立资信评级或无经授权的资信评级方式。目前,穆迪公司在全球约有10 400名员工,在36个国家设有机构,2015年实现收入35亿美元,股票在纽约证券交易所上市交易。

标准普尔,主要对外提供关于股票、债券、共同基金和其他投资工具的独立分析报告。2008年时,标准普尔评级服务新授予及调整评级数量超过了11.5万个,授予评级的债务类证券涉及超过100个国家。标准普尔由普尔出版公司和标准统计公司于1941年合并而成。普尔出版公司的历史可追溯到1860年,当时其创始人Henry V. Poor出版了《铁路历史》及《美国运河》,率先开始金融信息服务和债券评级。1966年标准普尔被麦克劳·希尔公司收购。麦克劳·希尔公司成立于1888年,是一家全球信息服务供应商,旨在满足全世界在金融服务、教育及商业信息市场方面的需求。

惠誉国际于1913年由约翰·惠誉(John K. Fitch)创办,起初是一家出版公司,于1924年就开始使用AAA到D级的评级系统对工业证券进行评级。1997年该公司并购了另一家评级机构IBCA,又于2000年并购了DUFF & PHELPS和Thomson Bankwatch,目前公司97%的股权由一家法国公司控制。惠誉国际是一家欧资国际信用评级机构,总部设在纽约和伦敦。

这三家评级机构各有侧重,标准普尔侧重于企业评级,穆迪侧重于机构融资方面,惠誉国际则更侧重于金融机构的评级。

穆迪

标准普尔

惠誉国际

级 别	评 定
AAA	最高评级。偿还债务能力极强。
AA	偿还债务能力很强,与最高评级差别很小。

续表

级别	评定
A	偿还债务能力较强,但相对于较高评级的债务/发债人,其偿债能力较易受外在环境及经济状况变动的不利因素的影响。
BBB	目前有足够偿债能力,但若在恶劣的经济条件或外在环境下其偿债能力可能较脆弱。
BB	相对于其他投机级评级,违约的可能性最低。但持续的重大不稳定情况或恶劣的商业、金融、经济条件可能令发债人没有足够能力偿还债务。
B	违约可能性较 BB 级高,发债人目前仍有能力偿还债务,但恶劣的商业、金融或经济情况可能削弱发债人偿还债务的能力和意愿。
CCC	目前有可能违约,发债人须倚赖良好的商业、金融或经济条件才有能力偿还债务。如果商业、金融、经济条件恶化,发债人可能会违约。
CC	目前违约的可能性较高。由于其财务状况,目前正在受监察。在受监察期内,监管机构有权审定某一债务较其他债务有优先偿付权。

备注:前四个级别债券信誉高,履约风险小,是"投资级债券",第五级开始的债券信誉低,是"投机级债券"。

二、流动性风险

流动性的定义为一项资产迅速变现而不发生损失的能力,包括变现的速度和需要付出的成本两方面。假如投资者因为某些原因,不想继续持有一项资产,需要把它卖出换成现金,这就是资产的变现。卖出资产需要花费的时间就是变现的速度,变现速度当然是越快越好。有时候,为了尽快卖出资产,可能需要降低价格来达成交易,这部分折价是变现成本中最重要的一部分,理性的你当然知道,变现成本越低越好。流动性风险就是金融资产难以变现或者变现需要付出高昂的成本的可能性。

人们通常偏好流动性强的金融工具,对于流动性较差的金融资产,就需要较高的利率作为补偿,这种补偿可称为流动性溢价。以银行存款利率为例,活期存款可以随时支取,流动性非常强,但利率几乎可以忽略不计。定期存款不能随时提取,需要存满约定期限后才可取用,一般地,期限越长,存款利率就越高。其他种类的金融工具情况类似。在其他条件相同时,流动性越好的证券流动性溢价越低,利率也越低;反之,流动性越差的证券,利率就越高。

三、税收

投资金融资产带来的投资收益也是需要缴税的,对于投资者来说,真正关心的是他们最终实际上可以获得的收益,也就是税后收益。因此不同种类的证券的税收待遇有所差异时,这种差异会反映到税前的利率之中。例如,美国的联邦和州政府发行的证券往往是免税的,而其他商业票据就没有这种税收优惠政策,因此,前者的税前名义利率往往会低于后者。

市场均衡时,不考虑其他因素,应税债券的税后收益率应当与免税债券的利率相等。所以,一般而言,税率越高,利率越高,反之亦然。

第四节 风险资产定价

我们已经认识了多种多样的金融资产,投资者如何在众多的可供投资的对象中进行选择,是本节要讨论的问题。

我们很容易会想到人们在决策时会考虑金融资产的收益和风险,所以首先需要明确收益和风险的含义,并找到衡量收益和风险的方法。接下来介绍传统的资产组合理论,主要包括马科维茨(Harry M. Markowitz)的证券组合理论、夏普(Sharpe)等人的资本资产定价模型、罗斯(Ross)的套利定价模型。

一、收益与风险

(一) 单一资产的收益与风险的衡量

一个金融资产的收益就是它带来的现金流入多于现金流出的部分,包括价格变化带来的收益和因持有该资产而获得红利或利息等现金流。我们通常用投资收益率来衡量,即投资收益相对于初始投资的比率,这样可以将不同投资规模的金融资产进行比较。同时,计算收益率的期间长度也应该相同才具有可比性。我们可以选择年收益率、日收益率等等。年收益率是最常用的收益率,我们通常讲的收益率是指年收益率,对于不同期限的收益率一般也都折合成年化收益率。

假定一只第 i 种资产在第 t 期和第 $t+1$ 期的价格为 P_t 和 P_{t+1},t 期该股票每股股息为 D_t,那么该股票在 t 期的投资收益率 r_t 是多少呢?

$$r_{it} = \frac{P_{t+1} - P_t + D_t}{P_t} \tag{9-4}$$

为了计算第 i 种资产的平均收益率,可以使用以下这一简单的公式:

$$\overline{r_i} = \frac{r_{i1} + r_{i2} + \cdots + r_{in}}{n} = \frac{1}{n}\sum_{t=1}^{n} r_{it} \tag{9-5}$$

这样得到的是算术平均收益率。更为精确的是几何平均收益率,也可用于计算年化收益率,具体方法如下:

$$\overline{r_i} = \sqrt[n]{\frac{P_{t+n}}{P_t}} - 1 \tag{9-6}$$

例如,伊利股份的股票价格数据如下表所示,忽略股票分红的情况。

表 9-1 伊利股份股价

时 间	2008年12月31日	2009年12月31日	2010年12月31日	2011年12月30日	2012年12月31日	2013年12月31日	2014年12月31日	2015年12月31日
收盘价	8.00	26.48	38.26	20.43	21.98	39.08	28.63	16.43

我们可以计算 2008 年 12 月 31 日买入股票,并于 2009 年 12 月 31 日卖出的收益率:$(26.48-8)\div 8 = 231\%$。还可以计算 2008 年 12 月 31 日买入、2015 年 12 月 31 日卖出的年

度几何平均收益率：$\sqrt[7]{16.43 \div 8} - 1 \approx 10.83\%$。如果想知道年度收益率的算术平均值，可以先计算出各年的投资收益率，再应用公式求解。每一年份的收益率可计算如下：

表9-2 伊利股份收益率

时间	2009	2010	2011	2012	2013	2014	2015
收益率	231.00%	44.49%	−46.60%	7.59%	77.80%	−26.74%	−42.61%

那么，年度算术平均收益率 $=(231+44.49-46.60+7.59+77.80-26.74-42.61) \div 7 = 34.99\%$。

风险有多种含义，为了简单起见，我们把风险定义为未来结果的不确定性，或者说是投资收益率的波动性。波动性越大，风险就越高。通常用收益率的标准差 σ_i 或方差 σ_i^2 来衡量。

单一资产的风险计算公式如下：

$$\sigma_i^2 = \frac{1}{n-1} \sum_{i=1}^{n} (r_{it} - \overline{r_i})^2 \tag{9-7}$$

$$\sigma_i = \sqrt{\sigma_i^2} = \sqrt{\frac{1}{n-1} \sum_{i=1}^{n} (r_{it} - \overline{r_i})^2} \tag{9-8}$$

标准差 σ_i 在此处的现实意义是：计算第 i 种资产每一期的收益率与其平均收益率的差值，然后将这些差值取平均，即代表着第 i 种资产各期收益率与总平均收益率的总体偏差程度。因此不难理解，标准差 σ_i 越大，第 i 种资产的各期收益率波动就越大。

需要注意的是，在方差和标准差的公式中，等式右边的分母是 $n-1$，因为在这里方差和标准差统计量的自由度为 $n-1$。根据统计学知识可以知道，如果观察值是总体中的一个样本，该样本的容量为 n，则除以 $n-1$ 可以得到对总体方差和标准差的无偏估计①。

接着刚才伊利股份的例子，我们可以求出2008年12月31日到2015年12月31日间该股票年度收益率的标准差，以此来衡量投资伊利股份股票的风险大小，计算结果可得，标准差为97.96%。

以上描述的方法都是对历史数据进行处理，从而得到的是以往投资的收益和风险。对于未来的收益和风险，我们需要计算预期的收益率和风险。

如果某个投资者预测投资期末的资产价格或投资期间的现金流量有 n 种可能性，从而计算出每种情况下的投资收益率 r_{is}。假定出现第 s 种情况的概率为 p_s，那么我们可以计算预期的投资收益率：

$$E(r_i) = \sum_{s=1}^{n} r_{is} p_s \tag{9-9}$$

此处 $E(r_i)$ 为一个加权平均数。因此我们可以用类似历史数据处理的方法，将平均数 $E(r_i)$ 代入方差和标准差公式，进一步计算预期的风险：

$$\sigma_i^2 = \sum_{s=1}^{n} [r_{is} - E(r_i)]^2 p_s \tag{9-10}$$

---

① 若观察对象是整个总体，则计算出来的方差和标准差就是总体实际的方差和标准差，不同于通过样本对总体进行无偏估计。所以用总体数据计算的方差和标准差是除以 n，不用除以 $n-1$。

$$\sigma_i = \sqrt{\sigma_i^2} = \sqrt{\sum_{s=1}^{n}[r_{is} - E(r_i)]^2 p_s} \tag{9-11}$$

下面举一个简单的例子,来说明如何应用上面的公式。假设年初时你投资 10 000 元购买一个公司股票,股票价格为 10 元。到年末时,股票价格取决于公司经营业绩,你预计情况如下:

表 9-3 公司股票预期

公司经营业绩	概 率	年末股票价格(元)	投资收益率
好	0.3	14	40%
正常	0.6	10.5	5%
差	0.1	6	-40%

那么,预期的投资收益率为 $0.3 \times 40\% + 0.6 \times 5\% + 0.1 \times (-40\%) = 11\%$,预期的风险(标准差衡量)为

$$\sqrt{0.3 \times (40\% - 11\%)^2 + 0.6 \times (5\% - 11\%)^2 + 0.1 \times (-40\% - 11\%)^2} \approx 23.1\%.$$

(二) 资产组合的收益与风险的衡量

现实中,绝大多数投资者并不是只持有一种金融资产,他们大多同时投资多种资产。接下来,我们要考察如何衡量这种资产组合的收益和风险。

资产组合的收益是组合中所包含的各种资产的收益率的加权平均数。资产组合的收益率既可以是过去一段时间中历史的收益率,也可以是未来一段时间的预期的收益率。它们的计算公式分别是:

$$r_{pt} = \sum_{i=1}^{n} r_{it} \omega_{it} \tag{9-12}$$

$$E(r_p) = \sum_{i=1}^{n} E(r_i) \omega_i \tag{9-13}$$

其中 ω_{it} 和 ω_i 是第 i 种资产在组合中占的权重,它等于第 i 种资产的市场价值与组合的市场价值之比。

资产组合的风险,同样用收益率的方差和标准差来衡量。对于历史的风险和预期的风险,二者的基本公式是一样的:

$$\sigma_p^2 = \sum_{i=1}^{n} \sum_{j=1}^{n} cov_{ij} \omega_i \omega_j = \sum_{i=1}^{n} \omega_i^2 \sigma_i^2 + 2 \sum{}^{*} cov_{ij} \omega_i \omega_j \tag{9-14}$$

$$\sigma_p = \sqrt{\sigma_p^2} = \sqrt{\sum_{i=1}^{n} \sum_{j=1}^{n} cov_{ij} \omega_i \omega_j} \tag{9-15}$$

其中,ω_i 代表第 i 种资产在组合中的权重,cov_{ij} 代表第 i 种资产与第 j 种资产的收益率的协方差,* 表示在展开式中含有协方差的项数,对于含有 n 种资产的组合,* 等于 $\frac{n(n-1)}{2}$。

基本公式中的协方差的计算方法,对于历史的和预期的是不同的,公式如下:

历史的协方差:

$$cov_{ij} = \frac{1}{n-1} \sum_{t=1}^{n} (r_{it} - \overline{r_i})(r_{jt} - \overline{r_j}) \tag{9-16}$$

预期的协方差：

$$cov_{ij} = \sum_{s=1}^{n}[r_{is}-E(r_i)][r_{js}-E(r_j)]p_s \qquad (9-17)$$

此外，我们还可以利用协方差与相关系数的关系计算协方差，公式如下：

$$\rho_{ij} = \frac{cov_{ij}}{\sigma_i \sigma_j} \qquad (9-18)$$

请注意，协方差的现实意义是研究两组数据之间是否具有以及拥有何种相关性。在此处协方差的正负代表的即是两种资产的收益率之间是何种关联：协方差为正说明两种资产收益率互为正相关，协方差为负说明两种资产收益率互为负相关；若协方差为0，则说明两种资产的收益率互不影响。

例如，你一共购买了A、B、C三家公司的股票，假设这三家公司的股票价格彼此没有关联，投资比例和预期收益情况如下：

表9-4 各公司投资比例与预期收益

公司	投资比例	预期收益率	标准差
A	0.4	12%	10%
B	0.5	25%	35%
C	0.1	10%	8%

这个股票组合的预期收益率为 $0.4\times12\%+0.5\times25\%+0.1\times10\%=18.3\%$，组合的标准差为 $\sqrt{0.4^2\times10\%^2+0.5^2\times35\%^2+0.1^2\times8\%^2}\approx17.97\%$。

（三）系统性风险与非系统性风险

在这一部分，我们将风险划分为系统性风险和非系统性风险。系统性风险是指由于证券市场共同的因素引起的个股收益率的不确定性。所谓共同因素包括宏观经济状况、经济周期、战争或自然灾害等，这类因素往往会对金融市场上的大多数资产产生影响。这种风险不能通过分散化投资进行规避，又称为不可分散风险。非系统性风险是指单纯由于单个金融资产自身的因素引起的收益率的不确定性。自身因素可能是证券发行公司的经营管理状况、盈利水平等等。这种因素一般只对单一资产的收益率产生影响，通过分散化投资可以降低这种风险，因此又称为可分散风险。

如果分散投资足够充分，非系统性风险可以被完全消除，这一结论我们将在后文中证明。基于这一点，在分散投资的情况下，我们只需要关注资产的系统性风险，也就是某种资产或某个资产组合的收益率相对于整个证券市场的敏感性，为此我们引入 β 系数作为衡量系统性风险的指标。β 系数的计算公式如下：

$$\beta = \frac{cov_{im}}{\sigma_m^2} = \rho_{im}\frac{\sigma_i}{\sigma_m} \qquad (9-19)$$

其中，cov_{im} 是第 i 种资产收益率与市场指数收益率的协方差，σ_m^2 是市场指数收益率的方差。

β 系数的经济含义是，当市场指数的收益率变动1%时，该资产或资产组合的收益率变动 $\beta\%$。绝对值越大，说明其收益变化幅度相对于整个市场的变化幅度越大；绝对值越小，说明其变化幅度相对于整个市场越小。如果是正值，则显示其变化的方向与市场的变化方向相同;如果是负值,则显示其变化的方向与市场的变化方向相反。

另外,根据 β 系数的公式,我们可以发现,市场指数自身的 β 系数等于1。根据单个资产或资产组合的 β 系数与市场指数 β 系数的比较,我们可以将资产或资产组合分为进攻型和防御型。前者的 β 系数大于1,它们的系统性风险高于市场的平均风险;后者的 β 系数小于1,它们的系统性风险低于市场的平均风险。

【学习检查】风险衡量指标

通过上文学习,你已知道方差(或者标准差)和 β 系数都可以用来衡量风险,那么你还记得用方差或者标准差和 β 系数衡量风险时候的差别吗?

事实上,这个区别同样存在于各项股票收益衡量指标,如夏普比率(Sharpe Ratio)、信息比率(Information Ratio)、特雷诺指数(Treynor Ratio)等,它们或是收益和标准差比较,或是和 β 系数比较。如果你感兴趣,可以查一下它们的表达式,并想想基于标准差和 β 系数的股票衡量指标的差别。

二、马科维茨的证券组合理论

(一) 假设条件

马科维茨针对风险与收益的关系提出了证券组合理论。该理论区别于其他理论的特点在于强调建立证券组合时的证券之间收益的相关系数。其理论基于如下五个假定。

(1) 投资者是风险规避者,期望获得最大收益。

(2) 投资者的效用函数是二次函数,证券收益率是满足正态分布的随机变量。

(3) 根据第二个假定,可以用预期收益率和方差(或标准差)来衡量投资者效用,用方差(或标准差)来衡量证券风险。

(4) 投资者的证券组合策略是:在收益水平既定时使风险最小;或风险水平既定时使收益最大。

(5) 风险与收益相伴而生,高收益伴随着高风险。为了降低风险,投资者经常把资金分散在多种证券上建立一个证券组合。但分散化投资在降低风险的同时也可能降低收益。

(二) 分散原理

马科维茨证券组合理论说明了为什么建立证券组合能够分散和降低风险。

首先,我们来考察由两种证券组成的证券组合。根据前面介绍的方法衡量组合的预期收益和风险:

$$E(r_p) = \sum_{i=1}^{n} E(r_i)\omega_i = E(r_1)\omega_1 + E(r_2)\omega_2 \tag{9-20}$$

$$\sigma_p^2 = \sum_{i=1}^{n}\sum_{j=1}^{n} cov_{ij}\omega_i\omega_j = \sigma_1^2\omega_1^2 + \sigma_2^2\omega_2^2 + 2cov_{12}\omega_1\omega_2$$
$$= \sigma_1^2\omega_1^2 + \sigma_2^2\omega_2^2 + 2\rho_{12}\sigma_1\sigma_2\omega_1\omega_2 \tag{9-21}$$

根据相关系数(ρ)的数学性质,$|\rho| \leqslant 1$。我们可以对 σ_p^2 进行简单的数学处理,得到:

$$\sigma_p^2 \leqslant \sigma_1^2\omega_1^2 + \sigma_2^2\omega_2^2 + 2\sigma_1\sigma_2\omega_1\omega_2 = (\sigma_1\omega_1 + \sigma_2\omega_2)^2 \tag{9-22}$$

可见两种证券的组合风险不会超过单独投资两种证券的风险的加权平均数。而且当相关系数等于 1 时，σ_p 最大，两种证券的风险完全正相关，证券组合的风险等于单独投资两种证券的风险的加权平均数；而当相关系数等于 −1 时，两种证券的风险完全负相关，σ_p 最小，$\sigma_p = |\sigma_1 \omega_1 - \sigma_2 \omega_2|$，在 $\sigma_1 \omega_1 = \sigma_2 \omega_2$ 时为零。

【扩展延伸】两证券组合模型与对冲

当你看到两证券组合模型中相关系数等于 −1 时 σ_p 最小的结论时，不知道脑内有没有想起一个在衍生金融产品市场中用于减少风险的行为：对冲。虽然严格来讲，此处的模型并不能适用于对冲的情形，因为对冲中涉及的实物、指数、金融衍生产品等并非证券。但是如果我们将实物、指数、金融衍生品视为一种广义的证券（在实物、指数和金融衍生品上进行投资也会相应有预期收益与风险），那么我们就会发现对冲操作即为购买了风险负相关（通常相关系数为 −1）的两证券组合。有兴趣的读者可以尝试顺着这个思路，利用此处的两证券组合模型计算对冲操作的期望收益以及风险。

我们再来考察 N 种证券的情形。为便于分析，假设：

(1) 组合中每种证券的权重都为 $1/N$，即 $\omega_i = 1/N, i = 1, 2 \cdots N$

(2) 每个证券的各自风险均小于常数 σ_*，即 $\sigma_i \leqslant \sigma_*, i = 1, 2 \cdots N$

(3) N 种证券收益率两两之间完全不相关，即 $\rho_{ij} = 0, i = 1, 2 \cdots N, j = 1, 2 \cdots N, i \neq j$

证券组合在上述假定下能够降低风险，即分散化投资可以降低风险：

$$\sigma_p^2 = \sum_{i=1}^{N} \sum_{j=1}^{n} cov_{ij} \omega_i \omega_j = \sum_{i=1}^{N} \left(\frac{1}{N}\right)^2 \sigma_i^2 \leqslant \sum_{i=1}^{N} \left(\frac{1}{N}\right)^2 \sigma_*^2 = \frac{1}{N} \sigma_*^2 \quad (9-23)$$

当 $N \to \infty$，有 $\frac{1}{N} \sigma_*^2 \to 0$，即证券组合的风险随着证券种类无限增加而趋于零。

在投资者是风险规避者的假定下，最理想的证券组合是各证券相互间的相关系数等于 −1。但现实中大多数证券的收益率之间往往呈现部分正相关，因此较为可行的方法是选择相互之间相关系数接近于 0 的证券。

需要注意的是，建立组合分散的是非系统性风险，最终组合风险等于证券市场的系统性风险。上述推导中，我们的第三条假定是难以实现的，所以现实中的组合风险不会为零。

(三) 可行集、有效集与最优组合

可行集(Feasible Set)或机会集(Opportunity Set)是指将两种或多种证券按不同比例组合成的所有证券组合。有效集(Effective Set)或有效边界(Effective Frontier)是在风险一定的条件下收益率最高且收益率一定的条件下风险最小的证券组合。下面将证券组合分成两种证券组成的证券组合和多种证券组成的证券组合进行讨论。

1. 两种证券组合的可行集和有效集

假设市场上有两种证券 A 和 B，两种证券的收益率和风险分别为 r_A、r_B，σ_A、σ_B。两种证券的比例分别为 ω_A、ω_B，$\omega_A + \omega_B = 1$。则证券组合的收益率和方差为：

$$r_P = \omega_A r_A + \omega_B r_B \quad (9-24)$$

$$\sigma_P^2 = \omega_A^2 \sigma_A^2 + \omega_B^2 \sigma_B^2 + 2\omega_A \omega_B \rho_{AB} \sigma_A \sigma_B \tag{9-25}$$

因为两种证券相关系数 ρ_{AB} 的不同,在证券组合收益率-标准差坐标图中,代表证券组合的曲线表现为不同形态。$\rho_{AB}=1$ 时,两种证券之间的曲线是 A 与 B 之间的直线,$\rho_{AB}=-1$ 时为折线,$-1<\rho_{AB}<1$ 为曲线,如图 9-4 所示:

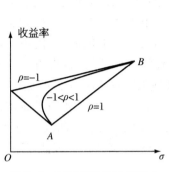

图 9-4 两种证券的投资组合

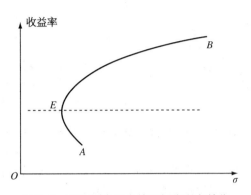

图 9-5 两种证券组合的可行集和有效集

现在以 $-1<\rho_{AB}<1$ 的情况为例,讨论证券组合的可行集和有效集。在图 9-5 中,E 点为曲线最左边的点,E 点所代表的证券组合为最小方差组合。曲线 AEB 代表了所有可能的组合,为证券组合的可行集。虽然 AEB 上所有的证券组合都是可能存在的,但是曲线 AE 上的组合在一定的风险下并没有达到收益最大,因此不会被投资者接受,投资者只会接受曲线 EB 上的证券组合,曲线 EB 即为证券组合的有效集。

2. 多种证券组合的可行集和有效集

现在假设市场上有多种证券,这些证券构成的可行集为图 9-6 中的阴影部分及所有曲线。曲线 AEB 上的 E 点是曲线最左边的点,即最小方差组合。投资者不会选择阴影部分内的投资组合,因为投资者可以在同样的收益率下找到方差更小的组合,或在同样的方差下找到收益率更高的组合。同样,投资者也不会选择曲线 AE、AC、CD、DB 上的组合。因此,投资者只会选择曲线 EB 上的组合,EB 即为多种证券组合的有效集。

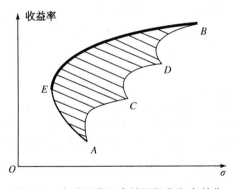

图 9-6 多种证券组合的可行集和有效集

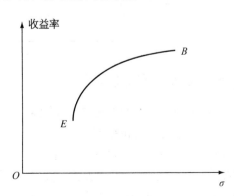

图 9-7 证券组合的有效集

无论是两种证券还是多种证券的组合,除了两种证券组合的相关系数为 1 或 -1 的情况下,组合的有效集都为一条曲线,如图 9-7 所示。

3. 最优组合

如图 9-8 所示,阴影区域表示所有可能的证券组合,也就是证券组合的可行集。而符合上述原则的组合位于该区域左上方的边界上,即曲线 AEB。

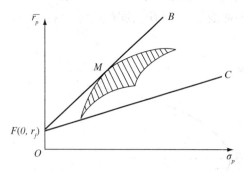

图 9-8 证券组合的有效集与最优组合的决定

那么投资者如何在有效集上选择呢?这里我们引入风险规避者的无差异曲线,它们应该是向右上方倾斜的一组不相交的曲线,位置越高的曲线代表的效用越大。不难理解,最优组合应该是无差异曲线与有效边界的切点,也就是图中的 E 点。虽然 I_1 曲线上的点效用高于 E 点,但它位于有效集的上方,与之没有交点,现有的证券组合无法满足 I_1 曲线的高效用;而 I_2 曲线上的点与有效集有两个交点,但效用低于 E 点,投资者可以调整证券组合来提高效用。因此,E 点所代表的投资组合是投资者的最佳选择。

【学习检查】无差异曲线与投资组合的选择

相信通过上文的学习,你已经知道了通过让无差异曲线和有效集相切,我们可以得到最佳的投资组合。那么,你可以分析出不同风险规避程度的投资者无差异曲线的差别吗?进一步地,这带来了哪些不同的投资决策呢?

【知识窗】马科维茨(Harry Markowitz)

1927 年 8 月 24 日,马科维茨出生于芝加哥。1947 年从芝加哥大学经济系毕业,获学士学位。1952 年,在其论文"Portfolio Selection"中第一次给出了风险和收益的精确定义,把收益和风险定义为均值和方差,将数理统计方法引入资产组合选择的研究中。1959 年出版了 *Portfolio Selection: Efficient Diversification of Investments* 一书。

马科维茨的主要贡献是发展了在不确定条件下选择投资组合的理论,此理论进一步演变成为现代金融投资理论的基础。其理论被誉为"华尔街的第一次革命"。1990 年与夏普(William Sharpe)、米勒(Merton Miller)同获第 13 届诺贝尔经济学奖。

三、资本资产定价模型

马科维茨的证券组合理论提出之后,经济学家们开始研究这一模型对于资产价格确定的影响。资本资产定价模型(The Capital Asset Pricing Model,CAPM)描述了投资者都按照马科维茨的理论进行投资的情况下市场均衡的形成,并将资产的预期收益与预期风险之间的理论关系用一个线性关系式表达出来。它由 W. Sharpe(1964)、J. Lintner(1965)、J. Mossin(1966)分别独立推导出来。它是阐述风险资产均衡价格的理论。

(一) 假设条件

CAPM 针对投资者与市场环境有如下假设:

(1) 投资者是风险规避者。在其他条件相同的情况下,他们将选择风险最低也即标准差最小的组合。

(2) 投资者永不满足。在其他条件相同的情况下,他们将选择预期收益率最高的组合。

(3) 投资者进行单期投资。他们短视,不考虑投资决策对该期以后的影响。

(4) 投资者遵循马科维茨的证券组合理论,用预期收益率和标准差选择投资组合。

(5) 投资者对风险资产及资产组合的预期收益和风险预期一致。

(6) 市场上存在一种无风险资产:预期收益大于0,标准差等于0。

(7) 所有投资者均能以无风险资产的收益率融通资金。

(8) 没有税负,没有交易成本。

(9) 每种资产都是无限可分的且具有完全流动性,即投资者可以买卖单位资产或组合的任意部分。

(10) 市场是完全竞争的。存在着大量投资者,每个投资者都是价格接受者,拥有相同信息,信息免费且立即可得。

【扩展延伸】对假设条件的思考

在此你可以将资本资产定价模型的基本假设和马科维茨证券组合理论的基本假定进行对比,找出资本资产定价模型延拓了哪些基本假定,并思考资本资产定价模型的10个基本假定的意义。

(二) 单个投资者的最优组合决定

相比于马科维茨的理论,在本模型中,我们引入了无风险资产,而且投资者可以以无风险利率(r_f)进行借贷:投资者可以贷出资金获取无风险收益,也可以借入资金投资于风险资产。显然,可行集扩大了,有效集和最优组合也会相应发生改变。

我们考虑 m 为仅由风险资产构成的任意组合,它属于马科维茨有效集,预期收益率为 $\overline{r_m}$,标准差为 σ_m。P 表示引入无风险资产后的组合,ω 表示其中无风险资产的比重。ρ 为无风险资产与风险资产组合 m 的相关系数,很明显无风险资产的收益率不受市场风险的影响,所以 $\rho=0$。因此,无风险资产与风险资产的组合 P 的预期收益率和标准差如下:

$$\overline{r_p} = \omega r_f + (1-\omega)\overline{r_m} \tag{9-26}$$

$$\sigma_p^2 = \sigma_f^2 \omega^2 + \sigma_m^2(1-\omega)^2 + 2\rho\sigma_f\sigma_m\omega(1-\omega) = \sigma_m^2(1-\omega)^2 \tag{9-27}$$

为了得到组合 P 的预期收益率与标准差的关系,我们联立上面两个式子,通过代数运算消去 ω,得出:

$$\overline{r_p} = r_f + \frac{\overline{r_m} - r_f}{\sigma_m}\sigma_p \tag{9-28}$$

我们可以在预期收益率-标准差平面中刻画这种关系,我们称之为资本配置线,如图9-9。可以发现这是一条由代表无风险资产的 F 点出发、经过风险资产组合 m 的一条直线。斜率反映了单

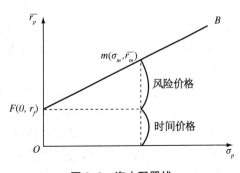

图 9-9 资本配置线

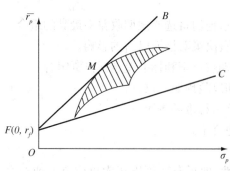

图 9-10 允许无风险借贷的可行集和有效集

位风险要求的预期回报率。

接下来,我们可以知道在允许无风险借贷条件下的可行集应该是图 9-10 中射线 FB 与 FC 之间的全部区域,其中阴影部分是我们之前讨论的马科维茨的可行集。其中 FB 与阴影部分是相切的,记切点对应的组合为 M。显然位于左上方的边界线 FMB 为允许无风险借贷下的新的有效集。

在投资者是风险规避者且永不满足的假定下,单个投资者的最佳投资组合是无差异曲线与有效边界的切点,即射线 FMB 上的 M 点。

【学习指导】可行集下界的斜率

读者也许有疑惑,理论上来说,当 $\omega=1$ 时图 9-10 中的射线 FC 应为一条水平线,这条水平线应该才是允许无风险可行集的下边界;但是由下一节分离定理的分析可知投资组合 P 内必有风险投资组合 m,故 $\omega=1$ 无法实现,因此 FC 是一个斜率不为 0 的射线。

(三) 分离定理与市场组合

预期一致的假定意味着投资者对风险资产的预期收益率、方差、协方差具有相同预期,也即每个投资者的有效边界相同。每个投资者的投资组合均包含无风险资产和相同的风险资产组合 M,根据投资者个人的风险规避程度,投资者需要决定的仅仅是如何筹集投资于 M 的资金。风险规避程度低的投资者会借入更多资金投资于风险资产组合 M,其投资组合位于图 9-10 中射线 MB 上。风险规避程度高的投资者会贷出更多无风险资产,较少投资于风险资产组合,其投资组合位于图 9-10 中线段 FM 上。而投资者的最佳风险资产组合在不知道投资者的风险收益偏好的情况下就可以确定,并不依赖投资者对风险和收益率的偏好。这个投资与融资决策相分离的理论被称为分离定理。

根据分离定理,每个投资者的投资组合中,都包含对最佳风险资产组合的投资。市场在达到均衡时,每一种风险资产在最佳风险资产组合 M 中都有一个非零的比例。这是由于假设存在一种风险资产,在风险资产组合中的比例为 0 即没有人对它进行投资,则该资产在资本市场上供大于求,价格必然下降,从而预期收益率上升,吸引具有"永不满足"属性的投资者投资,直至在风险资产组合中达到一定比例从而供求得以平衡。反之,如果初始时风险资产组合 M 中某一风险资产所占比例过大,导致在资本市场上供给小于需求,则价格上涨,导致投资者减少对其投资,直至在风险资产组合中的比例下降到某一水平使得市场供需相等。

若所有风险资产的价格不再进行调整,意味着市场达到均衡状态,此时市场主要具有以下三个特征:(1) 对于每种风险资产,投资者都持有一定数量,即最佳风险资产组合包含了所有风险资产;(2) 每种风险资产价格是均衡价格;(3) 无风险利率的水平正好使资金借入总量等于贷出总量。这样,最优风险资产组合中每种风险资产的投资比例等于该风险资产的相对市值,即该风险资产的总市值在所有风险资产市值总和中所占的比例。最佳风险资产组合 M 通常被称为市场组合。

(四) 资本市场线

资本市场线(Capital Market Line)见图 9-11,是指表明有效组合的期望收益率和标准差之间的一种线性关系的一条射线,是沿着投资组合的有效边界,由风险资产和无风险资产构成的投资组合。其函数表达式如下:

$$\overline{r_p} = r_f + \frac{\overline{r_M} - r_f}{\sigma_M} \sigma_p \qquad (9\text{-}29)$$

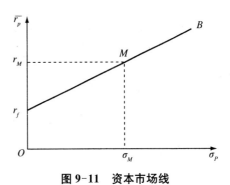

图 9-11 资本市场线

其中,$\overline{r_M}$ 为市场组合 M 的预期收益率,σ_M 是市场组合 M 收益的标准差,斜率 $\frac{\overline{r_M} - r_f}{\sigma_M}$ 为单位风险回报率。

此函数实质为在无风险借贷条件下的新的有效集。在资本市场达到均衡时,投资者将资金分配于市场组合和无风险资产,从而得到所有有效组合的预期收益和风险的关系。位于资本市场线上的组合提供了最高的单位风险溢价 $\frac{\overline{r_M} - r_f}{\sigma_M}$;$\overline{r_p} - r_f$ 则为投资组合的风险溢价。

(五) 证券市场线

对于构成市场组合的单个资产或组合,资本市场线并不能反映它们的预期收益与风险之间的关系。为了了解均衡条件下,任意单个资产或组合的预期收益与风险的关系,我们需要进一步分析。

市场组合 M 收益的方差的定义可以表示为:

$$\begin{aligned}\sigma_M^2 &= \sum_{i=1}^n \sum_{j=1}^n \omega_{iM} \omega_{jM} \sigma_{ij} \\ &= \omega_{1M} \sum_{j=1}^n \omega_{jM} \sigma_{1j} + \omega_{2M} \sum_{j=1}^n \omega_{jM} \sigma_{2j} + \cdots + \omega_{nM} \sum_{j=1}^n \omega_{jM} \sigma_{nj}\end{aligned} \qquad (9\text{-}30)$$

其中,ω_{iM}、ω_{jM} 分别表示风险资产 i 和风险资产 j 在市场组合 M 中的占比,σ_{ij} 表示风险资产 i 和风险资产 j 的协方差,n 是风险资产的总数。

利用协方差的一个性质,风险资产 i 与市场组合的协方差可以表示为它与组合中每个资产的协方差的加权平均,即:

$$\sigma_{iM} = \sum_{j=1}^n \omega_{jM} \sigma_{ij} \qquad (9\text{-}31)$$

从而得到:$\sigma_M^2 = \omega_{1M} \sigma_{1M} + \omega_{1M} \sigma_{1M} \cdots + \omega_{nM} \sigma_{nM}$。其含义是,市场组合的方差等于各个资产与市场组合的协方差的加权平均数,其权重为各个资产在组合中的占比。那么,单个资产对整个组合的风险贡献程度可以用其与组合的协方差表示。

在市场均衡时,组合中风险程度高的资产获得相应比例的高预期收益,否则调整该资产的投资比例可以获得预期收益更高的组合,这种调整会使资产价格发生变化,预期收益率也会相应改变。

均衡时,市场组合的预期收益可以表示为:

$$\overline{r_M} = r_f + (\overline{r_M} - r_f) \tag{9-32}$$

其中，$\overline{r_M} - r_f$ 为市场组合的风险 σ_M^2 的风险溢价，则单位风险要求的预期收益为 $\dfrac{\overline{r_M} - r_f}{\sigma_M^2}$。那么，均衡时，任意一种资产 i 提供的风险溢价应该是 $\dfrac{\overline{r_M} - r_f}{\sigma_M^2}\sigma_{iM}$，所以资产 i 的预期收益与风险之间的均衡关系为：

$$\overline{r_i} = r_f + \dfrac{\overline{r_M} - r_f}{\sigma_M^2}\sigma_{iM} \tag{9-33}$$

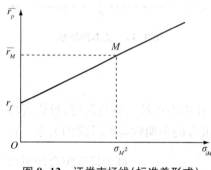

图 9-12　证券市场线（标准差形式）

这就是证券市场线（Security Market Line）的数学表达形式，图形如图 9-12。

其含义为：在市场均衡时，任意资产（或组合）的预期收益由两部分构成，一部分是无风险资产的收益率，另一部分是单位风险的预期收益与其风险贡献度的乘积。这里的风险资产不再用预期收益的标准差来衡量，而是采用该资产与市场组合的协方差来表示。因为在市场均衡时，只有系统性风险，单个资产的非系统风险被充分分散的投资降至零，此时风险回报与单个资产对系统风险的贡献度成比例，而不是与单个资产的总风险成比例。

证券市场线还有另一种表达形式。我们之前介绍过，β 系数是衡量系统性风险的重要指标。将 $\beta_{iM} = \dfrac{\sigma_{iM}}{\sigma_M^2}$ 代入证券市场线的表达式，可以将其改写为：

$$\overline{r_i} = r_f + \beta_{iM}(\overline{r_M} - r_f) \tag{9-34}$$

【学习检查】β 系数

你还记得这里 $\beta_{iM} = \dfrac{\sigma_{iM}}{\sigma_M^2}$ 正是上文提到过的 β 系数吗？还记得它代表什么吗？

β 系数形式的证券市场线的表达形式如图 9-13 所示。

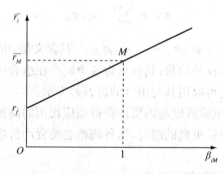

图 9-13　证券市场线（β 系数形式）

【学习检查】证券市场线

如果已经能很好地理解上图,相信你一定知道,证券在市场均衡时都落在直线上。如果市场上某证券位于直线上方,意味着什么?

(六) 应用举例

这一模型可以用于为金融资产或资产组合定价。假定市场投资组合的风险溢价为8%,如果我们将25%的资金投资于中国农业银行股票,75%投资于宁波银行股票。假定两只股票的贝塔值分别为1.2和1.5,这两只股票构成的这个投资组合的风险溢价为多少?

我们可以这样求解:

投资组合的贝塔值 $\beta_p = 25\% \times 1.2 + 75\% \times 1.5 = 1.425$

应用CAPM模型中证券市场线的表达式,可以得到 $\overline{r_p} - r_f = \beta_p \times (\overline{r_M} - r_f) = 1.425 \times 8\% = 11.4\%$,也就是说,这个投资组合的风险溢价为11.4%。

【学习指导】对假设条件的回顾

本节开头曾希望你思考资本资产定价模型中的10条基本假设在模型中的存在意义;现在在介绍完资本资产定价模型后我们将简单说明这10条假设在定理中的作用。请注意,我们并不希望你背下这10条假设,因为这10条假设在实践中基本都是没有现实意义的理想化假设;但是我们希望你在学习中可以进行更多思考而不是僵硬地背诵模型,思考这些看似没有意义的理想化假设可以让你发现模型的严谨之处并更好地帮助你进行理解。

对于资本资产定价模型来说,假设(4)确定了模型中的基本变量,即收益率和标准差;假设(1)从几何意义上确定资本配置线、资本市场线以及证券市场线向右上倾斜;假设(2)和(3)保证最佳风险资产组合一定在M点取得,否则若考虑长期投资,投资者可能会选择购买将来预期收益率高而当下收益率低的证券,最佳风险资产组合可能出现在M下方的点上;假设(5)的存在保证市场的M点唯一,否则不同投资者的允许无风险借贷可行集若不同,他们的M点位置也会不同;假设(6)从几何上允许资本配置线、资本市场线以及证券市场线为射线,否则若无风险资产借贷有限,射线可能退化为线段,M点可能无法到达;假设(7)简化了模型,将无风险资产的标准差从计算中排除;假设(8)排除税负和交易成本对利润的影响;假设(9)排除流动性溢价对利润的影响并保证资本配置线、资本市场线以及证券市场线为连续的射线,否则若资产不能无限拆分,射线上有的组合点将无法取得,射线将会退化为不连续的断点,这样可能无法取到M点;假设(10)是最基本的完美市场假设,排除信息不对称导致的对证券价格的影响。

【知识窗】夏普

夏普(William F. Sharpe)1934年6月16日出生于美国马萨诸塞州的坎布里奇市。1951年进入加州大学伯克利分校,主修医学,一年后转学到洛杉矶分校,1955年获得经济学学士学位,1956年获得经济学硕士学位,然后到陆军服役。短期服役之后于1956年加入兰德公司。在此时期,兰德正在研究计算机科学、对策论、线性规划、动态规划及应用经济学中的开拓性工作。在兰德公司工作的同时,夏普继续在加州大学洛杉矶分校攻读博士学位。1990年获得诺贝尔经济学奖。

夏普对经济学的主要贡献是在有价证券理论方面对不确定条件下金融决策的规范分析,以及资本市场理论方面关于以不确定性为特征的金融市场的实证性均衡理论。他在20世纪60年代将马科维茨的分析方法进一步发展为著名的"资本资产定价模型",现在已成为现代金融市场价格理论的主要部分,被投资公司广泛应用于预测某种股票在股票市场上的运行情况。

四、套利定价模型

罗斯于1976年提出了套利定价理论(Arbitrage Pricing Theory,APT)。该模型是以回报率形成的多指数模型为基础,用套利的概念来定义均衡。在某种情况下,套利定价理论导出的风险-回报率关系与资本资产定价理论完全相同,使得CAPM成为APT的一种特例。

(一)假设条件

套利定价理论有如下五个假定:

(1) 资本市场是完全竞争的。

(2) 投资者是风险规避者,追求效用最大化。

(3) 投资者所接受的任何证券收益率均是线性函数,假设影响该证券收益率的因素有k个,则有:

$$\widetilde{R}_i = a_i + b_{i1}\widetilde{F}_1 + \cdots + b_{ik}\widetilde{F}_k + \widetilde{\varepsilon}_i \tag{9-35}$$

其中,$\widetilde{R}_i$是随机变量,表示证券i的收益率;a_i为所有$\widetilde{F}_k$为零时证券的期望收益率;$\widetilde{F}_k$为第k个影响因素的指数;b_{ik}是证券i的收益对因素k的敏感度;$\widetilde{\varepsilon}_i$是均值为零的随机误差项。

(4) 组合中的证券品种数目远远超出模型中影响因素的种类。

(5) 误差项衡量的是证券i收益中的非系统风险,与所有影响因素、其他证券的误差项不相关。

(二)套利组合与套利行为

套利是利用同一种资产的价格差来获取无风险收益的行为。由于套利收益没有风险,投资者一旦发现这种机会就会设法利用,获利机会也随之不复存在,这是有效市场的一个关键特征。

在因素模型中,投资者可以采用卖出高回报率证券或组合,买入低回报率证券或组合的策略获得无风险收益。因此,具有相同因素敏感性的证券或组合具有相同的预期回报率,否则就会出现套利机会,投资者利用这些套利机会,最终导致套利机会消失,市场达到均衡。

套利组合是指同时满足以下三个条件的证券组合:

(1) 是一个不需要追加额外投资的组合。投资者可以通过卖出某些证券的收益来买进其他一些证券。如果用ω_i表示投资者投资证券i占总投资额的比例,该条件可以表述为:

$$\sum_{i=1}^{n}\omega_i = 0 \tag{9-36}$$

其中,n表示投资者持有的组合中的证券种类。

(2) 既没有非系统性风险,又没有系统性风险。首先,通过选择大量证券以充分分散非系统性风险,即 $n \to \infty$。其次,选择特定的投资比例 ω_i 使得组合对各因素的敏感度为0,不同的证券系统性风险相互抵消,即:

$$\sum_{i=1}^{n} \omega_i b_{ik} = 0 \tag{9-37}$$

(3) 市场达到均衡时,该组合的预期收益为零。记均衡时证券 i 的预期收益为 $E(\widetilde{R_i})$,则有:

$$\sum_{i=1}^{n} \omega_i \cdot E(\widetilde{R_i}) = 0 \tag{9-38}$$

根据数学知识,前两个式子是一组正交条件,第三个式子是 ω_i 应满足的另一个正交条件,因此,$E(\widetilde{R_i})$ 是这 $k+1$ 个向量的线性组合,即存在 $k+1$ 个系数,使得:

$$E(\widetilde{R_i}) = \lambda_0 + \lambda_1 b_{i1} + \cdots + \lambda_k b_{ik} \tag{9-39}$$

如果证券 i 是无风险资产,其因素敏感度为零,则 $b_{i1} = b_{i2} = \cdots = b_{ik} = 0$,设该无风险资产的收益率为 r_f,则 $\lambda_0 = r_f$。

λ_k 被称作因素风险溢价,其含义是:对因素 k 敏感度为1的组合的预期收益率 $\overline{\delta_k}$ 与无风险收益率之差,即 $\lambda_k = \overline{\delta_k} - r_f$。从而有:

$$E(\widetilde{R_i}) = r_f + (\overline{\delta_1} - r_f) b_{i1} + \cdots + (\overline{\delta_k} - r_f) b_{ik} \tag{9-40}$$

这就是套利定价理论的一般表达式。该理论认为,某种证券的预期收益率由两部分组成:一是无风险资产的收益率,二是该证券对各个因素的敏感度与因素风险溢价的乘积。

当实际收益 $E(\widetilde{R_i}^*)$ 不等于市场均衡时的预期收益 $E(\widetilde{R_i})$,意味着存在套利机会,投资者的套利行为会使得被买入的证券价格上升,预期回报率下降,同时被卖出的证券价格下跌,预期回报率上升,直至套利组合预期收益为零,市场达到均衡。

【学习指导】证券种类数大于影响因素的数学推断

假设有一个影响因素数量为3,证券种类数也为3的例子,则在这个例子下,线性方程组的矩阵为

$$\begin{bmatrix} 1 & 1 & 1 \\ b_{A1} & b_{B1} & b_{C1} \\ b_{A2} & b_{B2} & b_{C2} \\ b_{A3} & b_{B3} & b_{C3} \end{bmatrix}$$

根据线性代数知识,矩阵的秩小于等于行向量数或列向量数中的较小者,故此矩阵的秩 $n \leqslant 3$,也就是说在矩阵的4个行向量中,至少有一行可以表达为其他 n 行的线性组合,即证券对某若干种因素的敏感度可以完全被另外 n 个因素的敏感度的线性组合替代,本例中可假设矩阵秩为3,第四行向量可以表示为其他三个行向量的线性组合,则预期收益率方程(9-35)可以变形为

$$R_A = a_A + b_{A1} F_1 + b_{A2} F_2 + b_{A3} F_3 = (a_A + \alpha F_3) + b_{A1}(F_1 + \beta b_{A3} F_3) + b_{A2}(F_2 + \gamma b_{A3} F_3)$$

令 $(a_A + \alpha F_3)$,$(F_1 + \beta b_{A3} F_3)$ 和 $(F_2 + \gamma b_{A3} F_3)$ 为新的 a_A,F_1 和 F_2,则新模型中只有

两个影响要素,影响要素数量少于证券种类数。故当影响要素数量大于等于证券数量时,从数学上总是可以将其等价变为影响要素数量少于证券种类数的情况。

(三) APT 与 CAPM

二者的联系在于,如果套利定价理论中的影响因素只包含市场组合 M 一个时,套利定价理论就成了资本资产定价模型。也就是说,CAPM 是 APT 的一个特例。

二者的主要区别有三个方面:

(1) APT 中的资产均衡是建立在一价定律基础上,均衡的导出是个动态过程;而 CAPM 则是建立在马科维茨有效组合的基础上,是在给定风险下的收益最大化或者在给定收益下的风险最小化,均衡的导出是个静态的过程。

(2) 达到均衡时,APT 认为资产回报率决定于多种因素,而 CAPM 认为只有市场组合因素起作用。

(3) APT 并不特别强调市场组合的作用,CAPM 则强调市场组合必须是一个有效的组合。

【学习检查】APT 的前提假设

你认为 APT 理论成立,需要市场中人人都是经济理性人吗?噪声交易者的存在会使得 APT 模型结果和市场实际相差甚远吗?

【知识窗】罗斯(Stephen A. Ross)

罗斯因创立了套利定价理论而举世闻名,在期权定价理论、利率的期限结构、代理理论等方面也作出过突出贡献,获得了许多学术荣誉,包括国际金融工程学会(IAFE)最佳金融工程师奖、金融分析师联合会葛拉汉与杜德奖(Grahamand Dodd Award)、芝加哥大学商学院给最优秀学者颁发的利奥·梅内姆奖(Leo Melamed Award)、期权研究领域的 Pomerance 奖。

罗斯生于 1944 年,1965 年获加州理工学院物理学学士学位,1970 年获哈佛大学经济学博士学位。担任过许多投资银行的顾问,其中包括摩根保证信托银行、所罗门兄弟公司和高盛公司,并曾在许多大公司担任高级顾问,诸如 AT&T 和通用汽车公司等;曾被聘为案件的专业顾问,诸如 AT&T 公司拆分案、邦克-赫伯特公司(Bunker and Herbert)陷入白银市场的诉讼案等;另外还担任过一些政府部门的顾问,如美国财政部、商业部、国家税务局和进出口银行等。

罗斯不仅是一流的金融思想家,也是一个金融理论的实践者。早在 20 世纪 80 年代初,他就决定把自己的金融理论运用到实践中,看自己的理论是否经得起实践的检验。于是与 Roll 合作创办了 Roll & Ross 资产管理公司,在美国证券界享有盛名,其客户包括一些跨国公司、政府组织和信托基金。罗斯兼任公司的联席主席。

小结

1. 把期限不同,但风险、流动性和税收等因素都相同的债券的收益率连成一条曲线,称为收益率曲线。其具有三大经验事实。

2. 目前有三种分析利率期限结构的理论,分别是预期理论、市场分割理论、流动性偏好理论。

3. 利率期限结构模型,主要分为静态模型和动态模型两大类。

4. 利率的风险结构主要包括税收及费用、违约风险、流动性风险等。

5. 风险可以划分为系统性风险和非系统性风险,系统性风险不能通过分散化投资进行规避,非系统性风险可以通过分散化投资降低。

6. 证券组合理论、资本资产定价模型、套利定价模型都是传统的资产组合理论,它们相互之间存在联系和区别。

关键词

期限结构;收益率曲线;预期理论;市场分割理论;流动性偏好理论;静态模型;动态模型;风险结构;系统风险;非系统风险;分散原理;有效集;APT;CAPM;市场组合;资本市场线;证券市场线;套利定价

课后习题

1. 什么是利率期限结构?如何解释收益率曲线的形状?

2. 影响证券的风险溢价的因素有哪些?

3. 怎样决定一个证券的预期回报?证券组合呢?决定证券组合的风险有几个因素?

4. 现代投资组合理论对证券收益率的决定有何作用?这些理论在应用中可能有哪些局限性?

5. 如果无风险收益率为6%,市场期望收益率为14%,则一个期望收益率为18%的资产组合的β值是多少?

第十章 货币供给

导 读

小李在银行存了100元现金,银行体系会派生出多少存款呢?哪些因素影响着这个过程,又影响着货币供给呢?这些问题都将在本章中得到解答。

本章将从货币层次的划分出发,认识货币供给对经济的影响。研究货币对经济的影响机制的理论就是货币理论(monetary theory),货币理论中非常重要的两个组成部分就是货币供给理论和货币需求理论。本章中我们将学习货币理论的一个重要组成部分——货币供给(money supply)。货币供给主要研究某经济体中的银行系统向整个经济体投放、创造、扩张(或收缩)货币的过程。货币供给的变动影响着整个宏观经济的发展状况,也会影响到经济系统中的各个微观主体。我们将介绍商业银行的信用创造过程,并详细分析各个变量的影响因素。

第一节 货币层次的划分

一、货币层次划分的背景

第一章已介绍过货币的描述性定义。但现实中到底什么是货币、有多少货币则涉及货币的层次划分。当今,金融创新层出不穷,金融资产种类越来越丰富,它们在一定程度上都存在着货币性。理论研究表明,不同的货币性资产对经济发展的影响程度不一样。同时,货币层次的划分也是货币当局进行宏观调控时所要面临的问题,中央银行的一个重要任务是稳定货币供应量,促进经济的发展,因此需要对货币供应量进行计量。那么,如何计量?哪些资产属于货币?

货币层次划分的理论依据是货币的定义,对货币的定义方法不同会导致货币层次的划分存在差异。我们在第一章介绍了大家普遍接受的从行为角度下的定义:货币就是在商品和劳务支付中任何一种被普遍接受的物品。因此在货币形式的变迁中,我们看到了不同资产都曾作为货币使用。而在对货币层次进行划分的问题中,我们需要了解的是何种资产应当视作货币,这是行为角度的定义中所没有的。第一章已经分析过货币的功能,我们尝试通过货币功能来对货币进行更为准确的定义,以方便计量。通常,作为计价单位和支付手段的货币是抽象货币,作为交易媒介和价值贮藏的货币是具体货币,由此可知,在基本功能中,行使交易媒介、价值贮藏功能的货币是现实中的货币，我们可以非常直观地进行计量。由此也发展出了"交易媒介论"和"价值贮藏论"两大货币定义理论。前者认为货币在交易过程中主要行使交易媒介的作用，因此将充当交易媒介功能的资产视作货币，主要包括通货和活期存款。而现实中，其他一些金融资产也可以转化成通货或活期存款。其中比较著名的是美国的 NOW、ATS 等。后者主要认为货币是"购买力的暂栖所"（弗里德曼），行使价值贮藏的资产才是货币；同样地，现实中也有越来越多创新的金融资产属于这种形式。接下来进行更具体的分析。

【知识窗】"交易媒介论"与"价值贮藏论"

在 20 世纪 60 年代前，绝大多数经济学家接受"交易媒介论"，认为交易媒介是货币的基本功能，马克思也曾给出基本公式"W-G-W"，货币克服了原始的"W-W"（物物交换）中无法避免的矛盾，从而实现了买、卖两个过程的分离。英国经济学家佩塞克（B.P. Pesek）和萨文（T.R. Saving）提出以净财富作为标准划分货币资产与非货币资产。他们认为货币"是其持有者的财富，却不是其他人的债务"。在净财富的标准下，货币主要包括了商品货币、不兑现纸币和活期存款。纽伦（W.T. Newlyn）和布特尔（R.P. Boootle）在《货币理论》中指出"货币的最基本的功能就是作为支付手段而为人们所普遍接受，任何起着一般的交换媒介作用的东西都是货币"，并认为货币包括通货与银行存款。

在 20 世纪 60 年代后，货币定义理论由"交易媒介论"向"价值贮藏论"转变。"价值贮藏论"的代表人物是弗里德曼和施瓦兹（Anna J. Schwartz）。前文也提到货币是"购买力的暂栖所"。货币更加基本的特性是其价值贮藏的功能，而不是充当交易媒介。在此定义下，货币是通货和商业银行的全部存款。

二、货币层次划分的依据

金融资产的流动性（liquidity）是指一种金融资产能迅速转换成现金而使得持有人不发生损失的能力，也称变现力。例如，通货可以直接用于交易，因此其流动性最好，就像钱包中的现金随时可以用于支付，我们也愿意持有一定数量的现金；定期存款也具有一定的购买力，但必须转换为现金才能进行支付，其中便会涉及交易成本，如果需要提前支取还会受到一定的损失，相比于通货，其流动性就较差。

如今通用的货币层次划分的国际标准就是依据不同金融资产的流动性。货币的流动性不同，流通速度或者转手次数不同，所形成的购买力也不同，从而对整个经济活动的影响程度也不同。各国央行依据流通性的差异对货币层次进行划分，确定货币供应量，进行宏观经济的观察以及货币政策的制定。接下来，我们将讨论货币层次划分的几种理论观点，并就不同国家的划分方法作详细介绍。

三、货币层次划分的几种理论观点

（一）狭义货币

上文所介绍的"交易媒介论"认为货币的主要功能是交易媒介，因此只有作为交易媒介的金融资产才是货币，这就包括了通货以及支票存款，也就是狭义的货币数量定义（narrow money），通常用 M_1 表示。M_1 的流动性较好，交易成本也较低，用公式可表示为：

$$M_1 = 流通中现金 + 商业银行体系中的支票存款$$

（二）广义货币

前述"价值贮藏论"认为货币也具有价值贮藏的功能，这些货币也容易变现。由此将商业银行体系中的定期存款和储蓄存款纳入了货币的体系，也就是广义的货币数量定义（broad money），通常用 M_2 表示，其流动性不如 M_1，用公式来表示就是：

$$M_2 = M_1 + 商业银行体系中的定期存款和储蓄存款$$

（三）其他货币层次划分

关于货币层次的划分也存在着很多争论，并没有一个准确的定论，多数经济学家倾向于接受以 M_1 和 M_2 为基础的货币数量定义，但如果考虑非银行金融机构中的存款以及其他的短期流动资产，它们也具有一定程度的流动性，我们可以对货币层次进行进一步的划分。接下来我们继续了解其他的货币层次划分。

如果考虑非银行金融机构中的存款同样也具有较高的货币性，我们也可将其纳入货币数量定义中，并用 M_3 表示：

$$M_3 = M_2 + 其他金融机构的储蓄存款和定期存款$$

此外，商业银行和非银行金融机构之外的部分短期流动性资产也存在一定程度的流动性，有程度上的差别，但没有本质上的区别。例如，商业票据、银行承兑汇票、国库券等在货币市场上满足短期流动性资金需求，具有一定的变现能力。因此将货币数量定义进一步扩大为 M_4：

$$M_4 = M_3 + 其他短期流动资产$$

四、不同国家的货币层次划分

以上讨论的货币层次划分仍然存在一些争议，主要依据都是从金融资产的流动性出发。而各国在制定其货币层次划分标准的时候为了满足本国需要，结合本国特点，又有不同的货币层次划分。作为上述理论的应用，我们接下来主要介绍美国和中国的货币层次划分。

（一）美国的货币层次划分

美国的货币层次由美国联邦储备体系制定，主要划分为 M_1、M_2。

表 10-1 美国的货币层次划分

M_1	通货 +商业银行活期存款 +旅行支票 +支票存款 +其他支票存款（主要包括 20 世纪 70 年代以来创新的品种：NOW 及 ATS 等）
M_2	M_1 +小额（10 万美元以下）定期存款 +储蓄存款 +MMMFs（非货币类）

美国狭义货币的定义是 M_1，主要包括通货(国库、联邦储备系统和存款机构之外的公众所持有的通货)、非银行发行的旅行支票以及支票账户的存款。这些资产都可以直接作为交易媒介，属于 M_1 的范畴。1929 年后，美国经历了经济大萧条，金融市场管制也逐渐严格，美联储颁布的 Q 条例禁止银行对于活期存款公开支付利息，并对储蓄存款和定期存款利率设定了最高限度。随着金融创新的不断发展，美国金融机构创造出了新的金融工具，如 NOW、ATS 等，它们还可以支付利息。M_2 在 M_1 的基础上，增加了小额定期存款(指 10 万美元以下的存款，在固定的日期提取才不受损失的存款)和储蓄存款。此外，M_2 还包括非机构类货币市场共同基金 MMMFs，这也是金融创新的产物。下图展示了美国在 2008—2019 年 M_1、M_2 货币存量的变化。

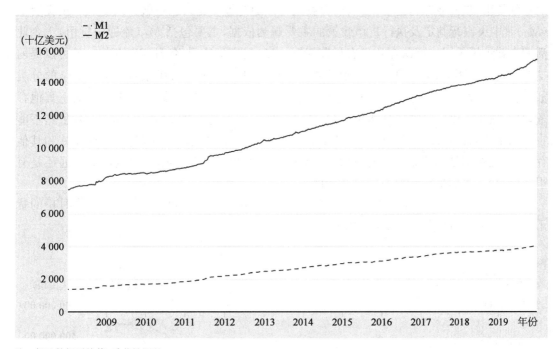

注：每日数据平均值，季节性调整

图 10-1　美国 2008—2019 年 M_1、M_2 货币存量变化曲线图

数据来源：美国联邦储备委员会，St. Louis Fed。

（二）中国的货币层次划分

中国的货币层次由中央银行中国人民银行制定标准。1982 年，我国开始研究货币供应量指标的计算和监控；《中华人民共和国中国人民银行法》正式将货币供应量作为货币政策的中介目标。我国将货币层次划分为 M_0、M_1 和 M_2。

表 10-2　中国的货币层次划分

M_0	流通中的现金
M_1	M_0 ＋企业活期存款 ＋机关团体部队存款 ＋农村存款 ＋个人持有的信用卡类存款

	续表
M_2	M_1 ＋城乡居民储蓄存款 ＋企业存款中具有定期性质的存款 ＋信托类存款 ＋其他存款

其中，M_1 也就是狭义货币。构成狭义货币的现金，是法定通货的存在形式；狭义货币中的存款货币，是商业银行的活期存款，存款人可以随时签发支票进行转让或流通。狭义货币（M_1）是中央银行制定及执行货币政策的主要观测依据，主要包括 M_0（流通中货币）＋企业活期存款＋机关团体部队存款＋农村存款等。M_2 是广义货币，各种定期存款一般可以提前支取转化为购买力，可以更加全面地反映货币流通状况。中国人民银行目前对 M_2 的分类如下：M_1＋城乡居民储蓄存款＋企业存款中具有定期性质的存款＋信托类存款＋其他存款，是一项货币供应量的统计指标。M_2 与 M_1 的差值就是准货币（quasi-money），虽然不能直接用于流通但可以随时转换成通货的资产。准货币主要包括定期存款、储蓄存款和其他存款等，虽然不是真正意义上的货币，但由于其可以随时转换成通货，对货币的流通还是有很大的影响，我们把它看作一种潜在货币。

中国人民银行每年都公布各月的货币供应量，图 10-2 是 2008—2019 年各个月份的货币供应量，大家可以与图 10-1 美国的数据作对比。

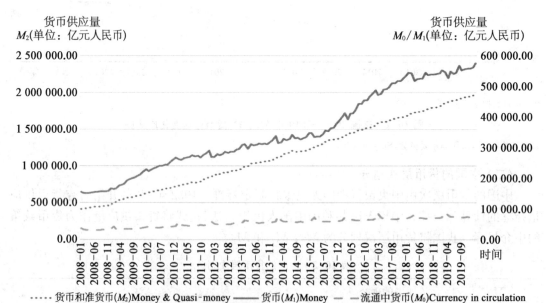

注：① 自 2011 年 10 月起，货币供应量已包括住房公积金中心存款和非存款类金融机构在存款类金融机构的存款。
② 由于金融机构会计科目变动，对 2009 年 12 月末数据进行了相应调整。
③ 2014 年 10 月份 M_2 同比增速根据可比口径计算。

图 10-2　中国 2008—2019 年月货币供应量曲线图

数据来源：中国人民银行。

【扩展延伸】中国货币供应量

中国人民银行定期公布货币供应量的统计数据，我们可以在中国人民银行官网上获得。以下是2019年各月数据，表中单位是亿元，自2011年10月起，货币供应量已包括住房公积金中心存款和非存款类金融机构在存款类金融机构的存款。

表 10-3　中国的货币供应量统计　　　　　　　　　　（单位：亿元人民币）

	货币和准货币(M_2)	货币(M_1)	流通中货币(M_0)
2019.01	1 865 935.33	545 638.46	87 470.62
2019.02	1 867 427.45	527 190.48	79 484.72
2019.03	1 889 412.14	547 575.54	74 941.58
2019.04	1 884 670.33	540 614.60	73 965.76
2019.05	1 891 153.70	544 355.64	72 798.46
2019.06	1 921 360.19	567 696.18	72 580.96
2019.07	1 919 410.82	553 043.11	72 698.25
2019.08	1 935 492.43	556 798.09	73 152.62
2019.09	1 952 250.49	557 137.95	74 129.75
2019.10	1 945 600.55	558 143.92	73 395.40
2019.11	1 961 429.56	562 486.52	73 973.82
2019.12	1 986 488.82	576 009.15	77 189.47

数据来源：中国人民银行。

2019年12月末，广义货币(M_2)余额198.65万亿元，同比增长8.7%，增速分别比上月末和上年同期高0.5个和0.6个百分点；狭义货币(M_1)余额57.6万亿元，同比增长4.4%，增速分别比上月末和上年同期高0.9个和2.9个百分点；流通中货币(M_0)余额7.72万亿元，同比增长5.4%。全年净投放现金3 981亿元，同比多投放1 418亿元。

五、货币层次划分的意义

通过之前的学习，我们已大致了解货币层次的划分，虽然如今对货币层次的划分国际上没有一个定论，但大多数国家央行基本都以流动性的差异作为划分的依据，划分的内容也有很多共通的地方，货币层次的划分有其重要的作用。现实经济中存在着不同种类的金融资产，它们的货币性也不同，我们有必要将货币划分为不同的层次，使得货币供给的计量有更加科学的口径。

货币与经济发展有着密切的联系，货币供应量的变动会影响利率，利率的传导机制影响了货币的供给与需求，从而进一步影响宏观经济的变动。中央银行是重要的宏观调控部门之一，其职能是制定和实施货币政策，通过对货币供给的调整促进经济的平稳发展。首先，我们可以通过对货币供应量指标的观察,分析国民经济的波动;其次,通过上文分析,我们已经了解不同层次的货币由于其流动性不同,所形成的购买力不同,对经济发展的影响也是不同的。中央银行可以根据不同层次货币对经济不同的影响,确定科学合理的货币政策。根据货币政策的执行效果,央行还可以进一步调控货币供应。

【史海拾贝】中国货币层次划分变迁

我国对货币供应量的层次划分在1980年的时候非常简单,包括 M_1 和 M_2,其中,M_1 = 现金+企业存款,M_2 = 现金+企业存款+储蓄存款+农村存款+其他存款。由于过于简略,不能准确反映各层次的货币差异,同时也为了使中国人民银行便于控制不同层次的货币供应量,1994年《中国人民银行货币供应量统计和公布暂行办法》发布,将货币根据流动性强弱划分为四个层次,其中 M_1、M_2 的基本内涵与发达国家相近,但结合国情进行了调整,并提出 M_0 的概念,也就是流通中的现金。具体划分方法如下:M_0 = 流通中的现金;M_1 = M_0 + 企业存款(企业存款扣除单位定期存款和自筹基建存款)+机关团体部队存款+农村存款+信用卡类存款(个人持有);M_2 = M_1 + 城乡居民储蓄存款+企业存款中具有定期性质的存款(单位定期存款和自筹基建存款)+外币存款+信托类存款;M_3 = M_2 + 金融债券+商业票据+大额可转让定期存单等。在实践中,货币层次的划分也进一步调整。1994年第三季度起,正式定期向社会公布货币供应量数据。如今,我国货币主要划分为:M_0 = 流通中的货币(Currency in Circulation);M_1 = M_0 + 单位活期存款(Corporate Demand Deposits);M_2 = M_1 + 单位定期存款(Corporate Time Deposits)+个人存款(Personal Deposits)+其他存款(Other Deposits)。其中,M_1 为狭义货币,M_2 为广义货币,M_2 − M_1 为准货币。目前,中国人民银行统计和公布到 M_2。自2011年10月起,货币供应量已包括住房公积金中心存款和非存款类金融机构在存款类金融机构的存款。

此外,国际货币基金组织(IMF)制定了《货币与金融统计手册》,对各国货币层次划分具有重要指导意义,提供了概念框架和基本方法。IMF在2000年修订了该手册,取消了货币分层的定义,并规范货币供应量的统计,对我国的货币层次划分也有一定的影响。

第二节 商业银行的信用创造机制

我们在第四章已经学习过商业银行的内容。商业银行在金融体系中的作用非常重要,吸收存款,发放贷款,通过信用创造机制可以对货币供应量产生巨大影响。这也是商业银行与其他金融机构不同的地方。由于银行存款是货币供给的最大组成部分,因此我们首先讨论商业银行存款创造的过程。

一、商业银行信用创造的前提

在学习商业银行信用创造前,我们首先来讨论信用创造的前提及一些基本概念。商业银行信用创造的过程必须具备两个前提条件,即部分准备金制度以及非现金结算制度。

（一）部分准备金制度

部分准备金制度(fractional reserve system)，又称为存款法定准备金制度。我们知道，为了满足流动性需要，商业银行所吸收的存款不能全部用于贷款，而需要将一定比例的现金存放在中央银行的存款账户，避免银行出现流动性危机，这就是准备金(reserve)。商业银行所吸收的存款不需要保留全部的现金准备，只需要保留一部分，其余的部分可以以发放贷款的形式利用，这种准备金制度就是部分准备金制度。存款中用作准备金的比率就是存款准备金比率，或准备率。与部分准备金制度相对的概念是全额准备金制度或十足准备金制度。顾名思义，这就意味着银行所吸收的全部存款都需要作为准备金存放在中央银行。在部分准备金制度下，商业银行按照法律规定，必须将一定比例的存款存入中央银行的存款账户，这部分准备金被称为法定存款准备金(legal deposit reserve)。此外，商业银行保留的超过法定准备金的部分被称作超额存款准备金(excess deposit reserve)。银行持有超额准备金是为了满足流动性需求以应对不可预料的提现，或者是满足日常的资金往来，如银行间票据交换差额的清算等。法定存款准备金和超额存款准备金所占的比例被称作法定准备金率和超额准备金率。

【史海拾贝】存款准备金制度的起源和发展

存款准备金制度的产生是为了防止银行将所有存款用于发放贷款，当大量存款人到银行取款时，银行没有办法支付提取存款的需求而导致银行挤兑，并产生流动性危机（关于银行危机，我们将在第十四章具体介绍）。为了保证一定的流动性来预防大规模的挤兑，以及控制银行的信贷扩张规模，就产生了这种存款准备金的制度。

这种将存款准备金集中于中央银行的做法最早源于18世纪的英国。英国在1928年通过的《通货与银行证券法》、美国在1913年通过的《联邦储备法》和在1935年通过的《银行法》，都从法律层面规定商业银行需要将一定比率的存款存放于中央银行。

我国在1984年开始建立存款准备金制度。我国最初建立这项制度的目的并不是作为货币政策工具，而是为了筹措资金，利于中央银行平衡信贷收支。1988年，中央银行开始对存款准备金制度进行改革，使其逐渐成为一项货币政策工具。2004年开始实施差别存款准备金制度。2014年12月，人民银行规定将境外金融机构在境内金融机构存放的人民币纳入存款准备金交付范围，存款准备金率暂定为零；自2016年1月25日起，执行正常存款准备金率政策。境外金融机构不包括境外央行（货币当局）和其他官方储备管理机构、国际金融组织、主权财富基金等境外央行类机构。

从最初用途看，存款准备金大都随着银行监管完善逐步下调。不少国家甚至实行零准备金率，这也与存款准备金作为传统货币政策的"三大法宝"之一的作用下降有关。存款准备金政策威力巨大，我们将在第十三章货币政策中进一步讨论。

【学习检查】部分准备金制度

请读者将部分准备金制度与全额准备金制度进行比较，以此分析为什么部分准备金制度是信用创造的一个前提条件。

【学习指导】部分准备金制度与全额准备金制度的比较

在部分准备金制度前提下，商业银行按照法律规定保留一定比例的存款准备金，其他的则可以用于贷款和投资,按照一定的扩张过程(我们在介绍完前提后会着重讨论),存款可以进行多倍扩张。通过贷款和投资等业务,银行可以盈利。

而在全额准备金制度(或十足准备金制度)下,就意味着商业银行获得的所有存款,都必须保存下来,而不能开展任何其他活动,包括贷款和投资。在银行的资产负债表上,我们只会看到资产和负债的数额均是存款人存入的金额,而没有其他业务。银行也就不能进行信用创造。此时,由于银行没有其他业务,必须从存款人那里获取保存现金的保管费。

通过比较,我们也能够明白为什么部分准备金制度是信用创造的前提。

(二)非现金结算制度

之前我们已经分析了部分准备金制度,接下来我们来讨论商业银行信用创造的另一前提——非现金结算制度。这是货币收付行为的一种,与其相对的是现金结算。我们可以从字面意思理解,现金结算就是指结算通过现金来完成。与此相对地,非现金结算制度指的是人们在交易过程中,可以通过支票进行结算;银行在发放贷款时,也可以通过转账等形式。更通俗一点理解,一些日常交易、贷款行为都只是双方账户上数字的变动,并不涉及现金的收付。如果采取现金结算,就使得商业银行的信用创造不再可能,因为每笔款项都使用现金交易,而现金又受制于中央银行的货币发行。试想小王去银行贷款20万,如果银行全部以现金支付,这也是一件不可思议的事情。

正是由于部分准备金制度以及非现金结算制度的存在,给商业银行的信用创造提供了前提条件。在介绍信用创造的过程前,我们还需要了解另外两个概念。银行存款可以分为原始存款(primary deposit)和派生存款(derivative deposit)。原始存款是指初次进入银行体系的存款,如中央银行通过购买有价证券、外汇和黄金等资产或通过发放再贴现贷款所投放的基础货币;而派生存款则指的是商业银行在基础货币的基础上,通过发放贷款衍生出的存款货币(基础货币将在本章第三节介绍)。我们接下来介绍的信用创造的过程就是利用央行投放的基础货币进行扩张,产生派生货币的过程。

二、商业银行信用创造过程

我们先回顾一下第四章中商业银行的资产负债表:负债主要有存款、非存款性负债和自有资本;资产主要有贷款、同业贷款、现金资产、证券投资和其他资产(参见表10-4)。

表10-4 商业银行的资产负债表

资产(A)	负债(L)
贷款	存款
同业贷款	非存款性负债
现金资产	自有资本
证券投资	
其他资产	

此外,还需要一些假设:(1)我们讨论的银行体系包括多家商业银行,整个信用创造过程中有商业银行、存款人和借款人三个主要角色,各家商业银行分别记为A银行、B银行等;

(2) 公众会将所有的收入都存入银行账户而不存在现金漏损;(3) 各家商业银行都只保留法定准备金而不保留超额准备金,为了方便计算,假设法定准备金率为 10%。

(一) 原始存款

央行购买有价证券是增加原始存款的一种方式。假设中央银行向 A 银行购买了价值为 100 万元的有价证券,这就导致 A 银行的资产负债表发生变化,其减少了 100 万元有价证券而增加了 100 万元准备金,如表 10-5(表格中的单位为万元,数字前的符号表示相对于这一系列存款扩张前相关项目的数额变动,"+"表示增加,"−"表示减少,下同。)

表 10-5　A 银行的资产负债表

资产		负债	
有价证券	−100		
准备金	+100		

由于中央银行购买债券的过程并没有导致 A 银行的存款增加,所以法定存款准备金也不需要调整。现在 A 银行手中的 100 万元准备金为超额准备金,根据此前假设,银行不会留有超额准备金,A 银行会将这 100 万元全部贷出。假设小王向 A 银行借这 100 万元。根据假设,小王不会将这 100 万元以现金的形式从银行取出,而全部存在他在银行开设的账户。事实上,我们在现实生活中也不会将这笔巨款提现。所以,A 银行的资产负债表又发生了变化,增加了 100 万元的存款和 100 万元的贷款,如表 10-6。在这个过程中,贷款行为实际上创造了货币。

表 10-6　A 银行的资产负债表

资产		负债	
有价证券	−100	存款	+100
准备金	+100		
贷款	+100		

小王向银行借的这 100 万元会用于购买货物,为了方便支付,小王开出了 100 万元的支票。假设另一方是小李,其开户银行是 B 银行。由于这 100 万元的交易行为,A、B 两家银行的资产负债表均会发生变化。对于 A 银行来说,100 万元的存款离开 A 银行,原来的准备金也降低为 0,调整后的资产负债表如表 10-7。

表 10-7　A 银行的资产负债表

资产		负债	
有价证券	−100		
贷款	+100		

对于 B 银行来说,小李的这 100 万元存于 B 银行的账户上,B 银行增加 100 万元的存款以及 100 万元的准备金,如表 10-8。

表 10-8 B 银行的资产负债表

资产		负债	
准备金	+100	存款	+100

可以发现整个过程中,中央银行增加了 100 万元的原始存款。

(二) 派生存款

我们在这一过程中可以看到多倍存款的创造,这就是信用创造的过程。

B 银行新增加的 100 万元存款需要按照之前假设的 10% 的法定存款准备金率增加 10 万元(100×10%=10 万元)的法定存款准备金。根据假设,B 银行剩下的 90 万元超额存款准备金会全额贷出。假设借款人小陈将用于购买货物,他也不会将这 90 万元提现取出,而是存在了 B 银行的账户上。于是 B 银行的资产负债表再一次发生调整,除了原先小李的 100 万元存款外,还有小陈此次存入的 90 万元存款。此外,准备金中小李存入款项的法定存款准备金为 10 万元,另外 90 万元为超额存款准备金,如表 10-9(由于小陈会将 90 万元款项用于购买货物,即将离开 B 银行,我们暂时不计算这部分存款的法定存款准备金)。我们再一次看到通过贷款的行为创造了 90 万元的派生存款。

表 10-9 B 银行的资产负债表

资产		负债	
准备金	+100	存款	+190
贷款	+90		

这一过程仍在继续,小陈所借到的这 90 万元会由于其购买行为而通过转账支付的形式转移,假设另一方是小赵,小赵会将收到的 90 万元货款存于其在 C 银行的账户上。B 银行将减少 90 万元的存款和 90 万元准备金,于是 B 银行的资产负债表将调整为表 10-10。C 银行将收到 90 万元的存款,C 银行的资产负债表将调整为表 10-11。

表 10-10 B 银行的资产负债表

资产		负债	
准备金	+10	存款	+100
贷款	+90		

表 10-11 C 银行的资产负债表

资产		负债	
准备金	+90	存款	+90

与前面的过程类似地,C 银行也将增加 9 万元(90×10%=9 万元)的法定存款准备金,剩下的 81 万元的超额存款准备金将全数贷出,借款人在获得这笔款项后,将会用于购买货物,于是再一次转账到另一个人在 D 银行的账户上。对于 C 银行来说,这些过程带来的最终结果是资产负债表调整为表 10-12。

表 10-12 C 银行的资产负债表

资产		负债	
准备金	+9	存款	+90
贷款	+81		

而 D 银行在收到 81 万元的存款后,也会将 8.1 万元(81×10%＝8.1 万元)作为法定存款准备金,剩余的 72.9 万元贷出。这一过程会一直持续下去,派生出的存款越来越多,我们假设这一过程不会中断。

在此前的讨论过程中,各家银行是以独立的形式出现的,如果将所有银行都视为一个银行体系,我们来讨论这些过程带来的总的效应。在整个过程中,A 银行增加的 100 万元贷款被存于 B 银行,B 银行增加 10 万元(100×10%＝10 万元)法定存款准备金,剩下的 90 万元贷出;90 万元存于 C 银行,增加 9 万元(90×10%＝9 万元)法定存款准备金,剩下 81 万元贷出;81 万元存于 D 银行,增加 8.1 万元(81×10%＝8.1 万元)法定存款准备金,剩下 72.9 万元贷出……可以用图 10-3 的方式表示这个过程。

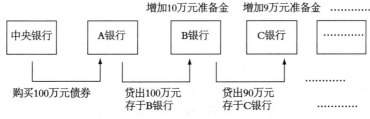

图 10-3 商业银行的信用创造过程图示

三、商业银行信用创造的计算

为了方便计算总效应,将这一过程用表格的形式列出,如表 10-13。

表 10-13 商业银行信用创造的计算

银行 (用字母表示)	存款增加 (万元)	法定存款准备金增加 (万元)	贷款增加 (万元)
B	100	10	90
C	90	9	81
D	81	8.1	72.9
E	72.9	7.29	65.61
……	……	……	……

根据假设,这一过程将一直进行下去,我们也可以按照这个规律一直写下去,即增加的贷款将作为存款(没有现金漏损)存入银行系统(加总时不区分各家银行,作为一个银行系统),每次增加的存款都将有 10% 的法定存款准备金保留下来,剩下的 90% 可以作为新的贷款进一步发放出去,信用创造过程的秘密就在这里。我们也可以发现,部分准备金制度以及

非现金结算制度正是信用创造过程的前提。由于部分准备金制度(区别于全额准备金制度),可以有一部分贷款发放出去,使得信用创造可以进行;由于非现金结算制度(区别于现金结算制度),发放的贷款将作为存款存在银行账户,现实生活中,我们也会取出部分存款提现,但总有部分仍作为存款留在银行账户中,为了简化过程做了理想化处理(没有现金漏损),这也是信用创造的另一个前提。

接下来,将这一规律在表格中呈现出来(如表 10-14),以便更快地得到加总后的结果。

表 10-14 商业银行信用创造的计算

银行 (用字母表示)	存款增加 (万元)	法定存款准备金增加 (万元)	贷款增加 (万元)
B	100	100×10%	100×(1−10%)
C	100×(1−10%)	100×(1−10%)×10%	100×(1−10%)^2
D	100×(1−10%)^2	100×(1−10%)^2×10%	100×(1−10%)^3
E	100×(1−10%)^3	100×(1−10%)^3×10%	100×(1−10%)^4
……	……	……	……
总计	100 +100×(1−10%) +100×(1−10%)^2 +100×(1−10%)^3 +……	100×10% +100×(1−10%)×10% +100×(1−10%)^2×10% +100×(1−10%)^3×10% +……	100×(1−10%) +100×(1−10%)^2 +100×(1−10%)^3 +……

现在,已经得到了存款、法定存款准备金以及贷款增加的总和了。观察最后得到的公式,存款增加=贷款增加+法定存款准备金增加,而法定存款准备金增加=存款增加×10%。我们计算出存款增加为:

$$存款增加 = 100 \times [1 + (1-10\%) + (1-10\%)^2 + (1-10\%)^3 + \cdots]$$

$$= \lim_{n \to \infty} 100 \times \frac{[1-(1-10\%)]^n}{1-(1-10\%)} = \frac{100}{10\%} = 1\,000(万元) \quad (10\text{-}1)$$

根据公式(10-1),存款增加 1 000 万元。相应地,贷款增加 900 万元,法定存款准备金增加为 100 万元。因此可以得到表 10-15。

表 10-15 商业银行信用创造的计算

银行 (用字母表示)	存款增加 (万元)	法定存款准备金增加 (万元)	贷款增加 (万元)
B	100	10	90
C	90	9	81
D	81	8.1	72.9
E	72.9	7.29	65.61
……	……	……	……
总计	1 000	100	900

至此,100万元的原始存款,在部分准备金制度以及非现金结算制度的前提下,当法定准备金率为10%(无超额存款准备金、无现金漏损)时,形成了900万元的派生存款,存款货币总额达到1 000万元。这就是商业银行的信用创造过程。如果将所有银行视为一个银行体系,最后的结果可以用表10-16表示。

表10-16 银行体系的资产负债表

资产		负债	
有价证券	-100	存款	+1 000
准备金	+100		
法定存款准备金	+100		
贷款	+900		

四、商业银行信用创造的公式

我们已经分析了整个信用创造的过程,并计算出了存款货币的总额。接下来,将这一过程抽象化,用公式更加简洁地表达出这一结果。

首先,所有假设基本与前述情况相同。(1)我们讨论的银行体系包括多家商业银行,不再区分各家银行,而是用1、2、3等数字表示每次存款扩张的过程;(2)公众会将所有的收入都存入银行账户而不存在现金漏损;(3)各家商业银行都只保留法定准备金而不保留超额准备金,假设法定准备金率为r_d($r_d < 1$)。

我们直接讨论派生存款的产生状况。假设原始存款增加ΔB,存款货币总共增加ΔD,贷款增加ΔL,法定存款准备金增加ΔR。为了更加直观地计算,依旧使用表格来表示这一过程(如表10-17)。

表10-17 商业银行信用创造的计算

过程 (用数字表示)	存款增加 (ΔD)	法定存款准备金增加 (ΔR)	贷款增加 (ΔL)
1	ΔB	$\Delta B \cdot r_d$	$\Delta B \cdot (1-r_d)$
2	$\Delta B \cdot (1-r_d)$	$\Delta B \cdot (1-r_d) \cdot r_d$	$\Delta B \cdot (1-r_d)^2$
3	$\Delta B \cdot (1-r_d)^2$	$\Delta B \cdot (1-r_d)^2 \cdot r_d$	$\Delta B \cdot (1-r_d)^3$
……	……	……	……
n	$\Delta B \cdot (1-r_d)^{n-1}$	$\Delta B \cdot (1-r_d)^{n-1} \cdot r_d$	$\Delta B \cdot (1-r_d)^n$
……	……	……	……
总计	$\Delta B \cdot \sum_{n=1}^{\infty}(1-r_d)^{n-1}$	$\Delta B \cdot r_d \cdot \sum_{n=1}^{\infty}(1-r_d)^{n-1}$	$\Delta B \cdot \sum_{n=1}^{\infty}(1-r_d)^n$

接下来的计算过程与前面相似,只需要求出存款增加(ΔD)就可以了。

$$\Delta D = \Delta B \cdot \sum_{n=1}^{\infty}(1-r_d)^{n-1} = \Delta B \cdot \lim_{t \to \infty}\sum_{n=1}^{t}(1-r_d)^{n-1} = \Delta B \cdot \frac{1}{1-(1-r_d)} = \frac{\Delta B}{r_d}$$

(10-2)

于是：

$$\Delta D = \frac{\Delta B}{r_d}; \qquad \Delta L = \left(\frac{1}{r_d} - 1\right)\Delta B; \qquad \Delta R = \Delta B \qquad (10\text{-}3)$$

由此可以发现，法定存款准备金增加与原始存款增加是相同的。换句话说，存款扩张的过程事实上就是原始存款转换为法定存款准备金的过程，也就是：

$$\Delta D = \frac{\Delta R}{r_d} \qquad (10\text{-}4)$$

公式(10-4)也可以从另一个角度理解，将各家银行看成一个银行体系，视为整体，由于法定存款准备金的数额等于存款总额与法定准备率的乘积，如果用存款与法定存款准备金的变动(即 ΔD 和 ΔR)来表示，就得到公式(10-4)。

五、存款收缩模型

【学习指导】商业银行的信用创造

我们通过之前的学习已经了解商业银行信用创造的整个过程以及结果，现在请读者按照前面的思路讨论：如果中央银行出售 100 万元的有价证券(其他假设与前面的情景一致)，存款总额会发生怎样的变化？以此检验读者对前面部分知识的掌握程度。

在其他假设不变的情况下，如果中央银行出售 100 万元的有价证券会导致怎样的结果呢？接下来，我们将按照上文学习的存款扩张模型来进一步探讨存款收缩的过程。

与前面的情况不同，我们直接讨论派生存款的变动情况。中央银行出售了价值 100 万元的有价证券，投资者小李购买了这一证券，并在 B 银行的存款取出了这笔证券。那么 B 银行的资产负债表将发生变化，减少了 100 万元的存款，同时也减少了 100 万元的准备金。由于假设银行不会持有超额存款准备金，所以 B 银行原来只保留了这笔 100 万元的存款中的 10%（法定准备金率）作为法定存款准备金。现在这些存款需要取出，使得 B 银行的法定准备金有了 90 万元的缺口。如果 B 银行向小孙收回 90 万元的贷款，准备金才恢复到法定存款准备金的水平。对于 B 银行来说，最终的结果可以用表 10-18 表示。

表 10-18 B 银行的资产负债表

资产		负债	
准备金	−10	存款	−100
贷款	−90		

而小孙从 C 银行账户上取出 90 万元偿还贷款，导致 C 银行存款减少 90 万元，与 B 银行类似的，C 银行只保留了这 90 万元存款中的 10% 作为法定存款准备金。所以 C 银行也须减少贷款规模，这一情况可以用表 10-19 表示。

表 10-19　C 银行的资产负债表

资　　产		负　　债	
准备金	-9	存款	-90
贷款	-81		

可以看到,这一"连锁反应"正好与前面派生存款的变动情况相反。最终的结果会使得存款货币减少。至于具体的过程,在此不再展开。大家计算后可以得到与前面完全相反的结论,存款总额正好减少了 1 000 万元,贷款总额减少了 900 万元,准备金减少了 100 万元。

通过本部分的学习可以发现,不管是存款增加还是存款减少,导致整个银行体系的存款总额的变动总是最初变动额的 10 倍。如果用法定准备金率 r_d 来表示,则是 $\frac{1}{r_d}$,我们称此系数为存款乘数(deposit expansion multiplier)。在这一部分分析中,我们忽略了很多因素,为了能够更加符合实际,本章第四节会给出更具体的存款乘数表达式。

【扩展延伸】信用创造模型评析

上述分析将整个信用创造过程进行了简化处理。在分析前进行过假设:(1)银行体系包括多家商业银行;(2)公众将所有收入都存入银行账户而不存在现金漏损;(3)各家商业银行都只保留法定准备金而不保留超额准备金。

但事实上,一定会有一部分存款被取出,以现金形式持有。也存在某种情况,借款人将所有贷款全部以现金形式取出,而不存于银行账户。这就可能导致存款创造过程中断。

此外,假设银行没有超额存款准备金,但如果银行留有多余的准备金用于满足流动性需求,银行贷出去的金额就会少于假设值。也可能银行在获得一笔存款时,全额作为准备金,这也会导致存款创造的中断。

上述结论是在完全理想的情况下得到的,事实上存款增加数额会少于理论值。我们在下一部分将讨论现金漏损以及超额存款准备金存在的情况。

第三节　基础货币与货币供应量

本章第二节是在一些假设下分析了存款创造的整个过程,并推导了公式。我们曾指出这个简化模型存在不足,例如没有考虑现金漏损和超额存款准备金,导致实际存款货币的数额少于计算得到的理论值。而这个简化模型也导致央行对于货币供给的控制没有想象中那么简单,实际情况也会更加复杂。本节将更加精确地刻画货币供给,得到货币供给模型。

一、货币供应方程式

通过上一节学习,我们知道中央银行可以通过购买有价证券、外汇和黄金等资产或通过发放再贴现贷款投放基础货币,直接影响到货币供给。从上一节的学习中,我们可以推断货币供应量与基础货币存在乘数或者倍数关系,货币供应方程式为:

$$M^s = m \times B \tag{10-5}$$

公式(10-5)中,M^s表示货币供应量,B表示基础货币,m表示货币乘数。这里的货币乘数(money multiplier)也就是货币供应量与基础货币的比值,是基础货币的变化所能引起的货币供给变化的比率。请注意与上一节的存款乘数有所不同,存款乘数是存款总额与基础货币(原始存款)的比值,而货币乘数则是货币供应量与基础货币的比值。在这一节中,我们考虑上一节忽略的各个变量,重新得到存款乘数的公式,并推导货币乘数的公式。本章第一节已经介绍了关于货币层次划分的相关知识,正是由于货币供应的层次不同,得到的货币乘数也会有所差别。有关货币乘数的更多知识将在下一节展开,本节我们主要对影响货币供应量的因素之一基础货币做深入了解。

二、基础货币

基础货币(base money)指流通中的通货及商业银行准备金的总和。又因为它们构成中央银行负债,是中央银行为影响货币供应量所能强力控制的,所以又称强力货币或高能货币(high-powered money)。中央银行对基础货币的控制要强于对存款准备金的控制。

对于基础货币,我们可以从两个角度来加深认识:(1)从来源看,是指货币当局的负债,也就是由货币当局投放并直接控制的那部分货币。(2)从运用来看,基础货币由两个部分构成:一是流通于银行体系之外的现金,即通常所谓的"通货";二是商业银行的存款准备金(包括商业银行的库存现金以及在中央银行的准备金存款)。如果用C表示流通中的现金(通货),R表示存款准备金,基础货币B可以表示为:

$$B = C + R \tag{10-6}$$

根据上一节所学,存款准备金还可以进一步细分。存款准备金由法定存款准备金和超额存款准备金构成。其中,法定存款准备金可以分解为活期存款法定准备金和定期存款法定准备金。如果用R_d表示活期存款法定准备金,R_t表示定期存款法定准备金,R_e表示超额存款准备金,基础货币B可以被分解为:

$$B = C + R_d + R_t + R_e \tag{10-7}$$

在货币乘数一定时,如果基础货币增加,货币供给量将成倍地扩张;如果基础货币减少,货币供给量将成倍地缩减。由于基础货币能为货币当局所直接控制(接下来将给出更加具体的分析),因此在货币乘数不变的条件下,货币当局即可通过控制基础货币来控制整个货币供给量。

【知识窗】存款准备金率与存款准备金利率

这一部分在讲解基础货币构成时,又一次提到存款准备金概念,并将其更加细化。上一部分已经介绍过存款准备金率的概念,指的是存款准备金所占存款总额的比值。比如说:活期存款法定准备金占活期存款的比例即活期存款法定准备金率,我们用r_d表示;定期存款法定准备金占定期存款的比例即定期存款法定准备金率,用 r_t 表示;而超额存款准备金占存款的比例即超额准备金率,用 e 表示。

还有一个与存款准备金率名称相似,但含义却截然不同的概念,就是存款准备金利率。前者指的是一个比率,后者则是利率,指的是中央银行支付给金融机构缴存的存款准备金的利率。国外有的中央银行对法定存款准备金支付利息,有的对所有存款准备金都不支付利息,在我国,央行对所有存款准备金(包括法定存款准备金与超额存款准备金)都会支付利息,而且利率还比较高。根据中国人民银行的资料,从 2005 年 3 月 17 日起,金融机构在人民银行的超额准备金存款利率由年利率 1.62% 下调至 0.99%,法定准备金存款利率维持 1.89% 不变。2008 年 11 月 27 日,法定准备金存款利率下调至 1.62%,超额准备金存款利率下调至 0.72%。

三、基础货币的投放渠道

中央银行为了调控基础货币来达到影响货币供应量的目的,可以通过公开市场操作 (open market operations)即在公开市场买卖证券或者发放再贴现贷款等途径来实现。有关中央银行的货币政策会在第十三章具体介绍。本部分主要从中央银行与商业银行资产负债表的变动来看基础货币的投放。

之前已经介绍过基础货币是中央银行的负债,通过中央银行的资产负债表,我们可以测量基础货币的变动。表 10-20 是简化的中央银行的资产负债表。

表 10-20 中央银行的资产负债表

资产(A)	负债(L)
政府证券	流通中通货
贷款	存款准备金
外汇和黄金	政府存款
其他资产	其他负债

根据公式(10-6),基础货币为流通中通货与存款准备金(均为中央银行负债)的总和,因此只要根据通货以及存款准备金的变动情况来判断基础货币的变动就可以了,这也是接下来的分析依据。

(一) 公开市场操作

公开市场操作分为中央银行买入和卖出有价证券两种情况,每种情况又可以区分为与商业银行或与非银行公众两种情况。

1. 向商业银行购买有价证券

上一节分析商业银行信用创造时就已经分析过这种情况。假设中央银行向银行 A 购买价值为 100 万元的有价证券,A 银行在减少 100 万元有价证券的同时增加了 100 万元的准备金,我们得到了与表 10-5 相同的资产负债表(即表 10-21,表格中的单位为万元,数字前的符号表示相对于最初状态相关项目的数额变动,"+"号表示增加,"-"号表示减少,下同)。

表 10-21　A 银行的资产负债表

资　产		负　债	
有价证券	−100		
准备金	+100		

我们加入对中央银行资产负债表的分析。由于购买了 100 万元证券，根据表 10-20，中央银行将增加 100 万元的资产（证券）和 100 万元的负债（准备金），如表 10-22。

表 10-22　中央银行的资产负债表

资　产		负　债	
有价证券	+100	准备金	+100

根据这一结果，我们发现：中央银行增加了 100 万元的准备金，根据公式（10-6），基础货币也增加了 100 万元。

2. 向非银行公众购买有价证券

假设中央银行在公开市场买入了 100 万元的有价证券，那么非银行公众将获得 100 万元，但这 100 万元将以何种形式持有呢？第一种方式是存入商业银行（假设为 B 银行），第二种方式是以现金形式持有（暂时不考虑合理性）。

如果是第一种情况，那么非银行公众将失去 100 万元有价证券，并增加 100 万元的银行存款。B 银行在收到这一笔存款后将增加 100 万元的负债（存款）和 100 万元的资产（准备金）。对于中央银行来说，将增加 100 万元的资产（有价证券），同时增加 100 万元负债（准备金）。用表 10-23、表 10-24、表 10-25 来表示这一过程的结果。

表 10-23　非银行公众的资产负债表

资　产		负　债	
有价证券	−100		
存款	+100		

表 10-24　B 银行的资产负债表

资　产		负　债	
准备金	+100	存款	+100

表 10-25　中央银行的资产负债表

资　产		负　债	
有价证券	+100	准备金	+100

这种情况对于中央银行的影响与其向商业银行购买有价证券的情况类似，都是增加了 100 万元的有价证券，增加了 100 万元的准备金。根据公式（10-6），基础货币增加了 100 万元。

如果是第二种情况，非银行公众失去 100 万元有价证券的同时，还将增加 100 万元的现金（与第一种情况不同）。中央银行将增加 100 万元的资产（证券）和 100 万元的负债（流通中通货)。此外,这笔交易不牵涉到商业银行。可以用表10-26、表10-27来表示这一过程的结果。

表 10-26　非银行公众的资产负债表

资产		负债
有价证券	−100	
现金	+100	

表 10-27　中央银行的资产负债表

资产		负债	
有价证券	+100	流通中通货	+100

这种情况导致流通中通货增加了100万元,虽然与前一种情况有所不同,但结果都使得基础货币增加了100万元。

【学习指导】非银行公众购买有价证券

上文的讨论区分了非银行公众是采用何种方式持有出售债券获得的100万元的。如果是第一种情况,即存入银行,最终的结果是中央银行获得100万元债券的同时增加了100万元的准备金;如果是第二种情况,即持有现金,最终的结果是中央银行获得100万元债券的同时增加了100万元的流通中现金。两者虽有差异,但都导致基础货币增加了100万元。

我们也可以得出结论:公开市场操作只要是中央银行购买有价证券,不管其对象是商业银行,或是非银行公众(不管持有货币的形式),结果都是使得基础货币增加。但对于准备金的影响,出售方以现金形式持有或是存入银行会产生差异。如果存入银行,准备金增加;如果现金持有,准备金不变。

---

3. 出售有价证券

与前面分析相似,我们不再具体展开出售证券的交易对象。中央银行出售有价证券的结果就是中央银行减少有价证券这一资产,而商业银行或非银行公众持有证券增加,同时,准备金或者流通中通货相应减少同等数额。根据公式(10-6),最终的结果导致基础货币减少。

(二) 贴现贷款

1. 发放再贴现贷款

在介绍完中央银行的公开市场操作对基础货币的影响后,我们再看中央银行向商业银行发放再贴现贷款对基础货币有何影响。

根据对商业银行与中央银行资产负债表的简单介绍,中央银行如果向商业银行发放再贴现贷款,这笔再贴现贷款将记为中央银行的资产、商业银行的负债。商业银行在收到这笔贷款资金后,准备金将增加相应的金额。准备金将记为中央银行的负债、商业银行的资产。

现在假设中央银行向D银行发放了一笔金额为100万元的再贴现贷款,所以D银行在收到这笔100万元的贷款后,将增加100万元的负债(再贴现贷款)和100万元的资产(准备金),而中央银行则增加了 100 万元的资产(再贴现贷款)和 100 万元的负债(准备金)。这一变动显示于表 10-28、表 10-29。

表 10-28　D 银行的资产负债表

资　产		负　债	
准备金	+100	再贴现贷款	+100

表 10-29　中央银行的资产负债表

资　产		负　债	
再贴现贷款	+100	准备金	+100

最终的结果是准备金增加了 100 万元,根据公式(10-6),基础货币将增加 100 万元。

2. 收回再贴现贷款

这种情况导致的结果与前面分析的第一种情况即发放再贴现贷款的结果正好相反,在中央银行和商业银行资产负债表上都将减少相应金额的再贴现贷款,同时也都会减少相应金额的准备金。最终基础货币也会减少相应的金额。

四、影响基础货币的因素

在讨论影响基础货币的因素前,我们再回到中央银行资产负债表,并将其中资产与负债分别用相应的字母表示。将政府证券记为 A_1,贷款记为 A_2,外汇与黄金记为 A_3,其他资产记为 A_4;流通中通货记为 L_1,存款准备金记为 L_2,政府存款记为 L_3,其他负债记为 L_4。由此得到表 10-30 所示的资产负债表。

表 10-30　中央银行的资产负债表

资产(A)	负债(L)
政府证券(A_1)	流通中通货(L_1)
贷款(A_2)	存款准备金(L_2)
外汇和黄金(A_3)	政府存款(L_3)
其他资产(A_4)	其他负债(L_4)

根据会计原理,资产(A)=负债(L)。所以有:

$$A_1+A_2+A_3+A_4=L_1+L_2+L_3+L_4 \qquad (10\text{-}8)$$

根据公式(10-6),基础货币(B)=流通中通货(L_1)+存款准备金(L_2),将 L_1 和 L_2 这两项提取出来,得到:

$$L_1+L_2=(A_1+A_2+A_3+A_4)-(L_3+L_4) \qquad (10\text{-}9)$$

所以有:

$$B=(A_1+A_2+A_3+A_4)-(L_3+L_4) \qquad (10\text{-}10)$$

从公式(10-10)可以看出:基础货币的增减变化取决于中央银行资产负债表中不同项

目的变动。中央银行增持政府证券、扩大对金融机构贷款以及买入外汇、黄金等资产将增加基础货币,政府存款和中央银行其他负债增加将减少基础货币。这也可以验证之前对中央银行投放基础货币渠道的介绍。

接下来,根据上述结论系统分析影响基础货币的各个因素。

(一) 政府的财政收支

政府财政收支分为两种不同的情况,第一种是政府面临财政赤字时,第二种是政府面临财政盈余时。首先看第一种情况,当政府面临财政赤字时,政府为弥补赤字可能采取向中央银行借款、增加税收或发行国债的办法。我们逐一对各种对策进行分析。其一,政府向中央银行直接借款会直接增加基础货币,许多国家禁止这种做法。其二,增加税收或发行国债在一定意义上不会影响基础货币。当公众付税或购买国债时,基础货币会暂时减少;但当政府支出这些债务时,它又重新回到流通中,使基础货币恢复到原来的水平。政府除了会采用各种方式弥补赤字外,在中央银行的存款也会倾向于减少,这就会导致基础货币增加。对于第二种情况,当政府面临财政盈余时,结论会与第一种情况正好相反,在此不再赘述。

(二) 黄金储备变化和国际收支状况

当增加黄金储备时,不管黄金是通过何种方式获得的,中央银行在收购黄金储备时,均会投放等值的流通中通货,这就会导致基础货币增加。如果减少黄金储备,则情况正好相反。当国际收支出现顺差时,如果中央银行在外汇市场购入外汇,会导致基础货币的增加。如果国际收支出现逆差,情况正好相反。

(三) 技术和制度性因素

在讨论技术和制度性因素时,我们主要考虑在途资金和政府收支方式两种情况。

在途资金主要指的是存款机构将收到的票据等传送至中央银行进行结算时会由于技术性因素导致双方不能做到同步记账,当收款机构已经贷记该票据时,出票机构尚未进行借记。这会导致准备金出现暂时的增加。但当最终票据清算时,这种暂时增加还是会被消除。根据前面的分析,由于在途资金的存在不可避免,基础货币也会增加。

政府的收支方式也会影响到基础货币。政府获得税收或发行债券时的收入如果存入中央银行,即中央银行的负债(政府存款)增加,会导致基础货币的减少。但政府通过政府支出,基础货币又会重新恢复到原来的水平。为了减少这种波动,政府可以采取逐渐将收入存入中央银行的做法。

通过以上分析可以发现:技术和制度性因素主要是暂时影响基础货币的波动。

(四) 中央银行的政策操作

中央银行可以通过再贴现率、存款准备金率、公开市场操作等工具调节基础货币的存量。我们在上一节中央银行投放基础货币的渠道中已经详细地向大家介绍了中央银行如何通过相应的货币政策工具来调节基础货币,在此不再赘述。公开市场操作在调节流动性方面具有一定优势,中央银行可以根据市场情况将现券交易和回购操作结合起来进行双向微调。通过公开市场操作,可以直接影响基础货币存量。在上述讨论中,更多的是中央银行不能进行主动调节,但通过公开市场操作可以抵消市场波动,使得基础货币恢复到正常水平。由此可以看出中央银行对基础货币的控制更强。公开市场操作是非常重要的货币政策工具,更多的央行货币政策工具会在第十三章深入地探讨。

第四节　货币乘数与货币供应量

上一节已经为大家介绍了货币供应方程式，并提出基础货币 B 和货币乘数 m 的概念。在本节，我们主要对影响货币供应量的另一个因素货币乘数做深入分析。

一、货币乘数

上一节已给出货币乘数的定义，即基础货币增加或减少一个单位所引起的货币供应量增加或减少的倍数。如果基础货币一定，货币乘数就决定了货币供给的总量。

上一节已经讨论货币乘数与存款乘数之间的差异，这里再次提请大家注意。接下来将推导货币乘数公式。将上一节中的公式(10-5)变形，得到：

$$m = \frac{M^s}{B} \tag{10-11}$$

将公式(10-6)代入公式(10-11)，可以得到：

$$m = \frac{M^s}{C+R} \tag{10-12}$$

在上一节已经说明不同的货币层次划分会导致货币乘数概念存在差异，对应于狭义货币(M_1)和广义货币(M_2)，货币乘数也相应区分为狭义货币乘数(m_1)和广义货币乘数(m_2)。

用 B 表示基础货币，R 表示存款准备金。为了能更加符合实际情况，在这一部分的公式推导中，我们将考虑之前被忽略的一些因素：(1) 存款可以区分为定期存款和活期存款，用 T 表示定期存款，D 表示活期存款，t 表示公众持有的定期存款与活期存款的比例。(2) 公众会持有一定比例的现金，即现金漏损。用 C 表示公众持有的现金，k 表示持有现金与活期存款的比例，也称现金漏损率。(3) 根据公式(10-7)，准备金可以划分为活期存款法定准备金(R_d)、定期存款法定准备金(R_t)、超额存款准备金(R_e)。分别用 r_d 和 r_t 分别表示活期存款与定期存款法定准备金率，e 表示超额准备金率。接下来将利用这些条件对公式进行推导。

二、活期存款乘数的推导

在进行货币乘数推导之前，首先推导出存款乘数。考虑之前分析的各个因素，根据之前的条件，可以得到：

$$\begin{cases} C = k \cdot D \\ R_d = r_d \cdot D \\ R_t = r_t \cdot T = r_t \cdot t \cdot D \\ R_e = e \cdot D \end{cases} \tag{10-13}$$

将公式(10-13)代入公式(10-7)，得到：

$$B = C + R_d + R_t + R_e = kD + r_d D + r_t t D + eD = (k + r_d + r_t t + e)D \tag{10-14}$$

将公式(10-14)变形，得到银行系统的活期存款货币：

$$D = \frac{1}{k + r_d + r_t t + e} B \tag{10-15}$$

根据存款乘数的定义得到活期存款乘数 d 为:

$$d = \frac{1}{k + r_d + r_t t + e} \tag{10-16}$$

【学习检查】活期存款乘数公式

我们已经考虑了之前忽略的一些因素,重新得到了活期存款乘数的公式。请读者进一步思考,这个存款乘数公式是否能够完全地符合现实情况?

【学习指导】活期存款乘数的缺陷

事实上,我们得到的存款乘数依然是偏大的。可以从两个角度考虑这个问题。第一,存款不止在银行系统中,我们没有考虑存款进入非银行金融机构的因素。第二,商业银行的信用创造不会没有止境,终究会像之前讨论的那样在某一环节中断。只要这一中断发生,存款创造也就不会达到计算得到的水平。

三、货币乘数的推导

我们已经进行了存款乘数的进一步推导,只要将过程稍稍改动,便可以得到货币乘数的公式,因此将它们放在一个部分中学习。

(一) 狭义货币乘数

首先推导狭义货币乘数。根据货币层次的定义,狭义货币为:

$$M_1 = C + D \tag{10-17}$$

将之前的条件代入,得到:

$$M_1 = kD + D = (k+1)D \tag{10-18}$$

将公式(10-15)代入公式(10-18),得到:

$$M_1 = \frac{k+1}{k + r_d + r_t t + e} B \tag{10-19}$$

最后,根据狭义货币乘数的定义,将公式(10-19)变形,得到:

$$m_1 = \frac{M_1}{B} = \frac{k+1}{k + r_d + r_t t + e} \tag{10-20}$$

(二) 广义货币乘数

根据货币层次的定义,广义货币为:

$$M_2 = C + D + T \tag{10-21}$$

以与狭义货币乘数类似的推导方式可以得到广义货币乘数:

$$m_2 = \frac{M_2}{B} = \frac{k+t+1}{k+r_d+r_t t+e} \qquad (10\text{-}22)$$

【学习指导】货币乘数的进一步认识

这一部分考虑了之前被忽略的因素。我们首先推导了活期存款乘数,进而推导出狭义和广义两种货币层次上的货币乘数。前面的推导过程看上去可能有些枯燥,结论也比较复杂。为加深理解,我们将进一步讨论狭义货币乘数。

为便于理解,将狭义货币乘数 $m_1 = \frac{k+1}{k+r_d+r_t t+e}$ 中的各个量进行假设。为便于计算,假设现金漏损率 k 为 20%,活期存款法定准备金率 r_d 为 15%,定期存款法定准备金率 r_t 为 10%,定期存款比率 t 为 20%,超额准备金率 e 为 3%。

根据上述假设,可以得到狭义货币乘数为:

$$m_1 = \frac{k+1}{k+r_d+r_t t+e} = \frac{0.2+1}{0.2+0.15+0.1\times 0.2+0.03} = 3 \qquad (10\text{-}23)$$

这就意味着基础货币每增加 1 元,可以引起货币供给 M_1 增加 3 元。如果将 M_1 的各个组成部分区分开,可以得到:

$$M_1 = C + D = kD + D \qquad (10\text{-}24)$$

这就意味着在增加的 3 元货币供给中,有 0.5 元是以现金的形式持有的,2.5 元是以活期存款形式保存的。再看基础货币 B 的组成部分,根据公式(10-7),最初的 1 元基础货币中,有 0.5 元是以现金形式保存的,另外 0.5 元是准备金。0.5 元准备金中又有法定存款准备金与超额存款准备金。通过这部分分析可以发现:基础货币中现金的数量不会增加,因为现金不会发生乘数效应;会发生乘数效应的是基础货币中的存款部分,只有存款才会存在多倍扩张。此外,超额存款准备金的存在也会导致发放出去的贷款减少,存款扩张的倍数减少。由于这些原因,我们推导出来的狭义货币乘数与本章第二节中简单的信用创造模型之间存在一些差异。

为方便理解,也可以将基础货币与货币供应量的关系表示成图 10-4。

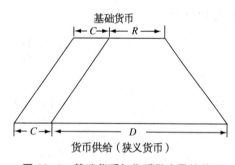

图 10-4 基础货币与货币供应量的关系

四、影响货币乘数的因素

在详细地讨论货币乘数概念后,我们以狭义货币乘数为例进一步研究影响货币乘数的各个因素。我们主要研究货币乘数公式中各个因素的变动对货币乘数的影响,在假设其他量不变的前提下,讨论某个变量的改变导致的货币乘数的变动(以下讨论某个变量对货币乘数的影响时,均认为其他变量保持不变)。在此基础上再讨论该变量的影响因素。

(一)超额准备金率

当商业银行持有超额存款准备金的比率上升时,银行体系可以发放的贷款减少,这就会导致银行体系的存款创造能力减弱,从而降低货币乘数。也可以通过将公式(10-20)对超额准备金率 e 求偏导数更加直观地得到答案。

$$\frac{\partial m_1}{\partial e} = \frac{-(k+1)}{(k+r_d+r_t t+e)^2} \quad (10\text{-}25)$$

因为得到的偏导数是负值,说明货币乘数与超额准备金率成反向关系。

那么影响超额准备金率的因素又有哪些呢(图 10-5 为历年金融机构超额准备金率的数据)?银行持有较多的超额存款准备金会导致银行减少收益,同时又可以避免因准备金短缺而造成的损失(我国对超额存款准备金还会发放利息),商业银行应该如何均衡呢?我们主要从以下几个角度进行分析:

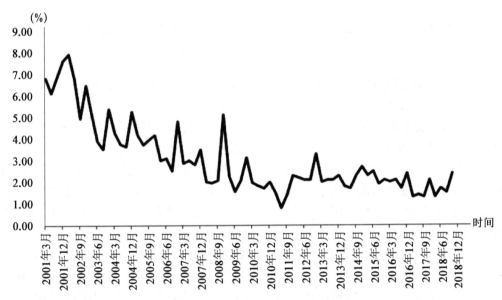

注：① 数据时间跨度为 2001 年第一季度至 2018 年第四季度
② 金融机构包含国有商业银行、股份制商业银行和农信社三类

图 10-5　金融机构超额准备金率

数据来源：中国人民银行。

(1)市场利率。根据之前所学内容,市场利率是持有超额准备金的机会成本。如果市场利率上升,商业银行就可以通过发放贷款等方式获取更多收益,超额准备金率也会下降;如果市场利率下降,商业银行发放贷款的收益可能不能弥补成本,这就导致银行会持有更多的超额存款准备金。所以,超额准备金率与市场利率成反相关关系。

(2)借入资金的便利程度以及借入成本。银行持有超额存款准备金的目的就是为了满足流动性需求。如果现在银行借入资金比较便利,且成本相对较低的话,银行获得资金融通的成本就会较低,这也会导致银行不愿意持有过多的超额存款准备金,因为银行可以发放贷款等获得更多的收益。如果商业银行从中央银行或其他金融机构获取资金比较不便,且成本较高,银行就会持有更多的超额存款准备金以备不时之需。所以,超额准备金率与借入资金的便利程度以及借入成本相关。当借入资金便利,成本较低时,超额准备金率较低;反之较高。

(3) 贷款需求。如果市场的贷款需求较高,银行就会增加贷款的发放量,导致银行的超额存款准备金较少。如果市场低迷,贷款的需求较低,银行就会减少放贷规模,从而增大超额存款准备金的存量。所以,超额准备金率与贷款需求相关。贷款需求越高,超额准备金率越低;反之越高。

(二) 公众持有通货比率(现金漏损率)

公众持有通货的比率(或现金漏损率)也对货币乘数有一定的影响。当现金漏损率较高时,现金的比率较高,又由于现金不能进行信用创造,所以存款扩张也会减少,货币乘数相对来说也会减小。我们也可以通过将公式(10-20)对现金漏损率 k 求偏导数更加直观地得到答案。

$$\frac{\partial m_1}{\partial k} = \frac{r_d + r_t t + e - 1}{(k + r_d + r_t t + e)^2} \tag{10-26}$$

由于货币乘数 $m_1 > 1$,即货币供应量大于基础货币,所以根据公式(10-20),有:

$$k + 1 > k + r_d + r_t t + e \Rightarrow r_d + r_t t + e < 1 \tag{10-27}$$

所以偏导数是负值,也就意味着货币乘数与现金漏损率之间是反相关关系。

那么影响现金漏损率的因素又有哪些呢?我们主要从以下几个方面分析。

(1) 公众的流动性偏好程度。现金(通货)是流动性最高的保存财富的一种形式。人们对流动性偏好程度如果发生改变,就会导致现金漏损率发生变化。

(2) 持有通货的机会成本。现金是无收益资产,活期存款以及其他的金融资产的相对预期收益就是持有通货的机会成本。如果活期存款利率上升,公众就会减少持有通货的意愿,现金漏损率就会下降;相反则会增大。如果其他金融资产的预期收益率上升,可能会出现通货以及活期存款存量均下降的现象,但活期存款下降更多,导致现金漏损率反而上升。

(3) 其他因素如税率、地下非法经济活动、支付习惯等。这些因素的影响可能不是很明显,但的确存在。比如说:当税率发生变动,有些人可能会有逃税的行为,那么他们就会更倾向于使用通货而不是使用活期存款。因为使用活期存款会留下证据。同样的情况也会发生在地下非法活动中,这些活动为了不留下记录,往往会使用通货交易。当然,人们自身的支付习惯也会对现金漏损率造成影响。

(三) 定期存款与活期存款的比率

定期存款与活期存款的比率发生变化,会导致平均法定存款准备金率发生变化,从而导致货币乘数发生变动。当定期存款与活期存款的比率增大时,货币乘数下降;相反则上升。仍然采用将公式(10-20)对定期存款与活期存款的比率 t 求偏导数得到答案。

$$\frac{\partial m_1}{\partial t} = \frac{-(1+k)r_t}{(k + r_d + r_t t + e)^2} \tag{10-28}$$

从公式(10-28)看出,偏导数为负值,这就表明:货币乘数与定期存款对活期存款的比率有反相关的关系。

我们主要从以下两个方面分析影响这一比率的因素。

(1) 存款利率。如果定期存款的利率上升,人们会倾向于将更多的财富以定期存款的形式保存,定期存款与活期存款的比率也会上升;相反的情况则会下降。我们也可以用另一种思路来理解。两者的比率是公众对于资产选择的结果,当两者利差增大时,人们会倾向于选择定期存款,定期存款的比例就会上升。

(2) 收入和财富。当收入和财富增长时,各项资产将会同时增加。如果定期存款比活期存款对财富变化的弹性更大,则定期存款与活期存款的比率会上升。

五、综合分析

我们已经分析了各变量对货币乘数的影响。接下来考虑法定存款准备金率的影响,全面分析影响货币乘数的因素,并汇总所有结果方便大家理解。

法定准备金率由中央银行确定。对于法定准备金率对货币乘数的影响,我们将公式(10-20)分别对活期存款法定准备金率和定期存款法定准备金率求偏导数。

$$\frac{\partial m_1}{\partial r_d} = \frac{-(1+k)}{(k+r_d+r_t t+e)^2} \qquad (10\text{-}29)$$

$$\frac{\partial m_1}{\partial r_t} = \frac{-(1+k)t}{(k+r_d+r_t t+e)^2} \qquad (10\text{-}30)$$

根据公式(10-29)、公式(10-30),两个偏导数均是负值,意味着狭义货币乘数与法定存款准备金率有反向关系。

我们已经对狭义货币乘数表达式中的各个变量进行分析:在假设其他变量保持不变的前提下,该变量的变化对货币乘数的影响。这也是使用比较广泛的一种分析方法。为了能使结果更加清晰,可以将所有的变量汇总成一张表格(如表10-31),方便大家的理解(表中"↑"表示变大,"↓"变小;此处只呈现狭义货币乘数在各变量变大时的变动)。

表 10-31 狭义货币乘数的影响因素汇总

变量	变量的影响因素	变量的变动	狭义货币乘数的变动
超额准备金率 e	① 市场利率 ② 借入资金的便利程度以及借入成本 ③ 贷款需求	↑	↓
公众持有通货比率(现金漏损率) k	① 公众的流动性偏好程度 ② 持有通货的机会成本 ③ 其他因素(税率、地下非法经济活动、支付习惯等)	↑	↓
定期存款与活期存款的比率 t	① 存款利率 ② 收入和财富	↑	↓
法定存款准备金率(包括活期、定期存款) r_d、r_t	中央银行货币政策	↑	↓

接下来进一步将表格中的各个变量根据参与主体进行分类。在货币供给过程中,我们主要考虑三个参与主体,分别是中央银行、商业银行以及非银行公众(在讨论商业银行的信用创造时也进行了这种分类)。那么各个变量都是由哪个主体来影响的呢?我们在前面的分析中已经进行了比较详细的介绍,大家也可以根据分析过程进行总结(如表10-32)。

表 10-32　狭义货币乘数的影响因素分类

变　　量	变量的影响主体
超额准备金率 e	商业银行
公众持有通货比率（现金漏损率）k 定期存款与活期存款的比率 t	非银行公众
法定存款准备金率（包括活期、定期存款）r_d、r_t	中央银行

【学习指导】货币供给方程式

在学习完基础货币与货币乘数的相关内容后，重新回顾下货币供给方程式，即 $M^s = m \times B$。在后面部分，我们对基础货币和货币乘数进行了较为深入的研究。如果根据参与主体来进行分析的话，是否也可以将影响基础货币和货币乘数的各个变量按照参与主体的不同进行划分呢？

在分析基础货币时，我们主要从公开市场操作和中央银行与商业银行之间的再贴现贷款来分析基础货币的投放渠道；分析货币乘数时，主要从货币乘数公式中各个变量对货币乘数的影响来讨论，主要有超额准备金率、现金漏损率、定期存款与活期存款比率、法定准备金率等变量。这些变量的影响主体也主要是中央银行、商业银行和非银行公众。我们可以简单地进行划分，方便大家理解，如图 10-6。

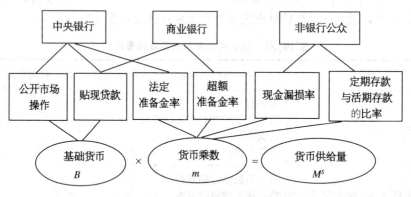

图 10-6　货币供给方程式的影响因素

我们可以按照图 10-6 所示进行理解，但如果要深入分析各个变量，还请大家回顾前面所学习的内容。

第五节　中国的货币供给

本章从商业银行的信用创造机制出发探讨了货币的扩张模式，并在一定的简化假设下，推导了货币扩张的原理以及过程。我们还建立了货币供给方程式，货币供应量由基础货币

(又称作高能货币)和货币乘数两个因素决定。分析了基础货币、货币乘数的影响因素,并在更加一般的情况下推导了存款乘数与货币乘数。在这一章,我们主要探讨了货币供给的模型。本节将从中国的实际情况出发,探讨我国货币供给的特点。

一、中国的货币层次划分与货币供应量

首先,简单回顾本章第一节中提出的中国的货币层次划分。国际上通用的货币层次划分标准是依据不同金融资产的流动性。流动性不同,流通速度不同,所形成的购买力也不同,从而对整体经济活动的影响程度也不同。我国中央银行定期公布货币供应量的数据,目前货币供应量公布到 M_2 为止,其中 M_2 与 M_1 的差值为准货币,准货币虽然没有 M_1 的流动性好,但可以随时转化为现实的货币,对货币流通具有很大影响,是一种潜在货币。根据中国人民银行发布的《中国货币政策执行报告》,2019 年,面对经济下行和局部性社会信用收缩压力,人民银行有效发挥银行货币创造、支持实体经济的潜力。广义货币 M_2 和社会融资规模增速略高于国内生产总值名义增速,体现了逆周期调节。2019 年年末,M_2 余额为 198.6 万亿元,同比增长 8.7%,比上年末高 0.6 个百分点,以适度的货币增长支持了经济高质量发展。狭义货币 M_1 余额为 57.6 万亿元,同比增长 4.4%,比上年末高 2.9 个百分点。流通中货币 M_0 余额为 7.7 万亿元,同比增长 5.4%。2019 年现金净投放 3 981 亿元,同比多投放 1 418 亿元。

【扩展延伸】我国历年货币供应量

第一节货币层次划分中曾给出 2008—2019 年中国各月的货币供应量趋势图(如图 10-2)以及 2019 年的货币供应量数据(如表 10-3),刚刚也与 2019 年年末数据进行了对比,分析了中国在 2019 年第四季度末货币供应的趋势性变化。现附上中国 2008—2019 年的货币供应量数据,供大家进行补充研究。

表 10-33　中国 2008—2019 年货币供应量数据　　(单位:亿元人民币)

年　份	货币和准货币(M_2)	货币(M_1)	流通中货币(M_0)
2008	475 166.60	166 217.13	34 218.96
2009	610 224.52	221 445.81	38 246.97
2010	725 851.79	266 621.54	44 628.17
2011	851 590.90	289 847.70	50 748.46
2012	974 148.80	308 664.23	54 659.77
2013	1 106 524.98	337 291.05	58 574.44
2014	1 228 374.81	348 056.41	60 259.53
2015	1 392 278.11	400 953.44	63 216.58
2016	1 550 066.67	486 557.24	68 303.87
2017	1 690 235.31	543 790.15	70 645.60

续表

年 份	货币和准货币(M_2)	货币(M_1)	流通中货币(M_0)
2018	1 826 744.22	551 685.91	73 208.40
2019	1 986 488.82	576 009.15	77 189.47

注：① 自2011年10月起，货币供应量已包括住房公积金中心存款和非存款类金融机构在存款类金融机构的存款。
② 由于金融机构会计科目变动，对2009年12月末数据进行了相应调整。
数据来源：中国人民银行。

以上主要从货币层次划分的角度探讨了我国各个层次货币供应量在近些年来的变化。为了更深入地分析我国货币供给的原理，回到货币供给方程式，即 $M^s = m \times B$。根据货币供应量的定义，与前述分析类似，我们从基础货币和货币乘数两个方面来分析我国的货币供给。

二、中国的基础货币

在分析我国基础货币之前，首先回看第三章中的表3-1中国人民银行的资产负债。根据此表的构成项目，我国中央银行的基础货币投放主要有以下三个途径。

（一）中央银行的公开市场操作

中央银行通过公开市场操作进行基础货币的投放是央行向银行体系注入流动性的主要日常方式。我们已在本节的基础货币部分分析过公开市场操作的具体过程，在此不再详述。我国中央银行公开市场操作的交易对手是一级交易商，主要是商业银行和其他的非银行类的金融机构；交易标的主要是国债。如果中央银行向某商业银行购买政府债券，就会导致中央银行资产负债表中资产科目"对政府债权"增加和负债科目"储备货币"增加，这一过程导致中央银行投放了基础货币。

【扩展延伸】我国2019年度公开市场操作

2019年，在综合运用降准、定向降准、中期借贷便利（MLF）等工具投放中长期流动性的基础上，中国人民银行以7天期逆回购为主灵活开展公开市场操作，进一步提高操作的前瞻性、针对性和主动性，保持流动性合理充裕。第四季度以来，通过合理安排逆回购操作期限品种，精准对冲税期高峰、节前现金投放、年末监管考核等短期流动性扰动因素。从12月中旬开始连续开展14天期逆回购操作提前投放跨年流动性，为各类市场主体平稳跨年提供了有利的流动性环境。根据中国人民银行发布的《中国货币政策执行报告》，我国主要以逆回购为主灵活开展公开市场操作，与下调法定存款准备金率等其他货币政策工具协调配合，有效对冲外汇占款下降等因素对流动性的影响，满足市场跨季资金需求，保持流动性总量合理充裕，促进流动性供求大体均衡。此外，灵活开展央行票据互换操作（CBS），在香港常态化发行央行票据等。2019年，中国人民银行累计开展了7次共计320亿元CBS操作，对提升银行永续债的流动性发挥了积极作用；先后在香港成功发行了12期共计1 500亿元人民币央行票据，建立了在香港发行央行票据的常态机制。

【知识窗】央行票据互换（CBS）

为提升银行永续债的市场流动性，支持银行发行永续债补充资本，增强金融支持实体经济的能力,2019年2月20日中国人民银行开展了首次央行票据互换(CBS)操作,操作量为15亿元,期限1年。

CBS并不是量化宽松。(1) CBS操作是"以券换券",不涉及基础货币变化,对银行体系流动性的影响中性。虽然一级交易商可以将换入的央行票据作为抵押品,与其他市场机构开展交易或参与央行相关操作,但并不意味着只要一级交易商换入央行票据就可以自动从央行获得资金,两者并不存在直接联系。(2)银行永续债的所有权不发生转移,仍在一级交易商表内,信用风险由一级交易商承担。

央行开展CBS操作的主要目的,是在银行永续债发行初期提高其市场接受度,改善市场预期,启动和培育市场。目前央行已经将银行永续债纳入MLF、TMLF、SLF等工具的合格担保品范围。更多央行的货币政策工具将在第十三章展开。

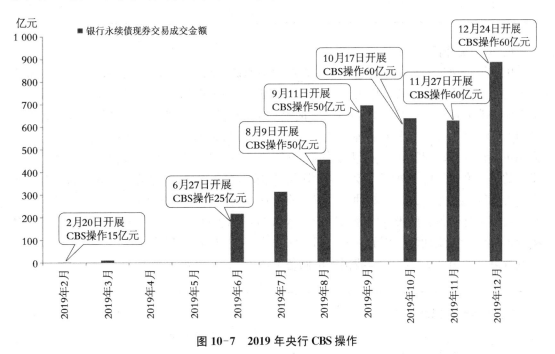

图10-7 2019年央行CBS操作

数据来源:中国外汇交易中心。

(二) 再贷款与再贴现

中央银行可以向金融机构发放再贴现与再贷款,这曾经是我国央行基础货币投放的主要渠道,现在仍是比较重要的渠道之一。金融机构获得的贷款可以用于进一步发放贷款,创造存款货币。我们可以判断当中央银行发放再贴现贷款时,中央银行的资产负债表的变动。此时,资产科目"对其他存款性公司债权""对其他金融性公司债权"将会增加;同时,负债科目"储备货币"增加。通过这个过程,央行实现了基础货币的投放。

我国早期主要以贷款与再贴现作为基础货币供给的主要途径是由于国情的特殊性,我国货币供给曾存在着比较严重的倒逼机制。早期,当国有企业因为自身融资不足,与当地地方政府一同向国有银行施加压力。而我国早期国有银行的主要贷款都发放给国有企业,在这种大背景下,国有银行通常会给予国有企业贷款扶持。但当国有银行超出自身的信贷配额时,又会向上级银行或者中央银行提出扩张要求。这种由下而上的货币供给扩张模式就是倒逼机制。在这种情况下,中央银行主要通过再贷款与再贴现的途径增加基础货币投放。但在1994年之后,这种情况趋于消失。下文将对我国基础货币投放渠道的调整进行讨论。

【扩展延伸】我国 2019 年度再贷款与再贴现

我国中央银行在近些年利用再贷款、再贴现等等货币政策工具引导金融机构对我国小微企业、"三农"和扶贫等薄弱环节增加支持力度。根据《中国货币政策执行报告》,2019 年 12 月末,全年支小再贷款余额 2 832 亿元,支农再贷款余额 2 602 亿元(含扶贫再贷款 1 642 亿元),再贴现余额 4 714 亿元。

(三) 购买外汇

中央银行通过购买外汇的途径也可以增加基础货币的投放,这一途径在 1994 年后成为主要的基础货币投放渠道。中央银行从外汇指定银行购买外汇资产,对中央银行的资产负债表的影响表现在资产科目"国外资产"的增加以及负债科目"储备货币"的增加。我国在 1994 年 1 月 1 日实行人民币汇率并轨,并开始实行有管理的浮动汇率制度。之后,为了保证人民币的汇率稳定,我国购买了大量外汇,急剧增长的外汇占款也成为我国的基础货币增加投放的主要来源。由于外汇占款的快速增长,我国面对此现象,主要通过提高存款准备金率和发行央行票据等方式进行对冲。我国目前的资产负债表中,外汇资产占了总资产的 78%。央行对冲了外汇占款所投放的流动性中的大部分,有观点认为外汇占款导致的被动投放基础货币也是我国流动性过剩的一个原因。2015 年是自 2001 年以来首次出现外汇占款净减少的现象。截至 2019 年年末,我国外汇储备余额为 21.23 万亿人民币。

【扩展延伸】财政透支

当政府出现财政赤字时,一种可能的解决方案是向中央银行进行借款透支。我国早期中央银行的资产负债表中,对中央政府的债权也曾占一定的比重。这也成为基础货币投放的一个渠道。但这种做法会导致出现银行信贷失衡,出现货币的财政性发行,不利于通货的稳定。所以,许多国家对于这种行为在法律层面上进行限制。《中国人民银行法》第二十九条指出:中国人民银行不得对政府财政透支,不得直接认购、包销国债和其他政府债券;第三十条指出:中国人民银行不得向地方政府、各级政府部门提供贷款,不得向非银行金融机构以及其他单位和个人提供贷款,但国务院决定中国人民银行可以向特定的非银行金融机构提供贷款的除外。这些规定同时也是为了保证中央银行行使货币政策的独立性。

在分析完我国基础货币投放的主要渠道后,我们对我国各个阶段的基础货币投放渠道进行总结。1984 年,中国人民银行开始专门履行中央银行的职能,运用货币政策调控货币供给,我们从这一年起进行讨论。

(1) 第一个阶段是 1984—1993 年,这一阶段再贷款是主要的基础货币投放渠道。这一时期超过70%的基础货币来自中央银行的再贷款,而外汇占款在这一时期所占的比例很小。在这一时期,支持经济建设所需的资金数额比较大,出于政策性目的,需要中央银行以再贷款的形式弥补商业银行的资金不足。此外,由于当时中央银行对信贷总量实行规模和资金双重控制的办法,使得商业银行在吸收贷款的同时,也向中央银行争取更多的再贷款以增加贷款规模。在这一时期财政透支也是基础货币投放的渠道之一。

(2) 第二个阶段是1994—2001年,这一阶段外汇占款增加,与再贷款比例相当。这一时期我国进行金融体制改革,之前已经介绍过,1994年起我国实行人民币汇率并轨,开始实行有管理的浮动汇率制度,并推行强制结售汇制度。在强制结售汇制度下,除了国家规定的外汇账户可以保留外,企业和个人必须将外汇收入卖给外汇指定银行,而外汇指定银行必须将高于国家外汇管理局头寸的外汇在银行间市场卖出。在这个时期,我国外贸顺差数额较大,中央银行购买超出外汇头寸的部分,形成了国家的外汇储备,外汇占款形成的基础货币增多。此外,政策性银行的成立,导致再贷款投向政策性银行,这也减少了之前出现的倒逼机制。在这个时期,外汇占款和再贷款是重要的基础货币投放渠道。

(3) 第三个阶段是2002年之后,这一阶段外汇占款成为基础货币主要的投放渠道。我国在2001年加入了世界贸易组织,之后我国保持顺差的趋势,经常项目和资本项目都出现了顺差格局,中央银行在外汇市场大量购买外汇,被迫投放基础货币,外汇占款快速增加。虽然自2001年以来,我国在2015年首次出现外汇占款净减少,但截至2015年年末,我国外汇资产仍占总资产的78%。由于外汇储备占款巨大,我国通过提高存款准备金率和发行央行票据对冲流动性。

(4) 通过外汇占款投放基础货币的方式过于被动,不利于央行的货币政策自主性。在新时期央行应当重建基础货币的投放机制,通过多角度优化基础货币投放渠道包括公开市场操作、创新再贷款模式等途径。此外,常备借贷便利(SLF,Standing Lending Facility)和中期借贷便利(MLF,Medium-term Lending Facility)成为投放基础货币的新渠道。我国央行在2013年创设常备借贷便利,提供短期流动性;2014年9月创设中期借贷便利,调控银行体系流动性。根据《中国货币政策执行报告》,2015年年初,中国人民银行在全国推广分支机构常备借贷便利。2015年全年累计开展常备借贷便利操作3 348.35亿元,期末常备借贷便利余额为0.4亿元。2015年以来,中国人民银行通过中期借贷便利向金融机构投放中期基础货币,引导金融机构加大对小微企业和"三农"等国民经济重点领域和薄弱环节的支持力度。2019年,累计开展中期借贷便利操作36 900亿元,期限均为1年。更多关于SLF、MLF等的相关内容将在第十三章货币政策中详细讨论。

三、中国的货币乘数

接下来从货币乘数的角度分析我国的货币供给。根据我国2002—2019年的数据,我们得到了如图10-7所示的货币乘数变化趋势图。2019年年末我国的货币乘数为6.15,比上年年末高了0.63。从直观上来看,我国的货币乘数在2002—2019年,先升高,在2006年达到了一个高峰;此后出现了下降趋势;2012年以来增势迅猛。

我们之前已经讨论过影响货币乘数的几个因素。接下来结合中国的实际情况,就其中几个比较重要的影响因素(主要由非银行公众决定的现金漏损率、主要由商业银行决定的超额准备金率以及主要由中央银行决定的法定准备金率)做分析讨论。

图 10-7　2002—2019 年我国货币乘数变化趋势图

数据来源：CEIC，中金公司研究部。

（一）现金漏损率

现金漏损率源于商业银行体系现金漏损的现象，当银行客户从银行提取现金时，会使一部分现金离开银行体系，可以反映出公众对现金的偏好程度。现金流出银行体系会减小银行创造派生存款的能力，所以当其他条件不变时，现金漏损率的提高会导致货币乘数的下降。改革开放以来，我国的现金漏损率呈现出先上升后下降，总体呈现出下降趋势的特征。1992 年之前，由于中国出现比较严重的通货膨胀，物价上涨导致现金持有增多。在 1983—1985 年以及 1987—1988 年，我国面临着较为严重的通货膨胀，公众在通胀的时期更愿意持有现金保证流动性。此外，当时我国的金融市场还不是很发达，证券市场还没有建立，民众除了将现金存于银行基本没有其他的投资渠道。在通胀的情况下，民众纷纷从银行提取现金，并用现金购买实物资产，导致现金漏损率的上升。1992 年我国确立了社会主义市场经济制度作为国家的基本国策，之后银行业开始以市场为导向。在 1992 年后，我国经济持续增长，金融改革也逐步进行。民众会由于未来的不确定性（大宗付款如购买住房、养老等）而进行存款，或选择其他的财富储存方式，在金融市场上进行更多样化的投资。此外，当下使用银行卡转账消费等也十分方便，这也是导致现金漏损率下降的原因之一。根据数据，我国现金漏损率近年来呈现出下降的趋势，也会由于一些其他原因出现季节性波动。

（二）超额准备金率

超额准备金率是商业银行超过法定存款准备金而保留的准备金所占的比例。超额准备金不能用于发放贷款，从而减少了存款扩张的规模；在其他条件不变的情况下，当超额准备金率上升时，货币乘数下降。图 10-5 反映了我国近几年来超额准备金率的变化，从直观上看，我们可以发现近几年来我国金融机构的超额准备金率呈现出逐年下降的趋势。第一，超额准备金率受到法定准备金率以及超额准备金利率的影响。根据历史数据，中央银行法定准备金率的调整会导致商业银行超额准备金率的波动。此外，发达国家一般不对存款准备金支付利息,或者支付比较低的利息。但我国中央银行一直以来都支付了比较高的准备金利息,使得商业银行通过保留更多的存款准备金而获取无风险收益。根据中国人民银行的数据,我国超额准备金利率从1998年12月的3.24%下调到了2008年11月的0.72%,这一举措将迫使商业银行减少超额存款准备金。第二,金融市场的不断发展导致金融产品的种类也日益增多。我国货币市场交易活跃,银行间回购交易量成倍增长,拆借交易量大幅上升。根据《中国货币政策执行报告》,2019年,银行间市场债券回购累计成交819.6万亿元,日均成交3.3万亿元,同比增长14.3%;同业拆借累计成交151.6万亿元,日均成交6065亿元,同比增长9.7%。交易所债券回购累计成交238.9万亿元,同比上升3.4%。我国债券现券交易活跃,债券发行规模显著扩大。2019年,银行间债券市场现券交易213.7万亿元,日均成交8550亿元,同比增长42.9%。交易所债券现券成交8.2万亿元,同比增长29.4%。商业银行通过增持变现能力强的非信贷类资产可以提高流动性管理水平,从而降低银行对超额准备金的依赖。第三,资本市场的发展也使得商业银行通过上市采用资本市场融资的方式保持流动性,从而减少超额准备金的保存。第四,我国在2005年6月建设大额实时支付系统,2006年6月建设小额批量支付系统,这些支付清算体系的发展可以降低商业银行为了满足日常清算而保持的最低流动性。以上讨论的各个因素都导致近年来出现的超额准备金率下降的趋势。

(三)法定准备金率

我国从1984年中国人民银行专门行使中央银行的职能后建设了存款准备金制度,商业银行必须将吸收的存款按照一定的比率存入中央银行的账户。存款准备金制度的执行使得商业银行不能将全部的存款用于发放贷款,在其他情况不变的前提下,法定准备金率的提高也会导致货币乘数的下降。我们在基础货币的部分向大家介绍了中央银行在面临外汇占款上升时,往往采用提高法定准备金率或发行央行票据等方式进行对冲。根据《中国金融发展报告(2016)》,自2003年以来,在人民币升值预期和国际收支双顺差背景下,中国外汇占款快速上升,中国人民银行为了缓解货币扩张的压力,不得不通过发行央行票据和不断提高金融机构存款准备金率的方式来冻结流动性,进而冲销外汇占款对货币供给的影响。中国人民银行在2010年和2011年通过上调存款准备金率,分别回收了约1.66万亿元和1.85万亿元的流动性。但在之后,上述因素逐渐弱化,外汇占款的增速也开始下降,2015年还出现了负增长。大量的准备金也冻结了流动性,弱化了金融市场资源配置的能力。降低法定准备金率可以增加银行体系的流动性,促使市场利率下行,加上降准信号,可能会强化对政策放松的预期。2012年通过两次降准释放了约0.84万亿元的流动性,2015年前三季度累计降准三次,共释放约2.54万亿元的流动性(不包括定向降准)。根据《中国货币政策执行报告》,2019年三次下调金融机构存款准备金率,建立"三档两优"存款准备金框架,即存款准备金率基准档大体分为三档,并在此之上还有两项存款准备金率优惠政策。其中,1月和9月全面下调金融机构存款准备金率共1.5个百分点,释放长期流动性约2.3万亿元。自5月起分三次定向下调服务县域的农商行存款准备金率2至3.5个百分点至农信社档次,自10月起分两次下调仅在本省经营的城商行存款准备金率1个百分点。定向降准共释放流动性约4000亿元,全部用于发放小微、民营企业贷款。定向降准旨在鼓励中小金融机构服务当地,支持实体经济健康发展。需要说明的是,降低法定准备金率也可能导致本币贬值压力加大,资本流出增多,外汇储备下降,因此货币政策应当保持中性适度。有观点认为法定存款准备金政策不宜作为经常使用的货币政策,关于存款准备金政策的有效性也存在着一些争议。

【史海拾贝】中国存款准备金率的演变

根据近年来的法定准备金率的数据,我国近十年来的法定准备金率变动分为四个阶段,分别是"逐步调高期""小幅回调期""继续上升期"和"再度回调期"。(1)"逐步调高期"(2003年9月21日—2008年6月25日):这一时期我国实行统一的存款准备金率,除了2008年6月25日外,法定准备金率一直呈现递增的趋势。这个时期由于外汇储备增加,银行信贷增加,通货膨胀显现,出现了经济过热的现象,中央银行通过调高准备金率给宏观经济降温。(2)"小幅回调期"(2008年6月25日—2010年2月25日):这一时期国际经济形势低迷,中央银行采取放松银根的政策,降低准备金率,提振市场信心。(3)"继续上升期"(2010年2月25日—2011年6月14日):我国在金融危机全面爆发后推出了一揽子计划,累计投资了近4万亿元。这在后期导致了流动性过剩的问题,大量热钱进入房地产市场和资本市场,因此央行上调准备金率。(4)"再度回调期"(2011年6月14日至今):这一阶段我国经济增速放缓,人民币升值预期减弱并出现贬值态势,导致国际资本外流,为了缓解经济下行压力,中央银行降低准备金率,提高流动性。

小结

1. 我们一般以金融资产的流动性作为货币层次的划分依据。货币的流动性不同,流通速度不同,所形成的购买力也不同,从而对整个经济活动的影响程度也不同。各国央行依据流通性的差异对货币层次进行划分,确定货币供应量。

2. 从"交易媒介论"出发,货币的主要功能是交易媒介,狭义货币数量定义认为只有作为交易媒介的金融资产才是货币,包括通货和商业银行体系的支票存款。从"价值贮藏论"出发,广义货币数量定义认为货币具有价值贮藏功能,是"购买力的暂栖所",货币还应包括商业银行体系中的定期存款和储蓄存款。

3. 货币层次划分有重要的现实意义。可以通过不同层次的货币供应量指标分析国民经济的波动;通过考察不同层次货币对经济的影响,可以为中央银行调控货币供应量、制定货币政策提供依据。

4. 部分准备金制度和非现金结算制度是商业银行信用创造的两个前提条件。与全额准备金制度相对,部分准备金制度保证商业银行可以将一部分存款用于发放贷款。与现金结算制度相对,非现金结算制度使得人们在交易过程中可以不使用现金,商业银行发放贷款也可以不需要全额支付现金,为商业银行信用创造提供了前提。

5. 商业银行非常重要的特征是可以通过信用创造,以派生存款的形式扩张或者收缩存款货币。在不考虑现金漏损、银行不保留超额准备金、存款扩张或者收缩的过程不中断的情况下,存款的变动会导致整个银行体系的存款总额变动$\frac{1}{r_d}$(r_d为法定准备金率)。例如,假设法定准备金率为 10%,在前面的假设下,向银行系统存入 1 000 元人民币,将导致整个银行系统增加 10 000 元存款。

6. 货币供应方程式为:货币供应量=基础货币×货币乘数。在货币乘数一定时,如果基础货币增加,货币供给量将成倍地扩张;如果基础货币减少,货币供给量将成倍地缩减。

7. 基础货币是流通中的通货以及准备金的总和,中央银行通过公开市场操作、发放再贴现贷款等途径实现基础货币的投放。从来源看,是由货币当局投放并直接控制的那部分货币;从运用来看,基础货币由流通于银行体系之外的现金和商业银行的存款准备金构成。

8. 影响基础货币的主要因素有:政府的财政收支、黄金储备变化与国际收支状况、技术和制度性因素,以及中央银行的政策操作。

9. 货币乘数是基础货币增加或减少一个单位所引起的货币供应量增加或减少的倍数。在基础货币一定的情况下,货币乘数就决定了货币供给的总量。对应于狭义货币(M_1)和广义货币(M_2),货币乘数也可以区分为狭义货币乘数(m_1)和广义货币乘数(m_2)。其公式分别为:$m_1=\dfrac{M_1}{B}=\dfrac{k+1}{k+r_d+r_t t+e}$,$m_2=\dfrac{M_2}{B}=\dfrac{k+t+1}{k+r_d+r_t t+e}$(其中 B 表示基础货币,k 表示现金漏损率,t 表示公众持有的定期存款与活期存款的比例,r_d 表示活期存款法定准备金率,r_t 表示定期存款法定准备金率,e 表示超额准备金率)。与货币乘数有所差别,活期存款乘数 $d=\dfrac{1}{k+r_d+r_t t+e}$。

10. 影响货币乘数的因素有:超额准备金率、现金漏损率、定期存款与活期存款比率、法定准备金率。超额准备金率的影响主体是商业银行,其影响因素主要有:市场利率、借入资金的便利程度以及借入成本和贷款需求。现金漏损率的影响主体是非银行公众,其影响因素主要有:公众的流动性偏好程度、持有通货的机会成本和其他因素如税率、地下非法经济活动、支付习惯等。定期存款与活期存款比率的影响主体也是非银行公众,其影响因素主要有:存款利率、收入和财富。法定准备金率的影响主体是中央银行,主要由央行货币政策决定。

11. 我国的基础货币投放渠道主要有:中央银行的公开市场操作、再贷款与再贴现、购买外汇等。1984—1993 年是以再贷款为主;1994—2001 年外汇占款增加,与再贷款比例相当;2002 年之后以外汇占款为主;新时期中央银行应当从多角度优化与创新基础货币投放渠道。

12. 我国的现金漏损率呈现出先上升后下降,总体呈现出下降趋势的特征。超额准备金率近年来出现下降的趋势,主要由于以下原因:受到法定准备金率以及超额准备金利率的影响;金融市场的不断发展,使商业银行可以通过增持变现能力强的非信贷类资产提高流动性管理水平;资本市场的发展使得商业银行通过上市利用资本市场融资等。在不同的经济形势下,央行往往会调节法定准备金率,也有观点认为应当减少这一工具的使用。

关键词

流动性;狭义货币;广义货币;准货币;货币供给;部分准备金制度;准备金;法定存款准备金;超额存款准备金;原始存款;派生存款;存款乘数;货币乘数;基础货币;公开市场操作

 课后习题

1. 根据我国目前货币层次的划分,以下选项中属于准货币的有( )。
   A. 活期存款　　　B. 定期存款　　　C. 流通中现金　　　D. 股票
2. 一般我们将( )作为货币层次划分的重要依据,以下金融资产(E—H)中该性质最好的是( )。
   A. 流动性　　　B. 稳定性　　　C. 还原性　　　D. 兑换性
   E. 储蓄存款　　　F. 活期存款　　　G. 定期存款　　　H. 政府债券
3. 请简述中国以及美国的货币层次划分,并论述货币层次划分的意义。
4. 结合中国以及美国货币层次划分的实践分析金融创新对货币层次划分的影响,并在课外查找资料研究电子货币、虚拟货币的出现对货币层次划分的影响。
5. 请简述商业银行信用创造的前提以及整个过程。为了方便解答,假设没有现金漏损、商业银行不保留超额准备金、整个过程不中断,且法定准备金率为10%。结合之前的过程分析存款收缩模型和存款扩张模型有什么差别?(以增加10万元存款和减少10万元存款带来的影响分析,可以通过列表逐步分析的方法。)
6. 请写出下列情况相应主体的资产负债表的变动。(表10-34为表格示例,表格中的单位为万元,数字前用符号表示相对于变化前相关项目的数额变动,用"+"号表示增加,"—"号表示减少。)

表10-34　资产负债表示例

资　　产		负　　债	
某资产科目	增加用+表示	某负债科目	增加用+表示

(1) 中央银行向A银行购买了价值为100万元的有价证券,试写出中央银行、A银行的资产负债表的变动。

(2) 中央银行向B银行出售了价值为100万元的有价证券,试写出中央银行、B银行的资产负债表的变动。

(3) 中央银行向非银行公众购买价值为100万元的有价证券,非银行公众将其存入C银行或以现金形式持有,分别写出两种情况下中央银行、非银行公众、C银行的资产负债表的变动。

(4) 中央银行向非银行公众出售价值为100万元的有价证券,非银行公众使用D银行存款或以现金形式购买,分别写出两种情况下中央银行、非银行公众、D银行的资产负债表的变动。

(5) 中央银行向E银行发放一笔金额为100万元的再贴现贷款,试写出中央银行、E银行的资产负债表的变动。

(6) 中央银行向F银行收回一笔金额为100万元的再贴现贷款,试写出中央银行、F银行的资产负债表的变动。

7. 试讨论两种极端情况:(1) 商业银行不保留准备金,所获得的存款全额用于发放贷

款;(2)商业银行所获得的存款全部用于购买债券而不发放贷款。在这两种情况下,商业银行的信用扩张会有什么影响?

8. 假设某国公众持有的现金为800亿元,商业银行系统在中央银行的准备金存款为300亿元,商业银行系统的库存现金为200亿元,请问该国的基础货币为多少?

9. 将第6题中的情况进行进一步拓展,对于(1)和(5),假设法定准备金率为10%,超额准备金率为3%,现金漏损率为4%,不考虑定期存款比例,试讨论接下来的存款创造过程。

10. 结合第6题,中央银行投放基础货币的渠道有哪些?哪些因素会对其造成影响?

11. 假设现金漏损率为20%,活期存款法定准备金率为15%,定期存款法定准备金率为10%,定期存款比率为20%,超额准备金率为3%。请根据以上假设计算狭义货币乘数和活期存款乘数,并比较它们之间的差别。哪些主体、哪些因素会对货币乘数造成影响?

12. 结合所学知识,简述我国基础货币和货币乘数的特点。查找文献,总结我国基础货币与货币乘数的发展趋势以及对货币供应量的影响。

第十一章 货币需求

导 读

在第十章讨论货币供给之后,你自然想到货币需求(money demand)。中国改革开放以来,M_2 增长速度一直超过经济增长速度和物价涨幅之和,且两者的差距越来越大。近些年来,M_2 与 GDP 的比值也不断地上升。这些看似"超额"的货币需求来自哪里?19 世纪以来,经济学家对货币需求进行了研究,得出了怎样的结论?有人认为货币是蒙在实物经济上的面纱,只是一种名义符号;有人则认为持有货币有着不同的动机;还有人认为货币需求是稳定的。你对这些问题有着怎样的思考?

货币需求即宏观经济运行以及微观经济主体对货币的需求。从宏观角度来看,是指在特定条件下社会满足其执行相关功能所需的货币;从微观角度来看,是指微观经济主体愿意以货币形式持有的财富需求。本章将讨论货币需求理论,引导你寻找上述问题的答案。

第一节 传统的货币数量论

货币数量论(quantity theory of money)是一种以货币的数量来解释货币的价值或一般物价水平的理论,是古典经济学家们在 19 世纪和 20 世纪初期发展而来的,在 20 世纪 30 年代该理论发展到了巅峰。货币数量论在传统的货币需求理论中占据着非常重要的地位。货币数量学者认为货币只是覆盖在实物经济上的一层"面纱",是一种名义上的符号,对实物经济没有任何影响。由于在解释方法上有所不同,又形成了不同的学派,其中最具代表性的是现金交易数量说和现金余额数量说,接下来将对这两种理论进行详细的说明。

一、现金交易数量说

美国经济学家欧文·费雪(Irving Fisher,1867—1947)在其 1911 年出版的著作《货币的购买力》(*The Purchasing Power of Money*)中详细地阐释了其对货币数量论的理解,提出了非常著名的交易方程式(equation of exchange,又称费雪方程式):

$$M \times V = P \times T \tag{11-1}$$

在公式(11-1)中,M 表示一定时期内流通中货币的平均量,V 表示货币的平均周转次数或货币流通速度(velocity of money,也就是每一元在一定时期内用来购买最终产品或劳务的平均次数),P 表示一定时期最终产品或劳务的加权平均价格,T 表示一定时期最终产品或劳务的交易量。其中,货币流通速度 V 是把货币量 M 与总支出 $P \times T$ 联系起来的量,公式可以变形为:

$$V = \frac{P \times T}{M} \qquad (11-2)$$

【学习指导】货币流通速度

我们已经了解货币流通速度的定义,接下来通过简单的例子来加深对这个概念的认识。

在一个月的时间里,A 手中有 10 元,A 用这 10 元向 B 购买玉米;此时,B 获得了这 10 元,B 用这 10 元向 C 购买鲜花;C 拥有了这 10 元,之后,C 又用它向 D 购买了伞。在这一个月里,这 10 元在 4 个人之间转手了 3 次。换句话说,这 10 元行使了 3 次交易媒介的功能,起了 30 元货币的作用,其流通速度为 3。从这个例子可以看出,货币流通速度越快,所需的货币量越少。

接下来看看公式(11-1)的推导过程。实际上,费雪方程式本质上是一个恒等式,这个等式将货币需求与交易量联系起来,等号左边是货币需求量,右边是交易量。对于任何一次交易,必定会存在一个恒等式,即支出等于收入。我们将一定时期内所有的最终产品或劳务的交易全部加总起来,可以得到如下等式:

$$M \times V = \sum_{i=1}^{n} p_i q_i \qquad (11-3)$$

在公式(11-3)等号右侧中,p_i、q_i 分别表示一定时期内 n 种产品或劳务的价格以及数量,并以 P 作为 p_i 的加权平均,T 作为 q_i 的总计,表示在一定时期内的产品或劳务的交易量,我们就得到了公式(11-1)所示的交易方程式。

【学习指导】现金交易说-1

在某一年中,货币的流通速度为 5,也就是每元在这一年里被花费了 5 次,流通着的货币量为 1 000 亿元,那么这一年的货币支付总量为 5 000 亿元(根据 $M \times V$),这也意味着这一年中利用货币进行交易的最终产品或劳务的名义总价值为 5 000 亿元(根据恒等式 $M \times V = P \times T$)。

我们目前只讨论了费雪方程式(11-1)成立的原因,这是一个恒等式。接下来我们用这个等式来讨论费雪的货币数量论的观点。从费雪方程式可以看出:物价水平与流通中的货币量 M 和货币流通速度 V 成正比,与交易量 T 成反比。其中,尤为重要的是第一个关系。费雪在提出其观点时,还做了假设。首先,货币流通速度 V 由经济中的制度以及技术条件所决定,具体来说,主要包括个人习惯、社会支付制度、运输通信条件等。比如说社会支付制度这一因素,当社会上越来越多的人使用非货币的支付方式(如当下非常流行的信用卡消费等)时,交易所需要的货币就会减少,货币的流通速度 V 也会下降。而长期来看,社会制度以及技术条件的变化相对来说比较漫长,短期内也比较稳定,因此短期内货币流通速度比较稳定。我们回到本节学习指导中的示例。

【学习指导】现金交易说-2

在示例1中,我们假设货币量 M 为1 000亿元,现在假设货币量 M 翻倍。由于货币流通速度 V 保持不变,根据公式(11-1),名义交易价值(PT)也将翻倍,从原来的5 000亿元变成10 000亿元。

此外,公式(11-1)中的交易量 T 取决于生产要素(资本、劳动力等)的供给以及生产技术水平,在正常情况下,若资本和劳动力都达到充分利用,交易量 T 也将保持不变。现在公式(11-1)中货币流通速度 V 与各种商品或劳务的交易量 T 在一定时期内都保持稳定,各类商品或劳务的平均价格 P 随着货币量 M 的变化而变化。我们得到结论:物价水平的变动取决于货币供应量的变动。为了更好地理解这一结论,我们进一步研究学习指导中的示例。

【学习指导】现金交易说-3

示例2假设货币量 M 翻倍。由于货币流通速度 V 保持不变,名义交易价值(PT)也将翻倍。现在我们进一步假设各种商品或劳务的交易量 T 也保持不变,那么 M 翻倍的结果就是加权平均价格 P 也翻倍,换句话说,物价水平上涨了一倍。这个示例表明了由于货币数量 M 的变动导致了物价水平的变动,这是货币数量论非常重要的一个结论。

前面我们一直研究的是交易量 T,而在现实生活中,T 的资料的获得并不容易,且民众更关心的是国民收入 Y,我们也可以将交易方程式改写成以下的形式:

$$M \times V = P \times Y \tag{11-4}$$

在公式(11-4)中,Y 代表以基期价格表示的一年中生产的最终产品或劳务的总价值,也就是实际国民收入(或实际GDP);P 代表用价格指数表示的物价水平,所以 PY 也就是名义国民收入(或名义GDP)。那么,学习指导中的示例将更贴近我们的生活,也请读者按照前面的思路再做一次分析。

【学习指导】现金交易说-4

这个示例中依旧假设这一年中货币流通速度为5,货币供应量为1 000亿元,那么名义国民收入为5 000亿元(根据 $M \times V = P \times Y$)。如果货币供应量翻倍,名义国民收入也将翻倍,增大为10 000亿元。而实际总产出 Y 由于在充分就业条件下保持不变,假设为5 000亿元,那么货币供应量翻倍前的物价水平为1,货币供应量翻倍后物价水平变为2,也翻倍上升了。在这一实例中,我们又一次看到了物价水平随着货币数量的变化而变化。

我们也可以进一步得到现金交易数量说的货币需求公式,将公式(11-4)变形得到:

$$M = \frac{1}{V} \times PY \tag{11-5}$$

此外,在货币市场均衡条件下,人们的货币需求量 M^d 与持有的货币数量 M 相同,我们可以得到货币需求函数:

$$M^d = \frac{1}{V} \times PY \tag{11-6}$$

从这个式子中可以知道,将 V 看作常数,货币需求只是收入的函数,利率对其没有任何影响。具体来说,货币需求受名义收入 PY、经济制度以及技术条件决定的流通速度 V 的影响。

二、现金余额数量说

在费雪提出现金交易数量说,主张货币价值由现金交易来决定的同时,剑桥学派也提出了他们的观点,包括马歇尔(Alfred Marshall,1842—1924)、庇古(Arthur Cecil Pigou,1877—1959)等人,他们更加注重研究微观主体的行为,认为货币价值由备用现金的总值(现金余额)决定。剑桥学派认为货币是一种资产,经济体系中的微观个体的货币需求,实质上就是选择通过何种形式持有资产。这强调了人们的主观货币需求,即人们决定自己手中持有多少货币。

马歇尔最早提出其主张,庇古等人之后也提出了相近的看法。马歇尔在 1923 年出版著作《货币、信用与商业》(*Money*,*Credit and Commerce*),现金余额数量说形成了一个较为完整的体系。马歇尔认为,人们会将其收入的一部分以货币形式保存,人们的财富水平、社会的利率高低等因素决定着人们将持有多少比例的货币。具体来说,人们收入的去向主要是为了便利和安全持有货币、进行消费交易和满足投资需求,人们持有货币的数量也正是取决于这三个目的的均衡。这些思想也对凯恩斯的学说产生了影响,关于凯恩斯的货币需求理论,会在下一节向大家介绍。接下来用数学表达式的形式表达现金余额数量说。假设其他条件不变,名义货币需求与名义收入水平是成比例的,于是有:

$$M^d = k \times PY \tag{11-7}$$

由于现金余额数量说由剑桥学派提出,故公式(11-7)又被称作剑桥方程式(equation of Cambridge)。公式(11-7)中 M^d 表示货币存量,也就是所谓的现金余额;k 是一个比例系数,表示人们愿意以货币形式持有的财富占名义收入的比例(货币量与国民收入的比率);P 表示一般物价水平;Y 表示总收入;PY 也就是名义总收入。1917 年,庇古在《经济学季刊》上发表了"货币的价值"(The Value of the Money),提出了上述公式,将马歇尔的理论数学化。公式(11-7)中,Y 由于在充分就业情况下,生产要素充分利用,达到潜在生产水平,我们将其看作常数。此时,货币需求量取决于 k 和 P 的变化。k 的变动取决于前面我们描述的三种收入去向的均衡,如果将其他视作常数,P 就与 M 成比例变动,我们得到了费雪方程式的结论。之后我们还将与费雪方程式进行进一步比较。

【扩展延伸】关于剑桥方程式

公式(11-7)并不是庇古等人提出的最原始的方程,我们来看看当时提出的用小麦表示全部商品价值量的方程式。

$$P = \frac{KR}{M} \tag{11-8}$$

公式(11-8)中,R 为全社会以小麦表示的国民收入,K 为 R 中人们愿意以货币形式储存的比例,那么 KR 就表示以货币形式储存的总量,M 表示货币存量,P 代表以小麦表示的价格。那么大家可能会发现一个问题,将公式(11-8)写成没有分式的形式,将得到 $PM = KR$,与剑桥方程式(11-7)有些差异。事实上,在公式(11-8)中,P 是以小麦为单位的,而之前的 P 均是以货币作单位,因此会有这样的差异,而本质上是一样的。庇古在其编著的《应用经济学论文集》中就解释了公式(11-8)与费雪方程式的关系。

参考文献:

郭家麟,《现代资产阶级货币学说——从费雪到弗里德曼的发展》,《财经研究》1980 年第 3 期。

三、费雪方程式与剑桥方程式的比较

通过前面对现金交易数量说和现金余额数量说的解读,大家应该可以发现费雪方程式与剑桥方程式有一定的相似之处。观察公式(11-1)和公式(11-7),将公式(11-1)变形可以得到:

$$M = \frac{1}{V} \times PT \tag{11-9}$$

将得到的公式(11-9)与公式(11-7)比较,将费雪方程式中的交易量 T 用总收入 Y 代表,并将 $\frac{1}{V}$ 替换为系数 k,当货币市场处于均衡状态时,货币需求量 M^d 与货币数量 M 相同,此时,两个模型在形式上是一样的。费雪方程式也可以理解为货币需求量为总交易量的一个比例。决定系数 k 和流通速度 V 的因素也有相似之处,两种解释方法的结论也相似。那么,费雪方程式与剑桥方程式有什么差别呢？通过前面的学习,读者也可以自行整理解答这个问题。

(1) 两者在对货币需求分析时的侧重点不同。费雪方程式强调的是货币的交易媒介的功能,剑桥学派也赞同费雪主张的交易媒介功能,除此之外,剑桥学派更加强调货币的价值贮藏功能,将其视作一种资产。

(2) 费雪方程式分析的方法侧重于货币流量分析,更加注重某一时期货币支出的数量、速度等；而剑桥方程式分析的方法侧重于货币存量分析,更加注重某一时点货币的持有,探讨存量占收入的比例。经济学家罗伯逊(Dennis Holme Robertson,1890—1963)曾指出,费雪方程式的货币是"飞翔的货币"(Money on the Wing),剑桥方程式的货币是"栖息的货币"(Money Sitting)。

(3) 费雪方程式是从宏观角度对货币需求进行分析,研究社会经济制度以及技术条件;而剑桥方程式是从微观角度对货币需求进行分析,研究人们持有货币的动机。

(4) 两者所强调的决定货币需求的因素不同。对于费雪方程式,在交易量与价格水平一定的情况下,我们能在一定的货币流通速度下得出货币需求量,而利率对货币需求没有影响。影响货币流通速度的因素我们也在之前着重分析过。但是剑桥学派在利率是否影响货币需求上与费雪的观点不同。对于剑桥方程式,在考察个体持有货币的动机后,我们得出结论,货币需求量还受到其他资产收益率等的影响,也就是说持有货币有机会成本,经济中的微观主体必须在不同目的的均衡中决定其货币需求。

第二节 凯恩斯的货币需求理论

本章第一节为大家介绍了两种货币数量论的观点,其中,剑桥学派提出将货币看作一种资产,并分析影响货币需求的各种因素。凯恩斯早期也是剑桥学派的一员,1930年出版《货币理论》,其货币理论开始发生转变。凯恩斯继承了剑桥学派的研究方法,并对影响货币需求的因素进行深入的研究,全面地分析了人们持有货币的各种动机。1936年,凯恩斯的《就业、利息和货币通论》(*The General Theory of Employment, Interest and Money*,简称《通论》)一书出版,标志着其独树一帜的学说形成。他提出货币需求不仅受收入影响,也受利率影响即流动性偏好理论,取代了原来占据主导地位的货币数量论。

【扩展延伸】凯恩斯与《通论》

20世纪30年代之前,在西方经济学界占主导地位的是古典经济学理论,主要强调市场作用,认为经济可以在市场的供求条件下达到充分就业的均衡状态,并使产出达到潜在水平。我们在前文已经了解凯恩斯早期也赞同古典经济学理论的观点。

一战结束后,英国虽然是战胜国,但遭受战争的严重摧残,战后又遭遇长期的经济失调与严重的失业问题。凯恩斯当时的政策主张虽然是基于古典经济学提出的,但从中已经发现一些偏离传统经济学的思想。例如面对严重的失业问题,凯恩斯认为自由放任不能解决问题,提出增大政府的公共开支,促进就业。

1929—1933年爆发了历史上最严重的经济危机,工商业大幅倒退,英国的经济水平可能倒退到1897年。古典经济学的很多理论已经无法解释大萧条中的经济问题。凯恩斯的思想发生明显的转变。1936年,他发表了《通论》,引起经济学界的革命,也成就了凯恩斯学说。凯恩斯认为,出现大萧条的原因是有效需求不足,一国的就业水平也由其决定;提高有效需求需要政府的积极干预。此后许多国家开始采用凯恩斯的理论制定政策。

一、持有货币的三种动机

我们在第二章介绍利率的流动性偏好理论时,曾简单讨论过凯恩斯学派的持有货币的三个动机,本节对此进行详细分析。

凯恩斯认为，货币需求取决于人们以货币形式保持部分资产的意愿，也就是流动性偏好。我们获得货币收入后，通常需要做出两个决定：第一是决定收入中多少用于消费，多少用于储蓄，即时间偏好选择；第二是决定储蓄的部分以怎样的形式持有，多少以现金形式持有，多少用来购买债券，即流动性偏好选择。其背后有三种动机：交易动机、预防动机和投机动机。这三种动机产生了三种类型的货币需求。

在古典理论中，货币有交易媒介功能，因此个人或企业需要持有货币，交易动机正是承袭了前人理论。收入的获得与支出总存在时间差，我们可以将货币转化为其他资产，但为了应付一段时间内的日常交易仍需要持有一定量的货币。凯恩斯认为，交易动机的货币需求主要决定于收入的数量，并与收入的数量成正比。

除了交易动机，还存在预防动机。由于交易动机持有的货币用于应付日常的支出，我们一般事先已经确定好了其支出的时间、金额、用途等等，但是未来总会存在不确定性，生活中也常常会有一些未曾预料到的意外或者突然出现的有利时机需要货币支出，因此我们会在日常支出外再留出部分货币用于满足预防动机。凯恩斯认为，预防动机的货币需求也主要取决于收入，并与收入成正比。如何理解这一关系呢？试想，一个衣食华丽的大老板与一个入不敷出的小职员，谁会留存更多的货币用于预防动机呢？自然是前者，因为后者获得的工资主要用于维持生计，哪还能为预防动机保留更多的货币？

凯恩斯还提出投机动机，大大丰富了古典理论的内容，是凯恩斯理论的一个创新。交易动机与古典经济学家的分析比较类似，预防动机更强调了不确定性，超越了古典理论的分析，但这两者引起的货币需求主要都取决于收入的大小，并没有对古典理论形成巨大的冲击。而凯恩斯对投机动机的分析所得出的利率在其中的重要影响作用，才使其理论产生巨大反响。

凯恩斯将用于财富贮藏的资产分成两类：货币和债券。当货币的预期回报率高于债券的预期回报率时，人们会选择持有货币；反之，人们会选择持有债券。凯恩斯假设货币的预期收益率为零（由于凯恩斯生活的年代，支票存款均不支付利息）。事实上，我们之后研究的是一个相对水平，货币的预期收益率是否为零并不重要。而相对于货币，债券的报酬来源于利息收入与预期资本利得。利息收入与利率直接相关，预期资本利得是指卖出债券与买入债券之间的价格差。在分析之前，请回顾第二章利率与债券价格的关系：债券价格与利率有反向变动的关系，利率上升，债券价格会下降。因此，预期资本利得与利率波动也存在关联。此外，凯恩斯假设每个经济体系中的微观主体都会认为利率趋向于一个正常值。当利率低于正常值时，人们会预期它上升；而当利率高于正常值时，会预期它下降。

现在来分析利率对投机性货币需求的影响。当利率处于低于人们心中的正常值的水平时（更加直观的分析见图 11-1a），获得的利息收入较少（Ⅰ），并且人们预期利率会上升（Ⅱ），那么债券的价格就会下降（Ⅲ），从而预期资本利得为负值，出现资本损失（Ⅳ），资本损失甚至会超过利息收入（Ⅴ）。综合上述两方面的因素，利率较低时，预期收益率可能是负值，低于货币的预期收益率（Ⅵ），所以人们会选择持有货币。反之，当利率处于高于人们心中的正常值的水平时，债券对人们的吸引会很大，人们会选择持有债券，这一过程请读者自行分析（同时请完成图 11-1b 的流程图）。所以我们得出结论，投机动机的货币需求与利率水平呈负相关。如果人们心中利率的正常值发生变化，投机动机的货币需求也会发生变化。

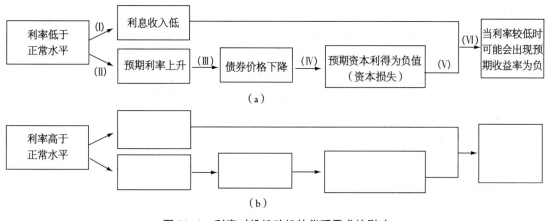

图 11-1 利率对投机动机的货币需求的影响

【学习检查】三种动机

请举出现实生活中的例子来解释上面我们所介绍的三种动机。

【学习指导】三种动机的具体实例

通过前面的学习,我们已经对流动性需求模型的三种动机有了一定的认识,接下来将以更加直观的例子来为大家解读这三种动机。

交易动机:假设你领到了上个月的工资,你一定不会将之全部存入银行的定期存款账户或者储蓄存款账户,因为你在接下来的生活中还会有很多日常的开支,这些都是你可以预计到的,你会提前计划着多少比例的工资以货币形式(现金或支票存款)保存在身边。接下来的这个月,你将会花费各种日常开支,如餐饮费、水电费等等。这部分货币需求就是由于交易动机产生的货币需求。

预防动机:依旧是你获取的这上个月的工资,除了交易动机产生的货币需求外,你还将会遇到下面的这些状况促使你留存更多的货币。(1) 有一天你需要支付一笔现金,比如说生病住院,或者你需要比以往支付更多的现金,比如日用品涨价;(2) 又或者发现有台你一直想买的电脑正在打折促销,而且仅限于这个月,你会怎么办? 第(1)类情况,也就是前面我们说过的"未曾预料到的意外";第(2)类情况,也就是前面我们说过的"突然出现的有利时机"。面临这些情况,我们必须要手头持有更多的货币,这些货币需求就是由于预防动机而产生的。

投机动机:在这个月工资剩余的那部分里,你除了满足上面两种货币需求,还会决定是否购买一些债券,那么购买债券和持有货币两种选择如何权衡,就会涉及利率的问题。假设你现在打算购入三个月的债券,现在的市场利率很低,你预计它未来会上涨,但是你分析得出债券的价格会下降,你三个月后可能会损失,并且利息收入也不能弥补这部分损失。此时,你就会决定持有货币。这部分货币需求就来源于投机动机。

二、凯恩斯的货币需求函数

前面我们已经学习了三种动机产生的货币需求,接下来进一步给出凯恩斯的货币需求函数,并研究其特点。

交易动机与预防动机有一定的区别:交易动机导致的货币需求与日常支出相关,其支出时间、金额往往都可以大致确定;预防动机导致的货币需求所满足的支出往往都是为了应付意外支出,带有一定的不确定性。但是两者又都是为了满足商品的交换媒介,又都取决于收入的大小,并与收入呈正相关。我们把这两者产生的货币需求统称为交易性货币需求,并用 M_1 来表示。此处的 M_1 与本章第一节货币层次划分中的狭义货币 M_1 含义不同,请读者通过文义加以区分。

【学习检查】交易性货币需求

请读者根据所学的交易动机与预防动机产生的货币需求的特点总结交易性货币需求的特点。

【学习指导】交易性货币需求的特点

(1) 货币在这部分货币需求中起到的主要功能是交易媒介,主要用于满足商品或劳务的交易。由于这部分货币需求主要满足日常生活中一些固定的开销或者临时的需求,总体来说比较稳定。

(2) 交易性货币需求取决于收入的大小,是收入的递增函数;又对利率不敏感,即便手中持有货币会导致利息收入的损失,但是日常的开销是不可避免的,手中一定会存有一部分货币。

综合以上分析,我们得出 M_1 的函数关系式:

$$M_1 = L_1(Y) \tag{11-10}$$

公式(11-10)中 M_1 表示交易动机与预防动机产生的货币需求,也即交易性货币需求,Y 为收入,L_1 表示 M_1 与 Y 之间的函数关系(如图 11-2)。

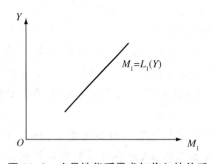

图 11-2 交易性货币需求与收入的关系

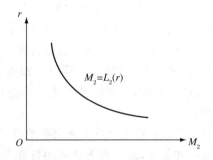

图 11-3 投机性货币需求与利率的关系

投机性货币需求主要与利率有关,并且两者呈负相关。用 M_2 表示这部分货币需求,则 M_2 的函数关系为:

$$M_2 = L_2(r) \tag{11-11}$$

公式(11-11)中 M_2 表示投机动机产生的投机性货币需求,r 表示市场利率,L_2 表示 M_2 与 r 的函数关系,两者呈负相关,即 $M_2 = L_2(r)$(如图 11-3)。需要说明的是,如果人们预期未来的正常利率发生变化,那么货币需求将发生变动,函数图形也将发生移动。

我们曾在第二章提到过流动性陷阱,在了解货币需求函数图形之后,请读者参照图 11-3 尝试画出在流动性陷阱情况下可能出现的货币需求与利率的关系(参考图 11-4)。

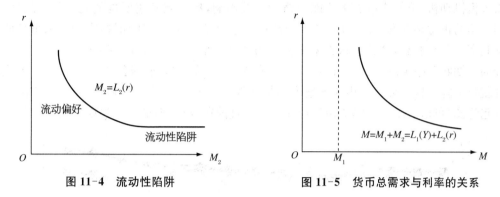

图 11-4 流动性陷阱　　　　　　　图 11-5 货币总需求与利率的关系

将这两部分货币需求结合起来,可以得到凯恩斯货币需求函数,用 M 表示货币总需求,关系式如下:

$$M = M_1 + M_2 = L_1(Y) + L_2(r) \tag{11-12}$$

从公式(11-12)可以看出凯恩斯的货币需求函数与收入 Y 和利率 r 相关,并且与 Y 呈正相关,与 r 呈负相关,即 $M = M_1 + M_2 = L_1(Y) + L_2(r)$。在收入一定时可以得到货币总需求的函数图形(如图 11-5)。

【扩展延伸】凯恩斯货币需求函数的另一种表达形式

如果考虑物价因素,我们可以得到实际货币需求的表达式。用 P 表示物价水平,则 $\dfrac{M}{P}$ 即为实际货币需求;用 Y 表示实际收入,L 表示实际货币需求与实际收入和利率间的关系。我们可以得到:

$$\frac{M}{P} = L(Y, r) \tag{11-13}$$

其中,$\dfrac{\partial L}{\partial Y} > 0, \dfrac{\partial L}{\partial r} < 0$。

在研究完凯恩斯的货币需求函数后,我们来进一步讨论其特点。首先,我们先给出货币流通速度 V 在凯恩斯的货币需求函数的情况下的表达式。公式(11-2)已经告诉货币流通速度的计算方式,将凯恩斯货币需求函数中的相关量代入可以得到:

$$V = \frac{PY}{M} = \frac{PY}{M^d} = \frac{PY}{L_1(Y) + L_2(r)} \tag{11-14}$$

传统的货币数量论视货币流通速度为常数,从公式(11-14)可以看出货币流通速度与货币需求呈反向关系,当利率发生变动时,投机性货币需求 $M_2 = L_2(r)$ 发生变动,货币需求 M^d 也发生变动,最终导致货币流通速度 V 发生变化。由于市场利率的波动,货币流通速度也会发生波动。传统的货币数量论由于忽略了投机性货币需求的存在,认为在制度因素以及技术条件比较稳定的情况下,货币流通速度在短期内变化较小。而事实上,凯恩斯的模型中引入投机动机,致使货币需求不能忽略利率的影响,货币流通速度也随之变化。此外,当人们预期的正常利率发生改变时,货币流通速度也会发生改变。比如说,人们对未来预期的正常利率比现在要高,这就意味着未来债券的价格会下降,那么人们将遭受资本损失,所以债券的预期收益率下降,人们会选择持有货币,货币需求增多,根据公式(11-14),货币流通速度就将下降。这是导致货币流通速度不是常数的另一个原因。图11-6为中国货币流通速度趋势图,可以看出中国的货币流通速度也一直都在波动,不是一个常数。

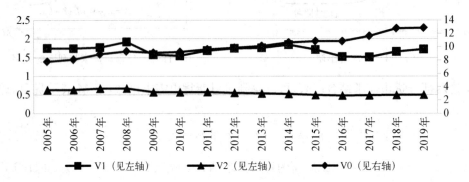

注:① 本图货币流通速度计算方法为 $V_i = \dfrac{GDP}{M_i}$ $(i = 0, 1, 2)$,分别表示不同的货币层次的流通速度。
② GDP 数据来自国家统计局,M_2 数据来自中国人民银行。

图 11-6　中国货币流通速度变化趋势图

接下来我们来探讨凯恩斯的货币需求函数的特点。首先,货币需求是不稳定的。凯恩斯的创新之举就是强调了利率在货币需求中的作用,正是由于利率的波动,货币需求自身是不稳定的。此外,我们曾分析过人们预期到正常利率变动对货币需求函数的影响,这也会导致货币需求的不稳定。其次,在货币需求不稳定的情况下,货币流通速度也会发生变动,与传统的货币数量论观点不同。最后,传统的货币数量论认为名义收入由货币量决定(因为 V 在一定条件下是一个常量,根据货币数量论的公式,PY 由 M 决定),而由于凯恩斯的货币需求函数意味着货币流通速度波动较大,这一关系将不存在。交易方程式(11-1)是一个恒等式,在 V 不变的前提下,我们由交易方程式得出结论,而现在 V 也会波动,那么结论也将不再成立。

【扩展延伸】凯恩斯货币需求函数的评价

凯恩斯货币需求理论的提出是经济理论的一场革命,抨击了古典经济学的三个原则。其一是"萨伊定律",即供给创造需求;而凯恩斯认为需求创造供给,为了使得发达国家走出困境,政府应当主动介入刺激需求。其二,古典经济学认为,储蓄决定投资,在利率的调节下,储蓄与投资相等;而凯恩斯认为利率由货币的供求决定,产量或收入水平调节储蓄与投资的均衡,且投资决定储蓄。其三,古典经济学认为,劳动市场是完全竞争的,工资具有完全的弹性,可以调节劳动的供求导致充分就业;而凯恩斯认为由于很多原因的存在,工资在一定程度上是刚性的,无法实现劳动的充分就业。古典经济学主张"二分法",即名义变量与真实变量的区别,名义变量对真实变量没有影响,货币供给只会导致物价(名义变量)上涨,而对实际产出(真实变量)没有影响。而凯恩斯则摒弃了这种"二分法",并提出其有效需求理论。

凯恩斯的货币需求理论为货币理论做出了重要的贡献。凯恩斯深入地分析了货币需求的三大动机,在其流动性偏好理论中强调了利率这一重要因素,否定了传统的货币数量说提出的货币数量决定价格水平的观点,使得货币成为促进宏观经济发展的一个重要因素。这对于政府的积极宏观调控也提供了理论依据。此外,凯恩斯还提出了货币调控的传递机制。他将利率作为联结货币与产量的纽带,分析货币数量对于产出的影响。这否定了货币数量论学者主张的货币只是覆盖在实物经济上的一层"面纱",也摒弃了古典经济学中的"二分法"。

同时,凯恩斯的货币需求理论也受到批评。例如温特劳布(Weintraub)认为,货币需求不仅由需求因素决定,而且还受到货币供给的影响。货币市场的参与者会根据货币政策对未来的利率水平加以预期(也就是前面我们所说的预期的正常利率水平)。当预期的正常利率变动时,货币需求也会变化,对应地,其图形也会发生移动。如图11-7所示,M为货币供给函数(由央行控制,视作常数),D为货币需求函数,由此得到均衡利率为r。当货币供给从M增加到M',利率从r下降到r'。而公众会因为该货币政策对未来正常的利率水平进行预期。如果公众认为这是央行放松银根的预兆,那么预期的正常利率下降,货币需求曲线移动至D',利率也发生变化;如果公众认为这只是暂时现象,货币供给增加又导致汇率上升、物价上涨,并进一步预期央行将被迫紧缩银根,那么预期的正常利率上升,货币需求曲线则移动至D''。

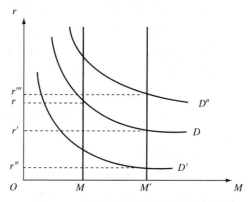

图11-7 货币需求受货币供给的影响

第三节 凯恩斯理论的发展

凯恩斯提出了产生货币需求的三种动机,即交易动机、预防动机与投机动机,并在此基础上提出了其货币需求理论。凯恩斯认为,货币不仅仅只是作为交易媒介,同时也具有价值贮藏的功能,强调了利率这一重要因素的影响。二战后,一些经济学家们开始采用凯恩斯的研究方法,也发现了凯恩斯理论中的一些缺陷,针对这些缺陷,经济学家们提出了更精确的理论来解释凯恩斯提出的三种动机。这些研究也主要集中在利率对货币需求的影响上。

一、鲍莫尔的存货模型

我们在学习凯恩斯的货币需求理论的交易动机时,曾说明过可以将货币转化为其他的资产保存,但为了应付日常交易,必须持有一定量的货币,并且交易动机的货币需求主要取决于收入的数量。而之后的经济学家在研究这一动机时,发现利率也会对交易动机产生的货币需求带来影响。因为经济主体通常根据收益最大化做出选择,我们可以把暂时不用的现金转化为生息资产保存,需要现金时再将其变现。鲍莫尔(William Jack Baumol,1922—)和托宾(James Tobin,1918—2002)各自独立地推导出了受利率影响的货币需求模型,被称为鲍莫尔模型或鲍莫尔-托宾模型。

鲍莫尔将现金余额看作一种存货,即货币存货,这种存货可以随时用来进行交换。用鲍莫尔的原话来说:"一个企业的现金余额通常可以看作为一种存货——一种货币的存货,这种存货能被其持有者随时用来交换劳动、原料等。这种存货同鞋子制造商准备随时用以交换现金的鞋子的存货并没有本质的区别。"因此将这个模型又称作鲍莫尔存货模型。鲍莫尔认为,人们持有货币(假设货币没有利息)是有机会成本的,即如果购买生息资产会带来的利息收入。若持有生息资产,在生息资产变现时,人们需要支付一定的交易成本(如买卖生息资产时经纪人的手续费、交易所花费的时间成本等)。正是由于这些成本的存在,我们在做决策时就会面临一个两难抉择:如果持有货币,就会损失将这部分货币转换为生息资产带来的利息收入;而如果想少持货币,那么就必须经常性地将生息资产变现满足日常交易,并且还要支付交易成本。那么应当如何权衡做出明智选择呢?接下来用简单的数学模型进行推导。

首先,鲍莫尔在分析时做了一些假设。

(1)人们有规律地每隔一定时间获取一笔收入(因为每个月都会有固定的工资收入),用 Y 来表示。在这段时间内,收入用于连续、均匀地支出。

(2)人们选择短期债券作为生息资产,因为短期债券变现较容易且安全性强。

(3)人们间隔一定的时间将债券变现,每次变现间隔的时间和变现额都相等,用 k 来表示出售债券的金额。

为了能够在上述两种决策中做出权衡,将存货的成本量化。现金存货的成本有:(1)每次将债券变现时所支付的交易成本(即出售债券时所支付的手续费、交易所花费的时间成本等),用 b 表示。(2)持有现金所牺牲的机会成本,也就是将其置换成债券可以获得的利息,用 r 来表示利率。并用 C 来表示总成本,C_1、C_2 表示两部分成本,即(1)、(2)两部分的加总。

在这些假设基础上可以推导公式。支出总额也就是收入为 Y,每次变现额为 k,那么在一个期间内,需要进行变现 $\frac{Y}{k}$ 次,每次变现的交易成本为 b,那么总交易成本 $C_1 = b \cdot \frac{Y}{k}$;对于持有现金的机会成本,需要用平均交易余额的概念加以理解。如图11-8,根据假设,每次变现 k 后,用于连续、均匀地支出,当现金余额变成0时,进行下一次变现。这样,手中的平均现金余额(如图中虚线标示处)为 $\frac{k}{2}$。这些现金如果置换成债券的利率为 r,那么可以获得的利息为 $r \cdot \frac{k}{2}$,这部分机会成本 $C_2 = r \cdot \frac{k}{2}$。总成

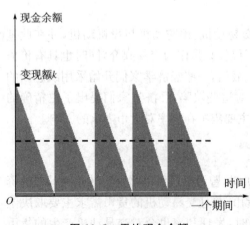

图11-8 平均现金余额

本 $C=C_1+C_2$，即：

$$C = b \cdot \frac{Y}{k} + r \cdot \frac{k}{2} \tag{11-15}$$

在得到公式(11-15)后，我们用数学方法来解决前面遇到的两难抉择。为了能够求得总成本 C 最小时的变现额 k，将 C 对 k 求一阶导数，并令其为 0，即：

$$\frac{\partial C}{\partial k} = -b \cdot \frac{Y}{k^2} + \frac{r}{2} = 0 \tag{11-16}$$

由方程(11-16)，解得：

$$k = \sqrt{\frac{2bY}{r}} \tag{11-17}$$

解(11-17)可得到每次将债券变现 $\sqrt{\frac{2bY}{r}}$，可以使得持有现金的总成本最小。这就是著名的"平方根公式"。这样，我们手中持有的平均现金余额就是 $\frac{k}{2} = \frac{1}{2}\sqrt{\frac{2bY}{r}}$，换句话说，最适宜持有的现金额为 $\frac{1}{2}\sqrt{\frac{2bY}{r}}$。如果将物价因素考虑在内，即实际平均交易余额为 $\frac{M}{P}$，代入以上结果，得到：

$$\frac{M}{P} = \frac{1}{2}\sqrt{\frac{2bY}{r}} \tag{11-18}$$

这就是著名的"平方根公式"，或者改写成以下形式更便于观察结论：

$$M = \frac{\sqrt{2}}{2} b^{\frac{1}{2}} Y^{\frac{1}{2}} r^{-\frac{1}{2}} P \tag{11-19}$$

从以上各个表达式中均可以看到：当收入 Y 或者交易成本 b 增加时，适宜的现金持有量将会增加；当利率 r 上升时，适宜的现金持有量会减少。从这个推理过程，我们也可以清楚地看到交易动机产生的货币需求与利率变动的负相关关系。并且，从公式(11-19)还可以进一步得到：交易动机货币需求的收入弹性和利率弹性分别为 $\frac{1}{2}$ 和 $-\frac{1}{2}$。

【学习检查】鲍莫尔的存货模型

请读者举出实例来阐述鲍莫尔的存货模型，进一步加深对这个模型的理解。

【学习指导】鲍莫尔存货模型的实例

我们以生活中的实例帮助大家更好地理解鲍莫尔存货模型。

假设小王每月工资 6 000 元，于每月月初收到这笔资金。在每个月里，他会将这 6 000 元均匀地用于日常交易(这里有为了建立经济模型的理想化处理)。下个月月初，他又会获得一笔新的收入，也是 6 000 元，并进行同样的操作。与图 11-8 相似的，我们可以作出图 11-9，大家应该可以很快得到答案，平均现金余额为 3 000 元。但是由于现金没有利息收入，所以这一年小王将不能获得任何利息收入。

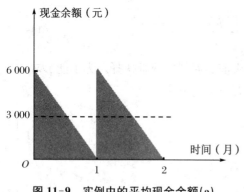

图 11-9　实例中的平均现金余额(a)　　　图 11-10　实例中的平均现金余额(b)

所以小王决定换一种方式来分配自己的现金。在1月初,小王决定将6 000元中的一半以现金形式持有,剩下的一半用来购买债券(为了计算方便,假设债券的月利率为1‰)。按照原来的消费方式,半个月后,小王手头持有的3 000元就已经消费完了,手中的现金余额为0。于是,小王将债券变现,获得3 000元本金的同时,小王还将获得利息15元(3 000元×1/2×1‰=15元)。如果交易成本低于15元,小王就额外获得了一笔收入。接下来的这半个月,小王会像以前那样将3 000元消费完。这个过程如图11-10,平均现金余额为1 500元。如果根据公式 $V = \dfrac{PY}{M}$ 计算一年里货币的流通速度,由于收入不变,而平均现金余额减为一半,可以发现,货币的流通速度翻倍了。

那么到底拿出多少货币来购买债券才能够得到最多的收益呢?这就又面临了前面讨论的两难问题。根据前面的数学推导,我们就可以计算出合理值,也是收益最大化的结论。

20世纪50年代之后,鲍莫尔的存货模型受到了经济学界的重视,对货币政策的制定也产生了一定的影响。这些影响可以从以下几个角度来概括:

(1) 鲍莫尔的存货模型从人们保持适量现金用于交易,将闲置的部分购买生息资产的现象出发进行研究,是凯恩斯的货币需求理论中交易动机的发展,证明了交易动机产生的货币需求也会受到利率变动的影响。这为利率作为货币政策的传导机制提供了进一步证明,并且向货币政策制定者指出,货币政策是否产生作用要看货币政策对利率的影响。

(2) 根据"平方根公式",假设利率与物价这两个变量不变,由于交易动机货币需求的收入弹性和利率弹性分别为 $\dfrac{1}{2}$ 和 $-\dfrac{1}{2}$,绝对值均小于1,也即增加一定的货币量会导致收入更高比例的增加。所以在施行货币政策的时候,要考虑到收入变化的比例。比如,政府增加货币供给,为了能使公众吸收这部分货币,就必须使收入的增加比例高于货币供给的增加比例。

(3) 鲍莫尔的存货模型还间接地说明了物价的变化与货币需求的关系。比如,物价上涨使名义交易量与交易费用增加,这会导致最适宜持有的现金余额的同比例增加。这对于保持货币市场的稳定,有一定的参考意义。

(4) 鲍莫尔的存货模型在国际金融领域也有一定的应用。根据第2点的推论,国际储备不必与国际贸易量成同一比例增减。并且,如果能够在国际贸易往来中使用一种普遍的国际货币,可以减少交易成本。

对于鲍莫尔的存货模型,也有不少学者提出批评。有的学者认为鲍莫尔的模型忽略了交易动机产生的货币需求的一些重要因素,也有的学者认为鲍莫尔的模型不符合实际情况。比如说,模型中假设收支是基本确定的,并且收支相抵,但这显然与实际生活不符。我们总会出现收入超过支出或者支出超过收入的时候。此外,对于不同收入的经济主体来说,对利率变动会有不同的敏感性,在做出选择时也会有所差别。经济学家布伦纳(Karl Brunner)和梅尔泽(Allan Meltzer)在他们发表的《现金余额中的规模经济的再思考》中指出货币需求对交易量的弹性是一个变数(当交易量变小时,这一弹性向下限 0.5 靠近,而当交易量变大时,这一弹性则向上限 1 靠近);经济学家米勒(Merton H. Miller)和奥尔(Daniel Orr)在他们发表的《企业货币需求的一个模型》中指出货币需求对交易量的弹性在 $\frac{1}{3}$ 到 $\frac{2}{3}$ 之间甚至更大范围内变动;又有说法指出货币需求对利率的弹性在发达国家也低于 0.5。但是,鲍莫尔的存货模型对货币需求与收入、利率等的定性分析对后来的研究具有重要的意义,是对凯恩斯交易动机产生的货币需求的发展。

二、惠伦模型

1966 年,惠伦等人发表了文章论证预防动机产生的货币需求同样为利率的减函数,其中比较具有代表性的是惠伦模型,接下来将为大家简单介绍惠伦模型的相关内容。由于人们对于未来的事物总有不确定的考虑,实际持有的货币量会比正常的预期需求量更多,而这部分多出来的部分就是预防动机产生的货币需求。

探讨货币需求预防动机的模型是沿着与鲍莫尔-托宾模型的框架发展起来的,两者的建模思想也比较相似。在学习完鲍莫尔的存货模型后,我们将沿着之前的思路梳理惠伦模型的相关内容。

惠伦在分析的过程中认为影响预防动机产生的货币需求的因素有三个:非流动性成本、机会成本、收入和支出的平均值和变化情况。非流动性成本主要指的是因为低估在某一支付期间内对现金的需求而带来的损失,可能有以下几种情况,我们通过实例对此作简要说明。如果人们能够通过银行贷款获得现金,那么此时的非流动性成本就是银行贷款成本;如果人们可以将其他资产转化成现金,也就是持有足够的易变现的流动性资产,那么此时非流动性成本就是转换成现金时的手续费;最严重的情况是,如果人们既没有办法获得足够的贷款,又没有办法将手中的资产迅速变现,就会因为缺乏必要的支付能力而陷入经济困境,甚至可能破产,此时的流动性成本将会变得非常大,这种情况也因为风险过大而被大多数人回避。机会成本指的是人们持有预防性现金余额的成本,当人们为了避免上述情况发生而持有现金时将会发生利息损失。此外,收入和支出的情况也会影响预防性货币需求,只当收支差额(净支出)超过持有的预防性现金余额时,人们才需要将其他资产转换为现金,这与人们的收支平均值及其变化情况相关。综合以上三个因素,如果人们为了预防更多的不确定因素而持有更多的货币就减少了非流动性成本,同时又增加了持币的机会成本;如果持有较少的预防性现金余额,虽然减少了持币的机会成本,却提高了非流动性成本。因此,只有使得总成本最小的持币数量才是适当的预防性现金余额。

接下来,我们简单地对惠伦模型进行推导。假设在一定时期内预防性现金余额的平均持有额为 M,而利率为 r,因此持有预防性现金余额带来的机会成本为 $M \cdot r$。此外,在这段时期内当出现收支差额(净支出)时,需要将其他资产转换为现金,假设转换的手续费为 b,转换的可能次数为 P。根据概率论与数理统计的相关知识,当作出保守估计时,$P = \dfrac{Q^2}{M^2}$(其中,Q 为净支出分布的标准差)。于是可以得到总成本 C 为:$C = M \cdot r + \dfrac{Q^2}{M^2} \cdot b$。根据高等数学的知识,利用 C 对 M 求一阶导数并令其为 0,可以得到 $M = \sqrt[3]{\dfrac{2Q^2 b}{r}}$。这意味着合适的预防性现金余额与净支出分布的方差 Q^2,转换现金的手续费 b(非流动性成本)和利率 r(持币的机会成本)呈立方根的关系。因此,惠伦模型的方程也被称作"立方根定律"。更准确地说,合适的预防性现金余额与净支出分布的方差 Q^2,转换现金的手续费 b 呈正相关,而与利率 r 呈负相关。这个结论与鲍莫尔的存货模型较为相似,不同的是预防性现金余额对手续费 b 与利率 r 的弹性分别为 $\dfrac{1}{3}$、$-\dfrac{1}{3}$,这是与鲍莫尔的存货模型所不同的。惠伦模型是对凯恩斯的预防动机产生的货币需求的发展。

三、托宾的资产选择理论

首先,我们来回顾一下凯恩斯的理论中的投机性货币需求。根据之前对投机动机的分析,凯恩斯认为,如果债券的预期收益率高于货币,那么人们将选择持有债券;如果货币的预期收益率高于债券,那么人们将选择持有货币。此外,从利率出发,凯恩斯认为人们对未来总有一个正常的利率水平的预期,利率将趋向于这个正常值。所以,当实际利率高于这个正常值时,人们预期未来利率会降低,人们将选择持有债券;当实际利率低于这个值时,人们预期未来利率会上升,人们将选择持有货币。即货币需求与利率水平呈反相关。综合以上凯恩斯的论断,人们总是会在货币和债券两种资产中选择一种持有,而不会两者兼得。然而事实上,多样化的资产选择对于投资者而言非常重要,因此有"不要把鸡蛋放在同一个篮子里"的说法。现实生活中,明智的投资者总会选择多样的资产组合。凯恩斯的理论无法解释人们既持有货币、又持有债券这种现象,更无法说明人们同时持有收益率各不相同的其他多种金融资产这一现实生活中普遍存在的事实,这也成为凯恩斯的货币需求理论中一个严重的缺陷。托宾的资产选择理论是对凯恩斯的投机动机产生的货币需求的发展,不仅得出了投机性货币需求与利率呈反向变动关系的结论,而且还成功解释了人们同时持有货币和其他金融资产的现象。

接下来,我们来探讨托宾的资产选择理论的内容。托宾将资产的保存形式分为两种:货币和债券。这两种资产有不同的特性,除了之前提到过的收益外,还有另一个特性——风险。持有货币没有收益(托宾假设货币的收益率为零),但也没有风险(不考虑物价因素),我们称货币是安全性资产。持有债券可以获得利息收入,但是持有债券却存在着风险(如果债券价格下跌会遭受损失),我们称债券是风险性资产。由此可以发现,风险和收益是同方向变动的。持有债券时,预期收益率较高,但是风险也较高;持有货币时,预期收益率为零,也没有风险。

当人们关注一种资产相对于另一种资产的预期收益率的差别时(即凯恩斯的分析方法，如图 11-1)，人们还会关注每种资产的风险。正是由于这个原因，人们才不会只持有货币或者债券中的一种资产。人们面对风险，往往有三种不同风险态度，分别是：风险规避(risk averse)、风险中性(risk neutral)和风险偏好(risk appetite)。风险规避者会选择更加安全的资产保存方式，尽可能地规避风险；风险偏好者喜欢风险，更加偏好收益(因为高风险往往带来高收益)；风险中立者相对于前两者而言，在预计收益比较确定时，他们可能会不计风险。图 11-11 展示了效用与收益之间的关系，如果记效用为 U，收益为 I。对于三种风险态度，都有 $\frac{dU}{dI} > 0$。对于风险规避(a)，有 $\frac{d^2U}{dI^2} < 0$；对于风险中性(b)，有 $\frac{d^2U}{dI^2} = 0$；对于风险偏好(c)，有 $\frac{d^2U}{dI^2} > 0$。

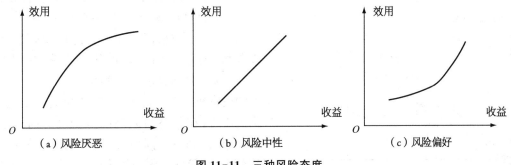

图 11-11 三种风险态度

托宾认为，在现实生活中，大部分人都是风险规避者，也就是说人们更愿意持有风险较小，相对应地，预期收益率也较低的资产。托宾的资产选择理论模型的建立主要基于风险规避者。从效用的角度看：收益可以给人带来正效用，因为人们总是期望能够通过投资获取更多的收益；而风险则会带来负效用，因为风险可能意味着未来的损失。那么人们在选择手中资产的组合时，就会考虑效用最大化的原则来提高收益，降低风险。但是收益增加的同时，风险也会增加。所以，人们就会选择同时持有货币和债券，通过多样化的资产组合来达到均衡。

为了能够更加直观地加深理解，我们通过图形来描述这一过程。由债券和货币组成的资产组合记为 C，其预期收益率为 $E(r_C)$，风险为 σ_C，那么收益率与风险之间是成正比的，即

$$E(r_C) = k \cdot \sigma_C \tag{11-20}$$

【学习指导】$E(r_C) = k \cdot \sigma_C$ 推导过程

公式(11-20)的推导过程有些复杂，需要用到数学上的概念。

债券 P 的预期收益率是收益率的期望值，记为 $E(r_P)$；债券的风险也就是其收益率的标准差，记为 σ_P；货币的收益率假设 $r_f = 0$；现在假设手中持有的债券的比例为 a；由债券和货币组成的资产组合记为 C，其预期收益率为 $E(r_C)$，风险为 σ_C。综合上述，得到：

$$\begin{cases} E(r_C) = aE(r_P) + (1-a)r_f \\ \sigma_C = a\sigma_P \end{cases} \tag{11-21}$$

代入 $r_f = 0$，得到：

$$\begin{cases} E(r_C) = aE(r_P) \\ \sigma_C = a\sigma_P \end{cases} \quad (11\text{-}22)$$

由方程组(11-22)可以得到：

$$E(r_C) = \frac{E(r_P)}{\sigma_P} \cdot \sigma_C \quad (11\text{-}23)$$

由于 $E(r_P)$ 和 σ_P 都是常量，因此将 $\frac{E(r_P)}{\sigma_P}$ 记为 k，于是得到公式(11-20)。

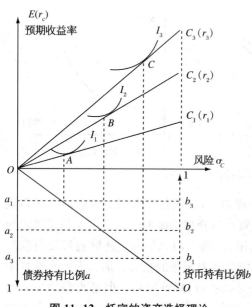

图 11-12　托宾的资产选择理论

根据预期收益率与风险之间的这种线性关系，我们可以建立一个预期收益率-风险 $[E(r_C)-\sigma_C]$ 坐标系，并作出成正比例关系的投资机会线。图 11-12 的第一象限中 OC_1、OC_2、OC_3 分别表示不同利率水平 r_1、r_2、r_3 下的投资机会线。此外，理性投资者主要是风险规避者，在收益与风险同步变化的前提下，我们作出人们对待收益与风险的无差异曲线（图 11-12 第一象限中的 I_1、I_2、I_3）。无差异曲线与投资机会线相切的 A、B、C 三点就是收益与风险均衡的点。我们将该坐标系的第四象限的左纵轴表示为债券的持有比例 a，自上而下分别是从 0 到 1；右纵轴表示为货币的持有比例 b，自下而上分别是从 0 到 1；且满足 $a+b=1$；$a_1 < a_2 < a_3$；$b_1 < b_2 < b_3$。这样就可以清楚地看到债券和货币的持有比例。

从图 11-12 可以看出，当利率为 r_1 时，无差异曲线 I_1 与 OC_1 相切于 A 点，债券持有比例为 a_1，货币持有比例为 b_3，在这种情况下，资产主要以货币形式持有，收益与风险都较小。当利率上升到 r_2 时，无差异曲线 I_2 与 OC_2 相切于 B 点，债券持有比例为 a_2，货币持有比例为 b_2，此时，收益和风险都增大了。当利率进一步上升到 r_3，无差异曲线 I_3 与 OC_3 相切于 C 点，债券持有比例为 a_3，货币持有比例为 b_1，收益和风险都是最高的。

【学习检查】托宾的资产选择理论

请读者根据上面介绍的托宾选择理论的数学模型，结合图 11-12，用效用最大化来解释"收益带来正效用，风险带来负效用"导致的均衡选择。

【学习指导】用效用最大化解释托宾的资产选择理论

在讨论托宾资产选择理论的数学模型之前，我们曾分析过"收益带来正效用，风险带来负效用"。为了进一步加深理解，我们用语言文字来描述托宾的资产选择理论。

设想一个投资者小王只持有货币,不持有债券,那么小王的资产选择就位于图 11-12 的坐标原点,此时,小王不会有收益(因为假设货币没有收益率),他也不会有风险。没有风险不会给小王带来负效用,但是没有收益也不会给他带来正效用。为了能够保证效用最大化,小王决定购买一部分债券,债券会带来收益和风险,如果收益带来的正效用大于风险带来的负效用时,小王获得了正效用。接着,小王继续增大债券的购买数量,收益的边际正效用大于风险的边际负效用,小王获得的效用增加。但是当收益的边际正效用与风险的边际负效用相等时,小王获得的效用达到了最大化,他不会再去购买更多的债券,资产组合也达到了均衡状态。如果从全部持有债券开始分析,也可以得到同样的结论。

这一部分分析也告诉我们人们之所以会同时持有货币和债券的原因。

通过对托宾的资产选择理论的详细分析,我们可以得到结论:(1)托宾明确了不确定性对于货币需求的重要作用,使得人们在均衡收益与风险后,选择同时持有货币和债券以及确定所持有的比例。这种情况相对于凯恩斯的理论更加符合实际。(2)根据图 11-12,我们也可以发现,利率与投机性货币需求之间的反向变动的关系。当利率上升时,债券的预期收益率也会上升,但却不会因此增大风险,人们会选择增加对债券的购买而减少对货币的需求;反之同理。可以看到,由于利率变动导致预期收益率变动,破坏了原来的均衡,为了能够使收益与风险达到均衡,人们会重新调整资产组合。于是得出投机动机的货币需求与利率呈反相关,这种关系是由于人们的资产选择导致的。

虽然托宾的资产选择理论对凯恩斯的货币需求理论中投机动机的缺陷做出了解释,并且得到了人们同时持有债券和货币的结论,但是其理论也存在着一些不足:(1)托宾的资产选择理论只讨论了两种资产(货币和债券),却没有包括其他资产,因此不能很好地解释为什么人们会在多种资产中选择,与现实生活还有些差距。(2)关于托宾的资产理论中的收益与风险。我们在不考虑物价波动的情况下认为货币是没有风险的,如果考虑货币的实际购买力,货币的价值就随物价的变动而变化。此外,托宾的模型认为可以获得收益的资产是债券,且债券存在风险;而货币没有收益也没有风险。在这种情况下,我们通过资产组合达到了收益与风险的均衡。那么如果能够找到一种资产,既可以获得利息,又没有风险,托宾的理论是否会产生问题呢?比如短期国库券无风险,并且略有收益,那么还会有投机性货币需求吗?在这种情况下,我们自然会选择这种资产作为财富的储藏手段,而不会持有货币(不考虑交易动机和预防动机)。

以上分析了托宾的资产选择理论对凯恩斯投机性货币需求的发展以及仍存在的缺陷。尽管托宾的理论还存在不足,但对于我们理解资产选择却有很大帮助。

第四节 弗里德曼的货币需求理论

凯恩斯的货币需求理论推翻了占统治地位的传统货币数量论,特别是适应了经济危机时期的社会条件,大量学者对凯恩斯的理论进行研究和发展,由此带来了一场"凯恩斯革命"。但是到了 20 世纪 50 年代中后期,经济形势已经开始发生变化,经济大萧条的形势已经不再是世界经济的主要问题,取而代之的是通货膨胀(inflation)的问题,后期甚至出现了滞胀(stagflation,即停滞性通货膨胀,指的是通货膨胀与失业同时发生的经济现象)。凯恩斯的理论已经不能解释这些社会经济现象。而此时,弗里德曼(Milton Friedman)在1956年发表了《货币数量论:一种新的阐述》(The Quantity of Money: A Restatement)一文,他提出了一种新的货币需求理论,出现了货币数量论的复兴。弗里德曼所采用的研究方法继承了剑桥学派现金余额数量说,与传统的货币数量论又有差异;一定程度上,又吸收了凯恩斯的理论,将货币视作资产保存的一种形式,与凯恩斯不同的是,弗里德曼不再具体研究人们持有货币的动机。弗里德曼的货币需求理论是"现代货币数量论"的重要组成部分,弗里德曼也成为现代货币主义的代表人物。

一、弗里德曼的货币需求理论的内容

在介绍弗里德曼的货币需求理论出现的背景之后,我们来探讨其货币需求理论的内容。弗里德曼在其《货币数量论:一种新的阐述》中指出:数量学说首先是货币需求的学说。他认为货币数量论不是关于产量、货币收入或物价水平的理论,而是货币需求的理论,也就是货币需求是由何种因素决定的理论。所以,弗里德曼对货币数量论新的阐述就是从货币需求入手的。上文已经提及,与凯恩斯相同,弗里德曼也将货币视作一种资产,或者一种财富的持有方式,而货币需求是一个由诸多变量所决定的函数。我们接下来就从财富、机会成本与效用三个角度来分析影响弗里德曼的货币需求理论的各个因素。

(一)财富

弗里德曼将资本理论直接应用,认为总财富是制约人们货币需求量的规模变量,而货币需求也与总财富呈正相关。这里的财富是普遍意义上的财富,包括人力财富和非人力财富。但是,由于总财富无法用货币来加以直接地测量,因而他以恒久收入(permanent income)为代表而成为货币需求函数中的一个变量。不用现期收入来表示财富是因为现期收入受到不同年度的影响带有较强的波动性,而这种波动又是暂时的。所以,弗里德曼使用了恒久收入这一概念。那么,什么是恒久收入呢?这指的是在一个相当长的时间内所获得的收入流量,相当于过去若干年收入的加权平均数或者预期平均长期收入。我们可以用所有收入流量的贴现值来表示。根据以上的分析,货币需求与恒久收入为正相关的关系。

【学习检查】恒久收入

恒久收入与通常所理解的收入的概念不同,根据上面对现期收入波动性的介绍,怎样理解恒久收入与现期收入的差异?

【学习指导】恒久收入的稳定性

通常所理解的收入存在着波动性,很多都是短期变动。比如说,在经济繁荣时期,人们的收入也会迅速增长;而在经济不景气的年代,收入也会因此减少。所以,这些收入的变化主要是暂时的。而恒久收入是预期平均长期收入,相对来说波动幅度较小,也比较稳定。所以,在经济繁荣的时期,收入迅速增长,但是恒久收入增幅却较小;同理,在经济不景气的时期,收入也会减少,但是恒久收入的下降幅度也较小。正是弗里德曼对于恒久收入概念的提出,货币需求不会因为经济周期而发生很大的波动。

我们已经了解弗里德曼的财富概念包括了人力财富和非人力财富。在考虑货币需求的影响因素时也需要讨论财富的结构问题,即非人力财富与人力财富的比例。人力财富是指个人获得收入的能力,包括一切先天的和后天的才能与技术,但人力财富相比于其他财富更加难以变现。比如在经济不景气的时候,人们寻找工作较为困难,也很难将人力财富转化为收入。所以,如果收入主要来源于人力财富,或者人力财富所占的比例越大,人们对货币的需求也就越大(因为货币的流动性更好)。根据以上的分析,货币需求与非人力财富所占比例为负相关的关系。

(二) 机会成本

我们在考虑货币需求的影响因素时,除了考虑总财富,还需要考虑不同形式财富的报酬。其他财富形式的预期收益率就是持有货币的机会成本,因为持有货币就意味着放弃其他资产所带来的收益或者便利。这些机会成本的大小自然会影响到人们对货币的需求。由于弗里德曼认为债券、股票和实物资产是货币主要的替代品,这三种资产的预期收益率就成为持有货币的机会成本。对于债券和股票的预期收益率比较好理解,实物资产的预期收益率取决于物价水平的变动。根据以上的分析,货币需求与各种货币的替代性资产的预期收益率呈反相关的关系。

(三) 其他随机因素

其他随机因素中包括个人对持有货币的一种偏好,这也是货币需求的一个影响因素。人们持有货币可以用于日常的交易,预防临时性的支出,还可以用于未来的投机获利,提供较好的流动性。此外,社会的富裕程度、支付体系、信贷取得的难易程度等其他因素都会影响人们的货币需求。

我们在讨论了以上各个因素之后,可以写出弗里德曼的货币需求函数。因为所探讨的是货币的实际购买力,而不是名义货币的需求,所以价格也是影响货币需求的一个因素。用 M 表示名义货币需求量;P 表示物价水平;r_b 表示债券的预期收益率;r_e 表示股票的预期收益率;$\frac{1}{P} \cdot \frac{dP}{dt}$ 表示物价水平的预期变动率,也就是实物资产的预期收益率;w 表示非人力财富占总财富的比例;Y 表示名义恒久收入;u 表示其他随机因素。由此可以得到弗里德曼的货币需求函数:

$$M = f\left(P, r_b, r_e, \frac{1}{P} \cdot \frac{dP}{dt}, w, Y, u\right) \tag{11-24}$$

弗里德曼认为,公式(11-24)中的货币需求函数是 P 和 Y 的一阶齐次函数。如果把公式(11-24)中的 P 提取出来,改写成实际货币需求函数的形式,可以得到:

$$\frac{M}{P} = f\left(r_b, r_e, \frac{1}{P} \cdot \frac{dP}{dt}, w, \frac{Y}{P}, u\right) \tag{11-25}$$

我们进一步考察公式(11-25):(1) 债券和股票的预期收益率受到市场利率的影响,用 r 来统一表示两者的预期收益率;(2) 根据实证研究,物价只有在变化剧烈或者持续时间很长的情况下才会影响货币需求,一般情况下可以不考虑这个因素;(3) 非人力财富所占的比例这一因素一般变化不大,我们将其视为常量;(4) 人们对于财富的持有形式的偏好,一般也是不会变化的。在一些特殊情况下可能会发生变化,比如战时人们更偏好货币;而在严重通货膨胀时期则更偏好实物资产。一般情况下也被视为常量。此外，将 $\frac{Y}{P}$ 记为 Y_P。在这样的简化处理下，公式(11-25)简化为：

$$\frac{M}{P} = f(Y_p, r) \tag{11-26}$$

根据公式(11-26)，实际货币需求受到实际恒久收入与利率的影响。根据实证研究，货币需求对利率变化的敏感性较差，也就是说利率的弹性很低。那么尽管利率的波动比较大，但是对货币需求的影响却比较弱。可以把货币需求函数记为：

$$\frac{M}{P} = f(Y_P) \tag{11-27}$$

我们前面已经讨论过恒久收入的稳定性，所以货币需求函数是一个稳定函数，根据货币流通速度的计算公式，可以得到：$V = \frac{PY}{M} = \frac{Y}{\left(\frac{M}{P}\right)} = \frac{Y}{f(Y_P)}$。所以，货币流通速度也是稳定可测的，其公式为：

$$V = \frac{Y}{f(Y_P)} \tag{11-28}$$

二、弗里德曼的货币需求理论的特点

在详细地了解了弗里德曼的货币需求函数中各个变量及其含义，并总结出弗里德曼的需求函数的稳定形式后，我们来对其理论的特点做一下总结。

(1) 弗里德曼的货币理论是对传统的货币数量论的复兴，在凯恩斯的理论不能解释社会滞胀现象时，重新提出了货币数量论，但是又有根本的不同：① 弗里德曼提出了恒久收入的概念，将恒久收入作为影响货币需求的主要因素；② 传统的货币数量论认为货币流通速度 V 是固定不变的，但是弗里德曼认为这是稳定可测的变量，并提出了高度稳定的货币需求的说法。

(2) 弗里德曼认为货币需求和货币供给的因素是相互独立的。影响货币供给的因素（如金融制度、政策等）对货币需求没有什么影响。通过他的分析，货币需求函数是高度稳定的，所以央行应当采取稳定的货币供给的管理政策，适应稳定的货币需求。这与凯恩斯主张的刺激有效需求的理论是不同的。

(3) 货币需求函数的稳定性除了(2)中提到的因素外，还由于货币需求函数中的很多变量自身存在着稳定性，我们在之前的分析中已经指出了这一点。此外，还应当注意到弗里德曼的理论分析与实证研究相结合的方法。我们在之前的分析中已经多次提到"实证研究"。比如：物价的波动对货币需求的影响较小；货币需求的利率弹性较低等。

三、弗里德曼的货币需求理论与凯恩斯的货币需求理论的区别

我们发现，简化后的弗里德曼的需求函数为公式(11-26)，与凯恩斯的货币需求函数公式的另一种表达方式公式(11-13)在形式上非常相似。但是事实上，两者的理论在很多方面

都有着差异。

（1）凯恩斯将除了货币之外的资产用债券来代替；而弗里德曼的货币需求函数中考虑到了债券、股票、实物资产等更加广泛的资产，并将它们的预期收益率均考虑进了函数变量。

（2）凯恩斯假设货币的预期收益率为零；而弗里德曼并没有假设货币的预期收益率为一个常数。虽然在之前的公式推导中没有指出，但事实上弗里德曼在其分析中将货币的预期收益率视为一个变量。公式(11-24)中的债券、股票、实物资产的预期收益率可以认为是减去货币的预期收益率之后的结果，或者说是一个相对值。当市场利率发生变动时，货币和其他资产的预期收益率都会发生变动，而使得其他资产的预期收益率与货币的预期收益率的差值保持相对的稳定。这与实证研究得到的结论是相同的。

（3）凯恩斯通过对三种动机的讨论，得到的货币需求函数由收入 Y 和利率 r 决定，并且利率的影响是不能忽略的，由于未来利率的不确定性导致了货币需求函数的不稳定；而弗里德曼则认为利率的波动对货币需求的影响较小，并且引入了恒久收入的概念，指出货币的需求是稳定的，由此导致货币流通速度也是稳定可测的。

（4）凯恩斯主义认为政府应当刺激公众的有效需求，凯恩斯的理论在大萧条时期也得到了很好的应用，并且，凯恩斯认为利率是货币政策的传导机制；而弗里德曼认为政府应当控制好货币供给的政策，且货币供应量是货币政策的传导机制。

第五节　中国的货币需求

本章对货币需求理论做了比较深入的讨论。在本节，我们将简单探讨下中国的货币需求。中国在改革开放后，金融体制改革不断地深入，金融创新也层出不穷，这些因素都对货币需求产生影响。中国将货币政策作为一项调控经济运行的政策也在逐步发展完善，货币政策能否有效地影响宏观经济是一个重要的课题。很多学者也都尝试着利用理论研究与实证研究相结合的方法对中国的货币需求函数进行模型建立与数据拟合。由于一个稳定的货币需求函数是货币政策将货币供应量作为中介目标的前提条件，在建立货币需求函数后，需要通过实证分析，对货币需求函数进行稳定性检测，并分析其中各个变量对于货币需求函数的影响。在本节，我们将简单地讨论影响中国货币需求函数的各个因素，并分析它们的影响机制，尝试着分析中国货币需求函数的稳定性及其所受到的冲击因素。

一、中国的"货币失踪"问题

在探究中国的货币需求问题之前，我们先来探讨一个特殊的货币现象："货币失踪"问题。弗里德曼认为货币需求函数是稳定的，货币需求函数与各个变量之间都存在着稳定的关系，我们也曾经分析了货币需求的稳定性，这与凯恩斯的货币需求函数所不同。凯恩斯理论认为货币需求受预期利率的影响，而货币需求对利率的弹性系数波动也比较大，导致货币需求函数事实上是不稳定函数。

货币主义提出货币需求函数稳定性观点后，很多经济学家通过实证研究也验证了这一点。但从 20 世纪 70 年代开始，许多国家都出现了无法解释的"货币失踪"问题。所谓"货币失踪"是指央行投放的货币"消失"了。货币供应量大大增加，实体经济的投入却未增长，通货膨胀也不非常明显。换句话说,货币供应的增长率持续高于经济增长率和通货膨胀率之和,这就是"货币失踪"之谜。我们可以观察中国的 M_2(货币与准货币)与 GDP 之间的关系,从而发现中国的"货币失踪"现象。图 11-13 是中国 2009—2019 年的 M_2 与 GDP 的数据,M_2 的数值一直高于 GDP,且两者的差距越来越大。我们也可以计算出各年 M_2 与 GDP 的比值(如图 11-14)。近些年来,M_2 与 GDP 的比值也在增大。学者从通货膨胀、金融创新以及资本品市场和衍生品市场等角度例探讨货币的去向。从"货币失踪"现象看,中国货币需求存在不稳定性因素。也有观点认为,如果在货币需求因素中考虑制度变量(我们会在后文详细讨论制度因素中的经济货币化趋势),货币需求仍具有一定的稳定性。制度因素是影响中国货币需求的重要因素之一。

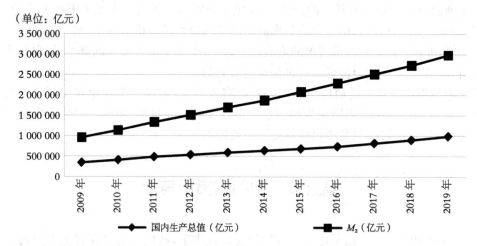

注:GDP 数据来自国家统计局;M_2 数据来自中国人民银行。

图 11-13 中国 2009—2019 年 M_2 与 GDP 数据

注:GDP 数据来自国家统计局;M_2 数据来自中国人民银行。

图 11-14 中国 2009—2019 年 M_2/GDP 趋势图

二、中国货币需求的影响因素

我们主要从以下几个角度分析中国货币需求的影响因素。

（一）规模变量

人们所拥有的财富和收入是影响人们货币需求的一个约束性因素。弗里德曼认为总财富是制约人们货币需求量的规模变量，并将财富看作普遍意义上的财富，包括人力财富和非人力财富。在弗里德曼的货币需求函数中，有非人力财富占人力财富的比例，这一因素在测量时比较有难度。在实证分析中，常常选择 GDP 等比较容易获取的变量作为规模变量。中国的货币需求与规模变量之间存在着正相关的关系。

（二）影响持币的机会成本的因素

与弗里德曼的货币需求分析类似地，我们接下来也主要讨论持币的机会成本。这一因素主要是持有货币所放弃的其他收益，主要有：

（1）利率。中国近些年来推行利率市场化改革，利率市场化进程加快。2015 年 10 月 22 日，央行决定对商业银行和农村合作金融机构等不再设置存款利率浮动上限，加之之前的贷款利率浮动已经放开，从而对商业银行和农村金融机构的存贷款利率管制已经基本放开，金融改革迈出了实质性的一大步。但是利率市场化并没有完全完成，价格的形成机制还没有完全市场化。所以，利率调控机制没有完全生成，中国的货币需求对利率的弹性不是很大。除了本国的利率因素，货币需求与外币的利率也有一定的关系。一般来说，外币利率越高，会产生替代效应，导致外币需求增加，本币需求减少。中国的开放经济正在发展，但是仍存在着一定的资本管制，货币需求对外币利率的弹性也不是很大。

（2）汇率。汇率也是在开放经济条件下引入的机会成本变量。如果用美元与人民币的汇率来表示，当汇率提高时，人民币相对于美元贬值，人民币的需求减少。也有说法认为本币的需求与汇率之间的关系不明确。

（3）预期通货膨胀率。物质财富也是财富的一种形式，当发生通货膨胀时，货币的购买力下降，但是实物资产的实际价值保持不变，所以预期通货膨胀率就可以视作实物资产的预期收益率，也是持币的机会成本之一。这里的分析与弗里德曼的分析方法类似。也有观点认为在成熟的市场经济体制下，名义利率可以迅速调节，反映出通货膨胀率的变化。

（4）金融资产收益率。在金融创新发展迅速的中国，人们的投资方式也越来越多样。此时，其他金融资产的收益率会调整人们的资产配置，也是持币的机会成本之一。此外，人们对待风险的态度不同也会导致人们选择不同的金融资产，这也会影响人们的货币需求。

影响货币需求的机会成本因素还有很多，我们只列举一些主要因素。不同的学者对这些因素的影响机制也有不同的观点。在金融市场逐步完善的中国，很多问题还亟待解决，经济体制转轨过程中也有一些制度体制上的变革，除了持币机会成本外，我们将制度因素也纳入影响货币需求的因素。

（三）制度因素

改革开放以来，中国进行了一系列的经济体制改革，导致经济的快速货币化。货币化程度是指以货币为媒介进行的交易占 GDP 的比重，这一因素已成为影响中国货币需求的重要因素。货币化主要有三个渠道：(1) 居民和企业的交易需求增加；(2) 个体经济和私营经济迅速发展；(3) 自由市场规模迅速增长。我们可以用 M_2 与 GDP 的比值表示中国经济货币化的程度。然而，为什么中国的货 M_2 与 GDP 的比值远远高于欧美发达国家，仍然值得进一步探讨。

三、中国货币需求的稳定性

上一节我们对凯恩斯与弗里德曼的货币需求理论进行了比较。在凯恩斯的货币需求理论中,利率是影响货币需求的一个重要因素,也是不能被忽略的一个因素,预期利率的不稳定性就导致了货币需求函数的不稳定性。货币政策必须以利率作为传导机制。而货币主义学派的理论中,货币需求具有稳定性,使用货币量为传导机制就要优于利率。由此,货币需求函数的稳定性是关乎货币政策选择的重要依据。而中国出现的"货币失踪"现象也使得许多学者对这个问题进行了研究。

首先,一个重要因素是上文所描述的经济货币化趋势。货币化假说对中国改革初期的货币供应增长率高于经济增长率与通货膨胀率之和的现象有比较好的解释。我们也可以通过与非货币化进行对比,更好地理解货币化趋势。货币化就是指以货币为媒介实现交易过程;非货币化则是不以货币为媒介实现交易过程。后者主要出现在传统的农业社会,在中国计划经济时代也主要是非货币化交易。随着市场化进程的加快,中国经济出现了货币化趋势,产生了额外的货币需求,这就导致了前面我们描述的"货币失踪"问题。按照假说,随着货币化程度的不断提高,经济货币化的影响就会逐渐减少。从货币化程度的角度可以说明中国货币需求的稳定性问题。

其次,其他的制度性因素也是影响货币需求的稳定性的原因,包括中国在市场经济体制转型过程中出现的一系列改革因素。在计划经济时代,国家在生产、资源分配、消费等各个方面都进行了事先计划,主要依赖政府决策,国有经济占据了统治地位。企业完全没有生产的主动性,不需要市场进行交易,全社会对货币的需求都比较低。此外,在计划经济体制下,实物资产的定价也都由政府来确定。当计划经济向市场经济逐渐过渡的时候,中国出现了大量的体制改革,比如:农村实行家庭联产承包责任制、非国有经济的发展壮大、国有企业的改革等等。在经济体制改革过程中,还出现了价格双轨制,同时存在两种定价机制,市场经济逐步发展的过程中,资产定价的自由度越来越高。在中国的经济体制改革过程中,类似上述的改革性制度因素还有很多,这些因素都对中国的货币需求稳定性产生了一定的冲击。一些学者在分析中国的货币需求问题时也会将非国有经济发展程度等制度性因素纳入货币需求函数。

如今,中国市场经济体制逐渐发展完善,制度变革趋于稳定,这些制度性因素的重要性也在逐渐下降。中国金融行业也正进行着改革创新,金融创新产生了越来越多的金融衍生品,层出不穷的新型金融资产也使得家庭的资产结构出现了变化,这些因素也会对货币需求的稳定性产生冲击,使货币需求函数出现变化。经济学家们在各种变革因素下开始尝试寻找新的货币需求函数形式,如在货币需求模型中引入各种新变量,利用新的计量手段,以应对金融创新。

总之,通过实证研究,20 世纪 70 年代中期前,货币需求基本是稳定的。但 20 世纪 70 年代中期以后,根据传统货币需求函数所做的估计显著地大于实际的货币余额,从而出现所谓的"货币失踪"现象。20 世纪 70 年代以后,一些国家面临供给冲击,如石油输出国组织(OPEC)将石油成本价抬高,引发"石油危机";一些国家出现严重且不稳定的通货膨胀和高利率,出现经济衰退和通货膨胀并发的滞胀问题。与此同时,布雷顿森林体系崩溃后发达国家普遍推行浮动汇率制,金融创新和放松金融管制导致市场规制等制度层面出现深刻变革。而中国又由于经济体制由计划经济向市场经济转变,出现了更多的制度性因素,也使得中国的货币需求出现了更多的不稳定因素。中国应当关注货币需求变化的长期趋势,只有这样才能够提高货币政策的有效性;进一步推动中国利率市场化、金融创新改革,同时也要及时注意制度性因素对中国货币需求的影响。

小结

1. 货币数量论是一种以货币的数量来解释货币的价值或一般物价水平的理论,货币数量学者认为货币只是覆盖在实物经济上的一层"面纱",对实物经济没有任何影响。

2. 费雪主张现金交易数量说,并提出了交易方程式:$M \times V = P \times T$,认为货币数量的影响全部表现为物价水平的变动上,货币需求量是总交易量的一个比例。以马歇尔、庇古为代表的剑桥学派更加注重微观主体的行为,主张现金余额数量说,并提出了剑桥方程式:$M^d = k \times PY$,认为货币价值由备用现金的总值(现金余额)决定,货币需求量是名义收入的比例。两者的结论有很多相似之处,但也有不同之处:前者强调交易媒介功能,后者更强调价值贮藏功能;前者侧重于流量分析,后者侧重于存量分析;前者从宏观角度入手,后者从微观角度出发;前者认为利率对货币需求没有影响,后者考察微观主体的行为时,考虑了利率的影响。

3. 凯恩斯提出了公众持有货币的三种动机,分别是:交易动机、预防动机和投机动机,在此基础上得到了他的货币需求理论,即流动性偏好理论。从交易动机和预防动机出发,货币需求与收入有关,并与收入呈正相关。从投机动机出发,货币需求对利率以及预期未来利率波动有关,并与利率呈负相关。当利率达到非常低的水平时,会出现流动性陷阱。

4. 结合三种动机,我们得到凯恩斯的货币需求函数 $M = L_1(Y) + L_2(r)$。从这一方程出发,货币流通速度不是一个常数,利率发生变动或者人们预期的正常利率发生改变时,货币流通速度也会发生改变。由于考虑了利率在货币需求中的作用,利率的波动以及预期正常利率的改变导致货币需求是不稳定的。

5. 一些经济学家进一步发展了凯恩斯的理论。其中,鲍莫尔将现金余额视作一种存货,他的理论也被称为鲍莫尔的存货模型,是对交易动机的一种发展。鲍莫尔通过人们在货币以及债券的选择中推导出人们持有货币的最小成本是实际交易余额为 $\frac{1}{2}\sqrt{\frac{2bY}{r}}$,我们将其称为"平方根公式",得到交易动机的货币需求也与利率相关的结论。惠伦模型与鲍莫尔的存货模型建模思路一致,惠伦认为,预防性现金余额受非流动性成本、机会成本、收入和支出的平均值和变化情况的影响。合适的预防性现金余额为 $M = \sqrt[3]{\frac{2Q^2 b}{r}}$,与净支出分布的方差 Q^2,转换现金的手续费 b 呈正相关,而与利率 r 呈负相关。惠伦模型是对预防动机的一种发展。

6. 托宾将资产选择运用于货币需求分析,他的理论被称为托宾的资产选择理论,是对投机动机的一种发展。公众在进行投资选择时,往往会同时考虑资产的收益与风险,从而决定持有现金的比例。托宾除了得到了投机动机的货币需求与利率之间的反向相关关系外,还得到了人们同时持有货币与债券的原因。

7. 弗里德曼提出了现代货币数量论,认为货币数量论是货币需求的理论,将货币视为一种资产,并得到了诸多变量决定的货币需求函数。他从财富、不同形式财富的机会成本以及其他随机变量出发,得到了稳定的货币需求函数,并进一步得出货币流通速度也是可以预测的。

8. 中国的货币需求主要受到规模变量、影响持币的机会成本因素以及制度因素的影响。中国由计划经济体制向市场经济体制转型的过程中,出现了经济货币化以及其他的制度因素,这些因素导致了中国出现"货币失踪"现象。在新时期,中国金融创新迅速,也对中国货币需求的稳定性造成了冲击。

关键词

交易方程式;剑桥方程式;凯恩斯的货币需求理论;凯恩斯主义对货币需求理论的发展;货币主义的货币需求理论

课后习题

1. 根据传统的货币数量论,假设在某一年中,经济体系中的平均货币存量为 2 万亿元,货币流通速度为 5。那么该年的名义国民收入为多少?假设该年的货币流通速度翻倍会带来怎样的结果?

2. 根据传统的货币数量论,假设某年经济体系中的平均货币存量为 1 万亿元,名义国民收入为 10 万亿元,货币存量以每年 10% 的速度增长,名义国民生产总值以每年 20% 的速度增长,试计算连续三年的货币流通速度,并讨论货币流通速度以怎样的速度增长。

3. 按照古典经济学家的观点,在其他条件不变的情况下,货币供给增加一倍会导致物价水平有怎样的变化?我们在专栏:凯恩斯的货币需求函数的评价中曾指出的"二分法"就是这种含义,请结合这一实例,更好地理解这一观点。

4. 费雪得到的交易方程式与剑桥学派的剑桥方程式形式上非常相似,请结合所学内容简述现金交易数量说与现金余额数量说之间的异同。

5. 我们曾不止一次地提到凯恩斯的货币需求理论具有独创性,形成了独树一帜的学说。请结合相关内容简述凯恩斯的货币需求理论与传统的货币数量论之间的异同。其理论中非常重要的一点是提出了货币需求的三种动机,请简述三种动机并举出生活中的实例。

6. 凯恩斯的货币需求理论认为投机动机受利率的影响,当利率发生变动时,投机动机的货币需求会怎样变化?此外,货币需求还受到预期的影响,当预期利率变动时,货币需求又会怎样变动?当利率达到非常低的水平时,会出现怎样的状况?

7. 请以鲍莫尔的存货模型和托宾的资产选择理论为例说明它们是怎样对凯恩斯的货币需求理论进行发展的?按照鲍莫尔的模型,交易动机产生的货币需求受哪些因素的影响?并考虑当总交易成本 C_1 和机会成本 C_2 中一方为零时(即交易成本 b 或债券利率 r 为零时)

的极限情况。按照托宾的模型,人们为什么会同时持有货币和债券?

8. 凯恩斯和弗里德曼在很多问题上得到了不同的答案。为什么弗里德曼认为货币需求是稳定的,受利率变动的影响较弱;而凯恩斯却认为货币需求不稳定,且受到利率变动的影响?为什么弗里德曼认为货币流通速度是可测的;而凯恩斯却与之相反呢?并比较两者的区别。

9. 弗里德曼的货币需求理论是在怎样的社会环境下提出的?他认为货币需求受到哪些因素的影响,为什么他认为货币需求函数是稳定的?

第十二章 货币与经济的关系

导 读

第十章、第十一章已经讨论了货币供给与货币需求。作为经济体的血液，货币与经济有怎样的关系？这关系到货币政策是否能够有效实施。货币供应量会不会给经济带来影响以及带来什么影响？货币当局到底能否控制或在多大程度上能够控制货币供应量？在第十三章讨论货币政策之前，我们必须首先回答这两个问题。

第一个问题决定了货币政策的选择：如果货币量对实体经济产生重要影响，那么货币当局就可以对货币量进行主动调节，实施"相机抉择"政策；如果货币量只影响价格水平，那么货币当局并不能依靠货币政策对经济进行主动干预。这一问题存在诸多争论，第一节梳理了关于此问题的讨论。

在回答完第一个问题，并暂且假定货币对经济产生了重要影响之后，对第二个问题的回答就特别重要，它决定了货币政策的效果：如果货币当局可以完全控制货币量，那么就可以有效地干预经济；如果货币供给受货币当局的控制较弱，而主要取决于实体经济，那么货币政策效果就要大打折扣。第二节将集中讨论这一问题，此问题也存在诸多争论。

我们发现货币政策往往也会带来问题：通货膨胀和通货紧缩。它们均由经济中流通的货币量和实体经济需求的货币量相脱节造成的。通货膨胀或通货紧缩的根源到底是什么？货币当局对此承担什么样的责任？第三节将回答这些问题。

第一节 货币的中性与非中性

在正式论述不同的观点之前，必须明确两个概念：实际变量和名义变量。实际变量剔除了价格变化影响，而名义变量则包含了纯粹由价格变化带来的影响。一个名义变量的改变，可能是由实际因素带来的，也可能纯粹是由价格水平的变化造成的。例如名义 GDP 的增长，可能是实际 GDP 的增长带来的，可能是由于价格水平的上升带来的，也可能是两种因素共同作用的结果，即

$$\Delta\% \text{ 名义 GDP} = \Delta\% \text{ 实际 GDP} + \Delta\% P \text{①} \qquad (12\text{-}1)$$

---

① 具体证明如下：GDP 表示名义值，Y 表示对应的实际值，P 表示价格水平，且都随时间变化即都为 t 的函数。GDP $= YP$。两边取对数：$\ln \text{GDP} = \ln Y + \ln P$；再分别求导：$d\text{GDP}/\text{GDP} = dY/Y + dP/P$。利用 $d\text{GDP}/\text{GDP} \approx \Delta \text{GDP}/\text{GDP}$，$dY/Y \approx \Delta Y/Y$ 和 $dP/P \approx \Delta P/P$ 可知：名义 GDP 变化率 = 实际 GDP 变化率 + P 变化量。

Δ%代表变化百分比。我们通常只能看到名义变量的变化,货币量对名义变量的作用通常是可以观察得到的。通过上式,我们可以看到货币量影响名义 GDP 的两种渠道:货币量影响实际 GDP 和货币量影响价格水平 P。如果一定量的货币供应量变化不仅影响一般价格水平,还会引起实际经济变量的变化和调整,那我们称之为货币非中性,即货币量对实际 GDP 是"非中性"的;如果货币供应量的变化仅仅影响一般价格水平等名义变量,而不影响实际利率、产出水平等实际经济变量,那我们称之为货币中性,即货币量对实际 GDP 是"中性"的。

但现实中我们很难确认实际渠道到底是哪一种,因此存在着不同的观点和理论。如果你认为货币量只会带来价格水平的变化,那么你大概可以被归为古典学派、早期凯恩斯主义、理性预期学派和真实经济周期学派;如果你认为货币量可以带来实际量的改变,那么你可能就属于货币主义和新凯恩斯主义;但是你也可能认为短期内,货币量会带来实际量的改变,但长期只会带来物价的上升,那么货币主义学派的观点和你不谋而合。

一、货币中性论

(一)古典学派

古典学派的货币理论是建立在"古典二分法"(classical dichotomy)之上的。"古典二分法"把统一的经济实体简单地划分为实物方面和货币方面,经济变量也被划分为名义变量和实际变量,实物部分决定经济产出和相对价格,货币部分决定一般价格水平,两者互不相关。因此货币就像覆盖在实体经济外面的一层"面纱",货币供应的改变不会影响就业、产出等实体方面,货币是中性的。

货币数量论是古典学派中阐述货币中性的典型代表之一,货币数量论以费雪现金交易方程式和剑桥现金余额方程式为基础。回忆第十一章货币需求部分的相关内容:费雪方程式为 $MV=PT$。MV 代表了货币的实际流通量,它等于央行的货币供应量 M 和货币流通速度 V 相乘;PT 代表了经济交易对货币量的需求,它等于价格水平 P 和交易量 T 相乘。如果我们认为交易量近似为整个经济的产量,那么费雪方程式就变为 $MV=PY$,其中 Y 为实际总产出或总收入。如何从 $MV=PY$ 中得出货币量 M 的变化只会带来价格水平 P 的变化,而不会对实际产量 Y 带来影响呢?由 $MV=PY$,我们可知

$$\Delta\%M + \Delta\%V = \Delta\%P + \Delta\%Y^{①} \tag{12-2}$$

在此有一个重要的假设,即认为货币流通速度是稳定不变的,取决于人们的支付习惯等个人和社会因素。$\Delta\%P$ 为价格的变化率,即为通货膨胀率 π;在货币流通速度不变的假设下,$\Delta\%V=0$;在古典学派看来 $\Delta\%Y$ 是由实际投入带来的,如实际投入没有变化,那么 $\Delta\%Y=0$。因此 $\Delta\%M + \Delta\%V = \Delta\%P + \Delta\%Y$ 就变为

$$\Delta\%M = \Delta\%P = \pi \tag{12-3}$$

即货币供应量过多则会带来通货膨胀的压力,此时,$\pi>0$;如果货币供应量过少则会带来通货紧缩的压力,此时 $\pi<0$。因此货币量的变化只会带来物价水平的变化,对实际变量没有影响。具体对通货膨胀和通货紧缩将在第三节介绍。

---

① 证明过程同式 12-1。

我们再来看剑桥方程式,其为 $M=kPY$。其中 M、P 和 Y 表示的含义与费雪方程式中的相同,k 表示货币余额与名义国民收入或实际国民收入的比例系数。同费雪方程式一样,假定 Y 的变化是由实际因素带来的;同时假定 k 不变。方程式表示货币余额 M 等于名义国民收入 PY 的一定比例。通过对费雪方程式的变形,发现 $M=\frac{1}{V}PY$,即 $k=\frac{1}{V}$。由剑桥方程也得出货币量(M)的变化只会带来价格水平(P)的变化。

不论剑桥方程式还是费雪方程式,都是建立在"古典二分法"的基础之上的。其重要的前提,一是经济变量可以分为实际变量和名义变量;二是产出 Y 是由实际因素带来的,且假设 V 或 k 稳定。在这两点的基础上,古典学派认为货币量的增加只会带来价格水平的上升,而不会带来如产出、就业等实际量的改变。

作为供给自动创造需求的萨伊定律(Say's Law)也体现了货币中性的观点。萨伊(Say Jean Baptiste)是从观察货币的功能开始的,他发现,"在以产品换钱、钱换产品的交换过程中,货币只在瞬间起作用。当交易结束时,我们将发觉交易总是以一种货物换另一种货物。"即货币只是起到了媒介的作用,本质上是一种产品用另一种产品购买,对产品的生产创造了对另一种产品的生产。因此"生产给产品创造需求"。古典学派把货币看成一种交换媒介,从长期来看,经济的发展完全由实物部门决定,货币政策只需控制货币数量、稳定物价水平并维持货币的购买力。而货币量的过多供给只会造成物价上涨、通货膨胀,并无益处。

【学习检查】古典学派的货币中性论

古典学派的货币中性论的内容我们已经在本书第十一章货币需求部分中做了一些简要的概述。请读者结合本节所学内容,并课外查找资料,了解古典学派货币中性论的主要观点,探讨为什么古典学派经济学家认为"货币就像覆盖在实体经济外面的一层'面纱'"。

【扩展延伸】古典学派货币中性的主要观点

配第(William Petty)的"货币脂肪观"。配第对货币性质从功能角度进行了考察,认为货币不过是国家的脂肪,仅仅是流通的手段而已。如果货币过多,就会使得国家不那么灵活,而过少,也会使国家出现毛病。因此货币应该与一国商业规模成比例。

洛克(John Locke)的"货币齿轮观"。洛克认为货币作为齿轮推动着贸易的发展,由于其印记和面值产生了计算的作用,而由于其内在价值和数量也起到了保证贸易发展的作用。

斯密(Adam Smith)的"货币功能观"。斯密认为"货币是流通的大轮毂,是商业的大工具",货币主要起着交易媒介的功能,并成为一切文明国通用的商业交换媒介。

穆勒(John Mill)的"货币机械观"。他认为货币本质上是一种机械,可以使人办事迅速和方便,可以节省时间和劳动,但如果没有它,事情仍然可以办到,只是较为缓慢和不便。试想如果没有货币,我们必须进行物物交换,虽然也可以交换到自己需要的商品,但困难也是显而易见的。

(二)早期凯恩斯主义

早期凯恩斯主义基于凯恩斯的总体经济框架,从实证角度对货币是否中性进行了考察。在封闭经济中,总需求或总产出等于投资、消费和政府支出,其中最重要的渠道就是投资。

因此如果能够验证利率和投资的关系,那么就可以验证货币对总产出的影响,即货币是非中性的。早期凯恩斯主义经济学家正是用此方法对货币中性问题展开分析的。

虽然现代凯恩斯主义认为货币和货币政策对经济有重要影响,然而20世纪50年代至70年代初,早期凯恩斯主义经济学家并没有找到确切的实证证据,因此认为货币是中性的。

早期凯恩斯主义经济学家是如何运用实证分析得出货币政策无效和货币中性的呢?如果能够得出利率水平和投资支出的联系较弱,那么就可以认为货币供给对利率的改变并没有对投资产生重要影响,也就不影响产出。不仅如此,早期凯恩斯主义也从大萧条的历史中找到了证据。

(1) 早期凯恩斯主义经济学家通过实证分析并没有发现名义利率变动和投资支出之间的关联,而投资支出是货币影响总需求的主要渠道。因此他们认为货币供给的变化并没有影响总产出。

(2) 不限于此,他们还通过对工商业者的实际调查来寻找利率和投资的关系。他们的调查表明,市场利率的变化并不能决定工商业者对新实物资本投资多少的决策。更进一步地支持了货币中性的观点,也因此使得在20世纪60年代中期以前,货币政策并没有受到足够的重视。

(3) 他们还从大萧条的历史中发现了货币中性的证据。他们发现大萧条时期美国的国库券利率极低,例如3个月国库券利率降到1%以下。极低的利率表明货币政策是宽松的,并且能够刺激投资支出的增加,不可能起到紧缩经济的作用,因此货币政策无法解释大萧条的原因,货币是无关紧要的或中性的。

【学习指导】实证分析框架

1. 结构模型实证

结构模型实证(Structural Model Evidence),这种分析方法利用数据建立一个模型,来解释一个变量影响其他变量的各种途径,从而揭示前者是否会对后者产生影响。如果我们想研究货币量 M 和产出 Y 的关系。在结构模型实证分析中,我们必须在理论中找到其作用渠道。在凯恩斯的框架里,投资支出起到了最为重要的作用,因此,$M \to i \to I \to Y$。这种方法的优点在于它能够帮助我们理解经济是如何运行的。但如果我们遗漏了重要的传导渠道,也就可能得出错误的结论。

2. 简化形式实证(Reduced-form Evidence),这种分析方法通过直接观察两个变量之间的关系,来考察一个变量是否会对另一个变量产生影响。在简化的实证分析中,我们把中间的渠道作为黑箱,因此,$M \to ?$(黑箱)$\to Y$。这种方法的优点在于我们没有必要弄清楚具体的传导渠道,也就不会犯结构模型实证分析方法的错误。但如果两个变量相关,并不能判断它们存在因果关系,也可能是由某种共同因素所导致的。

关于实证分析的框架,我们将在下一章货币政策中做更加具体的介绍。

(三) 理性预期理论

20世纪70年代起,卢卡斯(Robert Lucas)等人把理性预期引入经济学分析,形成了理性预期学派,被称为理性预期革命。理性预期学派提出了"政策无效论命题",货币是中性的,货币政策也是无效的。然而现实中,我们总能看到货币当局的各种干预行为和政策。那么我们如何理解这个命题呢？我们首先必须分析理性预期理论所基于的两个基本假设：行为人具有理性预期的能力；市场具有迅速出清的能力。

理性预期意味着行为人会充分利用一切可以获得的信息,对经济变量做出长期平均来看最为正确的预期,在这一过程中,行为人会根据预期实行不同的对策。例如当货币当局实施扩张的货币政策或者只是释放出实施此政策的信号时,工人会要求提高工资以应对物价水平的上升,企业会要求提高价格以应对利润水平的下降。如果此时就业和投资并没有因此增加,最终并没有对实际产出带来影响,物价水平反而上升了。在这一过程中还必须满足另一个假设,即这种价格的上升是迅速的,价格能够得到迅速的调整,重新使得供给和需求在当前的情况下恰好相等,商品市场和劳动市场都不会存在超额供给和超额需求。

正是因为公众是理性预期的,并且能够迅速地把这种预期反映在价格上,货币当局企图通过改变货币量的方式进行干预经济的政策是无效的,因此货币中性的。你可能会问,公众可能一时不能预期到货币量的增加,或者货币当局可以隐瞒增加货币量的行为,这两点下,货币政策应该都是有效的。问题的关键是,货币当局并不能完全隐瞒自己的行为,货币量增加表现出的物价上升会被公众察觉,一方面公众会根据信息调整自己的预期,从而使得货币政策最终仍然无效；另一方面公众会对货币当局的行为产生不信任,进而造成货币政策不仅没有促进经济的发展,反而扰乱了正常的经济状况。但反过来说,如果一个政府能够取信于民,也就是说人们相信政府的政策承诺,从而形成理性预期。因此就可以利用"预期管理"进行物价的控制,保持流通中的货币按照一定的速度稳定明确地增加。在治理通货膨胀时又被称为无痛苦的反通货膨胀政策。

因此理性预期学派主张货币政策无效论,货币是中性的。

【知识窗】理性预期

穆思(John Muth)在《合理预期和价格变动理论》一文中最早提出了理性预期的思想,随后卢卡斯和萨金特(Thomas Sargent)等人把理性预期的概念引入宏观经济学分析,从而带来了"理性预期革命"。

关于理性预期存在着不同的定义。巴罗(Robert Barro)认为理性预期是指在形成某一变量未来的预期时,理性当事人会知道该变量的决定因素,并会最优地利用关于这些决定因素的所有可公开获取的信息,即预期时"由当事人按效用最大化原则理性运用信息形成的"。巴罗的定义其实是理性预期的弱假设。明福特(Patrick Minford)提出了比巴罗假设更强的定义,认为理性预期是指在理性运用可获得信息的条件下,人们对于未来结果的预期概率分布与实际概率分布相一致。

我们把理性预期运用到宏观经济学中,通常指的是强假设。但是应该明白,强假设并不意味着行为人能够十分准确地预见未来,它只意味着,行为人具有最有效的预期形成方式,从而使得预期误差最小,且不会出现系统性偏差。

(四) 真实经济周期理论

真实经济周期理论(real business cycles, RBC)出现在20世纪80年代早期,主要代表人物有基德兰德(Kydland)和普雷斯科特(Prescott)等。他们认为经济波动来源于对经济冲击的真实因素,特别是偏好冲击和技术冲击,而非货币冲击所起的重要作用。

在他们看来货币是中性的,理解这一点的关键在于,经济周期如何导致货币量的变化,而货币冲击不会对经济波动带来影响。经济周期理论认为货币供给会随着货币需求进行调整,货币供给具有内生性,从而货币量的改变被货币需求所抵消,货币量的改变并没有对经济产生真实影响。我们知道货币量受到基础货币和货币乘数的变化影响,基础货币主要取决于货币当局,而银行和储户都会影响货币乘数,从而影响货币供给。因此可以把总产出和货币供给的相关关系分解两部分:产出与基础货币的相关关系,基础货币受货币当局控制;产出与银行和储户的行为,银行和储户的行为主要受经济周期影响。他们发现产出与货币当局控制的基础货币几乎没有任何相关关系,货币供给的变化主要来自银行和储户的行为,也即受到真实经济因素的影响。

【学习检查】货币中性论

以上我们系统地学习了货币中性论的相关观点,古典学派、早期凯恩斯主义、理性预期与真实经济周期理论分别从不同的角度阐明了他们所认为的货币与实体经济之间的关系。请比较它们之间的异同,并对货币中性论做归纳总结。

二、货币非中性论

(一) 货币主义

早期凯恩斯主义的观点受到了以弗里德曼为代表的货币主义学派的反驳,他们利用实证分析方法进行验证发现,货币对经济活动产生了重要影响。弗里德曼等人用到了三种类型的实证分析:一是应用时间序列数据,观察两个变量在时间走势上是否一致;二是对两个变量进行统计检验;三是寻找一个变量影响另一个变量的历史证据。

在时间序列数据的分析中,如果能够发现货币供给变化之后,经济周期随之也发生相应的变化,那么货币可能就是非中性的。1963年,弗里德曼和施瓦茨首次对货币增长率和总产出的关系进行了实证分析。在所研究的近一个世纪的每个经济周期中,总产出水平的下降总在货币增长率下降之后出现。平均来看,总产出水平峰值比货币供给增长率晚16个月出现。但总产出晚于货币增长率出现的时间长度是不固定的,大概从几个月到两年多不等,因为其中存在着时滞的影响。因此,他们认为货币供给增长引起了经济的周期波动,并且这种影响具有"长且可变的时滞"。我们知道这种实证分析的主要问题在于:一个变量总是先于另一个变量出现,并不能简单判断是否存在因果关系。这两个变量有可能存在逆因果关系,即经济周期引起了货币供给的变化,这也是上文提到的真实经济周期的货币观点;也可能受同一外生变量的影响。因此我们还不能确切地得出货币非中性的结论。

用统计方法验证货币是否中性,只需要计算货币供应量和总产出的相关系数。我们知道在凯恩斯学派的理论框架中,总需求波动的主要原因是投资和政府支出的变动,而非货币供给的变动,弗里德曼和迈泽尔曼(David Meiselman)把投资和政府支出定义为自主性支出 A,并把凯恩斯学派的理论总结为凯恩斯学派模型,即自主性支出 A 与总产出 Y 高度相关,

而货币供给 M 与总产出 Y 的关系较弱。并且他们提出了自己的模型,认为货币供给是总产出波动的根本原因,因此货币供给 M 应该和总产出有很强的相关关系。通过两类模型的对比发现,需要进一步做的工作是,验证自主性支出 A 与总产出的相关关系,货币供给 M 与总产出 Y 的相关关系。弗里德曼和迈泽尔曼利用美国历史上不同时期的数据进行统计检验,发现他们的模型更能解释总产出的波动。因此在他们看来,货币是非中性的,并且导致了经济的周期波动。但这个结论也存在不少问题,最显而易见的还是可能存在逆因果关系,或者存在某一外生变量的共同作用,相关关系并不代表因果关系;此外,他们过度简化了凯恩斯学派的模型,且没有对自主性支出进行准确度量。这招致了不少批评。

以上两种方法的最大问题是可能存在逆因果关系。如果能够保证一个变量的变化是外生作用的结果,则可以避免逆因果关系。要验证货币的非中性,可以找到货币供给外生增加的历史时期,然后找到货币供给与总产出具有很强相关性,则很可能货币供给的变化导致总产出的变化。正是基于这个思路,弗里德曼和施瓦茨(Anna Schwartz)在《美国货币史》一书中找到了货币供给可能是外生事件的历史时期。在 1936—1937 年,为了改善对货币的控制,美联储提高了法定准备金率,从而导致货币供应量和其增长率急剧下降。美联储的货币政策并不是针对当时的经济状况而采取的行动,总产出影响货币供给的逆因果问题并不存在;也没有发现存在共同因素导致美联储提高法定准备金率同时也影响总产出。因此货币供给的变化更像外生事件。在这之后的 1937—1938 年,美国经济发生了严重衰退。因此他们认为美联储提高法定准备金率导致货币量的减少,是导致经济周期性衰退的最根本原因。在货币供给类似外生事件发生的其他历史时期(如 1907 年及其他年份的银行恐慌),也同样存在货币增长率显著下降之后总伴随着经济衰退的事实,再次证明了货币是非中性的。

(二)新凯恩斯主义

在理性预期学派看来市场具有迅速出清的能力,也即价格能够灵活调整,以反映供需力量的对比。然而在新凯恩斯主义经济学家看来,由于工资粘性(劳动合同规定的时间较长等原因),即使工人意识到物价的上升并要求提高工资,也很难在这段时间内提高工资;由于价格粘性(价格调整带来的成本等原因),即使企业具有通货膨胀的预期,也不愿意短时间频繁变动价格。这意味着即使公众具有理性预期的行为,但是他们并没有因此做出迅速的反应,货币量的增加也就不能迅速地反映到价格上,从而使得货币供给对经济产生真实影响。

【学习指导】新凯恩斯主义

根据第十一章货币需求的相关内容,我们已经知道凯恩斯主义经济学是在 20 世纪 30 年代的大萧条背景下产生的,在西方经济学领域中长期处于主流地位。而美国在 20 世纪 70 年代出现了滞胀,经济停滞与通货膨胀同步高涨。凯恩斯的学说也在这一时间受到挑战,与其对立的经济学家对其进行批判。20 世纪 80 年代,凯恩斯主义对早期理论进行了修正与发展,使得凯恩斯主义得到了复兴。

其中,新凯恩斯主义假设与早期凯恩斯主义有着明显的差别。新凯恩斯主义假设工资和价格存在粘性。也就意味着工资与价格可以进行调整,只是调整存在时滞,比较缓慢。出现工资粘性的主要原因包括:合同的长期性,一般来说,劳资双方签订合同一般都会有一定的时间,这是由于过于短期的合同会导致较高的谈判与调整成本。交错工资调整,使得工资调整与价格水平上涨会出现不同程度的滞后。而价格粘性有菜单成本说、交错价格调整论、投入产出关联论等理论,与工资粘性比较相似,大家可以课外查找相关资料。正是由于工资和价格存在粘性,当货币量变动后,产量、就业等实际变量也会发生一定的变动,也就是说货币是非中性的。

三、货币短期非中性与长期中性论

在经济学分析中,长期和短期的划分往往会带来不同的结论。这是因为短期和长期中,理论分析的前提假设会发生变化。我们知道新凯恩斯主义经济学家核心的假设是工资粘性和价格粘性,对于短期来说可能成立。但长期来看,不论是工资水平还是价格水平都能做出相应的调整,并都会调整到均衡水平,从而使得市场出清。长期来看,货币是中性的。

货币主义学派通过对长短期的划分,同样认为货币在短期是非中性的,而在长期是中性的。但他们的分析思路和新凯恩斯主义不同。弗里德曼继承了古典学派货币数量论的思想,形成了新的货币数量论。短期内,认为货币需求是稳定的,货币量的增加会带来支出的增加,从而带来产出的增加,具体的货币传导机制为:货币政策工具→M(货币供应)↑→E(支出)↑→Y(总产出)↑。然而这种影响是短期的,长期只会带来物价水平的上升,产出并不会由于货币的增加而上升。理解弗里德曼理论的关键在于,人们会预期到物价水平的上升,从而要求提高工资,从而长期内产出不变(假设实际因素没有变化),因此货币对经济的影响是短期的,长期货币是中性的。经济趋向充分就业,实际利率、实际收入增长率都是由经济中的实际因素决定的,则货币供应量的变化只对物价水平产生影响。同时,短期的波动对长期经济增长是不利的,因此货币主义学派主要实行"单一规则"(single rules),即保持一个长期稳定且和经济相适应的货币增长率,而不是频繁变动货币供应量,对经济进行干预。

【扩展延伸】附加预期的菲利普斯曲线

我们也可以通过附加预期的菲利普斯曲线(Phillips Curve)来说明理性预期学派和货币主义学派关于货币的观点。传统的菲利普斯曲线表示货币供给增加(通货膨胀率上升)会带来总产出上升(失业率下降),从而说明货币的非中性。

货币主义学派给菲利普斯曲线附加了适应性预期,即会根据过去的通货膨胀率来预期未来的通货膨胀率。如图12-1所示,假设初始经济位于自然失业率的均衡水平上,即点e上。当货币当局突然增加货币量使得经济由点e变动到点b,此时通货膨胀率上升,即价格水平上升,而失业率下降,即产出上升。根据适应性预期,公众会根据经验将预期通胀率调整为更高的水平,从而使得菲利普斯曲线向上移动,人们发现自己的实际工资水平的下降,如果名义工资不变,那么人们会减少劳动力的供给,使失业率增加,经济重新回到"自然失业率"状态。扩张货币政策长期是无效的。这个过程不断持

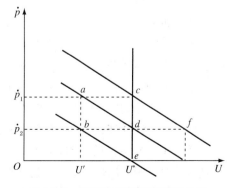

图12-1 附加预期的菲利普斯曲线

续,那么长期的菲利普斯曲线就是一条垂线 cde,表示货币供给的改变并没有给经济带来实际的影响,货币长期是中性的。

而理性预期学派给菲利普斯曲线附加了理性预期,即人们能够充分利用已有信息,形成对未来的无偏估计。并且假设市场具有迅速出清的能力,因此短期的菲利普斯曲线也是一条垂线,货币政策也是无效的。

大家可以回忆一下本节的货币主义学派和理性预期学派的理论,并结合普利普斯曲线加深理解。

第二节 货币的内生性与外生性

在讨论了货币的中性和非中性之后,我们关心的是中央银行对货币量控制的程度。在货币的创造过程中,经济体系中的货币量等于基础货币乘以货币乘数($M=m \cdot H$)。经济体系中的个人和金融机构都可以影响货币供给,从而削弱中央银行控制货币量的能力。同时,经济体系中实际变量的变化也可能自动扩张和收缩货币供给,削弱央行货币政策的效果。因此对于中央银行能否决定货币供给这一问题的回答,可以把货币理论分为货币的外生论和内生论。

货币的内生还是外生的问题由来已久,在理论和实践两方面的争论难分高下。经济学家们一直争论不休,现实经济的发展也在不断变化之中。在传统的主流经济学看来,货币供给是一个可以由货币当局完全控制的外生变量,因此说货币供给就有外生性。后凯恩斯主义经济学则认为货币供给的决定过程非常复杂,不是货币当局能够完全决定的,因此说货币供给具有内生性。持内生论的经济学家认为,货币当局难以控制货币乘数,甚至在某种制度下,基础货币都很难控制,在这种情况下,可行的办法就是被动地适应调节。接下来,我们按照外生论与内生论的划分,分别介绍不同的思想观点,最后来看一下中国货币供给的情况。

一、货币供给外生论

货币供给的外生论认为,货币供给由央行的货币政策决定,而不是由诸如收入、储蓄、投资、消费等经济因素所决定。因此,央行就能够通过控制货币供给对经济进行调节,并且这种调节是否有效,基本上取决于央行的能力,而受其他因素的干扰较少。其主要观点是:(1)货币乘数各系数短期内是稳定的;(2)基础货币与货币乘数相对独立;(3)决定货币量的主要因素是基础货币;(4)中央银行完全可以控制货币供给。货币供给外生性的观点一直处于主流地位,主张货币外生性的主要理论有古典学派的货币供给外生论、凯恩斯学派的货币供给外生论、货币主义学派的外生论,以及理性预期学派的货币外生性理论。

(一)古典学派的货币供给外生论

货币供给外生性的思想,源于19世纪初英国的金块论者。因为当时的货币主要为贵金属,所以货币供给主要取决于黄金的开采与生产,与其他经济因素无关,货币供给决定了名义收入和物价水平,因此货币是外生的。回想我们在上节中提到的费雪方程和剑桥方程式,在"古典二分法下",货币供应量决定商品的价格,而不是商品的价格决定货币的供给。产出的多少为实际投入和技术因素所决定,既不受货币数量的影响,也不影响货币的数量,货币不仅是中性的,而且货币供给也是外生的。例如休谟(David Hume)提出"一切东西的价格取决于商品与货币之间的比例……货币增加,商品就涨价",指出了货币量和商品价格的对应关系;希克斯(John Hicks)在其《经济学展望》中也提到,休谟时代的货币供给毫无疑问是外生的;萨缪尔森(Paul Samuelson)也提到,金矿和银矿的偶然发现使货币供给处于混乱状态。以后的大多数货币数量论者均持相似的观点。

(二)凯恩斯学派的货币供给外生论

在凯恩斯的货币供需图形中,货币供给是一条垂线,是与利率无关的外生变量,受中央银行的控制。同时他也提出央行不仅可以通过诸如公开市场政策等手段控制货币供给,也可以通过影响人们的预期,影响利率。即"要改变货币数量,则只有公开市场政策或类似办法便可办到,故已在大多数政府控制之中"和"公开市场交易不仅可以改变货币数量,而且还可以改变人们对金融当局之未来政策的预期,故可以双管齐下,影响利率"。因此,在凯恩斯的货币框架内,央行可以通过控制货币供给调节利率,从而说明控制货币供给的政策是有效的,货币是外生的。

(三)货币主义学派的货币供给外生论

我们知道货币供给取决于货币创造的过程,也即取决于基础货币和货币乘数($M = m \cdot H$)。为了说明货币供给的外生性,只要说明基础货币和货币乘数是可以控制的即可。弗里德曼和施瓦茨通过变形,把货币乘数表示为存款准备金比率$\left(\dfrac{D}{R}\right)$和存款通货比率$\left(\dfrac{D}{C}\right)$的式子,即 $m = \dfrac{\dfrac{D}{R}\left(1+\dfrac{D}{C}\right)}{\dfrac{D}{R}+\dfrac{D}{C}}$ ①。通过分解,他们发现货币供给取决于三个因素:基础货币H、存款准备金比率$\dfrac{D}{R}$和存款通货比率$\dfrac{D}{C}$,并分别决定于货币当局、商业银行的行为和公众的行为。其中H直接取决于中央银行的行为;$\dfrac{D}{R}$和$\dfrac{D}{C}$虽然不能直接被中央银行所控制,但H对于$\dfrac{D}{R}$和$\dfrac{D}{C}$有决定性影响。因此只要中央银行控制了基础货币H,就可以决定货币供给,因此货币供给是外生的。

货币外生的结论也得到了统计数据的支持,主要体现在以下几个方面:一是基础货币与货币乘数相互独立、互不影响,说明我们可以把影响货币供给的因素,独立地分为基础货币的影响和货币乘数的影响。二是影响货币乘数的各因素在短期内是稳定的,长期而言也

---

① $M = C + D = \dfrac{C+D}{H} \cdot H = \dfrac{C+D}{C+R} \cdot H = \dfrac{\dfrac{C+D}{C \cdot R}}{\dfrac{C+R}{C \cdot R}} \cdot H = \dfrac{\dfrac{1}{R}+\dfrac{D}{R}\cdot\dfrac{1}{C}}{\dfrac{1}{R}+\dfrac{1}{C}} \cdot H = \dfrac{\dfrac{D}{R}+\dfrac{D}{R}\cdot\dfrac{D}{C}}{\dfrac{D}{R}+\dfrac{D}{C}} \cdot H = \dfrac{\dfrac{D}{R}\left(1+\dfrac{D}{C}\right)}{\dfrac{D}{R}+\dfrac{D}{C}} \cdot H$ 即 $m = \dfrac{\dfrac{D}{R}\left(1+\dfrac{D}{C}\right)}{\dfrac{D}{R}+\dfrac{D}{C}}$。

常会起反向作用而相互抵消,因而货币乘数可看作常数,说明货币供给主要取决于基础货币。三是基础货币对货币供应量的影响比货币乘数要大,也说明了基础货币对货币供给的影响比货币乘数要大。四是中央银行通过公开市场操作等政策工具,不但可以主动增减基础货币量,还可抵消货币乘数内某些系数变动的影响,说明了基础货币量受到中央银行的控制。因此,统计结果同样支持货币外生的结论。

(四)理性预期学派的货币供给外生论

理性预期学派强调人们会预期到中央银行增加货币带来的物价上涨,从而要求提高工资,只会带来价格水平的上升,增加货币供给的政策是无效的,主张实行稳定的货币政策。同时也说明了中央银行可以控制货币量,只是这种货币控制不对实际因素带来影响。该学派并没有具体讨论实际因素对货币供给的影响,他们假设货币当局可以行使独立的货币政策,因此,理性预期学派也认为货币供给是外生的。

二、货币供给内生论

我们知道,货币供给外生性意味着中央银行可以通过控制货币量的政策,对经济进行有效的干预。然而,现实中货币政策的实施总是很难完全如愿。对把货币供给看作外生观点的质疑,从没有间断。与外生论相对应,货币内生论则认为,货币供给由经济体系中实际变量(如收入、储蓄、投资、消费等因素)以及公众、银行等微观主体的经济行为决定的,而不决定于中央银行的主观意愿。因此,货币供给总是要被动地决定于客观经济过程,中央银行并不能按照自己的意愿有效地控制其变动。其主要观点是:(1)货币乘数是不稳定的;(2)货币乘数与基础货币相互影响;(3)货币当局不可以任意创造信用。

因此,各种各样的货币内生理论应运而生,按照理论的发展来看,主要有古典内生货币理论、现代货币内生理论和后凯恩斯内生货币理论。

(一)古典内生货币理论

货币供给内生性的思想最早可以追溯到早期的货币名目主义者约翰·穆勒(John Mill),他在《政治经济学原理的研究》一书中指出,一国流通中只能吸收一定量的货币,经济活动水平是货币供应量与之相适应。这一观点被银行主义学派所发展,银行主义学派的主要代表人物为图克(Tooke)和弗拉顿(Fullarton)。银行主义认为货币数量由社会交易的商品价格总额决定,并认为银行券是由发行银行为了满足流通的需要而发行的,银行既不能任意增加银行券发行的数量,也不能任意减少银行券发行的数量。虽然银行主义的观点有许多含混不清的地方,但他们的观点却构成了货币供给内生论最基本的要素。

魏克塞尔(Knut Wicksell)继承了银行学派内生论,从利率水平的角度提出了一些很有意义的看法:货币利率水平最终取决于正常利率,但货币利率首先是由银行根据货币信贷市场情况自行决定的一个单独变量。在银行家指定货币利率这个前提下,货币供应被认为是由货币需求决定的内生变量。所以,自然利率的变化引起货币需求的变化,从而产生货币供需不相等的现象,而这种现象会通过整个银行体系进行扩散,但是最后经济会稳定在自然利率水平上。而自然利率是被动的通过私人银行扩大货币供应量来控制的。

总的来看,古典的货币理论虽然没有明确指出货币的内生性,但他们或者在生产、消费等实物经济运行中讨论货币数量的决定,或者在货币流通中讨论影响货币供给的内生经济因素,这实际上隐含着货币供给的内生性的理论。

(二) 现代内生货币供给理论

在法币和中央银行出现后,外生货币供给理论建立在中央银行对法币的完全控制上。但因为货币流通速度是货币当局无法控制的变量,使得货币对实际变量的影响也不会像货币数量论所预测的那样。也就是说,如果货币的流通速度可以被一些不可外在控制的内生变量所影响,那么从一定程度上来说货币是具有内生性的。其中,代表人物有凯恩斯(John Keynes)、拉德克利夫(Radcliffe)、格利(J.G. Gurly)、肖(E.S. Shaw)和托宾(James Tobin)等等。

在现代内生货币供给理论中最具代表的即是"货币新论"。"新论"一词由托宾在1963年提出。在英国的拉德克利夫委员会发表了著名的《拉德克利夫报告》,阐明了包括货币供给内生性的一系列观点后,经格利和肖以及托宾等人的进一步研究,引发了货币供给内生论的复兴运动。

1959年,英国拉德克利夫委员会发表了一份名为《拉德克利夫报告》的报告,该报告指出,对经济有真正影响的不仅仅是传统意义上的货币供给,而且是包括这一货币供给在内的整个社会的流动性。而流动性取决于包括商业银行和非银行金融机构在内的整个金融系统,并且大量的非银行金融机构是其最重要的来源。流动性状况又决定了整个社会支出。因此货币政策能否对流动性进行控制就成为区分货币供给内生和外生的关键。中央银行只要能够控制社会的流动性,货币政策才是有效的。该报告虽然没有明确指出货币供给的内生性,但是认为把货币供给作为政策目标是不恰当的,而应该关注整个社会的流动性。

我们在前文提到货币供给取决于货币的创造过程,这一过程中有两点值得注意:一是强调货币的重要性,二是商业银行起到决定性作用。1960年,美国经济学家格雷和肖出版了《金融理论中的货币》,其中的观点正好对这两点进行了扩展。一是强调除货币之外的其他金融资产对经济发展的重要性;二是强调除商业银行外的其他非银行金融机构对信用创造的重要性。他们认为货币金融理论不应局限于对货币的分析,而应该分析包含货币在内多样化的金融资产。虽然商业银行是唯一有能力创造活期存款形式的货币机构,但是经营多样化金融资产的其他金融机构,可以创造某种独特的金融债券凭证,也能够起到信用创造的作用。同时,商业银行在货币创造过程中,会受到其他金融机构的竞争,于是货币供给不仅决定于商业银行本身,而且决定于其他金融机构和社会公众的行为。在这种情况下,中央银行只是对货币和商业银行的控制,就很难控制信用的创造。

可以看出,上述分析的关键是广义货币,即包含了多样化的金融资产。因此,控制货币的政策不是决策者可以依赖的唯一经济政策,影响金融制度乃至经济制度的应该是一套完整的包括货币政策、债务管理政策和财政政策的政策组合。非银行金融机构能够在信用创造中发挥重要作用,而货币当局又不能对它们进行有效控制,因此非银行金融机构的存在与发展会弱化货币当局对信用的调控能力,货币供给表现出内生性。

托宾继承了拉德克利夫委员会以及格利和肖的观点,在其1963年发表的《作为货币创造者的商业银行》一文中,为区别传统理论而提出货币"新论"一词。传统理论认为货币与其他金融资产、商业银行与其他金融中介机构是严格分开的,因为非银行金融机构所经营的资产不是被普遍接受的支付工具,不是货币,因此并不具有信用创造的功能,而只起到媒介作用。而托宾则强调商业银行与非银行金融机构、货币与其他金融资产类似,主张货币供给是内生性的。

托宾也通过对弗里德曼货币供给方程的批判,对货币内生性问题进行了考察。在弗里德曼看来,货币乘数由存款准备金比率$\left(\dfrac{D}{R}\right)$和存款通货比率$\left(\dfrac{D}{C}\right)$决定,而货币供给由基础货币$H$和货币乘数$m$决定。托宾认为把货币供给归结于基础货币$H$、存款储备比率$\left(\dfrac{D}{R}\right)$和存款通货比率$\left(\dfrac{D}{C}\right)$的固定函数过于简单化,实际上这三个变量及其决定因素之间会交叉影响,特别是存款通货比率和存款储备比率往往随经济活动的涨落而变动,银行对存款准备金比率$\left(\dfrac{D}{R}\right)$具有一定的控制能力,存款通货比率$\left(\dfrac{D}{C}\right)$也表现出周期波动。不能把它们作为货币供给方程式的固定参数来看待,而是由经济过程内生决定的,货币乘数具有内生性,因而货币供给并非由货币当局控制的外生变量。

他进一步指出货币供应量作为内生变量主要是由银行和企业的行为决定的,而银行和企业的行为取决于经济体系内的许多变量,中央银行不可能有效地支配银行和企业的行动。

(三) 后凯恩斯主义的内生货币供给理论[①]

内生货币供给理论是后凯恩斯主义货币理论的核心,代表人物有温特劳布(Sidney Weinteaub)、卡尔多(N. Kaldor)、莫尔(Basil Moore)明斯基(Hyman Minsky)和罗西斯(Stephen Rousseas)等人。他们认为信用货币不同于商品货币,是通过银行贷款而产生的,并通过偿还银行债务而从经济中撤出。后凯恩斯主义的内生货币供给理论不仅认为银行贷款创造银行存款,而且认为商业银行会依据存款来寻找储备,在这里贷款又是具有信用的企业或者个人决定的,中央银行无力控制经济中的贷款量,也就无法控制经济中的货币存量。

1. 温特劳布的内生货币理论

在以往的货币理论中都忽略了货币需求的作用,温特劳布对这一点进行了扩展。他认为经济状况决定了货币需求,由于就业率的目标,中央银行只能被动地适应货币需求来调节货币供给,因此货币具有内生性。我们来看这一具体过程时如何发生的。在温布劳布的模型中,具有一定垄断性的企业采取成本加成的方式进行定价,即:

$$P = K\left(\dfrac{W}{Q}\right) \tag{12-4}$$

其中:K表示经济中由各企业运转的外生制度环境所决定的给定垄断程度;W表示总名义工资;Q表示总产出;那么$\dfrac{W}{Q}$就不是单位劳动成本。令L为总劳动收入,W和Q同除以L得:

$$P = K\left(\dfrac{w}{A}\right) \tag{12-5}$$

其中:$w = \dfrac{W}{L}$表示以名义货币计算的平均年工资率;$A = \dfrac{Q}{L}$表示所用劳动的平均劳动生产率。我们假定平均劳动生产率的增长率是稳定的,即A是稳定的。如果平均劳动生产率

---

① 主要参考:陈昭《内生货币供给理论述评》,《经济评论》,2005期第4期相关内容。

的上升大于平均劳动生产率的上升,即 $w > A$,那么此时物价就会上涨。在平均劳动生产率的增长率是稳定的前提下,物价水平就取决于名义的平均年工资率,即 $P = K(w)$。从而问题就归结于 w 如何决定上。事实上 w 外生的由集体议价的方式决定的,这样名义工资就决定了物价。由名义收入等于一般物价水平乘以实际产出,即 $Y = PQ$ 可知,在 Q 一定的情况下,名义收入的上升是由价格上升引起的,而价格上升又是由名义工资上升引起的,因此最终的原因就归结于名义工资增长过快上。

因此,总的过程是:名义工资率的增加超过了平均劳动生产率的增加,物价水平取决于名义工资率,在劳动成本加成定价下,物价上升,企业的产出和就业下降,政府具有稳定就业的目标,因此会采取增加货币供给的政策来避免失业。

2. 卡尔多的内生货币理论

在温特劳布的内生理论中,政府具有稳定就业的责任,从而只能被动地适用名义工资率的增长。在卡尔多的内生理论中,中央银行具有另一个责任,即作为最后贷款人,给商业银行等提供流动性,防止出现系统性风险。中央银行通过贴现窗口,制定贴现率,在这一贴现率下满足商业银行的贷款要求,而不能拒绝。因此,在任一贴现率下,货币供给的弹性无限大,是一条水平线,这就意味着货币需求创造了自己的供应,并且这种供应能完全满足经济对货币的需求。

具体来看这一过程:假如中央银行下调贴现率从而导致利率下跌,投资增加,由于投资乘数的作用,总收入也相应增加,这又会导致对货币交易需求的增加,因此在下调的贴现率下,中央银行只能被动地满足贷款的需求,从而中央银行并不能控制货币供给,因此货币是内生的,这就是卡尔多内生货币理论的主要内容。

3. 莫尔的内生货供给理论

莫尔将货币分成商品货币、政府货币和信用货币,并认为,信用货币的供给在本质上要受到需求的影响,故而有很强的内生性。他认为商品货币是指从各种实物演变过来,最后体现在黄金上的货币,商品货币的供给由该商品的生产成本所决定;政府货币则是由政府为弥补财政赤字等目的而发行债券并沉淀在流通中的货币,政府的利益决定政府货币的供给。信用货币则是商业银行发行的各种流通和存款凭证,它们形成于商业银行的贷款发放,而贷款发放则取决于公众对贷款的需求和贷款的期限,信用货币的供给因此不独立于信用货币的需求。尽管信用货币的供给也要受到中央银行货币政策的影响,但是,在既定的贷款利率水平上,中央银行不能拒绝商业银行的贷款要求,而商业银行的贷款规模又同样为公众的贷款需求所决定。所以,流通中的货币存量最终取决于公众的贷款需求,所以,莫尔认为货币是内生的。

4. 明斯基和罗西斯的结构主义理论

以明斯基和罗西斯为主的结构主义者与莫尔等水平主义者在大部分观点上都没有分歧,他们其实是后凯恩斯主义的货币内生论的两派分支。结构主义者对水平主义的指责在于,他们认为中央银行并不是水平主义者所指出的那样完全被动地满足商业银行的准备金需求。为了证明他们的观点,结构主义者从以下几个方面进行论述。

明斯基把企业、政府和家庭所做的融资决策分为三个类型:对冲融资、投机融资和庞氏融资。基于这种融资分类建立了他的"金融不稳定假说",指出经济周期是内生的,上述的三种分类之间可以相互转化。明斯基认为,当货币市场不能提供足够的存款准备金时,流动性短缺就会产生。金融机构会被迫收回贷款,卖掉资产以满足准备金需要,新的贷款展期便开始收缩。如此循环，便会导致信贷阻塞和金融危机，金融危机是一个完全的内生现象。

罗西斯认为货币需求的增加不需要完全由中央银行提供，它们可以通过如下几个方式来满足，社会个人的闲置余额，金融创新等方式。他更关注的是货币流通速度的变化对内生货币供给的影响。因此，一部分由中央银行供应，另一部分由于金融创新和闲置余额的经济活动所导致的货币流通速度上升，这两部分构成了一条向上倾斜的货币供给曲线。

总之，在结构主义者看来，金融市场和金融创新的发展已经弱化了水平主义的基本观点。虽然他们也认为货币供给是内生的，但相对于水平主义的极端论证，结构主义论证货币供给内生性较为温和。如他们认为，短期之内，货币供给曲线是一条向上倾斜的曲线，而非水平的或是垂直的；长期内，货币供给曲线趋向于水平。

【学习指导】货币供给的内生性分析

现代经济运行中，由于金融资产的多元化、金融创新的发展等原因，货币供应量难以由中央银行直接控制，而受到经济体系内部诸多因素变化的影响。中央银行对货币供应量的控制不是完全绝对的。外生论对货币供给的假设也过于严格。但是，这并不能否认中央银行控制货币供应量的有效性。因此，在货币供给内生的前提下，我们说中央银行对货币供应量的控制是相对的。

【史海拾贝】货币供给外生论与内生论的发展

我们在上文中详细介绍了货币外生和内生的主要观点，为了使大家更清楚地把握理论发展的脉络，我们再简要地梳理一下有关论点，补充一些人物的观点，上文介绍过的理论从略。

1. 外生论

货币供给外生论源于19世纪初英国的金块论者，随后货币数量论者在此基础上进行了继承和发展。再随后，分别以凯恩斯、弗里德曼和卢卡斯为代表的凯恩斯学派、货币主义学派和理性预期学派，在各自的货币理论中，都假定或者暗含货币供给是外生的。他们的主要理论内容参见正文的论述。

2. 内生论

如果我们考察广义上的货币供给内生性的研究，那么最早可以追溯到19世纪中叶通货主义和银行主义的论争。其争论的焦点为货币量和物价的关系。我们上文提到货币主义者认为货币数量决定物价，而以图克(Thomas Tooke)和威尔逊(James Wilson)等为代表的银行主义者则认为银行券的数量要适应流动性的需要。

马克思的货币理论中也有关于货币内生性问题的启发性的论述，因此许多后凯恩斯经济学家将马克思视为货币供给内生论的先驱。

凯恩斯在《通论》中假设货币供给是外生的，而在其另一本书《货币论》中却含有货币供给内生性的思想。

熊彼特在其"创新"的经济理论中，提出了"非正常信贷"的概念，对货币内生性的研究同样带来了启发性。

1959年，英国的拉德克利夫委员会发表了著名的《拉德克利夫报告》，阐明了包括货币供给内生性的一系列观点，后经格利和肖，以及托宾等人的进一步研究，引发了货币供给内生论的复兴运动。

后凯恩斯主义学派从不同角度分析了货币的创造过程,并提出了内生货币理论,他们的研究进一步深化了货币供给内生性,主要体现在几个方面:一是将中央银行的行为纳入研究范围,认为中央银行人为控制货币供给实际上是不可行的;二是金融创新对货币供给产生影响,金融创新进一步缩小了银行同非银行金融机构之间的差距,弱化了中央银行货币控制能力;三是从经验分析上支持了货币供给内生论的观点。

三、关于中国货币供给内生性与外生性的讨论

在国内,中国人民银行自1993年起,将货币政策中介目标从原有的信贷规模控制、现金投放计划转向货币供应量指标,并从1996年起采用M_1和M_2指标。近年来,尤其是国际金融危机之后,中国的货币供应量大幅增加,其实际增长速度和规模远远超过当年的货币调控目标,国内货币供给的性质也遭到质疑。其实,国内学者从未停止过对货币供给性质等问题的探讨。

(一)中国货币供给的外生性

有观点认为中国的货币供给是外生的。因为中国经济体系中的货币都来自中央银行,都是由央行的资产负债业务决定的;M_1和M_2相对于收入变量是外生的,受经济活动的影响不大。如果能够控制住新增贷款的数量,就可以控制货币供给。只要中央银行利用好货币供给的有效手段,按照稳定通货、稳定物价的目标执行货币政策是能够将货币供给控制在合意水平的。

(二)中国货币供给的内生性

同时,另外有观点认为中国货币供给是内生的。根据货币供给方程式,很多学者通过实证检验得到基础货币和货币乘数都具有一定的内生性,并且基础货币和货币乘数并不独立,而是存在着相互影响的关系。

1. 基础货币的内生性

我们在探讨基础货币影响因素时,曾指出外汇占款使得中国中央银行被迫释放流动性,造成流动性过剩的情况,虽然这种状况在宏观经济下行的新常态下在程度上有所改变。由此中国央行在控制基础货币时受制于其他因素,不能完全地控制基础货币。这种基础货币投放的被动性表明中国的货币供给存在制度内生性。

2. 货币乘数的内生性

我们在前面探讨货币乘数时,发现货币乘数受收入与财富的影响,因此货币乘数受到货币需求的影响,此外货币乘数也会受到经济条件变动的影响,因而具有一定的内生性。有观点从现金漏损率、超额准备金率以及法定准备金率各个角度说明中国货币乘数的内生性:(1)我们已经讨论过中国近年来现金漏损率的下降趋势,正是由于这种趋势,中央银行在执行货币政策时将面临不稳定的变量。(2)法定准备金率对货币供应量具有一定的调控作用,但是中国采用时点法(以旬余额)为基础,缴存的准备金也是存款,而不是现金。这将导致银行在上缴准备金前可以充分放贷,而影响货币政策有效性。不过,中国自2015年9月15日起改革存款准备金考核制度,由现行的时点法改为平均法考核。(3)中国的超额准备金率较高,使得银行可以在经济高涨时将超额准备金转化为贷款,在经济衰退时增加超额准备金而减少放贷,这将可能抵消中央银行的政策。以上各原因将导致中国货币乘数也是一个内生变量。

3. 基础货币和货币乘数的相互影响

也有观点指出，中国的基础货币与货币乘数之间存在着比较明显的反向变动关系，表明中国的基础货币与货币乘数之间存在着相互影响，而不是独立关系。当经济过热或流动性过多时，基础货币快速增长，央行为了防止经济过热会提高法定准备金率，从而使得货币乘数下降；反之，当经济不景气或流动性不足时，基础货币投放较少，央行会采取积极的宏观调控行为，下调法定准备金率，商业银行也会减少超额准备金，使得货币乘数上升。从而出现这种相互影响关系，这也是反映货币供给内生性的一个原因。

总之，如果货币供给是纯粹的内生变量，由经济体系内在客观地决定，那么，中央银行也绝不可能成为开天辟地以来人类伟大的发明之一，讨论货币政策也就没有任何意义了；如果货币供给仅具有外生性，是纯粹的外生变量，完全由中央银行或货币当局主观地控制，那么，中央银行就是万能了。因此正确把握货币供给的性质，正确认识中央银行及货币政策的作用，才是可取的科学态度。

【学习检查】我国货币供给的外生性与内生性

我们已经向大家介绍了货币供给外生性与内生性的相关理论及其发展历程，请在此基础上课外查找资料，了解我国货币供给的情况，探讨我国货币供给的外生性与内生性，并给出支持你的结论的证据。

第三节 货币与物价变动

不论货币是外生的还是内生的，如果货币供应量增长导致经济体中的总需求超过了总供给，就会出现总体物价上涨现象。在人们看来，物价水平的上升就是通货膨胀。但是我们发现，日常生活中必需品的价格时常上涨，而像汽车和手机等价格一直处于下降的趋势，那么到底什么才是通货膨胀呢？如果说货币过多发行会引起通货膨胀，那么央行发行过多货币的根源是什么？我们也可能听说过通货紧缩，那么又该如何认识它呢？带着这些问题，我们开始本节的学习。

一、物价变动的含义

不论是通货膨胀还是通货紧缩都体现为物价水平的变动。物价变动率通常表示为：

$$\pi_t = \frac{P_t - P_{t-1}}{P_{t-1}} \times 100\% \tag{12-6}$$

其中，π_t 为 $t-1$ 到 t 时期的物价变动率；P_t 和 P_{t-1} 分别是 t 和 $t-1$ 时期的总体价格水平。因此计算通货膨胀的关键是如何度量总体价格水平，日常生活中可以观察到许许多多的商品价格，而总体价格水平却是观察不到的。如何从个别商品的价格推算总体价格水平，就成为计算物价变动率的关键。这里用到了加权平均的思想，即价格总水平可以认为是个别价格的加权平均，这又带来两个要解决的问题：一是应该选取哪些商品的价格作为计算范围? 二是各个价格的权重又如何确定? 对这两个问题的回答,形成了不同的价格指数。现在用得比较多的主要有消费价格指数、生产者价格指数和 GNP 平减指数。消费价格指数从消费者支出的角度出发,反映了消费者为购买消费品而付出的价格的变动情况;生产者价格指数则是从生产者支出的角度出发,主要包括企业购买的原材料、中间产品和最终产品在内各种商品批发价格的变化,主要反映生产者的成本变化;GNP 平减指数主要反映一国生产的最终产品(包括劳务)的价格变化。也许会认为只要物价变动率大于零,就发生了通货膨胀;或者物价变动率小于零,就发生了通货紧缩。然而,事实并没有那么简单。接下来我们首选重点考察通货膨胀率的含义,并在此基础上分析货币持续增长如何导致通货膨胀。

【知识窗】居民消费价格指数(CPI)

根据国家统计局的定义,居民消费价格指数(consumer price index, CPI)反映一定时期内城乡居民所购买的生活消费品和服务项目价格变动趋势和程度的相对数,是对城市居民消费价格指数和农村居民消费价格指数进行综合汇总计算的结果。通过该指数可以观察和分析消费品的零售价格和服务项目价格变动对城乡居民实际生活费支出的影响程度。编制 CPI 的目的是为了了解全国各地价格变动的情况,分析价格变动对社会经济和居民生活的影响,便于政府制定政策。

我国采用抽样调查的办法获取数据,并采用如下公式计算 CPI。

$$CPI = \frac{\text{一组固定商品按报告期价格计算的价值}}{\text{一组固定商品按基期价格计算的价值}} \times 100\% \tag{12-7}$$

而我们之前提到的物价变动率也可以由各期的 CPI 计算,公式(12-6)中 P_t 和 P_{t-1} 分别是 t 和 $t-1$ 时期的总体价格水平(可以用 CPI 衡量)。国家统计局定期发布我国 CPI 数据,下图即为 2019 年 6 月至 2020 年 3 月期间我国的 CPI 数值。

图 12-2　我国 2019 年 6 月—2020 年 3 月居民消费价格指数变动趋势

数据来源:中国国家统计局。

除了居民消费价格指数(CPI)之外,我国还使用其他价格指数来反映物价变动情况,主要有:城市居民消费价格指数、农村居民消费价格指数、商品零售价格指数、农业生产资料价格指数、农产品生产价格指数、工业生产者出厂价格指数、工业生产者购进价格指数、固定资产投资价格指数等。

二、货币持续增长与通货膨胀

（一）通货膨胀的含义

在弗里德曼看来，通货膨胀是一种货币现象，并且只有物价水平上升是一个持续的过程时，它才是一个货币现象，说明通货膨胀是一个物价水平持续上升的过程。不仅如此通货膨胀是商品和劳务的货币价格总水平持续明显上涨的过程。

"持续"强调了通货膨胀不是一次性或短期的价格总水平的上升，而是一个持续的过程。因此季节性的或偶然因素引起的物价上涨不能称为通货膨胀，例如由于自然灾害导致的农产品价格的临时上涨就不能称之为通货膨胀，也不能把经济复苏阶段表现出的物价水平上升认为是通货膨胀。只有价格水平持续上涨趋势不可逆转时，我们才认为发生了通货膨胀。这一点成为理解货币持续增长带来通货膨胀的关键。"价格总水平"强调了通货膨胀不是指个别商品价格的上涨，而是指价格总水平（即所有商品和劳务价格的加权平均）的上涨。而"明显"则强调了价格总水平（即所有商品和劳务价格的加权平均）发生显著的上涨。

（二）货币持续增长与通货膨胀

在把通货膨胀强调为价格水平持续上升的过程之后，如果我们能够说明货币持续增长能够带来价格水平持续上升，那么就可以说明货币供给的不断增加是通货通货膨胀的主要原因，那么也就验证了弗里德曼"通货膨胀无论何时何地都是一种货币现象"的论断。

我们用到了总供给与总需求的分析框架，总体思路为货币持续增加会带来总需求曲线的不断右移，而总需求不断右移的过程中，总供给曲线也相应地不断左移，从而使得物价水平持续上升，也即发生了通货膨胀。你可能会问，为什么总需求曲线右移后总供给会左移？我们借助于图 12-3 来具体分析这一过程。

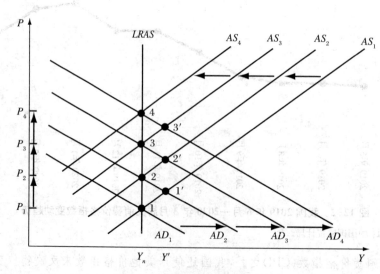

图 12-3　货币增长与通货膨胀

如图所示，假设初始经济位于点 1，此时总产出等于长期产出水平（自然率水平），价格对应为 P_1。中央银行突然增加了货币供给，那么总需求曲线由 AD_1 向右位移至 AD_2，此时经济位于点 $1'$，即产出水平和价格水平都上升了。但在此经济状态下，失业率也因此下降了并且低于自然失业率水平，从而导致工资水平的上升。这有会增加企业的成本，从而短期供给曲线向左移动到 AS_2，达到新的经济均衡状态点 2。此时经济重新回到长期产出水平，价格水平由 P_1 上升到 P_2。如果货币供给持续增加，那么上述过程将会反复发生，产出水平保持不变，价格水平也将会持续上升，从而带来通货膨胀。

【经典案例】恶性通货膨胀实例

历史上，货币超发引起的通货膨胀不胜枚举。这些事例都表明货币持续增长是通货膨胀的主要原因，也印证了弗里德曼的论断。

1. 德国的恶性通货膨胀

1921 年，德国面临着高达 1 320 亿金马克战争赔款以及战后恢复经济的巨大压力，财政支出远远高于收入。在税收和借款都无法解决财政困境时，唯一可行的办法就是印刷纸币。到 1922 年年末，货币供应量开始就是上升，物价水平也急剧升高。

1923 年 1 月，由于德国没能按计划支出战争赔款，法国联合比利时、波兰，占领了德国的鲁尔工业区，德国经济受到严重影响，从而财政进一步恶化。德国政府积极向鲁尔区的罢工工人提供资金，政府的支出也进一步恶化。此时，只能印刷更多的纸币，通货膨胀也就急剧恶化。1919 年 1 月—1923 年 12 月，德国的物价指数由 262 上升为 126 160 000 000 000。1923 年初，德国政府 70%～80% 的财政支出靠发行纸币来弥补，到 8 月底，这一比例骤升至 99%！纸币的发行量更以几何数字上升，1923 年 5 月为 8 564 亿，10 月底达 2 496 823 000 亿；到了 1923 年年底，德国作为黄金储备的金马克只剩下了 0.467 亿，而纸币发行量却已经接近 50 000 亿亿马克。1937 年美国康奈尔大学的沃伦与皮尔逊教授对德国恶性通货膨胀作了这样直观的描述：如果将 1923 年德国通货膨胀的数据绘成柱状图，其长度将达到 200 万英里！

我们可以通过一份报纸的价格变化来感受德国通货膨胀的变化。一份日报的价格从 1921 年 1 月的 0.3 马克上升到 1922 年 5 月的 1 马克，1922 年 10 月的 8 马克，1923 年 2 月的 100 马克，1923 年 9 月的 1 000 马克。然后，在 1923 年秋季，价格飞涨起来：10 月 1 日一份报纸售价 2 000 马克，10 月 15 日则是 20 000 马克，10 月 29 日为 100 万马克，11 月 9 日为 1 500 万马克，而 11 月 17 日达到了 7 000 万马克。1923 年 12 月，货币供给和价格突然稳定下来。

我们再来看 1923 年至 1924 年间通货膨胀下人们的生活状况。而对所有的企业主来说，薪水必须按天发放。不然到了月末，本来可以买面包的钱只能买到面包渣了。发工资前，大家通常都要活动一下手脚，准备好起跑姿势，钱已到手，立刻拿出百米冲刺的速度，冲向市场与杂货店。哪些腿脚稍微慢了几步的，往往就难以买到足够的生活必需品，而且会付出更高的价格。孩子们把马克当成积木，在街上大捆大捆地用于堆房子玩。最经典的一幕莫过于一女子用马克代替木柴投入火炉中烧火取暖，因为这样更划算。

2. 中华民国的恶性通货膨胀

1937 年，抗日战争全面爆发，军费开支大量增加，而国民政府财政和央行的外汇储备都日趋枯竭。在此情况下只能发行大量纸币来应对,通货膨胀在 1947—1949 年达到了高潮。从 1937—1949 年,法币发行量累计增加了 1 400 多亿倍,同期物价上涨了 85 000 多亿倍。

我们首先来看货币持续增加的过程。我们可以从历史资料中清晰地看出货币持续增加的过程,并且增发的速度越来越快。1937 年 6 月民国政府的法币发行额仅为 14.1 亿元,而到了 1945 年 8 月发行额就高达 5 569 亿元,增加了 392 倍;此后货币发行急剧上升,1945 年底超过了 10 000 亿元,1946 年底竟达到了 37 261 亿元,1947 年 12 月迅速上升到 331 885 亿元,1946—1947 年增加了近 8 倍;1948 年 8 月 21 日,达到了惊人的 6 636 946 亿元,在 8 个月里增加了 19 倍。纸币的币值甚至比不上印刷纸币的成本。在此情况下,国民政府进行了货币改革,用新发行的金圆券代替纸币,并以 1∶300 万的比例收兑法币。但金圆券重蹈法币的覆辙,1948 年 12 月,金圆券发行量达 83.2 亿元,到 1949 年 1 月就增至 208 亿元,到 1949 年 5 月更迅速增至 679 458 亿元,是金圆券发行限额的 33 972 倍。同时金圆券票面额也越发越大,从 100 元到 1 万元、10 万元,最后竟出现 50 万元、100 万元一张的巨额大票。

再看当时物价水平。同样的 100 元面值的纸币,在 1937 年能够买到 2 头牛,1938 年能够买到 1 头牛,1939 年能买到 1 头猪,1940 年为 1 袋面粉,1943 年为 1 只鸡,1945 年为 1 条鱼,1946 年为 2 个鸡蛋,1947 年为 1 个煤球,到 1948 年 8 月只能买到 3 粒大米。

3. 白俄罗斯

图 12-4 为白俄罗斯的货币与物价走势。我们从图中可以看到 1996 年之前,货币供给和物价水平都在下降。从 1996 年开始,货币供给和物价持续上升。1993 年货币最高金额是 5 000 卢布,1999 年变为 5 000 000 卢布。2000 年的货币改革令 1 新卢布 = 2 000 旧卢布。2002 年货币最高金额为 50 000 卢布,等于 2000 年前的 100 000 000(一亿)卢布。

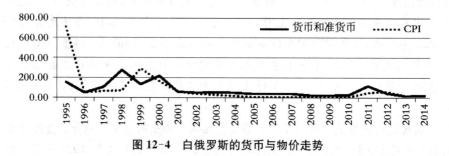

图 12-4　白俄罗斯的货币与物价走势

4. 玻利维亚

图 12-5 为玻利维亚的货币发行量和价格走势图。从图中我们看出,1984—1986 年经历最严重的通胀,而此阶段货币供给也迅速上升。1984 年之前,货币的最高面额为 1 000 玻利维亚比索,而到 1985 年,最高面额已变成 1 千万玻利维亚比索。1987 年玻利维亚进行了货币改革,用和美元挂钩的 boliviano 取代玻利维亚比索,从而终止了通货膨胀,我们在图中也可以看到,货币供给迅速下降,物价水平也随之迅速下降。1984—1986 年,清晰地表明了持续货币增长带来了通货膨胀。

5. 津巴布韦的恶性通货膨胀

津巴布韦的恶性通货膨胀是由于剧烈土地产权变动导致该国经济变得十分糟糕,政府只能依靠印刷纸币弥补收入引起的。在土地产权变动之前,全国 75% 的良田都掌握在 4 500 多白人农场主手上,而 70 多万黑人只占有 25% 的贫瘠土地。2000 年 6 月,津巴布韦实施

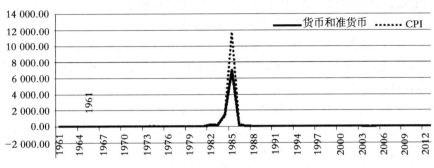

图 12-5　玻利维亚的货币与物价走势

"快车道"土改计划,规定白人农场主只能拥有一个农场,对其他农场进行没收。由于这项计划影响到了全国40%的耕地和全国75%的农产品总量,导致了大型农场的解体,农业生产力迅速下降。在此情况下,津巴布韦发行货币,我们可以从图12-6中看到2000—2003年,货币和准货币迅速上升,随后物价迅速上升。2003年货币供给有所下降,但在随后的几年里,货币供给完全失控,物价水平也以前所未有的速度迅猛上升。从2001年之后的近十年间,津巴布韦的通货膨胀高达百分之2亿3千万,被人称为"全国财富清零"。

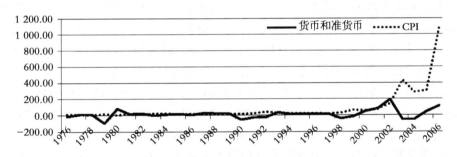

图 12-6　津巴布韦的货币与物价走势

让我们再来看看津巴布韦通货膨胀最为典型的2008年。在20世纪80年代,不到1津元就可换到1美元,2006年就发行了10万面值的纸币,2008年10万纸币只值4便士。至2008年7月16日,通货膨胀率达到了惊人的2 200 000%。2008年1月18日津巴布韦发行了最大面值1 000万津元,最小面值100万津元的一套新货币,而称为当今世界最大面值的货币。到2008年年底,津巴布韦的财政和金融等关键部门基本瘫痪,公共服务等职能也无法正常运转,经济几近崩溃。

2009年,政府宣布停止使用津巴布韦元,允许美元和南非货币兰特自由流通,从而结束了通货膨胀。

三、货币持续增长的根源

通过以上分析我们知道持续货币增长导致了通货膨胀,并对人们生活和经济带来损害。那么有些国家为何会采取扩张性的货币政策,大量发行货币呢?政府一定出于某些目的,需要采取扩张货币的办法来实现,这也就是我们本部分所关心的货币持续增长的根源问题。

我们从通货膨胀的例子可以看出，货币持续增加往往是在战争等导致的财政恶化下迫不得已的办法。因此货币持续增长的一个根源就是为了弥补财政赤字。政府最重要的目标是稳定就业和经济增长，那么政府就可能采取扩张性的政策，在财政政策受到限制的情况下，只好采取扩张货币供给的方法。接下来，我们重点分析这两种根源如何导致货币持续增长。

（一）弥补财政赤字

在理解财政赤字是通货膨胀的根源之前，我们要了解政府是如何弥补财政赤字的。政府主要通过财政收入来弥补财政赤字，税收在政府收入中占了最大的比重，因此政府可以通过提高税收的方式弥补财政赤字。政府也可以通过发行政府债券筹集资金。除此之外，政府还可以通过直接发行货币来购买商品和服务。因此政府可以通过三种方式进行融资：税收、发债和发行货币。政府融资的方法又被称为政府预算约束（government budget constraint），通过分析，我们知道政府财政赤字 DEF 等于政府支出 G 减去税收收入 T，同时也等于基础货币变化量 ΔMB 加上社会公众手中持有政府债券变动量 ΔB，即：

$$DEF = G - T = \Delta MB + \Delta B \tag{12-8}$$

理解弥补财政赤字三种方法的差别是理解财政赤字是通货膨胀一个根源的关键。我们首先来看税收方式，税收的提高是一个缓慢的过程，并且长远来看提高税率并不一定能够提高税收。我们再来看政府发行债券的方式，如果政府通过向公众增发债券来弥补财政赤字，那么基础货币和货币供给都不会受到影响。这依赖于一个发达的货币和资本市场，发展中国家往往并不具备这个条件，因此对这些国家而言，发行政府债券在弥补财政赤字方面的效果很有限。我们最后来看发行货币。政府货币供给额增加，往往不是通过直接以向经济投放货币的方式购买商品和服务，因为在美国和很多国家，通常情况下政府和中央银行的职能是分离的，政府并不具有发行货币以满足支付需要的权力。在这种情况下，货币供给也通常与发行政府债券相联系，如果政府不是通过向社会公众增发债券来弥补财政赤字，那么基础货币和货币供给都会增加。如果政府债券的持有人不是公众，那么唯一可能就是被中央银行通过公开市场操作所买入并持有，这会导致基础货币和货币供给的增加，被称为债务货币化（monetizing the debt）。

在这三种方式中，第一和第二种方式很难区分，因为难以明确分辨出政府债券的最终持有者。但如果政府债券最终被中央银行所持有，那么基础货币就会增加，从而货币供给就会增加。那么这会不会带来通货膨胀呢？回忆导致通货膨胀的原因"持续性的货币增长"，那么财政赤字如何才能导致持续性的货币增长呢？只能是持续存在通货膨胀，并且在除发行货币以外的其他方式都不能弥补财政赤字的情况下才会发生。财政赤字的持续存在导致货币持续增加，总需求曲线不断右移，价格水平不断升高。但如果财政赤字是暂时性的，那么货币增加一次就可以弥补赤字，总需求曲线也只移动一次，物价水平也不会持续上升，因此不会发生通货膨胀。总之，只有当财政赤字是长期性而非短暂性时，政府采取创造货币的方式或者发行债券并被央行所持有来弥补赤字时，财政赤字才是持续性通货膨胀的根源。

回过头来，我们再来看，为什么对于有些国家发行债券并不能解决财政赤字问题，而只能依靠发行货币的方式。有两个方面的原因：一是大部分国家并不具有发达的货币市场和资本市场，无法在此市场上出售大量的长短期政府债券，只能求助于大量印刷纸币；二是当财政赤字相对于 GDP 较大时，即使有一定的货币和资本市场基础，也满足不了政府弥补赤字的要求。最终只能导致货币量的持续增加和通货膨胀的产生。我们从德国、津巴布韦和玻利维亚等例子中,也可以看到巨额的财政赤字是导致货币持续增长的一个根源。

然而,事实并不止此。对于美国,一方面,1983年美国的财政赤字规模最高才达到GDP的6%,此时阿根廷的财政赤字规模超过了GDP的15%,因此与那些经历过恶性通货膨胀的国家相比,美国的财政赤字规模很小。另一方面,美国拥有世界上最发达的货币市场和资本市场,美国政府完全可以通过市场以发行债券的方式来弥补财政赤字。因此上述导致货币供给增加的两种原因并不适用于美国。如何解释美国政府发行债券可能导致通货膨胀呢?理解这一问题的关键是,美联储采取什么样的货币政策。如果美联储为了降低利率或者防止利率过高在公开市场上购买债券,同时所购买的又是因为政府为了弥补财政赤字所发行的债券,那么财政赤字就会对基础货币和货币供给产生影响。运用债券市场供需分析框架,具体的分析如下:

如图12-7所示,假如经济初始状态在点1。政府为了弥补财政赤字向公众发行政府债券,债券供给曲线由B_1^s向右移动到B_2^s,导致债券价格从P_1下降至P_2。债券价格的下降意味着利率水平的上升,如果美联储的目的是为了维持利率的稳定或者防止利率的上升,就要通过公开市场操作,购买政府发行的债券,从而导致基础货币和货币供应量的增加。如果财政赤字持续存在,政府也不断地发行债券,美联储也就不得不被动地进行公开市场操作来稳定利率水平,导致货币持续增加,物价持续上升,最终发生通货膨胀。

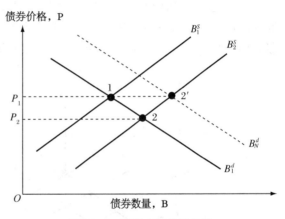

图12-7 债券市场供需分析

以哈佛大学的巴罗(Robert Barro)为代表经济学家并不同意上述分析过程。他们认为发债和税收两种方式对经济的影响效应是一样的,称之为李嘉图等价(Ricardian equivalance)。因为当政府发行债券进行筹资时,人们会认为未来政府会提高税收收入来偿还今天所发行的债券,人们就会增加储蓄,从而对债券的需求上升,由B_1^d右移至B_2^d,正好抵消了债券供给的增加,从而使得债券价格和利率水平都保持不变。在这种情况下,美联储也就没有必要因为利率原因而实施公开市场操作了。

总而言之,由持续财政赤字导致的基础货币和货币供应量持续增加是通货膨胀的主要根源之一,政府的通货膨胀政策也通常是不得已而为之。

(二)提高就业率

大多数政府都把提高就业作为自己的首要目标。在面临失业率上升的压力下,政府会采取更加积极的政策。在积极政策的作用下,通常可能导致两种类型的通货膨胀:一种为成本推动型通货膨胀(cost-push inflation),即由于外生的供给冲击或者工人要求提高工资对企业成本的冲击;第二种为需求拉动型通货膨胀(demand-pull inflation),即由于扩张性政策带来总需求的增加,从而拉动价格的不断上涨。然而,这两种类型的通货膨胀是难以分离的,因此相互作用,共同使得物价水平不断上涨,即所谓的混合型通货膨胀。

1. 成本推动型通货膨胀

如图 12-8 所示,假设初始经济位于点 1,总需求曲线 AD_1 与短期总供给曲线 AS_1、长期总供给曲线 $LRAS$ 相交于此,即产出不仅等于短期均衡产出,而且也等于长期均衡产出。假设发生了不利的供给冲击,可能是生产资料的供给突然减少(如石油危机),也可能是工人预期到通货膨胀率的上升从而要求提高工资,这些都会增加企业的成本,从而使得总供给曲线由 AS_1 左移至 AS_2。在财政政策和货币政策都保持不变的情况下,总需求曲线不变,从而 AD_1 与 AS_2 交于点 $1'$,价格水平由 P_1 上升至 P_1',总产出水平由 Y_n 下降至 Y'。在此点,短期均衡产出 Y' 小于长期均衡产出 Y_n,因此就业率低于自然失业率,以就业率为目标的政府不会袖手旁观,会采取一些扩张政策推动总需求的上升,总需求曲线由 AD_1 右移至 AD_2,与 AS_2 交于点 2,经济重新回到长期产出水平,失业率重新回到自然失业率水平,而价格由 P_1' 进一步上升到 P_2。当工人的工资提高后,可能工人会要求更高的工资,其他没有提高工资的工人也会渐渐认识到周围工人工资的上升,从而也要求提高工资,结果是总供给曲线不断地左移,政府政策不断地扩张,总需求曲线不断地右移,价格水平不断地上涨,出现通货膨胀,这种通货膨胀从不利的供给冲击开始,因此被称为成本推动型通货膨胀。

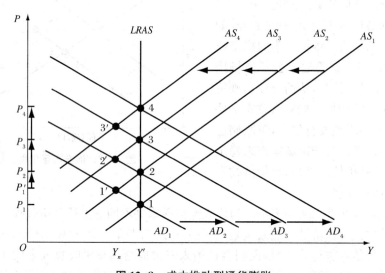

图 12-8 成本推动型通货膨胀

政府可以通过财政政策或货币政策实施扩张政策。如果通货膨胀是一种货币现象,意味着扩张财政政策并不能使物价水平持续地上涨;而货币政策则可以。如何理解这种差别呢?对于财政政策,政府支出水平有最高限制,税收又有最低水平的限制,政府不可能持续采取扩张性财政政策,因此物价也不可能持续上升。对于货币政策,货币发行较少受限制,如果货币供给持续增加,总需求曲线就会不断右移,从而发生通货膨胀。

2. 需求拉动型通货膨胀

我们知道由于摩擦性失业的存在,失业工人和雇主很难得到合适的匹配,经济不可能达到完全的就业状态,只能达到充分的就业状态。在充分就业状态下,失业率仍会大于零,此时的失业率被称为"自然失业率"。如果政府的失业率目标过低,甚至低于自然失业率,政府就会实施宽松的政策刺激经济,从而带来通货膨胀。

如图 12-9 所示,假设初始经济位于点 1,总需求曲线 AD_1 与短期总供给曲线 AS_1、长期总供给曲线 $LRAS$ 相交于此,即产出不仅等于短期均衡产出,而且也等于长期均衡产出 Y_n。如果政府设定的失业率目标低于自然失业率,产出必然高于长期均衡产出 Y_n,设为 Y_T,即目标就业率下的产出水平。为了达到目标,政府就会采取刺激总需求的扩张性政策,总需求曲线由 AD_1 右移至 AD_2,从而达到新的短期均衡点 $1'$,此时总产出达到了目标就业率时的水平,就业率的目标自然也就实现了,失业率下降了。失业率的下降,导致工资水平的升高,企业成本上升,短期总供给曲线由 AS_1 左移至 AS_2,达到新的短期均衡点 2,产出回到长期均衡产出水平 Y_n,价格上升到 P_2。我们发现,现在的失业率又回到了最开始的自然失业率水平,而目标失业率同样又低于自然失业率,因此政府会再次刺激经济采取扩张性的政策。总需求曲线不断右移,总供给不断左移,物价水平持续上升。我们在上文提到,由于增加政府支出和减税是有限制的,财政政策不能推动总需求曲线持续地向右移动,因此可以通过持续增加货币供给,实施扩张性的货币政策,使得总需求曲线不断右移。

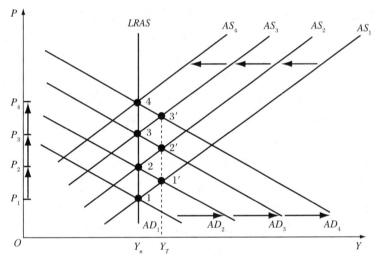

图 12-9 需求拉动型通货膨胀

如果把失业率设定在自然失业率水平上,上述作用过程将不存在。过低的失业率,并没使产出增加,反而只使得价格持续上升。既然过低的失业率没有好处,为什么政府会把失业率定到自然失业率之下呢?问题的关键是,政府也没有意识到这个问题。对于自然失业率我们很难知道它到底为多少,当政府没有意识到它设定的失业率低于自然失业率时,就会不断地刺激经济,总需求曲线也就不断地右移,通货膨胀也就这样发生了。这种通货膨胀是从政府的刺激政策开始的,因此被称为需求拉动型通货膨胀。

3. 混合型通货膨胀

现实中很难区分通货膨胀是由成本推动引起的,还是由需求拉动引起的。但这两类通货膨胀有一个关键差别:成本推动型通货膨胀出现的原因在于失业率高于自然失业率;需求拉动型通货膨胀则由于失业率低于自然失业率。因此,可以比较失业率(出现的失业率或目标失业率)和自然失业率,从而区分两种类型的通货膨胀率。但对于这一比较难以得出确切答案。两类的通货膨胀在现实中又是共同推动物价上涨的。常常是由于需求拉动型的通货膨胀发生之后,员工预期通货膨胀率将上升,会要求提高工资,从而带来成本推动型通货膨胀,政府会进一步刺激总需求,需求拉动型通货膨胀进一步发生作用,这一过程也将不断重复下去,从而带来物价水平的持续上升。

【学习检查】货币超发一定引起通货膨胀吗?

我们已经向大家介绍了由财政赤字导致的货币供应量的增加导致通货膨胀的过程,那么请读者思考是否货币超发一定会引起通货膨胀呢?

【学习指导】

1. 不一定引起通货膨胀

在说明货币持续增加时通货膨胀的原因后,货币超发就一定会引起通货膨胀吗?什么时候一定会呢?事实上货币超发只是高通胀的必要条件,而不是充分条件,从货币超发到通货膨胀的传导可能并不总是畅通的。这其中重要的原因就在于大量货币流向了金融市场和房地产市场,从而减少了商品市场的货币量,所以高通胀并不一定发生。

货币主义学派主张通货膨胀是一种货币现象可以被当时的经济状况所证实,其原因就在于当时金融市场并不发达,所以当居民手中的货币增多时,在有限的投资渠道下,大量货币流向了实物资产或者黄金,因此我们看到,货币超发和通货膨胀有很强的关联。但在80年代后,金融市场和房地产市场的发展使得居民有了更多可以选择的投资渠道,大量资金买入股票、债券或房地产等资产,而这些资产相对于实物资产与CPI的关系较弱或根本没有计入CPI中,因此从货币超发到通货膨胀的路径并不总是畅通的。

我们可以从欧洲和日本的两个例子看出这一点,在此只简要介绍,具体在讲通货紧缩部分会重点讲述。它们都进行了持续的扩张性的货币政策,向市场提供了大量流动性,但依旧无法摆脱通货紧缩的困境。大量流动性流入到金融市场等非实物资产市场之中,使得货币超发到通货膨胀的传导失败。从最新的数据看,2016年5月欧洲调和CPI同比增长-0.1%,2016年9月日本CPI同比-0.5%,仍旧深陷通货紧缩的泥潭。

2. 货币超发引起通货膨胀的传导机制

由以上分析指出货币超发到通货膨胀的传导可能失败,那么其中的传导机制又到底有哪些呢?我们可以具体地分为两类:一是经济周期型传导过程;二是非经济周期型传导过程。

先来看经济周期型的传导过程。经济周期必然涉及总需求的扩张和收缩,引起在这种传导过程中,需求变动居于核心位置。具体的传导过程为:货币超发→需求过多→物价上涨。当货币超发引起需求上升,需求上升从而拉动经济过快增长,出现经济过热现象,从而带来通货膨胀。

再看非经济周期型的传导过程,我们可以从历史经验上分为四种情况:一是供给冲击型,即由于供给冲击和成本冲击造成的物价上涨,如20世纪70年代的石油危机,导致石油价格暴涨;二是国家动乱型,即由于战争等发生的冲突事件导致生产破坏,供给不足,进而导致物价上涨,如中华民国时的战争时期的法币贬值,发生了严重的通货膨胀;三是汇率崩盘型,即主要是通过汇率把国外的通货膨胀传导到国内,如2014年以来新兴经济体由于经济恶化导致汇率崩盘,进而导致进口品价格上升,从而传导到国内;四是税制改革型,即由于税收的改变从而导致物价的变化,如2014年日本提高消费税,导致CPI大幅上升,达到了3.5%以上。

四、通货紧缩

(一) 通货紧缩的含义

与货币有关的两种经济现象,一是通货膨胀,二是通货紧缩。在分析通货膨胀后,我们自然想弄明白通货紧缩到底是怎么回事。与通货膨胀相对,只有商品和劳务价格总水平持续明显下降时,我们才称之为发生了通货紧缩。和通货膨胀一样,我们并不能精确判断价格下降多长时间才可以称为通货紧缩,一般来说半年或者一年,但如果持续半年就应该引起重视。由于过少货币追逐过多商品,物价水平势必持续下降,货币供应量减少,从而使得有效需求不足,投资萎缩,因此通货紧缩往往与经济衰退一起出现。

(二) 通货紧缩理论

通货紧缩是怎样发生的?其原因事实上比通货膨胀复杂得多,也因此存在各种理论尝试对此进行解释。以下重点介绍九种主要的通货紧缩理论。

1. 费雪的债务通货紧缩理论

费雪(Irving Fisher)1933年在其论文《大萧条的债务——通货紧缩理论》中将通货紧缩和债务联系起来,认为由于高负债和债务清算导致货币信用收缩从而引发通货紧缩。费雪所分析的通货紧缩过程如下:由于受经济繁荣前景的鼓励,企业具有获得超额利润的机会,会增加债务规模来进行投资,因此整个经济的债务总量增加,杠杆比率上升;当经济受到冲击、资产价格下跌时,经济主体以资产为抵押向银行贷款非常困难,只好廉价出售资产以清偿债务,于是导致资产价格更加下跌;资产价格下跌反过来又使企业即使出售资产也无法清偿债务,只能破产;由于企业贷款来自银行,企业破产意味着银行出现大量坏账,银行会收缩信贷规模,也会加快已放贷款的收回,从而整个经济货币存量减少,货币流通速度下降,即整体信用收缩;信用收缩又会进一步影响企业和银行行为,导致货币量的进一步减少和货币流通速度的进一步下降,价格持续下降,从而导致通货紧缩。在此过程中,巨额负债起到核心作用,就像埋藏的一颗炸弹,一旦经济这根引线受到消极冲击而被点燃,巨额负债这颗炸弹就可能会爆炸,引发通货紧缩。

2. 凯恩斯的通货紧缩理论

在大萧条的背景下,凯恩斯认为有效需求不足是经济衰退和通货紧缩的主要原因,理解其理论的关键是弄明白这两个问题:为什么会发生有效需求不足以及有效需求不足如何导致通货紧缩。总需求最重要的两部分为投资需求和消费需求,正是这两部分需求的不足才导致了有效需求的不足,而它们又是由三个心理因素,即消费倾向、资本边际效率和流动性偏好所决定的。由于消费需求较为稳定,凯恩斯认为造成经济波动的主要根源在于投资需求的波动。投资需求又取决于企业的资本边际效率和利率。当在一个经济周期的繁荣后期,资本产品的数量不断增加,投资的继续增加使得资本边际收益率下降,加上流动性陷阱的存在,人们的投资加速减少,并通过乘数的作用使有效需求和收入下降,推动通货紧缩的形成。

3. 供给学派的通货紧缩理论

针对凯恩斯主义需求决定供给的观点,供给学派予以否定,重新确定供给在经济生活的地位,认为萨伊定律是对的,供给能够直接创造需求,只要解决了供给问题,需求就能够得到解决。他们指出,如果需求决定供给在实践中成立的话,随着需求的不断夸大,供给也会不断增长，就不会出现经济滞胀状况。所以解决了有效需求不足问题并不等于解决了供给不足的问题。

供应学派强调激励所起的关键作用，认为在个人和企业的激励中政府的税收政策、社会支出政策、货币政策、管理体制、管理制度是经济行为体的重要的激励因素。税率太高、报酬太低就不能起激励作用，凯恩斯过分强调总需求管理，忽视税率和激励对总供给的影响。高税率导致人们减少劳动和资本的供给，降低经济活动水平，会减少税收基础。所以提倡大幅度减税。税率的变化对经济的影响主要是通过税后要素报酬，影响资本和劳动的供给，通过降低工资和利息的税率，提高劳动和资本的税后收入，从而诱导出较多的资本和劳动的供给，同时还伴随较高的创新率和生产率增长，这将提高潜在产出的增长，从而使总供给曲线向右移动。

4. 克鲁格曼的通货紧缩理论

克鲁格曼(Paul Krugman)发展了凯恩斯主义的流动性陷阱理论，他认为通货紧缩是总需求不足造成的，而物价下跌则是市场价格机制强制实现经济均衡的必然结果，更是流动性陷阱作用的结果。流动性陷阱的存在是通货紧缩的必要前提，在信用货币条件下，由于流动性陷阱的存在，传统的货币政策在治理通货紧缩时失效。因此克鲁格曼提出了所谓的"管理型的通货膨胀"(managed inflation)的激进货币政策主张，即实行激进的反传统的货币政策，使公众产生通货膨胀预期，增加当前消费，然而却忽略了经济结构的调整。

5. 奥地利学派的通货紧缩理论

以米塞斯(Ludwig Mises)和哈耶克(Friedrich Hayek)为代表的奥地利学派认为通货紧缩是由生产结构的失调引起的，是繁荣过度的必然结果，一旦危机开始，就应该允许衰退通过市场机制自发治愈，政府干预是有害的，会导致进一步的扭曲，阻碍资本结构的必要调整。

哈耶克用投资过度危机论来解释通货紧缩的成因。认为这种失衡的经济结构使得投入生产部门的投资收益下降，银行的信贷质量恶化，银行体系为防范信用风险，最终会被迫收缩信贷。由于资本供给不足，投资减少，对资本品需求急剧下降，资本品价格暴跌，并最终波及消费品生产部门，使消费品价格下跌。所以，过度投资导致了通货紧缩的发生，并进而引发了经济萧条。他们的理论与凯恩斯理论恰好相反，他们强调通货紧缩的发生时投资的过度，而凯恩斯理论强调通货紧缩的发生时投资的不足。

6. 货币主义的通货紧缩理论

在货币主义看来，和通货膨胀一样，通货紧缩也应当是一种货币现象，是由于货币供应的收缩引起的。他们认为通货紧缩的原因在于货币政策的失误，用货币不足来解释价格水平的下降。弗里德曼认为，货币存量主要由经济体系以外的货币当局决定，货币供给具有外生性。由货币供给因素而导致商品市场供给大于需求，从而引发通货紧缩。当货币收缩时，货币的边际收益上升，人们就会将金融资产和实物资产转换成货币资产，直到重新构成新的资产组合使各资产的边际收益率相等，这将导致金融资产和实物资产价格的下降，引发通货紧缩。

7. 理性预期学派的货币紧缩理论

这种观点主要是从公众心理角度，侧重于从金融市场微观主体的预期行为来分析通货紧缩的原因的。

戴蒙德(Diamond)和德布卫格(Dybvig)认为，银行由于各种原因，可能将流动负债投向于非流动资产,同时提供私人市场不能提供的有效的风险分担。但银行的这种行为亦受到公众挤兑的威胁,在遭到挤兑时,又非常脆弱。挤兑会由于某些偶然事件而发生,因为理性的存款者为避免银行倒闭而损失其存款,会争相把存款兑换为通货持于手中,使得银行发生金融危机,货币创造功能锐减,造成货币供应量急剧下降,引发通货紧缩。

杰克林(Jacklin)和布哈塔查亚(Bhattachnya)则从信息不对称的角度来解释银行业恐慌而引发的通货紧缩。他们认为,存款者和银行对银行资产的评估存在着信息不对称。当出现了新的信息,使存款者认识到银行资产的风险增大时,存款者会怀疑某些银行经营业绩低下,有可能知道某些银行将会失去支付能力但又不可能确切地知道是哪些银行。为防止损失,理性的存户会因避险而到银行提取存款,通过挤兑引发银行恐慌,造成大量的货币游离于银行业之外,货币供应量不断下滑,从而导致通货紧缩出现。

8. 西林的通货紧缩区分论

加利·西林(Gary Shiling)在其1998年出版的《通货紧缩》一书中,经过比较分析历史上的通货紧缩,认为通货紧缩有好坏之分。西林认为,通货紧缩是由于物品的普遍过剩造成的。但是有好坏之分。好的通货紧缩,是新的投资领域的不断开发和劳动生产率的不断提高。这主要归因于新技术的普遍采用,造成了供给的大规模增加从而导致物价的普遍下跌。另一方面,由于新技术不断发明,由于新的投资领域不断出现,新的就业机会不断增多,人们的收入水平都是不断增长的,这样物价下跌便成为增加社会财富,普遍提高人类生活水平的积极因素。

西林指出,提高生产率是做大经济蛋糕的关键,它将增加消费,提高公司利润,增大政府开支,提高单位投入的产出,可以使人们在不损害他人的前提下,增加自己的所得。相反,坏的通货紧缩是由于旧技术和旧产品仍然在经济生活中占统治地位,劳动生产率未能提高,旧产品大量过剩,引起物价下跌。而物价下跌又引起企业开工不足,导致失业增多,形成恶性循环。在这种情况下出现的产品过剩、物价普遍下降的通货紧缩现象,显然是一种坏的通货紧缩。

9. 伯南克的信贷中介成本理论

美联储前主席伯南克(Ben Bernanke)于1983年提出了信贷中介成本理论,他认为信贷中介是导致通货紧缩的关键因素。由于逆向选择和道德风险等原因导致信贷成本上升,银行为了减少自身所面临的风险和弥补成本的增加,不仅会提高贷款利率,而且也会提高消费信贷利率。贷款利率的提高使得筹资困难的企业的负担更重,从而又进一步加重了企业无法还贷的风险,银行也不愿意放贷,这一过程的结果是总供给的下降。消费信贷利率的提高使得借款消费的成本上升,消费者会减少消费,从而使得总需求下降。由信贷成本所致的总供给和总需求的下降又导致了总产出的减少,从而带来通货紧缩。我们能从信贷中介成本理论中看到债务通缩理论的影子,同时该理论也没有超出货币主义学派的货币供应收缩理论的范围。

【史海拾贝】美国历史上的通货紧缩

1. 南北战争后的通货紧缩(1865—1896年)

南北战争之后出现的通货紧缩的历史背景是物价处在很高的水平,美国经济面临通货膨胀。其原因是:美国南北双方通过印发纸币和发行公债的方法筹集战争费用,使得战后物价飞涨,北方的物价上涨了2倍,而南方甚至上涨了90倍。从1865年后的30年,美国的物价水平缓慢和不规则的下跌,跌幅达到了65%。

我们把1865—1896年的通货紧缩分为三个阶段,进行细致的考察。

1865—1872年为第一阶段。内战造成的通货膨胀使得南部联邦无法兑换美元,破产企业逐渐增多,负债总额不断增加,通货紧缩现象逐渐出现。

1873—1879年为第二阶段。其中1873年的通货紧缩最为严重,使得黄金的购买力大幅度地上升。我们来看这段时期通货紧缩是如何发生的:铁路建设的萎缩和货币供应量的下降,加之价格水平的长期下降所导致的负债总额的增加,负债方的利润减少,债务无法偿还和清偿能力不足,进而导致大规模工商业及银行的破产和股票行情的急剧下跌,进一步导致信用收缩,投资和产出下降,价格进一步下跌。

1880—1896年为第三阶段。同样表现出黄金的购买力迅速大幅上升,大量银行倒闭和劳动力市场竞争激烈等现象。其主要原因为:一是货币供应量不足和价格长期下跌导致清偿力不足,从而引起金融恐慌,给投资和经济增长带来了消极影响;二是工业生产的下降使得总需求减少,特别是铁路建设等关键部门的放缓,最终导致价格下降。

2. 经济大萧条时期的通货紧缩(1929—1933年)

在美国经济史上,不可绕过的事件就是大萧条,在这场最为著名的经济危机中,也伴随着严重的通货紧缩。通货紧缩通常表现为经济衰退、物价下跌、货币存量下降等,我们通过具体的数据可以看到这些现象。1929—1933年,美国GDP下跌了近三成,CPI平均降幅和总降幅约为6.7%和24.6%,货币存量也连续下降。

从国民财富看:国民财富也一直缩水,1929年、1930年、1931年和1932年分别为810亿、680亿、530亿和410亿美元,呈一路下降的趋势。从道·琼斯工业指数看:1929年9月3日—10月24日下降了22%,并且1929—1932年下跌了85%。在这期间超过14万家企业破产,尤其是钢铁、汽车和建筑等经济的关键行业遭到了严重破坏,银行大量倒闭使得数量由25 000家减少到不足15 000家。从失业率看:失业率从1929年到1933年由3.2%迅速上升到25%,1931—1940年的平均失业率达到了18.8%。从企业投资额看:由1929年的560亿美元下降到了1933年的84亿美元。

大萧条的破坏不止于美国,其他国家也深受其害。1931年5月,维也纳的最大银行宣布不具有清偿能力;7月,德国所有银行放假,并且柏林证券交易所暂停交易2个月;9月,英国放弃了金本位制;2年后,几乎所有大国也放弃了金本位制。

1933年,新任总统罗斯福采取了一系列应对危机的政策,从1935年开始,经济开始复苏,从而逐渐摆脱了通货紧缩和经济衰退。

(三) 货币超发下的通货紧缩实例

我们在上文提到,货币超发并不一定引起通货膨胀。在货币超发下,现实中却存在着通货紧缩的例子:日本和欧盟。

1. 日本20世纪90年代的通货紧缩

日本深陷通货紧缩之前,经济保持了近20年的高速增长,同时经济过热也导致了严重的经济泡沫,泡沫被政府紧缩的政策挤破后,日本经济突然崩溃,从20世纪90年代至今,都未能走出通货紧缩的困境。

我们来看通货紧缩给日本经济带来的影响。物价指数除 1997 年外,1992 年至 1999 年间持续下降,年平均下降接近于 1%;居民消费在 1991—1999 年年均增长率仅为 1.27%;企业设备投资在 1991—1999 年出现了近 3% 的负增长,个别年份甚至超过了 10%;货币供给增长率在 1991—1999 年仅有 2.59%,远远低于 80 年代的年均 10%;银行贷款余额在 1996—1999 年年均增长率为 −1.15%;失业率在 1999 年达到了战后的最高值 4.6%。这一切都说明通货紧缩给日本经济带来的沉重的打击。

那么日本经济泡沫是如何导致如何危害如此大的通货紧缩的呢?我们知道在泡沫期间日本企业盲目投资,扩大生产,造成了严重的生产过剩、设备过剩、债务过剩和人员过剩。在泡沫被挤破后,股价和地价大幅下跌,企业破产,从而也使得物价持续下跌。具体来看:一是由于企业雇佣调整导致居民收入增长缓慢或下降,直接地降低了居民的实际消费能力,带来总需求的下降和经济的衰落;二是由于动荡的金融市场、严重的失业和企业破产状况等,给居民的消费心理带来消极影响,导致其边际消费倾向降低;三是由于居民的债务负担加重,使得债务支出在家庭可支配收入的比重大幅上升,也降低了居民的消费支出能力;四是由于日本社会老龄化趋显,储蓄的增长也导致了消费的减少。以上原因都造成消费的持续低迷,需求不足,供给过剩,从而导致物价的持续下跌,通货紧缩长期存在。在这期间还有一个事件加重了日本的通货紧缩程度,那就是在 1985 年生效的《广场协议》,日元升值进一步加剧了其经济的衰退,其后的 20 年经济一直处于停滞的状态,被称为"平成萧条",甚至称其为"消失的二十年"。

在这种经济状况下,日本政府采取了积极的财政政策和货币政策以拯救日本经济陷入通货紧缩之中,然而收效甚微。在财政政策方面,1998 年 8 月—2000 年 10 月,日本政府实施了 9 次总额高达 129.1 亿元日元的经济刺激计划,不仅没有改善日本经济状况,反而使得日本政府又出现了严重的财政危机。在货币政策方面,日本银行在 1992 年、1993 年和 1995 年每年两次下调了贴现率;在 1999 年 3 月又推出了"零利率政策",把短期诱导利率降为了零;在 2001 年三次下调贴现率至 0.1%。然而扩张的货币政策并没有使得经济中的货币量得到有效的增加,因此也无法刺激经济,日本的扩张货币政策陷入"流动性陷阱"之中。此后,日本政府的刺激政策从未间断过,1996 年新内阁提出全面的六大改革计划,即经济结构改革、财政结构改革、行政改革、金融体制改革、社会保障改革和教育改革,但仍收效甚微,日本经济仍旧处于低迷状态。

2. 欧元区的通货紧缩

我们来看欧洲的情况。如图 12-10 所示,2008 年金融危机以来,欧洲经济受到严重冲击,物价水平迅速下降,出现了通货紧缩现象,随后几年,在一系列的刺激计划下,物价水平虽有上升,但刺激政策的效果并不长久,2011 年之后,物价水平基本上低于 2% 甚至接近于 0。

我们可以通过 2016 年物价水平数据来考察欧洲通货紧缩状况。在 2016 年上半年欧洲央行实施了一系列的扩张政策。3 月 10 日,欧央行宣布从四月起把每月的资产购买计划规模从 600 亿欧元增加到 800 亿欧元,并实施全面降息:一是将长期再融资计划利率下调 5 个基点,从而降至 0%;二是将隔夜利率降低 5 个基点,从而降至 0.25%;三是将存款利率下调 10 个基点,从而降至 0.40%。然而在这些政策实施之后,欧洲通货紧缩的局面仍未有好转。

图 12-10 近年欧元区 CPI 月同比数据走势图(欧盟统计局)

欧盟统计局数据显示,欧元区连续六个月处于通货紧缩的境地。表明 3 月份实施的扩张货币政策并没有起到明显效果。

在此情况下,欧洲央行又实行了新的货币政策,试图把欧元区的通货膨胀率提升至"接近但略低于 2%"的水平。在 6 月 2 日欧央行宣布 6 月 8 日起开始购买企业债,6 月 22 日开启定向长期再融资操作。2020 年 3 月 12 日,随着新冠疫情影响加剧,欧洲央行宣布加大量化宽松力度;并维持主要再融资利率于 0%、存款利率于-0.5%、边际借贷利率于 0.25%不变。即便如此,欧元区 2020 年 5 月 CPI 仅同比上升 0.1%。

【扩展延伸】中国改革开放以来的几次通货膨胀与通货紧缩

表 12-1 中国的通货膨胀与通货紧缩

	起始年份	背景	原因	应对措施	持续时间
通货膨胀	1980 年	改革开放	基建投资过热,货币增发	压缩基建设施,收缩银根	2 年
	1985 年	建设"有计划的商品经济"	固定资产投资规模过大,货币增发	控制固定资产投资规模,紧缩银根	3 年
	1988 年	价格工资改革	上次通胀未有效控制,紧缩政策松动	控制贷款规模	3 年
	1994 年	市场经济改革	全面开放商品价格,投资过热	提高利率	4 年
通货紧缩	1998 年	商业银行改革,东南亚金融危机	银行惜贷,外围需求下降	降息,增发国债	2 年
	2002 年	中国加入 WTO	企业技术水平提高,生产成本下降	增发国债,农村税费改革	1 年
	2009 年	美国次贷危机	外需急速下降,中小企业破产	4 万亿投资计划	1 年
	2011 年	美国次贷危机后	流动性过剩,大宗商品价格上涨	上调利率和存款准备金	1 年

【学习检查】货币政策与通货膨胀

我国,货币政策通过中国人民银行制定、执行,货币政策的核心载体是货币(通货)。央行通过货币政策调节货币存量,当市场中通货过多时就出现了通货膨胀。可见,货币政策与通货膨胀之间存在着密切的关系。根据央行发布的《中国人民银行年报2015》,2016年我国将继续实施稳健的货币政策,保持松紧适度,适时预调微调。请结合我国当下市场情况探讨稳健的货币政策的意义。

我们知道通货膨胀与通货紧缩都不利于经济的健康发展,通货膨胀会扰乱正常的经济秩序,引起经济混乱;而通货紧缩也会导致生产萎缩,经济衰退。既然如此,我们应该采取什么样的政策来治理这些问题呢?有意思的是,在我们的分析中,特别是在分析通货膨胀的原因时,货币政策却是导致通货膨胀的原因。问题不在于政策本身的好坏,而在于如何合理地利用,因此,第十三章我们将紧接着考察货币政策。

小结

1. 如果货币供应量的变化仅影响一般价格水平等名义变量,而不影响实际利率、产出水平等实际经济变量,则称货币是中性的;反之,如果货币供应量的变化不仅影响一般价格水平,还会引起实际经济变量的变化和调整,则称货币是非中性的。货币中性或非中性是极具现实意义的,它还与货币政策有效与否密切相关。

2. 货币外生性指货币供给由货币当局决定,并非决定于经济运行中的经济变量的变化。如果认为货币供给是外生变量,那么货币当局就能够有效地通过对货币供给的调节影响经济过程。货币内生性是指货币供给的变动,受经济体系中的实际变量(如收入、投资、消费等因素)以及微观经济主体的经济行为的影响。如果货币供给是内生变量,那么货币供给总是要被动地决定于客观经济过程,货币当局并不能按照自己的意愿有效地控制其变动。

3. 通货膨胀是商品和劳务价格总水平持续明显上涨的过程。通货膨胀无论何时何地都是一种货币现象,因此货币持续增长是通货膨胀的主要原因,政府弥补财政赤字和提高就业率是其根源。具体来看,通货膨胀可以分为三种类型:成本推动型通货膨胀、需求拉动型通货膨胀和混合型通货膨胀。

4. 通货紧缩是商品和劳务价格总水平持续明显下降的过程。对通货紧缩的解释主要有凯恩斯通货紧缩理论、克鲁格曼的通货紧缩理论、米塞斯和哈耶克的通货紧缩理论、费雪的债务通货紧缩理论以及货币主义的通货紧缩理论。在货币超发情况下,仍旧可能存在通货紧缩。

关键词

货币中性;货币非中性;货币内生性;货币外生性;理性预期;货币供给新论;温特劳布-卡尔多的内生货币理论;莫尔的水平主义供给理论;明斯基和罗西斯的结构主义理论;通货

膨胀；成本推动型通货膨胀；需求拉动型通货膨胀；混合型通货膨胀；通货紧缩；债务通货紧缩理论

 课后习题

1. 什么是货币中性和非中性？简述各学派的主要观点，并谈谈自己的看法。
2. 什么是货币内生性和外生性？谈谈对中国货币内生性和外生性的认识。
3. 如何理解"通货膨胀无论何时何地都是一种货币现象"这句话？
4. 通货膨胀的根源有哪些？结合历史事实进行简要分析。
5. 简述通货紧缩的含义及其理论，并解释为什么在货币超发下可能会存在通货紧缩。

第十三章 货币政策

导读

在掌握上一章货币与经济关系的相关理论之后,我们自然联想到货币政策。财经新闻中关于货币政策的报道十分频繁,可见货币政策对经济产生了重要作用。我们常常会有以下疑问:为什么美联储习惯调整利率而中国人民银行却通常调整存款准备金率?调整利率和调整存款准备金率的货币政策有什么区别?2015年中国完成了存贷款利率市场化,又意味着什么?通过本章的学习,我们会对这些问题有更深入的理解。

货币政策是指中央银行或其他政府部门为了实现既定的目标,使用货币政策工具,通过货币传导渠道,影响投资和消费,进而影响宏观经济运行的各种方针和措施的总称。在本章中,我们需要了解货币政策的目标体系和货币政策规则,掌握货币政策工具的种类和具体的货币政策传导机制。

第一节 货币政策目标

一、货币政策的最终目标

货币政策的最终目标,基本上就是宏观经济管理的目标,通常包括物价稳定、充分就业、经济增长和国际收支平衡四个方面,也称为货币政策的"四大目标",受到当今各国货币政策当局的重视。此外,还有国家将一些专属货币金融领域的指标,如利率稳定、货币汇率稳定和金融市场稳定等,也作为货币政策的目标。

(一)物价稳定

在20世纪30年代以前,世界各国主要实行金属货币本位的货币制度,货币当局的主要任务就是保证所发行的银行券与贵金属维持固定的比价关系。当时的主流经济学理论都认为,市场机制这只"看不见的手"可以自行调节经济,货币当局的唯一任务就是维持货币币值的稳定,让市场机制充分发挥作用,从而使商品之间的相对价格能够准确反映资源的配置状况。因此,在相当长的一段时期内,物价稳定都是各国货币当局的唯一目标。

物价稳定是指维持一国货币的国内价值稳定,从而设法使一般物价水平在一定时期内不发生显著的或急剧的波动。由于一般物价水平是反映一国物价水平的一般趋势,是一国货币国内购买力的倒数,因此,如果一般物价水平比较稳定,则表明该国的商品与劳务价格比较稳定,或者说该国货币的国内购买力比较稳定,即币值稳定。

一般认为,一段时期内所有商品的货币价格普遍、持续的上涨被称为通货膨胀,大多数经济学家是反对通货膨胀的。他们认为,通货膨胀对公司税赋负担具有不同程度的影响,使税后利润变成了一个不可靠的指标,难以正确反映各产业部门的实际资本生产率,从而导致了投资资金分配的社会低效率。通货膨胀的另一结果是,它影响了收入和财富的公平分配。很明显,债权人将遭受损失,退休人员也会遭受损失,而债务人则会从中收益。低收入者的些许财产(大部分是储蓄存款和保险金)的实际价值在通货膨胀后减少,而高收入者通过各种筹资活动进行的投资项目会随通货膨胀加剧而增加收益。通货膨胀还会带来不确定性和不安全性,使得家庭难以规划未来。更为通常的是,人们未雨绸缪,进行积蓄,但由于不可预测的通货膨胀,这种节俭行为不仅没有获得期望的回报,反而受到了惩罚。这就可能导致人们对政府以及作为一般社会条件的公平性和合理性丧失信心。

(二)充分就业

在1929—1933年的大危机及其后的数次萧条时期,世界各国的失业现象极为严重,且持续了相当长的时间。新古典经济学所主张的市场机制能够自发调节经济失衡的观点,受到了经济现实的挑战。1936年,凯恩斯出版了《就业、利息与货币通论》一书,"着重研究何种决定力量使得总产量与总就业量发生改变"。凯恩斯推翻了以往新古典经济学的"充分就业均衡"假设,而断言作为当代发达国家社会常态的,是低于充分就业的均衡,并且认为政府可以通过财政或货币措施来增加总需求,从而扩大就业量和产量,那么,高就业便理应成为发达国家宏观经济管理包括货币政策的首要目标。20世纪40年代中期,英、美等国接受了凯恩斯的这一主张,相继以法律的形式,宣称谋求充分就业是政府的责任。此后,各国中央银行陆续将充分就业设为货币政策的最终目标。

充分就业是指一国所有的经济资源都可以达到充分而合理的利用。实践中通常把失业率作为衡量充分就业的指标,因此充分就业意味着凡是有劳动能力的、并且愿意参加工作的人都能够在比较合理的工资与工作条件下随时找到比较适合的工作。

充分就业并不表示100%的就业率,应将自愿失业和摩擦性失业排除在失业范围之外。换句话说,在西方经济学中,失业的真正含义是指非自愿失业,即劳动者愿意接受现行的工资水平和工作条件却仍然找不到工作,这种因对劳动力需求不足而造成的失业才是真正的失业。而自愿失业和摩擦性失业并不是由于劳动力需求不足所引起的,它们应该属于"自然失业"。自愿失业是指劳动者不愿意接受现行的工资水平或工作条件而造成的失业,这种失业是自愿的,而非社会经济因素所引起的。摩擦性失业是指由于短期内劳动力供求结构调整而造成的失业,这种失业是由于生产环节技术上的问题,与制度无关。正因如此,自愿失业与摩擦性失业都不属于真正的失业,充分就业就是要消除非自愿失业。

【学习检查】充分就业

"失业是一件坏事,政府应该竭力消除失业。"你是否同意这种看法?(提示:可以结合"货币政策目标的冲突与协调"部分的相关内容进行思考)

（三）经济增长

20世纪50年代初，失业问题已经得到了较大的缓和。欧洲经济开始了第二次世界大战后的复兴，日本的经济增长速度也开始加快，但美国的经济增长速度却落后于其他市场经济国家。更重要的是，当时最大的社会主义国家苏联的经济增长速度远远高于美国。美国政府为了维持其在西方世界的经济、政治和军事地位，并在与社会主义阵营的对抗中取得优势，便将促进经济增长列为当时最主要的货币政策目标。其后，各国中央银行纷纷效仿，也明确了货币政策在促进经济增长方面的义务。

对适度的经济增长存在着如何测度和如何确定标准的问题。大多数经济学家认为，追求经济增长的目的是为了提高人们的生活水平，因此衡量经济增长应以实际值为标准，而不是以名义货币值为标准。各国通常是采用实际国民生产总值或实际国民收入的增长率来反映经济增长情况，借以反映国民经济发展状况。表示的方法是采用按人口计算实际国民生产总值或国民收入，即人均实际国民生产总值或人均国民收入。

至于货币政策应当追求多高的经济增长速度，则取决于经济增长利益和经济增长成本之间的权衡和比较。一定速度的经济增长，是以付出一定的成本为代价的，社会公众必须忍受当前消费的减少以进行储蓄和投资，从而谋求未来福利的较多增加。从理论上讲，最适度的经济增长率应当是经济增长的边际成本和边际利益相等时的经济增长率。然而，这样的经济增长率是难以确定的，因为如何测定各项利益及其代价问题比较复杂，而且成本和利益之间也无法进行比较，如因经济盲目增长而造成的空气污染等人类生存环境的恶化对人类利益的损害就根本无法测度。所以环境保护论者认为人类经济增长已经达到了极限，货币政策的最终目标应是追求经济的零增长。

（四）国际收支平衡

第二次世界大战之后，西欧国家商品奇缺、资源匮乏，不得不从国外大量进口，出现了巨额贸易逆差。20世纪50年代末，西方各国的赶超战略开始生效，美国商品在国际市场上的竞争力大大削弱，国际贸易连年逆差，黄金大量外流，以美元为中心的国际货币制度受到严重威胁，货币危机开始发生，迫使各国不得不重视国际收支平衡问题，并将其作为货币政策调控的目标。

国际收支平衡是指一国对其他国家的全部货币收入和货币支出持平或略有顺差或逆差的状态。在开放经济中，一个国家同世界其他国家之间的经济往来关系日益密切，国际收支是否平衡将对一国国内货币供应量与物价产生较大的影响。如果出现过大顺差，则会增加一国国内货币供应量，并相应减少该国市场的商品供应量，从而使该国市场货币供给偏多、商品供应不足的情况出现，加剧该国商品市场的供求矛盾，导致物价上涨。如果出现过大逆差，则会增加一国国内商品供应量，在该国国内货币量偏少的情况下，就会加剧该国国内市场商品过剩，可能导致经济增长停滞。可见，一国国际收支出现失衡，无论是顺差还是逆差，都将给该国经济造成不利影响。尤其是逆差，对一国经济的不利影响更大，因此，各国在调节国际收支失衡时，重点通常放在减少或清除逆差上。

【学习检查】货币政策"四大目标"

我们已经学习了货币政策的"四大目标"，即物价稳定、充分就业、经济增长和国际收支平衡,请读者查找我国中央银行的货币政策执行情况,并分析这些货币政策如何实现这"四大目标"。

二、最终目标的冲突与协调

美国1978年的《充分就业和平衡增长法》(《汉弗莱-霍金斯法》)明确将充分就业(4%的失业率)、物价稳定(3%的通货膨胀率)、经济增长和国际收支平衡四者并列为经济目标。其他国家的货币当局也效仿美国,将物价稳定、充分就业、经济增长、国际收支平衡列为货币政策的四大目标。然而,不同目标的实现需要货币政策有不同的侧重,在动用手段的种类与方向上也会有所差异,因此,通常情况下,不同最终目标的同时实现存在着很大的困难。一般而言,物价稳定与充分就业或经济增长目标难以同时达到,而充分就业与经济增长则比较容易一致。

(一) 物价稳定与充分就业:菲利普斯曲线

新西兰经济学家菲利普斯(Philips)于1958年发表了论文《1861—1957年间英国的失业与货币工资变化率之间的关系》,发现货币工资率的变动与失业率的升降之间存在着一种比较稳定的反向关系。1960年,萨缪尔森和索洛又用通货膨胀率取代货币工资的变化率,揭示了通货膨胀率与失业率之间存在此消彼长的关系。此后,虽然菲利普斯曲线发生了外移,并变得不那么稳定,但是对许多国家而言,通货膨胀率与失业率之间的反向关系短期内仍然是存在的。这说明,采取减少失业或实现充分就业的政策措施,就可能导致较高的通货膨胀率;反之,为了降低物价上涨率或稳定物价,就往往得以较高的失业率为代价。因此,实践中的中央银行往往需要在物价上涨和失业率之间寻求可以接受的组合点。读者可以参照第十一章、十二章中有关菲利普斯曲线的讨论。

但弗里德曼认为,通货膨胀与失业率之间在长期内并不存在交替关系。他指出在存在适应性预期的条件下,人们则会根据实际通货膨胀率不断地调整其预期的通货膨胀率,使得其预期的通货膨胀率与实际通货膨胀保持一致,故而在长期内自然失业率不会因为政府的扩张性财政或货币政策而降低,失业率与经济增长长期并不存在交替的关系。

(二) 充分就业与经济增长:奥肯定律

美国著名经济学家阿瑟·奥肯(Arthur Okun)根据美国的统计资料,发现失业率与经济增长率之间有着密切的联系。奥肯在对美国经济增长率与失业率之间的关系进行研究之后,揭示出如下经验规律:

$$实际GDP变化率 = 3\% - 2 \times 失业率的变化率$$

这就是著名的奥肯定律。它表明,失业率每上升一个百分点,实际国内生产总值的增长就下降两个百分点。奥肯定律说明,经济增长与充分就业是易于一致的,当实际的经济增长率高于潜在的产出水平时,就会出现失业率下降的趋势,为了降低失业率,可以提高经济增长率;同理,减少失业的货币政策也可促进经济增长有益。

(三) 经济增长与物价稳定

从实践看,经济的增长大多伴随着物价的上涨,原因是经济的增长多数是人为刺激导致,势必会引起不同程度物价上涨,这点从国外或我国的经济发展过程中均可得到证明。但理论界也有人持不同看法：一种观点认为适度的物价上涨可促进生产发展与经济增长；另一种观点认为随着经济的增长，价格将趋向稳定，原因是经济增长主要取决于劳动生产率的提高和新的生产要素的投入，在劳动生产率提高的情况下，单位产品成本降低，物价必然会随之降低。适度的物价上涨或通货膨胀在短期内固然能带来经济的较快发展，但从长期看，最终会造成投资过度膨胀，资源严重短缺，阻碍经济的持续增长。

（四）国际收支平衡与其他目标

如果一国的一般物价水平上涨，出现通货膨胀，而别国的物价水平相对稳定，则意味着本国货币对内购买力降低，本国货币相对昂贵，而外国商品相对便宜。这样就会促使本国出口减少、进口增加，最终导致国际收支失衡（逆差）。相反，如果一国物价水平相对稳定而别国出现通货膨胀，则意味着本国货币购买力相对提高，本国商品相对便宜，而外国商品相对昂贵。这样就会使本国出口增加、进口减少，最终仍将导致国际收支失衡或趋向失衡（顺差）。因此，只有在世界各国都维持大致相同的物价稳定水平，而且在贸易形态不发生重大变化的情况下，物价稳定与国际收支平衡才能同时存在。而在现实生活中，由于世界各国的社会和经济情况都在发生着不同的难以预测的变化，因此，中央银行要同时实现物价稳定、平衡国际收支的双重目标不是一件容易的事情。

此外，经济增长与国际收支平衡之间也存在着冲突。从短期来看，高速的经济增长需要增加进口国外的机器设备、先进技术和原材料，而扩大出口则不可能在短期内实现，还取决于外国对本国商品的需求，如果外国的需求没有出现同等程度的上涨，则会使国际收支恶化。

【扩展延伸】中国货币政策目标

《中国人民银行法》(1995年3月18日第八届全国人民代表大会第三次会议通过；根据2003年12月27日第十届全国人民代表大会常务委员会第六次会议《关于修改〈中华人民共和国中国人民银行法〉的决定》修正)中明确指出，中国人民银行是我国的中央银行，其"货币政策目标是保持货币币值稳定，并以此促进经济增长"。这一最终目标的选择与确定，既不同于过去所争论的单一目标论，双重目标论，更不同于多重目标论，它符合体制转轨时期我国社会发展的特征及要求、目标搭配与组合，是十多年来我国货币政策目标的艰难探索与借鉴国外经验的结晶。选择"保持货币币值的稳定，并以此促进经济增长"为我国体制转换时期货币政策的最终目标，既规定了"稳定货币"的第一属性，又明确了"稳定货币"的最终目标；既充分遵循了货币政策目标选择的一般规律，又符合和满足了现阶段国情与大力发展社会主义市场经济，促进国民经济持续、高速、健康发展的内在要求。

在许多场合，尤其是经济发展的非正常时期，稳定货币与经济增长的矛盾往往显得较为突出。在这样的背景下，近年来我国理论界对于中国货币政策应有什么样的最终目标问题，一直存在着争论。主要观点有以下几种：

(1) 单一目标论。这又可以分成两种相当对立的意见。一种是从稳定物价乃至经济正常运行和发展的基本前提出发，强调物价稳定是货币政策的唯一目标；另一种是从货币是再生产的第一推动力出发，主张用最大限度的经济稳定增长保障经济起飞作为货币政策的目标，并在经济发展的基础上稳定物价，即强调经济增长应摆在首位。

(2) 双重目标论。这种观点认为，中央银行的货币政策目标不应是单一的，而应当同时兼顾发展经济和稳定物价的要求。强调它们两者的关系是：就稳定货币而言，应是一积极的、能动的稳定，即在经济发展中求稳定；就经济增长而言，应是持续、稳定、协调的发展，即在稳定中求发展。不兼顾，则两者的要求均不能实现。

（3）多重目标论。鉴于货币政策涉及面广，随着经济体制改革的进一步深化和对外开放的加快，就业和国际收支问题对宏观经济的影响越来越重要。因此有人提出：我国的货币政策目标必须包括充分就业、国际收支均衡和经济增长、物价稳定等方面，即目标不应是双重的，而应是多重的。

第二节 货币政策规则

货币政策规则是指中央银行基于宏观经济和金融调控的要求，运用货币政策工具和手段，来有效达到或实现货币政策目标的行为共识。中央银行制定货币政策时关注的一个重要问题是，哪一个变量可以恰当地符合这种政策制定的需要，即规则变量。由于规则变量反映经济状况，所以如果政策改变了经济状况，规则变量的值也会改变，因此规则变量是货币工具的直接或间接函数。在凯恩斯主义框架中，货币市场中的利率是支出的一个主要决定因素，因而是经济状况的一个主要指示器。20世纪70年代的货币主义者认为，利率并不是表明总需求大小的重要的或可靠的规则指标，他们直接关注某个货币总量指标。总之，通过理论和实践的发展，形成了一些货币政策规则，主要包括货币数量规则、泰勒规则、麦科勒姆规则、利率走廊机制和通货膨胀目标制。

一、单一规则

弗里德曼（Friedman，1963）是20世纪60年代货币单一规则的主要倡导者。他通过对美国货币增长与通货膨胀率、经济增长的相互关联及时滞特征的实证分析，认为货币数量变化是导致经济波动的关键因素。因此，他建议货币当局只需要实行"单一规则"的货币政策，把控制货币供应量作为唯一的货币政策工具。

弗里德曼的分析逻辑是这样的：货币供给要与货币需求相适应，从货币需求角度出发，货币需求主要由恒久性收入决定。由于恒久性收入具有高度的稳定性，所以受恒久性收入支配的货币需求也是稳定的，货币流通速度的变化也是不大的。既然如此，就必须以稳定的货币需求函数为基础，所以货币供给也应该是稳定增长的。货币当局将货币供应量作为货币政策的目标，货币供应量始终不变地以一种固定的比率增加，并大致与经济增长率相适应的政策，就称为"单一规则"的货币政策。由于货币供应量的变动是物价水平发生变动的最根本的决定因素，通货膨胀是物价水平持续、普遍的上升，所以医治通货膨胀就通过控制货币供应量的过度增长来实现。

二、泰勒规则

20世纪80年代末和90年代初，一些学者纷纷探讨货币政策规则问题。其中，以泰勒规则最具代表性。泰勒(John B. Taylor,1993)提出,货币政策规则可从广义和狭义两个方面理解,狭义的规则可理解为用固定公式表示的规则,如固定的货币增长率规则、固定利率或汇率规则等;广义的规则应理解为不仅要以一种货币政策规则为基础进行操作,而且还要针对各种经济变量可能的变化进行判断和操作。

约翰·泰勒本人对美国货币政策规则的研究集中在20世纪70—90年代,他提出应考虑产出缺口和通胀缺口,以最优化中央银行的货币政策反应函数。泰勒在《实践中的相机抉择与政策规则》中认为:第一,政策规则优于相机抉择,因其易于建立当局与市场之间的合作关系;第二,政策规则要有较好的"反馈机制";第三,在固定汇率制下,一国不能自主决定本国的利率水平;第四,美国的平均自然利率(实际利率)约为2.0%,考虑到价格测量过程中存在的误差,每年2%的内含通胀率目标能够接近代表价格稳定或近似代表"零通胀",即使用方程对联邦基金利率进行调整,这就是经典的"泰勒规则"。

泰勒规则表明实际联邦基金利率与通货膨胀率、经济增长之间具有长期稳定关系。若货币当局以实际均衡联邦基金利率作为中介目标,通过改变名义均衡联邦基金利率来稳定或影响产出和价格水平,则可获得最优路径。由于经济运行不是一成不变的,货币当局不仅要研究货币政策规则的设计,还要考虑规则应随宏观经济状况的变化而及时调整。

三、麦科勒姆规则

麦科勒姆(McCallum)规则与泰勒规则一样,它也是一个适应性政策方程,但具有不同的政策工具及其背后的不同的货币政策传导机制。麦科勒姆规则的政策工具是基础货币而不是联邦基金名义利率。根据这一规则,基础货币增长率依名义GDP增长率(或水平值)与设定的目标之间的离差而变动。这一规则中也包含了基础货币增长率的变化。

进入20世纪80年代中后期,货币供应量与实际经济的关系出现了弱化趋势,金融创新对货币政策调控的影响越来越大,许多国家开始转而采用其他手段取代货币供应量作为调控的中介目标,美联储也逐步放弃以货币供应量为单一中介目标的操作策略。麦科勒姆(McCallum,1988)提出以名义GDP增长率为货币政策最终目标,以基础货币为中介目标的货币政策规则较有代表性。该规则原则上包含三部分:(1) 名义GDP增长目标;(2) 货币流通速度变化的移动平均值;(3) 名义与实际GDP之差。假定名义GDP增长率目标为3%,基础货币的变动可由名义GDP目标增长率3%、名义GDP季节变化与基础货币增长率的差值,以及名义GDP偏离目标值三者来解释。

【学习指导】 泰勒规则与麦科勒姆规则

通过第十二章以及本章的学习,我们已经能够充分理解货币政策对宏观经济的调节作用。但是货币政策应当如何调节经济,究竟是实行"相机抉择"还是"单一政策",直接调控量是货币供应量还是利率?泰勒规则与麦科勒姆规则就从一定角度对这个问题进行了阐述。泰勒规则说明了利率、通货膨胀与产出之间的关系,麦科勒姆规则表明以基础货币作为调整调控工具,并说明根据名义收入缺口对基础货币进行阶段性的调整。那么,我们究竟应该选择以货币供应量还是利率作为货币政策中介目标呢?从国际经验来看,美国、欧盟等主要国家或地区在战后经历了由利率到货币供应量,再到利率的过程,泰勒规则也逐渐成为研究的主流。随着我国利率市场化进程的加快,金融市场的发展,我国的货币政策中介目标也逐步会由货币供应量转向利率。

四、利率走廊机制

(一) 利率走廊的原理

利率走廊(interest rate corridor)是中央银行通过设定和变动自己的存贷款利率,构建形似"走廊"的利率操作空间,将同业拆借利率限定在利率区间的一种新型货币政策。其中,走廊上限为中央银行对商业银行的贷款利率,商业银行以此利率申请抵押贷款补充流动性;下限为中央银行对商业银行的存款利率。

商业银行同业拆借利率之所以会被限定在走廊之中,并不是政策强制的结果,而是利率走廊机制本身所具有的"自动稳定器"的功能,这种功能来自金融机构的套利行为。例如当存在套利机会时,商业银行就可以从央行贷款,然后放贷,从中套利,而且这种套利没有风险,最终银行间拆借利率会被市场均衡至央行存、贷款利率所形成的利率区间之内,并且央行可以通过预期引导,自动稳定短期利率。可以看出,在走廊上下限的决定上具有直接管制的色彩,而在中间利率的决定上又具有市场机制的色彩,因此利率走廊机制将直接管制与市场机制相结合,使得同业拆借利率被控制在央行的意愿水平之内。

在利率走廊机制下,央行可以实行零准备金制。央行可以直接规定:每个交易日结束时,各商业银行在央行的储备金账户直接归零,如果存在超额/透支,就自动转录入其在央行的存/贷款账户。结果商业银行只能在利率走廊所设定的利率区间内完成同业拆借。这样可以提高资金使用效率,而且有利于市场利率稳定。

(二) 利率走廊的优势

相对于传统的货币政策,在利率走廊机制中,央行无须依赖传统的公开市场操作来调控利率。央行可以直接设定并公布存(存款准备金利率)和贷(再贴现率)两个利率,从而影响市场预期,最终将市场利率控制在目标水平。其优势主要体现在以下三个方面。

(1) 降低市场利率波动。央行以政策利率为中心,借、贷利率形成了一条"走廊",使得市场利率保持在政策利率附近,并在利率区间内稳定波动。利率走廊机制可使央行严格地将拆借市场利率控制在走廊内目标利率附近,拆借市场利率波动较小。

(2) 稳定银行负债端预期,利于信用派生。稳定银行负债端的预期主要体现在两个方面:一是银行对于资金可得性的预期稳定;二是银行对于自身的融资成本有预期。从而使得银行的贷款决策比较稳定,有利于信用的派生和货币政策的传导。

(3) 降低公开市场操作的成本。不需要频繁使用公开市场操作来调节市场流动性,只需调节利率走廊的上下限就可以稳定市场的利率预期,这不仅简化了中央银行的利率调控过程,而且降低了调控成本。

(三) 利率走廊的种类

利率走廊机制在实践中分为两类:一类是对称式,即央行存贷款利率与政策利率之间的差额相等,上下限利率关于政策利率对称;另一类是非对称式,现实中主要为地板式利率走廊,即上下限利率不关于政策利率对称。除此之外还有以美国为代表的倒挂非对称利率走廊。

1. 对称式

对称利率走廊机制是最为标准的利率走廊调控模式,央行存贷款利率与政策利率之间的差额相等,也即存贷款利率关于政策利率这一水平线是对称的,如图 13-1 所示。由于商业银行不会在拆借市场上以高于贷款利率的利率和低于存款利率的利率拆入和拆出资金,准备金需求曲线的走势也因此限定在利率走廊上下限之间。

首先,存贷款利率水平上的准备金需求曲线呈平坦态势。这是因为,如果市场利率低于存款利率,商业银行将存在套利机会,即可通过以较低的市场利率借取资金后将其以更高的存款利率存入央行来获取收益。如果

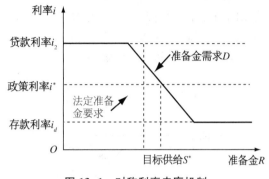

图 13-1 对称利率走廊机制

市场利率高于贷款利率,商业银行则可通过以较低的贷款利率从央行借取资金后将其以更高的市场利率贷出获取收益。在这两种情况下,准备金市场需求将是无限的,这样的套利机会会迅速驱使市场利率至少回升(降落)到存款(贷款)利率水平,因此,存贷款利率水平上的准备金需求曲线也就呈平坦态势。

其次,存贷款利率水平之间的准备金需求曲线呈向右下方倾斜态势。商业银行通常不能准确确定未来支付需求对其准备金头寸的冲击大小,而且无论是在流动性短缺还是持有超额准备金时,商业银行都会面临潜在的成本。因此,商业银行会在权衡这两种成本后来决定自己未来准备金的持有规模。由于持有超额准备金的机会成本随着市场利率下降而降低,准备金需求曲线在此区域内也就向右下方倾斜。

最后,准备金供给的数量由央行决定,供给曲线与利率无关,因此是垂直线。政策利率则是由准备金需求和准备金目标供给共同决定的。因此,央行在实施货币政策时必须预计其应该供给准备金的数量,该数量等于市场利率和政策利率相等时的准备金需求数量。可见,对称利率走廊机制中的利率决定与准备金供给大小有关,准备金供给数量是央行为达到其期望的利率水平而设定的。图中,准备金需求曲线 D 与目标供给曲线 S^* 的交点所对应的利率水平为目标利率 i^*。

2. 非对称式

非对称式利率走廊在现实中主要为地板式利率走廊。地板机制是对称利率走廊机制的改进版,主要特征有两个。第一,政策利率与存款利率一致,而不是原先的高于存款利率。在该机制中,央行将走廊下限设定为政策利率,而不是这个区间内的某一利率水平。第二,为了实现新的政策利率,央行必须提供大量的流动性,从而使得准备金供给曲线交于准备金需求曲线的水平区域,而不是交于需求曲线的下降部分。显然,由于央行在政策利率水平提供了过量的准备金,也就不需要定期精准预测准备金的市场需求,供给曲线和需求曲线将在政策利率水平准确地相交。而且,对于交于需求曲线水平区域的任何供给曲线,短期货币市场利率都等于存款利率。现实中,如果在一个利率走廊中政策利率与存款利率之间的宽度很小,就可认为其近似于地板机制。

地板机制中,一方面,央行可以在不改变政策利率的前提下调整准备金供给量(如图 13-2 左图)。假定准备金供应量增加,供给曲线从 S_1 向右移至 S_2,此时,由于政策利率的下降受走廊下限的限制,政策利率则被锚定在 i_d 不变。从而解决了传统准备金制度下,随着准备金供给的增加,政策利率所面临的零利率下限问题。另一方面,央行可以在不改变准备金供给量的条件下,通过改变利率走廊的上限和下限来调整政策利率(如图 13-2 右图)。假定准备金供给保持 S^* 不变,央行只要将存款利率 i_d 和贷款利率 i_l 同时提高,政策利率 i^* 就会随着存款利率 i_d 的提高而提高。

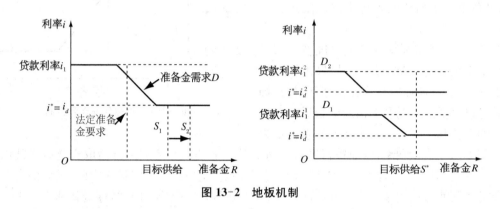

图 13-2 地板机制

(四)利率走廊的实践

20 世纪 90 年代,由于信息技术的发展与银行机构的规避导致基础货币以及准备金需求的减少,央行采用诸如存款准备金制度、公开市场业务等传统的货币政策执行框架以实现利率政策目标的能力受到质疑,加拿大与其他一些国家如英国、日本、欧盟、新西兰、瑞士与澳大利亚央行一起放弃准备金制度,以利率走廊机制取而代之。而另一些央行利用具有利率走廊部分特征的制度执行货币政策,如美联储。次贷危机以来,除一些国家如瑞士、澳大利亚、新西兰等国家仍保持传统的利率走廊机制,政策利率被保持在走廊中心位置外,另一些国家或地区如欧盟、加拿大、日本、英国、挪威等国家已从传统的利率走廊机制移向地板机制。总之,在准备金需求持续降低、不存在或将中央银行的资产负债表作为独立于政策利率的一种货币政策工具的背景下,许多国家央行放弃了传统的货币政策操作框架,而采用了不同版本的利率走廊机制。

1. 瑞典央行

瑞典央行如今采用的是对称利率走廊机制。该国在 1994 年 4 月 1 日取消法定存款准备金要求后,于 1994 年 6 月引入了走廊机制。最初走廊是不对称的,上限利率比政策利率高 55 个基点,存款利率则低 40 个基点。1999 年,瑞典央行成立货币政策执行委员会专门负责货币政策。2000 年 12 月,执行委员会将目标利率设定在宽度为 150 个基点的利率走廊的中心位置,标志着对称利率走廊机制的建立。

次贷危机后,瑞典央行将利率走廊的宽度收窄,以减小危机对市场利率的冲击。2009 年 4 月,走廊宽度一度收窄至 100 个基点,回购利率从 1% 下调至 0.5%,导致走廊的下限位于零利率。3 个月后,瑞典央行将回购利率下调 25 个基点,将存款利率设定为 -25 个基点。随后继续对回购利率和走廊宽度进行不间断的适时调整。

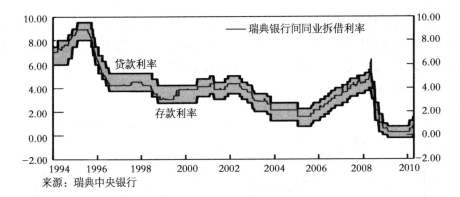

来源：瑞典中央银行

图 13-3 瑞典央行的利率走廊

2. 欧洲央行

欧洲央行实行的是地板式利率走廊。该行从 1998 年 6 月成立以来就逐步构建利率走廊机制，随 1999 年欧元的启动而正式实施。欧洲央行的常备融资便利（Standing Facilities）确定了利率走廊的上限和下限。其中，下限为欧洲央行主动吸纳银行隔夜存款的利率；上限是向金融机构提供有抵押隔夜流动性支持的利率。在每月的第一次会议上，欧洲央行设定市场目标利率以及围绕目标利率的走廊宽度。然后利用公开市场操作引导隔夜拆借利率。

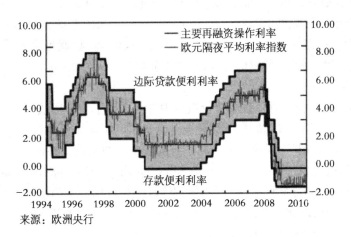

来源：欧洲央行

图 13-4 欧洲央行的利率走廊

欧洲央行设定的利率走廊刚开始也是不对称的，其中边际贷款便利利率比目标利率高 150 个基点，存款便利利率比目标利率低 100 个基点。随着 1999 年 4 月 8 日降息，宽度随即收窄为 200 基点，目标利率也开始位于中间位置。该走廊模式一直维持到 2008 年的次贷危机。利率走廊的宽度在危机期间经历多次变化，先是 2008 年 10 月收窄至 100 个基点，接着于 2009 年年初又恢复到 200 个基点，最后才于 2009 年 5 月 7 日重新收窄并确定在 150 个基点。从 2009 年中期开始，实际隔夜拆借利率已至走廊下限附近，近似于地板机制。正是由于地板机制将利率政策与流动性政策相分离的优点，欧洲央行向货币市场注入大量流动性的同时才能将短期市场利率稳定控制在政策利率附近。

3. 美联储

美联储实行的是类利率走廊。次贷危机前,美联储制定目标利率,然后通过在公开市场将联邦基金利率维持在目标水平,此时的超额准备金利率为0。危机后,美联储实施第一轮量化宽松货币政策,造成流动性泛滥,超额准备金激增,传统调节手段失效,导致联邦基金利率持续低于目标利率。

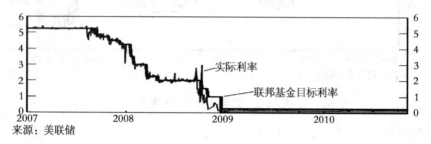

图 13-5　美联储的利率走廊

为此,美联储引入类利率走廊。最初采用1.25%的贴现利率作为走廊上限,0.75%的准备金利率作为下限,1%的联邦基金利率目标作为基准,形成对称利率走廊。但实践中联邦基金市场萎缩,美联储为应对经济衰退在2008年12月将贴现率下调至0.5%,将联邦基金目标利率下调到0%~0.25%,使超额准备金利率(0.25%)与联储的政策目标利率区间顶部相等并高于其中位数(0.125%)和联邦基金市场当时的有效利率水平(0.1%),实际上形成一种利率倒挂的变异下限模式。未来,美联储可能通过提高超额准备金利率来实现加息目标。事实上,2008年设立之初到2015年12月16日这段时间,超额准备金利率一直维持在0.25%的水平上。2015年宣布加息后,超额准备金利率上调至0.5%。

4. 中国的尝试

2015年四季度,央行在货币政策执行报告中首次强调下一阶段货币政策思路为探索利率走廊机制。2018年四季度,货币政策报告提出我国利率走廊已初步建立,未来的目标是进一步完善利率走廊机制。现阶段关于利率走廊在中国的实践主要体现在以下方面:一是央行明确表述把常备借贷便利(Standing Lending Facility,SLF)利率作为走廊的上限;二是基本确认把超额存款准备金利率作为走廊的下限;三是目标利率为上海间银行同业拆借利率(SHIBOR);四是在走廊宽度方面,SLF隔夜利率为2.75%,SHIBOR隔夜利率为2%,超额准备金利率为0.72%。关于SLF,后文将具体讨论。

当前我国的金融结构环境对于实施利率走廊机制而言已经具备一定的条件,但依然有许多地方需要改进,如货币政策的透明度仍然有待提高;存款准备金率过高;银行间同业拆借市场不够活跃;SHIBOR的认可程度不够高,使用范围不够广泛,作为目标利率的合理性和有效性不足等。

五、通货膨胀目标制

通货膨胀目标制自在新西兰推行后开始在发达国家盛行。在此政策框架下,稳定物价成为中央银行货币政策的首要目标。中央银行根据通货膨胀预测值的变化进行政策操作,以引导通货膨胀预期向预定水平靠拢。通货膨胀是否得到有效控制是公众评价货币策绩效的重要依据。自1990年新西兰率先采用通货膨胀目标制以来,到2005年,已有加拿大、英国、瑞典等22个国家先后实行。通货膨胀目标制的盛行,引起了国内外金融理论界的广泛关注。

通货膨胀目标制的基本含义是:货币当局明确以物价稳定为首要目标,并将当局在未来一段时间所要达到的目标通货膨胀率向外界公布,同时,通过一定的预测方法对目标期的通货膨胀率进行预测得到目标期通货膨胀率的预测值,然后根据预测结果和目标通货膨胀率之间的差距来决定货币政策的调整和操作,使得实际通货膨胀率接近目标通货膨胀率。如果预测结果高于目标通货膨胀率,则采取紧缩性货币政策;如果预测结果低于目标通货膨胀率,则采取扩张性货币政策;如果预测结果接近于目标通货膨胀率,则保持货币政策不变。

在通货膨胀目标制下,传统的货币政策体系发生了重大变化,在政策工具与最终目标之间不再设立中间目标,货币政策的决策依据主要依靠定期对通货膨胀的预测。中央银行根据预测提前确定本国未来一段时期内的中长期通货膨胀目标,在公众的监督下运用相应的货币政策工具使通货膨胀的实际值和预测目标相吻合。

【学习检查】通货膨胀目标制
为什么以通货膨胀为指标可能增强对中央银行独立实施货币政策的支持?

【环球视野】新西兰通货膨胀目标制
自20世纪70代的石油危机之后到80年代后期,新西兰经历了两位数的严重通货膨胀,以CPI衡量的通货膨胀在1974—1988年上升了4.8倍。货币政策受多重目标以及不太明确的变动目标影响,降低通货膨胀的困难相当大。为此新西兰干脆直接以通货膨胀为目标进行了货币政策操作。

新西兰是第一个引入和实施通货膨胀目标制的国家。1989年12月15日通过了《联邦储备银行法》,1990年2月1日生效。新西兰通货膨胀目标制是在政府支持和立法保证下进行的,政府还在其他方面进行相应改革,如控制财政预算,为央行联邦储备银行实施稳定价格的货币政策提供好的财政环境。

为确保实现通货膨胀目标,除《联邦储备银行法》明确规定价格稳定目标外,还有财政部与新西兰央行签署的《政策目标协定》作为保证。新西兰的第一个《政策目标协定》于1990年3月签订,当时的CPI在5%左右,且经济处于衰退之中,故当时的货币政策目标是将CPI控制在0%~2%的目标区间,并要求在1992年12月实现。《政策目标协定》使新西兰央行获得了为实现其目标而独立动用各种货币政策工具的权力。1997年12月,新西兰实行新的《政策目标协定》,开始使用新的除信贷服务之外的消费物价指数CPIX,其目标是在随后的2~3年内保持CPIX年增长0%~3%。新西兰央行主要宣布官方资金利率,并对国内价格进行6~8季度的滞后分析。在实施了通货膨胀目标制以后的1992—2000年,新西兰的宏观经济形势得到了明显改善。经济增长速度迅速上升,失业率有所下降。

第三节 货币政策工具

货币政策目标是通过货币政策工具的运用来实现的。货币政策工具是中央银行为实现货币政策目标而使用的各种措施的总称。根据货币政策工具的作用特点及其运用条件,货币政策工具划分为一般性货币政策工具、选择性货币政策工具以及由直接信用管制与间接信用管制构成的补充性货币政策工具三种类型。

一、一般性货币政策工具

一般性货币政策工具是指中央银行用以调控货币供给总量和一般利率水平的常规手段,主要包括再贴现政策、法定存款准备金政策和公开市场操作三大货币政策工具,被誉为中央银行的"三大法宝"。一般性货币政策工具最根本的特点是总量调节和常规调节。这"三大法宝"在第十章中已经做了初步的讨论,在本章中我们更多讨论它们在货币政策中的表现。

(一) 再贴现政策

我们在第十章中已经初步接触了再贴现的概念,在本章中,我们将进一步从货币政策的视角解读再贴现政策。再贴现政策有时也叫贴现政策,是指中央银行通过制订和调整其贴现率来改变商业银行接受中央银行贷款的融资成本,影响对商业银行贴现的贷款数量以及市场利率,从而影响整个货币供应量的一种金融工具。这里贴现率实质上就是中央银行向商业银行的放款利率。大家可以复习我们在第十章提到的商业银行向中央银行的借款方式,一种是贴现方式;另一种是贷款方式。贴现方式需要商业银行把合格票据再贴现(卖)给中央银行。贷款方式是商业银行向中央银行取得贷款,但需要足够的担保品。在早期,商业银行向中央银行借款多采取再贴现方式。但随着现代金融理论和实践的发展,现在几乎全部借款都已采取由政府证券担保的贷款形式,虽然这种借款仍笼统地被称作贴现。

中央银行向商业银行发放贴现贷款的设施称作"贴现窗口",其业务主要是确定和调整再贴现率,通过再贴现率的变动来影响贷放规模。

通过调整再贴现率来影响贷放规模,其作用方式表现为:中央银行若提高贴现率,商业银行从中央银行取得借款的成本也就提高了。商业银行若将借来的款再贷放或投资出去,且利率不变,则将减少商业银行的盈利,这就迫使商业银行减少或不向中央银行借款。倘若商业银行也提高其对客户的贷款利率,则又会相应减少公众的借款需求。因此,中央银行提高贴现率,通常可抑制信贷规模和减少货币供应量;而降低贴现率,则会扩张信贷规模和增加货币供应量。另外,再贴现率也影响着国内和国际贸易的发展。因为中央银行贴现的票据大多数是国内外贸易主要工具,再贴现后补充了贸易中的周转资金,间接促进了贸易发展。

须指出的是,在具备下述两个条件的情况下,中央银行贴现率能较好地调节市场利率水平:第一,中央银行可随时提供贷款,只使用贴现率调节贷放量,不采用其他限额方法;第二,商业银行可自由从中央银行借款。在这种条件下,为追求利润最大化,每当市场利率超过贴现率,而且利差足以弥补贷放风险和费用时,商业银行便从中央银行借款,随后再贷款出去。而当市场利率高于贴现率的差额不足以弥补上述费用时,商业银行就从市场收回贷款并偿还中央银行借款。此时,中央银行贴现率便支配市场利率,提高或降低贴现率(通过扩张和收缩货币供应量),几乎可自动使市场利率上升或下降。

由于现实经济很难完全满足上述两个条件,因而贴现率也难以完全支配市场利率,贴现率作为政策工具,其与另外两个政策工具的不同特点就在于后两者的主动权在中央银行,而前者的主动权在商业银行。中央银行变动贴现率,能否影响商业银行向中央银行的借款量,关键取决于商业银行对其借款成本与放款收益的比较,以及从其他来源取得资金的可能性和机会成本。实际上,从中央银行借款只是商业银行增加其储备资金的一个来源,其他来源还有诸如出售证券、发行存款单以及在欧洲债券市场借款等。因此,商业银行在应付其储备不足时,面临着几种方案的选择,而选择的关键在于要用最经济的方法来补足其储备。所以,中央银行运用贴现率工具来影响货币供应量,其作用方式是被动的和有限的。

尽管如此,贴现率政策工具仍然表现出以下几种显著功能:(1)当某些金融机构发生清偿力危机时,履行中央银行作为最后贷款人的职责。(2)为金融业提供一种安全保障。中央银行对商业银行的贴现贷款可采取"调节信贷"与"中期信贷"两种方式。调节信贷作为主要借款业务,属于短期信贷,经常通过电话进行。当存款机构由于大量存款突然流失或贷款需求急剧增加而面临流动资金耗尽时,调节信贷可帮助它们渡过难关,直到它们从其他途径获得资金。(3)发挥告示作用。贴现率的变动在某种程度上影响着人们的市场预期。当中央银行提高贴现率时,公众可能会将此理解为一种信号,认为中央银行正在采取行动,抑制过分通货膨胀;相反,当中央银行降低贴现率时,便可能被看作中央银行采取措施刺激经济扩张的信号。因此,由于贴现率的告示作用,贴现率提高可使某些商业银行预期未来利率看涨而限制其放款,贴现率降低则可能使商业银行预期未来利率趋跌而增加其贷款量。(4)影响市场利率。少数长期贷放利率是随贴现率变动而变动的。

在我国,中央银行通过适时调整再贴现总量及利率,明确再贴现票据选择,达到吞吐基础货币和实施金融宏观调控的目的,同时发挥调整信贷结构的功能,这一点也是我们在第十章中主要强调的内容。中国人民银行总行设立再贴现窗口,受理、审查、审批各银行总行的再贴现申请,并经办有关的再贴现业务(以下简称再贴现窗口)。中国人民银行各一级分行和计划单列市分行设立授权再贴现窗口,受理、审查、并在总行下达的再贴现限额之内审批辖内银行及其分支机构的再贴现申请,经办有关的再贴现业务(以下简称授权窗口)。授权窗口认为必要时可对辖内一部分二级分行实行再贴现转授权(以下简称转授权窗口),转授权窗口的权限由授权窗口规定。中国人民银行县级支行和未被转授权的二级分行,可受理、审查辖内银行及其分支机构的再贴现申请,并提出审批建议,在报经授权窗口或转授权窗口审批后,经办有关的再贴现业务。2008年以来,为有效发挥再贴现促进结构调整、引导资金流向的作用,人民银行进一步完善再贴现管理:适当增加再贴现转授权窗口,以便于金融机构尤其是地方中小金融机构法人申请办理再贴现;适当扩大再贴现的对象和机构范围,城乡信用社、存款类外资金融机构法人、存款类新型农村金融机构,以及企业集团财务公司等非银行金融机构均可申请再贴现;推广使用商业承兑汇票,促进商业信用票据化;通过票据选择明确再贴现支持的重点,对涉农票据、县域企业和金融机构及中小金融机构签发、承兑、持有的票据优先办理再贴现;进一步明确再贴现可采取回购和买断两种方式,提高业务效率。

(二)存款准备金政策

相信大家对于存款准备金的概念一定非常熟悉,部分准备金制度正是商业银行信用创造的前提之一。我们在向大家讨论货币供给时曾着重讨论过这一概念。接下来,我们探讨中央银行如何通过政策措施对存款准备金进行调整。存款准备金政策是指中央银行在法律规定允许的范围内通过规定或调整法定存款准备金率，以改变商业银行等存款货币金融机构的超额准备及其信用创造能力，而达到扩张或收缩信用、实现货币政策目标的一种政策措施。具体而言，法定存款准备金政策涉及三方面内容：一是法定存款准备金的构成；二是法定存款准备金率的确定；三是法定存款准备金率的调整程序。

我们知道，法定存款准备金制度使得商业银行等存款货币机构派生存款具有一个量的规定界限。请大家回顾第十章关于商业银行存款扩张模型的相关概念，法定存款准备金率的调整不仅可以影响商业银行等货币存款机构的派生存款的能力和货币乘数，同时还可以直接影响商业银行等存款货币机构准备金结构，因此为中央银行提供了一个可以调节货币供应量的政策工具。

但法定存款准备金政策并不是一种十分理想的货币政策工具，也存在局限性，缺乏应有的政策弹性。由于法定存款准备金政策具有较强的强制性和告示性，法定存款准备金率的调整不仅对经济产生巨大的震动作用，同时还可能造成商业银行等存款货币机构因法定准备金率的调高而陷入流动性困境。正是由于法定存款准备金政策对经济与人们的预期产生极强烈的震动作用，因此法定存款准备金政策是一种弹性极低的货币政策工具，可以说是几乎没有收缩空间的货币政策工具。因为法定存款准备金政策不具有随时随地的"微调"功效，发达国家货币当局正越来越倾向于尽量减少这种货币政策工具的运用程度。并且自20世纪90年代以来，许多国家开始降低了法定存款准备金率，有些国家甚至已将法定存款准备金率降到零，称为"零准备率"政策。如美国，分别于1990年12月和1992年4月将定期存款的法定存款准备金率降至0%；加拿大也于1992年将2年以上期限的定期存款的法定存款准备金率降至0%。除了上述原因之外，降低法定存款准备金率的另一个原因是增强商业银行等存款货币机构的竞争力，因为准备金的存款在许多国家是不计利息的。

【环球视野】法定存款准备金的新身份

一方面，美联储先后于1990年12月和1992年4月取消了定期存款的法定准备金，并将可签发支票存款的法定准备金率从12%下调到10%；加拿大中央银行于1992年4月取消了所有2年以上期限存款的法定准备金。这种世界范围内降低或取消法定准备金的现象表明存款准备金制度在控制货币供应量方面的重要性已大大下降。

另一方面，20世纪90年代以来，为应对跨境资本流动的冲击，部分新兴市场国家推出了无息准备金制度，要求从事资本跨国流动者按照投资额的一定比率，向中央银行缴纳本币或外币存款，且在规定的期限内不支付利息。1991年智利通过无息准备金政策有效改善了资本流入结构，此后，哥伦比亚在1993年、马来西亚在1994年、泰国在2006年均实施了无息准备金政策。2008年危机以来，随着国际资本流动的剧烈波动，包括巴西等在内的新兴市场国家也相继推出了无息准备金政策，以有效管理跨境资本流动。无息准备金通过对短期资本进行间接征税，提高了境外资本流动的成本，延长了境外资本流入的期限，为国际社会解决短期资本流动提供了一种有效的思路。

(三) 公开市场操作

公开市场操作在第十章已以实例方式进行了详细讨论,是指中央银行在金融市场上买进或卖出有价证券(特别是短期国债)的行为,是发达国家采用最多的一种货币政策工具。通过公开市场操作,中央银行可以投放或回笼基础货币,进而控制货币供应量,并对市场利率产生影响。

【学习检查】公开市场操作

公开市场操作是影响基础货币投放的重要途径,请回顾第十章内容,简述公开市场操作过程,并为接下来对其政策操作的讨论做准备。

【学习指导】公开市场操作的实现途径

中央银行从商业银行或社会公众手中买进证券,将引起基础货币的投放,从而通过乘数作用使货币供给量成倍扩张;中央银行在公开市场上卖出有价证券,则意味着从社会公众和银行体系中回笼基础货币,在乘数作用的机制下,最终会引起货币供应量的成倍缩减。公开市场操作的效应除了引起货币供应量的增减变化外,还能够调节市场利率。在货币需求一定时,中央银行买入有价证券,会改变有价证券二级市场上的供求状况,使得有价证券的价格上扬,从而促使市场利率下降;而中央银行卖出有价证券,则又会使市场利率上升。

公开市场操作通过中央银行与市场交易对手进行有价证券和外汇交易,实现货币政策调控目标。中国公开市场操作包括人民币操作和外汇操作两部分。外汇公开市场操作于1994年3月启动,人民币公开市场操作于1998年5月26日恢复交易。2014年1月18日启用公开市场短期流动性调节工具作为公开市场常规操作的必要补充,在银行体系流动性出现临时性波动时相机使用,及时熨平常规操作间歇期流动性短期波动,对短期流动性波动进行"削峰填谷"式的微调,意味着存款准备金率的使用频率将会减少。公开市场操作已成为中国人民银行货币政策日常操作的主要工具之一,对于调节银行体系流动性水平、引导货币市场利率走势、促进货币供应量合理增长发挥了积极的作用。

中国人民银行从1998年开始建立公开市场业务一级交易商制度,选择了一批能够承担大额债券交易的商业银行作为公开市场业务的交易对象。近年来,公开市场业务一级交易商制度不断完善,先后建立了一级交易商考评调整机制、信息报告制度等相关管理制度,一级交易商的机构类别也从商业银行扩展至证券公司等其他金融机构。

从交易品种看,中国人民银行公开市场业务债券交易主要包括回购交易、现券交易和发行中央银行票据。其中回购交易分为正回购和逆回购两种,正回购为中国人民银行向一级交易商卖出有价证券,并约定在未来特定日期买回有价证券的交易行为,正回购为央行从市场收回流动性的操作,正回购到期则为央行向市场投放流动性的操作;逆回购为中国人民银行向一级交易商购买有价证券,并约定在未来特定日期将有价证券卖给一级交易商的交易行为,逆回购为央行向市场上投放流动性的操作,逆回购到期则为央行从市场收回流动性的操作。现券交易分为现券买断和现券卖断两种,前者为央行直接从二级市场买入债券,一次性地投放基础货币;后者为央行直接卖出持有债券,一次性地回笼基础货币。中央银行票据即中国人民银行发行的短期债券,央行通过发行央行票据可以回笼基础货币,央行票据到期则体现为投放基础货币。

与其他一般性货币政策工具相比,公开市场操作具有以下五个优点。

第一,具有较强的主动性。公开市场操作的主动权完全由中央银行把握,中央银行可以根据需要,随时、适量地买进或卖出有价证券,在时间、规模以及方向上均具有极强的主动权。

第二,具有较好的微调性。由于公开市场操作没有量的限制,因此中央银行在公开市场操作时,可以根据需要而准确地进行微量调整。

第三,具有极大的政策弹性。由于公开市场操作具有隐蔽性,不会产生误解性的告示效应,并且也不具有量的限制,具有较强的伸缩性,因此,中央银行可以进行经常性、持续性的操作,具有极大的政策弹性。

第四,具有可逆转性。这是由于没有告示效应,中央银行出现操作或政策失误时,可以通过逆向的公开市场操作,及时而准确地修正其操作或决策的失误,而其他货币政策工具则不能如此迅速逆转。

第五,具有操作的及时性与便捷性。当中央银行需要调节存款货币机构准备金水平和基础货币时,主要向公开市场交易商发出交易指令,即可以便捷快速地得到执行,实现调节的目的。

但公开市场操作作用的发挥需要具备发达的金融市场为前提条件。市场发育程度低,交易工具匮乏、参与者少等都将制约公开市场操作作用的有效发挥。

有关公开市场操作对基础货币、存款准备金率对货币乘数的具体影响参见第十章。

二、选择性货币工具

上述三种货币政策工具是中央银行在调节整个国民经济和金融市场运行的传统手段,而当中央银行面临特殊领域的局部不均衡时,需要采用的货币政策工具被称为选择性货币政策工具,主要包括证券市场信用控制、消费信用控制、房地产信用控制和优惠利率等等。

(一)证券市场信用控制

证券市场信用控制是指中央银行着眼于抑制过度投机、稳定证券市场行市而对有关证券交易的各种信用条件进行限制。在证券买卖的信用交易中,投资者不必缴纳购买证券所需的全部价款,而只要按照一定的比率缴纳保证金,经纪人则可通过向商业银行借款,为其客户垫付一部分价款,以增加成交量。中央银行通常将该种交易中的保证金比率作为限制信用的手段,如果中央银行提高保证金比率,则减少了经纪人的垫款和商业银行对经纪人的放款,从而达到收缩信用的目的。这种措施的优点在于,它可以避免因全面的信用紧缩而导致的经济衰退。

【学习指导】中国商业银行资金禁止进入股市

第六章我们讨论了关于金融业分业经营与混业经营。我国金融业目前是分业经营、分业监管的模式。中国《商业银行法》规定:商业银行在中华人民共和国境内不得从事信托投资和证券经营业务,不得向非自用不动产投资或者向非银行金融机构和企业投资,但国家另有规定的除外。

此规定的主要原因基于分业经营、风险隔离的考虑,为保护储户存款的安全,防止股市等投资风险向储户存款蔓延,因此禁止银行将储蓄资产投资于高风险的领域,包括股票市场。

(二) 消费信用控制

消费信用控制是指中央银行根据市场供求状况和货币供应量情况,针对为消费所提供的信贷量进行控制的一种手段。这种消费信贷管制可采取两种方式,即规定首付的最低比率,或规定最高偿还期限。当市场需求过旺和货币投放过多时,为紧缩信贷规模,中央银行可提高首付比率,或缩短分期付款期限;反之,在需求不足及经济衰退时,则可采取降低首付比率,或放宽分期付款期限的办法以增加信贷投入,刺激消费和经济增长。这种控制手段要求社会的信用基础比较好,同时要建立一些行之有效的信用制度,比如存款实名制、个人信用档案等,这种方法如今基本上不用了。

(三) 房地产信用控制

房地产信用控制指中央银行对为新住宅建设所需资金,实施有选择的信贷管理。该管制类似于消费信贷管制,主要采用两种方式,即通过规定最低付现额和最长偿还期限来进行管理,其目的在于控制不动产放款,抑制高标准建房,以及房地产市场价格泡沫。

【知识窗】中国房贷信用控制

2016年2月2日,中国人民银行、原银监会就个人住房贷款政策有关问题下发通知,在不实施"限购"措施的城市,居民家庭首次购买普通住房的商业性个人住房贷款,原则上最低首付款比例为25%,各地可向下浮动5个百分点;对拥有1套住房且相应购房贷款未结清的居民家庭,为改善居住条件再次申请商业性个人住房贷款购买普通住房,最低首付款比例调整为不低于30%。此政策一出,深圳、上海、北京等一线城市房价迅速飙升,二三线城市紧随其后,出现了中国式的"涨价去住房库存"奇观。

(四) 优惠利率

优惠利率是指利率较低的放款利率。中央银行根据国家发展战略,通过制定适用于某些部门的较低放款利率来鼓励一些重点部门、行业增加投资,加速发展。优惠利率政策一般为发展中国家所采用。

【知识窗】大学生助学贷款

大学生助学贷款一般有两类:国家助学贷款和生源地信用助学贷款。国家助学贷款是由政府主导、财政贴息,银行、教育行政部门与高校共同操作的专门帮助高校贫困家庭学生的银行贷款。借款学生不需要办理贷款担保或抵押,但需要承诺按期还款,并承担相关法律责任。贷款额度、期限及利率:每人每学年最高不超过8 000元。最长期限为10年。利率在校期间由财政贴息,毕业后由借款人自行承担(按央行现行的基准利率执行)。

生源地信用助学贷款是指国家开发银行向符合条件的家庭经济困难的普通高校新生和在校生发放的、在学生入学前户籍所在县(市、区)办理的助学贷款。贷款资金主要用于学生缴纳在校期间的学费和住宿费。生源地信用助学贷款是大学生助学贷款的重要组成部分。贷款额度、期限及利率：每人/每年不低于1 000元，不高于8 000元；申请金额不能超过学费和住宿费总额。贷款期限最长不超过14年。利率执行央行规定的人民币贷款基准利率，在校期间利息由财政全额贴息，毕业后利息由借款人自行承担（按央行现行的基准利率执行）。

（五）预缴进口保证金

这一制度适用于经常处于国际收支逆差的国家，目的是缩减国际收支赤字。当国际收支出现逆差，要求将进口商品总值一定比例的外汇存于中央银行，借以抑制进口数量，控制和减少外汇储备流失。预缴外汇比例越高，进口换汇成本便越高，抑制作用也越大。

三、货币市场流动性管理工具

（一）常备借贷便利

常备借贷便利（SLF）是全球大多数中央银行都设立的货币政策工具，但名称各异，如美联储的贴现窗口、欧央行的边际贷款便利、英格兰银行的操作性常备便利、日本银行的补充贷款便利、加拿大央行的常备流动性便利等。其主要作用是提高货币调控效果，有效防范银行体系流动性风险，增强对货币市场利率的调控效力。

借鉴国际经验，中国人民银行于2013年初创设了常备借贷便利。它是中国人民银行正常的流动性供给渠道，主要功能是满足金融机构期限较长的大额流动性需求。对象主要为政策性银行和全国性商业银行。期限为1—3个月。利率水平根据货币政策调控、引导市场利率的需要等综合确定。常备借贷便利以抵押方式发放，合格抵押品包括高信用评级的债券类资产及优质信贷资产等。

（二）中期借贷便利

中国人民银行于2014年9月创设了中期借贷便利（Medium-term Lending Facility，MLF），是提供中期基础货币的货币政策工具，对象为符合宏观审慎管理要求的商业银行、政策性银行，可通过招标方式开展。中期借贷便利采取质押方式发放，金融机构提供国债、央行票据、政策性金融债券、高等级信用债券等优质债券作为合格质押品。中期借贷便利利率发挥中期政策利率的作用，通过调节向金融机构中期融资的成本来对金融机构的资产负债表和市场预期产生影响，引导其向符合国家政策导向的实体经济部门提供低成本资金，降低社会融资成本。

就中期借贷便利与常备借贷便利的区别而言，MLF借款的期限要比短期的要稍微长一些，而且临近到期的时候可能会重新约定一个利率，也即获得MLF的商业银行可以从中央银行获得一笔借款，期限是3个月，利率是中央银行规定的利率，获得此借款后，商业银行可用于发放贷款，而且三个月到期之后，商业银行还可以根据新的利率获得同样额度的贷款。

通常情况下，商业银行是通过借用短期资金发放长期贷款，也就是所谓的"借短放长"，短期资金到期之后，商业银行就得重新借用资金。为了维持一笔期限较长的贷款，商业银行需要频繁借用短期的资金，这样做存在一定的短期利率风险和成本。由于MLF期限较长，商业银行如果利用MLF获得的资金发放贷款，就无须频繁地借短放长。由SLF向MLF转变标志着中国货币政策正从数量型为主向价格型为主转变。

(三) 定向中期借贷便利

2019年1月23日,中国人民银行第一次开展定向中期借贷便利(Targeted Medium-term Lending Facility,TMLF)操作,操作对象为符合相关条件并提出申请的大型商业银行、股份制商业银行和大型城市商业银行。操作金额根据有关金融机构2018年四季度小微企业和民营企业贷款增量并结合其需求确定为2575亿元。操作期限为一年,到期可根据金融机构需求续做两次,实际使用期限可达到三年。操作利率为3.15%,比中期借贷便利(MLF)利率优惠15个基点。

与中期借贷便利相比,定向中期借贷便利的期限更长、利率更低、投向更明确,降息效果更多体现在银行间货币市场。定向中期借贷便利与中期借贷便利的主要区别如下:(1)期限不同,前者为一年期,可续作两次,最长三年期;后者是三个月至一年期。(2)利率不同,前者利率低于后者。(3)操作对象不同,前者的操作依据是金融机构的小微企业、民营企业贷款增量和需求,后者的操作对象更广泛,更具有普适性,主要目的是增加基础货币。

(四) 抵押补充贷款

抵押补充贷款(Pledged Supplementary Lending,PSL)是中国人民银行于2014年4月创设,目的是为国家开发银行支持"棚户区改造"等重点项目提供长期稳定、成本适当的资金来源。PSL采取质押方式发放,合格抵押品包括高等级债券资产和优质信贷资产。2015年10月,人民银行将抵押补充贷款的对象扩大至中国农业发展银行、中国进出口银行,用于支持它们发放棚改贷款、重大水利工程贷款、人民币"走出去"项目贷款等。引导金融机构加大对小微企业、"三农"、棚户区改造、扶贫、重大水利工程、地下管廊等重点领域的信贷支持。2016年PSL规模大幅扩张,重点支持棚户区改造、房地产去库存。2019年全年PSL净投放1579亿元,截至2019年12月,PSL余额为3.54万亿元。到2020年2月,抵押补充贷款余额增至35576亿元。

与MLF不同,PSL投放资金具有定向性质,其重点用于政府支持项目,具有准财政性质,是财政与货币政策的重要结合点。

(五) 再贷款

指中央银行对金融机构的贷款,简称再贷款。再贷款无须抵押品,是调控基础货币的渠道之一。中央银行通过适时调整再贷款的总量及利率,吞吐基础货币,促进实现货币信贷总量调控目标,合理引导资金流向和信贷投向。

自1984年中国人民银行专门行使中央银行职能以来,再贷款一直是我国中央银行的重要货币政策工具。近年来,适应金融宏观调控方式由直接调控转向间接调控,再贷款所占基础货币的比重逐步下降,结构和投向发生重要变化。新增再贷款主要用于促进信贷结构调整,引导扩大县域和"三农"信贷投放。再贷款的期限一般为3个月、20天和7天三个档次。对基础货币更具体的影响参见第十章。

【专栏】人民银行创设直达实体经济的货币政策工具

在前期推出3000亿元抗疫(新冠肺炎)专项再贷款和1.5万亿元普惠性再贷款、再贴现基础上,人民银行于2020年6月1日宣布创设普惠小微企业贷款延期支持工具,提供400亿元再贷款资金,通过特定目的工具(SPV)与地方法人银行签订利率互换协议方式提供激励,激励资金约为地方法人银行延期贷款本金的 1%,预计可支持地方法人银行延期贷款本金约 3.7 万亿元。创设普惠小微企业信用贷款支持计划,提供 4 000 亿元再贷款资金,通过 SPV 与符合条件的地方法人银行签订合同方式,按地方法人银行实际发放信用贷款本金的 40% 提供优惠资金,期限 1 年。预计信用贷款支持可带动地方法人银行新发放普惠小微企业信用贷款约 1 万亿元。惠及的小微企业要承诺保持就业岗位基本稳定。

四、间接信用指导

间接信用指导是指中央银行通过道义劝告、窗口指导、信贷政策引导等办法来间接影响商业银行等金融机构行为的做法。目前,世界上许多国家的中央银行都采取间接指导手段来加强金融管理。除美国外,英国的英格兰银行也有运用间接指导手段的传统,它定期或随时与商业银行举行例会,共同商议有关金融事宜。

"窗口指导"是指中央银行根据国家经济政策、产业发展要求、物价趋势以及金融市场状况等,规定商业银行的贷款重点投向和贷款规模,并以劝导的方式来贯彻产业政策的落实。例如,日本的日本银行使用"窗口指导",即对每季度各金融机构增加的贷款额度加以规定,并以此来劝导各金融机构遵守金融政策规定。

间接指导的优点是运用灵活方便,使用范围广。它既可作为一般货币政策工具,用以影响中央银行借款总额、银行信贷规模总量乃至货币供应量的变动,又可作为有选择的货币政策工具,对某些特定政策目标的实现施加影响。比如,在通货膨胀恶化时期,中央银行劝导商业银行和其他金融机构自动限制贷款或提高利率;在房地产和股票投机盛行时,中央银行劝告商业银行抑制其投机性证券放款,而从事正当营业目的的放款;在国际收支出现较大赤字时,中央银行劝告各金融机构减少对外国人放款。

当然,由于间接指导手段缺乏法律约束力,其实施效果好坏取决于各金融机构是否有诚意合作。毕竟,中央银行的说服力来自它的影响力、监督力和资金力量,而不是具有法律意义上强制力的政策规章。因而,间接指导手段其作用是有限的,它只能是其他政策工具的一种有益的补充。

第四节　货币政策传导

中央银行在推行货币政策时一个最大的问题是货币政策往往"奏效"缓慢,也就是说货币政策达到最终的既定目标,对实体经济产生影响,通常需要很长的时间。中央银行通过使用一系列货币政策工具间接影响这些目标,但是如果中央银行等到一年后才知道这些政策对于物价水平与就业率的影响,再对政策进行修改可能已经为时晚矣,错误已经铸成。

因此,这时中央银行的选择就是盯住货币政策工具与最终目标之间的相关变量,它们对于政策的反应较快,便于中央银行对政策的影响做出判断,这些变量我们称为货币政策中介目标(intermediate targets),即实现货币政策目标而选定的中间性或传导性金融变量。利用中介目标的一大好处就是中央银行可以更快地判断政策是否在正确的轨道上,而不必等到政策实施的最后结果出来后才知道。中央银行观测到中介目标变化后,可能会多次对政策工具进行修正,引导其实现预定目标。

一、货币政策的中介目标体系

(一) 操作目标

操作目标(operating target)又称"近期目标",是中央银行通过货币政策工具操作、可以直接作用于完全准确控制的近期观测指标。纵观发达国家中央银行的实践,并结合本章第二节对货币政策规则的讨论,可供选择的操作目标主要有两个:银行准备金和基础货币。

(1) 银行准备金。准备金对于商业银行的资产规模有决定性的作用。中央银行的多种政策工具,包括存款准备金、公开市场操作和再贴现等都是通过影响准备金水平发挥作用的。准备金水平能较为准确地反映市场目前的银根松紧状况,且较易被中央银行控制和进行宏观调控。

(2) 基础货币。是中央银行可以直接控制或直接影响的金融变量,也是存款货币机构派生存款创造的基础,与货币供给量、货币政策的总目标之间均存在较为密切的关系,因此,西方各国中央银行都将基础货币作为操作目标加以控制。

(二) 效果目标

效果目标与货币政策的最终目标较为接近,能够较好体现货币政策执行的最终效果。而且中央银行通过货币政策工具对它们产生的影响是间接的,控制能力较弱,也称为中央银行货币政策的远期目标,主要包括利率水平和货币供应量。

(1) 利率。利率是反映社会经济发展、影响货币需求和货币供给的重要指标,与经济生活关系十分密切。以利率作为中介目标有其优点和缺点。优点是利率能够灵敏地反映经济波动,并且这种波动很容易被中央银行观察到。经济形势较好时,利率因信贷需求增加而上升;经济形势较差时,利率又随信贷需求的减少而下降。利率变动的这些特点,使得中央银行可以随时通过公开市场业务或再贴现政策,调节市场利率的走向;中央银行在任何时候都能观察到市场利率的水平及结构;中央银行还能够通过利率影响投资和消费支出,从而调节总需求和总供给。缺点是利率作为政策变量,往往与总需求同方向变动,即经济过热时利率上升,经济衰退时利率下降。因此,利率变化时,中央银行很难分清楚这是由于内生变量还是外生变量引起的,也就无法判明自己的货币政策操作是否达到预期目标,所以利率作为中介目标,它的准确性降低。

(2) 货币供应量。货币学派极力主张将货币供应量作为中介目标,理由有以下几点:第一,一定时间内货币需求函数是一个稳定的函数,也就是说国民经济发展水平主要受到货币供应量的影响。因此,货币学派认为,货币供给量变动并不直接影响利率,而是直接影响人们的名义收入和名义支出水平,进而影响投资、就业、产出及物价水平。第二,货币供给量能够正确反映货币政策的意向,货币供给量的增加则表明货币政策趋于扩张,而货币供给量的减少则表明货币政策趋于紧缩。第三,中央银行能够控制货币供给量。货币学派认为,在货币供给函数中,货币供给量的变动主要取决于货币制度,其是可由中央银行直接控制的变量。中央银行通过对货币供给量变动率的控制,稳定名义国民收入的波动,确定产量与物价水平。

二、中介目标的选择条件

选择什么变量作为货币政策的中介目标,是决定货币政策有效性的关键环节。中央银行选择中介目标的标准主要有:

(1) 可测性。指中央银行能够对作为中间目标的经济变量加以比较精确的统计。一方面,这些变量具有明确的定义,能够对其加以观察、分析和监测;另一方面,中央银行能够比较迅速地获取这些变量的准确数据,能够及时根据中介目标反映的信息调整决策。

(2) 可控性。指被选做中介目标的经济变量与货币政策工具之间具有密切的、稳定的联系,中央银行能够通过调整政策工具将中介目标控制在预期的范围内。

(3) 相关性。指货币政策的中介目标与最终目标有高度的关联性。只要能将中介目标控制在合意的范围内,就能够基本实现中央银行预先确定的最终目标。

【学习检查】货币政策中介目标

结合上述内容思考,利率作为一个重要的货币政策中介指标,从哪几个角度分析是符合中介目标选择条件的三个特性的?

三、货币政策传导机制

货币政策传导机制是指中央银行运用货币政策工具影响中介指标,进而最终实现既定政策目标的传导途径与作用机理。货币政策传导机制理论在不断发展,各种学派对货币政策的传导机制有不同看法,归纳起来主要有:(1) 传统的利率传导渠道;(2) 其他资产价格渠道;(3) 信贷渠道;(4) 银行风险承担渠道。其中前二者可归结为传统的货币渠道。

(一) 传统的利率传导渠道

利率传导渠道的前提是货币冲力是改变社会总产量或就业量的决定力量,但是货币对产量或就业量的影响不是直接的,而是通过利率渠道的传递作用而实现的。凯恩斯认为有效需求是社会总供给与社会总需求达到均衡的总需求,而社会总产量或者就业量是由有效需求决定的。有效需求由边际消费倾向、资本边际率、偏好三大心理因素决定的消费需求与投资需求所决定。在边际消费倾向因消费增长赶不上收入增长而递减从而消费不足的时候,投资需求就成为弥补总供给与总需求缺口的关键因素。投资需求取决于利率与资本边际效率对比关系,当资本边际效率随着资源稀缺和投资的增加而递减时,利率又成为决定投资需求的关键因素。由于利息是人们放弃流动性偏好的报酬,因此,利息率的高低便取决于人们对货币的流动性偏好程度即货币的需求程度。这样货币、利率、投资、有效需求就被联接成一个有机的整体,构成货币政策传导机制重要变量,利率在其间被赋予了重要的传递中介地位。

利率渠道的传导过程如下:货币供给量 M 相对于货币需求过剩,人们手中货币超过了流动性偏好程度而欲替换成债券资产,债券需求随之增加,其价格相应上涨,债券价格上涨促使利率下降,当利率下降,低于资本边际效率时,就会刺激投资增加,在消费倾向一定的条件下,投资增加通过乘数效应促使需求和产出 Y 增长。具体的传导渠道为:货币政策工具 → M(货币供应)↑ → i(实际利率)↓ → I(投资)↑ → Y(总产出)↑。

从以上分析可知利率在其中起着承上启下的核心作用。货币供应量的调整首先影响利率的变化,然后使投资乃至总支出总收入发生变化,其传导过程很间接、很迂回。而且,利率是否随货币供给量变动,以及变动幅度大不大,决定着货币政策的效率。这一传导机制往往因为两个因素被堵塞:一是投资的利率弹性非常低。此时利率下降而投资变动微弱,从而对总体经济活动无多大影响。二是流动性陷阱,即当利率降至足够低时,任何货币供应量的增加都将被经济单位以现金形式持有,从而对总需求或物价毫无影响。所以这两个因素会降低货币政策的有效性。

(二) 其他资产价格渠道

典型的货币主义者反对以 IS-LM 框架来分析货币政策,他们认为 IS-LM 框架只关注利率和一种资产价格,而不是考虑多种资产价格。资产价格的传导渠道强调货币政策是通过其他多种资产价格和真实财富的变化来影响宏观经济变量的。

(1) 汇率效应。随着全球经济的增长和浮动汇率制度到来,人们开始把注意力放在通过汇率效应实现货币政策的传导机制上来。国内货币供应量的增加会使利率下降,此时与用外币计价的存款相比,国内的本币存款吸引力下降,导致其相对价值下跌,即本币贬值。本币的贬值会造成本国相对于外国商品便宜,因而在一定条件下会增加净出口 NX,进而增加总产出。具体的传导渠道为:货币政策工具 $\to M$(货币供应)↑ $\to i$(实际利率)↓ $\to e$(汇率)↓ $\to NX$(净出口)↑ $\to Y$(总产出)↑。

(2) 托宾 Q 理论。托宾认为资产不仅包括货币和长期债券,还应该包含一切证券。托宾定义的 q 是指企业的市场价值(一般就是指它的股票市值)除以资本的重置成本所得到的值。如果 q 大于 1,相对于企业的市场价值来说,新的厂房设备就比较便宜,企业更有可能购买厂房设备进行投资生产,反之则结果正好相反。他认为货币政策通过影响证券资产价格从而使企业和个人在不同资产之间选择而影响经济活动。他抛开了原有的货币供应量和流通速度的范围,将货币传导分析推广到了整个金融机构,从而将货币部分内生化。具体的传导渠道为:货币政策工具 $\to M$(货币供应)↑ $\to P_s$(股票价格)↑ $\to q$↑ $\to I$(投资)↑ $\to Y$(总产出)↑。

(3) 财富效应。消费支出是由消费者毕生资财所决定的,这种资财由人力资本、实物资本以及金融资产所构成。其中股票是金融资产的重要组成部分,股票价格上升必然导致消费的增加,因此货币政策可以根据股票市场的价格变化来使消费者资产增值从而扩大消费来影响实体经济。具体的传导渠道为:货币政策工具 $\to M$(货币供应)↑ $\to P_s$(股票价格)↑ $\to$ 财富 ↑ $\to$ 消费 ↑ $\to Y$(总产出)↑。

托宾 Q 理论和财富效应传导机制建立在发达资本市场的基础上,货币政策的变化通过作用于资本市场而影响投资和总需求。21 世纪以来我国的资本市场发展迅速,资本市场的传导渠道将会成为货币政策的一条重要渠道。

(三) 信贷渠道

传统的利率传导机制暗含的前提是金融市场是完善的,各种金融资产可以方便地相互替代。货币供给的变化引起利率的改变,从而改变支出。然而,实际中的金融市场是不完善的,存在逆向选择和道德风险等信息不对称的问题。信贷市场上的信息不对称问题产生了两种货币政策传导渠道:一是银行贷款渠道,主要是通过影响银行的贷款行为发挥作用;二是资产负债表渠道,主要通过影响企业和家庭的资产负债表发挥作用,又包括以企业净值为途径的资产负债表渠道、企业的现金流渠道、未预期的价格水平渠道和家庭流动性渠道。

(1) 银行贷款渠道。由于在大多数国家,银行贷款是借款人的主要资金来源,如果出于某种原因导致银行贷款的供给减少,就会使许多依赖于银行贷款的借款人,特别是中小企业不得不花费大量的时间和成本去寻找新的资金来源,因此,银行贷款的减少将增加外源融资溢价和减少实体经济活动。当中央银行实施紧缩性的货币政策后,例如,采用公开市场业务,减少商业银行的头寸,使商业银行可供贷款的资金数量下降,就会限制银行贷款的供给,通过银行借贷渠道使企业减少投资,收缩生产,减少雇员,产生经济紧缩的效应。具体的传导渠道为:货币政策工具 $\to M$(货币供应)↑ $\to D$(银行存款)↑ $\to L$(银行贷款)↑ $\to I$(投资)↑ $\to Y$(总产出)↑。

即当货币扩张时,银行活期存款 D 增加,当银行资产结构不变时,银行贷款 L 相应增加,于是在利率下降、扩大投资的同时,商业银行还会对一些特定的借款人实行信贷放松,这些特定的借款人通常是资信不够高的中小企业和个人;相反,货币紧缩时,即使他们愿意出更高的利率也贷不到款,于是这进一步削减了投资,从而产出下降。

(2) 资产负债表渠道。资产负债表渠道,也称为净财富渠道,由伯南克与格特乐(Bernanke & Gertler)在 1995 年提出。在这种渠道下,货币政策通过影响借款人的授信能力达到放大货币政策影响力的作用。

由于信息的不对称性,贷款人为了防止企业家的逆向选择和道德风险给自己带来损失,就会把借款合同建立于净值之上。若净值较低,缺少借款人为其贷款提供担保品,借款人的逆向选择倾向就会增高,这样净值下降就导致银行对其投资支出贷款下降。净值下降,公司所有者在公司资产中的存量价值也降低了,从而使得公司更加倾向于风险高的投资项目,银行的贷款不能收回的可能性上升。这样净值下降的同时增加了道德风险,道德风险问题同样会降低银行对企业的贷款。若净值较高,则银行面临的逆向选择和道德风险问题就会减弱,从而使得对企业的贷款量增加。在此资产负债表下,货币传导主要是通过影响企业净值来实现的。具体的传导渠道为:货币政策工具 $\to P_s$(股票价格)↑ $\to$ 企业净值↑ $\to$ 逆向选择和道德风险↓ $\to$ 贷款↑ $\to I$(投资)↑ $\to Y$(总产出)↑。

(3) 现金流渠道。在资产负债表渠道下,货币政策不仅可以通过企业净值发挥作用,而且也可以通过企业的现金流传导到实体经济。企业现金流可以表示为企业现金收入和现金支出的差额,很大程度上反映了一个企业的资金状况和企业的经营状况,给贷款人(主要是银行)提供了贷款决策的重要信息。而企业的现金流不仅取决于自身的经营方针和经营状况,同时也与宏观经济状况和政策密切相关。当实行扩张的货币政策时,货币供给的增加使得名义利率水平下降,从增加了企业的现金流,提高了企业资金的流动性,改善了企业的资产负债表。企业状况的改善,不仅增强了企业的负债和偿债能力,而且也减轻了贷款人面临的逆向选择和道德风险问题,从而使得宏观经济中总贷款量增加,投资支出增加,总产出增加。具体的传导渠道为:货币政策工具 $\to i$(名义利率)↓ $\to$ 企业现金流↑ $\to$ 逆向选择和道德风险↓ $\to$ 贷款↑ $\to I$(投资)↑ $\to Y$(总产出)↑。

在现金流渠道中,起重要作用的是名义利率。名义利率的降低可以改善企业的现金流状况,企业现金流是贷款人贷款决策的重要依据,因此名义利率降低,增加了企业的流动性,增加了对企业的贷款,从而企业增加了投资,最终总产出增加。在传统利率渠道中,起重要作用的是实际利率。实际利率是企业投资决策的重要依据,是企业投资的成本,因此实际利率的降低,企业增加了投资,从而使得总产出增加。通过以上分析可以看出,在现金流渠道中,企业处于被动的地位,企业的贷款不仅取决于自己的意愿,而且受到贷款人贷款决策的制约,在此渠道下更侧重企业的融资能力;而在传统利率渠道,企业处于主动地位,企业的投资决策主要取决于企业利率成本的考虑,在此渠道下更侧重企业的投资能力。

总之,这两种渠道的关键差别在于名义利率和实际利率所起作用的方向是不同的。名义利率水平对现金流起着重要的作用;而实际利率水平对投资起着重要的作用。并且由于短期债务的偿付对企业的现金流影响最大,因此在现金流渠道中,短期名义利率水平而不是长期利率水平起着特殊的作用。

(4) 未预期的价格水平渠道。在资产负债表下,货币政策也可以通过影响一般物价水平发挥作用。因为企业的债务往往是以名义的固定利率计息的,未预期的价格水平的上升实际上降低了企业的实际债务负担,但企业资产的实际价值并没有因此降低。因此企业的实际净值实质上是上升的,缓解了贷款人面临的逆向选择和道德风险问题,从而导致投资支出的增加和总产出的上升。具体的传导渠道为:货币政策工具 → 未预期的 $P\uparrow$ → 逆向选择和道德风险 $\downarrow$ → 贷款 $\uparrow$ → $I\uparrow$(投资) → Y(总产出)$\uparrow$。

(5) 家庭流动性渠道。资产负债表传导渠道不仅适用于工商企业的支出,对于消费支出也同样适用,特别是家庭对耐用品和住宅的消费。

由于货币紧缩,使贷款下降,现金流量受到影响,这将直接引起居民对耐用消费品和住房的购买力下降。另外,由于流动性效应的影响,消费者会根据资产负债的情况调整对耐用消费品和住房方面的支出。因为货币紧缩导致家庭资产负债表恶化,从而使消费者更乐意持有更多的流动性金融资产,如存款、股票、债券,而尽量少持有耐用品和住房之类的非流动性资产,从而对实际投资造成打击使产出下降。因为当消费者面临不利的收入冲击时,需要出售手中的资产来筹集资金。此时耐用品和住房之类的非流动资产,不仅很难在短期之内出售,并且往往是以折价的形式出售。但流动性更强的金融资产就可以在市场中迅速成交。流动性资产和非流动性资产的差别只有在消费者面临资金需求时表现得才更加明显,因此消费者对将来遭遇财务困境的可能性的大小决定了其对流动和非流动资产的选择,即影响消费者的资产负债表。

不仅消费者面临的财务困境可能性可以影响资产负债表的状况,而且资产负债表的状况也影响消费者面临的财务困境可能性。例如当消费者所拥有的流动性金融资产较其债务规模较大时,其面临财务困境的可能性就更小,那么消费者就可能购买耐用品和住宅等非流动性资产。在这种情况下,扩张的货币政策使得股票价格上升,金融资产的价值增加,消费者的资产负债表得到改善,面临财务困境的可能性降低,从而进一步增加消费者对耐用品等非流动性资产的需求,需求的增加,从而导致总产出的增加。具体的传导渠道为:货币政策工具 → P_s(股票价格)$\uparrow$ → 居民金融资产价值 $\uparrow$ → 遭遇财务困境的可能性 $\downarrow$ → 对耐用消费品和住宅的支出 $\uparrow$ → Y(总产出)$\uparrow$。

在家庭流动性渠道中,导致支出增加的是消费者的支出意愿,这又取决于消费者的资产负债表状况,即消费者面临的流动性状况;在现金流渠道中,导致支出增加的是贷款人的放款意愿,这又取决于企业的资产负债表状况,即企业面临的流动性状况(现金流状况)。不论是企业还是消费者,其流动性都受到货币政策的影响,这是货币政策在两种渠道中的重要区别。

(四) 银行风险承担渠道

银行风险承担渠道主要是指货币政策通过影响银行的风险偏好或风险容忍度,进而影响银行资产组合、信用风险定价和贷款决策等,最终作用于实体经济。在此过程中,参与主体的价值、收入和现金流机制、追逐收益机制、中央银行的沟通及反应机制和杠杆机制作用机理发挥了重要作用。银行在风险承担渠道和银行贷款渠道中都发挥了重要作用,但两种渠道又存在着十分明显的区别,主要体现在两种渠道对银行影响的侧重点不同。

银行贷款渠道侧重于强调货币政策对商业银行可贷资金量的影响,而风险承担渠道侧重于强调货币政策对商业银行风险偏好的影响。具体来看,在银行贷款渠道中,扩张性货币政策使得商业银行系统可贷资金增加,从而使得商业银行的信贷供应量即贷款增加,作用于实体经济中的消费和投资,最终导致总产出的增加。在此过程中,由信息不对称导致的逆向选择和道德风险都可能对银行的信贷行为和信贷量造成影响,特别是金融危机时期,在各国普遍放松货币政策和商业银行并不缺乏可贷资金的情况下,商业银行的贷款量并没有较大的增加,说明在存在严重的信息不对称问题的情况下,货币政策的银行贷款渠道受阻,货币政策的效果减弱。在风险承担渠道中,解释了为什么在可贷资金充足的情况下,商业银行惜贷的行为。在面临信息不对称问题,特别是金融危机时期,商业银行要权衡贷款面临的收益和风险。在此宏观经济状况和未来的预期下,商业银行的风险偏好较低,因此会提高贷款标准,强化风险控制。从而使得银行的贷款量增加较慢甚至萎缩,货币政策受阻。

总之,银行信贷渠道强调信贷资金的充足性,着眼于货币资金的总量,只要商业银行有信贷资金就会贷给资金需求方,而没有考虑商业银行的决策机制及风险承担意愿;风险承担渠道则强调商业银行的风险偏好及风险承担意愿,从行为主体决策的微观角度来分析商业银行对货币政策的反应。

第五节　货币政策评估

货币政策对经济的影响可能是缓慢的,甚至可能是滞后的。要用好货币政策进行宏观经济调控,必须要充分了解货币政策对经济的作用效果,而这一切都要在一个有效的评估框架内进行,以确保各项评估标准是恰当而全面的。

事实上,我们在第十二章讨论货币与经济的关系时已经涉及了一些有关货币影响的评估问题。本章我们讨论一下实证分析的框架。在构建评估实证分析框架时,我们必须认识到,在经济学和其他学科中,有两种基本类型的实证分析范式:一种是结构模型(structural model),是指先建立一个理论模型,然后通过数据分析一个变量通过什么途径去影响另外的变量,从而揭示前者是否对后者有影响;另一种则是简化模型(reduced-form model),是指通过直接观察两个变量之间的关系,来说明其中一个变量是否对另一个产生影响。

假如我们对吸烟是否会引发肺癌这个问题感兴趣。如果采用结构模型实证分析,就应当先建立一个理论模型,然后利用数据来考察烟草中的物质是如何被人体吸收的,又会怎样影响肺部活动,对肺部活动的影响又是如何导致肺癌的。如果采用简化形式实证分析方法,我们可以直接考察吸烟人群肺癌的发病率是否比非吸烟人群高。

我们使用不同的实证分析模式会得出不同的结论。这一点在有关货币政策对于经济波动重要性的争论中有着充分的体现。

【学习指导】实证分析框架

简化形式实证(reduced-form evidence)，关于实证分析的框架，我们在货币政策中做更加具体的讨论。

（一）结构模型的实证评估

这种模式在针对上文所讨论的货币政策传导的各种渠道分析中经常用到。以货币政策的利率传导渠道为例，如果我们想研究货币量 M 和产出 Y 的关系，需要建立一个结构模型来考察货币供给变动对经济活动的影响。模型通过一系列等式来描述在不同经济部门中企业和消费者的行为，进而揭示经济的运行。这些等式反映了货币政策或财政政策影响总产出水平和支出水平的途径。结构模型包含描述货币政策运行机制的行为等式，在凯恩斯的框架里，投资起到最为重要的作用，可以描述为：

$$M(货币供应)\uparrow \to i(实际利率)\downarrow \to I(投资)\uparrow \to Y(总产出)\uparrow$$

这种方法的优点在于能够帮助我们理解经济是如何运行的。但如果遗漏了重要的传导渠道，也就可能得出错误结论。

（二）简化模型的实证评估

该种模式没有描述货币供应量和总产出之间的影响方式，而是通过直接观察两个变量之间的关系，来考察一个变量是否会对另一个变量产生影响。在分析货币政策效应时，通过观察 Y 的运动是否与 M 的运动之间存在着密切的相关关系（高度相关），来分析货币对经济的影响。在简化的实证分析中，把 M 对 Y 的影响的中间渠道当作看不透的黑箱：

$$M(货币供应)\uparrow \to ?(黑箱) \to Y(总产出)\uparrow$$

这种方法的优点在于我们没有必要弄清楚具体的传导渠道，也就不会犯结构模型实证分析方法的错误。缺点是两个变量相关并不能判断它们之间就存在因果关系，也可能是由某种共同因素所导致。

【学习指导】两种实证分析框架的评价

结构模型的实证评估通过建立模型解释一个变量影响另一个变量的途径，这种方法有三个明显的优点：（1）通过对不同渠道的实证分析，我们能够得到更多关于货币是否会对经济产生影响的实证证据。（2）通过对具体渠道的实证分析，我们能够更加准确地预测货币 M 对产出 Y 的影响。（3）我们也可以分析外生的制度变迁对货币 M 和产出 Y 关系的影响。其缺点在于只有对所有传导机制都充分了解的情况下才是最优的。简化模型的实证评估直接观察两个变量之间的关系，来说明其影响关系。其优点是没有对货币政策影响经济的方式做任何限制。其缺点是当 Y 的变动并非由 M 引起时，也可能会误导性地得出 M 的变动导致 Y 的变动的结论，比如它们之间相互关联的变动可能是由某种共同因素所导致的。

两者之间到底孰优孰劣，并没有一个明确的结论。结构模型的实证评估可以帮助人们了解经济的运行方式；而简化模型的实证评估则可能指出 M 对 Y 的全部影响。在学术界，对于货币政策传导机制也有两个研究方向，一是利用更复杂的货币主义简化形式模型检验货币对于经济活动的影响;二是继续采用结构模型探索货币政策影响的各种渠道。

【知识窗】萨金特和西姆斯(2011年诺贝尔经济学奖获得者)

托马斯·萨金特(Thomas J. Sargent),美国经济学家,与罗伯特·卢卡斯、尼尔·华莱士、罗伯特·巴罗等人同为理性预期革命的重要代表人物,是数篇开创性论文的作者。

1964年毕业于加州大学伯克利分校,1968年获哈佛大学博士学位。20世纪70年代初以来,萨金特一直是理性预期学派的领袖人物,为新古典宏观经济学体系的建立和发展作出杰出贡献,对宏观经济模型中预期的作用、动态经济理论与时间序列分析的关系等方面作出了开创性的工作。

萨金特在宏观经济学的贡献主要包括与卢卡斯、巴罗和华莱士一起开创理性预期学派,研究利率期限结构、古典失业、经济大萧条等重大问题。

克里斯托弗·西姆斯(Christopher A. Sims)1963年在哈佛大学获得数学学士学位后去加州大学伯克利分校读了一年研究生,然后回到哈佛大学继续学习,获得经济学博士学位。西姆斯创立了向量自回归方法,用以分析经济如何受到经济政策暂时性变化和其他因素的影响。

虽然萨金特和西姆斯都是独立做出其研究,但他们的贡献在几个方面是互补的,其创立的方法已被世界各国研究者和政策制定者采用,如今已成为宏观经济分析的基本工具。

 ## 小结

1. 货币政策通常由中央银行制定和实施。
2. 货币政策的最终目标,基本上就是宏观经济管理的目标,通常包括物价稳定、充分就业、经济增长和国际收支平衡四个方面,而最终目标之间往往存在冲突和矛盾。
3. 货币政策规则是指中央银行基于宏观经济和金融调控的要求,运用货币政策工具和手段,来有效达到或实现货币政策目标的准则,主要包括货币数量规则、泰勒规则、麦科勒姆规则、利率走廊机制和通货膨胀目标制等。
4. 货币政策工具是中央银行为实现货币政策目标而使用的各种策略手段。每种货币政策工具各有其特点和适用条件,必须根据其政策目标的要求、经济体制和经济运行的客观条件有针对性地选择使用。货币政策工具可分为一般性政策工具、选择性政策工具、货币市场流动性管理工具和间接信用指导四类。

5. 货币政策的成效有赖于货币政策的传导机制最终作用于实体经济,货币传导渠道主要包括传统的利率传导渠道、其他资产价格渠道、信贷渠道和银行风险承担渠道。其他资产价格渠道又包括汇率效应渠道、托宾Q理论渠道和财富效应渠道;信贷渠道又包括银行贷款渠道和资产负债表渠道这两类,而现金流渠道、未预期的价格水平渠道和家庭流动性渠道都属于资产负债表渠道。

6. 通过构建合理的分析框架,采用实证模型评估货币政策对实体经济的影响是考察货币政策效果的主要方式。

关键词

货币政策;最终目标;中介目标;操作目标;效果目标;菲利普斯曲线;奥肯定律;货币政策规则;货币数量规则;泰勒规则;麦科勒姆规则;利率走廊机制;对称式利率走廊;非对称式利率走廊;通货膨胀目标制;一般性货币政策工具;再贴现政策;存款准备金政策;公开市场操作;再贴现政策;选择性货币工具;证券市场信用控制;消费信用控制;房地产信用控制;优惠利率;预缴进口保证金;货币市场流动性管理;常备借贷便利(SLF);中期借款便利(MLF);抵押补充贷款(PSL);短期流动性调节(SLO);再贷款;间接信用指导;利率传导渠道;汇率效应;托宾Q理论;信贷渠道;财富效应;银行贷款渠道;资产负债表渠道;现金流渠道;未预期的价格水平渠道;家庭流动性渠道;银行风险承担渠道;结构模型实证分析;简化形式实证分析

课后习题

1. 中央银行货币政策的最终目标有哪些?这些目标之间存在着怎样的冲突?如何协调?
2. 货币政策规则有哪些?
3. 简述利率走廊机制的原理以及不同利率走廊机制的国际实践。
4. 简述通货膨胀目标制的主要内容和在新西兰的实践。
5. 货币政策工具有哪些?有哪些特点?
6. 简述货币政策的中介目标体系。
7. 比较各种不同的货币传导渠道。

第十四章 危机与监管

导 读

货币银行领域还存在一直困扰各国政府乃至国际金融组织的极端情形：货币危机和银行危机。2016年的英国脱欧事件牵动全球金融市场，你或许并不陌生。其实大大小小的危机在历史舞台上曾不断上演：无论是1997年的亚洲货币危机，还是2008年的美国次贷危机，抑或是2009年引爆的欧债危机，其背后都暗含着金融制度的漏洞。因此有必要不断完善金融监管制度。或许你知道金融安全网却又一知半解，本章将围绕危机与监管娓娓道来，为你答疑解惑。

第一节 货币危机

货币危机的概念有狭义、广义之分。狭义的货币危机与特定的汇率制度（通常是固定货币汇率制）相对应，其含义是，实行固定汇率制的国家，在非常被动的情况下（如经济基本面恶化，或遭遇强大的投机攻击），对本国的汇率制度进行调整，转而实行由市场决定的浮动汇率制。当由市场决定的汇率水平远远高于原先所刻意维护的水平（即官方汇率），且货币当局已无法进行有效调控时，货币危机便随之爆发。广义的货币危机泛指汇率的变动幅度超出了一国可承受的范围。

一、主要原因

在全球化时代，国民经济与国际经济的联系日益密切，汇率作为平衡这一关系的最重要"纽带"，其角色不容小觑。因此，如何选择合适的汇率制度，实施相配套的经济政策，已成为经济开放条件下，决策者必须考虑的重要课题。

随着市场经济的发展与全球化的加速，经济增长的停滞已不再是导致货币危机的主要原因。经济学家的大量研究表明：定值过高的汇率、经常项目巨额赤字、出口下降和经济活动放缓等都是发生货币危机的先兆。就实际运行来看，货币危机通常由经济泡沫破灭、银行呆坏账增多、国际收支严重失衡、外债过于庞大、财政危机、政治动荡、对政府的不信任等引发。

(一) 汇率政策不当

众多经济学家普遍认同这样一个结论：固定汇率制在国际资本大规模、快速流动的条件下是不可行的。虽然理论上固定汇率制可以降低汇率波动的不确定性，但现实是自20世纪90年代以来，货币危机常常发生在那些实行固定汇率的国家，比如巴西、哥伦比亚、韩国、俄罗斯、泰国和土耳其等。这些国家大多是由于金融危机的爆发而被迫放弃固定汇率，进一步来看，汇率的调整往往伴随着自信心的丧失、金融系统的恶化、经济增长的放慢以及政局的动荡。当然也有一些国家从固定汇率制成功转轨到浮动汇率制，如波兰、以色列、智利和新加坡等。

(二) 外汇储备不足

研究表明，发展中国家保持的理想外汇储备额是"足以抵付三个月进口"。由于汇率政策不当，长期锁定某一主要货币将导致本币币值高估，竞争力降低。货币危机发生前夕，往往出现经常项目顺差持续减少，甚至出现巨额逆差。当国外投资者意识到投资国"资不抵债"（外汇储备不足以偿还所欠外债）时，清偿危机会随之出现。在其他众多不稳定因素诱导下，极易引发撤资行为，从而导致货币危机。以拉美国家为例，拉美等地发生的货币危机主要是由于经常项目逆差导致外汇储备减少而无法偿还对外债务造成的。如阿根廷公共债务总额占国内生产总值的比重2001年底为54%，受阿比索贬值的影响，2002年年底已上升到123%。2003年阿根廷需要偿还债务本息达296.14亿美元，相当于中央银行持有的外汇储备的2.9倍。

(三) 银行系统脆弱

在包括东欧在内的大部分新兴市场国家，货币危机的一个可靠先兆是银行危机。银行业的最大弱点就是在国家经济衰退时易于引起或是加剧货币危机的发生。在许多发展中国家，银行收入过分集中于债款收益，但又缺乏对风险的预测能力。资本不足而又没有受到严格监管的银行向国外大肆借取贷款，再贷给国内成问题的项目，由于币种不相配（银行借的往往是美元，贷出去的通常是本币）和期限不相配（银行借的通常是短期资金，贷出的往往是历时数年的建设项目），因此累积的呆坏账越来越多。如东南亚金融危机爆发前5～10年，马来西亚、印度尼西亚、菲律宾和泰国信贷市场的年增长率均在20%～30%，远远超过了工商业的增长速度，也超过了储蓄的增长，从而迫使许多银行向国外举债。由此形成的经济泡沫越来越大，银行系统也就越发脆弱。这部分内容将在下一节具体展开。

(四) 金融市场开放过快

许多研究材料表明：一些拉美、东南亚、东欧等新兴市场国家过快开放金融市场，尤其是过早取消对资本的控制，是导致货币危机发生的主要原因。金融市场开放会引发大规模资本流入，在固定汇率制下导致实际汇率升值，极易扭曲国内经济；而当国际或国内经济出现风吹草动时，则会在短期内引起大规模资本外逃，导致货币急剧贬值，由此不可避免地爆发货币危机。据统计，在还没有做好充分准备就匆匆开放金融市场的国家已有3/5发生过金融危机，墨西哥、泰国都是比较经典的例子。

【案例研究】捷克盛衰史

在转型经济国家中，捷克本是一个典型的案例。1992年年底，捷克经济出现复苏迹象，物价稳定,财政盈余,外国直接投资增加,国际收支状况良好。然而,为加入经合组织,捷克加快了资本项目开放步伐。1995年10月生效的新《外汇法》规定了在经常项目下的完全可兑换和在资本项目下的部分可兑换,接受了国际货币基金组织第八条款义务。由于银行体系脆弱和有效监管缺乏,1997年年底大量短期外资外流,最终引爆了货币与金融危机。

(五) 外债负担沉重

泰国、阿根廷以及俄罗斯的货币危机,就与所欠外债规模巨大且结构不合理紧密相关。俄罗斯从1991—1997年起共吸入外资237.5亿美元,但在外资总额中,直接投资只占30%左右,短期资本投资约70%。由于俄金融市场的建构和发展一直是以债市为中心,债市的主体又是自1993年后由财政部发行的期限在1年以内的短期国债(80%是3～4个月),这种投资的短期性和高度的对外开放性,使俄债市的稳定性偏弱,因而往往成为市场动荡的起源。在危机爆发的1997年10月,外资已掌握了股市交易的60%～70%,国债交易的30%～40%。1998年7月中旬以后,最终使俄财政部发布"8.17联合声明",宣布"停止1999年年底前到期国债的交易和偿付",债市的实际崩溃,迅即掀起股市的抛售狂潮,从债市、股市撤离的资金纷纷涌向汇市,造成外汇供求关系的严重失衡,直接引发卢布危机。

(六) 财政赤字严重

在发生货币危机的国家中,或多或少都存在财政赤字问题,赤字越庞大,发生货币危机的可能性也就越大。财政危机直接引发债市崩溃,进而导致货币危机。

(七) 政府信任危机

民众及投资者对政府的信任是金融稳定的前提,同时赢得民众及投资者的支持,是政府有效防范、应对金融危机的基础。墨西哥比索危机很大程度上归咎于其政治上的脆弱性;加剧东南亚国家金融危机的一个重要原因是政治腐败,"裙带资本主义(cronycapitalism)"不断滋生"内部交易",长此以往,造成外国投资者和民众对政府产生严重的信任危机;1998年5月至6月间的俄罗斯金融危机的主要诱因也是国内"信任危机"。

【案例研究】墨西哥比索危机

墨西哥比索危机很大程度上归咎于其政治上的脆弱性。1994年1月1日,恰帕斯州(Chiapas)爆发了农民起义。3月23日,革命制度党总统候选人科洛西奥(Colosio)在北部城市蒂华纳(Tijuana)进行竞选时遇刺身亡。这位有望成为墨西哥新总统的政治家当时任社会发展部部长,曾任革命制度党全国执行委员会主席。他是墨西哥几十年来第一个被谋杀的总统候选人。因此,这一事件不仅使墨西哥大选形势蒙上了阴影,而且还使投资者对这个国家的政局是否稳定产生了疑虑。9月28日,革命制度党总书记、党内第二号人物何塞·弗朗西斯科·鲁伊斯·马谢乌也被人暗杀,毫无疑问,暗杀事件加剧了投资者撤离的恐慌情绪。新政府上台后在经济政策上的犹豫不决,使外国投资者认为墨西哥可能不会认真对待其政府开支与国际收支问题,于是信任危机引起了金融危机。

(八) 经济基础薄弱

强大的制造业、合理的产业结构是防止金融动荡的坚实基础。产业结构的严重缺陷是造成许多国家经济危机的原因之一。如阿根廷一直存在着严重的结构性问题。20世纪90年代虽实行了新自由主义改革,但产业结构调整滞后,农牧产品的出口占总出口的60%,而制造业出口只占10%左右。在国际市场初级产品价格走低及一些国家增加对阿根廷农产品壁垒之后,阿根廷丧失了竞争优势,出口受挫。再如,东南亚金融危机前夕,泰国、印尼等国产业长期停留在劳动密集的加工制造业,在中国大陆与东欧转型国家的竞争下,逐渐失去原有的价格优势,出口不断下降,外汇收入持续减少。俄罗斯的卢布危机也是因为产业结构存在严重问题,经济复苏与出口创汇过多依赖石油生产与外销,国际油价下跌,外汇收入减少,还债能力被大大削弱。

(九)危机跨国传播

由于贸易自由化、区域一体化,特别是资本跨国流动的便利化,一国发生货币风潮极易引起邻近国家的金融市场发生动荡,这在新兴市场尤为明显。泰国之于东亚,俄罗斯之于东欧,墨西哥、巴西之于拉美等反复印证了这一"多米诺骨牌效应"。尽管危机通常只在一个新兴市场出现,但因惊慌而失去理智的投资者往往将资金从所有新兴市场撤出。这是因为:一方面,投资者担心其他投资者会抛售证券,如果不捷足先登必将最终殃及自己,因此投资者作出抛售决定是理智的选择;另一方面,如果投资者在一国资产(如俄罗斯债券)上出现亏空,他们会通过在其他新兴市场出售类似的资产(比如说巴西债券)来弥补整个资产的亏损。这对于单个投资者来说是完全正常的。然而,从整体上看,众多投资者撤资会造成了一种不理智的结果,势必将相关国家置于金融危机的险境。

【案例研究】三个实证

例1 1997年的泰铢风波。它的严重性表现在两方面:从国内来看,泰铢危机的持续恶化势必要求泰国政府在短期内必须采取一系列紧缩措施来加以遏制,泰国经济将要在短期内面临一系列紧缩措施,加税、物价控制、收缩银根等手段都将启用,已降低的经济增长率还要进一步降低;从国际来看,泰铢风波传至邻国马来西亚、印度尼西亚和菲律宾等地,这些国家皆出现股市汇价双跌的局势,且历时已过两月。比较六月底对美元汇率水平,九月初,泰铢跌逾36(跌幅为33%),马来西亚林吉特跌至2.94(跌幅为17%),菲律宾比索达31.70(跌幅为20%),印度尼西亚盾过3 000(跌幅近24%)。一石激起千层浪,波及泰国内外经济的方方面面。

例2 1992年秋英镑与欧洲汇率机制的基准汇率受到投机性攻击时,相伴随的还有意大利里拉。在史称"黑色星期三"的当年9月15日,英镑与里拉双双退出了欧洲汇率机制。随后,仍留在欧洲汇率机制内的爱尔兰镑和法国法郎等都遭到攻击,汇率发生急剧波动。

例3 1994年年底墨西哥比索大幅贬值时,南美的阿根廷、巴西及东南亚的菲律宾等国货币对美元汇率发生强烈波动。稍后,远在非洲之角的南非也出现了汇率动荡。

(十)基金组织政策不当

国际货币基金组织(IMF)的存在造成或者至少是加剧了金融危机。20世纪80年代至90年代,IMF等国际金融机构依据与美国财政部达成的"华盛顿共识(Washington Consensus)",

向遇到危机、等待救援的国家硬性推出"财政紧缩、私有化、自由市场和自由贸易"三大政策建议。原世界银行的首席经济学家、诺贝尔经济学奖获得者约瑟夫·斯蒂格利茨（Joseph Stiglitz）,著名经济学家、"休克疗法"的创始人、哈佛大学教授杰弗里·萨克斯（Sax Geoffrey）等,猛烈抨击IMF的"华盛顿共识",认为IMF造成的问题远比解决的问题要多,该组织迫使受危机打击的国家提高利率,从而加深了衰退,使情况变得更加严重,由此导致一些国家的经济崩溃和社会动荡。"华盛顿共识"倡导的是一个"各国政府被跨国公司和金融集团的决定压倒"的经济全球化进程。对IMF更深刻的批评还包括认为IMF的救援行动会引起道德风险,即对陷入危机国家的救助,会引起投资者和一些国家不理智的行为,因为他们相信在遇到麻烦时总会得到国际救助。

综上所述,20世纪90年代国际金融危机频频发生,先后肆虐于西欧（1992—1993年）、墨西哥（1994—1995年）、东亚（1997—1998年）、俄罗斯（1998年）、巴西（1999年）、土耳其（2001年）、阿根廷（2001—2002年）等国家或地区。大多数遭受危机侵袭的国家几乎走过了同样的道路,最后尝到了同样的苦果。这一历程可概括为:固定汇率—快速增长—币值高估—财政赤字不断增加、国际收支持续恶化—货币贬值、金融危机、经济直至社会危机—全面衰退—被迫作休克性调整,最后接踵而来的是一个十分痛苦漫长的恢复期。

【学习检查】 选择上述列示国家或地区中的一个,查阅相关资料,阐述其货币危机的发生历程。

【扩展延伸】 货币危机是怎样传染的?

货币危机在国际社会中的扩散现象被称为"传染效应"（contagion effect）。

下面,我们来解释一下货币危机如何通过"传染效应"冲击国际金融市场,而导致金融危机的:

第一,汇率总是关系到两个以上经济的事情。一国货币对外贬值后,比如说对美元贬值,该国商品的对外价格竞争力就增大了,在国际市场中竞争对手国便处于不利位置。后者若想改善自身处境,随之也会促使本国货币贬值。

第二,在国际货币市场中投资者是有分析头脑的,并了解各国经济信息;一旦看到某国发生货币危机,他们会联想到具有类似宏观经济状况的国家,从这些国家撤出资金,以防不测;结果,他们的撤资行为真的导致了货币危机的扩散。

第三,一国发生货币危机时,必有一些机构投资者和国际公司遭受损失,或至少使它们的资产流动性受到影响;为抵消这种影响,它们会在别国他处的市场上抽出资金,即抛售当地货币,换取高流动性的国际货币;其结果跟第二种行为一样,导致更多的货币市场出现动荡。

当整个区域内货币币值出现幅度较大的贬值,人们将更加悲观地预期经济未来,经济总量与经济规模就会出现较大的损失,经济增长受到打击,当中将伴随着企业大量倒闭,失业率提高,社会普遍的经济萧条,甚至有些时候伴随着社会动荡或国家政治层面的动荡。这就是货币危机冲击国际金融市场,导致金融危机的过程。

结论:货币危机是金融危机爆发的助动力。

二、风险防范

就历史经验来看,货币危机的爆发,通常都经过相当长一段时间的能量积蓄,最后由某一个或几个因素引爆。综合国外的经验教训,应对货币危机的防范措施主要有以下几种。

(一) 适时调整汇率

预防货币危机的第一条措施就是建立与本国经济发展状况相适应的汇率制度。经济学家们越来越倾向:发展中国家应确立起相对稳定、适时调整的汇率制度。相对稳定便于贸易与投资,减少相关汇率风险;适时调整是要避免币值高估或低估,以免给货币投机留下可乘之机。有条件的经济大国应当使汇率更加灵活,以减少国际金融市场的动荡对国内金融市场与当局货币政策的影响。问题的关键是,在实施某一种汇率制度的过程中,必须采取相应配套措施,以便使该汇率制度在适宜的环境中运行。欧洲货币体系在1979—1983年间,每7个月调整一次。1983—1987年,每18个月调整一次。而在1987—1992年这段时期,没有做过任何汇率调整,实际已变为一种固定机制,事实证明这种机制使欧洲无法应对德国统一带来的利率上升的冲击。一般来说,货币贬值在短期内可以带来好处,但会延缓产业结构的升级,因此从长期来看,不利于一国竞争力的提高。新加坡根据市场供求,通过有步骤地推进货币升值政策,不断实现产业升级,从而增强长期竞争力。

(二) 适度储备规模

就货币危机国家(地区)来看,货币危机的最终生成与当局外汇储备不足紧密相关,而新加坡、中国香港等国家(地区)能成功击退投机者的攻击,最后主要依靠的是雄厚的外汇储备。但是,外汇储备并非越多越好。外汇储备迅速增加,会改变该国基础货币的投放结构,削弱央行对货币供应量的控制,增大本币的升值压力;同时,在国际储备货币币值剧烈变动之下,随着外汇储备的增加,维护外汇储备安全的成本就越来越大。因此,应根据一国的进口、外债以及干预市场等支付需要,确定适度的外汇储备规模。

(三) 健全金融体制

健全的金融体制要依靠:企业具备充分的财务管理能力,良好的财务结构,使资产与负债的比率保持合理的水平;具有足够的风险管理能力和竞争能力的金融机构;符合国际标准的会计制度、信息公开制度;建立在市场竞争机制基础上的银企关系;有效监督机构尤其是独立的中央银行,以避免因为政治需要而影响央行的正确决策。金融体系是构筑在信用基础之上的,信用的丧失会动摇金融稳定的基础。为降低东亚金融危机的冲击,新加坡迅速采取的对策是提高对金融体系的信任,增加金融机构经营的透明度,积极放宽对金融市场限制,下调最低现金比率等,提高银行部门竞争力。

(四) 谨慎开放市场

根据国际经验,实现资本项目可兑换,需要较长的准备时间,即便如法国、意大利、日本等发达国家,也是在实现经常项目可兑换的20多年之后,才完全取消资本项目的管制。放宽对资本账户的限制应当有序实施,首先放宽对长期资本流入的限制,然后随着银行和其他金融机构管理能力的增强,再逐步放宽对短期资本流入的限制。墨西哥与泰国的教训表明:急于求成将导致灾难性的货币危机。

发展中国家全面开放金融市场时,至少应具备以下条件:比较成熟的国内市场;比较完善的法规制度;熟练的专业技术人员;比较丰富的管理经验;有效的政府管理机构和灵活机动的应变机制;与金融开放相适应的市场经济体制和发展规划;一定的经济实力,包括适宜的增长速度、足够的国际储备、充分的支付能力、有效的融通手段和能力等。

(五) 有效控制利用外资

有效控制短期资本流入是防范货币危机的有效措施之一。在新兴市场控制短期资本流入方面,智利可堪称典范,主要措施有:外资的投资期限不得少于一年;数额超过10万美元时,要求缴存10%的无偿准备金[实际类似于"托宾税(Tobin Tax)"];外资在智利的投资,需将引入资金的30%存入央行一年,且不计利息;对国内公司在海外发行债券,要求平均期限不得短于4年;国内银行的外汇敞口不大于银行资本与准备金的20%等。智利的上述措施较好地控制了通过资本账户流入境内的资金净额与流入结构,特别是短期投机资金的流入,使流入资金中直接投资占较大比重,因此多次成功抵御金融危机的"传染效应"。对于引进的外资,应导向生产而不是消费领域,形成多样化的、有效的出口生产能力。

【知识窗】托宾税

托宾税是指对现货外汇交易课征全球统一的交易税。这一税种是美国经济学家托宾(Tobin)在1972年的普林斯顿大学演讲中首次提出的,他建议"往飞速运转的国际金融市场这一车轮中掷些沙子"。该税种的提出主要是为了缓解国际资金流动尤其是短期投机性资金流动规模急剧膨胀造成的汇率不稳定。托宾税的特征是单一税率和全球性。

(六) 控制举借外债

在全球化时代,积极地举借外债已成为发展中国家决策者的一个明智选择。然而,过度依赖外资是引发新兴市场货币危机的重要原因。因此,外资在国内总投资所占比重要适度,利用外资要与国家的对外支付手段和融资能力相适应。

(七) 稳健财政体制

阿根廷、俄罗斯等国的货币危机表明,庞大的财政赤字同样具有极大的危害性,这是因为:其一,由于央行缺乏独立性,政府通过行政力量直接向银行举债,这不仅影响了银行的稳健经营,而且易于引发通货膨胀;其二,由于政府的巨额资金需求,导致市场利率上扬,私人部门筹措资金的成本居高不下;其三,政府为增加财政收入而向企业征收五花八门的税收,增加企业负担。

【他山之石】《稳定与增长公约》

《稳定与增长公约》(Stability and Growth Pact)是为了保证欧元的稳定,防止欧元区通货膨胀而制定的。1997年6月17日在阿姆斯特丹首脑会议上通过的欧盟《稳定与增长公约》规定,欧元区各国政府的财政赤字不得超过当年国内生产总值(GDP)的3%、公共债务不得超过GDP的60%。按照该公约,一国财政赤字若连续3年超过该国GDP的3%,该国将被处以最高相当于其GDP之0.5%的罚款。

严重财政赤字的危害被越来越多的国家所重视,最突出的要算是不断扩展与深化的欧

洲货币联盟,欧盟的《稳定与增长公约》规定,凡是准备或业已加入欧元的国家,其年度财政赤字不得超过其GDP的3%。欧盟的这一硬性标准被经济学家们普遍用来衡量一国经济与金融安全的警戒线。

(八) 保持区域金融稳定

全球化下金融危机爆发的一个重要特征是区域性,一国发生货币危机,邻近国家非常容易遭受池鱼之殃。欧洲货币危机、东南亚金融危机以及新近的"南方共同市场(MERCOSUR)"发生的危机等都是如此。相反,欧洲货币危机、墨西哥比索危机之所以能够很快得以平息,是因为德国与美国这两大经济强国起着重要的稳定作用。

(九) 建立风险转移机制

其一,建立存款保险制度。西方国家普遍建立的存款保险制度,为稳定金融体系提供一道安全屏障。泡沫经济破灭后本是十分虚弱的日本金融机构,经过东亚金融危机的冲击已是岌岌可危。日本政府通过向存款保险公司提供特别融资,有效遏制了危机在国内的蔓延和肆虐,避免了对社会和经济造成更大的冲击。这一点将在第七节中展开探讨。

其二,建立不良债权的担保抵押机构,降低金融机构坏账。为应对20世纪80年代发生的金融危机,美国建立不良债权担保抵押机构,实现应收账款债券化。储蓄贷款协会(Savings and Loans Associations)通过将应收账款以适当的贴现率兑付给应收账款购买机构,或者以此为抵押发行定期可流通债券,进而置换出资金,转移了风险。

(十) 夯实经济政治基础

货币是一个国家综合国力的象征,无严重政党纷争、廉洁高效的政府、完善的社会保障体系等政治与社会稳定是实现经济稳定、持续增长的基本条件,是实现货币稳定的重要前提。具体来看,这要求我们:其一,优化产业结构,使出口多元化,并不断提高劳动生产率,提高企业及其产品在国际市场上的竞争力。其二,促进和扩大内需。发展中国家政府不能过分依赖国外(主要是西方)消费需求的旺盛来拉动本国经济,应更多地依靠国内需求来促进经济的增长,为此要适当抑制超额储蓄,鼓励居民扩大消费,要不断增加基础设施和其他公共开支项目,健全金融体系,使居民储蓄有效转化为国内投资,促进经济增长。与此同时,要防止持续大规模投资引起经济过热,产生经济泡沫。其三,确保政治与社会稳定。

【扩展延伸】亚洲基础设施投资银行

亚洲基础设施投资银行(Asian Infrastructure Investment Bank,简称亚投行,AIIB)是一个政府间性质的亚洲区域多边开发机构,重点支持基础设施建设,成立宗旨在促进亚洲区域的建设互联互通化和经济一体化的进程,并且加强中国及其他亚洲国家和地区的合作。总部设在北京。亚投行法定资本1000亿美元。

创立背景

亚洲经济占全球经济总量的1/3,是当今世界最具经济活力和增长潜力的地区,拥有全球六成人口。但因建设资金有限,一些国家铁路、公路、桥梁、港口、机场和通信等基础建设严重不足,这在一定程度上限制了该区域的经济发展。

各国要想维持现有经济增长水平,内部基础设施投资至少需要8万亿美元,平均每年需投资8000亿美元。8千亿美元中,68%用于新增基础设施的投资,32%是维护或维修现有基础设施所需资金。现有的多边机构并不能提供如此巨额的资金,亚洲开发银行和世界银行也仅有 2 230 亿美元,两家银行每年能够提供给亚洲国家的资金大概只有区区 200 亿美元,都没有办法满足这个资金的需求。由于基础设施投资的资金需求量大、实施的周期很长、收入流不确定等因素,私人部门大量投资于基础设施的项目是有难度的。

另一方面,中国已成为世界第三大对外投资国,中国对外投资 2012 年同比增长 17.6%,创下了 878 亿美元的新高。而且,经过 30 多年的发展和积累,中国在基础设施装备制造方面已经形成完整的产业链,同时在公路、桥梁、隧道、铁路等方面的工程建造能力在世界上也已经是首屈一指。中国基础设施建设的相关产业期望更快地走向国际。但亚洲经济体之间难以利用各自所具备的高额资本存量优势,缺乏有效的多边合作机制,缺乏把资本转化为基础设施建设的投资。

倡议

2013 年 10 月 2 日,中华人民共和国主席习近平在雅加达(Jakarta)同印度尼西亚总统苏西洛(Susilo)举行会谈,习近平倡议筹建亚洲基础设施投资银行,促进本地区互联互通建设和经济一体化进程,向包括东盟国家在内的本地区发展中国家基础设施建设提供资金支持。新的亚洲基础设施投资银行将同域外现有多边开发银行合作,相互补充,共同促进亚洲经济持续稳定发展。苏西洛对中方倡议筹建亚洲基础设施投资银行作出了积极回应。同月,中华人民共和国国务院总理李克强出访东南亚时,紧接着再向东南亚国家提出筹建亚投行的倡议。

正式成立

截至 2015 年 12 月 25 日,包括缅甸、新加坡、文莱、澳大利亚、中国、蒙古、奥地利、英国、新西兰、卢森堡、韩国、格鲁吉亚、荷兰、德国、挪威、巴基斯坦、约旦等在内的 17 个意向创始成员国(股份总和占比 50.1%)已批准《亚洲基础设施投资银行协定》(以下简称《协定》)并提交批准书,从而达到《协定》规定的生效条件,即至少有 10 个签署方批准且签署方初始认缴股本总额不少于总认缴股本的 50%,亚洲基础设施投资银行正式成立。

第二节 银行危机

银行危机是指银行过度涉足或从事高风险行业,从而导致资产负债严重失衡,呆账负担过重,并最终破产倒闭的危机。其中以银行挤兑和银行业危机最为关键。

一、银行危机类型

银行危机根据不同的判断标准可以划分为以下三种类型:第一,按危机的性质可分为银行体系危机和单个银行危机;第二,按危机的起因可分为内生性银行危机和外生性银行危机;第三,按危机的程度可分为以流动性紧张为特征的银行危机及以丧失清偿力为特征的银行危机,在大多数发展中国家,银行危机的爆发往往是以前一种形式出现的。

同时,银行危机在形式可分为以下三种:(1) 银行挤兑(bank run):存款人担心银行失去清偿力而同时提取存款;(2)银行业恐慌(banking panic):众多银行同时遭遇挤兑;(3)系统性银行危机(systemic banking crises),大量的银行倒闭使得其无法有效履行中介功能,系统的资本消耗殆尽且亟待政府的救助。

这里所指的银行是指除中央银行、各种保险公司、各种类型的基金以外的金融中介机构,其核心部分是商业银行。有关银行业危机的界定,目前有很多种:在英语中,一家银行或多家银行的危机一般用"bank failure"或"bank failures"来描述,银行业的危机方用"banking crisis"。

【案例研究】1907年大恐慌始末

1907年恐慌[又称1907年大恐慌(Great banking panic of 1907)、1907年银行危机、1907年金融危机],是指于1907年在美国发生的金融危机,当时纽约证券交易所(New York Stock Exchange)从前一年的高峰期,下跌了接近百分之五十。"1907年恐慌"在美国经济衰退的时候发生,当时有很多银行和信托公司被挤兑。这次恐慌最终蔓延至全美各地,多家银行和企业破产。挤提的主要原因包括:一些纽约银行的市场流通性收缩、存户对银行失去信心和美国缺乏法定最后贷款人。

1907年10月,美国铜业公司(The United States Copper Company)股票操纵失败案引发危机,贷款给这次操纵市场的银行被挤提。其后,挤提更蔓延到其他相关的银行和信托公司;一个星期之后,纽约市的第三大信托公司——"尼克伯克信托投资公司(Nick Burke Trust Investment Company)"因此倒闭。"尼克伯克信托投资公司"的倒闭令恐慌蔓延至整个纽约市的信托公司,因为区域银行自纽约市的银行提取储备。由于大量存款人在区域银行提款,恐慌扩大到全国各地。

如果没有J·P·摩根(J.P. Morgan)的干预,这次恐慌可能影响更深远。摩根押上大笔自己的资金,并说服其他纽约银行家也这样做以加强银行体系。到11月时,金融危机已基本停止扩散,但一家大经纪公司使用"田纳西煤炭、钢铁和铁路公司"(TC&I)的股票作为抵押,借大笔债项使危机进一步出现。TC&I的股票价格因反垄断的罗斯福总统批准紧急收购才避免了大幅下泻、崩盘。次年,美国参议员尼尔森·欧德里奇(Nelson Odehrich)建立并亲自主持一个委员会调查这一次的危机;并提出今后的解决方案,从而建立了联邦储备系统。

二、银行挤兑

大量的银行客户由于受到金融危机的恐慌等情绪的影响,同时到银行提取现金,导致银行的存款准备金不足以支付,该情况被称为银行挤兑(bank run)。

银行挤兑发生时,大量银行客户提取存款,客户相信银行可能倒闭。随着越来越多的人收回自己的存款,增加了违约的可能性,促使更多人提取款,从而导致银行面临破产。

从上述分析中可以看出,银行挤兑现象的产生与银行的资金来源、投资方向等方面有相当大的关系。所以,资金来源的多元化、投资的适当分散、良好的经营业绩和相当比例的备用金是银行预防挤兑的关键;否则,一旦经济有些许动荡或者是动荡的传闻,银行很容易在挤兑下破产。银行一旦破产损失最严重的还是储户,从而极其容易引起社会动荡。银行挤兑的客观原因在于银行经营中的不良资产损失,主观原因在于储户对银行信心的动摇。挤兑具有非线性扩张的特性,其对经济发展和稳定的危害是严重的。

【学习检查】试分别说明银行挤兑对金融系统和经济运行的影响。

【史海拾贝】历史上的银行挤兑事件

1994年年初,成千上万的客户从西班牙银行Banesto Bank提取存款。Banesto Bank是由西班牙的银行控制,1 450 000万比塞塔(2 704亿欧元)存款从银行流出。

1999年,银行挤兑发生在马来西亚的马来西亚国家银行(Bank Negara Malaysia)(马来西亚中央银行),在这段时间内采取控制医疗保险基金的财务Berhad公司,是马来西亚最大的金融公司。许多金融公司多达120家分行面临挤兑,它们的存款总额约17亿林吉特(Ringgit)(4.49亿美元)。

2001年,阿根廷经济危机期间(1999—2002年),阿根廷发生银行挤兑。

2007年8月初,美国公司Countrywide遭受次贷危机的影响,发生银行挤兑。

2007年9月13日,英国北岩银行(Northern Rock)从英格兰银行紧急贷款,它声称是短期流动性问题的结果。导致银行挤兑是不是传统的形式,其中存户收回存款造成的滚雪球效应,导致流动性危机。

2008年3月11日起贝尔斯登(Bear Stearns)发生挤兑。对手公司的信贷人员开始说,贝尔斯登将不能够很好履行其义务。两天之内,贝尔斯登的170亿美元的资本基础已缩减至2亿美元的现金;申请破产的第二天,到7:00,美联储首次决定救济贝尔斯登,这是美联储大萧条以来首次借钱给一个非银行机构。股票下跌,这一天,作为政府救助的一部分,摩根大通开始努力购买贝尔斯登股份。此次挤兑的发生很大程度上源于成本较高,稳定性较差的经纪存款,以及抵押借贷。

2008年9月25日,互助储蓄银行(Mutual Savings Bank)监管办事处被迫关闭华盛顿互惠银行,这是在美国最大的储蓄和贷款与第六大的金融机构。在过去10天,客户已提取存款16.7亿美元。这是目前在美国金融史上最大的银行倒闭。

2008年9月26日美国第四大银行——美联银行失去了存款5亿美元,最终整个公司被出售给富国银行(Wells Fargo)。

2008年10月6日,冰岛第二大银行Landsbanki银行被政府接管。冰岛政府使用紧急权力,解散Landsbanki银行的董事局,并控制了破产的机构。总理吉尔·哈尔德(Gil Haarde)组织通过国会的措施,为该国最大的银行Kaupthing提供4亿英镑贷款。

2011年11月5日,占据华尔街运动号召储户将存款款项转移到信用社,该日被称为银行转账日(Bank Transfer Day)。

2011年12月11日,谣言通过Twitter传播,瑞典银行(Sveriges Riksbank)和SEB被指存在"问题",客户开始排起取款长队。

三、银行业危机

20世纪80年代的一场银行业危机对西方经济和世界经济产生了巨大的冲击。自那时以来,IMF成员国中有130个发生不同程度的银行问题,其中,四分之三的银行危机集中在发展中国家。中国银行业的改革已经到了攻坚阶段,虽然还未发生过银行业危机,但由于种种原因仍然有发生银行业危机的可能性。

银行业危机(banking crises)是指银行不能如期偿付债务,进而迫使政府出面,提供大规模援助,以避免违约现象的发生,一家银行的危机发展到一定程度,可能波及其他银行,从而引起整个银行系统的危机。

国际货币基金组织于1998年对银行业危机下了如此定义:实际的或潜在的银行挤兑与银行失败引致银行停业偿还负债,或为防止这一情况的出现,政府被迫提供大规模的援助。

银行失败只是银行业危机的必要条件,只有银行失败,而不出现停止支付和政府干预就不算是银行业危机;只有在银行失败导致的挤兑使银行停止支付、政府干预两种情况至少出现一种才算是银行业危机。银行业危机作为金融危机的一种表现形式,包括系统性和非系统性两层面上的含义,前者是指大批银行相继倒闭而导致整个金融体系的崩溃,后者是指个别银行的破产。

【史海拾贝】中国近代银行业危机

1. 1856—1860年的银钱业恐慌

1856—1857年英、法、德、美等国爆发货币信用危机。为了进一步打开中国的市场并转嫁危机,1856—1860年英法两国借"亚罗号(Yarrow)"事件而对中国发动了第二次鸦片战争。受英法联军攻占京津、太平天国后期翼王石达开西征、李秀成率太平军进攻上海、清军与太平军争夺长江中下游地区的战事影响,战区内的票号、账局纷纷撤庄和收缩信用,致使金融呆滞,大批钱铺、印子局及工商企业歇闭,酿成银钱业恐慌。

2. 1866—1867年上海的银钱业危机

1865年美国南北战争结束后,国际棉花和棉织品价格下跌,英法等主要资本主义国家参与棉业投机的商人、企业及其贷款银行大量破产或倒闭,酿成1866年的金融恐慌。此次金融恐慌降低了危机发生国的进口需求,阻碍了中国丝、茶、棉花等大宗商品的出口,许多出口商因此亏损,1867年上海"钱业各家,不无被累",有个别商人的放账被"倒至四五十万之多"。此时上海的汇川、利华、利生、利、汇隆、呵加剌等六家英资银行因其英国总行投机失败也先后倒闭。信用风险的加大使得上海余下的外商银行、票号、钱庄纷纷收缩信用,更多的商号、钱庄因信用收缩而倒闭,最终酿成了银钱业恐慌。

3. 1873—1874年的上海银钱业危机

1873年资本主义世界爆发的经济危机及斯里兰卡茶叶、日本生丝的竞争,影响了中国丝茶对欧洲的出口,许多丝、茶贸易商亏损倒账并拖累放款银行。外商银行出于安全考虑,在短期内对钱庄收缩信用达到300万两白银之巨,市面银根收紧。1873年后,德国等主要资本主义国家进行金本位制改革,国际市场上白银对黄金的比价趋于下跌,由此造成中国本币(银两)的汇率也不断下降,中国的外债负担或对外支付压力随之加重,白银外流的加剧使得市面银根更加紧张。此时正值丝茶上市旺季,掌握中国银根的外商银行又故意控制信贷以便抬高利率,压低丝茶收购价格。这使得众多商号、钱庄因资金周转不灵而倒闭,最终酿成银钱业恐慌。

4. 1903年的中国通商银行挤兑风潮

清末日本人上田等六人在大阪伪造中国通商银行的钞票约30万元,并将这些伪钞运到上海和天津等地来冒用和兑换银元,以致部分伪钞在市面流通。1903年2月中国通商银行发现伪钞后不予兑换并将持有伪钞到该行要求兑现者扭送官府查究的不当做法,使得商民怀疑通商银行的信用,部分钱庄也拒绝接受通商银行的钞票,大批持有通商银行钞票的商民因担心债权受损而涌到该行挤兑。后来通商银行向汇丰银行抵借现银70万元来应付挤兑才渡过了危机。

5. 1916年和1921年中国、交通银行的两次银行券停兑风潮

1913年3月北京政府建立后财政一直很困难,遂利用中国、交通银行大量发行钞票,向其垫借巨额款项。此举使得中交两行的发行准备金减少,银行券的兑现能力下降。1916年5月12日国务总理段祺瑞听信交通银行总理梁士诒的意见,不顾政府信誉,悍然以国务院的名义下令中交两行停止其银行券的兑现和存款付现,此举引发市面恐慌并酿成银行券挤兑风潮。1921年11月,因中国、交通银行再次宣布停止其银行券的兑现而酿成了第二次银行券挤兑风潮。

【学习检查】试用所学知识对中国近代史上的银行危机产生原因做简要归纳。

第三节　美国次级抵押贷款危机

次级抵押贷款是指一些贷款机构向信用程度较差和收入不高的借款人提供的贷款。在2001年经济衰退发生后,美国住房市场在超低利率刺激下高度繁荣,次级抵押贷款市场迅速发展,并为经济复苏及其后的持续增长发挥了重要作用。但随着美国住房市场大幅降温,加上利率上升,很多次级抵押贷款市场的借款人无法按期偿还借款,导致一些放贷机构遭受严重损失甚至破产。2008年美国次级抵押贷款危机引发了投资者对美国整个金融市场健康状况和经济增长前景的担忧,导致之后几年美国股市出现剧烈震荡。

一、次级抵押贷款

(一)次级抵押贷款的概况

次级抵押贷款给那些受到歧视或者不符合抵押贷款市场标准的借款者提供按揭服务,所以在少数族裔高度集中和经济不发达的地区很受欢迎。

次级贷款对放贷机构来说是一项高回报业务,但由于次级贷款对借款人的信用要求较优惠级贷款低,借款者信用记录较差,因此次级房贷机构面临的风险也天然地更大。

对借款者个人而言,违约会使其再融资难度加大,丧失抵押品的赎回权,无法享有房价上涨的利益。而且,任何一个借款人的违约对借款者所居住地区也有不良影响。

(二) 次级抵押贷款的含义

次级抵押贷款(subprime mortgage loan,即"次级按揭贷款")是指向低收入、少数族群、受教育水平低、金融知识匮乏的家庭和个人发放的住房抵押贷款。

美国抵押贷款市场的"次级"(subprime)及"优惠级"(prime)是以借款人的信用条件作为划分界限的。根据信用的高低,放贷机构对借款人区别对待,从而形成了两个层次的市场。信用低的人申请不到优惠贷款,只能在次级市场寻求贷款。两个层次的市场服务对象均为贷款购房者,但次级市场的贷款利率通常比优惠级抵押贷款高2%~3%。

(三) 次级抵押贷款的发展

次级抵押贷款具有良好的市场前景。由于它给那些受到歧视或者不符合抵押贷款市场标准的借款者提供按揭服务,所以在少数族裔高度集中和经济不发达的地区很受欢迎。

1980年的《存款机构解除管制与货币控制法案》(Depository Institutions Deregulation and Monetary Control Act, DIDMCA)解除了美联储Q条例规定的利率上限。1982年的《可选择按揭贷款交易平价法案》(Alternative Mortgage Transactions Parity Act of 1982)允许使用可变利率。1986年的《税务改革法案》(Tax Reform Act of 1986)禁止消费贷款利息免税。这一系列的法案都为次级抵押贷款市场的发展提供了一个良好的法律环境。

1990年代末开始,利率持续走低,现金流出式再融资开始流行。借款者不断借入新债,偿还旧债,并且新债的数额要超过原有债务。在房价持续上涨的时期,这种方式能使借款者源源不断地获得资金来源,进而增加了次级抵押贷款的需求。

市场中相继出现的各种变化也给次级抵押贷款的发展提供了利好条件。例如1990年代初期,由于利率上升,标准抵押贷款需求减少,按揭经纪人开始将更多的目光投向次级抵押贷款市场。而在1990年代中期,资产证券化的兴起又给次级抵押贷款市场的发展提供良机。

按揭贷款证券化增加了资产的流动性,次级房贷市场开始迅速繁荣起来。在早期的飞速发展中,由于对风险的认识不足,次级抵押贷款定价普遍偏低。但1998年亚洲金融危机爆发,这一市场存在的诸多问题开始得到关注。虽然这场危机使次级房贷市场一度萎缩,市场发生大规模整合,许多小公司都继续倒闭或被收购,但同时也使得投资者风险意识增强,以提高首付金额、采取提前偿付罚金等措施限制风险。

危机过后,由于房价上涨以及利率持续下降至40年来的最低点,投资房产的成本降低。在房价不断走高时,即使借款人现金流并不足以偿还贷款,他们也可以通过房产增值获得再贷款来填补缺口。因此,1990年代末次级抵押贷款又开始了新一轮增长,直至2007年次贷危机的爆发。

这一曲折的发展表明,次级抵押贷款市场虽然天生存在高风险,但是至少在2007年次贷危机爆发前正在逐步走向成熟。因此,作为一种具有巨大市场潜力的新产品,其价值不能因为存在风险和问题而遭到否定。

二、美国次级抵押贷款危机的根源

如果仅从次级债占全部金融资产的规模看,次级债对于衍生金融产品极为发达的美国来说,地位并不十分突出。但2007年的次贷危机从美国的房地产市场迅速波及美国的信贷市场、债券市场、股票市场进而引发了一场全球资本市场的大震荡。

(一) 风险集聚

2002—2005年,美国经济的发展为住房抵押贷款市场提供了比较理想的环境:就业情况良好,经济稳定,房价上升,利率较低。住房抵押贷款证券销售情况良好。从1997年到2005年,美国房产价格经过通货膨胀率调整以后的上涨率为55%。2005年,美国一些城市的房产价格上升了10%。按照穆迪公司(Moody's)的评级,在2005年6.8%的住房抵押贷款证券信用等级提高,只有0.9%的住房抵押贷款证券信用等级下降。

在这样的情况下,发放次级住房抵押贷款的金融机构忽略了必须注意借款者的资格、能力和担保的"3C原则"(character, capacity, collateral),大量地发放次级住房抵押贷款。在2005年,大约有15.6%的仅付利息贷款的借款者和12.3%的可选择贷款的借款者的年收入在48 000美元以下。38.6%的仅付利息贷款的借款者和53.8%的可选择贷款的借款者的信用等级分在700以下。

许多投资者利用非传统抵押贷款如仅付利息抵押贷款或美元首付抵押贷款买进房产来赌房产市场泡沫。如果房产价格上升,他们卖出房子便可以获得房产差价减去购房手续费的收益;如果房产价格下降,他们就放弃抵押的房子,不再支付贷款的本金和利息。这样,他们以零成本或少量成本获得房子差价的收益。

次级抵押贷款和非传统的抵押贷款的推出,主要是为了使低收入者能够购买住房或者使借款者能够以更加灵活的方式来购买住房。如果就业情况良好,房产价格上升,利率较低,那么抵押贷款市场不会出现问题。但是,这样的前提条件不可能长期存在。一旦失去了这些前提条件,就会出现大量借款者不能偿还贷款的现象。

另外,值得注意的是,这些非传统的抵押贷款工具还会造成风险的积累。由于借款者在前期可以支付较低的利息或者不必支付首期房款就能获得贷款,在人们预期房产价格趋向上升的时候,他们将利用这些工具购买住房,从而增加了住房的需求,推动了住房价格的上升。住房价格的上升又引起人们新的预期,如此循环下去,因而很容易形成房产价格的泡沫。一旦房产价格下降,泡沫破灭,将爆发抵押贷款市场危机。

(二) 危机爆发

2005年以后,次级抵押贷款风险开始显现出来。在房屋抵押贷款中,贷款对价值的比率(LTVs)和债务对收入的比率(DTIs)在上升,附有借款者收入和资产全部证明的贷款所占的比例下降,仅付利息贷款所占的比例上升。2005年6月18日的《经济学人》(*The Economist*)杂志曾经对住房抵押贷款市场的风险提出警告:在2004年,23%的房子是出于投资的目的购买的,12%的房子是作为拥有第二套房子来购买的,25%的购房者和42%的第一次购房者利用零首付抵押贷款购买房子。

进入2006年以后,随着经济增长率放缓、房产价格的下降和利率的上升,借款者还本付息的负担迅速加重。2006年,将有10 000亿美元的抵押贷款需要调整利率。这样,非传统抵押贷款的风险迅速增加,次级住房抵押贷款逾期比率开始上升。到了2007年8月,次级住房抵押贷款逾期比率已经达到11%,大量的次级抵押贷款的借款者不能偿还贷款。

美国次级抵押贷款危机是从第二大次级抵押贷款企业的新世纪金融公司(New Century Financial Corp.)陷入困境开始的。该公司于2007年3月13日被纽约证券交易所停牌,半个月之后流动性债务超过了84亿美元。由于华尔街的投资银行无力对它进行挽救,它只好正式向美国联邦破产法院提出破产保护申请。新世纪金融公司的危机在市场上产生了多米诺骨牌效应,美国一个个次级抵押贷款公司接连倒下。到2007年8月,美国已有30余家次级抵押贷款公司停业,上市次级抵押贷款公司股票价格几乎直线下跌。

同时,次级抵押贷款危机波及持有以次级抵押贷款为基础发行债券的证券公司、投资公司、共同基金、对冲基金、商业银行与保险公司。联邦住房贷款抵押公司持有1 240亿美元次级住房抵押贷款债券,联邦国民抵押贷款协会也持有约580亿美元的同类债券,它们都将因为这类债券价格的下降而遭受重大损失。美国第五大投资银行贝尔斯登在2007年8月5日宣布,由于次级抵押贷款市场危机的影响,旗下两只基金高级结构信贷基金(BSHGSCSMF)和高级结构信贷增强型杠杆基金(BSHGSCSEMF)申请破产保护,投资者损失超过15亿美元。2007年以来,贝尔斯登股票价格已经下降了1/3。

2007年3月13日,美国股票价格在金融股的引领下全面下跌。道琼斯股票价格指数、标准普尔500种股票价格指数、纳斯达克股票价格指数分别下跌2.00%、2.04%、2.15%。从3月13日开始,美国的股票市场一直在美国次级抵押贷款危机的影响下震荡。到2007年8月底,美国主要股票价格指数下跌超过1个百分点的波动共有4次。

美国股票市场价格的暴跌迅速波及世界各国的股票市场,导致世界各国股票价格的下跌,其中比较剧烈的有3次:7月14日,法国巴黎CAC40指数跌1.19%,英国伦敦FTSE100指数跌0.72%,德国法兰克福DAX指数跌1.84%。日本日经指数跌1.11%,香港恒生指数跌1.22%,韩国首尔股票价格跌0.2%。

可见,次级债危机的根源在于美国的房地产市场泡沫的堆积以及居民的过度负债消费。房价下跌后,大量的房屋抵押消费贷款来源被切断,导致作为美国经济增长主要推动力的消费增长乏力,经济增长预期进一步下降,如此形成恶性循环。

【学习检查】 试通过已学习的次级抵押贷款相关概念知识解释美国次贷危机的爆发原因。

【他山之石】 美国政府的救市之道

在次级抵押贷款危机发生以后,在住房抵押贷款市场的层面上,美国政府一方面加强对住房抵押贷款市场的监控,另一方面注意帮助和支持低收入购房者和大型住房信贷机构渡过难关,以防止住房抵押贷款市场的过度萎缩。在宏观经济层面上,美国政府通过对金融市场注入资金以及降低再贴现率和联邦基金利率的方式抵消信贷市场收缩的影响。

从次级抵押贷款危机发生开始,美国联邦储备系统就向美国金融市场注入资金,其中最密集地投放资金是2007年8月9日和10日。8月9日,美国联邦储备委员会通过纽约联邦储备银行向金融市场注入了240亿美元的资金。8月10日清晨,纽约联邦储备银行宣布向金融市场注资190亿美元。数小时后,纽约联邦储备银行宣布再向金融市场注资160亿美元。下午14时左右,纽约联邦储备银行宣布第三次向金融市场追加30亿美元资金。在短短的2天时间里,联邦储备系统共向金融市场注资620亿美元,创下了"9·11事件"后的最高注资纪录。到2007年8月23日,联邦储备系统共向金融市场注资1 100.5亿美元。2007年8月17日,联邦储备系统在坚持了近5个月以后,终于在再贴现率和联邦基金利率上采取行动,以刺激消费需求和投资需求。再贴现率是联邦储备系统以贴现的方式向商业银行提供贷款所收取的利息比率,联邦基金利率是商业银行之间进行准备金借贷的利率,它们都会对市场利率产生影响。

第四节 欧洲主权债务危机

欧洲主权债务危机(European debt crisis)是指由于政府的资产负债表出现问题,导致国家主权信用遭受质疑所引发的危机。其发生有历史、体制和自身的原因,但最根本的原因是这些国家的经济失去了"生产性"。发生于希腊的金融危机严重影响了居民消费,导致经济下滑,货币的高估又使得出口表现较差,由于缺失灵活的货币政策,政府不得不依靠投资和消费拉动经济,赤字不断累积。赤字与出口下滑的恶性循环最终使得希腊的主权信用风险逐步累积,并在本次经济危机中完全暴露出来。而欧盟则面临着科技水平在短期内难以提升和币值要保持稳定的双重挑战。本节即围绕欧债危机展开,详细探讨其产生机制及对我们的启示。

一、概述

欧债危机,全称欧洲主权债务危机,是指自 2009 年以来在欧洲部分国家爆发的主权债务危机。欧债危机是美国次贷危机的延续和深化,其本质原因是政府的债务负担超过了自身的承受范围,而引起的违约风险。

早在 2008 年 10 月华尔街金融风暴初期,北欧的冰岛主权债务问题就浮出水面,而后中东债务危机爆发,鉴于这些国家经济规模小,国际救助比较及时,其主权债务问题未酿成较大全球性金融动荡。2009 年 12 月,希腊的主权债务问题凸显,2010 年 3 月进一步发酵,开始向"欧洲五国"(葡萄牙、意大利、爱尔兰、希腊、西班牙)蔓延。而美国三大评级机构则落井下石,连连下调希腊等债务国信用评级。至此,国际社会开始担心,债务危机可能蔓延全欧,由此侵蚀脆弱复苏中的世界经济。

【知识窗】欧猪五国

从 20 世纪 90 年代初开始,人们用"欧猪四国(PIGS)"来称呼葡萄牙、意大利、希腊和西班牙这四个南欧国家,这些国家有相似的文化传统、相近的地理位置。2007 年,鉴于情况近似,又加入近年同样面对财政赤字的爱尔兰。

欧猪五国,是国际经济媒体对欧洲 5 个较弱经济体的贬称,对经济不景气、出现债务危机的葡萄牙(Portugal)、意大利(Italy)、爱尔兰(Ireland)、希腊(Greece)和西班牙(Spain),这五个欧洲国家因其英文国名首字母组合"PIIGS"类似英文单词"pigs"(猪),故因此得名。欧猪五国的 GDP 占欧元区 GDP 的 13.2%(2013 年数据)。

【案例研究】希腊政府的经济调整计划

希腊是欧债危机的核心。作为一个小经济体,希腊的GDP仅占整个欧元区GDP的2.4%,但是,危机的影响却很深远。为得到欧盟的支持,尽快启动欧盟与IMF的联合救助方案,在市场和欧盟的双重压力下,希腊政府实施了雄心勃勃的财政整顿措施和经济调整计划。

首先,第一轮经济调整计划初见成效。希腊政府于2010年3月出台了总额48亿欧元的一揽子财政紧缩计划,主要包括削减公务员工资,提高增值税率。5月,希腊又公布了300亿欧元的财政紧缩计划,计划在3年内增收节支300亿欧元,将财政赤字占GDP的比重由2009年的13.6%降低至2014年的3%。中期目标是通过增税和打击逃税大力削减公共开支和提高税收。大部分削减开支针对行政部门,包括减少或冻结行政部门的补偿或行政部门暂停招聘。在税收方面,政府调高了平均增值税率,对燃油、烟酒等商品增加税收。在第一轮调整计划下,希腊的国内需求大幅紧缩,综合政府赤字明显下降。

其次,第二轮经济调整计划稳步推进。希腊经济从2011年春季开始恶化。2011年6月,希腊国会批准了新一轮紧缩措施和结构性改革,采取了被称作"中期财政战略"(MTFS)的新财政战略。中期财政战略和以前措施将使政府预算赤字到2015年降至GDP的0.9%以下。2012年年初,希腊政府开始采取新的一揽子财政措施。第二轮经济调整计划目标是到2020年把希腊公共债务率降到GDP的11.7%以下,为希腊可持续增长和就业打下基础。第二轮计划的实施将优化增长的结构改革议程置于显著位置,而债务重组和更高级的官方融资则允许较慢的财政调整和进一步的私有化。2012年2月和3月,希腊采取优先行动,推进财政整顿、税收管理、养老金改革、金融部门调控和促增长的结构性改革等,财政状况回归正常轨道,提高了第二轮计划的可信度。

在金融市场方面,继续去杠杆化、进行银行资本重组和部门调整,进一步紧缩银行的流动性;启动希腊金融稳定基金(HFSF)治理结构的改革,财政资源显著增加;希腊银行也为保险部门正式推出了一项综合监督战略,以增强希腊保险业的安全性。

在财政紧缩方面,希腊紧缩计划以"减薪、加税和裁员"为主要内容。为适应宏观经济恶化的前景,2012年基本财政收支平衡目标设定在GDP的-1.0%。为了达到目标,希腊政府承诺使开支减少GDP的1.5%。措施包括减少药物开支、医生加班费以及武器装备的采购,裁撤公务员职位,减少中央政府运作支出,减少公共投资预算,削减各类养老金,目标是到2013年和2014年主要盈余分别占GDP的1.8%和4.5%。

在结构性改革方面,政府承诺放弃任何新的税收和社会捐献豁免,限制对小债务人的分期付款计划。采取法律手段提高税收管控效率,打击逃税现象,恢复税收纪律;加强公共开支管理,行政管理改革也提上了议事日程;通过宏大的内部贬值以恢复竞争力,即降低和竞争对手相关的产品的价格和成本,经济发展模式从以消费为导向转向以出口为导向。

二、深层分析

(一) 外部原因

(1) 金融危机中政府加杠杆化使债务负担加重。金融危机使得各国政府纷纷推出刺激经济增长的宽松政策,高福利、低盈余的希腊无法通过公共财政盈余来支撑过度的举债消费。全球金融危机推动私人企业去杠杆化、政府增加杠杆。希腊政府的财政原本处于一种弱平衡的境地,由于国际宏观经济的冲击,恶化了其国家集群产业的盈利能力,公共财政现金流呈现出趋于枯竭的恶性循环,债务负担成为不能承受之重。

(2) 评级机构不再受西方国家约束,正确调整评级。全球三大评级机构不断下调上述四国的主权评级。2011年7月末,标普(Standard and Poor's)已经将希腊主权评级2009年年底的A—下调到了CC级(垃圾级),意大利的评级展望也在2011年5月底被调整为负面,继而在9月份和10月初标普和穆迪又一次下调了意大利的主权债务评级。葡萄牙和西班牙也遭遇了主权评级被频繁下调的风险。主权评级被下调使上述四国借入资金的利息变得相当高,也可成为危机向深度发展直接性原因。

(二) 内部原因

1. 产业结构不平衡:实体经济空心化,经济发展脆弱

欧债危机的主要五国,各自面临着不同的产业结构,但其共同之处在于,其产业结构过度偏向服务业和类金融业,实体经济空心化严重,以下仅以希腊为例,作相应介绍。

以旅游业和航运业为支柱产业的希腊经济难以抵御危机的冲击。在欧盟国家中,希腊经济发展水平相对较低,资源配置极其不合理,以旅游业和航运业为主要支柱产业。一方面,为了大力发展支柱产业并拉动经济快速发展,希腊对旅游业及其相关的房地产业加大了投资力度,其投资规模超过了自身能力,导致负债提高。2010年服务业在GDP中占比达到52.57%,其中旅游业约占20%,而工业占GDP的比重仅有14.62%,农业占GDP的比重更少为3.27%。加上2004年举办奥运会增加的91亿美元赤字,截至2010年希腊政府的债务总量达到3 286亿欧元,占GDP的142.8%。另一方面,从反映航运业景气度的波罗的海干散货运价指数(BDI)看,受金融危机影响从2008年年底开始航运业进入周期低谷,景气度不断下滑。航运业的衰退对造船业形成了巨大冲击。由此看出,希腊的支柱产业属于典型依靠外需拉动的产业,这些产业过度依赖外部需求,在金融危机的冲击面前显得异常脆弱。

【知识窗】波罗的海干散货运价指数

波罗的海(Baltic Sea)干散货运价指数(BDI)是由若干条传统的干散货船航线的运价,按照各自在航运市场上的重要程度和所占比重构成的综合性指数,由波罗的海航交所发布的。由此可见,该指数是目前世界上衡量国际海运情况的权威指数,是反映国际间贸易情况的领先指数。

波罗的海航交所是世界第一个也是历史最悠久的航运市场。1744年波罗的海航交所诞生于美国弗吉尼亚波罗的海咖啡屋,目前设在英国伦敦,是世界著名的航运交易所,全球46个国家的656家公司都是波罗的海航交所的会员。为了满足客户的需要,波罗的海航交所于1985年开始发布日运价指数。1999年,国际波罗的海综合运费指数(BDI)取代了国际航运指数(BFI),成为代表国际干散货运输市场走势的晴雨表。

总体看来,PIIGS五国属于欧元区中相对落后的国家,它们的经济更多依赖于劳动密集型制造业出口和旅游业。随着全球贸易一体化的深入,新兴市场的劳动力成本优势吸引全球制造业逐步向新兴市场转移,南欧国家的劳动力优势不复存在。而这些国家又不能及时

调整产业结构,使得经济在危机冲击下显得异常脆弱。

2. 人口结构不平衡:逐步进入老龄化

人口老龄化是社会人口结构中老年人口占总人口的比例不断上升的一种发展趋势。随着工业化和城市化步伐的加快,各种生活成本越来越高,生育率不断下降,老年人口在总人口中的占比不断上升,最快进入老龄化的发达国家是日本,日本的劳动力人口占总人口的比重从 20 世纪 90 年代初开始出现拐点,随之出现了日本经济的持续低迷和政府债务的不断上升。从 20 世纪末开始,欧洲大多数国家人口结构也开始步入快速老龄化,主要表现在三个方面:长期低出生率和生育率、平均预期寿命的延长、生育潮人口大规模步入老龄化。

首先,从主要国家出生率(每 1 000 人中出生的婴儿数)和生育率(每位妇女平均生育孩子个数)看出,欧盟国家的婴儿出生率和生育率近几年来低于绝大部分地区,成为仅次于日本的出生率降低最快的区域。

其次,1996—2010 年欧盟国家人口出生时平均预期寿命从 76.1 岁上升至 79.4 岁。美国联邦统计局预计到 2050 年欧盟国家人口出生时平均预期寿命将达到 83.3 岁。最后,由于二战后生育潮一代已经开始接近退休年龄,并且人口出生率逐步下降,欧元区人口年龄结构从正金字塔形逐步向倒金字塔形转变,人口占比的峰值从 1990 年的 25~29 岁上移至 2007 年的 40~44 岁,而且这一趋势仍在进行,从今往后老龄化问题将进一步恶化。

3. 刚性的社会福利制度

对于欧盟内部来讲,既有神圣罗马帝国(西欧地区)与拜占庭帝国(东欧地区)之间的问题(同属希腊罗马基督教文化,但政治制度不同导致经济发展道路不同),也存在南欧和北欧之间的问题。对于欧元区来讲,主要的矛盾体现在南北欧问题上。天主教在与百姓共同生活的一千年来,变得稍具灵活性,而新教是一个忠于圣经的严格的教派,所以信新教的北欧人比南欧人更严谨有序,再加上地理和气候因素,把这两种文化的人群捆绑在同一个货币体系下,必然会带来以下南北欧格局:北欧制造,南欧消费;北欧储蓄,南欧借贷;北欧出口,南欧进口;北欧经常账户盈余,南欧赤字;北欧人追求财富,南欧人追求享受。

南欧消费格局得以维持必须有较高保障和福利为支撑(中国消费水平难以上升便是例证)。近几年来欧盟各国的社会福利占 GDP 的比重有趋同的趋势,许多南欧国家由占比小于 20% 逐渐上升到 20% 以上,其中希腊和爱尔兰较为突出。2010 年希腊社会福利支出占 GDP 的比重为 20.6%,而社会福利在政府总支出中的占比更是高达 41.6%。在经济发展良好的时候并不会出现问题,但在外在冲击下,本国经济增长停滞时,就出现了问题。从 2008 年到 2010 年,爱尔兰和希腊 GDP 都出现了负增长,而西班牙近两年也出现了负增长,这些国家的社会福利支出并没有因此减少,导致其财政赤字猛增,2010 年希腊财政赤字占 GDP 比重达到了 10.4%,而爱尔兰这一比重更是高达 32.4%。

(三) 根本原因

1. 单一货币下不同国家竞争力差异拉大

该观点认为财政危机为表,单一货币下不同国家竞争力差异拉大是导致欧元区"内爆"的真正原因。

标普在 2012 年 1 月 13 日宣布降低法国信用评级。声明中杀伤力最强的并不是降级决定本身,而是其对降级理由的说明。标普认为,欧洲对债务危机成因认识片面,因此在应对思路上误入歧途,通过财政紧缩解决债务危机是"自我毁灭"的方法。由此看来,标普的降级决定并非仅仅针对个别国家,而是对欧元区的危机应对努力投了政治不信任票。

标普认为,欧债危机的根源并非仅是财政问题,而是欧元区核心国家和边缘国家竞争力差距不断拉大的必然结果。换言之,欧债危机并不仅仅是因为南欧国家花得太多,而是挣得太少;并不仅是财政不可持续的问题,更是竞争力下滑,经济发展不可持续的问题。

标普的这一观点并不孤单。欧债危机爆发以来,围绕如何解决危机存在两种不同思路:一种认为债务危机是个别国家财政纪律欠佳造成的,解决方法是通过削减赤字,订立财政契约强化财政纪律;一种则认为财政危机为表,因此在降低长期赤字比例的同时,短期应更关注经济刺激和改革方案。

2. 欧元区制度缺陷

另一种观点认为欧元区制度本身存在缺陷,各国无法有效地弥补赤字。

第一,货币制度与财政制度不能统一,协调成本过高。根据有效市场分配原则,货币政策服务于外部目标,主要维持低通胀,保持对内币值稳定,财政政策服务于内部目标,主要着力于促进经济增长,解决失业问题,从而实现内外均衡。欧元区一直以来都是世界上区域货币合作最成功的案例,然而2008年美国次贷危机的爆发使得欧元区长期被隐藏的问题凸显出来。欧洲中央银行在制定和实施货币政策时,需要平衡各成员国的利益,导致利率政策调整总是比其他国家慢半拍,调整也不够到位,在统一的货币政策应对危机滞后的情况下,各国政府为了尽早走出危机,只能通过扩张性的财政政策来调节经济,许多欧元区成员国违反了《稳定与增长公约》中公共债务占GDP比重上限60%的标准,但是并没有真正意义上的惩罚措施,由此形成了负向激励机制,加强了成员国的预算赤字冲动,道德风险不断加剧。具体传导路径为:美国金融危机突发后货币财政制度的不统一造成货币政策行动滞后;各国通过扩张性财政政策刺激经济;主权债务激增;财政收入无法覆盖财政支出;危机爆发。

第二,欧盟各国劳动力无法自由流动,各国不同的公司税税率导致资本的流入,从而造成经济的泡沫化。最初蒙代尔的最优货币区理论是以生产要素完全自由流动为前提,并以要素的自由流动来代替汇率的浮动。欧元体系只是在制度上放松了人员流动的管制,而由于语言、文化、生活习惯、社会保障等因素的存在,欧盟内部劳动力并不能完全自由流动。从各国的失业率水平来看,德国的失业率已经下降到7%以下,低于危机前水平,但是西班牙的失业率高达21.2%。另一方面,欧盟国家只统一了对外关税税率,并没有让渡公司税税率,目前法国的公司税率最高为34.4%,比利时为34%,意大利为31%,德国为29.8%,英国为28%,其他边缘国家及东欧国家的公司税率普遍低于20%,这些税率较低的国家也正是劳动力比较充足的国家,资金和劳动的结合使得这些国家的经济不断膨胀,资金主要投资在支柱性的产业,比如加工制造业、房地产业和旅游业,从而导致了国内经济的泡沫化。从欧元兑美元走势可以看出,次贷危机前的很长一段时间欧元一直是处于一个上升通道,出口是受到一定程度的打击,南欧国家本来就不发达的工业和制造业更少受到资金的青睐,造成这些国家贸易赤字连年增加,各国通过发债弥补,同样是因为欧元的升值,欧债受到投资人的欢迎,举债成本低廉,从而形成一个恶性循环。

第三,欧元区设计上没有退出机制,出现问题后协商成本很高。由于在欧元区建立的时候没有充分考虑退出机制,这给以后欧元区危机处理提出了难题。个别成员国在遇到问题后,就只能通过欧盟的内部开会讨论,来解决成员国出现的问题,市场也随着一次次的讨论而跌宕起伏,也正是一次次的讨论使得危机不能得到及时解决。欧元区银行体系互相持有债务令危机牵一发动全身,近几年来欧洲银行业信贷扩张非常疯狂,致使其经营风险不断加大,其总资产与核心资本的比例甚至超过受次贷冲击的美国同行。

第五节　金融安全网

为保持整个金融体系的稳定,防患于未然,当某个或某些金融机构发生问题时,动员各方力量,采取各类措施,防止其危机向其他金融机构和整个金融体系扩散和蔓延,这样的保护体系可以被形象地比喻为"金融安全网"(financial safety net)。金融安全网在一国的经济金融体系中对于稳定金融秩序、维护公众信心,进而保护实体经济不遭受损害,起着非常重要的作用。

一、定义

金融安全网是指为了保障金融安全,由中央银行、金融监管当局和银行同业组织共同编织的具有公共性质的安全保护系统。广义的金融安全网包括审慎监管、存款保险和"最后贷款人"制度;狭义的金融安全网仅指存款保险和"最后贷款人"制度。

二、概述

金融安全网,国际上最早是1986年国际清算银行(BIS)提出来的,但此后很长时间世界各国并未对其引起足够的重视;在国内金融安全网的概念相对较新,比较正式提出金融安全网的概念是在央行2005年发布的《中国金融稳定报告》,其指出:"目前的金融稳定是相对静态的金融稳定,要想保持长期、动态的金融稳定,除了转变经济增长的方式、保持宏观经济稳定、进一步深化金融机构的改革、改善金融生态环境等因素以外,很重要的就是完善金融安全网的建设工作。"近年来频繁发生的金融危机,使金融监管对象更多地转移至机构风险管理和内部控制能力,以及银行内和银行间的风险暴露监测,而次贷危机的破坏性冲击更突出了控制系统性风险的战略地位,因此,后危机时代人们将目光投向了旨在防范风险的金融安全网建设。目前,对于金融安全网的认识,国内外学者基本达成了一致,即金融安全网是保护金融体系稳定的一系列的制度安排;是防范金融危机,降低金融机构发生风险的管理措施;是管理金融危机,防止危机蔓延或减轻其破坏性影响的约束机制。

【知识窗】国际清算银行

第一次世界大战后,凡尔赛协议中关于德国战争赔款事宜原来是由一个特殊的赔款委员会执行,按照当时的"道维斯计划"(Dawes Plan),从1924年起,德国第一年赔付10亿金马克(Kinmuck),以后逐年增加,一直赔付58年。至1928年,德国赔款增至赔付25亿金马克,德国声称国内发生经济危机,无力照赔,并要求减少。美国同意了德国的要求,又由杨格(Arthur Young)策划制定了"杨格计划"(Young Plan)。协约国为执行"杨格计划"决定建立国际清算银行取代原来的赔款委员会,执行对德赔款的分配和监督德国财政。

1930年1月20日,以摩根银行为首的一些美国银行(另外还有纽约花旗银行、芝加哥花旗银行)和英国、法国、意大利、德国、比利时、日本等国的中央银行在荷兰海牙会议上签订国际协议,成立"国际清算银行(Bank for International Settlements)"。英、法、比、德、意、日六国政府与瑞士政府达成协议,由瑞士承诺向国际清算银行颁发建行特许证,特许证规定:国际清算银行具有国际法人资格,免税,瑞士政府不征用、扣押和没收该行财产,准许该行进出口黄金和外汇,享有外交特权和豁免权。第二次世界大战后,国际清算银行先后成为欧洲经济合作组织(经济合作与发展组织)各成员国中央银行汇兑担保的代理人、欧洲支付同盟和欧洲煤钢共同体的受托人、欧洲共同体成员国建立的欧洲货币合作基金的代理。

国际清算银行以各国中央银行、国际组织(如国际海事组织、国际电信联盟、世界气象组织、世界卫生组织)为服务对象,不办理私人业务。这对联合国体系内的国际货币金融机构起着有益的补充作用。外汇储备,货币种类可以转换,并可以随时提取而无须声明理由。这对一些国家改变其外汇储备的结构,实现多样化提供了一个很好的途径。在国际清算银行存放黄金储备是免费的,而且可以用作抵押、从国际清算银行取得黄金价值85%的现汇贷款。同时,国际清算银行还代理各国中央银行办理黄金购销业务,并负责保密。因此它在各成员国中央银行备受欢迎。

除了银行活动外,国际清算银行还作为中央银行的俱乐部,是各国中央银行之间进行合作的理事场所,其董事会和其他会议提供了关于国际货币局势的信息交流的良好机会。

金融安全网的运行机制是设计、安排一系列制度和监测工具,以此来评估和监测金融系统的风险,对金融系统潜在的风险从经济运行周期、金融市场以及金融机构行为之间等多个维度综合考量,并在此基础上对金融机构实施金融监管和金融救助的完整体系。因此,金融安全网是由多种要素组成和共同发挥作用的,但现阶段对于金融安全网的构成要素,不仅理论界尚未达成一致,从各国实践看也不尽相同。国际存款保险机构协会(IADI)认为,金融安全网的构成要件包括:审慎监管原则、最后贷款人和存款保险制度;而国际清算银行(BIS)则认为还应加上货币支付结算系统;国际货币基金组织(IMF)认为应概括为最后贷款人、存款保险制度和金融机构退出机制。应指出的是,从动态视角看,金融安全网的要件是政策当局根据本国金融形势和发展状况而设计的,当金融系统外部或内部因素变化时,需要运用更有针对性的制度安排或工具适应新变化。此次金融危机爆发后各国采取的补救措施就是一个有力的证明。结合中国实际情况,在金融安全网构建方面也进行了深入的探讨,多数研究倾向于中国现阶段的金融安全网应包括审慎监管原则、最后贷款人和存款保险制度。

关于最后贷款人和存款保险制度等概念将在下一节详细展开。

【案例研究】日本传统的金融安全网

第二次世界大战后的日本金融体系是受到严格管制的,金融机构在资金来源和使用上实行业务分工限制、利率管制和广泛存在隐性和显性的信贷分配控制。银行与其借款人之间建立了长期关系。在资金流动方面管制超过市场力量,表现为市场约束缺失。

日本金融安全网制度中包括存款保险制度、最后贷款人、政府担保等,在这个安全网下形成"银行不倒"之说。银行不倒政策是由下述几个方面机制来维持的:广泛的政府存款担保、通过分割市场维持的每个金融机构的有限的资产组合、对银行特许权和开设分支机构的严格限制以及监管当局广泛的行政指导。如果一个机构出现问题,央行会提供资金,或者更多的是由大藏省要求实力强的机构帮助有问题的机构,有时是由大藏省安排有问题银行和健康银行的合并。这种体系被广泛地称为"护航制"(convoy system)。在处理有问题机构时采用的整个方法是不透明的,不透明和没有财务披露使得当局在安排救助项目时不用得到公众的同意更不会遭到批评。同时,消除了公众对金融体系的稳定失去信心的潜在可能性。政府的护航,保护了所有的存款者,并且阻止了任何银行的倒闭。因此,日本直到1971年才建立了存款保险制度,并且20多年基本没有使用过,直到1996年。20世纪90年代以来日本发生的一些中小金融机构的破产,打破了日本政府制造的银行不会破产的神话。正是在这种背景下,为了保护存款人的利益,稳定民心,作为临时措施,日本政府宣布于1996年4月开始对存款实行全额保护,为期5年。

从根本上说,日本金融业在经济高增长时期平稳运行,是因为大藏省对竞争的限制和护航,更重要的是经济高增长带来的广阔的赢利机会,使得银行没有必要进行冒险,客观上抑制了道德风险的发生。但随着日本金融自由化和金融国际化的拓展,提高了银行的资金成本,大藏省的权力过大、金融机构的道德风险加重等弊端也逐渐显露出来。

这就是直到整个20世纪90年代之前的日本的金融安全网,在保持战后日本金融体系稳定上的确起到了重要作用的原因所在。

【学习检查】试分析日本传统的金融安全网存在的不足,并查阅相关资料进行论证。

第六节 银行业监管

银行业监管有广义和狭义两种理解。从狭义上讲,银行业监管是指国家金融监管机构对银行业金融机构的组织及其业务活动进行监督和管理的总称。广义的银行业监管则不仅包括国家金融监管机构对银行业金融机构的外部监管或他律监管,也包括银行业金融机构的内部监管或自律监管。

一、银行业监管的类型

世界各国的银行业监管体制可分为两种类型:

其一,设立专门的银行业监管机构,完全分离中央银行的监管职能;

其二,中央银行与其他金融管理机关共同行使金融监管权。

中国银监会

【知识窗】中国银行业协会

中国银行业协会成立于2000年,是由中华人民共和国境内注册的各商业银行、政策性银行自愿结成的非营利性社会团体,经中国人民银行批准并在民政部门登记注册,是中国银行业的自律组织。该协会及其业务接受中国人民银行的指导、监督和民政部的管理。2003年中国银监会成立后,中国银行业协会主管单位由中国人民银行变更为中国银监会。2018年3月,根据第十三届全国人民代表大会第一次会议批准的国务院机构改革方案,将中国银行业监督管理委员会和中国保险业监督管理委员会的职责整合,组建中国银行保险监督管理委员会;将中国银行业监督管理委员会拟订银行业、保险业重要法律法规草案的职责划入中国人民银行,不再保留中国银行业监督管理委员会。

凡经具有独立法人资格的银行业金融机构(含在华外资银行业金融机构)以及经相关监管机构批准、具有独立法人资格、在民政部门登记注册的各省(自治区、直辖市、计划单列市)银行业协会均可申请加入中国银行业协会成为会员单位。经相关监管机构批准设立的、非法人外资银行分行和在华代表处等,承认《中国银行业协会章程》,均可申请加入中国银行业协会成为观察员单位。

《中国银行业协会章程》共8章55条,明确规定了中国银行业协会的职责、会员、组织机构、资产管理和使用原则,以及章程的修改程序、终止程序及终止后的财产处理等。

二、最后贷款人

最后贷款人是指在出现危机或者流动性短缺时,负责提供资金需求的机构(通常是中央银行)。该机构一般在公开市场向银行体系购买质量达标的资产,或通过贴现窗口向有偿债能力但暂时周转不灵的银行提供贷款。该机构通常会向有关银行收取高于市场水平的利息,并要求银行提供良好抵押品。

最后贷款人一词是巴奈霍特(Bagehot)于1837年在其《伦巴街》(*Lombard Street*)一书中首次提出,是指在商业银行发生资金困难而无法从其他银行或金融市场筹措时,向中央银行融资是最后的办法,中央银行对其提供资金支持则是承担最后贷款人角色,否则处于困境中的银行将破产倒闭。

现在是指在危机时刻中央银行应尽的融通责任,它应满足对高能货币的需求,以防止由恐慌引起的货币存量的收缩[《新帕尔格雷夫货币金融大辞典》(*The New Palgrave Dictionary Of Money And Finance*)]。当一些商业银行有清偿能力但暂时流动性不足时,中央银行可以通过贴现窗口或公开市场购买两种方式向这些银行发放紧急贷款,条件是它们有良好的抵押品并缴纳惩罚性利率。最后贷款人若宣布将对流动性暂不足的商业银行进行融通,就可以在一定程度缓和公众对现金短缺的恐惧,这足以制止恐慌而不必采取行动。

三、存款保险

存款保险制度是一种金融保障制度,是指由符合条件的各类存款性金融机构集中起来建立一个保险机构,各存款机构作为投保人按一定存款比例向其缴纳保险费,建立存款保险准备金,当成员机构发生经营危机或面临破产倒闭时,存款保险机构向其提供财务救助或直接向存款人支付部分或全部存款,从而保护存款人利益,维护银行信用,稳定金融秩序的一种制度。截至 2015 年,全球已有近 120 个国家建立了各种形式的存款保险制度。2015 年 5 月 1 日,中国的存款保险条例正式实施。

1. 美国联邦存款保险公司的建立

在 19 世纪末,美国国会开始讨论存款保险的话题,美国有 14 个州在 1829—1917 年就建立了类似的存款保险制度。

20 世纪 30 年代,美国为了挽救在经济危机的冲击下已濒临崩溃的银行体系,其国会在 1933 年通过《格拉斯-斯蒂格尔法案》(Glass-Steagall Act),联邦存款保险公司(FDIC)作为一家为银行存款保险的政府机构于 1933 年成立并于 1934 年开始实行存款保险,以避免挤兑,保障银行体系的稳定,开启了世界上存款保险制度的先河和真正意义上的存款保险制度。

20 世纪 50 年代以来,随着经济形势和金融制度、金融创新等的不断变化和发展,美国存款保险制度不断完善,尤其是在金融监管检查和金融风险控制和预警方面,FDIC 作了大量成效显著的探索,取得了很好的成效,从而确立了 FDIC 在美国金融监管中的"三巨头"之一的地位,存款保险制度成为美国金融体系及金融管理的重要组成部分。弗里德曼对美国存款保险制度给予了高度评价:"对银行存款建立联邦存款保险制度是 1933 年以来美国货币领域最重要的一件大事。"

2. 20 世纪 80 年代以来显性存款保险快速发展

20 世纪 80 年代以来,鉴于 FDIC 对稳定美国金融体系和保护存款人利益等方面的明显成效,世界上相继发生了一系列银行危机与货币危机,促使许多国家政府在借鉴国外存款保险制度的基础上,结合本国实际,着手建立或改善已有的存款保险制度。显性的存款保险在全球获得了快速发展。

截至 2015 年,全球共有近 120 个经济体建立了各种形式的存款保险制度,在法律上或者监管中对存款保护进行了明确规定的已有 112 个经济体(即建立了显性的存款保险制度)。1974 年到 2015 年,建立显性存款保险制度的国家和地区数量增长了 10 倍多,其已成为专家们给发展中国家和地区提出的金融结构改革建议的一个主要特点,而且国家层面上的强制性保险已成为一种主流。几乎所有的国家从一开始就建立了国家层面上的存款保险,而且越来越多国家,无论发达国家还是发展中国家,都强制要求所有存款机构全部加入保险体系。

中国《存款保险条例》从 2015 年 5 月 1 日起施行,其中规定存款保险实行限额偿付,最高限额为人民币 50 万元。

【案例研究】 香港存款保险制度的前世今生

虽然作为国际金融中心,但与内地相比,香港的存款保险仅年长几岁。香港对存款保险制度的讨论始于 1991 年,起因是一家外资银行的意外倒闭。

这家现在已经不存在的银行名为国际商业信贷银行,总部位于伦敦,1991 年被曝出现严重亏损,在全球多地都被勒令停业。但是香港银监专员当时对外发布声明,称香港国商银行财政健全,集团亏损在香港以外地区发生,与香港的分行无关。

然而,市民刚刚安心了48小时,事情就发生戏剧性逆转。香港银监处突然发现国商银行存在部分问题贷款,而大股东则拒绝向香港国商注资。银监会马上勒令香港国商银行停业,港英政府则拒绝动用外汇基金挽救银行。

香港国商面临清盘,一时间市民蜂拥前往取款,不少其他银行也出现挤兑潮。由于国商仅让存户取回25%的存款,存户大为不满,在7月17日清盘日坐在长江集团中心的马路上抗议。

事件竟然一闹就是8年,直到1999年国商银行正式发放所有清盘后利息,香港存户最终都取回了100%的存款。港府则在1992年开始反思事件,并就存款保障制度提出公众咨询,但由于建立存款保障成本较高、又难以做到绝对公平等等因素,最终不了了之。

不过,考虑到银行倒闭对金融业的震荡巨大,政府还是在1995年修订《公司条例》,在银行清盘时,给予存款人最高达10万港元的优先补偿。

这一条存款保障制度的"前身"法例,生效仅两年就迎来1997年亚洲金融危机。股市楼市暴跌、人心惶惶下,关于银行资金危机的谣言四起,令香港港基国际银行出现挤兑潮,有了经验的港府及金管局,联合本地最大的三家银行汇丰、渣打及中银香港迅速联合表态支持,挤兑潮很快完结。一年后,金管局对保障本地银行体系稳健展开了一项研究,结论是香港有推行存款保障的必要。

经过两度漫长的公众咨询和立法会讨论,《存款保障计划条例》在2004年正式通过立法,并于2006年9月起推行,此后再出现银行倒闭,每个存款账户在本地银行可获得最高10万港元的存款保障。

没有人预料到,制度刚刚实行一年多,又遇上了美国次贷危机引发的环球金融海啸,关于银行倒闭的谣言再一次兴风作浪,这一次倒霉的是大型本地银行东亚银行。

2008年9月,美国第四大投资银行雷曼兄弟突然倒闭,保险巨擘美国国际集团(AIG)被政府接管,金融市场陷入草木皆兵的恐慌。一条手机短信悄然在香港市民间流传,称东亚银行因为在雷曼债券和AIG的投资中失利,已经出现财政困难,即将被香港政府接管,很快引发大批储户到东亚银行的各分行排队提款。

东亚银行很快澄清并没有出现财政困难,迅速报警并批评造谣者破坏香港金融稳定。尽管迅速被提走的现金高达20亿港元,但为了稳定储户的信心,东亚银行决定不设提款上限,主席李国宝也立刻增持了公司的股票。时任金融管理局总裁的任志刚则强调,虽然"外围风大雨大",但是香港有存款保障制度,银行体系稳健,大家不用担心。

在银行和金管局以及财政司司长曾俊华等官员的反复保证下,两天后银行门口已经不见人流,实行不久的存款保障制度也迅速广为人知,成为市民情绪的稳定器。为了进一步保护银行体系,财政司司长曾俊华在10月14日宣布,在原有的存款保障计划之外,运用外汇基金对港币、外币存款提供100%的存款保障,不设上限。

这一波持续数年的漫长金融海啸中,尽管香港金融市场受到巨大冲击,恒生指数从最高近32 000点跌至最低见10 676点,但本地银行没有再出现危机。随着经济渐回正轨,香港政府在2010年底结束了百分百存款保障,但也重新修订了存款保障计划,将存款保障限额上升到50万港元,在这一新的条款下,全港有约90%的储户依然能获得百分百的存款保障。

香港的存款机构分为三级,第一级的持牌银行也就是传统银行必须参与存款保障计划,定期交"保费"给存款保障基金,基金规模是存款额的0.25%。除了常见的银行存款外,用作抵押的存款也受到保障,包括港元、人民币、外币存款等。第二级的"有限制持牌银行"(主要为投资银行)和第三级的"接受存款公司"(主要为财务公司)的存款则不受保。

存款保障要让受保储户范围尽量大,而受保的资金成本尽量小。根据这一原则,存款年期超过 5 年的定期存款不在受保障之列,挂钩股票、外汇收益的结构性存款、不记名票据、银行保险箱内的贵重物品等也不受保障。香港银行在海外分行包括在内地分行的存款,由于对本地金融体系影响轻微,因此也不在受保障之列。

除了保障小储户的血汗钱外,其实存款保障制度更主要的目的是保护银行,由于银行库存现金盈利低,一般而言银行大都会把现金量降低到必要的最低水平,一旦遭到挤兑,现金不足就会令银行信用破产乃至倒闭。

说起挤兑而导致银行倒闭,很多人都没有这种经历,但在香港金融史上这样的血案却比比皆是。

曾是本地第一大华资银行的恒生银行,在 1965 年的一次挤兑潮中被迫将 51% 的控股权售予汇丰换取救援,从此成为汇丰集团成员。20 世纪 80 年代,恒隆银行因一家金铺倒闭而出现挤兑,辗转被收购重组,最终成为新加坡星展银行旗下一员。声名赫赫的新鸿基银行,也在一次挤兑风波下出售给阿拉伯银行集团,然后又被台湾富邦金融收购,变身今天的富邦银行。

与内地银行不同,香港银行全为私有,彼此竞争激烈,也没有政府财政在背后支持,在金融风暴中面临较大挑战。储户拥有了存款保障,一方面能避免银行在风波中遭到恐慌性挤兑,减少倒闭的可能性,另一方面由于存款要交"保费",也约束了银行过于激进的揽储行为,成为稳定金融业的一块基石。

四、资本充足率

资本充足率(capital adequacy ratio,CAR),又叫资本风险(加权)资产率(capital to risk/weighted assets ratio,CRAR)。资本充足率是一个银行的资本总额对其风险加权资产的比率。国家调控者跟踪一个银行的 CAR 来保证银行可以化解吸收一定量的风险。资本充足率是保证银行等金融机构正常运营和发展所必需的资本比率。各国金融管理当局一般都有对商业银行资本充足率的管制,目的是监测银行抵御风险的能力。资本充足率有不同的口径,主要比率有资本对存款的比率、资本对负债的比率、资本对总资产的比率、资本对风险资产的比率等。

(一) 核心资本

《巴塞尔协议》(*Basel Agreement*)将银行资本分为两大类:一类是核心资本,又称一级资本(tier one capital)和产权资本,是指权益资本和公开储备;另一类是附属资本,又称二级资本(tier two capital)。核心资本是银行资本中最重要的组成部分。

【知识窗】巴塞尔委员会

巴塞尔银行监管委员会(Basel Committee on Banking Supervision)简称巴塞尔委员会,巴塞尔银行监管委员会原称银行法规与监管事务委员会,是由美国、英国、法国、德国、意大利、日本、荷兰、加拿大、比利时、瑞典 10 大工业国的中央银行于 1974 年年底共同成立的,作为国际清算银行的一个正式机构,以各国中央银行官员和银行监管当局为代表,总部在瑞士的巴塞尔。每年定期集会 4 次,并拥有近 30 个技术机构,执行每年集会所定目标或计划。

尽管巴塞尔委员会并不拥有超越各国主权的监管特权,其公布实施的各项协议文件也并不具备法律约束力,但是在巴塞尔委员会成立至今的三十多年里,其提倡的监管标准和指导原则在国际银行业中得到广泛应用,大大提高了各国商业银行的风险管理能力。

2009 年 3 月 16 日,巴塞尔委员会决定吸收澳大利亚、巴西、中国、印度、韩国、墨西哥和俄罗斯为该组织的新成员。

2009 年 6 月 10 日,巴塞尔委员会邀请二十国集团(Group of 20,G20)中的非巴塞尔委员会成员、新加坡以及中国香港加入委员会。新加入巴塞尔委员会的 G20 成员国包括阿根廷、印度尼西亚、沙特阿拉伯、南非和土耳其。

核心资本的来源主要包括发行普通股、提高留存利润等。其作为金融机构可以永久使用和支配的自有资金,其构成如下:(1) 实收资本。实收资本是指已发行并完全缴足的普通股和永久性非累积优先股,这是永久的股东权益。包括国家资本、法人资本、个人资本、外商资本;(2) 资本公积;(3) 盈余公积;(4) 未分配利润;(5) 储备账户;(6) 公开储备。包括股票发行溢价、保留利润、普通准备金和法定准备金的增值等。

核心资本充足率(core capital adequacy ratio)是商业银行的重要指标,由核心资本与加权风险资产总额的比率计算得到(根据《巴塞尔协议Ⅲ》的规定,参考值$\geq=6\%$)。

(二)附属资本

也称二级资本(tier two capital),是衡量银行资本充足状况的指标,由非公开储备、资产重估储备、普通准备金、(债权/股权)混合资本工具和次级长期债券构成。

1. 附属资本的来源

鉴于银行资本监管存在严重的缺陷,1988 年巴塞尔委员会推出资本充足协议,这在银行发展史上具有里程碑式的贡献。该资本金协议确定了以风险为基础的资本充足性标准,要求银行核心资本对按风险加权后资产价值的比率保持在 4% 以上,而总资本对风险资产的比率高于 8%。(中国目前情况参见下文扩展延伸:中国商业银行资本管理办法各级资本要求)

而其中突出的一点便是明确给出了银行资本的界定,防止了银行有意无意地扩大资本认可范围可能导致的不审慎经营问题。银行资本被区分为两层次:第一级为核心资本;第二级便是补充资本或附属资本,主要包括未公开的储备、重估储备、普通呆账准备、混合型债务资本工具等。附属资本的共同特点是只能在有限时间内起到吸收损失的作用。

2. 附属资本的主要组成部分

(1) 未公开储备。巴塞尔银行监管委员会提出的标准是:在该项目中,只包括虽未公开,但已反映在损益表上并为银行的监管机构所接受的储备。

(2) 重估储备。这类资本一般包括对记入资产负债表上的银行自身房产的正式重估和来自由隐蔽价值的资本的名义增值。

(3) 普通准备金。因为普通准备金可以被用于弥补未来的不可确定的任何损失,符合资本的基本特征,所以被包括在附属资本中。

(4) 混合资本工具。指带有一定股本性质又有一定债务性质的一些资本工具。比如英国的永久性债务工具、美国的强制性可转换债务工具等。

(5) 长期附属债务。是资本债券与信用债券的合称，它之所以被当作资本，是因为它可以部分地替代资本的职能，可以同样为固定资产筹集资金。银行一旦破产，损失先由附属债务冲销，再由保险公司或存款人承担。一般情况下，只有期限在5年以上的附属债务工具可以包括在附属资本之中，但其比例最多只能相当于核心资本的50%。

（三）资本扣除项

计算核心资本充足率和资本充足率时，不能简单地套用巴塞尔协议指出的公式，即不能简单地把虚有的账面资本仍作为资本进行计算，必须考虑已形成的大量未核销的不良贷款损失因素和非信贷资产损失因素。

商业银行计算核心资本充足率时，应从核心资本中扣除以下项目：(1)商誉；(2)商业银行对未并表金融机构资本投资的50%；(3)商业银行对非自用不动产和企业资本投资的50%。

在计算资本总额时，应以商业银行的核心资本加附属资本再扣除以下部分：(1)购买外汇资本金支出；(2)不合并列账的银行和财务附属公司资本中的投资；(3)在其他银行和金融机构资本中的投资；(4)呆账损失尚未冲销的部分。

（四）风险加权资产

风险加权资产(risk-weighted assets)是指对银行的资产加以分类，根据不同类别资产的风险性质确定不同的风险系数，以这种风险系数为权重折算的资产。

银行业的总资产有很多资产是0风险权重的，有很多风险权重则很高。这个要看每个银行的资产负债结构的配置，一般来说风险权重高的收益也更高。具体的风险权重列表需要查询央行和银保监会关于银行资本充足率管理办法。举例来说，中国国债就是0风险权重的，外国国债评级在AA-以下的则是100%，评级在AA-以上的国家的企业债风险权重则为50%。

【扩展延伸】《商业银行资本管理办法(试行)》摘选

第四章　信用风险加权资产计量

第二节　权重法

第五十四条　现金及现金等价物的风险权重为0%。

第五十五条　商业银行对境外主权和金融机构债权的风险权重，以所在国家或地区的外部信用评级结果为基准。

（一）对其他国家或地区政府及其中央银行债权，该国家或地区的评级为AA-(含)以上的，风险权重为0%；AA-以下，A-(含)以上的，风险权重为20%；A-以下，BBB-(含)以上的，风险权重为50%；BBB-以下，B-(含)以上的，风险权重为100%；B-以下的，风险权重为150%；未评级的，风险权重为100%。

（二）对公共部门实体债权的风险权重与对所在国家或地区注册的商业银行债权的风险权重相同。

（三）对境外商业银行债权，注册地所在国家或地区的评级为AA-(含)以上的，风险权重为25%；AA-以下，A-（含）以上的，风险权重为50%；A-以下，B-（含）以上的，风险权重为100%；B-以下的，风险权重为150%；未评级的，风险权重为100%。

（四）对境外其他金融机构债权的风险权重为100%。

第五十六条　商业银行对多边开发银行、国际清算银行和国际货币基金组织债权的风险权重为0%。

第五十七条　商业银行对中国中央政府和中国人民银行债权的风险权重为0%。

第五十八条　商业银行对中国公共部门实体债权的风险权重为20%。中国公共部门实体包括：

（一）除财政部和中国人民银行以外，其他收入主要来源于中央财政的公共部门。

（二）省级（直辖区、自治区）以及计划单列市人民政府。

商业银行对前款所列公共部门实体投资的工商企业的债权不适用20%的风险权重。

第五十九条　商业银行对中国政策性银行债权的风险权重为0%。

商业银行对中国政策性银行的次级债权（未扣除部分）的风险权重为100%。

第六十条　商业银行持有中国中央政府投资的金融资产管理公司为收购国有银行不良贷款而定向发行的债券的风险权重为0%。

商业银行对中国中央政府投资的金融资产管理公司其他债权的风险权重为100%。

第六十一条　商业银行对中国其他商业银行债权的风险权重为25%，其中原始期限三个月以内（含）债权的风险权重为20%。

以风险权重为0%的金融资产作为质押的债权，其覆盖部分的风险权重为0%。

商业银行对中国其他商业银行的次级债权（未扣除部分）的风险权重为100%。

第六十二条　商业银行对中国其他金融机构债权的风险权重为100%。

第六十三条　商业银行对一般企业债权的风险权重为100%。

第六十五条　商业银行对个人债权的风险权重。

（一）个人住房抵押贷款的风险权重为50%。

（二）对已抵押房产，在购房人没有全部归还贷款前，商业银行以再评估后的净值为抵押追加贷款的，追加部分的风险权重为150%。

（三）对个人其他债权的风险权重为75%。

第六十六条　租赁业务的租赁资产余值的风险权重为100%。

第六十八条　商业银行对工商企业股权投资的风险权重。

（一）商业银行被动持有的对工商企业股权投资在法律规定处分期限内的风险权重为400%。

（二）商业银行因政策性原因并经国务院特别批准的对工商企业股权投资的风险权重为400%。

（三）商业银行对工商企业其他股权投资的风险权重为1 250%。

第六十九条　商业银行非自用不动产的风险权重为1 250%。

商业银行因行使抵押权而持有的非自用不动产在法律规定处分期限内的风险权重为100%。

第七十条　商业银行其他资产的风险权重为100%。

1. 计算方法
（1）对于信用风险资产，商业银行可以采用内部评级法、外部评级法和标准法计算；
（2）对于市场风险资产，商业银行可以采用标准法或内部模型法计算；
（3）对于操作风险资产，商业银行可以采用基本指标法、标准法或高级计量法计算。

2. 计算公式
为反映总体风险水平，会为不同风险的资产设置不同的风险系数，以各种资产各自的风险系数乘以资产数额加总，便得到加权风险资产。

风险加权资产总额＝资产负债表内资产×风险权数＋资产负债表外资产×转换系数×风险加权数（表内外风险加权资产与总资产之比）

3. 测评因素
风险加权资产的测评由两个因素决定：
（1）银行的资产组合中各项资产的信用风险暴露；
（2）这些信用风险暴露在未来带来信贷损失的可能性。

一些银行资产，例如银行所在国政府以银行的基准货币发行的债务被界定为无信用风险，因此银行的这类债权资产的风险权重为 0，不承担信用风险资产要求。然而大多数贷款和其他银行资产都是对具有一定信用风险的机构的债权，可能招致潜在的信用损失。

（五）计算公式

资本充足率（CAR）是衡量一个银行的资本对其加权风险比例的以百分比表示的量。

资本充足率计算公式：（资本净额）/（表内、外风险加权资产期末总额）

风险可以是加权资产风险（a），也可以是各自国家调控者规定的最小总资产要求。

【知识窗】资产风险

资产风险是指资产价值的不确定性，是一个关于公司经营风险和行业风险的测度。因此公司的资产价值只是一个估计值，存在一定不确定性，应当在公司的经营风险或者资产风险的框架下理解。财务公司资产风险，是指财务公司在经营过程中，由于外部不确定因素、内部人为因素及相关条件而导致的资产质量发生偏差，从而使财务公司信誉、资金、收益等遭受损失的可能性。

如果使用加权资产风险，则有 $CAR=(T1+T2)/a$。其中 T1、T2 分别是两种类型的可以计入总量的资产：第一类资产（实际贡献的所有者权益），即银行不用停止交易即可以化解风险的资产；和第二类资产（优先股加百分之五十的附属债务），停业清理可以化解风险的资产，对储户提供相对较少额度的保护。

（六）巴塞尔协议

《巴塞尔协议》是国际清算银行（BIS）的巴塞尔银行业条例和监督委员会的常设委员会"巴塞尔委员会"于 1988 年 7 月在瑞士的巴塞尔通过的"关于统一国际银行的资本计算和资本标准的协议（International Convergence of Capital Measurement and Capital Standards）"的简称。该协议第一次建立了一套完整的国际通用的、以加权方式衡量表内与表外风险的资本充足率标准，有效地遏制了与债务危机有关的国际风险。

1. 签订历史

巴塞尔委员会是 1974 年由十国集团中央银行行长倡议建立的,其成员包括十国集团中央银行和银行监管部门的代表。自成立以来,巴塞尔委员会制定了一系列重要的银行监管规定,如 1983 年的银行国外机构的监管原则(又称巴塞尔协定,Basel Concordat)和 1988 年的巴塞尔资本协议(Basel Accord)。这些规定不具法律约束力,但十国集团监管部门一致同意在规定时间内在十国集团实施。经过一段时间的检验,鉴于其合理性、科学性和可操作性,许多非十国集团监管部门也自愿地遵守了巴塞尔协定和资本协议,特别是那些国际金融参与度高的国家。1997 年,有效银行监管的核心原则的问世是巴塞尔委员会历史上又一项重大事件。核心原则是由巴塞尔委员会与一些非十国集团国家联合起草,得到世界各国监管机构的普遍赞同,并已构成国际社会普遍认可的银行监管国际标准。至此,虽然巴塞尔委员会不是严格意义上的银行监管国际组织,但事实上已成为银行监管国际标准的制定者。

2002 年 10 月 1 日,巴塞尔委员会发布了修改资本协议建议的最新版,同时开始新一轮调查(第三次定量影响测算,QIS3),评估该建议对全世界银行最低资本要求的可能影响。从 1975 年 9 月第一个巴塞尔协议到 1999 年 6 月《新巴塞尔资本协议》(或称"新巴塞尔协议")第一个征求意见稿的出台,再到 2006 年新协议的正式实施,时间跨度长达 30 年。几十年来,巴塞尔协议的内容不断丰富,所体现的监管思想也不断深化。

在雷曼兄弟(Lehman Brothers Holdings)破产两周年之际,《巴塞尔协议Ⅲ》在瑞士巴塞尔出炉。最新通过的《巴塞尔协议Ⅲ》受到了 2008 年全球金融危机的直接催生,该协议的草案于 2010 年提出,并在短短一年时间内就获得了最终通过,并将于此后的 11 月在韩国首尔举行的 G20 峰会上获得正式批准实施。《巴塞尔协议Ⅲ》几经波折,终于 2013 年 1 月 6 日发布其最新规定。新规定放宽了对高流动性资产的定义和实施时间。

2. 巴塞尔协议Ⅲ

2010 年 9 月 12 日,巴塞尔银行监管委员会宣布,各方代表就《巴塞尔协议Ⅲ》的内容达成一致。根据这项协议,商业银行的一级资本充足率将由目前的 4% 上调到 6%,同时计提 2.5% 的防护缓冲资本和不高于 2.5% 的反周期准备资本,这样核心资本充足率的要求可达到 8.5%—11%。总资本充足率要求仍维持 8% 不变。此外,还将引入杠杆比率、流动杠杆比率和净稳定资金来源比率的要求,以降低银行系统的流动性风险,加强抵御金融风险的能力。

【知识窗】资本缓冲

资本缓冲,对银行而言是超过"资本充足"水平的应对可能出现亏损的资本需求。是本轮国际金融危机后,世界各国为改善商业银行资产负债表而提出的逆周期调节手段,要求银行在经济环境有利的时候储备更多资本,扩大缓冲的空间,以便在周期轮转时,应对它们所承担的风险,同时在经济转差时,仍有能力继续向信贷状况良好的客户提供贷款,避免出现信贷紧缩。

为最大程度降低新协议对银行贷款供给能力以及宏观经济的影响,协议给出了从 2013—2019 年一个较长的过渡期。全球各商业银行 5 年内必须将一级资本充足率的下限从现行要求的 4% 上调至 6%,过渡限期为 2013 年升至 4.5%,2014 年为 5.5%,2015 年达 6%。同时,协议将普通股最低要求从 2% 提升至 4.5%,过渡期限为 2013 年升至 3.5%,2014 年升至4%,2015年升至4.5%。截至2019年1月1日,全球各商业银行必须将资本留存缓冲提高到2.5%。

根据新资本协议的初衷,资本要求与风险管理紧密相连。新资本协议作为一个完整的银行业资本充足率监管框架,由三大支柱组成:一是最低资本要求;二是监管当局对资本充足率的监督检查;三是银行业必须满足的信息披露要求。

这三点也通常概括为最低资本要求、监管检查和市场纪律。

(1) 第一大支柱:最低资本要求。最低资本充足率要求仍然是新资本协议的重点。该部分涉及与信用风险、市场风险以及操作风险有关的最低总资本要求的计算问题。最低资本要求由三个基本要素构成:受规章限制的资本的定义、风险加权资产以及资本对风险加权资产的最小比率。其中有关资本的定义和8%的最低资本比率,没有发生变化。但对风险加权资产的计算问题,新协议在原来只考虑信用风险的基础上,进一步考虑了市场风险和操作风险。总的风险加权资产等于由信用风险计算出来的风险加权资产,再加上根据市场风险和操作风险计算出来的风险加权资产。

(2) 第二大支柱:监管部门的监督检查。

(3) 第三大支柱:市场约束。

(七) 中国资本充足率要求

自2011年4月中国银监会颁布了《关于中国银行业实施新监管标准的指导意见》的44号文以来,中国银行业正式拉开了三版巴塞尔协议同时实施的大幕。随后陆续颁布的《商业银行杠杆率管理办法》《商业银行资本管理办法》及《商业银行流动性风险管理办法(试行)》,分别针对新监管标准的实施细则给出了详细的诠释。

自2013年1月1日起,中国版巴塞尔协议Ⅲ——《商业银行资本管理办法(试行)》开始正式实施,新规中资本工具可分为三类:核心一级资本工具、其他一级资本和二级资本,并且要求从2013年1月1日起发行的次级债券必须含有减记或转股条款,否则将被视为不合格资本工具,无法计入监管资本。而此前由商业银行发行、主要由银行业金融机构互相持有的次级债,由于没有充分分散风险,且多数还有赎回条款,属于新规中的不合格二级资本。对于这部分不合格二级资本,银监会规定2013年1月1日前发行的可计入监管资本,给予为期10年的过渡期,逐步从监管资本的计算中扣除,从2013年1月1日起按年递减10%;而2013年1月1日之后发行的不合格资本工具不计入监管资本。

【扩展延伸】中国商业银行各级资本要求

表14-1 系统性重要银行的各级资本要求(%)

	2013	2014	2015	2016	2017	2018
储备资本要求	0.5	0.9	1.3	1.7	2.1	2.5
核心一级资本要求(加储备资本要求)	6.5	6.9	7.3	7.7	8.1	8.5
一级资本充足率(加储备资本要求)	7.5	7.9	8.3	8.7	9.1	9.5
总资本充足率(加储备资本要求)	9.5	9.9	10.3	10.7	11.1	11.5

注:不合格的二级资本从2013年开始逐年扣减10%,在10年内扣清。

表 14-2 非系统性重要银行的各级资本要求(%)

	2013	2014	2015	2016	2017	2018
储备资本要求	0.50	0.90	1.30	1.70	2.10	2.50
核心一级资本要求(加储备资本要求)	5.50	5.90	6.30	6.70	7.10	7.50
一级资本充足率(加储备资本要求)	6.50	6.90	7.30	7.70	8.10	8.50
总资本充足率(加储备资本要求)	8.50	8.90	9.30	9.70	10.10	10.50

注：不合格的二级资本从 2013 年开始逐年扣减 10%，在 10 年内扣清。
资料来源：银保监会。

【知识窗】拨备覆盖率

拨备覆盖率(provision coverage ratio)(也称为拨备充足率)是实际上银行贷款可能发生的呆、坏账准备金的使用比率。不良贷款拨备覆盖率是衡量商业银行贷款损失准备金计提是否充足的一个重要指标。该项指标从宏观上反映银行贷款的风险程度及社会经济环境、诚信等方面的情况。依据《股份制商业银行风险评级体系(暂行)》，拨备覆盖率是实际计提贷款损失准备对不良贷款的比率，该比率最佳状态为 100%。拨备覆盖率是银行的重要指标，这个指标考察的是银行财务是否稳健，风险是否可控。

目前，银行业拨备监管主要有两个指标：不良贷款拨备覆盖率不低于 150%，或拨贷比不低于 2.5%，二者中取较高值。

五、监督检查：巴塞尔协议的第二大支柱

银行监督检查是指监管部门通过非现场监管和现场检查等监督检查手段，实现对风险的及时预警、识别和评估，并针对不同风险程度的银行机构，建立风险纠正和处置安排，确保银行风险得以有效控制、处置。

(一) 非现场监管

非现场监管是非现场监管人员按照风险为本的监管理念，全面持续地收集、检测和分析被监管机构的风险信息，针对被监管机构的主要风险隐患制订监管计划，并结合被监管机构风险水平的高低和对金融体系稳定的影响程度，合理配置监管资源，实施一系列分类监管措施的周而复始的过程。中国银监会成立之后，针对长期以来缺乏信息化的监管技术手段、监管信息难以共享、监管效率低等问题，启动"1104 工程(1104 project)"(银行业金融机构监管信息系统)项目的建设工作，并颁布非现场监管指引，从而初步形成清晰的非现场监管体系。

非现场监管人员通过风险为本的非现场系统监测被监管机构各类风险水平的变化，并及时跟进预警信号，跟进被监管机构的内控缺陷，纠正其违规行为，改善其公司治理。由于非现场监管的持续、频密，监管机构在两个现场检查的间隔期间仍然可以对被监管机构运营和财务状况有充分深入的了解。

(二) 现场检查

现场检查是指监管当局及其分支机构派出监管人员到被监管的金融机构进行实地检查，通过查阅金融机构的账表、文件等各种资料和座谈询问等方法，对金融机构经营管理情

况进行分析、检查、评价和处理,督促金融机构合法、稳健经营,提高经营管理水平,维护金融机构及金融体系安全的一种检查方式。

(三) 监督检查的四原则

在实施监管的过程中,应当遵循如下四项原则:其一,银行应当具备与其风险相适应的评估总量资本的一整套程序,以及维持资本水平的战略。其二,尽管当局应当检查和评价银行内部资本充足率的评估情况及其战略,以及银行监测和确保满足监管资本比率的能力;若对最终结果不满意,监管当局应采取适当的监管措施。其三,监管当局应希望银行的资本高于最低资本监管标准比率,并应有能力要求银行持有高于最低标准的资本。其四,监管当局应争取及早干预,从而避免银行的资本低于抵御风险所需的最低水平;如果得不到保护或恢复则需迅速采取补救措施。

六、市场约束:巴塞尔协议的第三大支柱

市场约束也被称为"市场纪律",指银行的债权人或所有者,借助于银行的信息披露和有关社会中介机构,如律师事务所、会计师事务所、审计师事务所和信用评估机构等的帮助,通过自觉提供监督和实施对银行活动的约束,把管理落后或不稳健的银行逐出市场等手段来迫使银行安全稳健经营的过程。

(一) 市场约束目标

市场约束的目标主要可概括为以下四点:(1)形成激励相容的风险控制机制;(2)改善资源的配置效率;(3)减少倒闭损失和损失外在性;(4)改进政府监管。

【学习检查】试论述市场约束与政府监管间的关系。

(二) 市场约束有效运行条件

与其他产业一样,银行业市场约束是内生的自我稳定机制,市场力量一直根植于市场之中。市场约束的潜在巨大作用没有有效发挥,其原因是缺乏一些必要条件。主要可以归纳为以下5个方面。

(1) 充分的信息。有效监督需要市场参与者能够识别银行风险状况的变化,相关信息是否能及时、准确和持续地获得至关重要。参与者如果没有及时接收到银行降低风险的信息,就可能引起市场约束偏离最优均衡。信息披露可能是银行主动传递信息来证明其良好的状况,或是由监管部门强制要求。无论何种方式都需要有明确的原则、方法和范围,存在统一的定性与定量标准,从而便于市场参与者对银行基本实力变化做出分析、比较。

(2) 合格的市场参与者。市场约束主体主导资金和信息的流向,市场信息接收和发送、金融工具选择和定价等都由市场参与者来确定。他们的决策直接影响约束的效果,错误决策或约束力量不足都不能有效控制银行冒险。合格的参与者包括质量和数量两方面的要求,质量要求是确保参与者的决策正确,应该具有灵通的信息来源、良好专业的知识经验,最基本的要求是市场约束的收益要高于成本,这样才能有动机准确和理性地面对市场变化。数量要求是利益相关者集团必须有足够的规模,能够对银行冒险行为产生充分的反应和实施惩罚,银行过度冒险成本与整体发展更密切相关。如果银行某种方式融资占总体比重小,

就可以转向其他融资方式来逃避约束,从而其对银行的影响就非常有限。

(3) 高效的金融市场和种类齐全的金融工具。金融工具是市场力量发挥作用的载体,金融市场是金融工具交易的场所。市场约束需要通过金融工具的价格和数量变化来影响银行行为,这就要求金融工具可以被市场参与者便利、自由和高频率地识别和采用,金融工具的价格和数量变化能够有效地融入风险因素。不同金融工具的索偿权、到期期限等不同,对投资者的激励也有所不同。金融市场效率对风险溢价的确定至关重要,其他影响因素产生的噪音可能掩盖银行风险因素,市场信息并没有为监管部门提供有价值的参考。

(4) 市场参与者面临银行违约的后果。虽然银行倒闭会造成巨大损失,但市场参与者承担多大的损失并不确定,银行高风险不等同市场参与者面临相应的风险暴露。在显性或隐性存款保险情况下,有保险存款人甚至无保险投资者的损失都可能受到补偿,政府救助政策预期都会影响市场参与者决策。约束成本和违约损失共同决定市场约束动机,约束成本包括信息搜集等直接成本和约束行动的机会成本,如果这些成本高于银行违约造成的损失,参与者就会简单关注当期收益而不关注潜在风险。

(5) 银行做出的反应。银行决策不是由融资成本一方面确定,而是由边际成本和收益的比较来决定。当银行面临更高的融资成本时,降低风险并不是惟一选择,其决策可能是选择更高风险投资来争取高收益。风险能否内部化是影响银行反应的重要因素,银行公司治理状况决定了决策者对市场约束的敏感程度。当前普遍有限责任使得股东仅对投资负责,所有权与控制权分离引起经理人道德风险问题,由此存在关联交易等侵害小股东和债权人利益的动机,这些都会导致银行不会在意市场的惩罚。苏格兰自由银行时期采取无限责任的合伙制,银行冒险的损失完全由股东承担,历史证据显示这些银行倾向于遵守市场约束。

【案例研究】苏格兰自由银行制度之谜

怀特(White)教授《英国的自由银行制度》(*Free Banking in Britain*)一书在经济学领域的重大影响主要源自书中关于苏格兰自由银行制度良好成效的论述。该制度盛行于1716年(或者1727年),直至1845年《皮尔法案》(Peel Act)颁布之后开始崩溃。

遗憾的是,怀特总结的苏格兰自由银行制度的两个推断都是错误的:(1) 苏格兰的银行业并不是自由的,事实上同样受控于英格兰银行;(2) 苏格兰的银行运作得不比英格兰银行更好。

问题的关键是苏格兰的银行进行铸币兑付的承诺只是名义上的。也就是说,储户和银行券持有者并不能自由地将这些对银行的债权兑付为铸币。苏格兰的银行之所以可以维持如此少的铸币准备(即非常高的扩张倾向),是因为他们根本不用铸币进行兑付。

切克兰德指出,早在正式暂停铸币兑付之前,"(向苏格兰银行)提出铸币支付的请求都遭到了拒绝甚至被指责是不诚信的。"

苏格兰银行体系一直都没有进行过全面的铸币兑付。没有人能够在任何一家苏格兰的银行中把大笔的银行券立即兑换为等量的黄金或者白银。如果真的有人这么干,必定会遭到来自银行异议,甚至断然拒绝。银行至多会支付一些铸币或者是来自伦敦的票据。如果事情闹大了,这些客户以后就别想很容易地从银行获得信贷。

如果苏格兰银行准备金的重要来源或者偿还债务的基础不是黄金和白银,那会是什么呢?苏格兰的各家银行并不是自力更生的,他们依赖来自英格兰银行的帮助和支持。正如切克兰德所言:"(苏格兰银行)流动性的主要和终极来源是伦敦。尤其是英格兰银行。"

由此可以得出结论:苏格兰的银行体系在18世纪和19世纪上半叶既不自由也不优越;怀特教授之前的结论是武断的,并不正确。怀特教授后来也接受了此观点。

资料来源:默里·N.罗斯巴德(Murray·N. Rothbard),《银行的秘密——揭开美联储的神秘面纱》,2011年9月,清华大学出版社。

七、银行救助和银行关闭政策

当银行自身运行出现问题时,银行救助和银行关闭政策的实施必不可少。本部分首先就银行救助问题进行探讨,然后通过国际比较,分析银行关闭政策的相关内容。

(一) 政府救助和民间救助

救助问题银行不仅涉及银行自身的股东和管理层、投资者、存款人,还涉及政府、监管当局、央行、存款保险机构、资产管理公司以及其他银行及同业协会等,是维护国家金融稳定的重要安全保障。因此,建立一个完善并富有成效的问题银行救助重整法律制度的初衷不仅仅是对问题银行本身经营能力的恢复,更是对公众信心、社会稳定的救助。问题银行重整中的救助法律制度由一系列要素构成,包括问题银行的自我救赎,如股东、管理层、债权人等参与下的改善资产充足状况、加强内部控制、完善公司治理机制等,也有央行的再贷款、存款保险、接管、并购重组等外部救助制度安排。

按照救助的主体和性质,可分为政府救助和民间救助。政府救助,又称为公共资金救助,是指政府动用公共资金,对问题金融机构实施财务性重整以恢复其经营,主要包括央行提供的最后贷款、财政部的资金注入、银行监管当局的救助等。民间救助,则是指股东、董事、债权人、其他银行及同业协会等参与下的救助重整方法。与民间救助相比,政府救助具有行政权力介入、资金来源可靠、救助效果显著等优点,但若使用不当,亦会产生严重的道德风险,扭曲正常的市场竞争秩序。

在政府救助与民间救助的实施顺序上,西方发达国家问题银行的处置实践遵循民间救助优先、政府救助后位的原则,以彰显市场约束的力量,从而抑制道德风险的蔓延。也就是说,民间的自我救助应率先进行,动用公共资金的政府救助必须是前述自救措施用尽后万不得已为之的手段。同时,为了限制政府救助的滥用,美欧等国都在立法中对政府救助的适用条件进行了严格规定。

【他山之石】发达国家的相关规定

美国在问题金融机构的处置中特别强调政府不应将救助成本转移给全体纳税人;对于存款保险基金来说,救助产生的费用及债务总额是最低成本。2010年7月生效的《多德-弗兰克(Dodd-Frank)华尔街改革和个人消费者保护法案》(以下简称《法案》)是美国对现有监管体制的重大改革,其中在问题金融机构处置上再次重申事前预防与事后补救同等重要;问题银行经营失败的救助成本应主要由股东、董事、债权人等私人主体承担,以对公共资金的损耗最小为基本原则,即民间救助应为首要且必要措施,尽可能避免对全体纳税人利益的损害。

欧盟2008年发布的《全球金融危机背景下的政府救助指引》及2009年《新公共资金救助指引》(New EU Guidelines on State Aid for Banks)规定:(1) 救助计划必须遵循最小需要原则(the minimum necessary),救助措施和力度需与所要解决的经济困境相匹配,而不能超越;(2) 尽可能将救助措施产生的负面影响最小化;(3) 明确了成本分担原则,即银行的股东(或次级债的债权人)或者其他私人机构应分担救助成本。

从欧美等发达国家的金融危机救助处置实践来看,对银行救助重整尽可能采用市场化的运作方式,积极鼓励私人主体参与银行的救助重整。比如,股东、债权人以及其他银行可以提供救助资金,或采取市场化的合并或收购方式,将银行的债权债务通过各种组合的市场方式出售等等。通过私人主体的参与,运用市场手段重整银行可以减少政府公共资金的支出,维护整个金融市场的竞争秩序。

【案例研究】2008年金融危机中的美国政府救助

在应对2008年金融危机的公共资金救助中,美联储同时采取"救机构"与"救市场"的双重救助措施。前者指美联储直接对问题银行注资实施救助,后者指美联储通过运用货币政策增加金融市场的流动性,以期救助金融市场。救市场的措施尽管并不针对某一个具体问题银行,但挽救金融市场的措施对问题银行起到了间接救助的效果。财政部通过直接注资和提供担保的方式救助问题银行。

1. "救市场"

危机中美联储"救市场"的措施主要包括:

(1) 降低基准利率。美联储利用银行货币创造机制增加货币供给。2007年9月18日至2008年12月16日间,美联储先后十次降低联邦基准利率,由4.75%降至0%~0.25%的区间。

(2) 降低再贴现率。2007年8月17日至2008年12月6日间,美联储先后11次降低再贴现率,由5.75%降至0.50%。同时,美联储将合格再贴现担保品范围扩大到住房抵押贷款及其相关资产,将贴现窗口贷款期限由30天延长至90天。

(3) 创新操作工具。在此轮救助中,美联储为给金融市场提供充分流动性,对最后贷款人制度进行创新。这些创新操作工具主要包括:定期拍卖工具(TAF)、定期证券借贷工具(TSLF)、一级交易商信贷工具(PDCF)、资产支持商业票据、货币市场共同基金流动性工具(AMLF)与货币市场投资基金工具(MMIFF)、商业票据信贷工具(CPFF)、定期资产支持证券信贷工具(TAB-SLF)、资产抵押证券贷款工具(TALF)等。

2. "救机构"

除上述措施外,美联储和财政部共同对部分问题银行通过购买股份为其注资和直接提供债务担保提供直接援助,是一种直接针对某一具体银行的救助,即"救机构"。2008年10月,财政部联合美联储和美国联邦存款保险公司启动7 000亿美元的问题资产救助计划。目前,美国财政部和美联储已通过该计划以购买股份的方式为707家美国银行注资2 049亿美元,其中1 250亿美元集中针对美国九大银行股份的交易。被救助的九大银行及注资情况为:花旗集团、富国银行和摩根大通分别向财政部出售了250亿美元的股票,美国银行出售了150亿美元的股票,高盛集团、摩根士丹利(Morgan Stanley)和美林公司(Merrill Lynch)分别出售了100亿美元的股票,道富银行(State Street Bank)、纽约梅隆银行(Bank of New York Mellon)分别向政府出售了20亿和30亿美元的股票。在债务担保方面,财政部和联邦存款保险公司共同为花旗集团下属银行提供包括住房抵押贷款、商业性房地产贷款在内总计3 060亿美元的债务担保。

【案例研究】LTCM破产事件中的债转股

美国联邦储备局(Federal Reserve)作为非正式调解人为避免Long-Term Capital Management(LTCM)倒闭进行了大量调停的努力。LTCM作为套头交易基金本身并不受制于美联储的监管。其高风险投资导致损失超过资本的一半以上。纽约联邦储备银行的官员与众多债权人进行了广泛接触,寻求是否存在着除公司破产清算之外的替代性解决方案。1998年9月23日,债权人终于达成协议,愿意向该公司注入约35亿美元资本金,以此来实质性地稀释LTCM现有股东的权益。该公司的管理控制权也由原先的管理层转移至新投资者设立的委员会手中,但上述协议对持有不同意见的债权人不具有约束力。在LTCM救助中并未动用公共资金,美联储只是派出官员进行相应的协调和沟通,促使债权人提供了资金援助。

(二) 发达国家问题银行市场退出路径特点比较

美、英等国对问题银行的处置是坚持市场主导模式,不良资产评估、出售,问题银行的兼并都来自市场的选择,而没有行政的强制行为。市场处理方式一般有着较高的效率,而且政府承担的损失较小。美国问题银行市场退出是以存款保险制度为核心,存款保险机构FDIC是倒闭银行的主要处理者,有权对投保银行进行监督检查,责令银行停业整顿、接管破产银行、支付保险存款、清理资产、偿还债务、寻求银行兼并、对陷入困境的问题银行提供资金支持等措施。

但日本与美国相反,日本问题银行市场退出可以称为"政府强干预下市场退出",没有信息披露制度,排斥自由竞争,缺乏市场退出机制,长期实行商业银行不破产的政策。在日本,金融监管被称为"金融行政",在具体监管手段上,行政指导也是主要的金融监管手段,所以日本金融监管极富有行政管理的特点。

(三) 中国问题银行的市场退出路径

在中国现行的法律法规框架下,借鉴国外发达国家问题银行市场退出经验,中国问题银行市场退出路径主要有以下七种途径。

1. 救助

当银行面临流动性困境,金融系统出现潜在危机,若对问题银行实行破产将会对经济发展、金融稳定和社会安定产生巨大的影响,因此政府为了实现金融系统的稳定,预防和避免大的金融动荡,一般会倾向于对问题银行进行救助。对问题银行的救助,旨在改善银行的流动性状况,挽救问题银行和银行体系,使其具有持续的金融清偿能力、经营能力和盈利能力,从而使问题银行持续经营,银行体系稳健运行。

中国对问题银行的救助主要是指信用救助,包括由中国人民银行作为最后贷款人对问题银行增资扩股和提供救助性再贷款给予信用救助,政府对问题银行注资给予信用救助以及其他健康银行对问题银行同业拆借提供流动性支持。1999年,中国对郑州城市商业银行进行救助并获得成功。

2. 收购或兼并

对问题银行无法救助或救助无效,在这种情况下就要求监管机构引导、鼓励其他有实力、有需求的健康银行,按照市场原则收购或兼并问题银行,并承接问题银行的全部资产和合法负债。

收购和兼并合称并购,对问题银行的并购是指由健康银行购买问题银行股权,或者部分资产,负责其债务,从而使问题银行成为健康银行的一个分支机构或组成部分,进而丧失主体资格却保留其经营价值的一种方式,是利用非政府管理技术资金促使商业银行退出市场的一种市场导向方式。从发达国家的实践看,兼并和收购是处理金融机构危机一种较为普遍的做法,这种市场退出方式给社会、经济带来的冲击最小。总的来说,问题银行通过并购方式退出市场符合问题银行市场退出成本最低原则,有利于稳定金融秩序,保护存款人特别是中小个人存款者的利益。因此,这种退出方式应作为中国处理问题银行的首选模式。

3. 重组

债务重组是重组的方式之一,主要途径:一是通过与债权人协商,延缓或减轻问题银行的支付压力,为问题银行提供更多的时间和时机,包括改变问题银行的融资条件、延长债务的偿还期限、债转股、普通债务转变成次级债务,债权人豁免全部或部分债权或者豁免全部或部分债权利息等;二是改善银行财务状况,包括资产负债表所反映的资产负债结构,损益表所反映的损益状况的重组。措施包括:注入资本、缩减负债、盘活资产、减少支出、降低资金成本及增加收入。机构重组主要是通过改变问题银行的股权结构、改变问题银行组织结构形式,或者改变问题银行业务经营范围等措施,达到为问题银行机构注入新的资本、改变原问题银行在公众面前的信誉,或者改善问题银行资产流动性的目的,从而解决问题银行的支付危机,在新的资本基础、经营管理基础和信誉基础上恢复其正常的经营管理能力。

4. 接管

接管是指金融监管当局根据法律授权,对经营有严重问题的银行通过成立接管组织强行介入,行使经营管理权力,防止问题银行资产质量和业务经营进一步恶化,以保证存款人和其他债权人利益,恢复其经营能力及信用秩序。中国《商业银行法》第六十四条规定,商业银行已经或者可能发生信用危机,严重影响存款人的利益时,国务院银行业监督管理机构可以对该银行实行接管。接管由国务院银行业监督管理机构决定并组织实施,自接管开始之日起,由接管组织行使商业银行的经营管理权力。接管是金融监管部门依法对银行业务经营实施的强制性干预措施,是法律赋予金融监管部门的法律职权,既是权力又是职责。严格来说,接管也是一种介于救助和重组之间的问题银行的处置措施,是政府和金融监管部门处置问题银行的一种方式。

5. 解散

中国《商业银行法》第六十九条规定,商业银行因分立、合并或者出现公司章程规定的解散事由需要解散的,应当向国务院银行业监督管理机构提出申请,并附解散的理由和支付存款的本金和利息等债务清偿计划。经国务院银行业监督管理机构批准后解散。商业银行解散的,应当依法成立清算组进行清算,按照清偿计划及时偿还存款本金和利息等债务。国务院银行业监督管理机构监督清算过程。

6. 行政关闭和撤销

撤销是问题银行市场退出的行政程序,商业银行的撤销也可以称为商业银行行政关闭程序,行政关闭和撤销是同一含义。撤销是指监管机构运用行政手段宣布对严重违规,或者因经营困难而救助失败的问题银行采取强制措施吊销经营许可证,处置银行资产,清理债权债务,最终使其退出市场,主体灭失的行为。中国《银行业监督管理法》第三十九条规定,银行业金融机构有违法经营、经营管理不善等情形,不予撤销将严重危害金融秩序、损害公众利益的,国务院银行业监督管理机构有权予以撤销。《商业银行法》第七十条规定,商业银行因吊销经营许可证被撤销的,国务院银行业监督管理机构应当依法及时组织成立清算组进行清算,按照清偿计划及时偿还存款本金和利息等债务。

7. 破产

破产清算是指在债务人不能清偿到期债务时,为使全体债权人取得公平受偿的机会,由法院依照破产法的规定,强制取得债务人的财产,并按债权受偿的法定顺序,按比例分配给债权人的一种执行程序。中国《商业银行法》第七十一条规定,商业银行不能支付到期债务,经国务院银行业监督管理机构同意,由人民法院依法宣告其破产,并由人民法院组织国务院银行业监督管理机构等有关部门和有关人员成立清算组进行清算。按照中国人民银行《防范和处置金融机构支付风险暂行办法》第二十七条规定,依法破产清算是指支付风险严重、资不抵债的问题银行在股东放弃救助,或被中国人民银行行政关闭后发现其财产不足清偿债务,且债权人不同意调解的,经中国人民银行同意,问题银行向人民法院申请破产和人民法院经过审理后依法宣告其破产和对其进行破产清算的情形。虽然破产在市场经济条件下是市场主体退出市场的最主要的方式,但是鉴于银行业的特殊性和蕴含的公共利益,以及破产处理方式产生较大的负外部性,对金融秩序和公众信心的巨大打击,破产处理是各国都谨慎采取的退出方式。

八、中国银行业的监管

在银监会成立前,银行业由中国人民银行监管。2003 年,银监会成立后依法履行监管职责。2004—2007 年,银监会逐步构建了监管框架。首先,初步建立了以资本监管为基础的银行业审慎监管框架。制定了资本监管和风险监管的审慎监管法规,明确资本充足率、资产质量、信用风险、市场风险等审慎监管指标。其次,从加强公司治理机制、内部控制、合规风险管理等方面进一步健全银行业监管法律框架。第三,推动银行业改革开放进入新阶段。工、中、建、交四家国有商业银行完成股份制改革;银行业全面履行入世承诺;全面推动中小商业银行改革发展;推动加快农村金融服务体系建设,设立村镇银行等新型农村金融机构。2008 年金融危机爆发后,银监会顺应国际最新监管改革趋势,积极构建宏观审慎与微观审慎相结合的监管体系。2018 年 3 月,银监会和保监会合并为银保监会。当前。中国银行业监管主要表现为以下三方面。

1. 进一步建设审慎监管工具箱,强化逆周期监管。自 2008 年起,多条新资本协议实施监管指引发布,对银行业资本监管进行全面规范。2012 年正式出台中国版巴塞尔Ⅲ,制定实施过渡期和新资本工具有关安排。要求系统重要性和非系统重要性银行在 2018 年前实现资本充足率分别不小于11.5%和10.5%。同时深入研究杠杆率、拨备覆盖率、流动性监管指标等各类新监管指标,出台多项管理办法。2011年印发《商业银行杠杆率管理办法》,规定商业银行并表和非并表的杠杆率均不得低于4%,确定相应的过渡期安排。2011年,借鉴巴塞尔委员会最新标准,将流动性覆盖率和净稳定资金比例两个新流动性监管标准纳入非现场监测,2014年修订印发《商业银行流动性风险管理办法》,确立流动性覆盖率、存贷比、流动性比例三项流动性风险监管指标,建立多维度的流动性风险监测分析框架及工具。

2. 不断完善审慎监管法规体系。一方面,对各项监管政策进行调整完善。2013年修订《商业银行公司治理监管指引》。2013年以来,按照简政放权思路,加速修订中资商业银行、农村中小金融机构、外资银行等行政许可事项实施办法,优化市场准入监管手段。另一方面,扩大风险监管范围,加入声誉风险和国别风险监管等。2009年巴塞尔委员会新资本协议征求意见稿中明确将声誉风险列为第二支柱,成为商业银行的八大风险之一。同年,《商业银行声誉风险管理指引》出台,要求商业银行建立声誉风险各项机制。

【知识窗】声誉风险

2009年1月巴塞尔委员会新资本协议征求意见稿中明确将声誉风险列为第二支柱,成为商业银行的八大风险之一,并指出银行应将声誉风险纳入风险管理的流程中,并在内部资本充足和流动性预案中适当覆盖声誉风险。在国际上美国金融监管部门将声誉作为监管的重要部分,要求监管人员有效地评估银行的声誉状况,并指出声誉风险是监管者在风险评估中必须考虑的基本指标。声誉风险是指由商业银行经营、管理及其他行为或外部事件导致利益相关方对商业银行负面评价的风险。声誉事件是指引发商业银行声誉风险的相关行为或事件。重大声誉事件是指造成银行业重大损失、市场大幅波动、引发系统性风险或影响社会经济秩序稳定的声誉事件。声誉风险与其他金融风险不同,难以直接测算,并且难以与其他风险分离和进行独立处理。良好的声誉是一家银行多年发展积累的重要资源,是银行的生存之本,是维护良好的投资者关系、客户关系以及信贷关系等诸多重要关系的保证。良好的声誉风险管理对增强竞争优势,提升商业银行的盈利能力和实现长期战略目标起着不可忽视的作用。

3. 引导对结构调整和转型升级的金融支持。在防范风险前提下,引导银行业加大对重点产业行业和社会民生领域的信贷支持,严控"两高一剩"行业信贷投放,突出小微企业和"三农"等薄弱环节金融服务,加快促进金融服务均等化建设。

2014年以来,深化银行业治理体系改革的各种规章陆续发布。2014年4月8日发布《关于信托公司风险监管的指导意见》,推动信托公司业务转型发展,回归本业。5月8日发布《关于规范商业银行同业业务治理的通知》,7月10日发布《关于完善银行理财业务组织管理体系有关事项的通知》要求商业银行开展同业业务和理财业务时实行专营部门制,强化归口管理,做好风险隔离,提高业务治理水平。2018年12月,《商业银行理财子公司管理办法》发布,对理财子公司的准入条件、业务规则、风险管理等方面做出具体规定。2019年12月,根据《关于规范金融机构资产管理业务的指导意见》《商业银行理财业务监督管理办法》《商业银行理财子公司管理办法》等相关规定,银保监会制定了《商业银行理财子公司净资本管理办法(试行)》,自 2020 年 3 月 1 日起施行。

2020 年 4 月 30 日,中国银保监会发布的《2020 年规章立法工作计划》,共计 26 项,包括 11 项制定计划与 15 项修订计划。其中计划在 2020 年制定的规章分别为《商业银行互联网贷款管理暂行办法》《商业银行理财子公司理财产品销售管理暂行办法》《商业银行理财子公司理财业务流动性风险管理办法》《保险资产管理产品管理暂行办法》《信托公司资金信托管理暂行办法》《银行业保险业监管统计管理制度》《银行保险机构董事监事履职评价办法》《银行保险机构应对突发事件金融服务管理办法》《中国银保监会行政处罚办法》《中国银保监会许可证管理办法》《政策性金融机构行政许可事项实施办法》。

小结

1. 货币危机概念有狭义、广义之分。狭义的货币危机指实行固定汇率制的国家,在非常被动的情况下,转而实行浮动汇率制,而由市场决定的汇率水平远远高于官方汇率,其影响难以控制。广义的货币危机泛指汇率的变动幅度超出了一国可承受的范围这一现象。

2. 定值过高的汇率、经常项目巨额赤字、出口下降和经济活动放缓等都是发生货币危机的先兆。就实际运行来看,货币危机通常由泡沫经济破灭、银行呆坏账增多、国际收支严重失衡、外债过于庞大、财政危机、政治动荡、对政府的不信任等引发。

3. 为应对危机,可采取控制资本外流、实行本币管制、强力金融监管、一步到位的币值调整、一揽子稳健财政政策、必要的行政管制和区域合作机制等措施。

4. 银行危机是指银行过度涉足高风险行业,从而导致资产负债严重失衡,呆账负担过重而使资本运营呆滞而破产倒闭的危机。

5. 银行危机包括三种形式:银行挤兑、银行业恐慌、系统性银行危机。

6. 大量的银行客户因为金融危机的恐慌或者相关影响同时到银行提取现金,而银行的存款准备金不足以支付,这种现象就叫银行挤兑。

7. 银行业危机现象是指银行不能如期偿付债务,或迫使政府出面,提供大规模援助,以避免违约现象的发生,一家银行的危机发展到一定程度,可能波及其他银行,从而引起整个银行系统的危机。

8. 次级抵押贷款是指向低收入、少数族群、受教育水平低、金融知识匮乏的家庭和个人发放的住房抵押贷款。

9. 欧债危机,全称欧洲主权债务危机,是指自 2009 年以来在欧洲部分国家爆发的主权债务危机。欧债危机是美国次贷危机的延续和深化,其本质原因是政府的债务负担超过了自身的承受范围,而引起的违约风险。

10. 金融安全网是指为了保障金融安全,由中央银行、金融监管当局和银行同业组织共同编织的具有公共性质的安全保护系统。广义的金融安全网包括审慎监管、存款保险和"最后贷款人"制度;狭义的金融安全网仅指存款保险和"最后贷款人"制度。

11. 审慎监管是指监管部门以防范和化解银行业风险为目的,通过制定一系列金融机构必须遵守的周密而谨慎的经营规则,客观评价金融机构的风险状况,并及时进行风险监测、预警和控制的监管模式。

12. 银行业监管有广义和狭义两种理解。从狭义上讲,银行业监管是指国家金融监管机构对银行业金融机构的组织及其业务活动进行监督和管理的总称。广义的银行业监管则不仅包括国家金融监管机构对银行业金融机构的外部监管或他律监管,也包括银行业金融机构的内部监管或自律监管。

13. 银行业监管的原则有依法、公开、公正和效率的原则、独立监管原则、审慎监管原则、协调监管原则、跨境合作监管原则。

14. 银行业监管体制,是指国家对银行业进行监督管理的职责划分的方式和组织制度。

15. 中国银行保险监督管理委员会简称中国银保监会。根据授权,统一监督管理银行、金融资产管理公司、信托投资公司以及其他存款类金融机构,维护银行业的合法、稳健运行。

16. 最后贷款人,即在出现危机或者流动资金短缺的情况时,负责应付资金需求的机构。该机构一般在公开市场向银行体系购买质量达标的资产,或通过贴现窗口向有偿债能力但暂时周转不灵的银行提供贷款。

17. 最后贷款人制度,是中央银行的一项职责,是指在银行体系由于遭遇不利的冲击引起流动性需求大大增加,而银行体系本身又无法满足这种需求时,由中央银行向银行体系提供流动性以确保银行体系稳健经营的一种制度安排。

18. 最后贷款人制度的特征包括贷款性和公共性、全局性和救助性、实施最后贷款的风险性、援助标准的限制性和贷款条件的严格性。

19. 存款保险制度是一种金融保障制度,是指由符合条件的各类存款性金融机构集中起来建立一个保险机构,各存款机构作为投保人按一定存款比例向其缴纳保险费,建立存款保险准备金,当成员机构发生经营危机或面临破产倒闭时,存款保险机构向其提供财务救助或直接向存款人支付部分或全部存款,从而保护存款人利益,维护银行信用,稳定金融秩序的一种制度。

20. 存款保险分为显性存款保险和隐性存款保险两种。显性的存款保险制度是指国家以法律的形式对存款保险的要素机构设置以及有问题机构的处置等问题做出明确规定。隐性的存款保险制度指国家没有对存款保险做出制度安排,但在银行倒闭时,政府会采取某种形式保护存款人的利益,因而形成了公众对存款保护的预期。

21. 存款保险的基本特征为关系的有偿性和互助性、时期的有限性、结果的损益性和机构的垄断性。

22. 资本充足率是一个银行的资本总额对其风险加权资产的比率。

23. 《巴塞尔协议》将银行资本分为两大类:一类是核心资本,又称一级资本(tier one capital)和产权资本,是指权益资本和公开储备;另一类是附属资本,又称二级资本(tier two capital)。

24. 核心资本充足率是指核心资本与加权风险资产总额的比率。

25. 附属资本,也称二级资本,是衡量银行资本充足状况的指标,由非公开储备、资产重估储备、普通准备金、(债权/股权)混合资本工具和次级长期债券构成。

26. 风险加权资产是指对银行的资产加以分类,根据不同类别资产的风险性质确定不同的风险系数,以这种风险系数为权重求得的资产。

27. 资本充足率计算公式:(资本净额)/(表内、外风险加权资产期末总额)≥8%。

28. 《巴塞尔协议》是国际清算银行的巴塞尔银行业条例和监督委员会的常设委员会的

"关于统一国际银行的资本计算和资本标准的协议"的简称。该协议第一次建立了一套完整的国际通用的、以加权方式衡量表内与表外风险的资本充足率标准,有效地遏制了与债务危机有关的国际风险。

29. 银行监督检查是指监管部门通过非现场监管和现场检查等监督检查手段,实现对风险的及时预警、识别和评估,并针对不同风险程度的银行机构,建立风险纠正和处置安排,确保银行风险得以有效控制、处置。

30. 市场约束也被称为"市场纪律",指银行的债权人或所有者,借助于银行的信息披露和有关社会中介机构的帮助,通过自觉提供监督和实施对银行活动的约束,把管理落后或不稳健的银行逐出市场等手段来迫使银行安全稳健经营的过程。

31. 政府救助,又称为公共资金救助,是指国家动用公共资金,对问题金融机构实施财务性重整以恢复其经营。民间救助,则是指股东、董事、债权人、其他银行及同业协会等参与下的救助重整方法。

32. 对问题银行的干预和关闭政策大部分都与银行资本相联系,在具体关闭政策的描述上,根据标准的清晰程度可以分为明确的法则决定(自动式的规范)和权衡决定(一般概括性原则)。

关键词

货币危机;三代货币危机理论;银行危机;银行挤兑;银行业危机;次级抵押贷款;次贷危机;欧洲主权债务危机;金融安全网;审慎监管;区域金融安全网;银行业监管;巴塞尔委员会;最后贷款人;最后贷款人制度;道德风险;逆向选择;存款保险制度;资本充足率;核心资本;核心资本充足率;附属资本;风险加权资产;巴塞尔协议;银行监督检查;非现场监管;现场检查;市场约束;政府救助;民间救助

课后习题

1. 应对货币危机有哪些措施?
2. 简要阐述银行挤兑的产生原因。
3. 试分析美国次贷危机与欧债危机间的关联。
4. 试给区域金融安全网下一个定义。
5. 试比较道德风险与逆向选择的异同。
6. 简述非现场监管与现场检查间关系。
7. 试分析市场约束有效运行的条件。
8. 简要分析政府救助与民间救助的利弊。
9. 简述中国问题银行的市场退出路径。

主要参考文献

[1] 陈利平.货币理论.北京大学出版社,2003.
[2] 范从来.中国货币需求的稳定性.经济理论与经济管理,2007.
[3] 弗雷德里克·S.米什金.货币金融学(第二版).机械工业出版社,2011.
[4] 弗雷德里克·S.米什金.货币金融学(第九版).中国人民大学出版社,2011.
[5] 何光辉,杨咸月.从花旗集团拆分反思"金融超市"模式.财经科学,2009(6).
[6] 何光辉,杨咸月.从印度危机反思小额贷款的高利率盈利模式.经济理论与经济管理,2011(9).
[7] 何光辉,杨咸月.手机银行模式与监管:金融包容与中国的战略转移.财贸经济,2011(4).
[8] 何光辉,杨咸月.小额金融机构监管须谨防与服务低收入群体冲突.财经研究,2011(1).
[9] 何光辉,杨咸月.小额金融机构审慎监管的国际最新发展.世界经济,2007(7).
[10] 何光辉,杨咸月.印度小额信贷危机的深层原因及教训.经济科学,2011(8).
[11] 胡庆康.现代货币银行学教程.复旦大学出版社,2010.
[12] 胡庆康,何光辉.合业经营:金融体制变革的基本趋势.世界经济文汇,2000.
[13] 刘红忠.投资学(第二版).高等教育出版社,2010.
[14] 默里·N.罗斯巴德.银行的秘密——揭开美联储的神秘面纱(第二版).清华大学出版社,2011.
[15] 盛松成,施兵超,陈健安.现代货币经济学.中国金融出版社,2001.
[16] 伍海华.西方货币金融理论.中国金融出版社,2002.
[17] 杨咸月,何光辉.从美元指数变动反思中国应对金融危机的策略.国际金融研究,2010(3).
[18] 约翰·赫尔.期权、期货及其他衍生产品(原书第9版).机械工业出版社,2014.
[19] 约翰·梅纳德·凯恩斯.就业、利息和货币通论.商务印书馆,2005.
[20] 张鹏.20世纪60年代以来美国金融创新及其主要外部动因.中国社会科学院研究生院,2013.
[21] 赵海宽.回忆我国货币层次的划分过程.中国金融,2008.
[22] 朱世武.金融计算与建模:理论、算法与SAS程序.清华大学出版社,2010.
[23] 滋维·博迪.投资学(原书第9版).机械工业出版社,2012.
[24] Bank of America Corporation Annual Report for the fiscal year ended December 31, 2014.
[25] Davis, Lance E. & Douglass C. North. *Institutional Change and American Economic Growth*. Cambridge: Cambridge University Press, 1971.

[26] Desai, Meghand & William Low. Measuring the Opportunity for Product Innovation. *Changing Money: Financial innovation in Developed Countries*. New York: Basil Blackwell, 1988.

[27] Dufey, Gunter & Ian H. Giddy. Innovation in the International Financial Markets. *Journal of International Business Studies*. Tenth Anniversary Special Issue 1981.

[28] Frederic S. Mishkin. *The Economics of Money, Banking & Financial Markets*. Business School Education.

[29] Frederic S. Mishkin. *The Economics of Money, Banking & Financial Markets*. Pearson Education, 2009.

[30] Greenbaum, S. I. & C. F. Haywood. Secular Change in the Financial Services Industry. *Journal of Money, Credit and Banking*.

[31] Gross Bill. Beware our shadow banking system. *Fortune*, 2007.

[32] Gurley, John G. & E. S. Shaw. Financial Aspects of Economic Development. *The American Economic Review*, 1955.

[33] Hull J C.. *Options, Futures and Other Derivatives*. Prentice Hall, 2014.

[34] James Tobin. Liquidity Preference as Behavior Towards Risk. *Review of Economics Studies*, 1958.

[35] Joseph A. Schumpeter. The Theory of Economic Development: An Inquiry into Profits, Capital, Credit, Interest, and the Business Cycle. *Social Science Electronic Publishing*, 1934.

[36] Llewellyn, David. Financial Innovation: A Basic Analysis. *Financial Innovation*, 1992.

[37] Miller, Merton H. & D. Orr. A Model of the Demand for Money by Firms. *Quarterly Journal of Economics*, 1966.

[38] Molyneux, P. & Shamroukh, N.. Diffusion of Financial Innovations: The Case of Junk Bonds and Note Issuance Facilities. *Journal of Money, Credit, and Banking*, 1996.

[39] Murray N. Rothbard. *The Mystery of Banking*, 2008.

[40] Niehans, Jurg. Financial Innovation, Multinational Banking, and Monetary Policy. *Journal of Banking & Finance*, 1983.

[41] Pesendorfer, Wolfgang. Financial Innovation in a General Equilibrium Model. *Journal of Economic Theory*, 1995.

[42] Ross, Stephen A.. Institutional Markets, Financial Marketing, and Financial Innovation. *Journal of Finance*, 1989.

[43] Silber, William L.. The Process of Financial Innovation. *The American Economic Review*, 1983.

[44] T.H. Hannon, McDowell. Market Concentration and Diffusion of New Technology in the Banking Industry. *Review of Economics and Statistics*, 1984.

[45] Willian J. Baumol. The Transactions Demand for Cash: An Inventory Theoretic Approach. *Quarterly Journal of Economics*, 1952.

[46] Zvi Bodie, Alex Kane, Alan Marcus. *Investments*. Mc Graw Hill Education, 2013.

后　　记

　　这本《货币银行学》教材是在我 20 多年教学科研积累的基础上形成的。作为一种全新尝试,本书在一定程度上克服了传统国内教材在知识体系方面"有形无神"的缺陷、国外教材严重脱离中国国情的不足。其内容之新、案例之有趣贴切、结构之严密、知识之系统,深受师生欢迎。应许多读者要求,第二版正式问世。

　　老实说,我一直不愿意编教材。复旦大学经济学院的学生都是同龄人中的佼佼者,其优秀表现每每让我惊叹不已！学生时间非常宝贵,如何在规定的教学时间内为其传授系统、全面的最新知识、培养其独特的深入观察和思考能力是教师的职责。每年面对学生的期盼,我开始注重教学积累,如今全部倾注在本书之中。此外,在教材的准备和编写的数年当中,我一直留心倾听和关注每一届学生的意见和建议。他们热烈响应,有的献计献策;有的直接参与了内容的讨论、写作、修改和案例补充,对教材内容体系和风格给出许多宝贵建议；他们不仅学习认真、勤于思考,而且还从学生的视角对教材格式、内容和品位进行调整、修改和完善。这些教学互动更增添了本书的独特风格和魅力。

　　第二版对第一版中的错误进行了修正,并充实部分内容;同时更新了相关数据和资料,增添了诸如科创板、股指熔断等新出现的知识点。

　　在写作过程中,首先要感谢上海社科院应用经济研究所杨咸月研究员。他做了大量工作,直接参与了本书的提纲讨论,各章节的写作、修改和定稿。其次要感谢王宇琨、吴皓月、李帅、何天、姚谣、杨何灿、于赟,他们不同程度地参与了相关数据和资料的更新工作。最后,再次感谢陈鑫煜、童鑫来、温从进、杜威、钱雨桐、杨文捷、聂雨晴、邱怡燕、熊木、胡英璨、于赟、卜一擎、李飞桥、韩若愚、孔令熙、连舒婷、朱沁宜、周俚君、杨何灿、高凡超、方禹同、李茂、金晨,他们在第一版写作过程中提供过各种形式的帮助。

　　写一本书难,出一本书更难。本书第二版能够如此迅速面世主要得益于复旦大学出版社的鼎力支持！特别是出版社领导徐惠平先生的重视和力推、责任编辑谢同君的敬业精神。我坚信,本书有助于推动国内货币银行学教学体系的重构和教学水平的提升。

图书在版编目(CIP)数据

货币银行学/何光辉编著. —2 版. —上海：复旦大学出版社，2020.10
（复旦卓越. 金融学系列）
ISBN 978-7-309-15319-4

Ⅰ.①货… Ⅱ.①何… Ⅲ.①货币银行学-高等学校-教材 Ⅳ.①F820

中国版本图书馆 CIP 数据核字(2020)第 162347 号

货币银行学（第二版）
何光辉　编著
责任编辑/谢同君

复旦大学出版社有限公司出版发行
上海市国权路 579 号　邮编：200433
网址：fupnet@fudanpress.com　http：//www.fudanpress.com
门市零售：86-21-65102580　团体订购：86-21-65104505
外埠邮购：86-21-65642846　出版部电话：86-21-65642845
杭州日报报业集团盛元印务有限公司

开本 787×1092　1/16　印张 29.75　字数 724 千
2020 年 10 月第 2 版第 1 次印刷

ISBN 978-7-309-15319-4/F・2740
定价：72.00 元

如有印装质量问题，请向复旦大学出版社有限公司出版部调换。
版权所有　侵权必究